공급망 관리 입문

Introduction to Materials Management

Introduction to Materials Management, 7/e- Arnold

Authorized Translation from the English language edition, entitled INTRODUCTION TO MATERIALS MANAGEMENT, 7th Edition by ARNOLD, J. R. TONY; CHAPMAN, STEPHEN N.; CLIVE, LLOYD M., published by Pearson Education, Inc, Copyright © 2012

공급망 관리 입문

Introduction to Materials Management

SEVENTH EDITION

J. R. Tony Arnold · Stephen N. Chapman · Lloyd M. Clive 지음

강두원 옮김

역자 약력

강두원

1983 서울대학교 졸업

1985-96 삼성항공 MIS팀장

1996-98 삼성SDS 사천정보팀장

1998-2010 닛시 컨설팅(주) 대표이사

2010-현재 충북대학교 교수

공급망 관리 입문 제7판

Introduction to Materials Management, 7/e

발　　행 | 2013년 2월 25일
저　　자 | Tony Arnold · Chapman · Clive
역　　자 | 강두원
발 행 자 | 현영덕
펴 낸 곳 | 도서출판 YOUNG
경기도 고양시 일산동구 백석동 1324
동문굿모닝타워 2차 1005호
전　　화 | 031) 904-7905~6
팩　　스 | 031) 904-7907
등록번호 | 105-90-67568
E-mail | youngpub@naver.com
I S B N | 978-89-92843-57-7 93560

정가 34,000원

역자 서문

기본은 중요합니다.
강조되고 또 강조되어야 한다고 생각합니다.
그래서 저는 introduction, basic 등의 단어를 좋아합니다.

또 하나
국가 경제에서 가장 중요한 것은 제조임을 확신합니다.
제조보다 재무나 영업이 더 많은 돈을 벌지라도, 제조가 없으면 아무것도 아님을 알고 있기에
제조는 강조 또 강조 되어야 한다고 생각합니다.
그래서 저는 manufacturing, production, material 등의 단어를 좋아합니다.

이런 측면에서 Introduction to Materials Management는 제가 좋아하는 책이고 귀중한 책입니다. CPIM이란 자격제도를 알게 되면서부터 CFPIM이 된 이후까지 꾸준하게 보았던 책이며, 각국에서 애용하는 교과서이기에, 이 책을 번역 소개할 수 있음에 대해 감사드립니다.

이 책의 원본이 만들어지는 데도 많은 분들의 수고가 있었지만, 번역에도 많은 손길이 있었음을 밝힙니다. 2002년 많은 분들이 수고하여 이 책의 4판이 번역되었습니다. 그때의 번역 경험이 7판을 번역할 수 있다는 자신감을 주었습니다. 거의 전부를 재 번역했지만, 지금은 이름도 기억되지 않고, 연락도 되지 않는 그 분들의 정성이 배여 있음을 말씀 드리고 감사 드립니다.

또한 나의 사랑하는 딸 강 민주에게 고맙다는 말을 전합니다.
영문학을 전공하는 민주는 내 번역의 상당 부분을 손봐 주었고, 번역이 매끄러운 부분은 민주의 손길이 간 것이고, 그렇지 못한 부분은 민주에게 의뢰하지 않은 부분이라고 말해도 과언이 아닐 정도로 수고해 주었습니다.

마지막으로 책상에 앉은 나를 기다리며 기도해주는 아내에게 고마움을 전합니다.

저는 현재 현업에서 떠나 인생 후반의 새로운 길을 택한 지 수년이 지났습니다.
새로운 일에 매진하고 싶지만, 기업 활동을 할 때 쌓아졌던 기반 지식들을 전수하고 떠나라는 요구들이 있어 현재도 대학에 나가고 있고, 기회가 되면 이런 책들을 집필하고 있습니다.
힘든 작업이지만 바램이 있다면
이 책이 기업을 배우는 학생들과, 또한 기업에서 일을 하는 분들에게 도움되는 것입니다.

여러분들이 세우는 제조와 제조를 지원하는 영업, 유통, 재무 등이 개인과 국가 건전성과 지속가능성을 세워갈 것입니다.

강 두 원
전 CFPIM, CIRM, 정보관리 기술사
현 충북대학교 경영 정보학과 교수

저자 서문

공급망 관리 입문(Introduction to Material Management)은 지역 전문 대학과 종합 대학의 학생들을 위해 입문 교과서로 쓰여졌다. 이 책은 산업 공학, 생산 기술과 같은 기술 과정과 비즈니스 과정, 그리고 SCM 분야게 일을 하든 하지 않든 이미 기업에 근무하는 자들이 사용해 왔다.

이 책은 북미뿐만 아니라 다른 대륙의 대학들에서 광범위하게 사용되어 왔으며, APICS는 이 책을 이 책을 CPIM 시험들을 준비할 때 참고 문헌으로 추천했다. 또한 이 책은 남아프리카, 오스트레일리아, 뉴질랜드, 독일, 프랑스 브라질 세계 각국의 생산 재고관리 단체들의 컨설턴트 들이 자신들의 고객에 대한 내부 교육 과정으로 사용하고 있다.

이 책은 공급망 관리, 제조 계획 및 통제 시스템, 구매, 유통 및 품질 관리 등의 모든 기초 사항을 포함하고 있다. 이 책의 전반에 걸친 내용과 사례, 질문, 문제들은 공부하는 자를 논리적으로 이끌어줄 것이다. 쓰여진 형태는 간단하고 사용자 위주로 되어 있다. 이 책을 상용해본 사람이라면 강사든 학생이든 이를 인정할 것이다.

신판에서 새로운 내용

- 모든 장은 신 기술과 기법을 반영하여 보완되었다
- 2장 생산 계획 시스템, 9장 재고 기초 그리고 14장 제품과 프로세스에 케이스 스터디가 추가되었다.
- 새로 구성된 내용은 절약형 생산(Lean Production)을 JIT와 분리하여, 또한 연결시켜 강조하고 있다
- 15장 절약형 생산(Lean Production) 부분을 많이 보완되었다
- 각 장 마지막 문제들이 변경되었다.
- 지속 가능성과 녹색 생산에 대해 정보를 추가하였다.

이 외에도 구판에서부터 몇 가지 기능을 유지하고 있다

- 주요 개념을 인지하기 위한 표시(Margin Icon)
- 각 장의 끝에 중요 용어 정리
- 각 장에 예가 되는 문제
- 장 요약
- 각 장의 끈에 질문과 문제

접근 방법 및 책의 구성

공급망 관리(Material Management/물자 관리)의 의미는 사람마다 다르게 이해하고 있다. 이 책에서 공급망 관리는 공급자로부터 고객까지 물자의 흐름에 있어 모든 활동을 포함한다. 이 활동들은 물리적 공급, 운영 계획 및 통제, 물리적 유통을 포함한다. 이 측면에서 사용되는 다른 용어로는 Business logistics와 Supply Chain Management가 있다. Business logistics의 강조점은 공장에서 일어나는 문제와는 거의 관계가 없는 운송 및 유통 시스템에 있다. 그런데 이 책의 몇 장들도 운송과 유통을 다루고 있어나 강조점은 운영 계획과 통제에 있다.

유통(Distribution)과 운영(Operations)은 자재의 흐름을 계획하고 통제함으로써, 그리고 요구되는 고객 서비스 수준을 달성하기 위해 시스템 자원을 사용함으로써 관리된다. 이러한 활동은 공급망 관리의 책임이며 제조 업무의 모든 부서에 영향을 준다. 만약 공급망 관리 시스템이 잘 설계되고 관리되지 않는다면, 유통과 제조 시스템은 덜 효과적일 것이며 비용이 많이 들 것이다. 제조와 유통에서 일하는 사람이라면 누구나 자재 흐름에 영향을 주는 요소들에 대해 잘 이해하고 있어야만 한다. 이 책은 바로 이러한 이해를 지향하고 있으며, 품질 관리 부분도 포함하고 있다.

APICS는 생산 및 재고 관리에 사용되는 지식체계, 개념, 용어들을 정의 하였다. 지식체계, 개념, 용어 등의 표준을 수립한다는 것은 생산 및 재고 관리의 이해를 향상시킬 뿐만 아니라 정확한 소통을 가능케 해준다. 이 책의 정의 와 개념은 가능한 APICS의 용어와 개념을 사용하였다.

이 책의 첫 여섯 장은 생산 계획과 통제의 기초를 기술하였다. 7장에서는 구매와 공급망의 중요한 요소들을 논했고, 8장은 수요 예측, 9-11장은 재고 관리의 기본을 살펴보았다. 12장에서는 물적 유통과 창고관리를 논했고, 13장에서는 유통, 포장, 물자 취급을 포함한 유통 시스템의 요소를 점검하였다. 14장은 제품과 프로세스 디자인을 포함시켰고, 15장은 JIT와 Lean System의 철학과 환경을 살펴보고 어떻게 운영 계획 및 통제 시스템이 이들과 연관되는지를 설명했다. 16장은 종합 품질 관리와 6시그마 품질 접근을 점검하였다.

감사의 말

친구와 동료 그리고 학생 등 많은 귀중한 분들의 도움과 격려가 있었다. 우리는 계속적으로 지원하고 도움 되는 충고를 해준 다른 대학의 교수님들과 APICS의 많은 챕터 멤버들에게 감사 드린다. 이 책의 6판을 검토하고 7판을 위한 제안을 해 주신 APICS BSCM 자격 위원회의 회장인 타이코 건강사의 Jim Caruso, 파커 한닌핀사의 Carol Bulfer, IFS사의 William Leedale, 그리고 바야몬에 있는 푸에르토 리코 대학의 Angel Sosa등 모든 분께 무한한 감사를 드린다.

학문적으로 검토를 해 주신 North Carolina A&T 대학의 Sheila E. Rowe, 그린빌 기술대학의 David Lucero, 유타 밸리 대학의 Floyd Olson, 휴스톤 대학의 Ralph G. Kauffman, 쇼라인 커뮤티티 대학의 Ronald J.Baker, 그리고 아파라치안 대학의 Richard E. Crandall 님께 감사드린다.

Tony Arnold 는 수 년 동안의 집필과 수정 기간을 도와준 자신의 아내 Vicky Arnold에 Steve Chapman 또한 아내 Jeannine의 도움에 감사드리며 Lloyd Clive 역시 아내 Kathleen의 계속적인 지원에 감사드린다. 끝으로 이 책은 우리를 가장 많이 가르쳐준 우리의 학생들에게 바친다.

J.R.Tony Arnold,Professor Emeritus,CFPIM,CIRM
Fleming College
Peterborough,Ontario

Stephen N.Chapman,Ph.D.,CFPIM,Associate Professor
Department ofBusiness Management,College ofManagement
North Carolina State University

Raleigh,North Carolina
Lloyd M.Clive,CFPIM
Coordinator Materials Management and Distribution
School ofBusiness
Fleming College
Peterborough,Ontario

차례

제1장 | 공급망 관리 입문 (Introduction to Materials Management)

제2장 | 생산계획 시스템 (Production Planning System)

제3장 | 주일정 수립 (Master Scheduling)

제4장 | 자재소요계획수립 (MRP: Material Requirements Planning)

제5장 | 능력관리 (Capacity Management)

제6장 | 생산현장 관리 (Production Activity Control)

제7장 | 구매 (Purchasing)

제8장 | 예측 (Forecasting)

제9장 | 재고 기초 (Inventory Fundamentals)

제10장 | 주문 수량 (Order Quantities)

제11장 | 독립수요 주문 시스템 (Independent Demand Ordering System)

제12장 | 물리적 재고 및 창고 관리(Physical Inventory and Warehouse Management)

제13장 | 물리적 유통 (Physical Distrubution)

제14장 | 제품과 프로세스 (Products and Processes)

공급망 관리 입문
(Introduction to Materials Management)

입문(Introduction)

국가의 부(富,welth) 국민총생산(Gross National Product), 즉 일정기간 동안 국가가 생산한 상품과 서비스의 산출을 통해 측정된다. 여기서 상품이란 만질 수 있고, 느낄 수 있고, 볼 수 있는 실체가 있는 물건을 일컬으며, 서비스란 은행, 의료, 식당, 의류점 또는 사회복지사업 등과 같이 어떤 유용한 기능을 수행하는 것을 말한다.

그렇다면 부(富)의 원천(the source of welth)은 무엇일까? 부(富)가 생성된 상품과 서비스의 양으로 측정된다면, 이들은 어디서 오는 것인가? 우리가 광산, 농장, 숲 등과 같은 풍부한 천연자원을 보유하고 있다 하더라도, 이들은 단지 부(富)의 잠재적인 원천일 뿐이다. 이러한 원천들을 가치있는 상품으로 변환하기 위해서는 생산 기능(product function)이 필요하다. 생산은 모든 형태의 변형과정, 즉 광업, 농업, 목재공업, 어업, 그리고 여기서 채취된 자원을 가공해 실용적인 제품을 만드는 것에서 발생한다.

자원을 채취하여 이를 최종 소비재로 만드는 과정 사이에는 많은 단계가 존재한다. 최종 제품까지의 각 단계에서 가치가 부가되며, 따라서 더 많은 부(富)가 창출된다. 만약 광석을 채굴하여 판매한다 할 때, 우리의 노력여하에 따라 부(富)가 창출되겠지만 자원을 지속적으로 변형하는 사람이 일반적으로 훨씬 더 많은 부(富)를 획득한다는 것이다. 일본이 그 단적인 예이다. 일본은 매우 적은 천연자원을 보유한 국가로, 대부분의 필요 원자재를 수입에 의존하고 있는 실정이다. 그럼에도 불구하고 일본은 그 구매한 원자재들을 변형하여, 가치를 부가하는 생산 과정을 통해 세계에서 가장 부강한 경제 국가 중 하나로 발전하였다.

제조 기업들은 천연 자원을 소비자들에게 보다 가치 있고 유용한 것으로 변형시키는 일을 한다. 목재를 책걸상으로, 쇠를 강철로, 또 그 강철을 자동차나 냉장고로 변형하는 것이다. 이러한 변형 과정을 제조(manufacturing) 혹은 생산(production)이라고 하며, 이는 더욱 부강한 사회와 더욱 높은 삶의 수준을 창조하는 작업이다.

우리는 자원에서 그 최상의 가치를 얻기 위해 제품을 가장 효율적으로 생산할 수 있는 절차를 설계해야 한다. 절차가 설립된 후에는 제품을 가장 경제적으로 생산할 수 있도록 그 운영을 관리해야 한다. 운영 관리란 생산 과정에서 사용되는 자원－사람, 자본, 자재－을 계획하고 통제하는 것이다. 운영 계획과 통제에 있어 모든 방식이 중요하지만, 그 중 가장 주요한 것은 자재의 공급(flow of materials)을 통해 이루어진다. 자재 공급은 생산과정의 수행을 통제하기 때문이다. 만약 적절한 시기에 적절한 자재가 적절한 수량으로 존재하지 않는다면, 생산 과정은 제대로 진행될 수 없게 된다. 인력과 기계가 비효율적으로 활용되고, 기업은 그 이윤과 나아가 그 존립마저 위협받게 될 것이다.

운영 환경

운영 관리는 다양한 요인에 영향을 받는 복잡한 환경에서 이루어진다. 이들 환경 중 가장 중요한 것은 국가기관의 규제, 경제 상황, 경쟁사, 고객의 기대, 그리고 품질이다.

국가기관 여러 수준의 국가기관에 의한 사업의 규제는 광범위하다. 규제는 환경, 안전, 제품에 대한 의무와 세금 등의 영역에 적용된다. 국가기관의 존재, 혹은 비존재는 모두 사업의 경영방식에 영향을 끼친다.

경제 일반적인 경제 상황은 기업의 제품이나 서비스에 대한 요구에 따라, 그리고 투입량의 가용성에 따라 움직인다. 경제 불황기에는 특정 수요증가 제품을 제외한 많은 제품의 수요가 감소한다. 자재 및 인력의 부족 혹은 과잉은 관리자의 결정에 영향을 주며, 인구 연령 변화, 소수집단의 니즈(needs), 낮은 인구 증가율, 국가간 무역 자유화, 국제 경쟁의 증가 등 모든 요인들이 시장 환경을 변화시킨다.

경쟁 오늘날 경쟁은 매우 치열하다.

- 제조업체들은 전세계적인 경쟁에 직면하고 있다. 외국 시장 진출이 불가한 상황에서 다른 외국 경쟁사가 자국 시장에 진출하는 일도 있다. 또한 업체들은 전세계적인 자원 조달에 더욱 의존하고 있다.
- 자재의 이동과 운송 비용이 이전보다 비교적 절감되었다.
- 세계적인 소통이 빠르고, 효율적이며 저렴하게 이루어지고 있다. 자료와 정보는 거의 즉각적으로 지구 반대편으로 전달된다. 인터넷은 소비자로 하여금 그들의 지역에서만큼 편리하게 세계 어 지역에서도 새로운 공급책의 자원을 찾아낼 수 있게 해주었다.

고객 소비자와 고객 기업들의 요구 사항이 점점 다양해 짐에 따라, 공급자들은 그들이 제공하는 고유한 범위를 확 대하고 있다. 일부 제품과 특정 고객들은 구매하는 제품과 서비스에 대해 아래와 같은 특징들을 요구한다:

- 공정 가격
- 제품과 서비스에 대한 보다 높은(올바른) 품질의 제품과 서비스
- 납기 소요 시간
- 보다 나은 사전/사후 서비스
- 제품과 수량의에 대한 유연성

품질 경쟁이 국제적이고 진취적이 됨에 따라, 성공적인 기업들은 소비자의 높은 기대 수준 뿐만이 아닌 그 이상의 품질을 제공한다. 품질에 관하여는 제 16장에서 더욱 자세히 논할 것이다.

견적조건(Order Qualifiers)과 경쟁우위(Order Winners)

일반적으로 공급자측이 시장에서 생존가능한 경쟁자로 고려되기 위해서는 시장의 최소 요구사항을 만족시켜야 한다. 소비자의 요구는 금액, 품질, 납기등에 근거하여 이를 견적조건(Order Qualifiers)이라 한다. 예를 들어, 어떤 종류의 상품의 공급자로 고려되기 위해서는, 그 상품의 가격이 특정 범위 냉 들어야 한다는 식이다. 그러나 고려된다는 것 자체가 곧 주문(order)으로 연결되는 것은 아니다. 공급자들이 주문을 얻어내기 위해서는, 소비자들이 다른 경쟁사의 상품과 서비스 대신 자신의 상품을 선택하게 하기 위한 특징들을 갖추어야만 한다. 이렇듯 소비자들로 하여금 자신들의 상품 혹은 서비를 선택하게끔 유도하는 경쟁력있는 특징들, 혹은 그 특징들의 조합을 경쟁우위(Order Winners)라 한다. 이들은 기업에 경쟁력있는 이점을 제공한다. 경쟁우위는 때에 따라 변하며, 각 시장마다 다른 형태로 나타난다. 예를 들어, 어떤 시장에서는 빠른 납기가 필수적일 수 있겠지만 또 다른 시장에서는 아닐 수도 있다. 현재 경쟁우위인 특징들이라 해도 그들은 거의 지속되지 않을 것이다. 다른 경쟁자들이 유효한 특징들을 모방하기도 하고, 소비자의 요구 또한 변할 것이기 때문이다.

기업이 제품과 그 시장의 경쟁우위(Order winners)와 견적조건(Order qualifiers)을 이해하는 것은 생산 전략을 추진하는데 매우 중요하다. 경쟁의 모든 차원에서 최고가 되기란 사실상 불가능한 이상, 공장은 전반적으로 각각의 견적조건(Order qualifiers)의 최소 수용수준이라도 제공하기 위해 분투해야 하는 한편, 경쟁우위(들)(Order Winner(s))에 있

어서는 시장에서 최고가 되기 위해 노력해야 한다.

또, 어떤 제품이나 시장에서도 그 견적조건과 경쟁우위의 조합은 고정적이지 않다는 것을 인지해야 한다. 경쟁자들이 자리다툼을 하는 한편 소비자들의 시각도 바뀔것인데다가, 제품의 수명주기(life cycle)의 개념에 따라 견적조건과 경쟁우위 또한 종종 변화하기 때문이다. 제품의 수명주기는 대부분의 제품이 도입(introduction), 성장(growth), 성숙(maturity), 쇠퇴(decline)기를 포함한 라이프 사이클을 거친다는 것을 시사한다. 예를 들자면, 도입 단계에서는 제품의 디자인과 유용성이 종종 가격보다 훨씬 중요하다. 성장 단계에서는 제품의 품질과 인도(delivery)의 중요성이 증가하는 경향이 있고, 성숙 단계에 있는 제품에 있어 가격과 인도는 보통 경쟁우위가 되기 마련이다. 이러한 수명주기식 접근은 제품들마다 그 수명주기의 지속기간이 매우 상이하다는 점에서, 다소 복잡하다. 몇 년에 달하는 수명주기를 가진 제품들이 있는 한편, 어떤 제품들(특정 장난감이나 전자기기 등)은 몇 달, 심지어 몇 주 단위의 주기를 가지기도 한다.

제조 전략

고도로 시장 지향적인 공장은 고객의 기대치와 경쟁우위(Order Winners)의 요구를 충족시키는데 초점을 맞출 것이다. 이러한 기업의 모든 부서는 승리 전략(winning strategy)을 위해 전념해야 하며, 이로서 작업 체계는 시장의 요구를 만족시키고 적시 납기를 제공하기 위한 전략을 가져야 한다.

납기 소요기간(Delivery lead time) 공급자의 측면에서 납기 소요기간이란 제품의 오더를 받아 납품하는데 까지 소요되는 시간을 말한다. 고객 측면에서는 오더 준비와 운송시간을 포함할 수 있다. 고객은 납기 리드타임을 가능한 짧게 원할 것이고, 제조사는 이것을 만족시키는 방향으로 전략을 기획해야 한다. 여기에는 4가지 기본 전략이 있다.

- 주문설계생산(ETO: Engineering-to-Order)
- 주문생산(MTO: Make-to-Order)
- 주문조립생산(ATO: Assembly-to-Order)
- 스탁생산(MTS: Make-to-Stock)

제품설계, 납기 리드타임, 재고 상태에 대한 고객과의 관계는 각 전략에 따라 영향을 받는다. 그림 1.1은 각 전략의 효과를 나타낸다.

주문설계생산(ETO: Engineering-to-Order): 고객의 설계서가 독특한 기술적 설계나 특수 주문을 요구한 경우이다. 일반적으로 고객이 제품설계에 깊숙이 참여한다. 재고는 생산이 필요할 시점까지 구매되지 않는다. 제품의 구매 리드타임 뿐만 아니라 제품 설계의 리드타임까지 포함하므로 납기 리드타임은 길어진다.

주문생산(MTO: Make-to-Order): 생산자는 고객의 오더가 들어오기 이전에 생산을 시작하지 않는다. 최종 제품은 일반적으로 표준화된 품목에서 만들어지지만 고객이 원하는 부품을 포함할 수도 있다. 설계시간이 줄어들고 원자재에 대한 재고를 가져가므로 납기 리드타임이 줄어든다.

주문조립생산(ATO: Assembly-to-Order): 제품은 생산자가 저장 가능한 표준 부품으로부터 만들어지며, 고객의 주문에 따라 조립된다. 납기 리드타임은 재고가 제품의 조립을 위해 준비되어 있고, 제품 설계 시간이 필요 없으므로 더 줄어들 수 있다. 부품 선택 사양을 선택하기 위한 제품의 설계단계에 고객의 참여가 제한된다.

스탁생산(MTS: Make-to-Stock): 공급자가 상품을 생산하여 완성된 상품 재고를 판매한다. 납기 리드타임이 가장 짧다. 고객은 제품 설계 단계에 거의 참여하지 않는다.

연기(PostPonement)란 주문조정생산(ATO: Asseble-to-Order)의 다른 적용 방식으로서, 미국운영관리협회(APICS: Association for Operations Management)는 이를 '선택사양(identity)의 변경을 가능한 공급사들의 뒷부분으로 연기함으로써 제품차별화를 보다 고객에 맞추어 수정할 수 있도록 하는 생산설계전략'이라 설명하고 있다. 이 전략은 공급망에 존재하는 일련의 항목들을 제거함으로써 재고 과정에 있는 재고의 양을 낮출 수 있도록 한다.

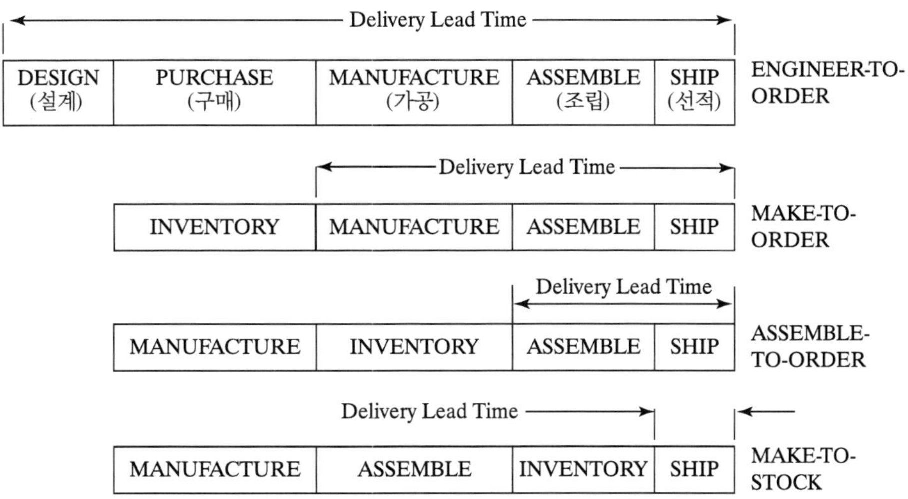

그림 1.1 생산 전략과 리드타임

예를 들어, 전세계 시장을 타깃으로 하는 컴퓨터 프린터는 여러 볼트(v)로 전환될 수 있는 전원 공급 체계를 가지고 있는데, 이는 고객 요구의 수령 이후 적절한 코드, 설명서, 라벨과 함께 포장되어 온다. 이는 모든 공급망이 각각 다른 국가에 맞는 비싼 프린터들로 채워지는 것을 방지할 수 있다. 기본적인 특정 연기들은 분배센터(distribution center)에서, 종종 제3자에 의해 이루어질 수 있다. 청소기와 같은 다수의 소비자를 위한 가전제품의 외국 공급자는 상품 포장, 특정 소비자 라벨 부착, 바코드, 박스 및 설명서 등과 같은 것들을 소비자의 주문을 접수한 후까지 연기하기도 한다.

공급망(Supply Chain) 개념

자재의 흐름에는 3단계가 있다. 원자재가 물리적 공급 시스템을 통해 생산 공장으로 이동하는 단계, 생산 과정을 통해 처리되는 단계, 최종적으로 물리적 유통 시스템을 통해 최종 상품이 최후 소비자에게 전달되는 단계가 그것이다. 그림 1.2는 이 시스템을 도식적으로 보여 주고 있다. 그림 상으로는 단 하나의 공급자와 하나의 고객이 나타나고 있지만, 일반적으로 공급망은 수요/공급 관계로 연결된 여러 공장으로 구성된다. 예를 들어, 한 공급자의 고객이 제품을 구매하여, 그 제품에 가치를 부가해 또 다른 고객에게 공급할 수 있으며, 이와 유사하게 하나의 고객이 여러 개의 공급자를 가지거나 여러 고객의 공급자가 될 수 있다. 공급자/고객 관계의 연결이 존재하는 한 그들은 모두 동일한 공급망의 구성원이다.

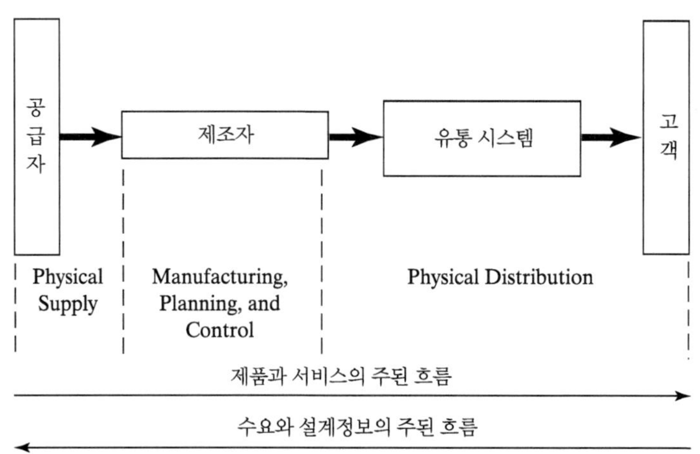

그림 1.2 공급자-생산-유통 시스템

공급망에는 다음과 같은 중요한 요소가 있다.

- 공급망은 최종 고객에게 제품과 서비스를 제공하는 모든 절차와 행위를 포함한다.
- 모든 공장들은 유통망에 연결될 수 있다.
- 하나의 고객은 다른 고객의 공급자가 될 수 있으며, 따라서 전체망은 다수의 공급자/고객 관계를 가질 수 있다.
- 제품과 시장에 따라 유통 시스템은 공급자로부터 고객에게 직접 연결될 수도 있고, 중개인, 창고, 소매인과 같은 중간 분배기능을 포함할 수 있다.
- 제품과 서비스는 일반적으로 공급자로부터 고객에게, 설계와 수요 정보는 일반적으로 고객으로부터 공급자에게로 전달된다. 이는 드물지만 그렇지 않은 경우도 있다.

이러한 시스템은 각 기업과 공장 별로 다양한 차이를 보이지만, 공급, 생산, 유통이라는 기본적인 요소는 동일하다. 각 요소의 상대적 중요도는 각각에 드는 비용에 따라 달라진다.

공급망(Supply Chain) 개념

최근 몇 년간 SCM(Supply Chain management)의 개념이 큰 주목을 끌고 있다. 이러한 동향 이면의 기본적인 이슈들과 더불어 SCM이 자재 관리에 미치는 영향을 이해하는 것이 매우 중요하다.

역사적인 관점 과거 많은 기업 경영자들은 자회사의 내부적인 이슈들에 주된 관심을 쏟았다. 물론 이들 또한 공급자, 고객, 유통업자들을 인식하고 있었으나, 보통 이 실체들을 단순한 기업으로서만 보고 있었던 것이다. 구매, 판매, 물류 전문가들이 보통 정기적 협상을 통한 법률 계약이나 단기 협정을 통해 이러한 외부 객체들을 '처리' 하도록 되어 있었다. 예를 들어, 공급자는 종종 사업의 적수(adversary)로서 간주되었으며, 구매 대행자는 회사의 이익을 극대화 시키는 임무를 띈 존재로서 공급자로부터 최고의 재무 및 납기 조건을 협상해 내는 것을 그 주된 책임으로 하고 있었다. 조직 이론가들은 이러한 외부 객체들을 처리하는 기능을 '경계치는 자들(boundary spanners)' 라고 명명하였는데, 이는 조직 내부의 대부분의 사람들에게 있어 그들의 조직과 외부 세계에는 분명하고 엄격한 경계가 존재했음을 의미한다.

대부분의 기업이 가지고 있던 이 관점에 일어난 최초의 큰 변화는 1970년대 도요타를 위시한 일본 기업들에 의해 개발된 JIT(Just In Time)개념의 폭발적인 성장에서 찾을 수 있다. 공급자와의 파트너쉽이 곧 성공적인 JIT의 주요 측면으로 인식되었고, 이에 따라 공급자들은 기업의 적수가 아닌 파트너로서 간주되기 시작했다. 같은 의미에서 공급자와 고객은 각자의 성공이 곧 상대의 성공과 연결되므로 상호 연관된 운명을 가지게 되었다. 파트너들 사이에는 신뢰가 크게 강조되었으며, 입수되는 부품의 인수 및 조사와 같은 공식적 경계 매커니즘의 대다수가 수정 혹은 삭제되었다. 파트너쉽의 개념이 확대 됨에 따라, 이들간 관계에 있어 다음과 같은 변화들이 발생되었다.

- **원가 절감에 대한 상호 분석** 양측간에 경비 절감이 공유된다는 개념하에 정보 전송 및 부품 배달 프로세스를 양측 모두 조사하였다.
- **공동 제품 디자인** 과거에 고객측은 공급자에게 완성된 디자인을 전달하였으며, 공급자는 이에 따라 물건을 생산했다. 파트너 관계에서는 양 기업이 함께 작업을 하게 되었다. 보통 공급자는 특정 제품을 제조하는 방법을, 고객측은 디자인의 의도에 따른 적용방식을 알기 마련이므로, 양측의 협력을 통해 일방의 작업보다 우월한 제품을 생산할 수 있도록 하는 것이다.
- **정보 흐름의 속도 강화** JIT와 함께 재고의 대규모 감소, 고객 필요에 따른 빠른 납기, 정확한 정보 전달의 속도가 매우 중요하게 되었다. 기존의 서류기반 시스템은 EDI(전자데이터교환;Electronic Data Interchange)와 비공식적 커뮤니케이션 방식으로 대체되었다.

공급망 개념의 확장 새천년에 접어들면서 세계는 지속적으로 변해왔으며, 트렌드에 추가적인 변경을 요구해오고 있다.

- 컴퓨터 능력과 관련된 소프트웨어 어플리케이션 부분에 폭발적인 성장이 있었다. ERP(기업 자원 관리: Enterprise Resource Planning) 같은 매우 효과적인 통합 시스템과 인터넷과 같이 기업들을 전자상으로 연결시키는 능력들은, 기업들이 많은 양의 정보를 쉽고 신속하게 공유할 수 있도록 했다. 정보의 신속한 획득 능력이 많은 기업들에게 경쟁 필요조건으로 대두된 것이다.
- 글로벌 경쟁에 큰 성장이 있었다. 여전히 지역 내(local)경쟁만을 가진 회사는 극소수가 되었으며, 많은 세계적 경쟁자들이 발생해 현 기업들에게 시장 생존 및 성공을 위한 새로운 길을 모색하라는 압력을 가하고 있다.
- 제품과 프로세스에 대한 기술적인 역량에 있어 성장이 있었다. 많은 제품들의 제품생명주기(PLC: Product Life Cycle)가 급격하게 감소하고 있다. 기업들은 디자인에 보다

유연성을 가지고, 공급자 및 유통업자들에게 변화와 필요에 대한 커뮤니케이션을 요구하고 있다.

- 앞서 언급된 조건들에 대한 반응의 일부로서, 점점 더 많은 기업들이 핵심역량(Core competencies)만을 내부 활동으로 유지한 채 대부분의 업무를 공급자에게 하청으로 주고 있다.

최근의 공급망 개념은 무엇인가? 최근 공급망 개념을 채택한 기업들은 원자재 생산부터 최종 고객의 구매까지의 전체 활동을 일련의 연결된 활동으로 간주하고 있다. 고객 서비스와 원가 절감에 최상의 성과를 가져오기 위해서는, 각 활동들의 공급망이 파트너쉽의 확장으로서 관리되어야 한다는 것을 절감하고 있는 것이다. 이러한 점은 여러 가지 사안들을 암시하는 데, 그 중 가장 주요한 사안은 다음의 세가지 이다.

1. 자재의 흐름
2. 정보의 흐름과 공유(대부분 인터넷을 통해 이루어진다)
3. 자금 이체

이에 더하여 자재의 복구, 재활용, 재사용을 관리하는 것이 새로운 트렌드로 떠오르고 있다.

기본적인 공급망관리(SCM)에 대한 접근법은 다소 개념적인 것이다. 원자재에서 최종 고객까지 자재 생산의 모든 부분들은 연결된 체인으로 간주된다. 이를 가장 효율적, 효과적으로 관리하는 방법은 체인 상의 각각의 조직들을 자신의 조직의 확장으로 보는 것이다. 그 예로서, 컴퓨터칩을 만드는데 사용되는 실리콘 원자재에서 컴퓨터 자체의 배달과 처리까지의 흐름을 나타내는 조직의 체인을 살펴보도록 하자.

위에서 예를 든 것은 한 개 제품에 대한 공급자와 유통업자의 네트워크를 나타내는 여러 요소들의 체인 집합체들 중 한 체인을 나타낼 뿐이다.

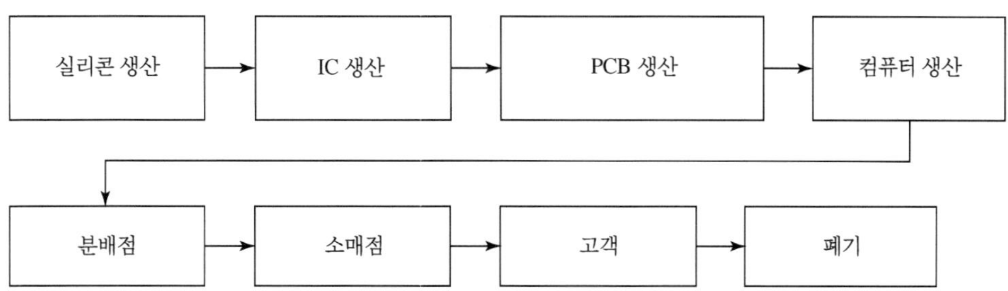

대부분의 기업들은 공급망 네트워크와 함께 일하며, 여러 공급자들로부터 다양한 자재들을 공급받아 또 다른 여러 고객들에게 보낸다. 식료품점 하나도 건제품, 잡지, 냉동 및 신선 식품의 공급자와 소매 현지 특산품 공급자들과 거래해야 하는 것이다.

공급망을 구성하는 여러 독립적인 사업체들은 각자의 이윤 동기를 가지고 있으며 자연히 절약을 위해 협력하려 들지 않는다. 여기서 누군가가 나서서 솔선수범해야만 한다. 공급망의 구성원 중 누구라도 스케줄, 판매 정보, 예보등과 같은 정보 공유로 인한 이익을 보이기 위해 다른 구성원들과 협력할 수 있다. 이처럼 상하류 공급망 모두를 통합시키고 총 비용을 보다 절감하기 위해 공급망상의 구성원들을 모으는 일에 선구자로 나서는 개인 혹은 기업을 일컫는 것으로 '오케스트레이터(orchestrator)' 혹은 '채널 마스터(channel master)' 라는 용어들이 떠오르고 있다. 이의 결과로서 공개적으로 정보를 나누는 기업들 간의 네크워크가 등장하였다.

공급망을 관리하기 위해서는 체인을 따라 공급자와 고객들의 네크워크를 이해해야할 뿐만 아니라 각 체인을 따라 흐르는 정보와 자재들을 효율적으로 계획해 원가 효율성, 효과성, 납기, 유연성을 극대화하여야 할 것이다. 이것은 공급자들과 고객들에게 각기 다른 개념적인 접근을 시도해야 함을 암시할 뿐만 아니라, 고도의 통합된 정보시스템과 성과 측정에 있어 다른 개념을 가져야 한다는 것을 의미한다. 전반적으로 그러한 개념을 관리하는 Key는 정확한 정보의 신속한 흐름과 향상 된 조직 유연성이다.

공급망 측정 기준(Supply Chain Metrics)

측정기준(Metric)이란 어떠한 기준에 대해 정의할 때에 양적 혹은 질적인 용어로서 명시된 입증 가능한 수치를 말한다. 측정기준 없이는 그 어떤 기업도 매일의 기능을 효과적 혹은 효율적으로 수행하리라 기대할 수 없다. 측정기준은 다음과 같은 것들을 제공한다.

1. 상급자의 통제(control by superiors)
2. 상급자와 외부 단체에 대한 데이터 보고(Reporting of data to superiors and external groups)
3. 의사소통(communications)
4. 학습(learning)
5. 향상(improvement)

측정기준은 예상을 전달하고, 문제를 규정하며, 행위의 과정을 지시하며 인력에 동기를 부여한다. 정확한 측정기준을 세우는 것은 기업의 생존에 필수적인 것이다. 문제는 예견뎌어야만 하며, 이들이 치명적이게 되기 전에 교정행위가 이루어져야 한다. 기업들은 주문 사이클이 완성되고 고객의 피드백이 들어올 때에야 반응하기를 기다리는 것과 같은 위험을 감수할 수 없는 것이다.

오늘날 생산 통제는 다음의 주요 여섯 가지 도전으로 인해 부담스러운 상황에 직면해 있다.

1. 고객들은 절대 만족하지 않는다.
2. 거대한 공급망이 반드시 운영되어야 한다
3. 제품수명주기가 점점 더 짧아지고 있다
4. 방대한 양의 데이터가 존재한다
5. 운영 수익에 대한 강조가 더욱 강해지고 있다
6. 대체품의 종류가 증가하고 있다.

기업들은 어떻게 고객을 상대하며 어떤 서비스를 제공할지를 명시하는 공동의 전략을 가지고 있다. 이는 그 기업이 시장에서 어떻게 경쟁할 것인지를 규정해 주는 것이다. 고객은 상품의 구매 여부를 통해 이러한 기업의 제의를 수락할지를 결정한다. 측정기준은 전략을 운영과 연결시켜 주며, 전략과 운영은 측정기준으로 인해 한데 모이게 된다. 그림 1.3은 이를 도시하고 있다.

그림의 오른편은 측정기준의 운영과 실행, 이용을 보여 주고 있다. 화살표의 초점은 측정되어야 할 특정 활동들을 나타낸다. 기준들은 수행의 평가에 따른 비교의 근거가 되

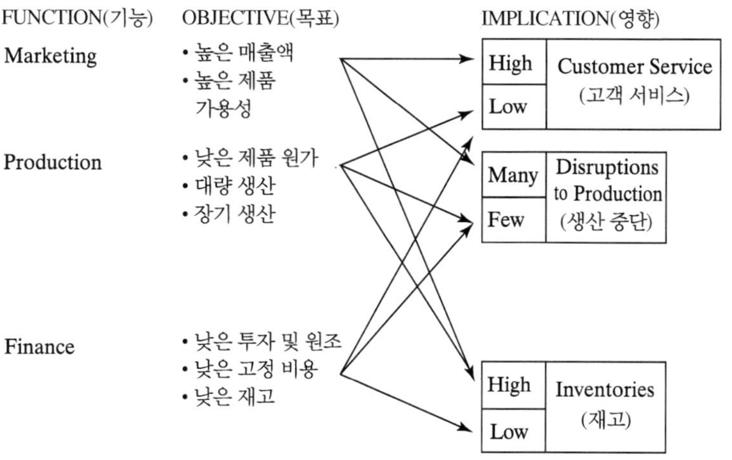

그림 1.3 측정기준 전후관계

는 척도이다.

측정(measurement)과 기준(standard)에는 차이가 있다. 성과 측정(performance measure)은 객관적인 동시에 수량화될 수 있어야 하며, 최소한 두 개 이상의 한도(parameter)를 포함하고 있어야 한다. 예를 들어, 하루 당 받는 주문의 개수는 수량과 시간의 모두의 측정을 포함하고 있는 것이다.

기업의 정책을 객관적이며 구체적인 목표로 바꾸는 것은 성과 표준(performance standard)을 창출해 낸다. 각각의 목표는 그 타깃의 가치를 가지고 있어야 한다. 이에 대한 예로는 '라인들로 측정된 주문 접수율을 98%로 향상시키는 것' 이 되겠다. 수행 기준은 목표를 설정시키며, 수행 측정은 그 목표에 얼마나 도달했는지를 보여주는 것이다.

많은 기업들이 수행 측정의 잠재적 이익에 대해 잘 실감하지 못하고 있으며, 수행을 어떻게 측정해야 하는지도 모르는 실정이다. 수행 측정은 수행 기준 없이도 사용될 수 있다. 이는 수행 측정과 수행기준이 새로운 개념일 때 일어날 수 있는 것이다. 기준이 사용될 때, 경영진은 기업을 모니터하기 시작할 수 있다. "측정하지 않는 것은 통제할 수도 없다"는 옛말은 처음 나왔을 때와 마찬가지로 오늘날까지도 유효한 것이다.

이러한 프로그램을 실행하는데는 다음과 같은 단계가 필요하다.

1. 기업의 목적과 목표를 수립한다.
2. 성과를 정의한다.
3. 사용될 측정을 명시한다.
4. 성과 표준을 설정한다.
5. 사용자들을 교육시킨다.
6. 프로그램이 꾸준히 적용되는지 확인한다.

대부분의 기업에 있어 재정 수행이 전통적으로 성공적인 측정으로 사용되어왔더라도, 오늘날 주목해야 할 것은 꾸준한 향상이며, 이는 곧 수준의 증가를 의미한다. '한 방'의 향상에 강조점이 주어져야 할 것이 아니라, 품질, 원가, 신뢰도, 혁신, 효율과 생산성의 개선율과 같은 것에 집중해야 한다.

전통 시스템의 충돌

과거에는 한 기업 내의 공급과 생산, 유통시스템이 각기 부서에 보고하는 분리된 기능들로 이루어졌었다. 종종 각 부서의 정책과 실행은 다른 시스템에 대한 영향을 고려하지 않고자 부서의 목적을 최상으로 하였다. 이 세 시스템은 긴밀히 연결되어 있으므로 종종 충돌이 발생하였다. 각 시스템이 자신에게 가장 유리한 결정한다해도 공장 전체적인 목표는 달성되지 못할 수 있다. 예를 들어 운송 부서가 운송 비용을 최소화하기 위해 가능한 많은 양을 한번에 운송하려 한다면 이는 재고를 증가시켜, 더 많은 재고 운반 유지 비용을 요구하게 되는 식이다.

최고의 이윤을 추구하기 위해 기업은 최소한 다음 4개의 목적을 가져야 한다.

1. 최상의 고객 서비스 제공
2. 가능한 적은 생산 원가
3. 가능한 적은 재고 투자
4. 가능한 적은 유통 원가

이러한 목적들은 영업, 생산, 회계 부서간 각각의 영역에서 서로 다른 업무로 인해 충돌을 일으킨다.

영업의 목적은 수입을 관리하고 증가시키는 것이다. 따라서 영업은 가능한 최고의 고객 서비스를 제공해야 한다.

이 목적을 달성하기 위해서는 다음과 같은 방식들이 있다.

- 고객이 원하는 상품이 항상 준비될 수 있도록 많은 재고를 유지한다.
- 재고가 없는 품목을 빨리 생산하기 위해 진행중인 다른 생산을 중단한다.
- 상품을 고객에게 빨리 전달하기 위해 광범위한 – 결과적으로 비싼 유통 시스템을 구축한다.

회계는 투자와 비용을 최소화 해야 한다.

이 목적은 다음으로 달성된다.

- 재고 투자가 최소화되도록 재고를 감소시킨다.
- 공장과 창고의 수를 줄인다.
- 장기간 생산 작업을 통해 많은 양을 생산한다.
- 고객의 주문이 있을 때만 제조한다.

생산은 가능한 운영 비용을 최소화 해야 한다. 이 목적은 다음으로 달성된다.

- 비교적 적은 종류의 제품을 한번에 많이 생산한다. 장비 교체가 적어지고 특수 장비를 사용할 수 있어 제품을 만드는 비용이 감소 한다.

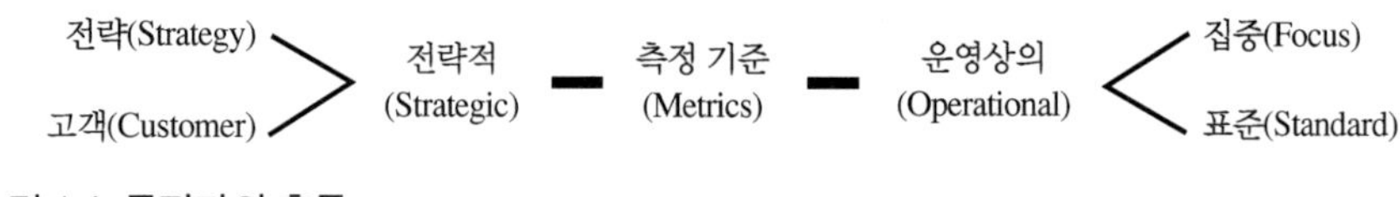

그림 1.4 목적간의 충돌

- 원자재와 재공재고를 많이 보유하여, 자재 결품에 따른 생산의 중단을 방지한다.

이들은 고객 서비스, 생산 흐름의 방해, 재고 수준에 대한 영업, 회계, 생산 사이의 충돌을 일으킨다.

그림 1.4는 이들간의 관계를 보여준다.

오늘날, 절약형 생산(Lean production) 개념은 고객이 원하는 것을, 원하는 시간에, 최소의 재고를 보유할 수 있을 만큼만 공급하도록 강요 받고 있다. 이들 목적은 생산과 영업 그리고 회계간의 더 긴밀한 관계를 요구한다. 15장에서 절약형 생산의 개념과 이것이 자재관리에 어떻게 영향을 주는지 설명할 것이다.

이들 상충되는 목적을 해결하기 위한 중요한 방법 중의 하나는 공급과 생산 그리고 유통 부서간에 긴밀한 협조체계를 구축하는 것이다. 문제는 전체 조직과 함께 최소의 제반 비용과 최고의 고객 서비스라는 상충되는 목적간의 조화를 유지하는 것이다. 이것은 공급과 생산, 그리고 유통에 책임이 있는 자재관리나 물류(物流) 부서간의 특정 방식의 통합을 요구한다. 영업, 생산 그리고 유통 각각이 이들 기능에 대한 계획과 통제를 가지는 대신, 한 개 영역에서 그 임무가 이루어지도록 해야 한다.

자재관리(Material Management)란 무엇인가?

한 개 부서가 공급자로부터 고객까지, 생산과정을 거치는 자재의 흐름에 대해 책임을 가진다는 개념은 비교적 새로운 것이다. 많은 기업에서 이러한 조직 방식을 채택하고 있지만, 아직도 많은 수의 기업이 그러지 못하는 실정이다. 만약 기업이 이 영역의 총 비용을 최소화하고, 더 나은 수준의 고객 서비스를 제공하기 바란다면, 기업은 이러한 방향으로 이동해야 한다.

이러한 기능은 일반적으로 자재관리(materials management)라 불린다. 다른 이름으로는 유통계획 및 통제(distribution planning and control) 또는 물류(control and logistics management) 관리 등이 있지만, 이 책에서는 자재관리라는 용어를 사용하도록 하겠다. 제 15장에서 논의된 대로, 절약형 생산은 개개운영이 효과적으로 진행될뿐만 아니라 모든 운영이 함께 작업하기를 요구하고 있다. 자재 관리 부서는 자재 전체에 대한 책임을 가짐으로서 이러한 조직화를 향상시킬 수 있다.

자재관리는 자재의 흐름을 통제하고 계획하는 임무를 얕은 조정기능(coordinating)을 가진다. 자재관리의 목적은 다음과 같다.

- 기업 자원의 최대 사용
- 고객 서비스 요구 수준 지원

자재관리는 기업의 이윤을 증가시키는데 많은 일조를 할 수 있다. 제조 기업의 소득 현황(손익계산서)은 다음과 같이 표기될 것이다.

		금액		매출 비율
매출		$1,000,000		100
매출 원가				
직접 자재비	$500,000		50	
직접 인건비	$200,000		20	
공장 간접비	$200,000		20	
총 매출 원가		$900,000		90
총 이익		$100,000		10

직접 인건비와 자재비는 판매된 수량에 따라 증가되거나 감소된다. 간접비(기타 모든 비용)는 판매에 직접적으로 영향을 받지 않는다. 비록 매출 비율로 나타나 있지만, 여기서 간단한 계산을 위해 간접비가 일정하다고 가정하자.

만일 자재관리 부서가 잘 구성되어 있어 직접 자재비가 10% 줄어들고, 직접 인건비가 5% 줄어들었다면, 이익의 증가는 아래와 같다.

		금액		매출 비율
매출		$1,000,000		100
매출 원가				
직접 자재비	$450,000		45	
직접 인건비	$190,000		19	
간접비	$200,000		20	
총 매출 원가		$840,000		84
총 이익		$160,000		16

이익이 60% 증가되었다. 매출 증가로 동일한 이익 증가($60,000)를 얻기 위해선 매출이 $1,200,000으로 증가되어야 할 것이다.

		금액	매출 비율	
매출		$1,200,000		100
매출 원가				
직접 자재비	$600,000		50	
직접 인건비	$240,000		20	
간접비	$200,000		17	
총 매출 원가		$1,040,000		87
총 이익		$160,000		13

예제

a. 매출의 직접 자재비가 60%, 직접 인건비가 10%, 간접비가 25%라 가정할 때, 만일 직접 자재비가 5% 감소한다면 이익은 얼마나 증가할 것인가?

b. 동일한 이익 증가를 얻기 위해서 매출은 얼마가 증가되어야 하는가? (간접비는 동일하다고 가정하라)

답

a.

	증가 전		증가 후	
매출		100%		100%
매출 원가				
직접 자재비	60%		55%	
직접 인건비	10%		10%	
간접비	25%		25%	
총 매출 원가		95%		90%
총 이익		5%		10%

b.

$$
\begin{aligned}
\text{이익} &= \text{매출} - (\text{직접 자재비} + \text{직접 인건비} + 0.25) \\
&= \text{매출} - (0.6\ \text{매출} + 0.1\ \text{매출} + 0.25) \\
&= \text{매출} - 0.7\ \text{매출} - 0.25 \\
0.1 &= 0.3\text{매출} - 0.25 \\
0.3\text{매출} &= 0.35 \\
\text{매출} &= 0.35/0.3 = 1.17
\end{aligned}
$$

동일한 이익을 얻기 위해 매출은 17% 증가되어야 한다.

재공품(Work-in-process)

재고는 팔린 제품의 비용의 일부를 구성할 뿐만 아니라, 완제품으로 공정될 생산 초기에 구매되어야 하는 것이기도 하다. 이러한 종류의 재고를 **재공품**(WIP, Work-in-process)라고 부른다. 재공품은 많은 기업들에게 있어 주된 투자 품목인데, 재고품이 생산 중에 보내는 시간의 양을 절감하는 것은 이 투자와 관련된 비용을 절감하는 좋은 방법이다. 노동력, 자재, 제경비(overhead)는 전 생산과정에 거쳐 상품에 지속적으로 적용되며, 재공품의 가치는 최종 가치의 절반으로 측정된다. 재공품과 재공품의 절감에 대해서는 제 9장과 15장에 걸쳐 보다 논의될 것이다.

예제

평균 12주의 생산소요시간을 가지고, 판매된 상품의 연 매출이 3천6백만 달러인 기업이 매년 50주씩 업무를 한다 할 때,

a. 재공품의 가치를 달러로 표시하라.
b. 제품 생산소요시간이 5주로 절감될 수 있으며, 연간 재고 유지비용이 재고 가치의 20%에 해당한다 할 때, 연간 절감액은 얼마인가?

답

주간 제품의 가격 = 연간 \$36,000,000/ 연간 50주
= 주당 \$720,000
생산소요시간 12주 일 때 재공품 가치 = 12주×매주 \$720,000× (1/2) = \$4,320,000
생산소요시간 52주 일 때 재공품 가치 = 5주× 매주 \$720,000×(1/2) = \$1,800,000
재공품 축소 = \$4,320,000−\$1,800,000 = \$2,520,000
연간 절감액 = \$2,520,000×20% = \$504,000

비용의 감소는 이익에 직접적으로 기여한다. 매출의 증가는 직접 자재비와 인건비의 증가를 가져오므로 이익을 직접적으로 증가 시키지 않는다. 자재관리는 정확한 자재가 올바른 장소에 필요한 시기에 존재하게 하여 기업의 자원을 합당하게 사용되게 하므로 비용을 절감할 수 있다.

이러한 자재의 흐름을 분류하는 몇 가지 방법이 있다. 매우 유용하게 사용되는 분류 방법으로 제조계획과 통제(Manufacturing Planning and Control)와 물리적 공급/유통(Physical supply/distribution)이 있다.

제조계획과 통제(Manufacturing Planning and Control)

제조계획과 통제는 생산 공정에서의 자재의 흐름을 계획하고 통제하는 책임을 가진다. 수반되는 주요 행위는 다음과 같다.

1. **생산 계획** 생산은 시장의 요구사항을 충족할 수 있어야 한다. 이를 위한 가장 생산적인 방법을 찾는 것이 생산 계획의 의무이다. 이것은 정확한 우선순위(무엇이

언제 필요한지)를 설정하고, 이 우선순위를 만족시키기 위한 능력이 가능함을 확신 시켜야 한다. 생산계획은 다음을 포함한다.

A. 예측

B. 주 계획

C. 자재 소요 계획

D. 부하 계획

2. **실행과 통제** 이것은 생산 계획에서 만들어진 계획이 수행되고 달성되도록 하는 책임이다. 이러한 책임은 생산현장관리(PAC: Production Activity Control 또는 SFC: Shop Floor Control라고도 한다)와 구매를 통해 달성된다.
3. **재고 관리** 재고는 생산 진행에 공급되거나 지원을 위한, 또는 영업을 위해 가져가는 자재를 말한다. 이들은 계획 절차의 일부분이며, 요구량과 생산량의 차이를 보충하기 위한 버퍼(buffer)를 제공한다.

생산 계획, 실행, 통제 그리고 재고관리는 상호 작용한다. 제조에서의 재고는 생산을 지원하거나 생산의 결과로 나타날 수 있다. 품목이 구매되어 더 이상의 가공 없이 재판매되는 경우에만 재고관리가 제조계획과통제와 분리되어 수행된다. 이 경우에도, 재고관리는 구매와 분리되어 수행될 수 없다.

제조계획과 통제(Manufacturing Planning and Control)의 입력 내용 제조계획과통제 시스템에는 5개의 기본입력 사항이 있다.

1. **제품설명**(Product Description)은 생산의 어떤 단계에서 제품이 어떻게 보이는지를 보여준다. 기술도면과 사양은 제품을 기술하는 수단이다. 제조계획과 통제의 가장 중요한 또 다른 수단은 자재목록표(BOM: Bill Of Material)이다. 이 문서는 재고관리에서 다음과 같은 두 가지 기능을 수행한다.

   - 제품을 생산하는데 사용되는 부품을 설명한다.
   - 제조의 다양한 레벨에서의 반제품을 설명한다.

2. **프로세스 사양**(Process Specification)은 최종 제품을 만드는데 필요한 각 단계를 기술한다. 이것은 제품이 만들어지는 방법에 대한 각 단계별 설명을 기술한다. 이 정보는 일반적으로 공정파일(Routing file)이나 공정시트(Route sheet)에 기록된다. 이 정보는 다음의 형태로 제품을 생산하기 위해 문서 또는 컴퓨터 파일 형태의 정

보를 제공한다.

- 제품을 만들기 위해 요구되는 공정
- 공정 순서
- 필요한 장비 및 부속품
- 각 공정의 수행에 필요한 표준 시간

3. **시간 공정 수행에 필요한 시간**은 표준 공정을 일반적인 장소에서 수행하기 위해 필요한 표준 시간으로 표현된다. 이것은 공장전체의 작업과 공장의 부하, 납기 약속의 결정, 제품 비용을 계획하기 위해 필요하다. 일반적으로 공정의 표준 시간은 공정파일(Routing file)로부터 얻어진다.
4. **가용설비**(Available Facilities) 제조 계획 및 통제는 일을 진행하기 위해 어떤 공장, 장비와 인원이 필요한지를 알아야 한다. 이 정보는 일반적으로 작업장 파일에서 알 수 있다.
5. **요구수량** 이 정보는 예측이나 고객 주문, 최종 제품 재고를 보충하기 위한 오더와 자재 소요 계획으로부터 발생 된다.

물리적 공급/유통

물리적 공급/유통은 공급자에서 제품 생산의 최초 시점까지, 그리고 제품 생산 최종 단계에서 고객까지의 제품 이동에 필요한 모든 행위를 포함한다.

이 행위는 다음을 포함한다.

- 운송
- 유통 재고
- 창고
- 포장
- 자재 취급
- 주문 입력

자재관리는 균형을 유지하는 행위이다. 목적은 고객이 원하는 제품을 원하는 시간에 원하는 장소로 최소의 비용으로 납품 가능하게 하는 것이다. 이 목적을 달성하기 위해, 자재관리는 고객 서비스 수준과 서비스를 제공하는 비용간에 균형을 유지해야 한다. 일반적으로, 서비스 수준이 높아지면 비용이 증가하며, 자재관리는 최상의 서비스와 최소의 비용을 위한 입력 조건을 찾아야 한다. 예를 들어, 모든 주요 시장에 창고가 있으면 배송을 신속하게 할 수 있으므로 고객 서비스는 높아진다. 그러나 창고를 만들게 되면 창고의 운영비용과 부가적인 재고 유지 비용이 발생한다. 만일 운송 비용이 적게 사용된다면, 운송 비용의 잠재적인 절감에 의해 비용이 절감될 것이다.

상품의 저장과 이동에 관련된 모든 행위를 하나의 부서로 모은다면, 회사는 최소의 비용으로 최상의 서비스를 제공하여 이윤을 증가시키는 더 나은 기회를 가질 수 있다. 자재관리의 일반적인 개념은 우선순위와 능력의 균형을 유지하는 것이다. 시장은 요구를 결정하고, 자재관리는 시장의 요구를 충족하기 위한 회사의 우선순위(어떤 상품을 언제 만들 것인지)를 계획해야 한다. 능력은 상품을 생산하고 납품하기 위한 시스템의 가능성이다. 우선순위와 능력은 최소의 비용으로 고객의 요구를 만족시키기 위해 계획되고 통제되어야 한다. 자재관리는 이 일에 책임을 진다.

요약

제조는 상품에 가치를 더하여 부(富)를 생성한다. 기업은 생산성과 부(富)를 향상시키기 위해 제조에 대한 효율적이고 효과적인 시스템을 설계해야 한다. 그 다음에 인원과 자원 그리고 자재를 가장 잘 사용하기 위해 이들 시스템을 관리해야 한다. 이를 위한 가장 효율적인 방안 중 하나는 제조의 입력, 처리, 산출상의 자재의 흐름을 계획하고 통제하는 것이다. 자재의 흐름 시스템에는 공급, 제조계획과 통제, 물리적 유통의 세가지 요소가 있다. 이들은 서로 밀접하게 연결되며, 하나의 시스템에서의 일어난 일이 다른 시스템에 영향을 미치게 된다.

전통적으로, 회사의 목적과 영업, 회계, 생산과 영역의 목적간에는 서로 충돌이 있었다. 자재관리의 임무는 자재 흐름의 조정을 통해 이들 상충된 목적 간에 균형을 유지하여 고객 서비스가 관리되고, 회사의 자원이 합당하게 사용되게 하는 것이다.

이 책은 APICS(American Production and Inventory Control Society)에 의해 소개되어 정석(body of knowledge)으로 여겨지는 몇몇 이론과 실습들을 살펴볼 것이다. 나아가 15장에서는 JIT(Just In Time) 제조의 개념을 살펴보며 이 개념이 자재관리의 실행에 어떤 영향을 주는지 배울 것이다.

질문

1. 부(富)란 무엇이며, 어떻게 생성되는가?
2. 가치를 더하는 것은 무엇이며, 어떻게 달성되는가?
3. 운영관리에 영향을 주는 4가지 주요 요인의 이름과 설명은?
4. 견적조건(Order Qualifiers) 와 경쟁우위(Order Winners)란 무엇인가?
5. 주요 4가지 생산 전략을 기술하라. 이들 각각이 납기 리드타임에 어떻게 영향을 주는가?
6. 공급망이란 무엇인가? 공급망의 5가지 주요 인자를 기술하라.
7. 절차나 운영을 관리하기 위해 제조 관리는 무엇을 해야 하는가?
8. 공급과 생산 그리고 유통 시스템의 주요 3개 부서의 이름과 설명은?
9. 최상의 이윤을 추구하기 위한 기업의 4가지 목표는 무엇인가?
10. 영업의 목표는 무엇인가? 이 목표를 달성하기 위한 세가지 방안은 무엇인가?
11. 회계의 목표는 무엇인가? 어떻게 이 목표를 달성할 수 있는가?
12. 생산의 목표는 무엇인가? 어떻게 이 목표를 달성할 수 있는가?
13. 어떻게 영업, 생산, 회계의 목표가 고객 서비스, 생산의 방해, 재고간에 충돌되는지를 기술하라.
14. 자재관리의 목적은 무엇인가?
15. 제조 계획 및 통제의 3가지 주요 행위의 이름과 설명
16. 제조 계획 및 통제의 주요 입력 사항의 이름과 설명
17. 외형적인 공급/유통 시스템에 참여하는 6가지 행위는 무엇인가?
18. 왜 자재관리는 균등하게 고려되어야 하는가?
19. 측정기준(Metrics)이란 무엇인가? 어떻게 사용되는 것인가?
20. 노트북 가방과 배낭은 제조계획과 통제를 공부하는 학생에게 익숙한 물품들이다. 다양한 이들 제품들을 생산하는데 관련 된 제조계획과 통제 활동에 대하여 논하여라.
21. 당신의 학교 서점에 상품을 공급하는 공급망을 3개 이상 설명해 보라. 그들은 비용을 절감하기 위해 협력의 공급망을 사용하는가?
22. 21번 서점 문제에서, 공급망 구성원 중 하나가 어떻게 '채널 마스터(channel master)'로서 공급망을 사용할 수 있는지 설명해 보라.

23. 패스트푸드 산업에서 어떤 제조전략들이 사용되는가? 이는 고객의 입장에서 볼 때, 생산소요시간에 어떤 영향을 미치는가?

연습문제

1.1 만일 제조 비용(직접 재료비와 직접 인건비)이 매출의 60%이고, 이윤이 매출의 10%일때, 더 나은 계획과 통제를 통해 제조 비용이 60%에서 50%로 줄어들었다면 이윤의 상승은 얼마나 되는가?

답: 이익이 100% 상승

1.2 문제 1.1에서 동일한 이윤 증가가 되려면 얼마의 매출이 증가되어야 하는가?

답: 매출이 25% 증가해야 함

1.3 평균적으로 기업이 10주간의 재공품(WIP)을 가지며, 상품의 연간 매출금액은 $15,000,000이다. 기업은 연간 50주를 일한다고 가정한다.

a. 재공품(WIP) 금액은 얼마인가?

b. 만일 재공품(WIP)이 7주로 줄어들고, 연간 재고 유지비용이 재고의 20%라면, 연간 절감 비용은 얼마인가?

답: a. $1,500,000 b. $90,000

1.4 평균적으로 기업이 12주간의 WIP을 가지며, 상품의 연간 매출액은 $40,000,000이다. 기업은 연간 50주를 일한다고 가정한다.

a. 재공품(WIP)의 금액은 얼마인가?

b. 만일 재공품(WIP)이 5주로 줄어들고, 연간 재고 유지 비용이 재고의 20%라면, 연간 절감 비용은 얼마인가?

1.5 합병된 기업의 상품 매출 금액은 10,000,000이다. 이 기업의 직접자재비는 $3,500,000, 인건비가 $2.500,000이며, 간접비는 $3.500,000이며, 이윤은 $500,00이다. 직접 인건비와 직접 자재비는 매출 비용에 직접적으로 영향을 미치지만, 간접비는 영향을 미치지 않는다. 이 기업은 이윤을 두배로 증가시키고자 한다.

a. 이를 위해서 기업은 얼마만큼의 판매량을 늘려야 하는가?

b. 이를 위해 기업은 얼마만큼의 자재비를 줄여야 하는가?

c. 이를 위해 기업은 얼마만큼의 인건비를 줄여야 하는가?

생산계획 시스템
(Production Planning System)

입문(Introduction)

이번 장에서는 제조계획수립(Manufacturing Planning)과 통제시스템(control system)에 대해 살펴볼 것이다. 우선, 생산시스템을 전체 시스템 관점에서 조명해 본 후, 점차 세부적인 내용을 살펴보도록 하자. 뒤에 계속되는 장에서 주생산일정(Master Production Scheduling), 자재소요계획(Meterial Requirements Planning), 생산능력관리(Capacity Management), 생산현장관리(Production Activity Control), 구매, 예측 등이 논의될 것이다.

제조는 복잡한 과정이다. 몇 종류의 제품안을 생산하는 기업이 있는가하면 여러 종류의 제품을 생산하는 기업도 있는데, 이들 각각은 다양한 일련의 공정, 설비, 장치, 작업자 기술, 자재들을 사용한다. 이익을 나타내기 위해 기업들은 이러한 요소들을 적재적소에 최상의 품질과 최소의 비용으로 조직할 수 있어야 한다. 이것은 복잡한 문제이며, 따라서 훌륭한 계획 및 통제 시스템을 갖추는 것이 매우 중요하다.

훌륭한 계획 시스템은 다음 4가지 질문에 답할 수 있어야 한다.

1. 어떤 제품을 만들 것인가?
2. 만드는데 얼마나 걸리는가?
3. 무엇을 가지고 있는가?
4. 무엇이 필요한가?

이 질문들은 결국 우선순위(priority)와 생산능력(capacity)에 대한 것이다. 우선순위는 어떤 제품이 필요하고, 얼마나 필요하고, 언제 필요한지와 관련한다. 우선순위는 시장의 요구에 의해 만들어지며, 제조는 할 수 있는 한 이와 같은 시장의 요구를 만족시킬 수 있도록 계획을 수립하여야 한다.

생산능력은 제품과 서비스를 생산하는데 필요한 제조 능력을 의미하며, 생산능력은

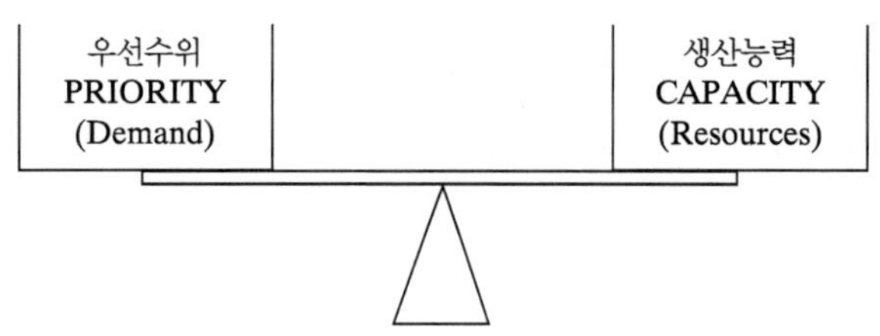

그림 2.1 우선순위와 생산능력간의 관계

결국 설비, 작업자, 재정, 공급자의 자재 가용성 등과 같은 기업의 자원에 따라 결정된다. 단기적으로 보면, 생산능력은 주어진 기간 내에 작업자와 설비가 수행할 수 있는 작업의 양이다. 우선순위와 생산능력 간에 존재하는 관계가 그림 2.1에 도식화되고 있다.

장기적이던 단기적이던, 제조는 시장의 요구와 자원 간의 균형을 고려하여 계획을 수립하여야 한다. 생산공장을 늘리거나 신규 장비를 도입하는 것과 같은 장기적인 의사결정을 위해서는 수년간에 걸쳐 계획이 수립되어야 한다. 또한 향후 몇 주간의 생산에 대한 계획에 있어서는, 계획 기간이 일 또는 주 단위가 될 것이다. 계획수립의 이러한 계급적 구조는 다음 장에서 살펴보도록 하자.

제조계획과 통제 시스템

제조계획 및 통제 시스템(MPC)에는 모두 5개의 주요 레벨이 있다.

- 전략경영계획(Strategic business plan)
- 생산계획(Production plan(sales and operation plan))
- 주생산일정(Master production schedule)
- 자재소요계획(Material requirements plan)
- 구매 및 생산현장관리(Purchasing and production activity control)

각 레벨은 그 목적과 계획기간, 상세수준에 따라 구분된다. 전략계획에서 생산현장관리로 이동함에 따라 목적은 일반적인 방향성에서 특정부문에 대한 상세한 계획으로 바뀌게 되며, 계획기간은 년 단위에서 일 단위로 줄어들게 된다. 마찬가지로 상세수준 또한 일반적인 범주에서 개별 컴포넌트나 작업장 수준으로 바뀌게 된다.

각 레벨은 다음과 같은 항목에서 차이가 난다.

- 계획의 목적

■ 계획기간(planning horizon) – 현재부터 계획이 생성되는 미래의 어느 시점까지의 시간 간격
■ 상세함의 수준 – 계획에 요구되는 제품의 상세함
■ 계획주기(planning cycle) – 계획수립의 빈도수

각각의 레벨에서는 다음과 같은 3가지 질문에 답을 구할 수 있어야 한다.

1. 우선순위가 무엇인가? – 생산되어야 하는 것이 얼마이고, 언제인가?
2. 가용능력(available capacity)이 얼마인가? – 어떤 자원을 가지고 있는가?
3. 우선순위와 생산능력간의 차이를 어떻게 극복할 수 있는가?

그림 2.2는 계획수립의 구조를 보여주고 있다. 처음의 4 레벨이 계획레벨이고 계획의 결과는 필요한 제품의 구매 또는 제조에 대한 지시가 될 것이다. 마지막 레벨은 수립된 계획이 생산현장관리 또는 구매를 통해 실행에 옮겨지는 때를 의미한다. 이제부터는 목적, 기간, 상세수준, 그리고 계획주기에 따라 각각의 계획레벨에 대하여 살펴보도록 하자.

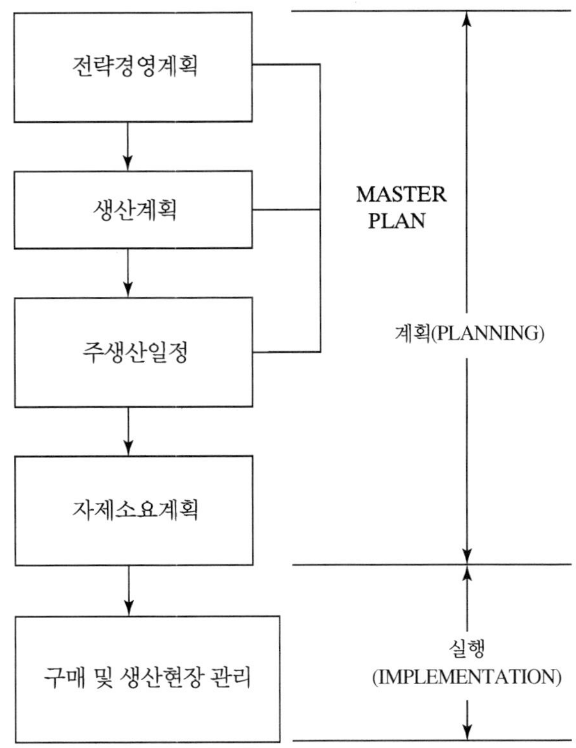

그림 2.2 제조 계획 및 통제 시스템

전략경영계획(Strategic Business Plan)

전략경영계획은 향후 2년에서 10년 이상의 기간 동안 기업이 달성해야 할 주요 목적과 목표를 기술한 스테이트먼트이다. 기업이 나아갈 큰 방향을 기술하게 되며, 기업이 미래에 해야 할 사업의 종류—생산라인, 시장 등—를 보여주게 된다.

전략경영계획은 기업이 이와 같은 목적을 어떻게 달성할 수 있을 것인가에 대하여 전반적인 방향을 제시하게 되는데, 이는 장기적인 예측에 기반을 두며, 마케팅, 재무, 생산, 기술에 대한 내용을 포함한다. 이에 따라 전략계획은 마케팅, 재무, 생산, 기술계획 간의 조정과 방향을 제공하게 된다.

*마케팅(marketing)*은 시장을 분석하고 그에 대한 기업의 대응방안을 오버하는 업무를 맡으며, 일반적으로 공략해야 할 시장, 공급할 제품, 고객 서비스 수준, 가격, 광고전략 등을 포함하게 된다.

*재무(finance)*는 기업에 필요한 자금의 공급과 사용 결정 및 현금흐름(cash flow), 이익, 투자회수율, 예산 등을 책임이 있다.

*생산(production)*은 시장의 요구를 만족시켜야만 하는데, 이는 공장, 설비, 장치, 작업자, 자재 등을 가급적 효율적으로 사용함으로써 달성되어진다.

*기술(engineering)*은 연구, 개발, 신제품 기획, 제품변경 등을 담당하게 되는데, 시장에서 팔릴 수 있으며, 가장 경제적으로 생산할 수 있는 제품이 설계를 위해서 반드시 마케팅 및 생산 부서와 협력해야 한다.

전략경영계획의 수립은 경영진에 의해 이루어 지게 된다. 전략경영계획은 마케팅, 재무, 생산으로부터 나온 정보를 이용하여, 각 부서별 계획의 목표와 목적을 수립할 수 있도록 프레임워크를 제공하게 되며, 각 부서는 전략경영계획에 의해 수립된 목표를 달성하기 위한 부서별 계획을 작성하게 된다. 이 계획들은 전략경영계획과 더불어 서로 연관성을 가지게 되는데 그림 2.3은 그 관계를 보여주고 있다.

전략경영계획은 구체적인 것이 아니다. 개발제품의 판매보다는 보통 주요 제품군이나 전체 시장에 해당하는 일반적인 시장과 생산의 요구와 관련한다. 일반적으로 양적인 단위보다는 화폐단위로 표기된다. 전략경영계획은 보통 6개월마다 검토된다.

생산계획(PP: Production Plan)

전략경영계획에 의해 수립된 목표가 주어지면, 생산관리는 다음과 같은 사항들을 고려하게 된다.

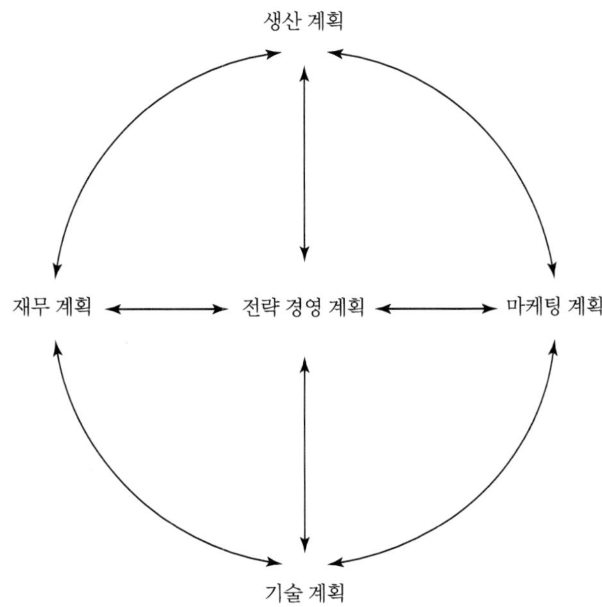

그림 2.3 경영 계획

- 일정기간 동안에 생산되어야 할 제품군의 수량
- 요구되는 재고수준
- 설비, 작업자, 자재 등 특정 기간 동안 필요로 하는 자원
- 필요로 하는 자원의 가용성

생산계획도 그리 상세하지 않다. 예를 들어, 어린이용 자전거, 세발 자전거, 스쿠터 등을 다양한 모델과 옵션으로 생산하는 기업이 있다 한다면, 생산 계획은 자전거군, 세발자전거군, 스쿠터군의 큰 단위의 군으로 묶인 사항을 전달할 것이다.

생산계획 담당자는 회사 내의 사용가능한 자원을 효과적으로 사용하여 시장수요를 만족시킬 수 있도록 계획을 수립해야만 한다. 이 과정은 시장수요를 만족시키는데 필요한 자원을 결정하고, 그 결과를 자원의 가용성과 비교하여, 수요와 가용성의 균형을 맞출 수 있도록 계획을 수립하는 과정을 포함한다.

필요한 자원을 결정하고, 자원의 가용성과 비교하는 과정은 생산 능력 관리의 문제로 각 계획레벨에서 공통적으로 발생하게 된다. 효과적으로 계획을 수립하기 위해서는, 반드시 우선순위와 생산능력이 균형을 이루어야 한다.

시장계획 및 재무계획과 더불어, 생산계획은 전략경영계획의 실행과 관련하여, 계획기간은 일반적으로 6개월에서 18개월 정도이며, 보통 매달 또는 매분기마다 검토되어진다.

주생산일정(MPS: Master Production Schedule)

주생산일정(MPS)은 개별제품의 생산을 위한 계획이다. MPS에서는 생산계획에서 제품군별로 만들어진 계획을 개별제품 수준으로 세분화하게 되는데, 예를 들면, 스쿠터 중에서도 모델번호 A23이 200개 씩 매주 생산되어야 한다고 표현될 수 있을 것이다. MPS의 입력물은 생산계획과 최종제품에 대한 예측, 판매오더, 재고, 현재의 생산능력 등이 된다.

MPS의 상세 정도는 생산계획보다 높으며, 생산계획은 제품군(세발 자전거)을 기준으로 하지만, MPS는 최종제품(세발 자전거의 각 모델) 수준에서 수립된다. 계획기간은 일반적으로 3개월에서 18개월 정도이며, 주로 구매 및 제조 리드타임에 따라 결정되게 된다. 이와 같은 내용은 3장(기준일정수립)에서 될 것이다. 기준일정수립(master scheduling)이란 용어는 MPS의 수립과정을 일컫는 것이며, MPS는 이 과정의 결과물을 뜻한다. 또한 MPS의 검토 또는 변경은 주간 또는 월간으로 이루어지게 된다.

자재소요계획(MRP: Material Requirements Plan)

자재소요계획(MRP)은 MPS에서 결정된 최종제품의 생산에 소요되는 컴포넌트의 구매 또는 생산을 위한 계획이다. MRP에서는 컴포넌트의 필요수량 및 투입시점을 다루게 되며, 구매와 생산현장관리는 특정 부품의 구매와 생산을 위해 MRP 결과를 이용하게 된다.

자재소요계획은 매우 상세한 편으로, 계획기간은 최소한 구매와 제조리드타임의 합계보다는 커야 하는데, 3개월에서 18개월 정도를 그 범위로 한다.

구매 및 생산현장관리(Purchasing and Production Activity Control)

구매 및 생산현장관리(PAC)는 생산계획 및 통제시스템에 대한 실행 및 통제가 이루어지는 단계이다. 구매활동은 공장으로 유입되는 원자재의 흐름을 수립하고 통제하는 역할을, 생산현장관리는 공장 내에서의 작업흐름을 계획하고 통제하는 역할을 담당하게 된다. 계획기간은 하루 또는 한 달로 매우 짧으며, 개별 컴포넌트, 작업장, 오더 등을 다루게 되므로 상세함의 정도가 높다.

그림 2.4는 여러 가지 계획수립기법, 계획기간, 상세함의 수준의 관계를 보여주고 있다.

계획레벨에 대해서는 이후 단원에서 보다 상세히 다루게 될 것이다. 이 단원에서는

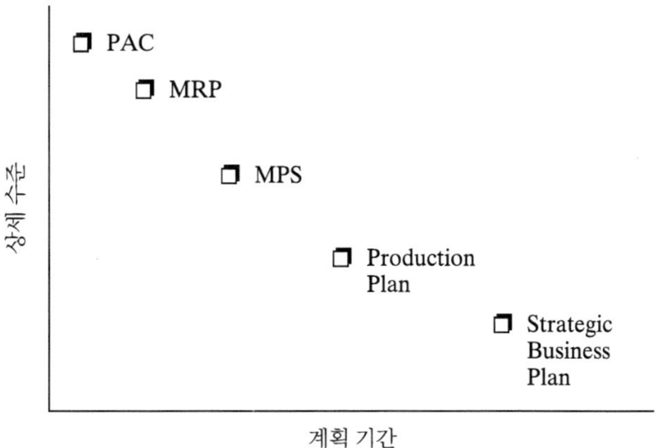

그림 2.4 상세수준 대비 계획기간

생산계획에 대해서 살펴보고, 이후 단원에서 MPS, MRP, PAC를 살펴보도록 하자.

생산능력관리(Capacity Mamagement)

제조계획 및 통제 시스템의 각 레벨에서, 우선순위계획은 제조시스템의 가용자원 및 생산능력과 비교적 시험해 보아야 한다. 5장에서 상산능력관리에 대해 자세히 살펴보게 되겠지만, 여기에서는 우선순위 수행에 필요한 생산능력을 계산하며, 그 생산능력이 가용할 수 있는 방법을 찾기 위한 기본적인 과정이라는 것을 이해하는 것으로 충분하리라 본다. 이런 과정이 없이는 생산계획이 실현 가능할 수 없다. 만일 생산능력이 필요한 시점에 사용될 수 없다면, 그 계획은 반드시 변경되어야 할 것이다. 소요능력을 계산하고 이를 가용능력과 비교하여, 혹은 계획을 수정하는 과정은 제조계획 및 통제 시스템의 모든 레벨에서 이루어져야 한다.

몇 년 간에 결쳐서는 장치나 설비, 또는 생산공장 등이 추가될 수도 있고 없어질 수도 있으나, 생산계획으로부터 PAC에 포함된 계획기간 내에서는 이러한 종류의 변화가 일어날 수 없고 단지 작업교대의 수, 초과근무, 외주생산 등의 변경 등은 이 기간 동안에 있을 수 있을 것이다.

영업 및 운영계획(SOP: Sales and Operation Planning)

전략경영계획은 조직 내 모든 부서의 계획을 통합하며, 일반적으로 매년 갱신된다. 또한 각 부서별 계획들도 최근의 예측이나 시장 및 경제상황을 고려하기 위해서는 시간의 진행과 더불어 지속적으로 갱신되어야 한다.

영업 및 운영계획(SOP)은 전략경영계획을 지속적으로 교정하여, 다른 부서들의 계획과 연계시키는 과정이다. 전략경영계획은 세일즈 마케팅, 생산 설계, 운영 및 고위경영 제반을 포괄하는 범기능적 경영 계획이다. 전략경영계획은 년 단위로 갱신되는 반면, 영업 및 운영계획은 적어도 매달 정기적으로 갱신되는 동적인 과정이다. 이 과정은 판매 및 마케팅 부서에서 시작하게 되는데, 판매계획과 실수요를 비교하거나, 시장 잠재성을 평가하고, 미래 수요를 예측하게 된다. 갱신된 마케팅 계획은 제조, 기술, 재무와 연계되고, 갱신된 마케팅 계획에 맞추어 각 부서의 계획을 조정하게 된다. 이 때, 각 부서의 계획이 마케팅 계획을 맞추는 것이 불가능하다고 판단되면, 다시 마케팅 계획이 조정되어야 한다. 이런 방식으로 전략경영계획은 한 해에 걸쳐 지속적으로 갱신되게 된다. 그림 2.5는 전략경영계획과 SOP와의 관계를 보여주고 있다.

영업 및 운영계획은 중기계획으로 마케팅, 생산, 기술, 재무계획을 포함하고 있다. SOP는 다음과 같은 몇 가지 장점을 가지고 있다.

- 상황이 바뀔 경우 전략경영계획을 갱신하는 수단을 제공한다.
- 변화를 관리하는 수단을 제공한다. 최소한 월단위로 경제상황을 주시함으로써 시

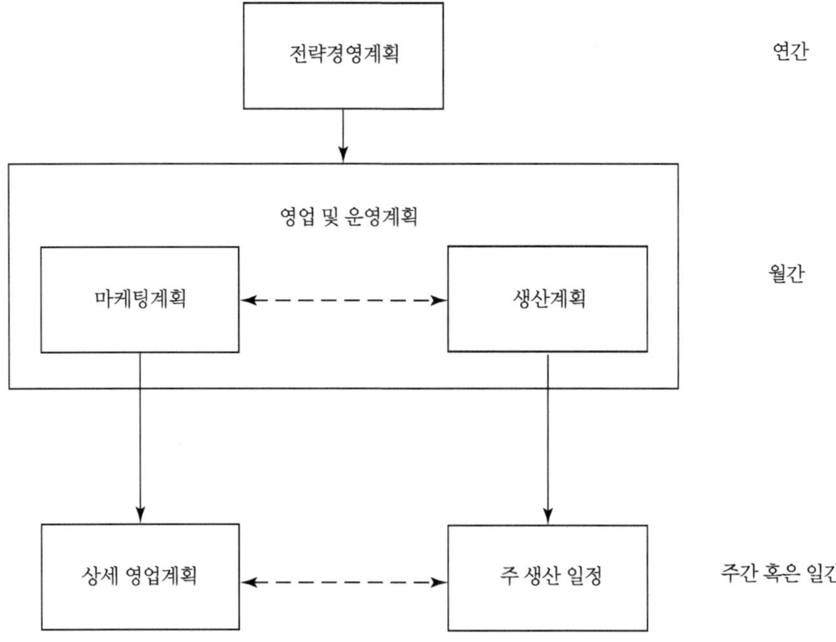

그림 2.5 영업 및 운영계획

장이나 경제상황의 변화 이후에 대응하는 것이 아니라 최소 계획변경에서 보다 유리한 위치를 차지할 수 있게 된다.

- 다른 부서의 계획이 실현 가능성 및 연계성을 가지며, 사업계획을 보조할 수 있도록 지원한다.
- 기업의 목표를 달성할 수 있도록 현실적인 계획을 제공한다.
- 생산 및 재고, 백로그에 보다 향상된 관리를 제공한다.

효과적인 영업 및 운영계획은 기업 내 다양한 기능/부서들 간의 분명한 균형을 만들어낼 가능성이 연관되어 있는 경영진 차원의 프로세스임을 인식하는 것은 매우 중요하다. 이렇게 하여 계획에 관여하는 경영진들은 거래량과 믹스에 대한 최선의 접근방식이 적용되고 있음을, 그리고 수요와 공급이 최선의 접근방식내에서 균형을 이루고 있음을 보증할 수 있다.

영업 및 운영계획이 생산 자체의 스케줄을 정하는 것은 아니며, 대신 기업 자원의 사용에 대한 고급 계획을 생산하는데 중점을 두고 있다는 점을 기억해야 할 것이다. 여기서 자원이란 생산 자원 분만 아니라 인적 자원, 판매 자원, 재정 자원, 그리고 사실상 기업 내의 그외 모든 기능들을 포함하는 것이다. 영업 및 운영계획은 전략계획으로부터 전개 된 비전과 전략들을 반영해야 하며, 전체 사업을 운영하기 위한 접근방식을 제공하는 단일의 집중된 계획의 역할을 수행해야 한다.

많은 기업들에 있어 자원에 관한 논의는 종종 소위 '녹색생산(green production)' 의 관점을 포함하곤 한다. 이러한 논의는 기본적으로 다음과 같은 사항들에 초점을 맞춘다.

- 환경에 대한 영향
- 에너지 보존
- 폐물 감소, 재활용, 재사용등 물자 사용
- 다양한 자원난 문제

이 녹색생산 논의의 결론은 생산자원의 최효율적인 사용 뿐만 아니라 생산과정의 설계에도 도움을 줄 수 있다. 예를 들어, 캐나다의 한 금속제조사가 수요가 고조되는 시기를 대비해 융해금속물 생산에 필요한 전력 스케줄을 여러개 설정한다고 하자. 이는 지역의 에너지 공급자가 그들의 전력 수용량을 늘리지 않아도 되게끔 만들며, 제조사 또한 이로 인해 약간의 우선 요금을 책정받게 될 것이다.

제조자원계획(Manufacturing Resource Planning, MRP II)

제조계획과 통제 시스템에서는 방대한 데이터와 수많은 계산을 수행하게 되므로 컴퓨터를 사용하게 될 것이다. 만일 컴퓨터를 사용하지 않는다면, 수작업으로 인한 시간과 인력의 투입이 상당해 기업은 타협책을 마련할 수밖에 없을 것이다. 이러한 기업은 신속한 계획수립을 보장할 수 없기 때문에 제조 리드타임을 더 길게 잡는 대안을 수립해야 할 것이며, 변동에 대비한 재고 수준을 높게 가져가야 할 것이다.

시스템은 위로부터의 계획수립과 아래로부터의 피드백이 완벽하게 통합될 수 있어야 한다. 전략경영계획은 기업의 전반적인 목표를 달성하기 위해 마케팅과 재무, 생산의 계획과 활동을 통합하고 있다. 또한, 주생산일정(MPS), 자재소요계획(MRP),생산현장관리(PAC),구매활동(Purchasing) 등은 생산계획과 전략경영계획의 목표－궁극적으로는 회사의 목표－를 달성하는데 초점이 맞춰져 있다. 만일 생산능력 문제로 인해 우선순위계획이 조정되어야 한다면, 그 변경은 상위 레벨의 계획에 반영되어야 할 것이다. 따라서, 시스템 전역에 걸친 피드백은 매우 필수적인 것이다.

전략경영계획은 마케팅, 재무, 생산 계획과 밀접한 관계를 가진다. 마케팅은 자부서의 계획이 실현 가능하며, 수용 가능하다는 것을, 재무는 그 계획의 재무적 관점에서의 타당성, 생산은 그 계획이 수요를 만족시킬 수 있다는 점을 확인해야 한다. 여기에서 언급했듯이, 제조계획과 통제 시스템은 기업의 전 부서를 대상으로 하는 주요 게임 플랜(master game plan)이다. 이와 같이 완벽하게 통합된 계획 및 통제 시스템을 제조자원계획 또는 MRP II 시스템이라 부른다. MRP II란 용어는 MRP와 구분하기 위해 사용되는 표현이다.

MRP II는 마케팅과 생산 사이의 조정을 제공한다. 마케팅, 재무, 생산은 생산계획으로 표현되는 전체 작업 가능한 계획에서 합의를 보게 된다. 마케팅과 생산은 주간 또는 일간을 기준으로 변동 발생에 대해 계획을 조정하기 위해 함께 작업하게 된다. 변동이란 오더의 사이즈가 달라질 수 있으며, 오더가 취소될 수도 있으며, 납기일이 조정될 수도 있다. 이와 같은 변동은 MPS를 통해 이루어지게 되는데, 마케팅 관리자와 생산 관리자는 예측수요(forecast demand) 상의 변동을 반영하기 위해 MPS를 수정해야 할 것이다. 상위 관리부서에서는 수요나 자원에 대한 전반적인 변동을 반영하기 위해 생산계획을 수정해야 할 것이다. 하지만, 이러한 계획 간의 관계 및 변동의 반영은 MRP II 시스템을 통해 이루어지게 된다. MRP II 시스템은 마케팅, 재무, 생산 및 기타 부서의 계획을 조정하는 메카니즘을 제공하며, 제조기업의 모든 자원을 효과적으로 계획하는데 필요한 방법이라고 할 수 있다.

그림 2.6은 MRP II 시스템의 다이어그램을 보여주고 있다. 이 그림에서는 반복적인 피드백에 주목할 필요가 있다.

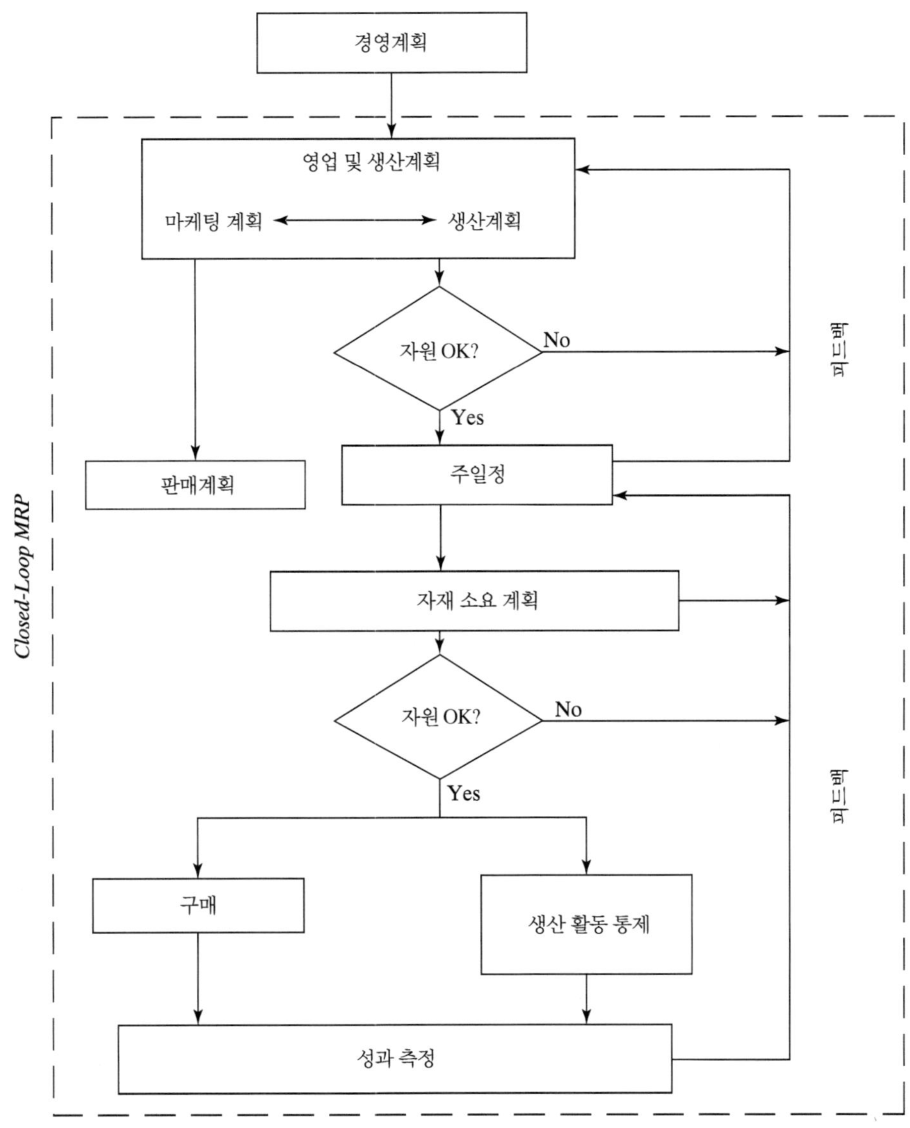

그림 2.6 제조자원계획

기업자원관리(Enterprise Resource Planning)

제조자원계획(MRP)은 발전하는 과정에서, 변화하는 다음의 두 상황에 편승하려는 경향을 보이고 있다.

1. 컴퓨터와 정보기술(IT)이 눈에 띄게 신속, 정확하고 강력하게 변화하고 있다. 대부분의 기업내 사람들은 통합 컴퓨터 기반 관리가 제공하는 속도, 정확성과 수용성에 대해 종종 매우 친숙하며, 최소한 편안함을 느끼고 있다.
2. 자원의 흐름과 자원관리에 영향을 주는 모든 직간접적 기능과 영역의 전 국면에 걸쳐 지식 및 결정의 통합이 이루어지고 있다. 이 통합에는 마케팅, 엔지니어링, 인적자원 관리, 회계, 재무와 같은 내부 기능 뿐만 아니라 공급자 지식의 상류부문 활동과 분배와 배달의 하류부문 활동가지도 포함된다. 이러한 통합의 추세는 현재 공급망관리(supply chain management)로 인식되고 있다.

자원관리의 진정한 통합적 접근방식 지침에 대한 기업의 필요가 증가함에 따라, IT 시스템의 발전이 이를 충족시키게 되었다. 이러한 시스템들이 기존의 MRP와 MRPII와 비교해 영역과 통합측면에서 점점 더 확대되감에 따라, 이들은 **기업자원관리**(Enterprise resource planning; ERP)라는 새로운 이름을 얻게 되었다.

ERP는 MRPII시스템과 비슷하나, 제조 뿐만이 아닌 전체 기업을 그 대상으로 한다는 점에서 차이를 보인다. 미국운영관리협회(APICS: Association for Operations Management)가 출판한 제 12판 사전은 ERP를 '기업이 외부 이점을 구하기 위해 내부지식 이용하도록 하기 위해 기업을 효과적으로 계획, 통제하기 위한 비즈니스 프로세스를 조직, 규정, 기준정립을 위한 체제' 라고 정의하고 있다. 온전한 운영을 위해서는 기업, 작업장, 작업지, 부서와 법인조직의 모든 층위에 있어 계획, 스케줄링, 원가계산 등을 위한 응용이 필요하다. 본질적으로 ERP는 제조만을 포괄하는 MRPII와는 상대적으로 전 기업의 범위를 포함한다. ERP시스템의 보다 확장된 범위에는 조달부터 최종 소비자에게의 배달까지, 회사의 전 영역에 걸쳐 주문의 추적과 다른 중요 계획들, 그리고 통제 정보들이 모두 해당된다. 더불어 많은 EPR시스템들은 경영관리자들이 회사간의 데이터를 공유할 수 있게끔 하는데, 이는 이 경영관리자들이 공급망의 온전한 전 범위에 걸쳐 가시성을 가질 수 있게 함을 의미한다.

이렇듯 고도로 통합된 ERP시스템의 능력과 수용력이 극도로 높음에도 불구하고, 이에는 몇몇 큰 댓가가 따른다. 많은 우수한 시스템들은 구매하기에 비싸다. 양과 정확도 모두에 있어서의 많은 데이터의 요구가 이 시스템을 비싸고, 시간소모적이게, 그리고 많은 기업들로 하여금 사용하기 어렵게 만들고 있는 것이다.

생산계획 수립(Making The Production Plan)

우리는 이미 생산계획의 목적과 계획기간, 그리고 상세함의 수준 등을 간단히 살펴보았다. 이 장에서는 생산계획에 대하여 보다 자세한 내용을 살펴보도록 한다.

생산계획은 시장계획과 가용자원에 근거하여 미래의 특정 기간 동안의 제조활동 한계치와 레벨을 결정하게 된다. 또한 생산계획은 기업의 전체 비즈니스의 목표를 달성하기 위하여 공장의 생산능력과 시장 및 재무계획을 통합하게 된다.

생산계획은 계획기간에 걸쳐 생산과 재고의 일반적인 수준을 결정하게 된다. 생산계획의 중요한 목적은 전략경영계획의 목적을 달성할 수 있는 생산속도(production rate)를 결정하는 것이다. 여기에는 재고수준, 고객주문잔고(backlog), 영업수요, 고객서비스, 경제적 공장운영, 작업자와의 관계 등등을 포함하게 된다. 생산계획은 계획을 달성을 위해 필요한 노동력, 장비, 설비, 자재 등에 대하여 계획을 수립하는데 충분한 계획기간을 가져야 한다. 일반적으로, 이 기간은 6개월에서 18개월 정도이며, 월간이나 때때는 주 별로 이루어지게 된다.

이 레벨에서의 계획수립 과정은 제품별 색상이나 스타일, 옵션 등과 같이 상세한 내용은 무시하게 된다. 이는 긴 계획기간과 수요의 불확실성으로 인해 정확하지도 않을 것이며, 수리 비용도 많이 들게 될 것이기 때문이다. 일반적으로 보통 단위 또는 적은 수의 제품그룹이 계획 목적에 적합 할 것이다.

제품그룹 구성(Estabilishing Product Group)

단일 제품이나 또는 유사한 제품을 만드는 기업들은 생산된 단위로서 쉽게 산출을 측정할 수 있다. 예를 들어 맥주 양조장은 공통단위로서 배럴(barrel)을 사용할 것이다. 하지만, 대부분의 기업들은 여러 가지 상이한 제품을 생산하고 있으므로, 총 산출을 측정할 수 있는 공통단위를 찾아낸다는 것은 매우 어렵거나 불가능한 일일 것이다. 이를 위해 제품그룹의 개념을 도입할 필요가 있다. 마케팅 부서가 제품을 고객 측면에서 기능관점으로 바라보는 한편 부서에서는 제조과정의 측면에서 바라보게 된다. 따라서 기업은 제조과정의 유사성에 근거한 제품그룹을 구성할 필요가 있다.

제조는 필요한 제품을 생산하기 위해 생산능력을 제공해야만 한다. 또한 제조는 제품 자체의 수요보다는, 제품을 만드는데 필요한 생산능력의 수요에 관심을 가지고 있다.

생산능력(Capacity)은 제품과 서비스를 생산할 수 있는 능력이다. 이는 수요를 만족시킬 수 있는 자원을 가지고 있는가 여부를 보여주게 된다. 생산계획의 기간을 표기할 때, 생산능력은 일반적으로 가용시간으로 표현될 수 있으며, 때로 주어진 기간 내에 생산될 수 있는 단위 수 또는 금액으로 표현되기도 한다. 제품에 대한 수요는 생산능력에 대한 수요로 변환되어야 한다. 생산계획 레벨에서는 상세한 계획을 수립할 필요가 없기 때문에 제조 과정의 유사성에 근거한 개별 제품의 제품그룹 또는 제품집단(family)을 사용하게 된다. 예를 들어 여러 종의 계산기 모델들이 같은 프로세서를 공유해, 같은 종류의 생산능력을 필요로 할 수 있을 수 있다. 따라서 이와 같은 계산기 모델들은 한 제품그룹으로 취급하게 된다.

생산계획의 계획기간 동안 생산능력의 큰 변동은 일반적으로 불가하다. 이 기간 내에 달성되기는 설비나 공장이 신설되거나 매각이 되는 것은 불가능하거나 매우 어려운 일이다. 하지만 생산능력을 변경할 수 있는 몇 요소들이 있으며, 이를 찾아내고 관리하는 것은 제조 관리부서의 책임이다. 이러한 경우 이들은 보통 다음과 같다.

- 작업자들의 고용/해고, 잔업이나 작업시간 단축, 근무교대 횟수를 늘이거나 줄일 수 있다.
- 여유가 있을 때 재고를 늘릴 수 있으며, 수요가 클 때 팔거나 사용할 수 있다.
- 작업을 외부용역 주거나 추가 장비를 대여할 수 있다.

이러한 대안들은 수익 또는 비용과 관련되어 있다. 제조관리부서는 비즈니스의 목표와 목적을 고려하면서 최소비용의 대안을 찾아내야 할 책임을 가지고 있다.

기본 전략(Basic Strategies)

요약하면, 생산계획 문제는 전형적으로 다음과 같은 특성을 가지고 있다.

- 12개월의 계획기간이 이용되며, 매주 또는 분기별 주기적인 갱신이 발생한다.
- 생산에 대한 수요는 하나 또는 여러 개의 제품그룹 또는 공통단위로 구성되어 있다.
- 수요는 일정하지 않으며, 계절적 요인을 가지고 있다.
- 공장과 설비는 계획 기간 중에는 고정되어 있다.
- 낮은 재고, 효율적인 공장운영, 만족할 만한 고객서비스, 바람직한 작업자 관계 등과 같은 관리부서별 다양한 목적이 존재한다.

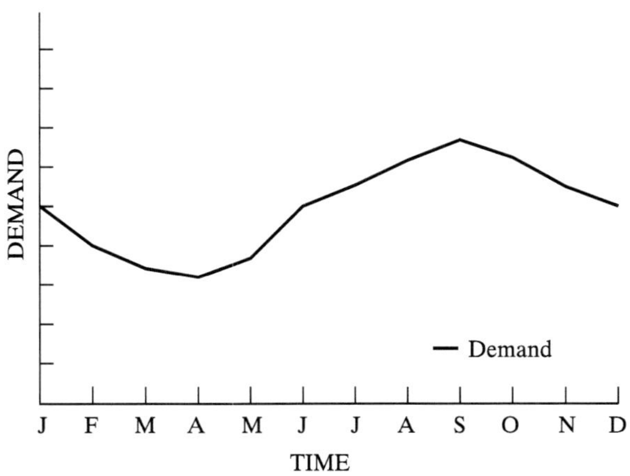

그림 2.7 가정상의 수요곡선(Hypothetical demand curve)

제품그룹이 그림 2.7에서 보이는 수요예측을 가지고 있다고 가정하자. 여기에서 수요는 계절적 요인을 가지고 있다.

생산계획을 수립하는데 사용되는 4가지 기본전략은 다음과 같다.

1. 추적전략(Chase strategy)
2. 생산평준화(Production leveling) 전략
3. 외주(Subcontracting) 전략
4. 혼잡 전략(Hybrid strategy)

추적(수요 일치) 전략[Chase(demand matching) strategy] 이 전략은 특정 기간에 요구되는 수량 만큼을 생산하는 전략이다. 생산이 수요를 맞추기 위해 변동되는 동안 재고수준은 일정하게 유지된다. 그림 2.8은 이 전략을 보여주고 있다. 이 전략을 따르는 기업은 수요를 정확하게 맞출 수 있도록 한 번에 충분한 양을 생산하게 된다. 예를 들자면, 농부들은 작물이 성장하는 계절에 생산해야만 한다. 우체국은 크리스마스 시즌이나 여유 시즌에 상관없이 우편물을 처리할 수 있어야 한다. 음식점은 고객이 주문했을 때 음식을 만들어야 한다. 이와 같은 업체들은 그들의 상품과 서비스의 재고를 비축할 수 없으므로, 수요가 발생할 때이다. 이를 충족시킬 수 있는 생산능력을 가지고 있어야 한다.

이러한 경우, 기업은 최대 수요를 충족시킬 수 있는 충분한 생산능력을 가지고 있어야 한다. 농부들은 겨울철 유휴장비가 발생할 지라도, 수확기를 대비해 충분한 기계와 설비를 가지고 있어야 한다. 기업들은 수요가 최대인 기간을 대비해 사람을 고용하고 훈련

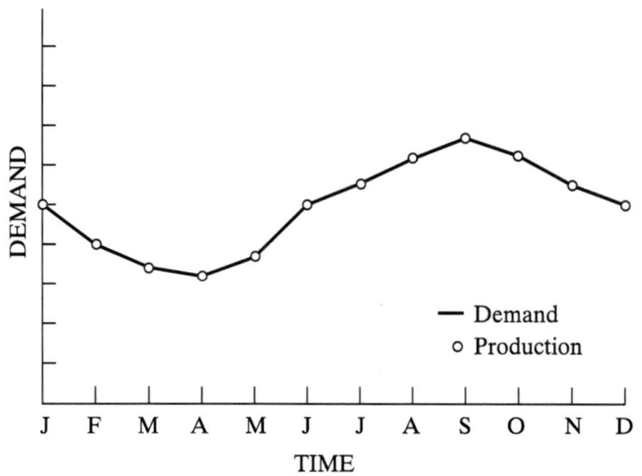

그림 2.8 추적(수요 일치) 전략 Chase(Demand matching) strategy

시켜야 하며, 그 기간이 지나가면 그 사람들은 해고해야 할 것이며, 때로 추가 교대나 잔업을 수행해야 할 것이다. 이 모든 변경들에는 비용이 따른다.

이 전략의 장점은 재고수준을 최소로 가져갈 수 있다는 것이다. 상품들은 수요가 발생할 때 만들어지고 비축되지 않는다. 따라서 재고유지에 수반되는 비용이 필요없게 된다. 이 비용은 꽤 높을 수 있으며, 이에 대해서 9장 재고기초(inventory fundamental)에서 살펴보도록 하겠다.

생산 평준화 전략(Production leveling) 이 전략은 평균 수요에 맞추어 일정하게 생산하는 것을 말한다. 그림 2.9에서는 이러한 관계를 보여주고 있다. 이 전략을 따르는 기업들

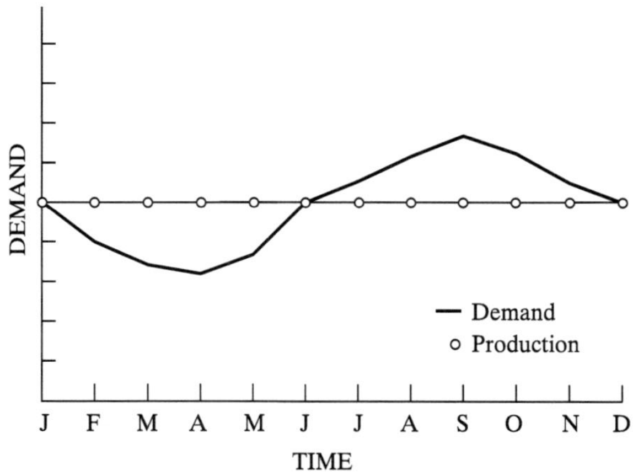

그림 2.9 생산 평준화 전략(Production leveling strategy)

은 자사 제품에 대한 계획 기간 중의 총 수요를 계산하고, 평균을 내어 수요를 충족시키기에 충분한 만큼을 생산하게 된다. 때로는 수요가 생산된 양보다 적기 때문에 재고가 만들어지게 된다. 또는 이와는 반대로 수요가 더 크게 되어, 축적된 재고가 사용되기도 한다.

이 전략의 장점은 생산을 평준화함으로써 생산레벨을 변경하는데 따른 비용을 절감할 수 있다는 것이다. 이러한 기업들은 최대 수요를 맞추기 위한 추가 생산능력을 필요로 하지 않으며, 인재를 고용하여 훈련시켰다가 필요 없을 때 해고하는 일을 할 필요도 없을 것이다. 이를 통해 안정적인 작업능력이 형성될 수 있을 것이다. 이 전략의 단점으로는 수요가 낮은 기간에는 재고가 발생해 재고유지 비용이 든다는 점이다.

생산 평준화(production leveling)는 기업이 평준화된 속도로 자원을 이용하여 매일 같은 양의 제품을 생산하는 것을 의미한다. 그러나 매달마다 작업일 수가 다르므로, 매달 또는 매주마다 생산된 양은 일정하지 않을 것이다.

예제

A 기업은 다음 3개월에 걸쳐 평준화된 속도로 10,000개를 생산하려 하고 있다. 첫째 달은 작업일이 20일이고, 둘째 달에는 21일, 셋째 달은 연간 휴가로 인해 12일의 작업일이 예상되고 있다. 평준화 생산을 위해서는 매일 얼마나 생산을 해야 하는가?

답

$$\text{전체 생산량} = 10{,}000 \text{ units}$$

$$\text{총 작업일수} = 20 + 21 + 12 = 53\text{일}$$

$$\text{일평균 생산량} = \frac{10{,}000}{53} = 188.7 \text{ units}$$

크리스마스트리 전구와 같이 수요가 매우 계절적인 제품들에는 생산 평준화 전략이 필요하다. 만일 이 전구를 생산하는 업체가 추적전략을 따르게 된다면 연간 유휴장비 및 고용, 훈련, 해고에 관련된 비용 부담이 심각할 것이다.

외주전략(Subcontracting) 단순한 전략으로서 외주란 수요의 최소수준으로 일정하게 생산하며, 추가수요에 대해서는 하청생산을 통해 충족시키는 전략이다. 외주는 요청된 추가수량을 구입하는 것일 수도 있고, 추가 요구 하청으로 돌리는 것일 수도 있다. 후자의 경우, 수요가 높을 때 가격을 올리거나 리드타임을 늘리는 방식으로 이루어질 수 있다. 그림 2.10은 이와 같은 전략을 보여주고 있다.

이 전략의 주요 장점은 비용이다. 추가 생산능력을 확보하기 위해 사용되는 비용을

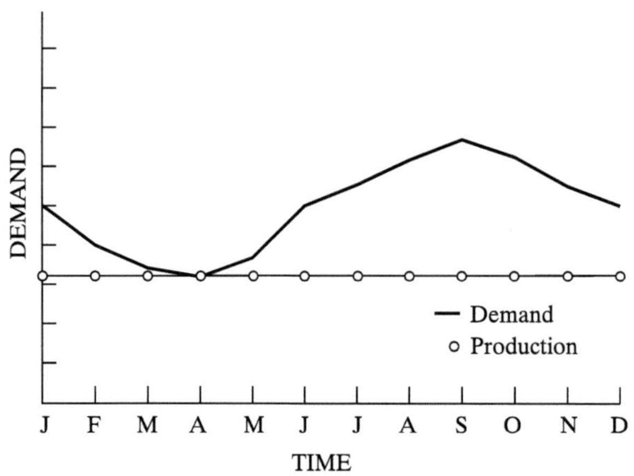

그림 2.10 외주전략(Subcontracting)

절감할 수 있게 되고, 또한 생산이 평준화되어 있으므로 생산레벨을 변경하는데 소요되는 비용이 필요 없게 된다. 이 전략의 주요 단점은 구매비용(자재비용, 구매, 이동, 검수에 소요되는 비용)이 자체생산비용을 초과할 수 있다는 것이다.

모든 물품을 전부 자체 제작하거나 전부 구입하는 기업은 드물다. 직접 생산할 것과 구매할 것을 결정하는 가장 중요한 기준은 비용이 될 것이고, 그 외에도 몇 가지 고려할 사항들이 있다.

기업은 회사내 신뢰할 만한 공정과 품질 수준, 그리고 노동력을 유지하기 위해 제조할 수 있다. 기업은 디자인이나 부품제조에 있어서 전문적인 공급자에게 맡기고 자사는 스스로 전문적인 영역에 집중할 수 있게 될 수 있으며, 수긍할 만하며 경쟁력있는 가격을 제공할 수 있을 것이다.

볼트나 너트, 일반적인 기업이 제조하지 않는 장치와 같은 아이템들에 대한 외주 결정은 명백하다. 하지만 다른 기업의 전문성에 관련된 아이템들에 대해서는 외주 여부를 결정해야만 한다.

혼합(混合)전략(Hybrid strategy) 지금까지 위에서 설명한 3가지 전략은 간단한 전략이었다. 각각의 전략들은 비용에 대해 장비, 고용/해고, 잔업, 재고, 외주와 같은 특성을 가지고 있었다. 실제 상황에서는 다양한 혼합 또는 연합 전략이 사용될 수 있다. 생산부서는 요구되는 서비스 수준을 제공하며, 재무 또는 마케팅 계획의 목표를 달성할 수 있도록, 제반 모든 비용의 합계가 최소화될 수 있는 혼합전략을 지속적으로 찾아야 하는 책임을 가지고 있다.

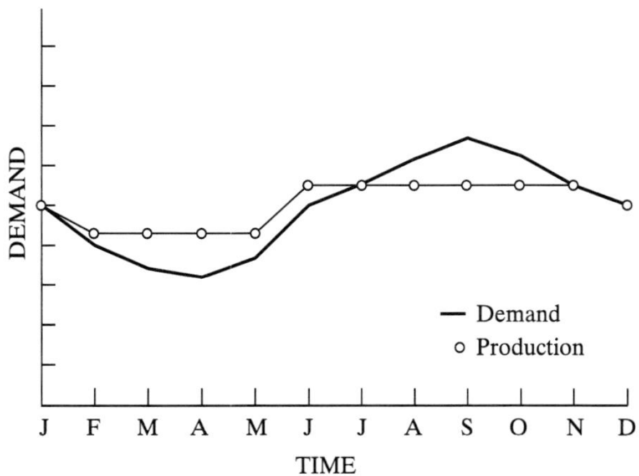

그림 2.11 혼합(混合)전략 Hybrid strategy

그림 2.11은 가능한 어떤 혼합(混合)계획을 보여주고 있다. 그림을 보면 수요는 특정 기간 동안은 생산을 따르지만, 부분적으로는 평준화되어 있다. 수요가 최대가 되는 기간에서는 외주전략이 이루어지고 있다. 이러한 방식 외에도 많은 계획들이 전략적으로 수립될 수 있을 것이다.

스탁생산(MTS: Make-to-Stock) 환경에서의 생산계획 수립

스탁생산(MTS) 환경은 제품이 만들어져 재고로 관리되다가 고객의 주문이 들어오면 창고에서 납품하는 형태를 말한다. 상품의 판매와 인도는 창고의 재고에서 이루어진다. 기성양복이나 냉동식품, 자전거 등이 이러한 제조 형태의 사례이다.

일반적으로 기업은 다음과 같은 경우에 스탁생산 방식을 따르게 된다.

- 수요가 매우 일정하며 예측 가능하다.
- 제품의 옵션이 매우 제한적이다.
- 시장까지의 납품시간이 제품을 만드는 시간보다 매우 짧다.
- 제품의 진열기간이 길다.

생산계획을 수립하기 위해 필요한 정보는 다음과 같다.

- 계획기간 동안의 예측
- 기초재고
- 목표기말재고

■ 백오더 – 납기일이 지난 고객오더

생산계획 수립의 목적은 재고유지비용 및 생산레벨 변경비용, 재고고갈(stockout)을 방지하기 위해 필요한 비용을 최소화하는 것이다.

이어서 평준화 생산전략에서와 추적생산전략에서의 계획 수립을 살펴보도록 하겠다.

평준화 생산계획(Level production plan) 다음은 평준화 생산에서 계획을 수립하는 일반적인 절차를 기술한 것이다.

1. 계획 기간에 대하여 총 예측수요를 구한다.
2. 기초재고와 기말재고를 결정한다.
3. 다음 방식으로 총 생산량을 결정한다.
   총 생산량 = 총 예측 + 백오더(back orders)
   + 기말재고(ending inventory) – 현재고(opening inventory)
4. 총 생산량을 기간으로 나누어 각 기간별 생산량을 계산한다.
5. 각 기간에 대하여 기말재고를 계산한다.

예제

AFS(Amalgamated Fish Sinker)사는 낚시용 봉돌을 공급하는 회사로서, 제품그룹을 구성하여 생산계획을 수립하려고 한다. 예상되는 현재고는 100 상자이고, 계획기간 말쯤에는 80 상자의 재고를 생각하고 있다. 작업일자는 각 기간마다 모두 같으며 백오더는 없다고 한다. '봉돌' 에 대한 기대되는 수요는 다음과 같다.

각 기간마다 생산수량을 계산하라.

Period	1	2	3	4	5	Total
Forecast (cases)	110	120	130	120	120	600

a. 각 기간마다의 기말재고를 계산하라.
b. 기말재고 기준으로 재고유지비용이 기간별 상자별 5$이라면, 총 재고비용을 계산하라.
c. 계획의 총 비용은 얼마가 될 것인지 계산하라.

답

a. 총 요구 생산량 = 600 + 80 – 100 = 580 상자

$$기간별\ 생산량 = \frac{580}{5} = 116\ 상자$$

b. 기말재고 = 기초재고 + 생산 − 수요
첫 번째 기간후의 기말재고 = 100 + 116 − 110 = 106 상자
유사한 방법으로 각 기간별 기말재고를 계산할 수 있고 그 과정을 [그림 2.12]에서 보여주고 있다. 기간 1의 기말재고는 기간 2의 기초재고가 된다.

기말재고(기간 2) = 106 + 116 − 120 = 102 상자

c. 총 재고유지비용은

(106 + 102 + 88 + 84 + 80)($5) = $2300

d. 재고고갈이 없고 생산레벨의 변화가 없으므로 위의 비용이 계획의 총 비용이 된다.

Period		1	2	3	4	5	Total
Forecast (cases)		110	120	130	120	120	600
Production		116	116	116	116	116	580
Ending Inventory	100	106	102	88	84	80	

그림 2.12 **평준화 생산계획: 스탁생산**(MTS: Make-to-stock)

Period	0	1	2	3	4	5	Total
Demand (cases)		110	120	130	120	120	600
Production	100	90	120	130	120	120	580
Change in Production		10	30	10	10	0	60
Ending Inventory	100	80	80	80	80	80	

그림 2.13 **추적전략**(Chase strategy): **스탁생산**(Make-to-stock)

추적전략(Chase strategy) 위의 예제에서 살펴보았던 AFS사는 '피쉬 스팅커' 라는 또 다른 제품의 생산라인을 운영하고 있다. 하지만 이 제품은 쉽게 부패하기 때문에, 다음 판매를 대비한 재고를 구축할 수가 없다. 이런 경우 이 업체는 추적전략을 사용해야만 하고,

각 기간마다 수요를 만족시키기에 충분한 생산을 하면 된다. 재고비용은 최소가 될 것이며, 재고고갈(stockout)에 대비한 비용을 가져갈 필요가 없게 된다. 하지만 생산레벨의 변경과 관련된 비용이 발생하게 된다.

앞의 예제에서 처럼 상자 하나 당 생산레벨을 변경하는 비용은 $20이라고 가정하자. 예를 들면 50에서 60으로 변경하면, 비용은

$$(60 - 50) \times \$20 = \$200$$

기초재고는 100상자이고, 이 업체는 첫 번째 기간 중에 80상자로 낮추고 싶어한다. 따라서 첫 번째 기간에 요구되는 생산량은

$$110 - (100 - 80) = 90 \text{ 상자}$$

기간 1 이전의 기간 동안에 생산량이 100상자라고 가정하자. 그림 2.13은 생산레벨과 말재고의 변경을 보여주고 있다. 이 경우 계획수립비용은

생산레벨 변경에 소요되는 비용 = 60($20) = $120

재고유지비용 = (80상자)(5 기간)($5) = $2000

총 계획비용 = $1200 + $2000 = $3200

앞 선 예제는 실행가능한 생산계획의 달러값에 대한 기본적인 이해를 제공하기 위한 것임을 주지하여야 할 것이다. 그러나 계획의 마지막 선발이 이루어지기 이전에 또한 측정되어야 할 몇 가지 고려 요소들이 있을 것인데, 이들 중 일부는 재정적으로 측정되기 어려운 것이다. 이 요소들에 포함될 수 있는 문제들은 다음과 같다.

- 레벨 스케줄 상의 주기적인 수요가 재고 부족을 야기할 경우, 고객에게 미치는 영향
- 추적생산전략을 도입, 철회하는 과정에서 생산 노동자들에게 미치는 영향. (종종 생산 노동자들의 가동효율성이 감소하곤 한다)
- 고객이 상기의 영향으로 인해 타제품을 구매하거나 경쟁상품을 검토하게 만들었을 때의 이익 손실 가능성

주문생산(MTO: Make-to-Order) 환경에서의 생산계획 수립

주문생산(MTO: Make-to-Order) 환경에서는 제품에 대한 고객주문이 들어오기 전에는 제품을 만들지 않고 기다리게 된다. 이런 종류의 제조형태를 가지는 제품에는 맞춤양복, 주문기계 및 기타 고객사양에 맞춘 제품들이 있다. 초고가의 제품들 또한 보통 주문에 맞

추어 생산된다. 고가품의 경우 주문에 의해 만들어진다. 일반적으로 다음과 같은 경우에 기업은 주문생산 방식을 도입하게 된다.

- 고객사양에 의해 만들어지는 제품
- 주문이 처리되는 동안 고객이 기꺼이 기다리는 경우
- 만들고 저장하는데 큰 비용이 들어가는 제품
- 제품의 옵션이 다양한 경우

주문조립생산(ATO: Assemble-to-order) 자동차와 같이 여러 가지 옵션이 있으면서, 고객이 제조기간 동안 기다리지 못하는 경우, 제조업체는 표준 부품을 만들어 재고로 가지고 있게 된다. 제조업체가 고객으로부터 주문을 받게 되면, 오더에 따라 재고로부터 부품을 조립하게 된다. 따라서 부품은 재고로 보관되며, 이로 인해 제조업체는 고객에게 제품 인도 전에 조립에 필요한 시간만 가지고 있으면 된다. 주문조립생산(ATO: Assemble-to-order) 제품의 예로는 자동차나 컴퓨터 등이 있다. ATO 방식은 주문생산(MTO)방식의 부분집합과 같은 방식이다. MTO 방식에서 생산계획을 수립하기 위해서는 다음과 같은 정보가 필요하다.

- 계획기간 동안의 기간별 예측
- 기초 주문잔고(backlog)
- 목표 기말 백로그

주문잔고(백로그: backlog) 주문생산(MTO) 환경에서는 최종제품의 재고를 보유하지 않는다. 반면에 아직 수행되지 않은 고객오더인 **백로그**를 가지고 있다. 대체적으로 백로그는 미래에 인도될 주문으로, 납품이 늦어지거나 초과된 오더를 나타내는 것이 아니다. 고객이 원하는 형태로 가공해 주는 목공소의 경우, 어떠한 형태든 고객의 주문을 받았을 것이고, 그 주문으로 인해 몇 주간은 눈코뜰새없이 바쁠 것이다. 이렇듯 기한 내에 완료되어야 할 고객의 주문이 백로그이다. 제조업체들이 만족할 만한 수준의 고객 서비스를 제공하기 위해서는 백로그 관리를 잘 해야 한다.

평준화 생산계획 다음은 평준화 생산계획을 수립하기 위한 일반적인 절차를 기술하고 있다.

1. 계획기간 동안의 예측수요의 총계를 구한다.
2. 기초 백로그와 목표 기말 백로그를 결정한다.

3. 다음과 같이 필요한 총 생산량을 계산한다.

$$총\ 생산량 = 예측\ 총수량 + 기초\ 백로그 - 기말\ 백로그$$

4. 총 생산량을 기간으로 나누어 각 기간 동안의 필요 생산량을 계산한다.
5. 기간마다 납기 예정일에 따라 계획기간 전반에 걸쳐 현재 백로그를 분산한다.

예제

한 지역의 인쇄업체는 맞춤형 인쇄 서비스를 제공하고 있다. 각 작업이 상이하기 때문에 수요는 주당 작업시간별로 예측되고 있다. 다음 5주에 걸쳐, 이 업체는 수요가 주당 100시간이 될 것으로 예측하고 있다. 현재 백로그가 100시간이 있고, 5 주말에 백로그를 80으로 줄이려고 한다. 백로그를 줄이기 위해서는 매주 몇 시간의 작업을 해야 하는가? 매 주말에는 백로그가 얼마가 될지 계산해 보라.

답

$$\text{total production} = 500 + 100 - 80 = 520 \text{ hours}$$

$$\text{weekly production} = \frac{520}{5} = 104 \text{ hours}$$

주마다의 백로그는 다음과 같이 계산될 수 있다.

$$\text{Projected backlog} = \text{old backlog} + \text{forecast} - \text{production}$$

For week 1:

$$\text{Projected backlog} = 100 + 100 - 104 = 96 \text{ hours}$$

For week 2:

$$\text{Projected backlog} = 96 + 100 - 104 = 92 \text{ hours}$$

그림 2.14는 생산계획의 결과를 보여주고 있다.

Period		1	2	3	4	5	Total
Sales Forecast		100	100	100	100	100	500
Planned Production		104	104	104	104	104	520
Projected Backlog	100	96	92	88	84	80	

그림 2.14 평준화 생산계획: 주문생산(MTO: Make-to-order)

자원계획(Resource Planning)

일단 생산계획이 수립되면, 이 계획은 기업이 가지고 있는 자원과 반드시 비교되어야 한다. 이러한 과정을 자원소요계획(resource requirements planning) 또는 자원계획이라고 부른다. 자원계획은 다음 두 가지 질문에 답을 줄 수 있어야 한다.

1. 생산계획을 만족시키기 위한 가용자원이 있는가?
2. 만일 없다면, 그 차이를 극복할 방법은 무엇인가?

만일 생산계획을 충족시킬 충분한 자원이 없다면, 그 계획은 수정되어야 한다.

자원계획을 위해 자주 쓰이는 도구가 자원목록표(BOR: Bill of Resource)이다. 이것은 제품그룹 단위의 평균 수량을 생산하는데 필요한 주요자원(자재, 노동력, 병목공정 등)의 양을 보여주게 된다. 그림 2.15는 테이블, 의자, 걸상을 제품그룹으로 하는 회사의 자원목록표(BOR: Bill of Resource)을 사례로 보여주고 있다.

이 업체가 특정기간에 테이블 500개, 의자 300개, 걸상 1500개를 생산하기로 계획했다면, 사용될 목재와 노동력의 양을 계산할 수 있다. 예를 들면, 소요될 목재의 수량은

테이블: 500 × 20 = 10,000 board feet
의자: 300 × 10 = 3,000 board feet
걸상: 1500 × 5 = 7,500 board feet
목재 총 소요량: = 20,500 board feet

필요한 노동력은

테이블: 500 × 1.31 = 655 표준시간
의자: 300 × 0.85 = 255 표준시간
걸상: 1500 × 0.55 = 825 표준시간
노동력 총 소요량: = 1,735 표준시간

이 업체는 이제 목재 및 노동력의 소요량과 이들 자원의 가용성을 비교해야 한다. 예

Product	Wood (board feet)	Labor (standard hours)
Tables	20	1.31
Chairs	10	0.85
Stools	5	0.55

그림 2.15 자원목록표(BOR: Bill of Resource)

를 들면, 평상시 노동력이 이 기간 중 1600시간이 가용하다고 가정하자. 위의 계산에서 보듯이 우선순위 계획에서 요구되는 시간은 1735이고, 그 차이는 135시간으로 대략 8.4%가 된다. 추가 생산능력이 도입되던가, 우선순위 계획이 수정되어야 한다.

이 사례에서는 필요한 추가 생산능력을 공급하기 위해서 잔업이 고려될 수 있을 것이다. 만일 잔업이 가능하지 않다면, 노동력을 줄일 수 있도록 계획이 수정되어야 할 것이다. 이를 위해서는 앞 기간의 생산을 변경하던가, 출하를 연기하여야 할 것이다.

요약

생산계획은 제조계획과 통제 시스템의 첫 단계로서 계획기간이 일반적으로 1년 정도이며, 최소 계획기간은 자재를 구매하거나 제품을 생산하는데 소요되는 리드타임에 달려있다. 상세함의 수준은 높지 않으며, 제조과정의 유사성 또는 공통단위에 근거한 제품군 또는 제품그룹에 대하여 계획이 수립된다.

생산계획을 수립하는데 사용되는 세가지 전략은 추적, 평준화 생산, 외주 등이 있다. 각 전략은 운용과 비용 측면에서 장점과 단점을 모두 가지고 있다. 따라서, 총 비용을 최소화하며, 고객서비스를 유지할 수 있는 최선의 혼합전략을 선택하는 것은 제조관리의 중요한 역할이다.

스탁생산(MTS: Make-to-stock) 환경에서의 생산계획은 다음과 같은 목표를 달성하기 위해 각 기간에 얼마나 생산할 것인가를 결정하게 된다.

- 예측의 달성
- 소요 재고수준의 유지

수요가 충족되었다 하더라도, 재고유지비용과 생산레벨을 변경하는 비용이 서로 균형을 이룰 수 있도록 계획되어야 한다.

주문생산(MTO: Make-to-order)환경에서의 생산계획은 다음과 같은 목표를 달성하기 위해 각 기간에 얼마나 생산할 것인가를 결정하게 된다.

- 예측의 달성
- 계획된 주문잔고(backlog)의 유지

스탁생산(MTS: Make-to-stock)의 생산계획과 마찬가지로, 수요를 만족시킬 뿐만 아니라, 생산레벨을 변경하는데 소요되는 비용과 주문잔고(backlog) 비용이 서로 균형을 이룰 수 있도록 계획되어야 한다.

질문

1. 제대로 된 계획 시스템이 답을 주어야 하는 네 가지 질문은 무엇인가?
2. 생산능력(capacity)과 우선순위(priority)를 정의하라. 이 두 가지가 생산계획(production plan)에서 중요한 이유는 무엇인가?
3. 다음에 나열된 계획들을 목적과 계획기간, 상세함의 수준, 계획주기를 기준으로 설명하라.
   a. 전략경영계획(strategic business plan)
   b. 생산계획(production plan)
   c. 주생산일정(master production schedule)
   d. 자재소요계획(material requirements plan)
   e. 생산현장관리(production activity control)
4. 전략경영계획에 대하여 마케팅, 생산, 재무, 설계 부서의 역할과 입력 항목들을 설명하라.
5. 생산계획과 주생산일정, 자재소요계획 간의 관계를 설명하라.
6. 전략경영계획과 SOP의 차이점은 무엇인가? SOP의 주요 이점은 무엇인가?
7. MRP II를 설명해 보자.
8. ERP를 설명해 보자
9. ERP 시스템의 발전을 야기한 두 가지 변화 상황은 무엇인가?
10. 단기간의 경우, 생산능력은 어떻게 변할 수 있는가?
11. 생산계획을 수립하는 경우, 범용단위를 선택하거나 제품군을 구성하는 이유를 설명하라.
12. 제품그룹을 구성하는 기준은 무엇인가?
13. 생산계획 문제점이 가지고 있는 전형적인 다섯 가지 특징은 무엇인가?
14. 생산계획을 수립하는데 사용되는 세 가지 기본 전략을 각각 설명해 보자. 각 전략의 장점과 단점을 설명해 보자.
15. 하이브리드 전략은 무엇인가? 왜 사용되는가?

16. 스탁생산 또는 주문생산을 하는 기업의 네 가지 조건을 설명해 보자.

17. 스탁생산의 경우, 생산계획을 수립하는데 필요한 정보는 무엇인가?

18. 스탁생산의 경우, 생산계획을 수립하는 절차를 설명해 보자.

19. 주문생산과 주문조립생산의 차이점은 무엇인가? 각각의 사례를 들어 설명해 보자.

20. 주문생산의 경우, 생산계획을 수립하는데 필요한 정보는 무엇인가? 스탁생산의 경우에 필요한 정보와의 차이점은 무엇인가?

21. 주문생산 환경에서 평준화 생산계획을 수립하기 위한 일반적인 절차를 설명해 보자.

22. BOR(Bill of Resource)은 무엇인가? 계획의 어느 레벨에서 사용되는가?

23. 기업이 추적생산전략을 도입한다 할 때, 어떠한 생산 환경을 가지고 있을 것이라 예상되는가? 평준화 생산계획은?

24. '녹색생산(green production)' 의 개념이 의미하는 것은 무엇인가? 이것이 생산 계획에 미치는 잠재적인 영향은 어떤 것이 있는가?

연습문제

2.1 기초재고가 400개이고 수요가 900개, 생산은 700개라고 하면 기말재고는 얼마인가?

답: 200개

2.2 한 업체가 동일한 속도로 다음 3개월에 걸쳐 500개를 생산하려 한다. 월별 작업일이 각각 19, 20, 21일이다. 평준화된 생산을 하려면 이 업체는 일일 평균 몇 개씩 생산해야 하는가?

답: 일일 평균 생산량 = 8.3개

2.3 한 업체가 3개월 기간 동안 25,000개를 생산하려는 계획을 가지고 있다. 월별 작업일이 각각 22, 21, 20일이다. 일일 평균 생산은 어떻게 되는가?

2.4 문제 2.2에서 3개월 각각에 생산되는 양은 얼마인가?

답: 1개월: 158, 2개월: 166, 3개월: 174

2.5 문제 2.3에서 3개월 각각에 생산되는 양은 얼마인가?

2.6 생산라인에서 한 달에 1,000개를 생산한다. 판매는 다음과 같이 예측된다. 예상되는 기말재고를 계산하라. 기초재고는 600개이고 모든 기간은 동일한 작업일을 갖는다.

Period		1	2	3	4	5	6
Forecast		750	700	1050	1600	1000	850
Planned Production		1000	1000	1000	1000	1000	1000
Planned Inventory	600						

답: 기간 1에서 기말재고는 850개

2.7 한 업체가 제품그룹에 대하여 평준화된 생산계획을 수립하려 한다. 기초재고가 100개이고 계획 끝에서 기대되는 재고수량은 150개이다. 각 기간에 대한 수요는 다음에 주어진 표와 같다. 이 업체는 기간마다 얼마를 생산해야 하는가? 각 기간의 기말재고는 얼마인가? 각 기간은 동일한 작업일을 갖는다고 가정한다.

Period		1	2	3	4	5	6	합계
Forecast Demand		100	120	125	130	115	110	
Planned Production								
Planned Inventory	100							

답: 총 생산량 = 750개
기간별 생산량 = 125개
기간 1의 기말재고는 125, 기간 5의 기말재고는 135

2.8 한 업체가 제품그룹에 대하여 평준화된 생산계획을 수립하려 한다. 기초재고가 450개이고 계획 끝에서 기대되는 재고수량은 200개이다. 각 기간에 대한 수요는 다음에 주어진 표와 같다. 각 기간은 동일한 작업일을 갖는다고 가정한다. 이 업체는 기간마다 얼마를 생산해야 하는가? 각 기간의 기말재고는 얼마인가? 이와 같은 계획에서 발

Period		1	2	3	4	5	6	합계
Forecast Demand		1300	1200	800	600	800	900	
Planned Production								
Planned Inventory	500							

견할 수 있는 문제점은 없는가?

2.9 한 업체가 제품그룹에 대하여 평준화된 생산계획을 수립하려 한다. 기초재고는 0이다. 이후 4개월 동안의 수요는 다음과 같다.

a. 4번째 기간의 끝에서 재고가 0이 되려면 기간마다의 생산속도(production rate)는 얼마인가?

b. 백오더가 언제 얼마나 발생하게 되는가?

c. 백오더를 피하려면 기간마다 생산속도가 어떻게 되는가? 4번째 기간의 끝에서 재고는 얼마가 되는가?

Period		1	2	3	4	합계
Forecast Demand		9	5	9	9	
Planned Production						
Planned Inventory	0					

답: a. 8개, b. 기간 1, −1, c. 9개, 4개

2.10 재고유지 비용이 개당 50원이고 재고품절 비용이 개당 500원이라면, 문제 2.9a에서 만들어진 계획의 비용은 얼마가 되는가? 문제 2.9c에서 만들어진 계획의 비용은 얼마가 되는가?

답: 문제 2.9a에서 발생하는 총 비용 = 650원

문제 2.9c에서 발생하는 총 비용 = 600원

2.11 한 업체가 제품그룹에 대하여 평준화된 생산계획을 수립하려 한다. 기초재고가 100개이고 계획 끝에서 기대되는 재고수량은 130개이다. 각 기간에 대한 수요는 다음에 주어진 표와 같다. 총 생산량, 일일 생산량, 매달의 생산과 기말재고를 계산해 보자.

Month		May	Jun	Jul	Aug	합계
Working Days		21	19	20	10	
Forecast Demand		115	125	140	150	
Planned Production						
Planned Inventory	100					

답: 5월의 월간 생산량 = 168개

5월의 기말재고 = 153개

2.12 한 업체가 제품그룹에 대하여 평준화된 생산계획을 수립하려 한다. 기초재고가 500개이고 계획 끝에서 기대되는 재고수량은 100개이다. 각 기간에 대한 수요는 다음에 주어진 표와 같다. 각 기간은 동일한 작업일을 갖는다고 가정한다. 이 업체는 기간마다 얼마를 생산해야 하는가? 각 기간의 기말재고는 얼마인가? 이와 같은 계획에서 발견할 수 있는 문제점은 없는가?

Month		Jan	Feb	Mar	Apr	May	Jun	합계
Working Days		20	22	20	20	18	19	
Forecast Demand		1200	1300	800	700	700	900	
Planned Production								
Planned Inventory	500							

2.13 노동계약에 의해 이 업체는 1교대로 주당 100개 또는 2교대로 주당 200개를 생산할 수 있는 인력을 고용해야 한다. 그들은 다른 곳에 고용되거나, 휴직하거나, 잔업을 할 수 없다. 4번째 주 동안, 작업자들은 추가 교대(100개 까지)의 일부 또는 전부를 작업하기 위해 다른 부서로부터 가용하게 된다. 2주째에 유지보수를 위해 생산라인의 일부가 중지될 계획이고, 이로 인해 생산량이 절반으로 줄어들게 된다. 생산 계획을 수립하라. 기초재고는 200개 이고, 목표 기말재고는 300개이다.

Week		1	2	3	4	5	6	합계
Forecast Demand		120	160	240	240	160	160	
Planned Production								
Planned Inventory								

2.14 기초 백로그가 500개이고, 수요예측이 700개, 생산량이 800개인 경우 기말 백로그는 얼마인가?

답: 400개

2.15 기초 백로그는 800개이다. 수요예측은 다음과 같다. 백로그가 100개로 줄어든다면 평

준화 생산에서 주간 생산량은 얼마인가 계산해 보자.

Week		1	2	3	4	5	6	합계
Forecast Demand		750	700	550	700	600	500	
Planned Production								
Projected Backlog	800							

답: 총 생산량 = 4500개
주간 생산량 = 750개
1주의 기말 백로그 = 800개

2.16 기초 백로그가 1100개이다. 수요예측은 다음과 같다. 백로그가 1200개로 늘어난다면 평준화 생산에서 주간 생산량은 얼마인가 계산해 보자.

Week		1	2	3	4	5	6	합계
Forecast Demand		1200	1100	1200	1200	1100	1000	
Planned Production								
Projected Backlog	1100							

2.17 주어진 데이터가 다음과 같다면 평준화 생산을 위해 필요한 인원수와 기말재고를 계산하라. 작업자 한 사람은 하루에 15개를 생산할 수 있고, 목표 기말재고는 9000개이다.

Month		1	2	3	4	합계
Working Days		20	24	12	19	
Forecast Demand		28,000	27,500	28,500	28,500	
Planned Production						
Planned Inventory	11,250					

답: 필요한 인원수 = 98명
첫 번째 달의 기말재고 = 12,650개

2.18 주어진 데이터가 다음과 같다면 평준화 생산을 위해 필요한 인원수와 기말재고를 계산하라. 작업자 한 사람은 하루에 9개를 생산할 수 있고, 목표 기말재고는 800개이다. 이런 경우 목표 기말재고를 달성할 수 없는 이유는 무엇인가?

Month		1	2	3	4	5	6	합계
Working Days		20	24	12	22	20	19	
Forecast Demand		2800	3000	2700	3300	2900	3200	
Planned Production								
Planned Inventory	1000							

Case Study 2.1

메리디안 워터펌프 사(Meridian Water Pumps 社)

작은 양수기 생산기업인 메리디안 워터펌프사의 회장인 존 로페즈(John Lopez)와 각 부서장들은 다음 6개월간의 중형 양수기 생산 계획을 수립하기 위해 회의 중에 있었다. 회의 중에 몇 가지 쟁점이 대두되었고, 로페즈씨는 각 부서장들의 논쟁을 지켜보다가 끝내 직접적인 문제해결을 위해 회의를 멈추어야 했다. 논의되었던 몇 가지 쟁점을 요약하자면 다음과 같다.

메리 웰츠(마케팅 세일즈 매니저): "저희 세일즈 부서원들은 매우 훌륭한 인재들이지만, 때때로 몹시 짜증이 날 때가 있어요. 지난해 우리 부서 사람들은 몇 번이나 화가 난 고객들을 진정시키기 위해 많은 시간을 소비해야 했어요. 우리 부서원들은 맡은바 임무대로 최대한 많은 양수기를 판매하려고 하는데, 생산량이 주문량을 따라오지 못할 때가 있었거든요. 생산부서도 우리 부서의 주기적인 수요가 몇 있음을 알고 있는데다 생산능력도 있지요. 생산부서는 더 많은 인재를 고용해 수요량을 맞출 수 있도록 해야 해요. 생산부서는 왜 일을 제대로 하지 않는 겁니까?

프랭크 잭슨(프로덕션 매니저): "이거 참, 메리. 우리 생산부서도 판매는 주기적이라는 걸 알고는 있어요. 하지만 그 순환주기가 정확이 언제 오는지는 절대 알 수 없잖아요. 우리가 안다 해도, 인사부(Human Resource)에서 우리가 원하는 인재를 공급하는데 항상 시간을 너무 끈다 구요. 우리가 새 부서원들을 고용한 뒤 다 교육시켰을 때 쯤에는 이미 판매량은 떨어질텐데, 저더러 어떡하라는 겁니까? 만약 그 사람들을 계속 데리고 생산을 유지하면 재고량이 늘어 재무부 쪽에서 난리가 날 거에요. 나는 신입사원들이 그냥 죽치고 앉아 노닥거리는 꼴 못 봅니다. 유일한 대안은 그 사람들을 도로 해고시키는 건데, 그럼 인사부에서 또 완전 화가 나지 않겠어요?"

엘리자베스 콘라드(인사부HR 매니저): 화가 나겠죠. 가끔 생산부서는 더 많은 사람들을 고용하라고 압박을 줄 때가 있는데, 상당히 참을 성이 없어요. 면접 보고, 오리엔테이션 하고 하는 채용 과정에는 시간이 좀 걸린단 말이에요. 그런데 또 신입사원들을 선발하고 부서에 배치하기가 무섭게 생산부는 그 사람들을 해고하라고 한단 말이죠. 여기에는 두가지 큰 문제가 있어요. 첫째로 비용 문제가 걸려 있어요. 신입 사원을 채용하는 데에는 평균적으로 100불이, 또 그 사람들 훈련시키는데 100불이 들어요. 또 다른 문제는 이런 식으로 고용했다 금방 해고하곤 하는 사람들은 다시 회사로 잘 돌아오지 않는 경향이 있다는 거에요. 그 사람들 입장에서는 우리가 무슨 생각도 없이 회사를 운영하는 걸로 보일 테니까, 그들을 욕할 순 없겠죠. 게다가 이 사람들이 딴 데 가서 우리가 어떻게 대우했는지에 대해 불만을 토로하게 되니, 우리 회사 평판은 떨어지고, 좋은 인재를 채용하는 것도 점점 힘들어지는 거죠.

조셉 웨스턴(재무부 매니저): 아까 프랭크씨가 재고량이 늘면 제가 화를 낸다고 했는데, 그 건 맞아요. 양수기 한대를 한 달 동안 재고로 보관 하는데 5불씩 드는데, 이 돈이 바로 우리 이익에서 빠져 나간단 말이죠. 제 소임이 회사 이윤을 최대화 시키는 건데, 이 재고 비용이 우리 수익률을 깎아 먹도록 내버려 둘 순 없잖아요? 채용 해고 비용도 마찬가지에요. 거기에 드는 돈도 수익률에 타격을 주죠. 어쩌면 좋겠어요?

바로 이 시점에서 로페즈씨가 회의를 멈추고 말했다. "남 탓하는 건 이제 그만둘 듭시다. 이런 프로세스를 더욱 효율적으로 매니징하는게 우리 부서장으로서의 임무 아닙니까. 마케팅 부서에서 다음 6개월간 양수기 예상 수요를 갓 측정해 왔는데, 우린 일전의 결과로 우리 마케팅 부서의 예측이 상당히 정확하다는 걸 알고 있습니다. 우리는 모든 부서가 살고 각 부서의 노력이 맞추어질 수 있는 접근 방식을 찾아 낼 수 있어야 합니다. 자, 함께 해결해 봅시다."

과제

이 기업의 문제에 효율적인 접근 방식을 개발하는 것이 임무로 맡겨 졌다고 가정해 보자. 첫 번때로, 다음은 마케팅부서가 측정한 다음 6개월분의 수요 예측이다.

(개)월	1	2	3	4	5	6
예상수요	600	750	1000	850	750	700

프로덕션 매니저는 현재 50대의 양수기가 재고로 있으며, 6개월 이후 재고량을 25대로 감소시키고자 한다고 밝혔으며, 덧붙여 최근 각 생산 노동자당 한 달에 평균 25대의 양수기를 생산한다고 알려 주었다. 현재 중형 양수기 생산부에는 20명의 노동자가 일하고 있다.

1. 제공된 자료를 이용하여 평준화 생산계획(level production plan)을 수립하여 보라. 이 계획에 있어 재고 및 인사(HR)비 등의 추가 비용은 얼마나 드는가? 또한 재정, 비재정적인 방면 모두에서 어떤 추가적인 경비가 있을 수 있는가?
2. 제공된 자료를 이용하여 추적생산계획(chase production plan)을 수립하여 보라. 이 계획에 있어 재고 및 인사(HR)비 등의 추가 비용은 얼마나 드는가? 또한 재정, 비재정적인 방면 모두에서 어떤 추가적인 경비가 있을 수 있는가?
3. 혼합생산계획(hybrid production plan)을 수립하되, 평준화생산계획이나 추적생산계획보다 총 비용이 덜 소모될 수 있도록 해 보라.
4. 상기의 작업을 통해, 당신이 추천하고 싶은 계획은 어떤 종류의 것인지 밝히고 이유를 기술하라. 당신이 제안하는 해결책의 장단점은 무엇이 있는가?

주일정 수립
(Master Scheduling)

입문(Introduction)

생산관리 프로세스에 있어서 생산계획(production plan)수립의 다음 단계는 **주생산일정**(MPS: Master Production Schedule)을 계획하는 것이다. 본 장에서는 MPS를 수립하고 관리함에 있어 몇 가지 고려해야 할 기본 사항들을 살펴보고자 한다. 이들은 계획수립에 매우 중요한 수단들로서 판매와 제조가 커뮤니케이션의 토대를 형성한다. MPS는 생산계획시스템에 있어서 매우 중요한 연결고리로서, 다음과 같은 기능을 한다.

- 생산계획 수립과 실제 제조하는 것 사이의 연결고리를 형성한다.
- 제조 수행 능력과 필요자원을 산출하는 토대를 형성한다.
- 자재소요계획(MRP: Material Requirements Planning)의 방향을 조정한다. 즉, 제조되어야 할 대상의 소요일정으로서 자재목록표(BOM: Bills Of Material)와 함께 어떤 부품들이 만들어져야 하고 구입되어져야 하는지를 결정한다.
- 우선순위를 유효하게 유지해 준다. MPS는 곧 제조의 우선순위계획이다.

생산계획이 제품군을 대상으로 하는 반면, MPS는 최종 완제품을 대상으로 다루어진다. 즉, MPS는 생산계획을 각 제품군에 속해 있는 개별의 제품들이다. 요구되어지는 일정과 양으로 세분하는 것이다. 그러나 MPS는 생산계획의 한계를 벗어날 수는 없으므로 MPS상의 총량과 생산계획상의 총량은 반드시 일치해야 한다. 예를 들어 어떤 주에 1000대의 세발자전거가 생산되도록 되어 있다면 MPS상에서 각 모델별 세발자전거의 생산량을 모두 다 합하면 역시 1000대가 되어야 하는 것이다. 이처럼 MPS의 목적은 시장에 의해 설정된 수요(우선 순위)와 자재의 가용성, 그리고 제조 설비(능력)간의 균형을 맞추는 것이다.

기업에서 생산하는 완제품들은 부품과 부속부품의 조립으로 완성된다. 이러한 부품들은 MPS대로 생산을 진행하기 위해 정확한 시기에 필요한 양만큼 투입될 수가 있어야만 한다.

MRP 시스템은 이러한 부품들의 스케줄을 MPS의 요구에 기반하여 수립하게 된다. 그러므로 MPS가 MPS의 방향을 조정한다고 하는 것이다. MPS는 제조계획으로서 시장 수요와 제조능력을 반영하며 또한 무엇을 먼저 만들 것인지를 나타내는 우선순위계획을 나타낸다.

MPS는 다음과 같이 판매와 생산을 서로 연결하는 매우 중요한 계획이다.

- MPS는 고객 주문에 대해 납기를 약속할 수 있게 한다. MPS는 무엇을 언제 생산해야 하는가에 대한 계획이며, 이로써 판매와 생산부문에 제품들이 언제 생산되고 배달될 수 있는지를 알려주는 역할을 한다.
- MPS는 마케팅과 제조사이에 있어 일종의 계약과 같은 것으로, 서로간 합의된 계획이다.

  MPS는 판매와 생산부문에게 무엇을 제조해야 할지를 결정하는 토대를 마련해 준다. MPS는 융통성이 없어서는 안되며, 시장 수요와 제조 능력에 따른 변화의 토대이자 커뮤니케이션 장치로서 가능해야 한다.

MPS를 수립하는데 필요한 정보는 다음과 같다.

- 생산계획(production plan)
- 완제품별 예상수요(forecasts for individual end items)
- 고객으로부터 받거나 재고보충을 위해 받은 실제 주문(actual orders)
- 완제품별 재고수량(inventory levels for individual end items)
- 능력 제한조건(capacity restraints)

생산계획과 MPS의 연관성

3개의 제품으로 구성된 어떤 제품군을 위한 생산계획을 만든다고 가정해 보자.

Week	1	2	3	4	5	6
Aggregate Forecast (units)	160	160	160	160	215	250
Production Plan	205	205	205	205	205	205
Aggregate Inventory (units)	545	590	635	680	670	625

기초재고수량은 다음과 같다.

제품 A	350
제품 B	100
제품 C	50
합계	500

다음 단계는 제품군에 속한 각 제품별로 수요를 예상하는 것이다.

Week	1	2	3	4	5	6
Product A	70	70	70	70	70	80
Product B	40	40	40	40	95	120
Product C	50	50	50	50	50	50
Total	160	160	160	160	215	250

상기의 데이터와 함께 주일정계획자는 주어진 제한조건을 만족하는 계획을 수립해야 한다. 다음은 그 예시 답안이다.

Master Schedule

Week	1	2	3	4	5	6
Product A						205
Product B	205	205	205			
Product C				205	205	
Total Planned	205	205	205	205	205	205

Inventory

Week	1	2	3	4	5	6
Product A	280	210	140	70	0	125
Product B	265	430	595	555	460	340
Product C	0	–50	–100	55	210	160
Total Planned	545	640	735	680	670	625

이 계획은 다음과 같은 이유로 모범적이다.

- 완제품별 생산의 시작과 종료가 언제인지를 공장에 알려준다.
- 능력과 생산계획이 일치한다.

그러나 다음과 같은 문제점도 가지고 있다.

- 총 재고수량과 대비한 적절한 재고균형이 고려되지 않았다.
- 기간 2, 3중에 제품 C에 대한 결품이 발생한다.

주생산일정(Master Production Schedule)이라는 용어는 행렬의 최후라인을 의미한다. 기준일정(Production Schedule)이란 최후라인에의 도착과정을 의미하므로, 전체 행렬을 master schedule이라 부르는 것이다.

예제

핫샷 피뢰침사(Hotshot Lightning Rod Company)은 2개의 피뢰침 모델인 H, I로 구성된 제품군을 월별 생산계획에 따라 만들고 있다. 금월 생산량은 1000개이다. 기초재고량은 500개이며 금월 말까지는 300개 수준으로 줄일 계획이다. MPS는 주간단위로 수립되어진다. 금월은 4주까지 있으며 생산량은 주당 250개 수준이다. 2개 제품모델에 대한 예상수요(forecast) 및 잔여주문가능량(projected available)은 다음와 같다. 각 모델별 MPS를 계산하라.

답

Production Plan

Week		1	2	3	4	Total
Forecast		300	350	300	250	1200
Projected Available	500	450	350	300	300	
Production Plan		250	250	250	250	1000

MPS: Model H

Week		1	2	3	4	Total
Forecast		200	300	100	100	700
Projected Available	200	250	200	100	100	
MPS		250	250		100	

MPS: Model I

Week		1	2	3	4	Total
Forecast		100	50	200	150	500
Projected Available	300	200	150	200	200	
MPS				250	150	

MPS 수립방법

MPS를 수립하는 목적은 다음과 같다.

- 완제품의 적정재고수준을 유지하거나 고객의 요구납기를 준수하기 위한 일정조정을 통한 고객서비스 목표수준 유지
- 자재, 노동력, 장비의 투입 효율 최대화
- 재고비용의 필요수준 유지

상기의 목적들을 달성하기 위해서 MPS는 제조능력 및 생산계획 범위내에서 고객의 요구사항을 만족시켜야 한다.

다음은 MPS수립을 위한 3단계 준비과정이다.

1. MPS초안 작성
2. MPS초안과 가용능력 비교 검토
3. MPS초안과 가용능력 간 불일치점 해결

On hand = 80 units
Lot size = 100 units

Period		1	2	3	4	5	6
Forecast		60	60	60	60	60	60
Projected Available	80	20	60	0	40	80	20
MPS			100		100	100	

그림 3.1 MPS의 예

사전 MPS(Perliminary Master Production Schedule)

MPS 수립과정을 살펴보기 위해, 제품이 분할 생산되어 창고에 보관되며, 재고는 유지된다고 가정해보자. 어떤 특정 제품이 100개 단위로 만들어지며 기초재고수량은 80개일 때, 그림 3.1은 이의 예상수요, 잔여주문가능량, 사전 MPS를 보여준다. 기간 1은 기초재고 80개로 시작한다. 예상수요 60개를 만족시키고 나면 잔여주문가능량은 20개가 된다. 기간 2의 예상수요 60개는 잔여재고로는 만족되지 않아 기간 2의 MPS수령량으로 해결하는 것이 필요하다. 이렇게 만족을 시키고 나면 잔여주문가능량은 60개(20+100−60=60)가 기간 2 완료시점에 발생한다. 기간 3에서는 예상수요 60개가 잔여주문가능량 60개로 만족이 되어 결국 잔여주문가능량은 0이 된다. 기간 4에서는 MPS수령량이 100개가 발생, 예상수요 60개를 만족시키고 40개가 재고로 남게 된다.

이렇듯 MPS를 수립하는 일련의 과정은 품목군에 속한 개별 제품별로 진행된다. 각각 제품별로 계획된 총생산계획량과 총기말재고수량이 생산계획과 일치하지 않을 경우, 각 제품별 생산계획을 조정하여 총생산계획과 일치하도록 해야 한다.

일단 MPS초안이 만들어지면 능력은 문제가 없는지 검토해야 한다. 이러한 과정을 개략능력계획(RCCP: Rough Cut Capacity Planning)이라고 한다.

예제

통합 호두까지 주식회사(Amalgamated Nut Crackers, Inc.,)는 견과류를 깔 수 있는 다양한 모델의 제품군을 보유하고 있다. 가장 인기있는 모델은 호두까기이며 판매과는 6주간의 예상수요를 파악하고 있다. 기초재고는 50다스(1다스=12개, 다스는 계획단위)이다. 지금부터 MPS를 수립토록 한다. 모두 기업의 생산로트(lot)는 100다스이다.

답

Week		1	2	3	4	5	6
Forecast Sales		75	50	30	40	70	20
Projected Available	50	75	25	95	55	85	65
MPS		100		100		100	

개략능력계획(Rough-cut Capacity Planning)

RCCP는 주요 자원이 MPS초안에 맞추어 준비될 수 있는지를 점검한다. 주자원(critical resources)에는 애로공정(bottleneck operations), 노동력(Labor), 주자재(critical materials－구하기 어렵거나 조달하기에 리드타임이 긴 자재)를 포함한다.

RCCP 수립과정은 생산계획프로세스에서 사용되어지는 자원소요계획(RRP: Resource Requirements Planning)과 유사하다. RCCP와 RRP는 제품별로 수립하느냐 제품군별로 수립하느냐의 차이가 있는데 RCCP는 제품별로 수립하는 것이다. RRP에서 사용되어지는 자원명세서(resource bill)는 해당 제품군에서의 표준제품에 해당하는 것으로 가정한다. 여기에 자원명세서는 한 제품에 해당하는 것이다. 상기와 마차가지로 유일한 주관심사는 애로공정인 작업센터와 주자원에 있다.

이 방식이 영어로 '러프컷(rough-cut: 대충한 1차 계획본)' 이라고 불리는 이유 중 하나는, RCCP가 주로 주자원에만 집중하기 때문만이 아니라, 조업의 구체적인 사항에 영향을 줄 수 있는 다른 여러 변수들 또한 존재하기 때문이다. 이 변수들에는 현재 재고량, 부

자원명세서

데스크탑 컴퓨터 조립

컴퓨터	조립시간 (표준시간)
모델 D24	0.203
모델 D25	0.300
모델 D26	0.350
모델 D27	0.425

그림 3.2 자원명세서

분적으로 완료된 작업주문량, 작업 소요시간 등이 포함된다. 이러한 변수들에 대해서는 제 5장에서 더욱 자세히 다룰 것이다.

4개의 데스크탑 컴퓨터 모델을 애로공정인 한 작업센터(work center)에서 조립하는 회사가 있다고 가정하자. 이 회사는 애로공정인 작업센터의 능력을 벗어나지 않는 한도 내에서 조절하기를 원한다. 그림 3.2는 한 개의 컴퓨터를 이 작업센터에서 조립하는데 필요한 자원명세서 이다. 다음은 어떤 특정주에 있어 생산되어져야 할 MPS를 나타낸다.

모델 D24　200 units
모델 D25　250 units
모델 D26　400 units
모델 D27　100 units

이 작업센터에서 요구되어지는 능력은,

모델 D24 200 × 0.203 = 40.6 표준시간(standard hours)

모델 D25 250 × 0.300 = 75.0 표준시간(standard hours)

모델 D26 400 × 0.350 = 140.0 표준시간(standard hours)

모델 D27 100 × 0.425 = 42.5표준시간(standard hours)

총소요시간(total time required) = 298.1표준시간(standard hours)

예제

애크이 핀셋사(Acme Tweezer Company)는 중간 및 작은크기의 2가지 모델의 핀셋을 생산하고 있다. 애로공정은 작업센터 20에서 발생하며 자원명세서는 아래와 같다. (단위: hours/dozen)

	Hours per Dozen	
Work Center	Medium	Fine
20	0.5	1.2

아래는 다음 4주간의 MPS를 나타낸다.

Week	1	2	3	4	Total
Medium	40	25	40	15	120
Fine	20	10	30	20	80

자원명세서와 MPS를 이용하여 각 주별로 작업센터 20에서 요구되어지는 시간을 계산하여 다음 테이블에 소요능력(required capacity)을 기입하라.

답

Week	1	2	3	4	Total
Medium	20	12.5	20	7.5	60
Fine	24	12	36	24	96
Total Hours	44	24.5	56	31.5	156

차이점 해결

다음 단계는 총소요시간과 작업센터의 가용능력(available capacity)을 서로 비교하는 것이다. 가용능력이 소요능력보다 클 경우, MPS는 시행 가능하다. 그렇치 않을 경우는, 능력을 향상시키는 방안을 찾아야 한다. 잔업(overtime), 추가인력투입(extra workers), 다른 작업센터에서 작업 할 수 있도록 공정을 변경하거나(routing through other work centers) 외주(subcontracting)처리 등이 가능한지 알아보라. 만약 불가능하다면 MPS를 변경하여야 할 것이다.

결론적으로, MPS는 다음의 3가지 조건에 따라 판단되어야 한다.

1. **자원사용:** MPS가 계획상의 각 기간별 능력 한도 내에 존재하는가? 자원의 최대활용이 이루어지게 하는가?
2. **고객서비스:** 납기가 지켜지고 고객에게 제품을 인도하기까지 문제가 없는가?
3. **원가:** 계획이 경제성이 있는가? 잔업, 외주, 작업촉진 또는 운송 때문에 과도한 추가 지출이 발생하지 않는가?

주일정 확정

MPS는 어떤 물품을 제조할 것인지를 나타내야 한다. 만약 제조 품목이 너무 많이 포함된다면 MPS의 예상과 관리에 차질이 생길 것이다. 스탁생산(make to stock), 주문생산(make to order), 조립생산(assemble to order) 각각의 제조환경에서 주일정계획은 최소의 제품 옵션을 가지도록 해야 한다. 그림 3.3은 주일정계획이 수립되어야 하는 제품의 레벨

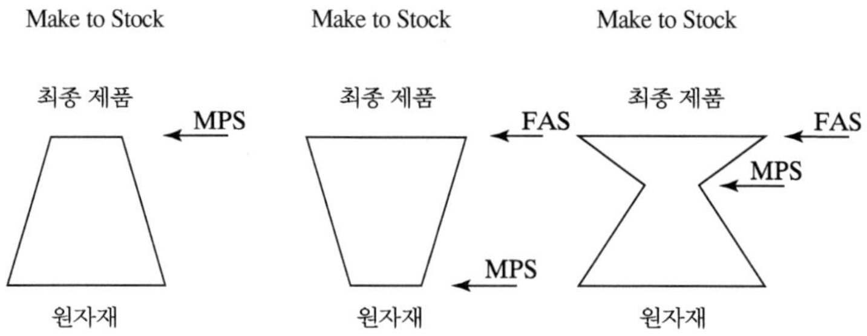

그림 3.3 다른 MPS 환경들

을 나타낸다.

스탁생산제품 이러한 유형에서는 소량의 표준제품들이 여러 개의 부품으로부터 조립되어 만들어진다. TV와 같은 일반소비자제품이 여기에 속한다. MPS는 보통 완제품별로 수립되어진다.

주문생산제품 이러한 유형에서는 아주 다양한 완제품들이 소량의 부품으로부터 만들어진다. 주문형 의류가 여기에 속하며 MPS는 보통 고객의 실제 주문일정을 나타낸다.

조립생산제품 이러한 유형에서는 다양한 완제품이 기본적인 부품이나 반제품들의 결합을 통하여 만들어진다. 예를 들면, 기본적인 색상에 색조를 부가하여 원하는 색상의 페인트 제품을 만들어 낼 수 있다. 예를 들어 10가지 색소가 있으며 이들 중 3개 색소와 베이스 색소를 혼합해 최종 색조를 도출할 수 있다 해보자. 그러면 도출가능한 색상은 720가지($10 \times 9 \times 8 = 720$)가 된다. 그러나 720가지의 색상에 대한 수요를 예상하고 생산계획을 수립한다는 것은 매우 어려운 일이므로, 베이스 색소와 10가지 색소 레벨에서 생산계획을 수립하는 것이 훨씬 용이할 것이다. 베이스 색소와 각 10개 색소만을 다루면 되므로 총 처리품은 10개에 지나지 않기 때문이다. 일단 고객의 주문이 접수되면 순서에 따라 기본색상과 고객이 요구하는 색소를 서로 결합하면 되는 것이다.

최종조립일정(FAS: Final Assembly Schedule) 고객의 주문에 의한 조립생산에서의 마지막 계획단계는 일반적으로 최종조립일정을 사용한다. 이는 무엇을 조립해야 하는지를 나타내는 일정수립이다. 제품생산에 있어 선택사양이 여러가지 있거나 고객이 어떤 사양의 제품을 원하는지를 예측하기가 어려울 때 사용된다. MPS는 부품레벨 즉, 예를 들면 베이스와 기타 색소레벨에서 수립하는 것이고, FAS는 고객의 주문을 접수했을 때에나

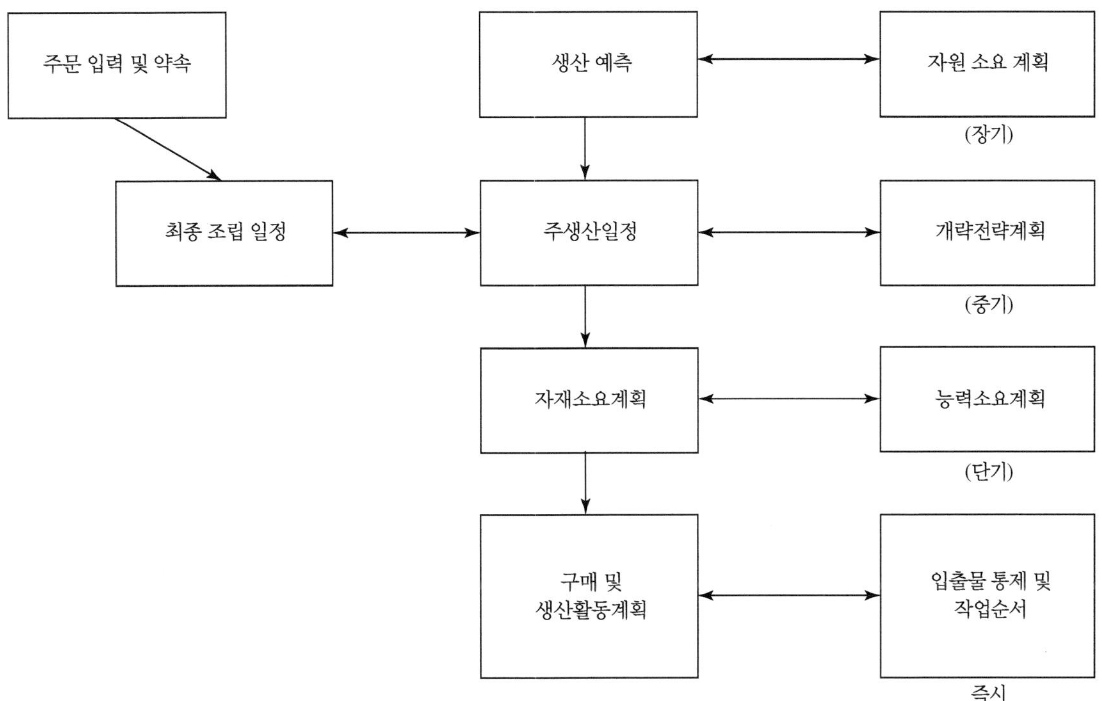

그림 3.4 MPS, FAS 그리고 기타 계획수립 활동

수립하는 것이다.

FAS는 고객의 주문이 접수되었을 때 MPS의 부품생산계획을 토대로 수립된다. FAS는 MPS의 계획으로부터 최종 조립단계를 거쳐 고객에의 제품배달까지를 책임진다.

주문 설계 생산(Engineer to order) 이는 주문 생산(make-to-order)의 한 형태로서 제품 제조 이전에 고객의 매우 특수한 주문에 따른 설계가 이루어지는 것이다. 다리 건설이 그 예가 되겠다. 그림 3.4는 MPS, FAS 및 다른 활동들의 관계를 보여준다.

계획기간(Planning Horizon)

계획기간은 계획수립을 위한 기간을 말한다. 이는 최소한 계획완수에 필요한 시간과 같거나 그 이상이어야 한다. 그것은 적어도 계획을 달성하는데 필요한 충분한 기간을 포함할 수 있어야 한다. MPS에서 최소총계획기간(minimum planning horizon)은 최장 누적기간 또는 소요기간(LT: Lead Time) 이다. 예를 들어 그림 3.5에서 가장 긴 누적기간의 경로는 A → D → F → G이며 1 + 2 + 3 + 6 = 12주가 되며, 그 이하일 경우 원자제 G는 납

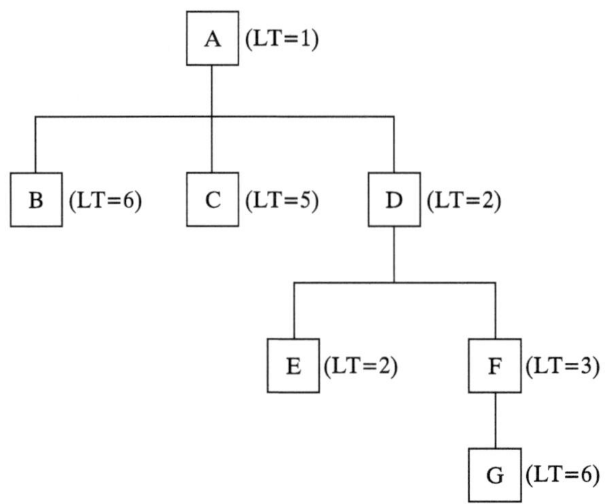

그림 3.5 제품구조: 소요기간(LT)

기일정에 맞추어 발주되지 못할 것이다.

총계획기간은 보통 몇 가지 이유들로 인해 좀 더 길게 잡는다. 이 기간이 길면 길수록 총과정에 가서 셈이 높이지며, 추후 문제를 지양하고 특수상황을 활용할 수 있는 보다 나은 관리 능력 또한 갖출 수 있기 때문이다. 예를 들자면 기업이 경제적인 구매계획을 활용하거나, 향후 실행 능력문제를 예방하거나, 보다 경제적인 로트단위로 제조할 수 있다거나 할 수 있다는 것이다.

FAS의 최소총계획기간은 최소한 고객 주문 제품의 조립시간을 포함하여야 하며, 부품제조기간을 포함할 필요는 없다. 부품제조기간은 MPS의 총계획기간에 포함될 것이다.

생산계획, 주일정, 판매(Production Planning, Master Scheduling, and Sales)

생산계획은 총예상 수요와 가용자원을 조정시키는 것이다. 이는 사업전략과 시장조사로부터늬 정보를 이용하여 예측에 맞는 어떤 제품을 생사할 것인가에 대한 총체적 계획을 수립한다. 생산계획은 예상수요에 따라 능력 한계 내에서 예상수요를 만족시키는 계획이 되어야 한다. 또 무엇을 실제로 만들 것인가 하는 구체적인 사항을 다루는 것이 아니라 나중에 MPS에서 구체적인 계획을 수립할 수 있도록 뼈대(framework)를 제공하는 것을 목적으로 한다.

MPS는 개별 완제품에 대한 예상수요 및 실수요로부터 수립되어지며, 수행가능한 제

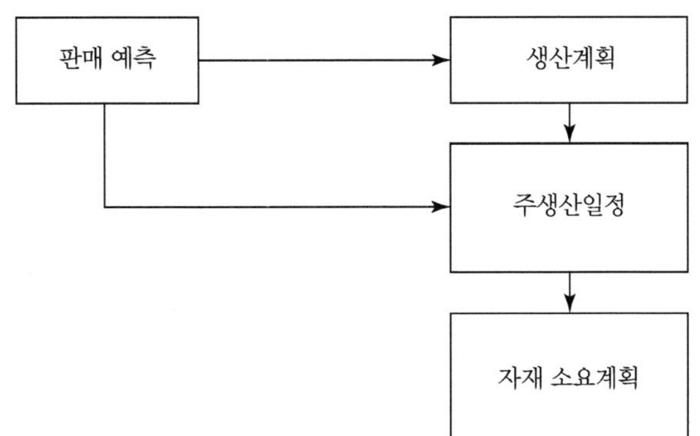

그림 3.6 판매예측, 생산계획, MPS

조 계획수립을 위해 수요와 생산계획 및 가용자원을 조화시킨다. MPS는 예상수요에 맞추기 위해 실제 어떤 제품들이 언제, 얼마나 생산되어야 하는가와 관련한다.

생산계획과 MPS를 통한 제조계획은 판매예측과 제조를 분리한다. 이들 계획은 공장, 장비, 인력, 자재 등의 가용 자원과 예상수요의 균형을 맞추는 것이지만, 이는 판매예측도 니즈예측도 아닌 단순히 생산이 무엇을 할 수 있고 무엇을 할 것인지를 나타내는 계획일 뿐이다.

그림 3.6은 판매예측, 생산계획, MPS 사이의 관계를 나타낸 것이다. MPS는 무엇을 만들 수 있고 만들 것인가에 있어서 실제적이어야 한다. 만약 그렇지 못할 경우 능력 이상의 계획 과부하, 일정초과, 납기 일정 신뢰도 저하, 제품 배달량 폭주, 무책임감과 같은 문제를 발생시킬 것이다. MPS는 특정 완제품 또는 향후 일정기간 내에 생산될 예정인 '생산가능한' 부품을 위한 계획이다. 즉, MPS는 어떤 완제품들이 생산되어 져야 하는가에 대해 제조와 마케팅이 서로 일치해야 하는 지점이다. 제조는 제품생산에, 마케팅은 그 판매에 전념하는 것이지만, MPS는 융통성을 가지고 수요변화, 생산 중 문제 발생, 때때로 부품부족과 같은 상황에 대처해야 한다. 이때 MPS의 변경은 꼭 제조와 마케팅 양측의 동의와 완전한 이해하에 이루어져야 하는 것이다. MPS는 바로 이러한 변경 상황의 토대 마련 및 전체적으로 합의된 계획을 제공해 주는 것이다.

MPS와 납기약속(Delivery Promises)

대량생산 제조환경에서 고객의 주문충족은 재고에 달려있다. 한편 주문생산이나 조립생산 제조환경에서 그 수요는 능력에 때라 충족되어질수록 그렇지 않을 수도 있다. 어느 쪽이든간에 판매와 유통은 고객 요구 충족을 위해 무엇이 가능한지를 알고 있어야 한다. 고

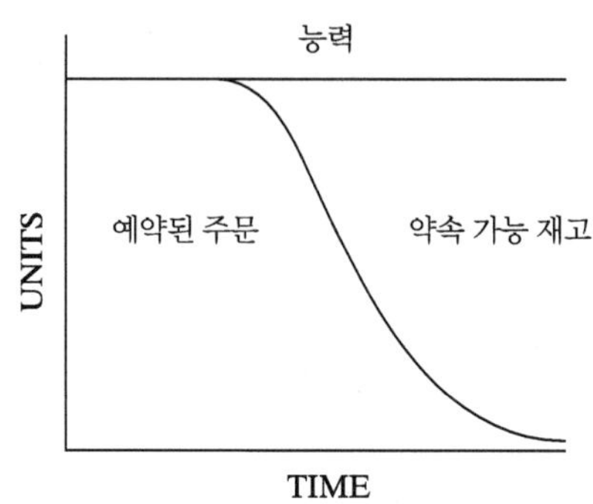

그림 3.7 MPS와 납기

객 요구 충족이 재고나 확정 수령량에 달려 있으므로, MPS 또한 이 둘 중 하나를 다루게 된다. 그림 3.7은 그 개념을 설명한다. 주문이 확정되면 그 만큼의 가용재고나 능력을 사용하게 된다. 실제 고객의 주문에 의해 사용되지 않은 계획의 부분은 고객에게 선약으로 넘길 수 있다. 이런 식으로 MPS는 납기약속을 만드는 실제적 토대를 제공한다.

MPS를 사용하여 판매와 유통은 약속가능재고(ATP: Available To Promise)을 결정할 수가 있다. ATP는 기업의 재고 및 아직 실행되지 않은 계획생산의 한 부분으로 고객의 주문에 응할 수 있는 부분을 말한다. 이로써 고객의 주문에 납기약속을 만들 수 있으며, 고객부주문 및 납기일정을 정확히 설립할 수 있다. ATP는 기초재고에 MPS를 더한 후 다음 MPS 전까지 고객주문량을 뺀 값이다. MPS는 제조자 혹은 공급자에게 전달된 주문이다. 그림 3.8은 ATP를 산출하는 방법을 나타내고 있다.

기간 1의 ATP = 재고 − 다음 MPS전까지 고객주문
= 100 − 80
= 20개

Period	1	2	3	4	5
Customer Orders	80	10	10		30
MPS		100		100	
ATP	20	80		70	

그림 3.8 ATP 계산

기간 2의 ATP = MPS − 다음 MPS전까지 고객주문
= 100 − (10 + 10)
= 80개
기간 4의 ATP = 100 − 30 = 70개

이 방법은 다음 MPS 전까지 ATP가 모두 판매된다고 가정한다. 즉 판매될 것이 있으면 판매된다고 본다는 것이다. 만약 판매되지 않으면 다음 기간에 사용가능한 재고잔량의 형태로 남는 것이다.

64페이지의 호두까기사로 예제로 돌아가 보자. 이 기업은 막 새주문을 접수했으며, 그 주문 일정과 그에 따른 ATP는 다음과 같다 하자. (재고품 50개가 있다는 것을 기억하라)

Week	1	2	3	4	5	6
Customer Orders	80	45	40	50	50	5
MPS	100		100		100	
ATP	25		10		45	

때로 고객의 주문량이 확정수령량보다 클 때가 있는데 이런 경우는 이전 ATP에서 필요한 양만큼 감소시키면 되는 것이다. 다음 예제를 생각해 보자. 주계획자는 3주차에 고객의 20개의 추가주문을 받을 수 있는 것가? 3주차에 10개는 문제가 없으나 나머지 10개는 1주차의 ATP에서 가져올 수 있으므로, 고객의 추가 주문은 접수될 수 있다.

Week	1	2	3	4	5	6
Customer Orders	80	45	60	50	50	5
MPS	100		100		100	
ATP	15		0		45	

예제

다음 예제에서 ATP를 계산하라. 5주차에 고객의 30개 추가주문을 받을 수가 있는가? 만약 추가주문을 받을 수 있다면 ATP의 값은 무엇인가?

Week	1	2	3	4	5
Customer Orders	50	20	30	30	15
MPS	100		100		
ATP	30		25		

답

Week	1	2	3	4	5
Customer Orders	50	20	30	30	45
MPS	100		100		
ATP	25		0		

예상가용량(Projected Available Balance)

지금까지 우리가 한 계산은 예상수요에 대해 예상가용량(projected available)을 염두에 두었다. 이제 또한 고려해야 할 요소가 있는데, 이는 고객주문량(customer orders)이다. 고객주문량은 예상수요(forecast)보다 때로는 많을 수도 때로는 적을 수도 있다. 잔여주문가능량(projected available)은 예상수요와 고객주문량중에서 큰쪽에 기초하여 계산을 하게 된다. 만일 기초잔여주문가능량이 100개, 예상수요가 40개, 고객주문량이 50개 이라면 기말잔여주문가능량은 50개이지 60개가 아닌 것이다.

PAB(예상 가용량)는 기간이 수요기간 울타리(Demand Time Fence: DTF)전이냐 후냐에 따라 두가지 방법으로 계산된다. 수요기간 울타리(DTF)는 1기간부터 시작하여 변경이 일어나지 않을 기간의 수이다. 이는 변경이 일어날 경우는 일정이 어긋나 많은 비용이 발생할 기간들이다. DTF이전 기간에 대해서는 다음과 같이 계산된다.

PAB = 이전 기간 PAB, 혹은 재고 + MPS − 고객주문량

이 계산 절차는 예상수요를 무시하고 고객수요량만 유효하다고 가정한다. 새로운 오더가 발생되면 반드시 고위경영자의 승인을 받아야 한다. DTF이후 기간에는 예상 수요가 PAB에 영향을 주어 고객수요량과 예상수요 중 큰 것을 계산에 사용한다. 따라서 PAB

는 다음과 같이 계산된다.

$$\text{PAB} = \text{이전 기간 PAB} + \text{MPS} - \text{고객수요량과 예상수요 중 큰 것}$$

예제

다음 데이터를 이용하여 예상가용량(projected available)을 계산하라. DTF는 3주 말까지 1회 주문수량은 100, 첫기간의 예상가용량, 즉 재고는 40이다.

Week	1	2	3	4	5
Forecast	40	40	40	40	40
Customer Orders	39	42	39	33	23

답

Week		1	2	3	4	5
Projected Available Balance	40	1	59	20	80	40
MPS			100		100	

지금까지 우리는 예정입고량과 ATP를 어떻게 계산하는지를 살펴보았다. 앞에서 보았던 호두까기사의 예제를 다시 사용하여 아래와 같이 2가지 계산결과를 하나로 합쳐 볼 수 있다. DTF는 3주 말까지이다.

Week		1	2	3	4	5	6
Forecast Demand		75	50	30	40	70	20
Customer Orders		80	45	40	50	50	5
Projected Available Balance	50	70	25	85	35	65	45
ATP		25		10		45	
MPS		100		100		100	

기간 울타리(Time Fences)

아래 그림 3.9와 같은 구조를 가진 제품이 있다고 가정하자. ITEM A는 주일정계획에 반영된 ITEM이며 ITEM B, C, D로부터 조립되어진다. 여기서 부품 D는 원자재 E로 만들어진다. 제조하거나 구입하는데 필요한 부품별 리드타임(lead time)은 괄호안에 나타나 있다. 조립품 A의 리드타임은 2주이며 구입품 B,C는 각각 6주와 5주이다. D를 제조하기 위한 리드타임은 8주이며 원자재 E를 구입하기 위한 리드타임은 16주이다. 이때, 가장 긴 누계리드타임은 26주가 된다.(A + D + E = 2 + 8 + 16 = 26주)

누계리드타임이 26주이므로 MPS는 최소한 26주간의 계획구간을 가져야만 한다.

E가 리드타임이 아주 긴 전자부품이라고 가정하고 D와 같이 다른 제품의 부품으로도 사용되어진다 하자. E를 주문 16주후에 수령한다라고 할 때, E를 D에 사용할 것인지 아니면 다른 제품의 부품에 사용할 것인지가 결정되어야 한다. 8주가 지나면 D를 최종 완제품인 A를 조립하는데 사용할 것인지를 결정해야 한다. 회사는 A를 납품하기 10주 전까지는 E를 D를 만드는데 사용하지 않을 수도 있다. 이러한 결정 단계에서 기업은 더 많은 비용이 필요하게 되며 대안의 폭은 더욱 좁아진다. 따라서 상품이 납기에 가까워질수록 변경에 드는 비용은 늘어나며 기업의 유연성도 감소하게 된다.

그러나 MPS의 변경은 분명 일어나는 것이다. 이러한 상황의 예로 다음과 같은 것들이 있을 수 있다.

- 고객주문 취소 및 주문 변경
- 설비 고장, 신규 설비 도입, 능력 변경
- 공급업체의 문제, 납기미준수
- 예상보다 많은 공정 폐자재(scrap) 발생

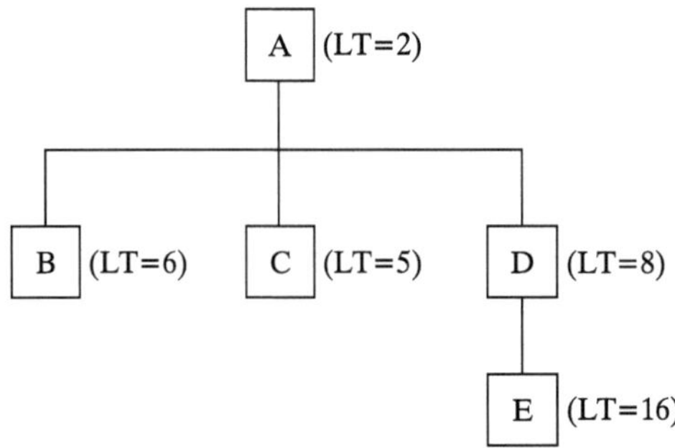

그림 3.9 제품 구조(Product structure)

기업은 제조원가를 최소화하는 한편 변화에 따른 유연성을 가지기 원한다. 생산일정에서의 변경은 다음과 같은 결과를 초래한다.

- 원가상승. 공정재설계, 일정재조정, 추가 셋업(setup), 추가 자원투입, 재공품 재고 증가 등으로 인한 원가의 상승
- 고객서비스 수준 저하. 납기에 맞추지 못한 생산량으로 다른 주문일정에 까지 미치는 영향
- MPS와 계획수립과정에 대한 신뢰도 상실

총계획기간에서 멀리 떨어진 시점에서 변화는 원가상승이나 제조상의 난제를 거의 발생시키지 않겠지만, 납기에 임박하면 할수록 이는 더욱 비용이 들고 어려워질 것이다. 의사결정을 돕기 위해 기업들은 총소요기간을 특정구역별로 나누어 관리한다. 그림 3.10은 제품 A에 이것이 어떻게 적용되어지는가를 보여준다. 이러한 특정구역은 다음과 같다.

그림 3.10은 이 특정구역의 개념을 나타내며 총소요 기간은 다음과 같다.

- 확정구간(frozen zone): 능력과 자재가 특정주문에 할당이 된 구간이다. 변경이 될 경우에 원가상승, 생산성 저하, 고객서비스 수준 약화가 초래되므로 부서장급의 변경 승인이 보통 필요하다. 확정구간의 범위는 주요 기간울타리(DTF: Demand Time Fence)로 구분되어진다. DTF내에서의 수요는 보통 확정된 고객주문에 기초를 두며 예상주문은 아니다.
- 조정구간(slushy zone): 능력과 자재가 느슨하게 할당이 된 구간이다. 이 구간은 마케팅과 제조간에 조정이 일어난다. 소요자재는 이미 발주가 되었고 능력도 정해진 상황에서 변경은 쉽지 않을 것이다. 그러나 투입우선순위를 변경하는 것이 계획자체를 변경하는 것 보다는 쉬울 것이다. 조정구간의 범위는 **계획기간울타리**(PTF: Planning Time Fence)로 구분되어진다. PTF내의 스케줄 조정은 컴퓨터로 이루어지지 않는다.

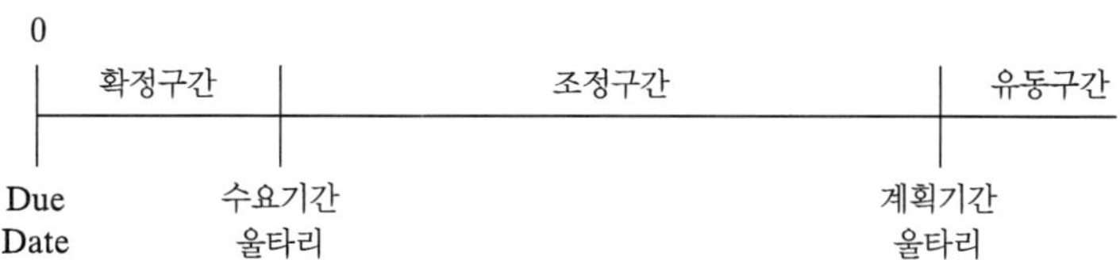

그림 3.10 MPS와 기간 울타리

■ 유동구간(liquid zone): 수립된 생산계획 범위내에서는 MPS에 대한 변경이 자유로운 구간이다. 변경은 정기적으로 자주 컴퓨터 프로그램을 통해 이루어진다.

현실적으로 MPS의 변경은 발생할 것이다. 원가에 대한 영향을 항상 생각하면서 MPS는 관리되어져야 하고 의사결정은 이루어져야 한다.

오류 관리

고객 주문 내의 오류는 언제나 일어날 수 있는 것으로, 이는 끊임없이 주시해야할 뿐이다. 다음은 일반적으로 발생하는 고객주문상의 오류이다.

1. 제품이나 특별주문상의 오류
2. 주문량의 오류(너무 적거나 많거나)
3. 납기일정상의 오류(너무 이르거나 늦거나)

이러한 오류가 발생하였을 때는 상황에 따라 대처법이 달라질 수 있다. 상황에 따라 재설계나 대안 모색, 납기량 일부에 대한 협상, 급송 납기 등이 이루어질 수 있을 것이다.

요약

MPS는 개별 완제품에 대한 생산계획이다. MPS는 생산에 대한 수요와 합계에 있어서 일치해야 하지만 예상수요는 결코 아니다. MPS는 현실적이고 실제적이어야 한다. 그것은 달성될 수 있어야 하며 요구되어지는 능력과 가용한 능력 사이에 균형이 맞아야 한다.

MPS는 판매와 생산을 위한 협상의 장이다. 또한 고객에 대해 납기를 약속할 수 있는 계획을 제공한다. 납기일정이나 주문확정에 대한 조정이 필요한 경우는 반드시 MPS를 통해서 이루어져야 한다.

MPS의 주요 기능은 다음과 같다.

■ 생산계획과 무엇을 제조할 것인지에 대해 상호 연결고리를 만든다.
■ 능력을 얼마나 확보할 것인가를 계획할 수 있게 한다. MPS는 제조에 필요한 능력을 결정하기 때문이다.
■ 소요자재를 계획할 수 있게 한다. MPS는 자재소요량계획을 수립토록 해준다.
■ 제조를 위한 우선순위를 유지토록 해 준다. MPS는 제조를 위한 우선순위계획이기

때문이다.

- 고객의 주문에 대해 약속을 할 수 있도록 해 준다. MPS는 무엇이 언제 생산되어져야 하는지를 나타내는 계획이다. 또한 제품이 언제 고객에게 인도되어질 수 있는지를 판매와 제조에 알려준다.
- 마케팅과 제조간에 일종의 계약을 나타낸다. MPS는 서로 합의된 계획이기 때문이다.

MPS는 현실적이고 실제적이어야 하며 무엇이 생산되어질 수 있고 또 해야 할 것인가에 기초를 두어야 한다. 만일 그렇치 못하다면 다음과 같은 결과를 초래할 것이다.

- 공장자원이 너무 과하거나 부족한 현상이 발생한다.
- 신뢰도가 떨어지는 계획 때문에 납기준수율이 저하된다.
- 재공재고가 증가한다.
- 고객서비스 수준이 저하된다.
- 계획시스템에 대한 신뢰도를 상실하게 된다.

질문

1. 생산계획시스템에서 MPS의 4가지 주요기능은 무엇인가?
2. MPS는 판매와 생산사이에서 어떤 기능을 가지는가?
3. MPS는 제품군 또는 개별 제품중 어느 쪽에 대해 수립을 하는가?
4. MPS를 수립하기 위한 정보는 어디에서 나오는가?
5. MPS를 수립하는 3단계 절차는 무엇인가?
6. 거시능력계획(rough-cut capacity plan)의 목적은 무엇인가?
7. 자원명세서(resource bill)는 어디에 사용되어지는가?
8. MPS 수립은 어떤 레벨에서 이루어지는가?
   a. 대량생산환경에서는?
   b. 주문생산환경에서는?
   c. 조립생산환경에서는?
9. FAS란 무엇이며 그것의 목적은?
10. 총계획기간(planning horizon)이란 무엇인가? 그것의 최소한의 기간은 무엇을 결정하는가? 기간이 길수록 좋은 이유는 무엇인가?

11. 생산계획과 MPS는 판매와 예상판매에 대해 어떤 영향을 주는가?

12. ATP란 무엇인가? 그것은 또 어떻게 계산하는가?

13. 기간울타리(time fences)의 목적은 무엇인가? 세가지 구간의 명칭과 그 내용을 각각 설명하라?

연습문제

3.1 갑을기업은 각종 빗자루를 생산하는 회사이다. 가장 인기있는 제품은 36인치 모델로 판매과에서는 6주간의 예상수요를 파악하고 있다. 기초재고량은 30개이다. 당신은 주일정계획자로서 MPS를 수립해야 한다. 빗자루는 100개의 로트단위로 제조되어진다.

(註) Projected Available: 잔여주문가능량

Week		1	2	3	4	5	6
Forecast Sales		10	50	25	50	10	15
Projected Available Balance	30						
MPS							

답: 2주와 4주차에 MPS가 필요하다.

3.2 갑을기업은 선글라스를 조립하는 회사이다. 안경테는 직접 만들고 렌즈는 협력업체로부터 구입을 한다. 가장 인기있는 모델은 검은색으로 판매과에서는 6주간의 예상수요를 파악하고 있다. 선글라스의 생산로트는 200개이다. 기초재고량은 300개이다. 잔여주문가능량(projected available)과 MPS를 완성하라.

3.3 갑을기업은 우편함을 제조하는 회사이다. 생산계획과 MPS는 분기별로 수립하고 있

Week		1	2	3	4	5	6
Forecast Sales		200	300	300	200	150	150
Projected Available Balance	300						
MPS							

다. 제품군별 예상수요는 다음과 같다. 기초재고는 270개이다. 갑을기업은 금년말까지 재고를 150개수준으로 줄이고 싶어한다. 이러한 요구를 수용하는 생산계획(production plan)을 수립하라.

생산계획

Quarter		1	2	3	4	Total
Forecast Sales		220	300	200	200	
Projected Available Balance	270					
Production Plan						

답: 분기별 생산량 = 200개

각 우편함 모델별 예상수요는 다음과 같다. 각 제품별 MPS를 수립하라. 단, 생산계획 내에서 생산이 이루어져야 함에 유의한다. 각 모델별 생산로트는 200개이다.

우편함 모델 A, 로트단위: 200

Quarter		1	2	3	4	Total
Forecast Sales		120	180	100	120	
Projected Available Balance	120					
MPS						

답: 2주와 3주차에 MPS가 필요하다.

우편함 모델 B, 로트단위: 200

Quarter		1	2	3	4	Total
Forecast Sales		100	120	100	80	
Projected Available Balance	150					
MPS						

답: 1주와 4주차에 MPS가 필요하다.

3.4 갑을기업은 양손잡이 깡통따개를 만드는 회사이다. 생산계획은 월별로 수립하고 있다. 이번 달은 4주이다. 기초재고는 2000 다스이다. 이번 달 말까지는 4000 다스 수준까지 재고를 늘이려고 한다. MPS는 주간단위로 수립하고 있다. 아래는 두 가지 모델의 제품에 대해 예상수요(forecast)와 잔여주문가능량(projected available)을 나타낸 것이다. 두 가지 모델에 대한 로트단위는 1,000 다스이다. 각 모델별 생산계획(production plan)과 MPS를 수립해 보자.

생산계획(production plan)

Week		1	2	3	4	Total
Forecast		3000	3500	3500	4000	
Projected Available Balance	2000					
Production Plan						

모델 A

Week		1	2	3	4	Total
Forecast		2000	2000	2500	2000	
Projected Available Balance	1500					
MPS						

모델 B

Week		1	2	3	4	Total
Forecast		1000	1500	1000	2000	
Projected Available Balance	500					
MPS						

3.5 앞서 언급한 42페이지 연습문제에서는 생산계획과 비교했을 때 적정한 재고균형을 유지하지 못했기 때문에 MPS가 잘 수립된 것이 아니었다. 또한 기간 2, 3에서는 제품

C에 대해 결품(stockout)도 있었다. 이러한 문제를 해결하기 위해 3가지 제품에 대한 생산계획(production plan)을 수정하라.

3.6 갑을기업은 2가지 모델의 기구를 만드는 회사이다. 애로공정(bottleneck operation)은 작업센터(work center) 10이다. 다음 자원명세서(resource bill)이며 단위는 부품당 시간(in hours per part)이다.

	Hours per Part	
Work Center	Model A	Model B
10	2.4	3.5

다음 5주간의 MPS는 다음과 같다.

Week	1	2	3	4	5
Model A	70	50	50	60	48
Model B	20	40	55	30	45

a. 자원명세서와 MPS를 이용하여 5주 동안 각 모델별로 요구되어지는 작업센터10의 작업시간을 산출하라. 산출결과는 다음의 테이블을 이용하여 기록하라.

Week	1	2	3	4	5
Model A					
Model B					
Total Hours					

답: 총 작업시간: 1주 238시간, 2주 260시간, 3주 313시간, 4주 249, 5주 273시간,

b. 만일 작업대(work station) 10번에서 가용능력이 주당 260시간이라면 3주차의 수요를 충족하는 가능한 대안을 제시하라.

3.7 다음 데이터를 이용하여 ATP(available to promise)를 계산하라. 현재 100개의 재고(on hand)가 있다.

Week	1	2	3	4	5	6
Customer Orders	70	70	20	40	10	
MPS		100		100		100
ATP						

답: ATP 1주 30, 2주 10, 4주 50, 6주 100

3.8 다음 데이터를 이용, ATP(available to promise)를 계산하라.

Week	1	2	3	4	5	6
Customer Orders	21		17	8		3
MPS	30		30	30		
ATP						

3.9 다음 데이터를 이용하여 ATP를 계산하라. 현재 재고(on hand)는 0(zero)이다.

Week	1	2	3	4	5	6	7	8	9	10
Customer Orders	10		10		60	16			10	
MPS	50				50				50	
ATP										

3.10 다음 데이터를 이용하여 ATP를 계산하라. 현재 재고(on hand)는 50개이다.

Week	1	2	3	4	5	6	7	8
Customer Orders	45	50	35	40	30	40	20	18
MPS		100		100		100		100
ATP								

3.11 다음 데이터를 이용하여 수용가능주문량(available to promise)을 계산하라. 현재 재고(on hand)는 60개이다.

Week	1	2	3	4	5	6
Customer Orders	20	50	30	30	50	30
MPS		100			100	
ATP						

3.12 연습문제 3.10에서 4주차에 20개의 납품을 요구하는 주문을 과연 받을 수가 있는가? 다음 테이블을 이용하여 ATP를 계산하라.

Week	1	2	3	4	5	6	7	8
Customer Orders	50	50	30	40	50	40	30	15
MPS		100		100		100		100
ATP								

답: 주문을 받을 수 있다. 4주차에 ATP로부터 10개가 나오며 2주차에 ATP로부터 10개가 나오므로 주문이 가능해진다.

3.13 다음 데이터를 이용하여 5주차에 30개의 납품을 요구하는 주문을 과연 받을 수 있는가? 만약 그렇치 못하다면 당신의 대안은 무엇인가?

Week	1	2	3	4	5	6	7	8
Customer Orders	70	10	50	40	10	15	20	15
MPS	100		100			100		
ATP								

3.14 다음 데이터를 이용하여 PAB 및 MPS를 계산하라. 1회 주문량(order quantity)은 200개이다.

Week		1	2	3	4
Forecast		80	80	80	70
Customer Orders		100	90	50	40
Projected Available Balance	140				
MPS					

답: 2주차에 MPS를 내려야 한다.

3.15 다음 데이터를 이용하여 PAB 및 MPS를 계산하라. 생산주문량(order quantity)은 100개이다.

Week		1	2	3	4
Forecast		50	50	50	50
Customer Orders		60	30	65	25
Projected Available Balance	60				
MPS					

3.16 PAB, MPS, ATP를 계산하라. 소요기간(lead Time)은 1주이고 소요기간 울타리(Demand Time Fence)는 3주이다. 현재 재고는 20이며 주문수량은 60이다.

Period		1	2	3	4	5	6
Forecast		20	21	22	20	28	25
Customer Orders		19	18	20	18	30	22
Projected Available Balance	20						
MPS							
ATP							

Case Study 3.1

아크메 워터펌프사(Acme Water Pumps 社)

아크메 워터펌프사에 문제가 생겼다. 아크메사의 양수기는 생산 및 보관비용이 꽤 높기 때문에 회사는 최대한 재고량을 적게 만들려는 경향이 있었다. 그러나 한편 구매자들은 아크메사가 주문에 즉각 상품을 제공하지 않으면 경쟁사를 선택할 가능성이 높으므로, 수요에 빠르게 대응하는 것이 매우 중요하기도 하다. 아크메사(社)의 최근 양수기 생산 정책은 매주 평균 수요량인 100대를 생산하는 것이다. 그러나 프로덕션 매니저는 이 또한 문제라고 지적했다. 생산 장비는 다른 상품을 위해서도 사용되며, 300대 씩의 생산분량이 훨씬 효율적이라는 것이다. 그는 내주 양수기 생산량을 수립중이며, 다음주부터 바로 300대 생산이 가능하다고 밝혔다.

다음 리스트는 이후 12주간의 예상 주문량과 실제 고객주문량을 보여주고 있다.

Week	1	2	3	4	5	6	7	8	9	10	11	12
Forecast	90	120	110	80	85	95	100	110	90	90	100	110
Customer Orders	105	97	93	72	98	72	53	21	17	6	2	5

아크메사 회장은 재고량에 큰 영향 없이 수요를 맞출 수 있도록 정식 MPS와 ATP계산법을 도입하고자 한다고 밝혔다. 아크메사는 3주차 말에 소요기간울타리(Dememd time fence)를 사용하기로 결정했으며, 현재 재고량은 25대임을 확인하였다. 아크메사가 300대 분량 생산의 MPS를 사용하며, 제1주부터 이를 생산할 것이라고 가정해 보자.

토론문제

1. 상기의 정보들을 이용해 MPS를 작성해 보라.
2. 한 고객이 45대의 양수기를 제 5주에 배달해달라는 큰 주문을 해왔다. 이러한 주문에 대해 고객에게 어떤 대답을 해야 하는가? 왜 그런가? 만일의 경우, 이러한 주문이 운영에 어떠한 영향을 줄 것인가?

자재소요계획수립
(MRP: Material Requirements Planning)

입문(Introduction)

3장에서는 MPS의 역할에 대하여 설명하며 제조공정이 생산하고자 하는 최종 품목(end items), 또는 주요 부품(major components)을 언급한 바 있다. 이러한 품목들은 여러 부품들로부터 만들어지거나 조립되며, MPS의 요구에 따라 정확한 시간에 정확한 양이 사용가능한 상태로 존재해야 하는 것이다. 이들 부품 중 어느 것이라도 부족하게 되면, 상품은 제조되어 납기되지 못한다.

자재소요계획(MRP: Material Requirements Planning)은 이러한 부족한 부품이 발생하지 않도록 하는 시스템을 말한다. MRP는 계획(우선순위 계획: priority plan)을 세워 리드타임에 따라 어떠한 부품이 조립단계의 어느 시점에 필요한지를 보여준다.

이번 장에서는 MRP에 있어서 각 부품의 생산구조를 나타내는 자재목록표(BOM: Bills Of Material), 구체적인 MRP 수행과정, 그리고 MRP가 어떻게 사용되는지 설명할 것이다. 이에 앞서 MRP가 사용되는 환경에 대해 간략한 설명을 덧붙이고자 한다.

수요의 특성(Nature of Demand)

수요는 크게 독립수요와 종속수요, 두 가지로 나눌 수 있다. 독립수요는 다른 어떠한 제품의 수요와도 관련이 없는 수요를 말한다. 예를 들면, 한 회사가 나무로 된 탁자를 만든다고 할 때, 이 탁자에 대한 수요는 독립수요라고 할 수 있다. MPS 품목은 독립수요의 특성을 가진 품목들을 말한다.

탁자의 수요에 종속되는 탁자 상판, 다리, 측면 장식 등의 수요는 종속수요에 해당한다.

그림 4.1은 독립수요와 종속수요 품목에 대한 연결관계를 표현한 제품나무(product tree)이다. 그림에서 괄호에 표시된 수는 필요한 각 부품의 개수를 나타낸다.

독립수요는 앞서 말한 바와 같이 다른 어떠한 조립품이나 제품의 수요에 대해서도 독

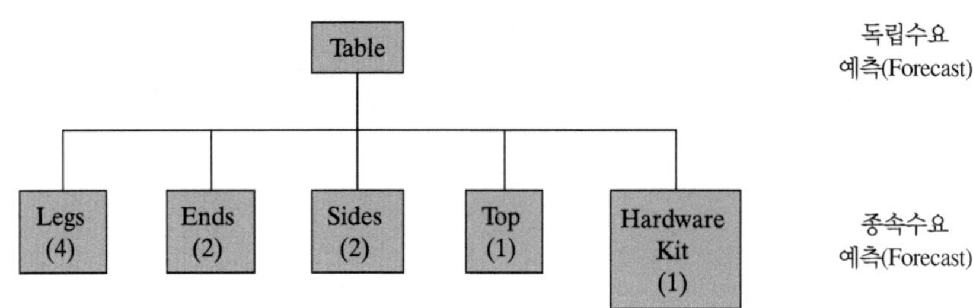

그림 4.1 제품 구조(product tree)

립적인 관계를 가지므로 수요예측을 하여야 한다. 반면에, 종속수요에 해당하는 것은 상위 수준의 조립품이나 제품의 수요에 직접적으로 연결되므로 계산될 수 있다. MRP는 이러한 계산을 위하여 고안된 것이다.

하나의 품목은 종속적인 동시에 독립적일 수 있는데, 서비스 혹은 대체 부품이 이에 해당한다. 진공 청소기 생산업체에서는 제품의 부속으로 플라스틱 호스를 사용한다. 이 경우 조립 부품인 호스는 종속수요 품목이 되나, 이 부품은 사용 중 잘 망가지는 특성도 있으므로 충분한 양의 대체품이 확보되어야 할 것이다. 대체품으로서의 호스의 수요는 생산되는 진공청소기의 수에 직접적으로 종속되어지는 성격이 아니므로 독립수요에 해당한다.

MRP의 목적(Objectives of MRP)

MRP는 두가지 중요 목표를 가지고 있다. 하나는 수요량을 결정하는 것이고 다른 하나는 현시점에서의 우선 순위를 유지하도록 하는 것이다.

수요량의 결정 생산계획과 통제시스템의 중요한 목표는 기업이 생산하는 제품에 대한 수요에 대응하기 위해 정확한 시점에 정확한 자재가 정확한 양만큼 보충되도록 하는 데 있다. MRP의 목적은 어떠한 부품이 MPS를 만족하도록 충당되어야 하는지 그 양을 결정하는데 있으며 이 때에 리드타임에 기초하여 해당 부품이 어느 시점에 얼마만큼의 양이 필요한지를 계산하도록 한다. MRP는 다음 사항을 결정하여야 한다.

- 무엇을 주문하여야 하는가?
- 얼마만큼 주문하여야 하는가?
- 어느 시점에 주문하여야 하는가?
- 어느 시점에 배송이 완료되어야 하는가?

우선순위의 유지 부품에 대한 수요와 공급은 매일 달라진다. 고객은 주문을 입력하며 동시에 이를 변경하기도 한다. 부품을 다 써버리거나, 공급업자들의 배송을 지연하거나 불량이 발생하기도 하고, 주문이 완료되기도 하며, 기계가 고장나는 경우도 있다. 이렇게 변화하는 환경에 있어서 MRP는 계획이 현재적일 수 있도록 우선순위를 재배치할 수 있어야 한다. 즉 주문에 대한 추가와 삭제, 독촉, 지연, 변경이 가능하여야 한다는 것이다.

다른 MPC기능과의 연결

MPS는 MRP를 유도한다. MRP는 MPS에서의 제품을 생산하는데 필요한 부품에 대한 우선순위 계획을 뜻한다. 이 계획은 해당 부품을 생산하는 시점에 가용능력이 있을 때에만 유효한 것이므로 계획은 가용능력을 확인해야 할 것이다. 이를 능력소요계획(CRP: Capacity Requirements Planning)이라고 하며 이는 다음 장에서 다루어지게 된다.

MRP는 생산현장관리(PAC: Production Activity Control)와 구매를 유도한다. MRP는 주문에 대한 발주와 인수일자에 대한 계획기능을 한다. PAC와 구매는 납기일을 만족하도록 주문에 대한 수행을 계획하고 통제하도록 한다.

그림 4.2는 생산 계획과 통제 시스템을 도식화한 것으로서 각각의 입력과 출력을 표시하고 있다.

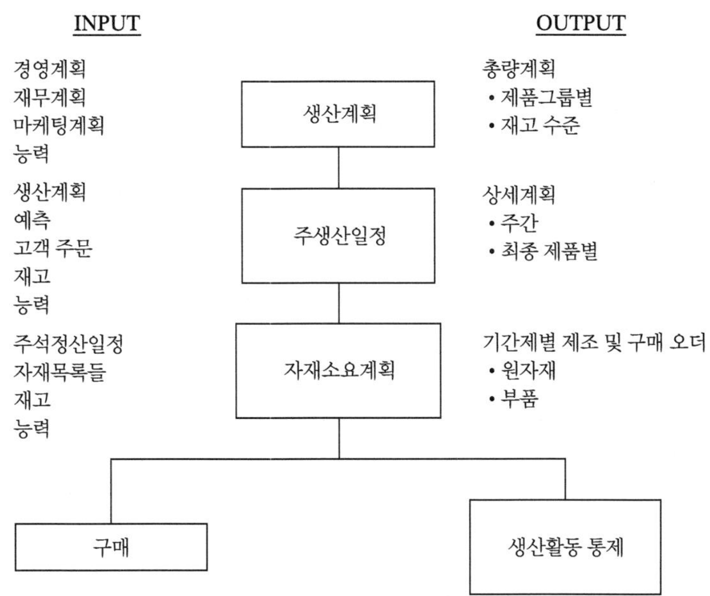

그림 4.2 제조 계획 및 통제 시스템(Manufacturing planning and control system)

컴퓨터

만일 어떠한 기업이 여러 개의 단순한 제품을 생산하고 있다면 MRP를 수작업으로 수행할 수도 있을 것이다. 하지만 대부분의 기업들은 수요와 생산능력이 변화하는 환경 속에서 수만 수천의 부품을 파악해야만 한다.

컴퓨터가 도입되기 전에는 방대한 양의 수작업 시스템을 유지할 수 밖에 없었으며 많은 양의 재고와 긴 리드타임을 감수해야 했다. 이는 정확성 및 정보의 최신성 결여 그리고 필요계산의 신속한 수행능력 취약을 완충하기 위한 장치였다. 기업의 누군가는 어떻게 해서든 어떤 것이 필요시기보다 일찍 혹은 보통 늦게 요청되었는지 알아내야 했다. 따라서 당시에는 “일찍 가져오고 많이 확보한다”는 규칙이 유용하게 사용되었다.

컴퓨터는 매우 빠르고 정확하며 손으로 계산하던 작업에 매우 적합하다. 컴퓨터의 저장과 데이터 처리 그리고 정보를 신속하게 생성하는 능력 덕분에 오늘날의 생산은 현대화된 생산계획과 시스템에 대한 통제가 가능해 지게 되었다. MRP시스템에서 요구되는 계산을 수행하기 위한 많은 응용 프로그램이 있다. 컴퓨터 소프트웨어 프로그램은 BOM 구조를 구성하고 유지하도록 하며 이러한 연결 관계는 BOM 프로세서에 의해 수행된다.

MRP 시스템의 입력요소

MRP 시스템의 입력요소는 세가지가 있다:

1. 주생산일정(MPS)
2. 재고기록
3. 자재 목록표(BOM)

주생산일정(Master Production Schedule) MPS는 최종제품으로 어떠한 것이 생산되어야 하고 얼마만한 양만큼 어느 날짜에 완료되어야 하는지에 대한 명세서이다. 이것은 MRP 시스템에 대해 어떠한 최종 제품이 필요한지에 대한 정보를 제공한다.

재고기록(inventory record) MRP시스템의 주요 입력요소로 재고기록이 있다. 필요한 양에 대한 정확한 계산을 위하여 현재 보유하고 있는 양이 고려되어야 하는 것이다.

두가지 종류의 필요한 정보가 있다. 첫번째는 계획 요소(planning factor)라고 하는 것으로서 주문량, 리드타임, 안전 재고량, 불량율등과 같은 정보를 포함한다. 이 정보는 자주 변경되지 않지만 정확한 배송을 위해서는 어느 정도의 양이 어느 시점에 주문되어야 하는지를 계획하여야 한다.

두번째는 각 품목의 상태에 관한 정보이다. MRP 시스템은 얼마만큼의 양이 존재하며 얼마만큼이 이미 할당되어 있는지, 이후 수요에 가용한 양은 얼마나 되는지 알아야 한다. 이러한 종류의 정보는 동적이고 매일 발생하는 거래행위에 따라 변화하게 된다.

이러한 데이터는 재고기록 파일(inventory record file)에 기록 유지된다. 이는 다른 말로 파트 마스터 파일(part master file) 혹은 아이템 마스터 파일(item master file)이라고 불리기도 한다. 각각의 품목은 단일 레코드에 대응하고 이들 레코드들이 모여 파일을 형성하게 된다.

자재목록표(bills of material) BOM은 제조 업체에 있어서 가장 중요한 문서 중의 하나로 이어 논의될 것이다.

자재목록표(Bills of Material)

우리가 무언가를 만들기 전에 우리는 어떠한 부품이 필요한지를 알아야 한다. 케이크를 구우려면 레시피(recipe)가, 화학원료를 배합하려면 그 공식(formula)이, 손수레를 조립하기 위해서는 부품 명세서(part list)가 필요할 것이다. 레시피든, 공식이든 부품 명세서든 그 명칭은 다를지라도 이는 최종 제품을 만들기 위해 무엇이 필요한지를 말해준다. 이 모든 것이 BOM에 해당된다.

미국운영관리협회(APICS)는 BOM을 '상위 품목을 만드는데 필요한 부분품, 중간재, 부품, 원재료 및 각각의 필요량을 나타내는 일련의 목록'이라고 정의하고 있다. 그림 4.3은 요약된 BOM을 예시하고 있다. 여기서 세 가지 중요한 부분을 언급하면 다음과 같다.

1. BOM은 하나의 품목을 만들기 위한 모든 부품을 보여준다.
2. 각각의 부품 또는 품목은 단 하나의 부품 번호를 가진다. 하나의 부품 번호는 하나

Description: TABLE
Part Number: 100

Part Number	Description	Quantity Required
203	Wooden Leg	4
411	Wooden Ends	2
622	Wooden Sides	2
023	Table Top	1
722	Hardware Kit	1

그림 4.3 요약된 BOM(Simplified bill of material)

의 부품에 대해 유일하고 어떠한 다른 부품에도 할당되지 않는다. 따라서 특정한 번호가 두 개의 서로 다른 BOM에 나타나게 되는 경우 그 부품은 같은 것으로 인식된다.

3. 부품은 그 형태, 용도, 혹은 기능에 의하여 정의된다. 이중 어느 하나가 바뀌게 되면 동일한 부품으로 간주하지 않으며, 따라서 새로운 부품번호를 가지도록 한다. 예를 들면, 하나의 부품이 도색작업을 거치게 되면 별도의 부품으로 인식되어 다른 부품번호를 가지게 되는 것이다. 도색된 부품이 세 종류의 색으로 분류되면 각각에 대하여 유일한 부품번호를 배정하여야 한다.

BOM은 상위 품목을 만들기 위한 부품을 나타내는 것으로, 상위 품목이나 그 부품을 만들기 위한 공정 혹은 단계를 표현하는 것이 아니다. 이러한 정보는 공정 파일(routing file)에 기록된 것으로 6장에서 설명될 것이다.

BOM 구조

BOM 구조는 BOM 파일에 대한 배열을 위한 전체적인 디자인을 말하는 것이다. 한 기업 내에서 각각의 부서는 BOM을 다양한 목적으로 사용하게 된다. 각 사용자들이 BOM 구조에 대한 다양한 선호를 가지게 될지라도 유일한 구조로 만들어져야 하며, 대부분의 요구를 만족하도록 설계되어야만 한다. 하지만 Bill을 나타내기 위해서는 여러 개의 포맷 또는 방법이 있을 수 있으며 다음은 그 중 중요한 몇 가지 유형들이다.

제품나무(Product tree) 그림 4.4는 그림 4.3의 BOM에 대응하는 제품나무를 표시하고 있다. 제품나무는 BOM을 개념적으로 이해하기에 편리한 방법이나, 강습 혹은 시험 목적 외에는 거의 사용되지는 않는다. 본 교재 또한 강습 목적으로 제품나무를 사용하고 있는 것이다.

상위품목-부품 관계(Parent-component relationship) 그림 4.1과 그림 4.3에 나타난 BOM과 제품나무는 단일 수준구조(Single level structure)라 불린다. 조립품(assembly)은 상위품목(parent)에 해당하고 이를 구성하는 품목들은 구성품(component items)이라 부른다. 그림 4.4는 탁자에 대한 상위품목과 구성품간의 관계를 표현한 것이다. 각각의 부품에 대하여 마찬가지로 특정부품 번호가 할당되어, 각 부분의 절대적인 구분을 가능케 하고 있다.

다단계 자재명세서(Multilevel bill) 그림 4.5는 그림 4.3과 4.4의 한 단계 자재 명세서에 등

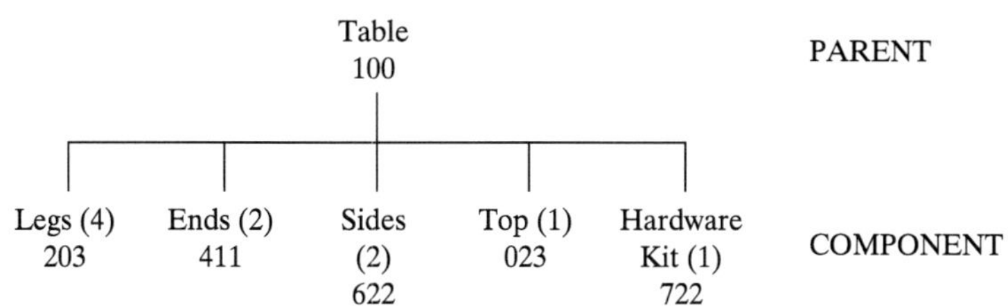

그림 4.4 제품나무

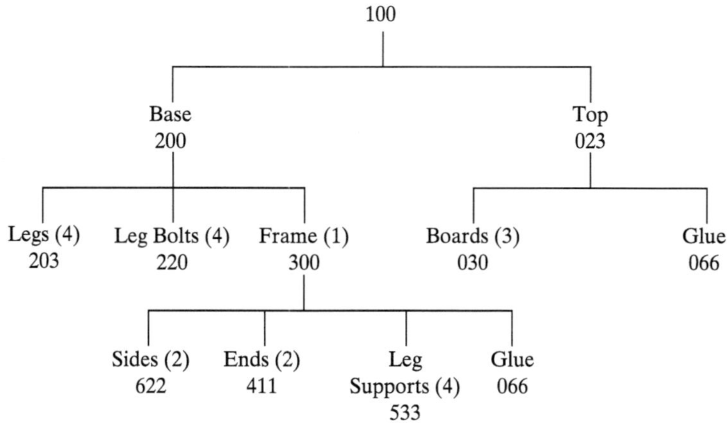

그림 4.5 다단계 자재명세서(Multilevel bill)

장한 같은 제품을 보여준다. 그러나 한 단계 수준 부품들이 각 하위단계로 확장되어 표현되고 있다.

다단계 자재명세서는 제품이 만들어지는 방식에 기초하여 부분 조립품 단계로 부품들이 논리적인 그룹을 형성하도록 구성된다. 예를 들면, 유리, 창문, 샷시 그리고 엔진이 자동차를 만들기 위하여 필요한 부품이라고 할 때 이들 각각은 논리적으로 구성품과 부품의 그룹을 형성하고 각각에 대해 BOM구조를 갖는다고 할 수 있다.

수행할 공정, 순서, 그루핑(groupiy) 등 제품이 어떻게 만들어져야 하는가에 대한 결정은 제조공학의 영역이다. 그 결과로서 부분 조립품들이 생산된다. 제조는 그림 4.4의 탁자(P/N 100)의 하드웨어키트 부분으로서 탁자 다리 지지대, 옆면, 끝부분을 그림 4.5의 탁자들(P/N 300)으로 만든다. 이 프레임 조립 탁자 다리, 다리 나사는 베이스(P/N 200)이 되고, 보드판 3개요 접착되어 테이블판(P/N 023)이 만들어진다. 모든 부품들이 한데 모여 있으나 부분 조립품으로 그룹화되고 각 부분 조립품들은 각각의 부품 번호를 가지고 있다는 점을 주목하라.

다단계 자재명세서를 사용하는 이점 중의 하나는 나무구조에서 최하단에 표시된 품목들(탁상다리, 다리나사, 끝부분, 옆면, 접착제 그리고 보드판) 등이 모두 구매 품목이라는 것이다. 일반적으로 제품에 대한 나무구조의 모든 가지가 구매 품목까지 전개되기 전까지는 BOM은 완성되지 않는다.

BOM의 각 레벨은 상위로부터 번호를 배정하여 하위로 전개한다. 최상위 수준 혹은 최종 제품 수준은 수준제로에 해당하고 이를 구성하는 부품은 수준 1에 해당한다.

다중 자재명세서(Multiple bill) 다중명세서는 대개 하나 이상의 제품을 생산하여 종종 몇 부품들을 여러 개의 제품에 사용하는 기업에서 사용된다. 이러한 것은 특히 어떠한 제품

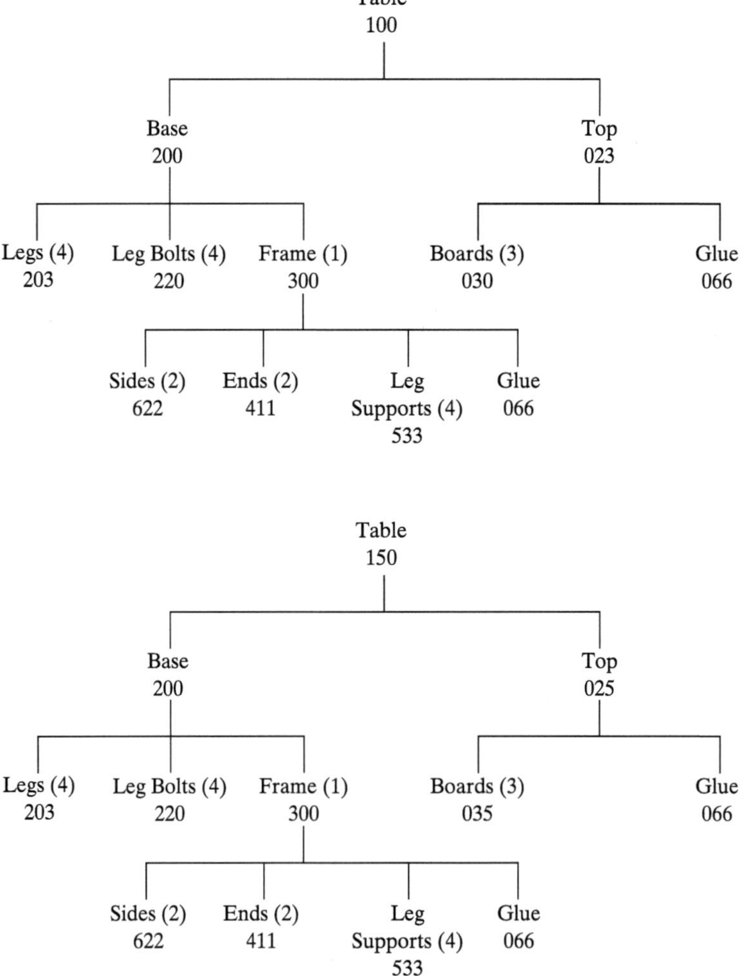

그림 4.6 다중 자재명세서(Multilevel bill)

군을 생산하는 경우에 해당된다. 앞에서 살펴본 탁자의 예를 들면, 회사가 두 개의 모델을 생산하는데, 탁자 상판만 다르다고 하자. 그림 4.6은 이에 대응하는 두 개의 BOM을 나타낸다. 상판에 사용되는 보드판이 다르기 때문에 각 상판은 각기 다른 부품번호를 가지게 되나, 부품 조합은 양 테이블이 같은 것을 볼 수 있다.

한단계 자재명세서(Single-level bill) 한단계 자재명세서는 상위품목과 이에 직접 연결된 부품들로만 표현되기 때문에 '한단계' 라 불린다. 그림 4.6에 표현된 탁자는 여섯 개의 한단계 자재명세서를 가지며, 이는 그림 4.7에서 나타내고 있다. 많은 구성품이 두 테이블에 대하여 공통적으로 사용됨을 주목하라.

컴퓨터는 한단계 자재명세서로 표현된 제품구조정보를 저장한다. 한 제품을 온전히 정의하기 위해서는 일련의 한단계 BOM이 필요하다. 예를 들면 탁자는 탁자 자체, 베이스, 탁자 상판, 탁자들의 총 4개의 한단계 BOM을 필요로 한다. 이들은 서로 연결되어 다단계 혹은 톱니모양 자재명세서로 구성될 수 있다. 이러한 방법을 사용하게 되면 정보는 한번만 저장하면 될 것이다. 예를 들어 프레임(P/N 300)은 서로 다른 탁상다리 또는 상판과 함께 다른 탁자를 만드는데 사용될 수 있다.

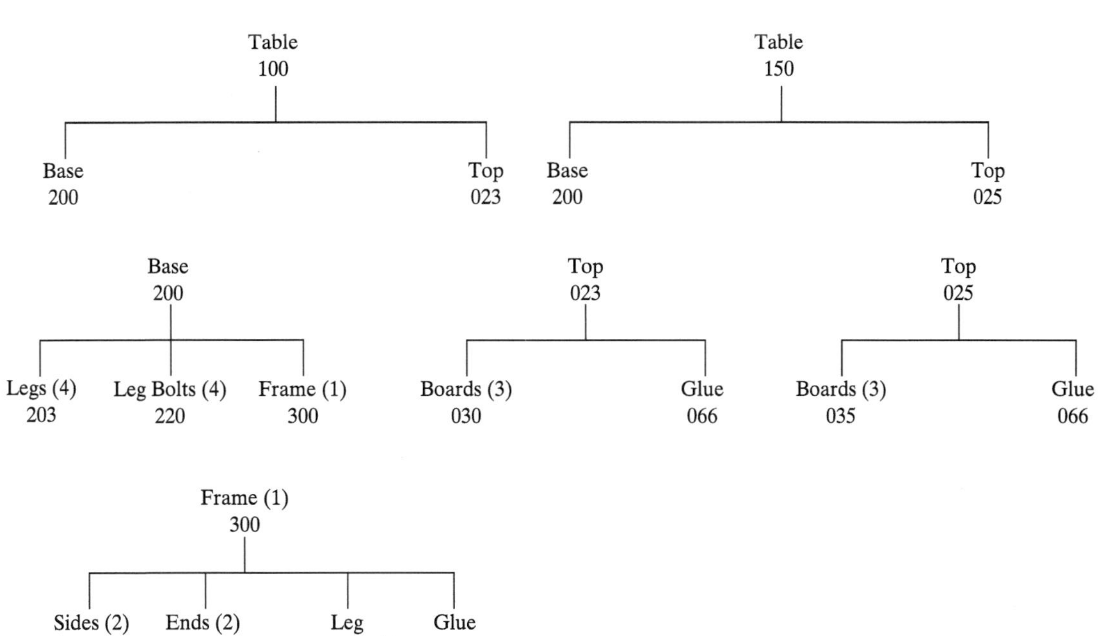

그림 4.7 한단계 자재명세서(Single-level bills)

한단계 자재명세서를 사용함으로써 얻을 수 있는 이점은 다음과 같다.

- 레코드의 중복이 없다. 예를 들면 base 200은 탁자 100과 탁자 150에 모두 사용된다. 탁자 100과 베이스 200???에 대한 두 개 기록을 가질 필요 없이, 한 가지 기록만 유지하면 된다.
- 기록의 중복이 없으므로 해서 컴퓨터 시스템에서 사용되는 기록의 수와 파일 크기가 줄어든다.
- BOM의 유지가 단순해진다. 예를 들면 BASE 200에 대한 변경이 필요할 경우 한 부분만 수정하면 된다.

예제

다음 product tree를 사용하여 적합한 single-level tree를 구성하라. 100개의 x와 50개의 y를 만들기 위하여 얼마나 많은 양의 k가 필요한가?

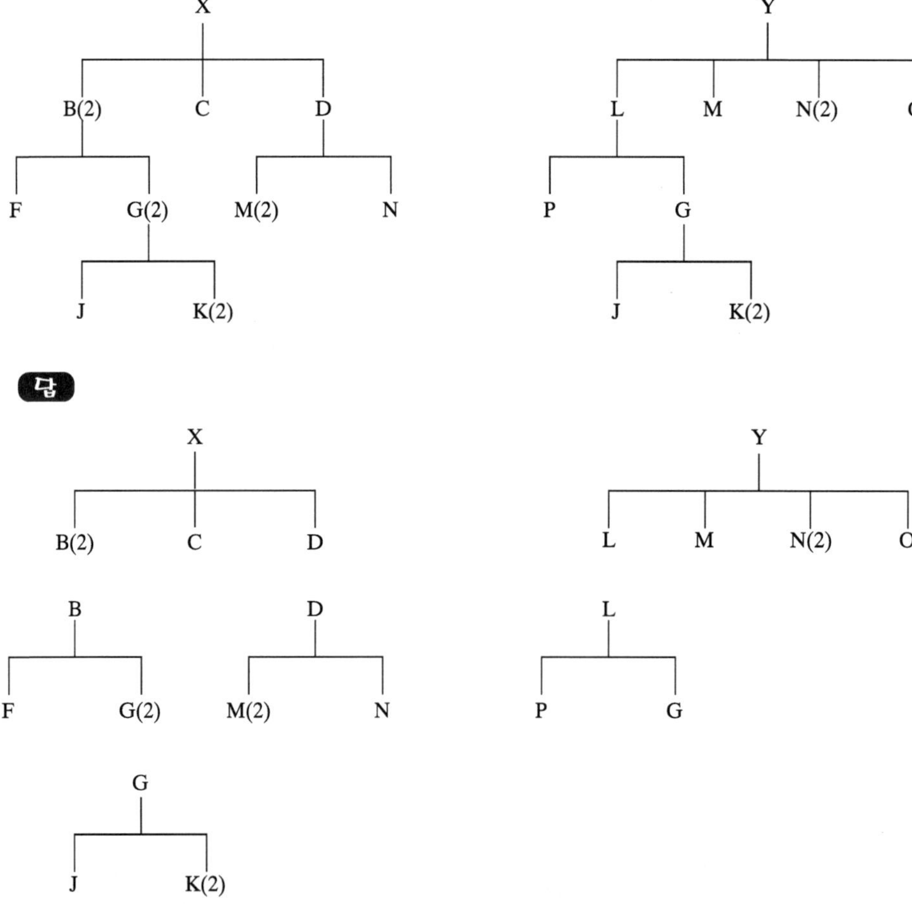

각 X는 2개의 B 필요하고
　각 B는 2개의 G 필요
각 X의 G 필요량 = 2 × 2 = 4. → X가 100개 필요하므로 G는 100 × 4 = 400개 필요
각 Y는 1개의 L 필요, 각 L은 1개의 G 필요
　각 Y의 G 필요량 1 × 1 = 1.
　Y가 50 필요하므로 G는 50 × 1 = 50개 필요
총 G 필요량 = 400 + 50 = 450
각 G는 2개의 K 필요 → 총 K 필요량 = 2 × 450 = 900

톱니모양 자재명세서(Indented bill) 다단계 자재명세서는 만입자재명세서로도 표현될 수 있다. 이 명세서는 구성품과 상위품목을 구분하는 방법으로 들여쓰기를 사용한다. 그림 4.8은 그림 4.5의 테이블에 대한 톱니모양 자재명세서를 표시한 것이다.

모부품인 탁자에 대한 구성품들은 왼편에 기록되고 이들을 구성하는 부품은 오른편에 들여쓰기 되어 있다. 베이스를 구성하는 부품들은 모부품 바로 아래에 들여쓰기 된다. 따라서 부품들은 하위 목록으로 들여쓰기 되고 모부품 바로 아래에 기록됨으로써 상위품목과 연결된다.

요약부품목록(Summarized parts list) 그림 4.3에 표시된 BOM은 요약부품목록이라 불리우는 것으로서 하나의 완전한 조립품을 만드는데 필요한 모든 부품의 목록을 의미한다. 파트 리스트는 제품 디자인 엔지니어에 의해 만들어지며, 제품이 조립되거나 만들어지는 방법에 대한 정보는 전혀 포함되지 않는다.

MANUFACTURING BILL OF MATERIAL
TABLE P/N 100

Part Number	Description	Quantity Required
200	Base	1
203	Legs	4
220	Leg Bolts	4
300	Frame	1
622	Sides	2
411	Ends	2
533	Leg Supports	4
066	Glue	
023	Top	1
030	Boards	3
066	Glue	

그림 4.8 톱니모양 자재명세서

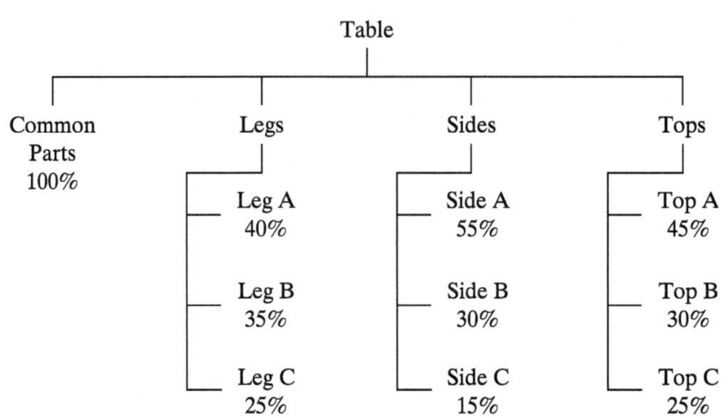

그림 4.9 계획 자재명세서(Planning bill)

계획 자재명세서 BOM의 중요한 용도는 생산을 계획하는 것이다. 계획 자재명세서는 계획목적으로 부품들을 인위적으로 그룹핑한 것이다. 이는 수요예측, MPS 및 MRP를 단순화하는데 사용된다. 이것은 생산 가능한(buildable) 제품을 표현하는 것이 아니라 평균화한(average) 제품을 나타내는 것이다. 예를 들어 탁자의 경우, 각각 세 가지 종류의 탁상다리, 옆면, 끝부분, 그리고 상판을 생산한다고 하자. 이는 총 3 × 3 × 3 = 27 종류의 탁자를 생산하게 되는 것이며, 각 탁자는 그 BOM을 가진다. 계획목적상 27개의 BOM은 한 BOM의 각 부품의 퍼센트 표지로 단순화될 수 있다. 그림 4.9는 그 제품 구조가 어떻게 보여질 것인지를 보여준다. 부품에 대한 퍼센테이지 사용은 과거의 사용이나 수요 예측을 통하여 결정된다. 가 부품범주의 퍼센테이지가 총 100이 된다는 사실을 주목하라.

사용처와 페깅 보고서

사용처 보고서(where-used report) BOM과 같은 정보를 제공하지만 BOM이 상위품목에 대하여 구성품 정보를 제공하는데 반해 Where used는 구성품에 대한 상위품목의 정보를 제공한다. 하나의 부품은 여러 개의 상위품목을 만드는데 사용될 수 있다. 예를 들어, 자동차에서 바퀴는 여러 종류의 자동차에서 사용될 수 있을 것이다. 하나의 부품이 사용되는 모든 모부품의 목록을 사용처 보고서라고 한다. 이것은 설계상의 변화나 자재의 부족 또는 제품과 관련한 비용을 산정하는데 사용될 수 있다.

페깅 보고서(pegging report) 페깅 보고서는 사용처 보고서와 유사한데, 사용처 보고서가 부품에 대한 모든 모부품의 정보를 보여주는 한편 페깅 보고서는 수요가 발생한 경우의 부품에 대한 정보만을 보여준다. 페깅 보고서는 부품에 대해 수요를 발생시키는 모부품과 필요한 양 그리고 어느 시점에 요구되는지를 표시하여, 수요에 대한 출처는 페깅을

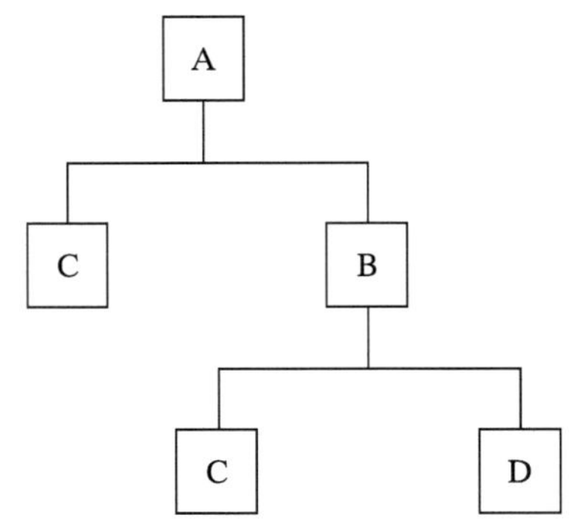

페깅 품목수요(Pegged Requirements)

Item Number	Week				
	1	2	3	4	5
C	50	125	25	50	150

수요의 출처(Source of Requirements)

A	50	25	25	50	50
B		100			100

그림 4.10 페깅 보고서(Pegged requirements)

통해 이루어진다. 그림 4.10은 부품 C가 두 번 사용되는 경우의 제품 나무와 페깅 보고서의 예를 나타내고 있다.

BOM의 사용

BOM은 제조업체에서 가장 폭넓게 사용되는 문서 중의 하나이다. 중요한 용도는 다음과 같다.

- **제품 정의** BOM은 제품을 만들기 위한 부품을 명시한다.
- **설계변경관리(engineering change control)** 제품 디자인을 담당하는 엔지니어들이 제품과 그에 사용되는 부품의 설계를 변경하는 경우가 있다. 이러한 변경은 기록되고 관리되어야 하는데, 그 방법으로 BOM을 사용한다.
- **서비스 부품** 고장난 부품을 수리하기 위해 필요한 대체부품은 BOM으로부터 결정된다.
- **계획수립** BOM은 최종제품을 생산하기 위해 어떤 원자재가 계획되어야 하는지를 정의한다. 어떤 부품들이 구매되어야 하는지, MPS를 만족하기 위해 무엇이 만들어져야 하는지 또한 결정한다.
- **주문입력(order entry)** 자동차와 같이 하나의 제품에 대해 다수의 선택 사양이 존재하는 경우 주문입력 시스템은 최종 제품에 대한 BOM을 수시로 완성하게 된다. 이러한 bill은 제품의 가격을 결정하는데 사용될 수도 있다.
- **제조** Bill은 제품을 생산 또는 조립하기 위해 필요한 부품의 목록을 제시한다.
- **원가계산** 제품에 관련된 비용은 대개 직접 원자재비와 직접 인건비 그리고 간접비 등으로 나누어진다. Bill은 직접 자재비를 결정하는 방법으로서 뿐만 아니라 직

접 노무비를 기록하고 간접비를 배분하는 방법으로 사용되기도 한다.

위에서 언급한 기능들이 전부는 아니지만, 이는 제조업체에서의 BOM은 폭넓은 용도를 보여주고 있다. BOM을 사용하지 않는 기업은 거의 없다. BOM과 그것의 정확성을 유지하는 것은 매우 중요하여, 컴퓨터는 이를 유지하고 이것을 갱신하기 위한 훌륭한 도구이다.

자재소요계획(MRP) 수립과정

BOM에 나타난 각각의 부품들은 MRP 계획 시스템에 의하여 계획된다. 편의를 위하여 각각의 부품은 재고로 저장되고 기록된다고 가정해 보자. 부품이 실제로 물리적인 보관소에 저장되는가 그렇지 않은가는 중요한 것이 아니다. 다만 명세서에 나타난 각 부품에 대하여 계획과 통제가 이루어진다는 점이 중요한 것이다. 원자재는 공정에 투입되거나 조립을 위해 준비되기 이전에 여러 공정을 거칠 수도 있고, 부품과 모부품간에 여러 조립공정이 있을 수도 있다. 이러한 공정들은 MRP가 아니라 PAC에 의하여 계획되고 관리된다.

MRP의 목적은 MPS의 품목이 계획에 따라 생산될 수 있도록 필요한 부품과 양 그리고 납기를 결정하는 데 있다. 이 단락에서는 MRP를 위한 기본적인 기법에 대하여 설명할 것이며, 다음은 그 제목들이다.

- 소요전개와 차감
- 총 소요량과 순 소요량
- 주문 발행
- 능력소요 계획(CRP: Capacity Requirement Planning)
- 최하계층코드와 소요량 계산
- 다중자재 목록표(multiple bills of material)

소요량 전개와 리드타임 차감

그림 4.11에 나타난 제품나무를 살펴보자. 이것은 이전에 살펴보았던 그림과 유사하지만, 리드타임(LT: Lead Time)이라는 새로운 중요 정보를 하나 포함하고 있다.

리드타임 리드타임은 하나의 공정을 수행하는 데 필요한 시간의 길이를 뜻한다. 생산에서 리드타임은 주문을 위한 준비, 대기, 공정, 운반, 입고와 검사 그리고 예상되는 지연시간 등을 포함한 시간이다. 예를 살펴보면 A에 대한 리드타임은 1주이며, 마찬가지로 D와

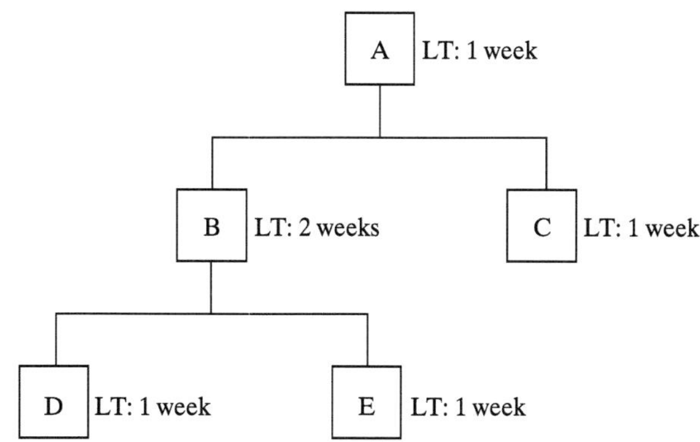

그림 4.11 리드타임이 있는 제품나무

E가 가용한 상태인 경우 B를 생산하기 위하여 필요한 시간은 2주가 된다. D, E, C를 위한 구매 리드타임은 모두 1주이다.

예시에서 사용된 모든 부품들은 상위품목에 대하여 한 개씩 사용됨을 가정하고 있다. A를 위하여 B와C가 하나씩 필요하고 B를 위하여 D와 E가 한 개씩 사용된다.

소요량 전개(exploding the requirements) 이는 자재 구성표에서 특정된 구성부품들의 사용량에 상위물품 수요량을 곱해줌으로써 상위물품 구성품들의 수요를 계산하는 과정이다.

리드타임 차감(Offsetting) 이것은 리드타임을 기초로 각 기간에 대하여 전개된 수요량을 배정하는 것이다. 예를 들어, 5주째 주에 A가 50단위가 필요한 경우 A를 조립하기 위한 주문은 4주에 발주되어야 하고 B와 C는 각각 50단위가 4주째에 사용 가능한 상태이어야 한다.

계획오더(planned orders) 만일 5주째에 부품 A가 50단위 입고되도록 계획되고 A를 위한 조립작업의 리드타임이 1주가 되는 경우 주문은 4주째 보다 늦게 발주되거나 생산이 시작되어서는 안될 것이다. 따라서, 5주째에 50단위에 대한 계획된 오더 입고(planned order receipt)가 있어야 하고 4주째에 이에 대응하는 계획된 오더 발주(planned order release)가 있어야 한다. 50단위의 A에 대한 주문이 4주째에 발주되는 경우 50단위의 B와 C가 재고 상태에 있어야 하므로, 4주째에는 이들 부품에 대한 계획오더 입고가 있어야 한다. B를 조립하기 위한 리드타임이 2주이므로 B에 대한 계획된 오더 발주는 2주째에 발생하고 C를 만들기 위한 리드타임은 1주이므로 50단위에 대한 계획오더 발주는 3주째

Part Number		Week				
		1	2	3	4	5
A	Planned Order Receipt Planned Order Release				 50	50
B	Planned Order Receipt Planned Order Release		 50		50 	
C	Planned Order Receipt Planned Order Release			 50	50 	
D	Planned Order Receipt Planned Order Release	 50	50 			
E	Planned Order Receipt Planned Order Release	 50	50 			

그림 4.12 소요량 전개와 리드타임 차감

에 발생한다. D와 E를 위한 계획오더 입고와 계획오더 발주는 앞에서와 마찬가지 방법으로 결정된다. 그림 4.12는 배송일자를 만족할 수 있도록 어느 시점에서 주문이 발주되고 입고되어야 하는지를 나타내는 것이다.

예제

그림 4.11에 제시된 product tree와 리드타임을 기초로 계획오더 입고와 발주를 결정하기 위한 다음 테이블을 완성하라. 5주째에 50단위의 A가 필요하고 6주째에는 100단위가 필요하다.

Part Number		Week					
		1	2	3	4	5	6
A	Planned Order Receipt Planned Order Release					50	100
B	Planned Order Receipt Planned Order Release						
C	Planned Order Receipt Planned Order Release						
D	Planned Order Receipt Planned Order Release						
E	Planned Order Receipt Planned Order Release						

답

Part Number		Week					
		1	2	3	4	5	6
A	Planned Order Receipt Planned Order Release				 50	50 100	100
B	Planned Order Receipt Planned Order Release		 50	 100	50	100	
C	Planned Order Receipt Planned Order Release			 50	50 100	100	
D	Planned Order Receipt Planned Order Release	 50	50 100	100			
E	Planned Order Receipt Planned Order Release	 50	50 100	100			

총 소요량과 순 소요량(Gross and Net Requirements)

앞 절에서 A나 다른 어떤 부품에도 가용 재고가 없음을 가정한 바 있다. 그러나 대개 재고는 어느 정도 존재하며, 생산될 양을 결정하기 위하여 고려되어야 하는 것이다. 예를 들어, 20단위의 A가 재고로 존재하고 있다면 30단위만 생산하면 될 것이며, 각 부품에 대한 수요 또한 이에 따라 차감되어야 할 것이다. 계산 결과는 아래와 같다.

$$\text{총 소요량} = 50$$
$$\text{가용재고} = 20$$
$$\text{순 소요량} = \text{총 소요량} - \text{가용재고}$$
$$\text{순 소요량} = 50 - 20 = 30$$

30단위의 A만 생산되어야 하므로 B와 C에 대한 총 소요량 또한 30이 된다.

모 부품에 대한 계획 발주량은 구성품에 대한 총 소요량이 된다.

그림 4.12에 나타난 재고기록은 가용한 재고량을 고려하기 위하여 수정된다. 예를 들면, 20단위의 A가 가용했던 것처럼 10단위의 B가 재고로 저장되어 있는 경우 D와 E에 대한 수요 또한 변경된다. 그림 4.13은 MRP 기록에서 변경된 내용을 표시하고 있다.

Part Number		Week				
		1	2	3	4	5
A	Planned Order Receipt Planned Order Release				 50	50
B	Planned Order Receipt Planned Order Release		 50		50	
C	Planned Order Receipt Planned Order Release			 50	50	
D	Planned Order Receipt Planned Order Release	 50	50			
E	Planned Order Receipt Planned Order Release	 50	50			

그림 4.13 Gross and net requiremets

예제

다음 테이블을 참고로 한다. 부품에 대한 리드타임은 2주이고 주문 단위(lot size)는 100단위이다.

Week	1	2	3	4
Gross Requirements Projected Available 75 Net Requirements Planned Order Receipt Planned Order Release		50	45	20

답

Week	1	2	3	4
Gross Requirements Projected Available 75 Net Requirements Planned Order Receipt Planned Order Release	 75 100	50 25	45 80 20 100	20 60

발주 실행(Released orders)

지금까지 우리는 순 소요량을 적시에 만족시키지 위해 주문이 언제 발주되어야 하는지를 계획하는 과정을 살펴보았다. 많은 경우 수요량은 일단위로 변경된다. 컴퓨터를 사용하는 MRP 시스템은 자동적으로 조립부품과 부품에 대한 수요를 재 계산하고 수요에 있어서의 변경된 내용을 만족시킬 수 있도록 계획 발주량을 재 생성한다.

계획 발주량은 계획일 뿐 실제로 발주된 것이 아니다. 계획오더를 발주하는 것은 자재 계획자의 책무이지 컴퓨터의 책임이 아니다.

MRP의 목적은 필요한 시점에 자재가 가용하도록 하기 위한 것이지 그 이전 시점을 위한 것이 아니므로 자재에 대한 주문은 해당 일자가 도래하기 전까지 발주되어서는 안된다. 따라서, 주문은 정상적인 경우 계획된 주문 시점이 이번 주(1주째)가 되기 전까지 주문되지 않는다.

주문에 대해 발주를 한다는 것은 필요한 원자재를 구입하기 위한 주문 또는 부품을 만들기 위한 생산을 지시하는 것을 의미한다.

생산 주문이 발주되기 이전에 부품의 가용성이 확인되어야 한다. 컴퓨터 프로그램은 부품의 재고 기록을 확인하여 원자재가 충분한 양만큼 확보되어 있는지 확인하고, 작업을 위해 필요한 양을 할당하도록 한다. 원자재가 충분하지 않은 경우 컴퓨터 프로그램은 계획 담당자로 하여금 품질 상황을 통제하도록 할 것이다.

구매 혹은 생산에 대한 승인이 발생하는 경우 계획오더 입고량은 예정 입고량(scheduled receipt)으로 대체된다. 그림 4.13에 제시된 예를 살펴보면 부품D와 E는 1주째에 20단위의 계획 발주량을 가진다. 이 주문량은 계획 담당자에 의해 발주되고 D와 E에 대한 MRP 기록은 그림 4.14와 같이 나타나게 된다. 여기서 계획 발주량을 대신하여 예정 입고량이 생성되었음을 확인하도록 하자.

생산주문이 발주될 때 컴퓨터는 해당 주문에 대해 모부품을 구성하는 부품의 필요량을 할당하게 된다. 이것은 부품이 재고로 부터 빠져 나오는 것을 의미하는 것이 아니라, 예상된 가용 재고량이 줄어들게 됨을 뜻하는 것이다. 부품에 대한 할당된 양은 여전히 재고에 남아 있을 것이나 이후 주문에 대해 사용되지 않을 것이다. 이 양은 사용을 위해 인출되기 전까지는 재고 상태로 남아 있게 된다.

예정 입고량(scheduled receipts) 예정 입고량은 생산 혹은 판매자에 대한 주문량으로서 생산 또는 구매에 대한 승인이 이루어졌음을 표시하는 것이다. 공장에서의 주문은 필요 자재가 승인되고 작업장의 생산능력(capacity)이 할당되는 것을 말한다. 구매 부품의

Part Number		Week				
		1	2	3	4	5
D	Gross Requirements		20			
	Scheduled Receipts		20			
	Projected Available	0	0			
	Net Requirements		0			
	Planned Order Receipt					
	Planned Order Release					
E	Gross Requirements		20			
	Scheduled Receipts		20			
	Projected Available	0	0			
	Net Requirements		0			
	Planned Order Receipt					
	Planned Order Release					

그림 4.14 예정 입고량

경우 유사한 승인이 판매자에게 이루어진다. 예정 입고량 행(row)은 주문된 양과 어느 시점에서 이들이 가용한 상태가 될 것인지를 표시하고 있다.

진행오더(open orders) MRP 기록상의 예정입고량은 공장 혹은 판매자에게 있어 진행오더이며 구매 혹은 PAC의 책임이다. 제품이 재고로 입고되고 사용 가능한 상태가 되면 주문은 종결(closed out)되고 예정입고량은 삭제되고 보관중인 재고에 더해진다.

순 소요량(net requirements) 이제 소요량의 계산이 예정입고량을 포함하여 다음과 같이 정의된다.

$$\text{순 소요량} = \text{총 소요량} - \text{예정입고} - \text{가용재고}$$

예제

다음 테이블을 완성하라. 아이템에 대한 납기는2주이고 주문단위는 200이다. 어떠한 조치가 취해져야 하는가?

Week		1	2	3	4
Gross Requirements		50	250	100	50
Scheduled Receipts			200		
Projected Available	150				
Net Requirements					
Planned Order Receipt					
Planned Order Release					

답

Week		1	2	3	4
Gross Requirements		50	250	100	50
Scheduled Receipts			200		
Projected Available	150	100	50	150	100
Net Requirements				50	
Planned Order Receipt				200	
Planned Order Release		200			

200단위에 대한 주문이 발주되어야 한다.

기본 MRP 기록

그림 4.15는 기본적인 MRP 기록을 나타내는 것이다. 여기에는 몇 가지 중요한 점이 있다:

1. 현 시점은 첫번째 기간의 시작에 해당한다.
2. 맨 위의 행은 기간에 해당하는 것으로 타임버킷(time buckets)이라고 부른다. 이들

Part Number			Week				
			1	2	3	4	5
	Gross Requirements						35
	Scheduled Receipts					20	
	Projected Available	10	10	10	10	30	
	Net Requirements						5
	Planned Order Receipt						5
	Planned Order Release					5	

그림 4.15 기본 MRP 기록

은 보통 주단위이며 기업마다 편의에 따라 정해진 일정한 길이의 기간으로 정의될 수도 있다. 일부 업체들은 일단위로 정의하기도 한다.

3. 단위 기간에 해당하는 기간의 수를 계획기간(planning horizon)이라 한다. 이는 계획이 만들어지는 향후 기간 수를 의미한다. 이는 누적된 생산주기 이상의 기간을 포함하여야 한다. 그렇지 않으면 MRP 시스템은 정확한 시점에서 하위 수준의 부품에 대해 계획된 주문을 발주할 수 없게 된다.
4. 부품은 타임버킷의 시작점에서 가용한 것으로 간주된다.
5. projected on-hand 행에 나타난 양은 해당 기간의 끝에 예상되는 재고량을 뜻한다.
6. 가장 최근에 해당하는 기간은 실행시점(action bucket)이라 한다. 실행시점에 포함된 양은 장래에 문제가 발생되지 않도록 하기 위하여 어떠한 조치가 필요함을 의미한다.
7. 무버킷시스템(bucketless system)이란 MRP활동을 가진 타임버킷이 아무 활동 없이 기간을 빠뜨리고 있을 때만을 보여준다.

능력소요계획(Capacity Requirements Planning)

이전의 계획 단계에서와 마찬가지로 MRP의 우선순위 계획은 가용한 생산능력에 대해 확인을 받아야 한다. MRP계획 수준에서는 이러한 과정을 능력소요계획(CRP: Capacity Requirements Planning)라고 한다. 다음 장에서는 이 문제를 좀 더 자세히 살펴보게 될 것이다. 만일 생산능력이 충분한 상태이면 계획은 진행될 수 있을 것이나 그렇지 않은 경우 생산능력을 충분한 상태로 만들거나 우선순위를 변경하여야 한다.

하위 계층 코드와 순 소요량 계산

하나의 부품은 BOM의 여러 레벨에 존재할 수 있다. 이렇게 되는 경우 해당하는 부품에 대한 순 소요량 계산(netting)되기 이전에 기록되어야 할 것이다. 그림 4.16에 나타난 제품 구조를 살펴보도록 하자. 부품 C는 제품을 구성하는데 있어서 서로 다른 수준에서 두 번 나타나고 있다. 모부품인 B에 대한 순 소요를 계산하기 이전에 C의 수요를 집계한다면 오류가 발생하게 될 것이다.

순 소요를 수집하고 집계하는 과정은 LLC(low-level codes, 하위계층코드)를 사용함으로써 단순화될 수 있다. 'LLC' 라고 하는 것은 특정 부품이 포함된 모든 BOM에서 가장 낮은 수준에서 기록된 것을 기준으로 부품의 레벨을 정한 것을 말한다. 이를 통해 모든 부품은 유일한 LLC를 가지게 된다. 그림 4.16의 제품에 대한 각 부품의 LLC를 정하면

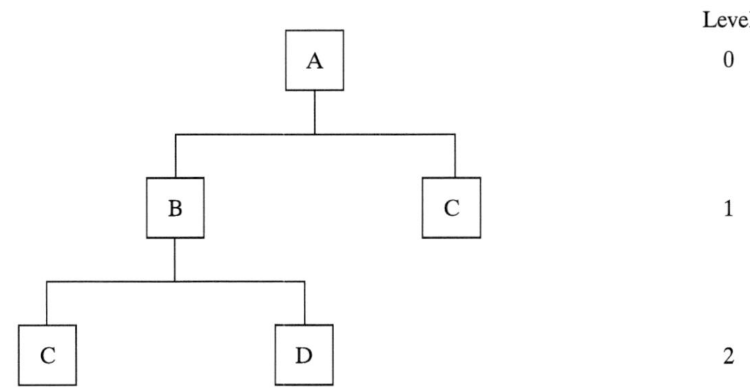

그림 4.16 다단계 제품 나무

다음과 같다:

Part	Low-Level Code
A	0
B	1
C	2
D	2

LLC의 결정과정은 BOM의 최하위 수준에서 시작하여 부품에 대한 수준을 기록하고 상위로 이동해 가면 된다. 동일한 부품이 상위 수준에서도 나타나게 되면 이미 하위 수준에서 기록된 부품이므로 새롭게 기록하지 않는다.

일단 LLC가 정해지면 각 부품에 대한 순 소요량은 다음과 같은 절차에 의해서 계산될 수 있다. 연습을 위하여, 5주째에 부품 A에 대한 수요가 50, 모든 리드타임은 1주, 각 부품에 대한 재고는 A가 20, B가 10, C가 10 단위가 된다고 하자.

[절차]

1. 나무형태로 표현된 수준 0에서 시작하여 LLC가 0인 부품이 존재하는지 살펴본다. 존재하면, LLC가 0인 부품은 이하의 수준에서 발생하는 수요가 없으므로 총 소요는 곧 계산된다. 이러한 품목은 Netting(순 소요량 이하 계산)되고 이어서 이를 구성하는 하위품목에 대하여 전개될 수 있다. 존재하지 않는 경우, 더 이상의 총 소요는 존재하지 않는다. 그리고 어떠한 부품도 Netting되지 않는다. 이 예에서는, A의 LCC는 0이고 더 이상 A에 대한 수요는 없다. A에 대해 집계하고 A의 하위부품에 대해 전개할 수 있게 된다. 그림 4.17은 이 결과를 보여주고 있다.

Low-Level Code	Part Number			Week				
				1	2	3	4	5
0	A	Gross Requirements						50
		Scheduled Receipts						
		Projected Available	20	20	20	20	20	0
		Net Requirements						30
		Planned Order Receipt						30
		Planned Order Release					30	
1	B	Gross Requirements					30	
		Scheduled Receipts						
		Projected Available	10					
		Net Requirements						
		Planned Order Receipt						
		Planned Order Release						
2	C	Gross Requirements					30	
		Scheduled Receipts						
		Projected Available	10					
		Net Requirements						
		Planned Order Receipt						
		Planned Order Release						

그림 4.17 0 레벨 품목의 소요량 계산 및 전개

2. 다음 단계는 제품구조에서 수준 1로 이동하고 단계 1에서의 과정을 반복하는 것이다. B의 LCC가 1이므로 B에 대한 모든 수요가 기록되며, Netting되어 전개할 수 있게 된다. B에 대한 BOM은 C와 D가 부품으로 사용됨을 보여준다. 그림 4.18은 B에 대한 Netting과 전개과정을 보여주고 있다. 부품 C에 대한 LCC는 2이다. 이것은 하위 수준에서 C에 대한 수요가 발생함을 의미하는 것이므로 이번 단계에서는 Netting되지 않는다.
3. 수준 2로 이동하고, 부품 C의 하위코드가 2에 해당하므로 C에 대한 모든 총 소요를 계산하여 순 소요량을 결정할 수 있음을 알게 된다. 4주째에 A를 위하여 30단위의 C가 필요하고, 3주에 B를 위하여 20단위의 C가 필요함을 주목한다. BOM을 살펴보면 C가 구매품목으로 더 이상의 전개가 필요하지 않음을 알 수 있다.

그림 4.19는 완성된 자재소요계획을 보여주고 있다. 수준별 Netting과정은 각 부품에

Low-Level Code	Part Number		Week 1	2	3	4	5
1	B	Gross Requirements				30	
		Scheduled Receipts					
		Projected Available 10	10	10	10	0	
		Net Requirements				20	
		Planned Order Receipt				20	
		Planned Order Release			20		
2	C	Gross Requirements			20	30	
		Scheduled Receipts					
		Projected Available 10					
		Net Requirements					
		Planned Order Receipt					
		Planned Order Release					
2	D	Gross Requirements			20		
		Scheduled Receipts					
		Projected Available					
		Net Requirements					
		Planned Order Receipt					
		Planned Order Release					

그림 4.18 1 레벨 품목의 소요량 계산 및 전개

대하여 LLC를 사용함으로써 완성된다. LLC는 어느 시점에서 부품이 Netting되고 전개되어야 하는지를 결정하는데 사용된다. 이러한 과정에서 각 부품은 한번만 Netting되고 전개된다. 새로운 수요를 충족시키기 위해 시간을 소모하는 재Netting이나 재전개 과정이 발생하지는 않는다.

다중 BOM(Multiple Bills of Material)

대부분의 기업은 동일한 부품을 사용하여 여러 개의 제품을 만든다. MRP 시스템은 모든 모품목에 대한 계획발주를 수집하고 각 부품에 대한 총 소요를 계획한다. 그림 4.20은 이러한 상황을 묘사하고 있다. 부품 F는 B와 C의 부품으로 사용된다.

하나의 BOM에서 사용되었던 동일한 절차가 다수의 제품을 생산하는 경우에 있어서도 적용될 수 있다. 모든 BOM은 단일 BOM에서 수행한 대로 집계되고 Netting되어야 한다.

Low-Level Code	Part Number		Week				
			1	2	3	4	5
0	A	Gross Requirements					50
		Scheduled Receipts					
		Projected Available 20	20	20	20	20	0
		Net Requirements					30
		Planned Order Receipt					30
		Planned Order Release				30	
1	B	Gross Requirements				30	
		Scheduled Receipts					
		Projected Available 10	10	10	10	0	
		Net Requirements				20	
		Planned Order Receipt				20	
		Planned Order Release			20		
2	C	Gross Requirements			2 0	30	
		Scheduled Receipts					
		Projected Available 10	10	10	0	0	
		Net Requirements			10	30	
		Planned Order Receipt			10	30	
		Planned Order Release		10	30		
2	D	Gross Requirements			20		
		Scheduled Receipts					
		Projected Available	0	0	0		
		Net Requirements			20		
		Planned Order Receipt			20		
		Planned Order Release		20			

그림 4.19 완성된 자재소요계획

그림 4.21은 두 개의 제품에 대한 제품구조를 보여주고 있다. 두 제품 모두 여러 개의 부품들로 만들어지지만, 단순하게 나타내기 위하여 F를 포함하는 부품만을 표시하기로 한다. 모든 리드타임은 1주로 하고 소요되는 부품의 수는 괄호 안에 표시한다. 즉, A를 만드는데 2개의 C가 필요하고, C를 위해서는 1개의 F가 필요하며, B를 만들기 위해서는 2개의 F가 필요하다고 가정한다. 그림 4.22는 5주째에 50단위의 A가 필요하고 3주에 30단위의 B가 필요한 경우 예상되는 완성된 자재소요계획을 보여주고 있다.

스크랩(Scrap)은 오류 혹은 공정의 결과로서 나타난다. 예를 들어 칠면조 고기의 훈제

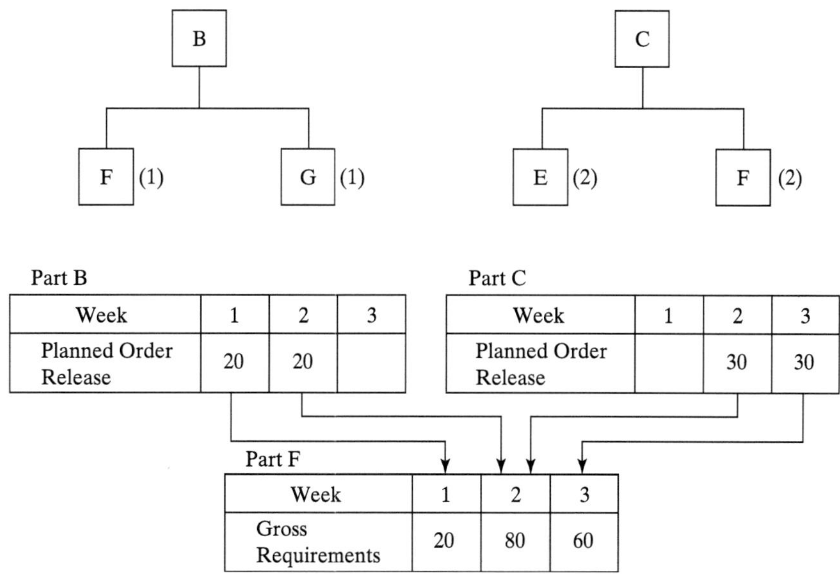

그림 4.20 다제품 MRP 전개(Multiproduct MRP explosion)

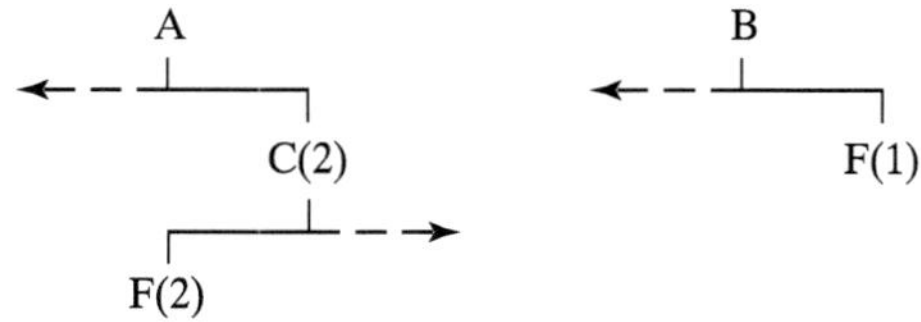

그림 4.21 다제품 나무(Multiproduct tree)

공정 중 뼈, 육즙 및 증발 등으로 인한 손실은 50%나 된다. 액체류의 혼합이나 주입 공정에서도 보통 일정량의 손실이 나타나기 마련이다. 이러한 손실들을 고려할 때, 최종 요구수요를 맞추기 위해서는 추가 생산이 계획되어야 한다. 스크랩에 맞추기 위해 MRP는 계획발주량에서 필요한 정도만큼 계획발주량을 늘려야 한다. 예를 들면, 공정에서 15%의 불량이 만들어진다고 가정하자. 15%의 불량률을 감안하여 공정에서는 순수한 생산량을 400unit이라 했을 때 총생산량은 400/(1 − .15) = 471 unit이 될 것이다.

계획발주량(Planned order release) = 계획입고량(Planned order receipt) (1 − scrap factor)

Low-Level Code	Part Number			Week				
				1	2	3	4	5
0	A	Gross Requirements						50
		Scheduled Receipts						
		Projected Available	20	20	20	20	20	0
		Net Requirements						30
		Planned Order Receipt						30
		Planned Order Release					30	
0	B	Gross Requirements				30		
		Scheduled Receipts						
		Projected Available	10	10	10	0		
		Net Requirements				20		
		Planned Order Receipt				20		
		Planned Order Release			20			
1	C	Gross Requirements					60	
		Scheduled Receipts						
		Projected Available	10	10	10	10	0	
		Net Requirements					50	
		Planned Order Receipt					50	
		Planned Order Release				50		
2	F	Gross Requirements			40	50		
		Scheduled Receipts						
		Projected Available			0	0		
		Net Requirements			40	50		
		Planned Order Receipt			40	50		
		Planned Order Release		40	50			

그림 4.22 Partial material requirements plan

MRP 사용법

MRP 시스템을 관리하는 사람들은 계획자로서 일련의 자재 흐름이 공장으로 들어와서 지나가고, 빠져나가는 과정에 대한 구체적인 의사결정을 수행하는 책임을 맡고 있다. 수천 개 이상의 부품을 관리해야 하는 많은 공장에서, 계획자들은 부품의 유사성이나 공급을 기준으로 조직되는 경우가 많다.

계획자들의 기본적인 책임은 다음과 같다:

1. 구매 또는 생산에 대한 주문을 낸다
2. 필요한 경우 진행오더(open orders)에 대한 납기를 조정한다
3. 오류를 해결하고 원인을 찾도록 한다
4. 독촉 또는 재계획을 통해 핵심 자재의 부족을 해결하도록 한다
5. 다른 계획자들, MPS, PAC, 구매활동 등과 협력하여 문제를 해결하도록 한다

계획오더(planned orders) 계획오더는 자동적으로 계획되어지고 컴퓨터에 의해 관리된다. 총 소요, 예상보유재고, 예정입고의 변화가 발생하면 컴퓨터는 계획 발주량과 시기를 다시 계산한다. MRP 프로그램은 계획자에게 주문이 실행시점에 있을 때 주문의 발주를 권고하지만 스스로 발주하지는 않는다.

발행오더(released orders) 계획오더를 발주 또는 진행시키는 것은 계획자의 책임이다. 발주되는 시점에서 주문은 공장 혹은 구매부서에 대해 기 발행오더가 되고 MRP 기록에서는 예정입고로 기록된다. 이 시점에서는 계획자의 책임 아래 독촉, 지연, 또는 주문취소 등이 결정된다.

확정된 계획오더(firm planned orders) 컴퓨터로 운영되는 MRP 시스템은 총 소요가 변하는 경우 계획된 주문을 재 계산하게 된다. 경우에 따라서는 컴퓨터의 계산에도 불구하고 양과 시간에 있어서 주문내용을 고정된 상태로 두도록 할 수 있을 것이다. 이러한 경우는 자재에 대한 미래의 가용성이나 생산능력 또는 시스템에 대한 특별한 요구 등을 이유로 필요할 수 있다. 계획자는 컴퓨터에게 지시하지 않는 한 주문내용을 변경하지 않도록 할 수 있다. 이 경우의 주문은 컴퓨터의 계산 논리에 의해 '확정(firm)' 또는 동결(frozen)된 상태에 있다고 한다.

MRP 프로그램은 수요에 대하여 계산(nets), 차감(offsets), 전개(explodes)하고 계획발주를 생성한다. 그리고 모든 계획된 주문에 대하여 부품의 총 소요 변화에 따라 현시점에서의 우선순위를 유지하도록 한다. 그러나, 구매 혹은 생산 주문을 내거나 기 발주 주문에 대하여 재 계획을 수행하지는 않는다. 대신에 실행 혹은 예외상황 메시지를 출력하여 계획자로 하여금 어떠한 종류의 적합한 조치가 취해져야 하는지 알리도록 한다.

예외 메시지(exception messages) 제조공정이 적절한 통제 하에 있고 MRP 시스템이 제대로 동작하고 있다면, 시스템은 계획에 맞추어 유지될 것이다. 하지만 계획자가 주의를 기울여야 하는 문제상황이 발생되는 경우가 있다. 제대로된 MRP 시스템은 예외 메시지를 통해 계획자에게 주의를 요하는 사건의 발생에 대처할 수 있도록 한다. 다음은 예외

메시지가 생성될 수 있는 몇 가지 예를 보여주고 있다.

- 실행시점(action bucket)에 있는 계획된 주문 상태의 부품 또는 발주상태로 고려되어야 하는 부품
- 예정입고 상태의 시점이나 수량이 계획과 일치하지 않는 경우의 기 발주 주문. 아마도 예정입고가 너무 이르거나 늦은 시점일 것이며 납기가 재검토되어야 할 것이다.
- 표준 리드타임이 최종 부품의 배송에 있어서 지연을 초래할 상황. 이 경우에는 표준 리드타임보다 시간을 절감하기 위해 작업을 독려해야 할 수도 있다.

거래 메시지(transaction messages) 계획자는 MRP 프로그램에게 MRP 기록에 영향을 줄 수 있는 모든 조치에 대해 그 실행을 알려야 한다. 예를 들면, 계획자가 주문을 발주하거나, 예정입고가 들어오거나, 데이터에 변화가 발생하는 상황이 MRP 프로그램에 통지되어야 한다. 그렇지 않으면 모든 기록은 부정확해 지고 계획은 수행할 수 없는 상태가 되어 버린다.

자재소요를 계획하는 사람은 책임지고 있는 모든 부품을 관리하여야 한다. 이것은 구매 혹은 공장에서의 주문을 발주하는 것 이외에도 기 발행오더에 대한 납기의 재계획, 불일치에 대한 조정, 시스템을 개선하고 잠재적인 오류의 원인을 제거해나가는 것까지도 포함하는 것을 의미한다. 정확한 부품이 적시적소에 있어야 한다면 계획자는 프로세스를 관리하여야 한다.

MRP 관리(Managing the Material Requirements Plan)

계획자는 다음과 같은 다양한 곳으로 부터 피드백을 받게 된다:

- 구매 과정에서 납품업자의 행동
- 공장에서 이른 또는 늦은 생산 혹은 수량의 불일치 등 기 발행오더에서의 변화
- MPS에서의 변화와 같은 관리적 조치

계획자는 이러한 피드백을 평가하고 필요한 경우 적절한 조치를 취하도록 하여야 한다. 계획자는 자재소요계획을 관리하는데 있어 세 가지 중요한 요소를 염두해 두어야 한다.

우선순위(priority) 우선순위는 연속적으로 주문의 발주를 위한 실제 납기를 평가함으로써 필요에 따라서 독촉 또는 지연 조치를 취하여 정확한 납기를 유지하도록 하는 활동을 의미한다.

다음의 MRP 기록을 참고한다. 주문량은 300단위이고 납기는 3주이다.

2주째의 총 소요량이 50에서 150으로 변화한다면 어떠한 일이 발생하겠는가? MRP 기록은 다음과 같이 될 것이다.

Week	1	2	3	4	5
Gross Requirements	100	50	100	150	200
Scheduled Receipts			300		
Projected Available 150	50	0	200	50	150
Net Requirements					150
Planned Order Receipt					300
Planned Order Release		300			

2주째에 100단위의 품절이 발생하고 2주째에 예정되었던 계획된 주문 발주는 1주로 변경됨을 주목할 필요가 있다. 계획자는 무엇을 할 수 있을 것인가? 한 가지 해법은 3주째에 예정되어 있는 예정입고 300단위를 2주째에 입고되도록 독려하는 것이다. 이것이 불가능하다면 2주에 발생하는 초과된 100단위의 수요를 3주째로 다시 계획하여야 할 것이다. 물론 1주에 계획된 주문발주가 존재하므로 이에 대한 발주가 있어야만 한다.

Week	1	2	3	4	5
Gross Requirements	100	150	100	150	200
Scheduled Receipts			300		
Projected Available 150	50	–100	100	250	50
Net Requirements				50	
Planned Order Receipt				300	
Planned Order Release	300				

상향식 재계획(bottom-up replanning) 변경된 조건에 대한 수정조치는 가능한 한 제품 구조의 하위수준에서 실행되어야 한다. 앞의 예에 해당하는 부품이 다른 부품의 부속으로 사용된다고 가정해 보자. 첫번째 대안은 300단위의 예정입고를 2주째에 도착하도록 독촉하는 것이다. 이것이 가능하다면 상위 부품에 대한 어떠한 변화도 필요하지 않게 된다. 그렇지만 이러한 조치가 불가능하다면 상위 부품에 대한 계획된 주문발주와 순 소요가 변경되어야 할 것이다.

시스템 민감성의 완화(reducing system nervousness) 간혹 소요량의 변경이 긴급하고 소량으로 발생하여 자재소요계획의 변화가 전후로 발생하게 될 수 있다. 계획자는 변경 내용이 대응이 필요할 정도로 중요한 지, 어떠한 주문이 발주되어야 하는 지 등을 판단하여야 한다. 시스템의 민감성을 둔화시키기 위한 한 가지 방법이 계획오더의 확정(firm planned order)이다.

예제

MRP 계획자로서 부품 2876에 대한 MRP 기록은 다음과 같다. 지금 시점은 월요일 오전이라 가정한다.

주문단위 = 30 단위
리드타임 = 2

Week		1	2	3	4	5	6
Gross Requirements		35	10	15	30	15	20
Scheduled Receipts		30					
Projected Available	20	15	5	20	20	5	15
Net Requirements				10	10		15
Planned Order Receipt				30	30		30
Planned Order Release		30	30		30		

컴퓨터는 1주에 30단위의 계획된 주문에 대하여 발주가 필요함을 알릴 것이다. 이 주문에 대하여 발주를 하지 않으면 3주째에 품절이 발생하게 될 것이다. 첫 주 동안에 다음과 같은 트랜잭션이 발생하게 된다:

a. 25 단위의 예정입고량만이 재고로 입고되어 균형이 깨진다.
b. 3주째에 총 소요가 10으로 변경된다.
c. 4주째의 총 소요가 50 단위로 증가한다.
d. 7주째의 소요는 15 단위가 된다.
e. 재고조사 결과, 기록된 수량보다 10단위가 많은 것으로 파악되었다.
f. 1주째에 35단위의 총 소요가 재고로부터 빠져나간다.
g. 1주째에 30단위의 계획된 주문발주가 발주되어 3주째의 예정입고로 반영되었다.

이러한 거래내역이 첫 주 동안에 발생함에 따라 여러분은 컴퓨터 기록에 이를 반영하여야 한다. 다음 주의 초기에 MRP 기록은 다음과 같이 나타나게 된다.

주문단위 = 30 단위
리드타임 = 2

Week		2	3	4	5	6	7
Gross Requirements		10	10	50	15	20	15
Scheduled Receipts			30				
Projected Available	20	10	30	10	25	5	20
Net Requirements				20	5		10
Planned Order Receipt				30	30		30
Planned Order Release		30	30		30		

2주에 대한 초기 보유재고량은 20(20+25+10−35 = 20)이 된다. 최초 4주에 계획되었던 계획된 주문발주는 3주로 이동된다. 또 다른 계획된 주문이 5주에 발주되기 위하여 만들어진다. 더욱 중요한 것은 3주의 예정입고가 4주까지는 필요하지 않다는 것이다. 이 수량을 4주로 돌리도록 재 계획하여야 한다. 2주째에 대한 계획된 주문은 발주되어 4주째의 예정입고로 반영되어야 한다.

요약

MRP의 역할은 적기에 필요한 부품을 생산할 수 있게 하는 것이다. 그래서 MPS가 유지된다. MRP는 BOM과 정확한 자재기록에 의존한다. BOM은 다양한 방법으로 생성될 수 있지만한 개의 부서나 직무수행자가 그에 대한 책임을 져야 한다. 자재기록은 MRP에 종속적이지는 않지만 MRP에게 있어 자재기록은 정확할수록 좋다.

MRP전개에 대하여 본 내용에서는 방향과 절차만을 다루었다. 세세한 전개는 컴퓨터에 의해 수행되어질 것이다. 개별적으로는 발생되는 에러를 해결하기 위한 반복적인 조직은 컴퓨터에 의해 수행된다. 좋은 MRP사례는 시스템을 활용하는 계획하에 의해 만들어진다.

MRP 공정은 상품을 만들기 위해 필요한 자재를 나열하는 자재목록표(BOM)을 사용하며, 여기에 나타난 자재를 얻거나 생산하기 위해 리드타임(lead time)을 설정하고, 이 자재들 중 이미 재고에 있는 것들로 일련의 계획 발주량(planned order release)을 계산해 향후 필요한 생산량을 맞춘다.

질문

1. 자재소요계획(material requirement plan)이란 ?
2. 독립수요와 종속수요와의 차이점은 무엇인가?
3. MRP는 종속 또는 독립수요 품목에 사용되어야 하는가?
4. MRP의 목적은?
5. MPS와 MRP의 관계는 무엇인가?
6. MRP 시스템에서 컴퓨터가 필요한 이유는 무엇인가?
7. MRP 시스템의 주요 입력요소는 무엇인가?
8. 부품 마스터 파일 또는 품목 마스터 파일에서 발견되는 데이터는 무엇인가?
9. BOM은 무엇인가? BOM에서 두 가지 중요한 점은 무엇인가?
10. 'BOM의 구조' 는 무엇을 의미하는가? 왜 중요한가?
11. parent-component relationship에 대하여 설명하라.
12. 다음 종류의 BOM에 대하여 설명하라.
    a. product tree
    b. Multilevel bill.
    c. Single-level bill.
    d. Indented bill.
    e. Summarized parts list.
    f. Planning bill.
13. MRP컴퓨터 프로그램이 단일 수준의 bill을 사용하는 이유는 무엇인가?
14. 교재에서 설명된 BOM의 일곱가지 용도를 설명하라.
15. where-used와 pegging reports는 무엇인가? 이들의 용도를 설명하라.
16. 차감(offsetting)과 전개(exploding)과정을 설명하라.
17. 계획된 주문(planned order)은 무엇인가? 어떻게 생성되는가?
18. 부품의 총 소요는 어떻게 만들어지는가?
19. 주문에 대한 발주의 책임은 누구에게 있는가? 재고 기록과 PAC 그리고 구매에 있어서 발생되는 상황을 설명하라.
20. 예정입고(scheduled receipt)는 무엇인가? 어디서 유래하는 것인가?
21. 기 발주주문(open order)은 무엇인가? 어떻게 마감(closed)되는가?

22. 최하계층코드(low-level codes)는 무엇을 의미하는가? MPS 품목의 LLC는 무엇인가?
23. 스크랩(scrap)을 발생시키는 공정의 두 가지 예를 제시해 보라. 힌트: 천연산물을 사용하는 공정이 보통 스크랩을 포함하곤 한다.
24. 물품 계획발주량(planned order release)과 계획입고량(planned order receipt)의 차이점은 무엇인가?
25. 자재소요계획자(material requirement planner)의 의무는 무엇인가?
26. 계획된 주문(planned order), 발주된 주문(released order), 확정된 계획 주문(firm planned order)의 차이점을 설명하라.
27. 예외 메시지(exception messages)는 무엇인가? 이들의 목적은 무엇인가?
28. 거래 메시지(transaction messages)는 무엇인가? 왜 중요한가?
29. MRP를 관리하는데 있어 세가지 중요한 요소는 무엇인가? 각각이 왜 중요한가?
30. MRP에서 잘못된 BOM을 사용할 때 나타날 수 있는 문제들에 대하여 설명하여 보라
31. 상품계획을 수정할 때 MRP가 어떤 식으로 사용될 수 있는 지 설명하여 보라.

연습문제

4.1 다음 product tree를 사용하여 적절한 단일수준 나무구조를 완성하라. 50단위의 X와 100단위의 Y를 만드는데 필요한 C의 수량은 얼마인가?

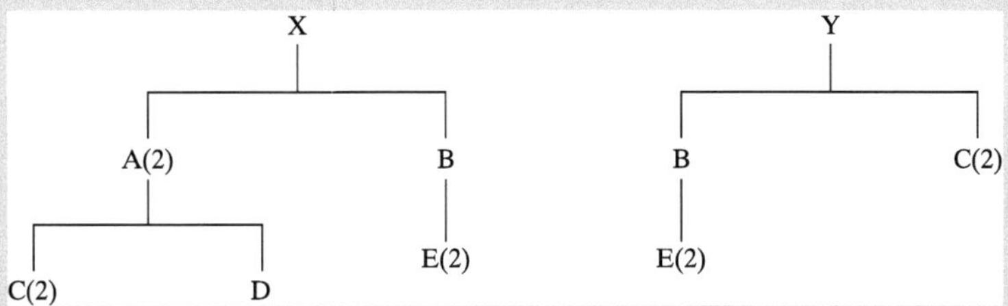

답: 400 단위

4.2 다음의 모부품과 구성품에 대하여 product tree를 완성하라. 괄호로 표시된 수치는 품목의 양을 나타낸다. 하나의 A를 만드는데 필요한 G의 수량은 얼마인가?

Parent	A	B	C	D
Component	B(2)	E(2)	G(2)	G(4)
	C(4)	F(1)		F(3)
	D(3)			H(2)

4.3 다음 product tree를 사용하여 계획된 주문입고와 계획된 주문 발주를 결정하라. 5주째에 100단위의 A가 생산되어야 한다. 모든 리드타임은 1주이고 부품 E의 리드타임은 2주이다.

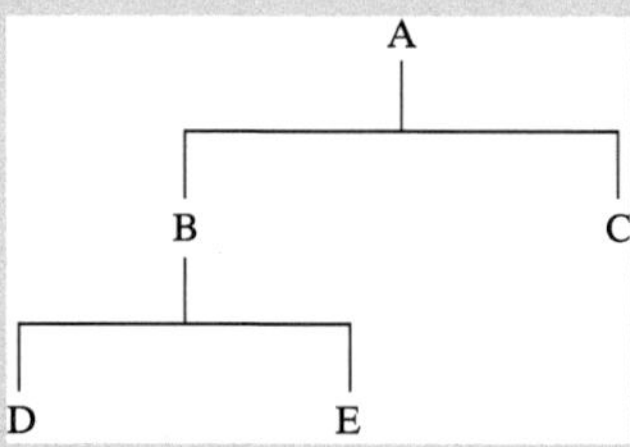

	Week	1	2	3	4	5
Part A Lead Time: 1 week	Planned Order Receipt Planned Order Release					
Part B Lead Time: 1 week	Planned Order Receipt Planned Order Release					
Part C Lead Time: 1 week	Planned Order Receipt Planned Order Release					
Part D Lead Time: 1 week	Planned Order Receipt Planned Order Release					
Part E Lead Time: 2 weeks	Planned Order Receipt Planned Order Release					

4.4 다음 테이블을 완성하라. 부품에 대한 리드타임은 2주이고 주문단위는 40이다. 어떠한 조치가 취해져야 하는가?

Week	1	2	3	4
Gross Requirements Projected Available 40 Net Requirements Planned Order Receipt Planned Order Release	20	15	15	20

답: 40단위의 주문이 1주에 발주되어야 한다.

4.5 다음 product tree를 사용하여 총 소요량과 순 소요량을 결정하라. 모든 리드타임은 1주이고 필요한 수량은 괄호 안에 나타나 있다. MPS는 5주째에 100단위의 A를 생산하도록 요구하고 있으며 20단위의 B가 재고로 보관되어 있다. 그 외 다른 보유잔고는 0이다

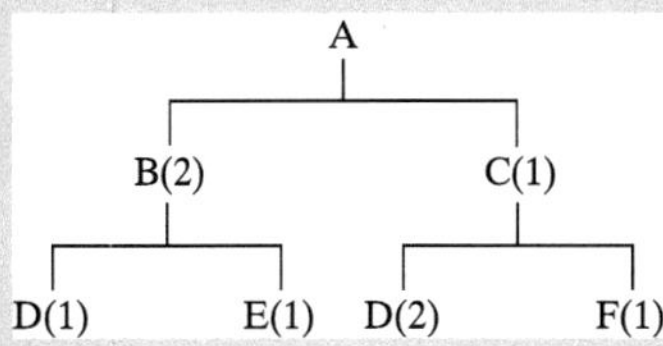

	Week	1	2	3	4	5
Part A Lead Time: 1 week	Gross Requirements Scheduled Receipts Projected Available Net Requirements Planned Order Receipt Planned Order Release					
Part B Lead Time: 1 week	Gross Requirements Scheduled Receipts Projected Available Net Requirements Planned Order Receipt Planned Order Release					
Part C Lead Time: 1 week	Gross Requirements Scheduled Receipts Projected Available Net Requirements Planned Order Receipt Planned Order Release					
Part D Lead Time: 1 week	Gross Requirements Scheduled Receipts Projected Available Net Requirements Planned Order Receipt Planned Order Release					
Part E Lead Time: 1 week	Gross Requirements Scheduled Receipts Projected Available Net Requirements Planned Order Receipt Planned Order Release					
Part F Lead Time: 1 week	Gross Requirements Scheduled Receipts Projected Available Net Requirements Planned Order Receipt Planned Order Release					

답: 계획 발주량(Planned Order Receipt)는 다음과 같다:

부품 A: 4주에 100단위

부품 B: 3주에 180단위

부품 C: 3주에 100단위

부품 D: 2주에 380단위

부품 E: 2주에 180단위

부품 F: 2주에 100단위

4.6 다음 테이블을 완성하라. 부품에 대한 리드타임은 2주이다. 로트 사이즈는 100단위이다. 3주째 말에 예상되는 보유 재고량은 얼마인가? 주문의 발주가 계획된 시점은 어디인가?

Week		1	2	3	4
Gross Requirements		20	65	35	25
Scheduled Receipts			100		
Projected Available	30				
Net Requirements					
Planned Order Receipt					
Planned Order Release					

답: 3주말에 예상가용량은 10단위.
주문에 대한 발주는 2주초에 예상된다.

4.7 다음 테이블을 완성하라. 부품에 대한 리드타임은 3주이다. 로트 사이즈는 50단위이다. 3주째 말에 예상되는 보유 재고량은 얼마인가? 주문의 발주가 계획된 시점은 어디인가?

Week		1	2	3	4
Gross Requirements		30	25	10	10
Scheduled Receipts		50			
Projected Available	10				
Net Requirements					
Planned Order Receipt					
Planned Order Release					

4.8 다음의 부분적으로 완성된 product tree에 대하여 부품 H, I, J, K에 대한 총 소요량과 순 소요량을 결정하라. 다른 부품들도 있지만 이 문제에서는 고려하지 않는다. 필요한 부품의 양은 괄호안에 나타나 있으며 MPS에 의하면 3주에 50단위의 H와 5주에 80단위가 생산되어야 한다. 2주째에 100단위의 I가 예정입고로 반영되며 400단위의 J와 400단위의 K가 재고 상태로 있다.

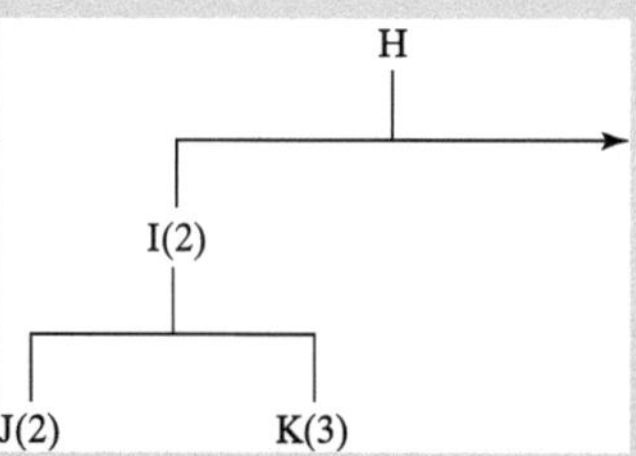

	Week	1	2	3	4	5
Part H Lead Time: 1 week	Gross Requirements Scheduled Receipts Projected Available Net Requirements Planned Order Receipt Planned Order Release					
Part I Lead Time: 2 weeks	Gross Requirements Scheduled Receipts Projected Available Net Requirements Planned Order Receipt Planned Order Release					
Part J Lead Time: 1 week	Gross Requirements Scheduled Receipts Projected Available 400 Net Requirements Planned Order Receipt Planned Order Release					
Part K Lead Time: 1 week	Gross Requirements Scheduled Receipts Projected Available 400 Net Requirements Planned Order Receipt Planned Order Release					

답: 부품K에 대한 계획된 주문발주가 1주에 80단위 발생한다.

4.9 MPS 모품목인 X는 2주와 4주에 30단위의 계획된 주문 발주량을 가진다. 다음 product tree를 사용하여 부품 Y와 Z의 MRP 기록을 완성하라. 필요한 양은 괄호 안에 제시된 바와 같다.

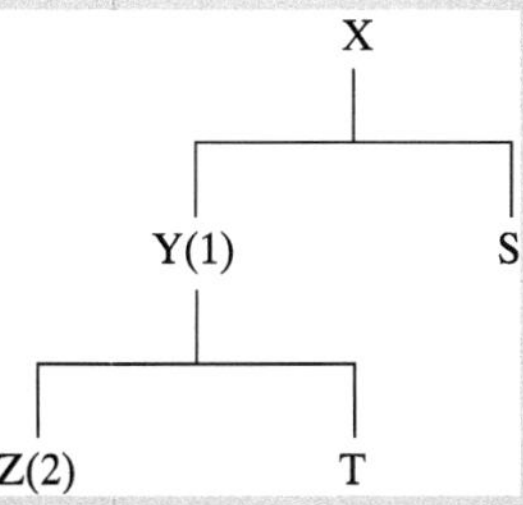

Part Y Lead Time: 2 weeks Lot Size: 50	Week			
	1	2	3	4
Gross Requirements Scheduled Receipts Projected Available 30 Net Requirements Planned Order Receipt Planned Order Release				

Part Z Lead Time: 1 week Lot Size: 100	Week			
	1	2	3	4
Gross Requirements Scheduled Receipts Projected Available 20 Net Requirements Planned Order Receipt Planned Order Release				

4.10 다음 product tree를 사용하여 총 소요량과 순 소요량을 결정하라. 필요한 수량은 괄호 안에 표시된 바와 같다. MPS에 의하면 5주에 100 단위의 A가 생산되어야 하며, 1주에 B에 대한 100 단위의 예정입고가 있다. 200 단위의 F가 재고상태에 있으며 모든 주문량은 lot-for-lot에 의해 결정된다.

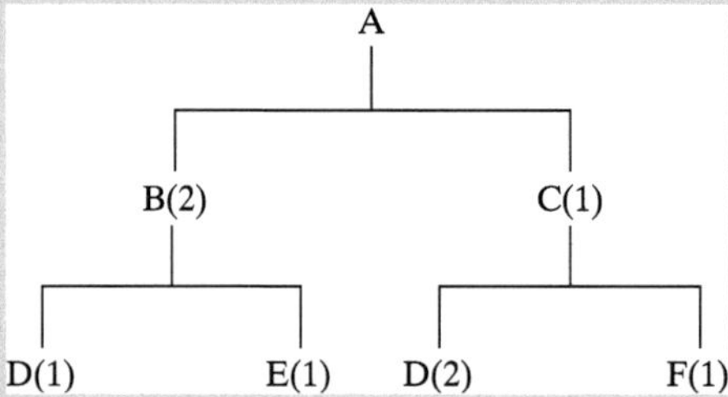

	Week	1	2	3	4	5
Part A Lead Time: 1 week	Gross Requirements Scheduled Receipts Projected Available Net Requirements Planned Order Receipt Planned Order Release					
Part B Lead Time: 1 week	Gross Requirements Scheduled Receipts Projected Available Net Requirements Planned Order Receipt Planned Order Release					
Part C Lead Time: 1 week	Gross Requirements Scheduled Receipts Projected Available Net Requirements Planned Order Receipt Planned Order Release					
Part D Lead Time: 1 week	Gross Requirements Scheduled Receipts Projected Available Net Requirements Planned Order Receipt Planned Order Release					
Part E Lead Time: 1 week	Gross Requirements Scheduled Receipts Projected Available Net Requirements Planned Order Receipt Planned Order Release					
Part F Lead Time: 1 week	Gross Requirements Scheduled Receipts Projected Available Net Requirements Planned Order Receipt Planned Order Release					

4.11 다음 product tree를 사용하여 부품 X, Y, Z에 대한 MRP 기록을 완성하라. 부품 X와 Y에 대한 주문량이 명시되어 있음을 확인하라.

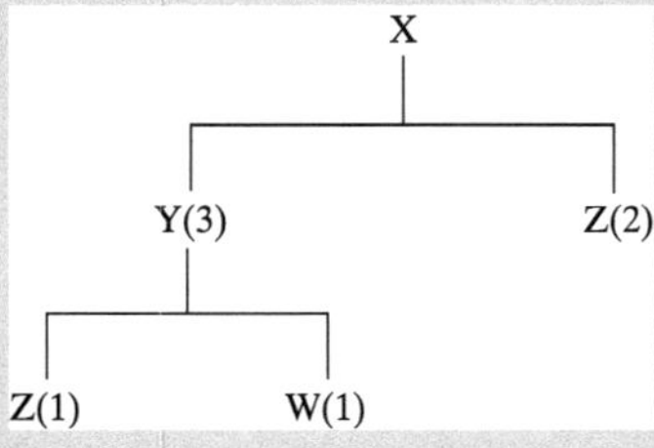

Week		1	2	3	4	5
Part X	Gross Requirements	15	10	15	10	15
	Scheduled Receipts	20				
Lead Time: 1 week	Projected Available 10					
	Net Requirements					
	Planned Order Receipt					
	Planned Order Release					
Part Y	Gross Requirements					
	Scheduled Receipts		50			
Lead Time: 2 weeks	Projected Available 30					
	Net Requirements					
Lot Size: 50	Planned Order Receipt					
	Planned Order Release					
Part Z	Gross Requirements					
Lead Time: 1 week	Scheduled Receipts		90			
	Projected Available					
	Net Requirements					
Lot Size: lot-for-lot	Planned Order Receipt					
	Planned Order Release					
Part W	Gross Requirements					
	Scheduled Receipts					
Lead Time: 1 week	Projected Available					
	Net Requirements					
Lot Size: 400	Planned Order Receipt					
	Planned Order Release					

4.12 다음 product tree를 사용하여 모든 부품에 대한 LLC(low-level codes)를 결정하라.

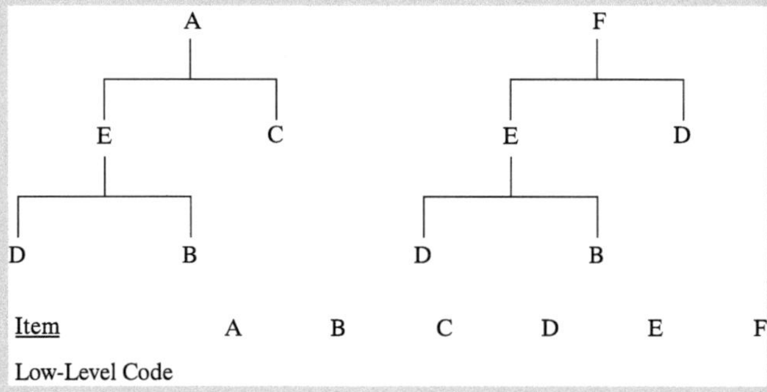

4.13 다음 product tree를 사용하여 모든 부품에 대한 LLC(low-level codes)를 결정하라.

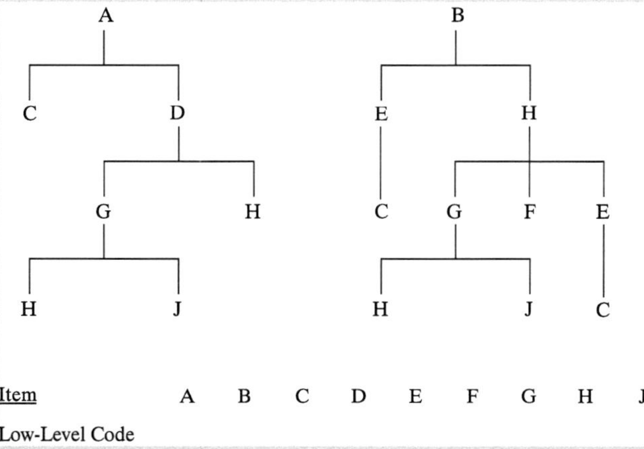

4.14 다음 product tree를 사용하여 부품에 대한 자재소요계획을 완성하라. 괄호 안은 수량을 나타낸다. 아래 표는 현 시점에서의 유효주문, 가용재고, 리드타임을 나타낸다.

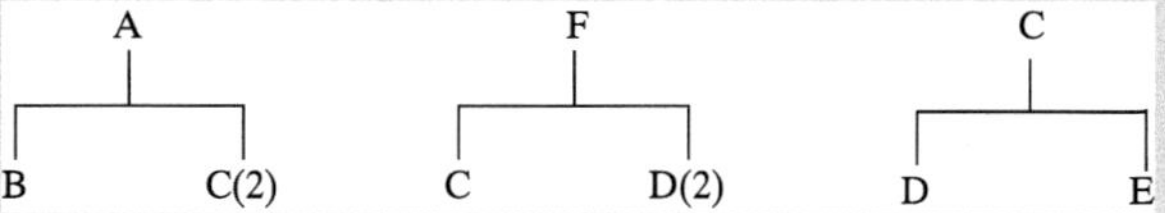

Low-Level Code		Week	1	2	3	4	5
	Part A	Gross Requirements			60		70
0		Scheduled Receipts					
	Lead Time: 1 week	Projected Available					
		Net Requirements					
	Lot-for-lot	Planned Order Receipt					
		Planned Order Release					
	Part F	Gross Requirements				100	
0		Scheduled Receipts					
	Lead Time: 1 week	Projected Available					
		Net Requirements					
	Lot-for-lot	Planned Order Receipt					
		Planned Order Release					
	Part B	Gross Requirements					
		Scheduled Receipts					
	Lead Time: 2 weeks	Projected Available 200					
		Net Requirements					
	Lot Size: 300	Planned Order Receipt					
		Planned Order Release					
	Part C	Gross Requirements					
		Scheduled Receipts		120			
	Lead Time: 2 weeks	Projected Available					
		Net Requirements					
	Lot Size: Lot-for-lot	Planned Order Receipt					
		Planned Order Release					

Low-Level Code		Week	1	2	3	4	5
	Part D	Gross Requirements					
		Scheduled Receipts	300				
	Lead Time: 2 weeks	Projected Available					
		Net Requirements					
	Lot Size: 300	Planned Order Receipt					
		Planned Order Release					
	Part E	Gross Requirements					
		Scheduled Receipts					
	Lead Time: 3 weeks	Projected Available 400					
		Net Requirements					
	Lot Size: 500	Planned Order Receipt					
		Planned Order Release					

답: 부품D에 대한 하위코드는 2. 1주째에 부품 D에 대한 계획된 주문발주는 300 단위. 부품 E에 대한 계획된 주문발주는 발생하지 않는다.

4.15 다음 product tree를 사용하여 총 소요량과 순 소요량을 결정하라. 모든 리드타임은 1주이고 괄호 안은 필요 수량을 나타낸다. MPS에 의하면 4주에 100단위의 A가 생산되어야 하며, 5주에 50단위가 생산되어야 한다. 1주에 B에 대한 300단위의 예정입고가 있으며, 3주에 200단위의 D에 대한 예정입고가 있다. 20단위의 A가 재고상태에 있다.

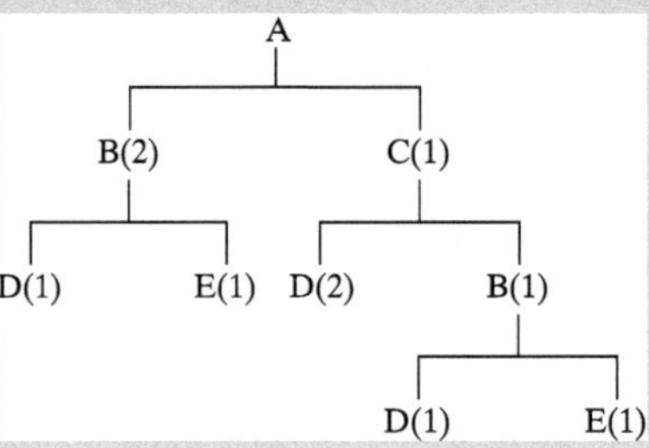

Low-Level Code		Week	1	2	3	4	5
	Part A	Gross Requirements					
		Scheduled Receipts					
	Lead Time: 1 week	Projected Available 20					
		Net Requirements					
	Lot Size: lot-for-lot	Planned Order Receipt					
		Planned Order Release					
	Part B	Gross Requirements					
		Scheduled Receipts					
	Lead Time: 1 week	Projected Available					
		Net Requirements					
	Lot Size: lot-for-lot	Planned Order Receipt					
		Planned Order Release					

Low-Level Code		Week	1	2	3	4	5
	Part C Lead Time: 1 week Lot Size: lot-for-lot	Gross Requirements Scheduled Receipts Projected Available Net Requirements Planned Order Receipt Planned Order Release					
	Part D Lead Time: 1 week Lot Size: lot-for-lot	Gross Requirements Scheduled Receipts Projected Available Net Requirements Planned Order Receipt Planned Order Release					
	Part E Lead Time: 1 week Lot Size: lot-for-lot	Gross Requirements Scheduled Receipts Projected Available Net Requirements Planned Order Receipt Planned Order Release					

4.16 다음 product tree를 사용하여 총 소요량와 순 소요량을 결정하라. 모든 리드타임은 1주이고 괄호 안은 필요 수량을 나타낸다. 4주째에 100단위의 A, 5주째에 50단위의 B에 대한 소요가 있다. 2주째에는 100단위의 C에 대한 예정입고가 있다. 각각에 대한 필요 수량은 아래와 같다.

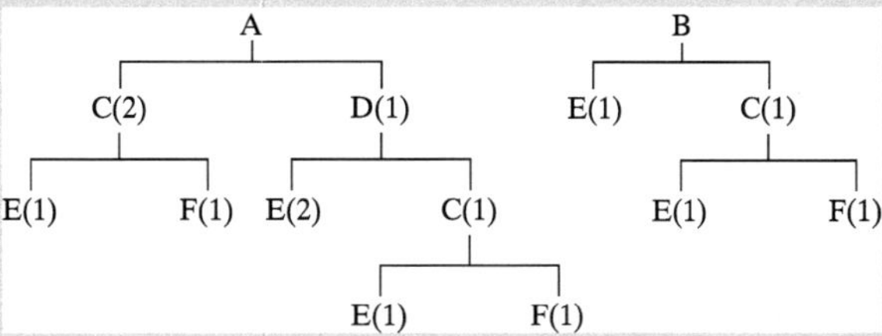

Low-Level Code		Week	1	2	3	4	5
	Part A Lead Time: 1 week Lot Size: lot-for-lot	Gross Requirements Scheduled Receipts Projected Available Net Requirements Planned Order Receipt Planned Order Release					
	Part B Lead Time: 1 week Lot Size: lot-for-lot	Gross Requirements Scheduled Receipts Projected Available Net Requirements Planned Order Receipt Planned Order Release					

Low-Level Code		Week	1	2	3	4	5
	Part C Lead Time: 1 week Lot Size: lot-for-lot	Gross Requirements Scheduled Receipts Projected Available Net Requirements Planned Order Receipt Planned Order Release					
	Part D Lead Time: 1 week Lot Size: lot-for-lot	Gross Requirements Scheduled Receipts Projected Available Net Requirements Planned Order Receipt Planned Order Release					
	Part E Lead Time: 1 week Lot Size: 500	Gross Requirements Scheduled Receipts Projected Available Net Requirements Planned Order Receipt Planned Order Release					
	Part F Lead Time: 1 week Lot Size: lot-for-lot	Gross Requirements Scheduled Receipts Projected Available Net Requirements Planned Order Receipt Planned Order Release					

4.17 다음 MRP 기록을 완성하라. 리드타임은 4주이며, 로트 사이즈는 200단위이다. 3주에 총 소요량이 150단위로 증가하면 어떻게 되겠는가? 계획자로서 어떠한 조치를 취하여야 하는가?

Initial MRP

Week	1	2	3	4	5
Gross Requirements	50	125	100	60	40
Scheduled Receipts		200		200	
Projected Available 100					
Net Requirements					
Planned Order Receipt					
Planned Order Release					

Revised MRP

Week	1	2	3	4	5
Gross Requirements					
Scheduled Receipts					
Projected Available 100					
Net Requirements					
Planned Order Receipt					
Planned Order Release					

4.18 월요일 오전이고 여러분이 막 근무현장에 도착하였다고 가정하자. 다음이 월요일 아침에 나타난 내용이라 할 때, MRP 기록을 완성하라. 리드타임은 2주이고 로트 사이즈는 100단위이다.

Initial MRP

Week	1	2	3	4	5
Gross Requirements					
Scheduled Receipts					
Projected Available 100					
Net Requirements					
Planned Order Receipt					
Planned Order Release					

주중에 다음과 같은 상황이 발생한다. 이들을 MRP 기록에 반영하라.

a. 1주에 100단위에 대한 계획된 주문을 발주

b. 1주의 예정입고 중 30단위가 불량 발생

c. 3주에 20단위의 주문 발생

d. 6주에 40단위의 주문 발생

e. 1주의 총 소요량은 70단위

Initial MRP

Week	1	2	3	4	5
Gross Requirements	70	40	80	50	40
Scheduled Receipts	100				
Projected Available 50					
Net Requirements					
Planned Order Receipt					
Planned Order Release					

Case Study 4.1

에이픽스 폴리밥 사(Apix polybob社)

에이픽스 폴리밥 사의 공장장 켄 맥(Ken Mack)은 생산재고담당(production and inventory control manager) 짐 구드(Jim Gould)와 열띤 논쟁을 벌이고 있었다. 켄은 마케팅매니저 엘렌 업하우스(Ellen Uphouse)로부터 자사 고객들의 주문이 계속 늦은 것에 대해 잔소리를 듣는 것에 지쳐 있었고, 짐에게 문제를 해결해 달라고 요구하고 있었다. 두 사람의 주요 논쟁 거리는 다음과 같았다.

짐: 이봐요 켄, 우리가 뭘 더 할 수 있는지 모르겠군요. 제가 우리 폴리밥 모델을 위한 모든 재고 재주문 가치시점(reorder point value)과 EOQ(경제적 주문량: Economic order quantity lot size) 들을 다 다시 한 번 체크해 보았어요. 구매 품목과 부품 수준까지 다 말이에요. 저는 우리 재고 정확도가 최소한 80% 이상 되도록 아주 철저한 재고통제절차를 시행하고 있고, 생산팀 사람들과 함께 장비 및 노동력 모두 최대의 효율로 가동되고 있음을 확인하고 있어요. 진짜 문제는 판매부(sales)에 있어요. 우리가 제대로 생산하도록 만들기가 무섭게 판매부에서는 오더를 바꾸거나 새로운 오더를 더해 버려요. 판매부가 우리 생산부를 좀 내버려 두고 당면한 오더량을 맞출 수 있도록 한다면 아무 문제 없을거에요. 오더 변경에 진도관리에, 모든 게 다 위기상황으로 바뀌는 데에 우리 모두 진절머리가 나 있어요. 우리 쪽 공급자측마저 인내심을 잃어 가고 있다고요. 그 쪽은 이제 우리가 긴급배송을 요청하기 전까지 우리가 하는 모든 오더를 믿지 않는 경향마저 있어요.

켄: 생산부측에서 제대로 된 재주문 밸류시점과 EOQ를 가지고 있는지 의심스럽다는 생각이 드는 군요. 만약 그렇다면 우리 전체 재고 가치가 증가하는 동안 항상 발생하는 부분 결핍이 없어야 할텐데요. 또 우리가 들어오는 오더를 끊어 버릴 방법이 있기는 한가 모르겠어요. 만약 제가 그런 걸 제안한다면 마케팅 매니저 엘렌이 울화통을 터뜨릴걸요. 엘렌은 분명 고객서비스를 최우선으로 한다는 우리 회사 강령을 들면서 오더나 오더변경을 거부하는 건 최상의 고객서비스라 할 수 없다고 말할거에요.

짐: 그럼 재무부서장 프랭크 아담스와 해결을 보는 방식이 나을지도요. 프랭크는 항상 우리 재고량이 너무 많다느니, 진도관리비용이 너무 든다느니, 공급자 운송보험료가 너무 비싸다느니, 효율성이 떨어진다느니 하며 화를 내잖아요. 제가 그동안 프랭크에게 오더 지연 상태(late order conditions)를 해결하는데 좀더 힘을 써달라고 해 보았지만, 그사람 하는 말은 항상 우리가 잘못된 모델을 만들고 있었을 거라는 얘기 뿐일테죠. 그는 계속 우리에게 주어진 생산시간이 기준에 맞게 오더 배송까지 마치기에 충분하고도 남는다는 사실을 지적하는데, 일년이 넘도록 이모양이라

니까요. 프랭크는 이 점에 대해선 조금도 양보하려 들지를 않아요. 어쩌면 켄 당신이 설득할 수 있을지도 모르죠.

켄: 그 것도 해결책이 될 수 있을지 잘 모르겠는데요. 저는 프랭크 말에도 일리가 있고, 그 걸 뒷받침 할 만한 요소들도 있다고 생각해요. 저는 그동안 CEO 론 매리슨씨에게 우리가 하는일에 대해 설명하느라 아주 애를 먹고 있었어요. 여기 좀 더 나은 해결책이 있을 거에요. MRP인가 뭔가 하는 접근방식이 있다고 들었는데, 한 번 검토해 보지 그래요. 대표적인 모델을 세워놓고 그 방식이 불가능해 보이는 우리 상황을 해결해 줄 수 있을지 한번 봐봐요. 뭔가 해결될 수 있을거라 생각해요. 우리 회사만큼은 아니지만 비슷한 문제를 가지고 있던 회사들을 좀 알고 있거든요.

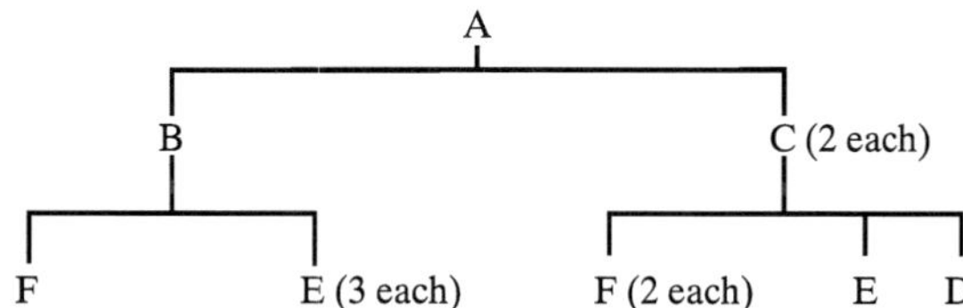

아래는 켄이 분석을 위한 대표모델로 제시한 폴리밥사의 모델 A에 관한 정보이다.

Component	Lot Size	Inventory	Lead Time	Scheduled Receipts	Reorder point
B	80	10	1	None	5
C	150	40	1	None	15
D	200	180	2	None	50
E	400	300	2	None	70
F	500	50	2	500, week 1	80

다음은 모델 A의 생산 스케줄표이다

제 3주, 50 unit 완성
제 5주, 50 unit 완성
제 7주, 60 unit 완성
제 9주, 60 unit 완성
제 11주, 50 unit 완성

상기의 정보를 보고 짐이 말했다. “이 모델 생산 스케줄 참 정기적으로 되어 있지 않아요? 재주문 시점(reorder point)은 요구량을 충분히 커버할 수 있고, 대응에 어려운 리드타임을 가진 부분도 없죠. 이 분석을 보시면 제가 세운 EOQ와 재주문 시점이 맞았다는 걸 알 수 있어요. 진짜 문제는 우리 생산부의 필요를 이해하지 못하는 판매부와 재무부에 있다니까요."

토론문제

1. 위의 대화에서 문제가 되는 주요 쟁점들은 무엇이었는가? 주요 현상 및 그에 기저하는 문제들은 무엇이 있는가? 자세히 논하라.
2. 제시된 문제 해결을 위한 MRP를 수립하기 위해 상기의 생산 정보를 살펴보라. MRP의 도입이 상기의 문제를 해결 할 수 잇을 것인가? 그렇다면, MRP가 어떻게 켄과 짐이 논의한 문제들을 피해갈 수 있게 해줄 것인지 자세히 논하여 보라.
3. 문제들을 해결하기 위해 MRP의 능력 중 석연치 않은 상황들이 있는가? 어떠한 상황인지 자세히 논하라.
4. 상기의 표에서 부품 E의 재고가 명시된 300개가 아니라 250개 뿐인 것으로 밝혀졌다고 가정하여 보자. 어떠한 문제가 생길 수 있을 것이며, 어떠한 방식으로 문제가 설명되어질 수 있을 것인가? 다른 방식들이 도움이 되지 못할 때, MRP가 어떻게 도움을 줄 수 있는가?
5. 설계기사가 부품 F의 새로운 설계를 제안하였다고 가정하여 보자. 이는 제 2주차가 지날 때까지 준비되지 못할 것이다. 그런데 설계기사는 공급로부터의 첫 배송날짜를 요구하고 있으며, 공급자 또한 주문 수량에 대해 통지 받기를 기다리고 있다. 또한 설계기사는 고객들이 이 수정사항에 대해 모두 알고 있다는 점을 들어 모델에 사용되는 현재 물자를 사용하라고 조언하였다. 이러한 문제에 MRP가 어떤 도움이 될 것인가?
6. MRP와 같은 시스템적 접근방식에 의해 보다 쉽게 제시될 수 있는 또 다른 만약의 문제들을 생각해 보라. 어떤 상황이 있을 수 있는가?

능력관리 (Capacity Management)

입문(Introduction)

지금까지 우리는 계획 우선순위, 즉 무엇을 생산할 것인가와 언제 생산할 것인가에 대해 알아 보았다. 계획시스템은 계층적인 구조를 가지게 되는데 생산계획(PP: Production Planning)과 같이 총 계획기간이 길며 개략적인 계획으로부터, 주생산일정(MPS: Master Production Schedule)같은 중간 레벨의 계획을 거쳐, MRP와 같은 매우 상세하며 짧은 계획기간을 갖는 계획으로 진행하게 된다. 각 레벨마다 수요를 만족시키기 위해 우선순위계획(priority plan)을 수립하게 되는데 이와 같은 우선순위계획을 수립하는데 있어 자원이 유한하다는 사실을 고려하지 않는다면 그 계획은 실현 가능성이 떨어진다고 볼 수 있다.

능력관리(capacity management)는 필요한 자원의 공급과 관련한다. 이 단원에서는 능력과 관련된 문제들, 즉 정의, 가용 정도, 소요 정도, 그리고 우선 순위와 생산능력의 균형을 맞추는 방법에 대해 자세히 알아보도록 하겠다.

생산능력의 정의

생산능력(capacity)은 특정 기간내에 이루어질 수 있는 작업의 합계를 지칭한다. 미국생산관리 및 재고협회(APICS) 편찬 사전 제2판은 생산능력을 다음과 같이 정의하고 있다.

'노동자, 기계, 작업센터, 공장 혹은 조직이 단위시간 기간 동안 생산하는 능력' 이라고 정의하고 있다.

따라서 생산능력은 작업진행의 정도(rate)를 일컫는 것으로, 완료된 작업의 양(quantity)을 의미하는 것은 아니다.

생산능력의 종류에는 주요하게 **가용능력(capacity available)**과 필요능력(capacity

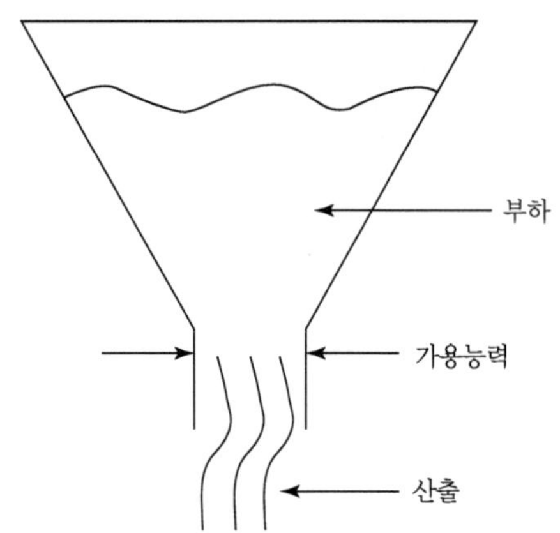

그림 5.1 생산능력 대 부하(Capacity versus load)

required)의 두 가지가 있는데, **가용능력**이란 주어진 기간내에 일정량을 생산할 수 있는 시스템 또는 자원의 생산능력을 의미하며, **필요능력**은 주어진 기간내에 원하는 만큼의 수량을 생산하는데 필요한 시스템 또는 자원의 생산능력을 의미한다. 소요생산능력과 밀접한 관련있는 용어는 **부하(load)**인데, 이는 특정 기간 동안에 한 설비에 할당되어 릴리즈되거나 계획된 작업의 합계로서, 모든 소요능력의 총합을 말한다.

위의 세 가지 용어, 즉 소요능력, 부하, 필요능력은 생산능력관리에서 중요하게 다루는 것으로, 이 단원의 하위 섹션에서 논의될 것이다. 생산능력은 그림 5.1에 표현된 것과 같이 깔때기 모양으로 설명되기도 한다. 즉 가용능력은 시스템으로부터 통과될 수 있는 작업의 정도이며, 부하는 시스템 내의 작업의 합계인 것이다.

능력관리(capacity management)란 우선순위계획을 달성하는데 요구되는 생산능력을 결정하는 것과 더불어 우선순위계획이 달성될 수 있도록 생산능력의 공급, 감시, 조정을 책임지는 것을 말한다. APICS 사전 제2판은 능력관리를 다음과 같이 정의하고 있다.

'모든 생산 스케줄을 수행하기 위해서 용량의 한계를 세우고 측정하여, 감시하고 조정하는 기능' 이라 정의하고 있다.

생산능력관리는 다른 모든 관리 프로세스와 마찬가지로 계획과 조정 기능으로 구성되어 있다.

능력계획(capacity planning)은 우선순위계획을 충족시키는데 필요한 자원을 결정하는 과정이자 그 용량을 가능케 만드는데 필요한 방법으로서, 우선순위계획 과정의 각 단계마다 시행된다. 생산계획(production plan), 주생산일정(MPS: Master Production

Scheduling), 그리고 자재소요계획(MRP: Material Requirements Planning)이 생산의 우선순위, 즉 무엇을 언제 생산할지를 결정하게 되는데, 이때 기업이 수요를 충족시킬 수 있는 충분한 생산능력을 갖추고 있지 못하다면, 이는 실행될 수 없을 것이다. 따라서 생산능력계획은 여러 생산 우선순위 스케줄과 제조에 필요한 자원을 연계시키는 역할을 하는 것이다.

능력통제(capacity control)은 생산량을 모니터링하고 이를 생산계획과 비교하고, 필요시 오류를 바로잡는 과정을 말한다. 생산조정에 대해서는 6장에서 자세히 살펴보게 될 것이다.

능력계획(Capacity Planning)

능력계획에는 우선순위계획을 달성하는데 요구되는 생산능력 계산과 가용한 생산능력을 만들어내는 방법 간구가 모두 포함되어 있다. 만약 생산능력이 부족하게 되면, 우선순위계획은 수정되어야 한다.

일반적으로 우선순위계획은 제품의 단위 또는 생산량의 표준 단위로 표현된다. 때때로 생산능력도 강재 몇 톤, 천 몇 야드 등과 같이 우선순위계획과 같은 단위로 표현될 수 있다. 일반적인 단위가 존재하지 않는다면 생산능력은 가용시간(hours available)으로 표현되어야 한다. 이런 경우 우선순위계획은 요구되는 작업시간으로 변환되어 가용시간과 비교되어야 한다. 생산능력계획 수립을 위한 과정은 다음과 같다.

1. 각 계획구간에 대하여 각 작업장의 가용생산능력을 결정한다.
2. 각 계획구간에 대하여 각 작업장의 부하를 결정한다.
   - 각 계획구간의 우선순위계획을 각 작업장에서의 소요작업시간으로 변환시킨다.
   - 각 계획구간에 대하여 각 작업장의 부하를 결정하기 위하여 각 작업장의 모든 아이템에 대해 소요능력의 합계를 구한다.
3. 가용능력과 소요능력간의 차이를 해결한다. 가능하다면, 가능능력이 부하와 일치될 수 있도록 조정되어야 하며, 그렇지 못하다면 우선순위계획이 가용능력과 일치되도록 변경되어야 한다.

이와 같은 과정은 상세한 정도나 계획구간의 길이에 차이가 있을 뿐, 우선순위계획과정의 각 단계마다 수행된다.

계획수립 수준(Planning Levels)

자원계획(resource planning)은 장기 생산능력에 대한 자원소요를 계획하는 것으로 생산계획(production plan)과 연계되어 있으며, 일반적으로 생산계획(production plan)으로부터 만들어진 월간, 분기간, 연간 제품별 우선순위를 총 작업시간과 같이 생산능력의 큰 측정기준으로 변환을 수반하게 된다. 자원계획은 인적자원의 변동이나 주요 설비, 제품 디자인, 또는 기타 기기 등과 같이 취득과 소모에 오랜 시간이 소요되는 자원들을 포함한다. 자원계획이 생산계획을 충족시키지 못하는 경우, 생산계획은 변경되어야 하는데 결국, 이 두가지 계획은 제품생산의 한계와 수준을 정하는데 사용되어진다고 볼 수 있다. 일단 두 가지 계획이 실현 가능성이 있다면, 그 다음으로 주생산계획을 수행한다. (제2장의 자원계획을 참조하라)

개략능력계획(RCCP, Rough-Cut Capacity Planning)은 자원계획(resource planning)보다 상세한 수준의 생산능력계획을 수립하는 과정으로서, 주생산계획이 가장 중요한 입력정보가 된다. RCCP의 목적은 주생산계획의 실현가능성을 점검하는데 있으며, 주요 자원에 대하여 병목, 활용율, 공급자의 생산능력 등과 관련된 여러 정보를 제공하게 된다. (제3장의 개략생산능력계획을 참조하라)

능력소요계획(CRP: Capacity Requirements Planning)은 자재소요계획(MRP: Material Requirements Plan)과 직결되어 있다. 이러한 종류의 계획수립은 부품부분 초점을 맞추고 있기 때문에 RCCP보다는 매우 상세한 작업을 진행하게 된다. CRP 수준에서는 개벽 작업장에서의 개별적인 오더를 다루게 되며, 또한 각 작업장에서 각 계획구간에 대해 작업장 부하와 요구되는 작업자 수를 계산하게 된다.

그림 5.2는 우선순위계획과 생산능력계획의 각 수준간의 관계를 보여주고 있다. 여기에서 주목해야 하는 것은 우선순위계획의 상위 수준과 하위 수준이 서로간의 입력정보 또는 결과물의 관계를 갖게 되지만, 생산능력계획은 상위 또는 하위의 생산능력계획과는 관련이 없고 오로지 해당 수준의 우선순위계획과 밀접한 관계를 갖고 있다는 점이다. 즉, 자원계획(resource plan)은 생산계획(production planning)과는 관계가 있으나, RCCP의 입력정보로 사용되지는 않는다는 것이다.

계획단계가 마무리되면 생산현장관리(PAC: Production Activity Control)와 구매가 작업오더(shop order) 또는 구매오더의 형태로 진행되게 된다. 이 때에도 생산능력은 고려되어야 하는데, 작업장의 생산능력관리는 다음 6장에서 살펴볼 것이다.

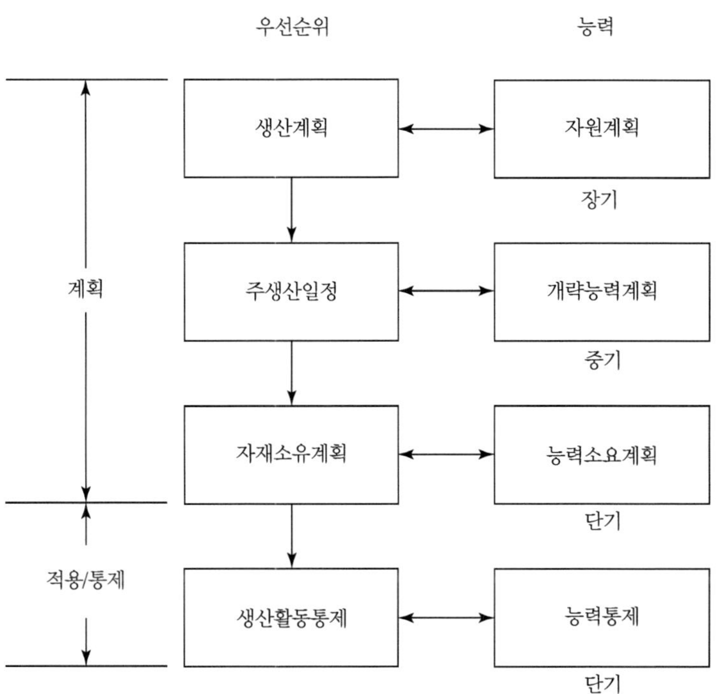

그림 5.2 계획수립 수준(Planning levels)

능력소요계획(CRP: Capacity Requirements Planning)

CRP는 MRP 수준에서 실행되는 필요한 만큼의 제품을 생산하기 위한 인력과 설비를 상세한 수준에서 결정하는 과정이다. MRP의 결과인 계획오더(Planned Order)와 진행오더(예정입고량)는 각 계획주기 내에서의 작업장별 요구시간의 형태로 전환되므로, CRP에서는 작업장에서 공정에 소요되는 리드타임이나 공정 오프셋 등이 고려된다. 생산능력소요계획은 상위의 여러 생산능력 계획수립 방법 중에서 가장 상세하고, 완전하며, 정확한 결과를 제시하게 되는데, 비중 당면한 시점의 계획이라는 점에서 특히 정확도가 중요한 요소이다. 또한 결과의 상세함을 전제로 하므로, 방대한 양의 데이터를 이용한 계산이 요구된다.

입력정보(Inputs)

CRP를 위한 입력정보로는 현재 진행 중인 오더(open shop order), 계획발주량(planned order release), 표준시간, 리드타임, 작업장 생산능력 등이 있으며 이러한 정보들은 다음과 같은 소스로부터 얻어진다.

- 진행오더파일(open order file)
- 자재소요계획(material requirements plan)
- 공정파일(routing file)
- 작업장 파일(work center file)

진행오더파일(open order file) 진행오더는 자재소요계획 상에서 예정입고량(scheduled receipt)으로 나타나게 되는데, 특정 일자까지 제조되어 완료되어야 하는 부품의 수량에 대한 발행오더(released order)를 말하며 수량, 완료요구일, 작업과 같은 정보들이 함께 나타난다. 진행오더파일은 활성화된 모든 진행오더들의 기록으로서 컴퓨터 파일이나 수작업으로 관리된다.

계획발주량(planned order release) 계획오더는 특정 부품에 대한 총 소요량을 기준으로 한 컴퓨터의 MRP 로직에 의해 결정되어진다. 이러한 계획오더들은 CRP 프로세스의 입력정보로 사용되며, 이를 바탕으로 미래시점에 소요되는 총 생산능력을 산정하게 된다.

공정파일(routing file) 공정이란 작업이 완료될 때까지 이동한 작업장 간의 코스를 말한다. 공정은 공정표(routing sheet)나 컴퓨터 시스템 내의 공정파일에 정의된다. 공정파일은 제조되는 모든 부품마다 존재해야 하며, 다음과 같은 정보를 포함하고 있어야 한다.

- 수행되어야 할 작업목록
- 작업의 순서
- 사용되어질 작업장
- 사용가능한 대체 작업장
- 각 작업에서 사용되는 툴
- 표준시간: 생산단위당 소요되는 교체준비시간(setup time)과 작업시간(run time)

그림 5.3은 공정파일의 예를 보여주고 있다.

작업장 파일(work center file) 작업장은 동일한 작업을 할 수 있는 능력을 지닌 기계 또는 작업자들로 구성되어 있다. 기계들이 할 수 있는 작업의 종류 또는 각각의 작업능력에 있어서는 차이가 없다. 예를 들어, 비슷한 작업능력을 지닌 재봉기계의 집합을 작업장으

Part Name: Gear shaft   Part Number: SG 123
Drawing Number: D123X

Operation No.	Work Center	S/U Time (standard hours)	Run Time/piece (standard hours)	Operation
10	12	1.50	0.20	Turn shaft
20	14	0.50	0.25	Mill slot
30	17	0.30	0.05	Drill 2 holes
40	03	0.45	0.10	Grind
50	Stores			Inventory

그림 5.3 **공정파일**(Routing file)

로 생각할 수도 있을 것이다. 작업장 파일은 작업장을 구성하고 있는 설비들에 대한 작업 능력과 이동시간(move time), 작업 후 대기시간(wait time), 작업 전 대기시간(queue time)에 대한 정보를 가지고 있다.

이동시간은 정상적인 상태에서 한 작업장에서 다른 작업장으로 자재가 이동하는데 소용되는 시간을 말하며, 작업 후 대기시간(wait time)은 한 작업장에서 작업이 완료된 후 다른 작업장으로 옮겨지기 전까지 소요된 시간을 말한다. 작업 전 대기시간(queue time)은 작업이 시작되기 전까지 해당 작업장에서 소요된 시간을 의미한다. 따라서 작업 전 대기시간, 가동준비시간, 가동시간, 작업 후 대기시간, 그리고 이동시간의 합이 소요기간(LT: Lead Time)이 된다.

작업장달력(shop calendar) 계획을 수립하는데 필요한 또 다른 정보는 가용한 작업일자가 얼마나 되느냐이다. 우리가 일상적으로 사용하고 있는 그레고리안 달력은 날마다 일의 수가 다르며, 한 해에도 휴일의 위치가 고르지 않고, 십진법 기반으로 구성되어 있지 않는 등 제고계획의 수립, 통제에는 심각한 무리가 따른다. 예를 들어 35일의 리드타임을 가진 아이템이 있고, 내년 1월 22일에 납품할 수 있는지를 올해 12월 13일에 질문받는다고 가정해 보도록 하자. 이런 경우 대략 6주 정도가 남았는데 그레고리안 달력으로 납품까지의 충분한 시간이 있는지 확인하기 위해서는 여러 가지를 고려한 계산을 해야만 한다. 그 납품 전까지 휴일도 있을 것이고, 1월의 첫번째 주는 작업장이 가동을 하지 않을 것이기 때문이다. 그렇다면 실제로 시행되는 작업일은 도대체 몇 일이란 말인가?

이러한 문제점을 해결하기 위해 작업달력이 사용되는 것이다. 작업장달력은 다양한 방법으로 만들어질 수 있으나, 그림 5.4에서 사용된 예가 가장 통상적인 방법이다.

MONTH	WEEK	MON.	TUES.	WED.	THURS.	FRI.	SAT.	SUN.
JULY	27	2 / 123	3 / 124	④	5 / 125	6 / 126	⑦	⑧
	28	9 / 127	10 / 128	11 / 129	12 / 130	13 / 131	⑭	⑮
	29	16 / 132	17 / 133	18 / 134	19 / 135	20 / 136	㉑	㉒
	30	23 / 137	24 / 138	25 / 139	26 / 140	27 / 141	㉘	㉙
	31	30 / 142	31 / 143	1 / 144	2 / 145	3 / 146	④	⑤

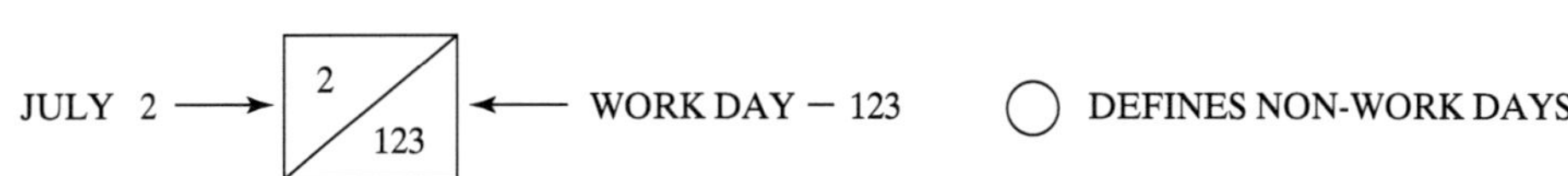

그림 5.4 작업장 달력(*Source: The American Production and Inventory Control Society, Inc.*, Material Requirements Planning Tranning Aid, 5-21. Reprinted with permission.)

가용능력(Capacity Available)

가용능력은 주어진 시간 내에 일정량의 산출물을 만들어 낼 수 있는 시스템 또는 자원이 가진 능력이다. 가용능력은 다음과 같은 요인들에 의해 영향을 받게 된다.

- **제품사양(product specifications)** 제품의 사양이 바뀌게 되면, 작업내용(제품을 만드는데 요구되는 작업)도 바뀌게 될 것이다. 따라서 만들어질 수 있는 수량에 영향을 주게 된다.
- **제품혼합(product mix)** 각각의 제품은 제품을 만드는데 필요한 각각의 작업내용을 가지고 있다. 제품의 혼합이 변경을 유발한다면, 혼합을 위한 전체 작업내용(시간)도 변하게 될 것이다.
- **공장(plant)과 설비(equipment)** 이는 제품을 생산하는 수단과 관련한 것으로, 예를 들어 보다 빠른 기계를 사용하는 것과 같이 수단이 바뀌면, 생산량도 변하게 될 것이다. 또는 작업장에 기계를 추가하는 경우에도 생산능력은 변하게 될 것이다.
- **작업노력(work effort)** 이는 작업이 완료되기 까지의 속도 또는 페이스와 관련한 것으로, 만일 작업자가 페이스를 높이게 되면, 주어진 시간에 더 많은 양을 생산하

게 될 것이고 생산능력은 변하게 될 것이다.

제품의 사양과 제품혼합은 제품의 디자인과 생산된 제품의 혼합에 따라 달라진다. 이들이 눈에 띄게 다양해진다면, 제품의 단위로 생산능력을 측정하기란 어려운 일일 것이다. 그렇다면 어떠한 단위로 생산능력을 측정할 수 있을까?

능력 측정(Measuring Capacity)

산출단위(unit of output) 작업장 혹은 공장에서 생산되는 제품의 다양성이 크지 않다면 모든 제품에 대해 동일한 단위를 적용하는 것이 가능할 때가 종종 있다. 제지설비에서는 종이 몇 톤, 맥주 양조장에서는 맥주 몇 통, 자동차 제조업체에서는 차량 열대 하는 식으로 동일한 단위를 사용하여 생산능력을 측정한다. 하지만, 다양한 제품이 생산되는 경우에는 적절한 공통 단위가 존재하지 않을 수 있다. 이런 경우 사용될 수 있는 일반적인 단위는 '시간(time)' 이다.

표준시간(standard time) 한 제품의 작업내용은 주어진 제조수단을 사용하여 제품을 생산하는데 소요되는 시간으로 표현된다. 시간연구 테크닉을 사용하면 단위 작업장 표준시간, 즉 숙련된 작업자가 한 작업을 완료하기 위하여 보통의 페이스로 작업하는데 사용되는 시간을 결정할 수가 있다. 이와 같은 표준시간은 작업 내용을 판단하는데 척도를 제공하며 생산능력을 기술하는 단위로 사용되고, 부하계산과 스케줄링에도 쓰이게 된다.

능력의 수준(Levels of Capacity)

생산능력은 적어도 다음 세가지 수준에서 측정되어야 한다.

- 설비 또는 개별 작업자
- 작업장
- 공장(서로 다른 작업장의 집합(group)으로서 고려될 수 있다)

가용능력의 결정

가용능력을 결정하는 방법으로는 실적과 계산의 두 가지가 있다. 실적능력(Demonstrated/measured capacity)은 과거 데이터로부터 밝혀낼 수 있으며, 계산능력(calculated/rated capacity)은 가용시간(available time), 가동률(utilization), 효율(efficiency)에 의해 계산되어진다.

계산능력(Rated capacity) 가용시간, 가동률, 효율과 같은 데이터로부터 계산되는 능력

가용시간(available time) 작업장에서 작업이 가능한 시간으로 일주일에 5일간 8시간을 작업할 수 있는 작업장의 가용시간은 일주일에 40시간이라고 말한다. 가용시간은 설비 대수, 작업자의 수, 작업 시간과 밀접한 관련이 있다.

예제

한 작업장에 세대의 설비가 있고 일주일에 5일, 그리고 하루에 8시간이 가동된다면, 이 작업장의 가용시간은 얼마인가?

답

$$가용시간 = 3 \times 8 \times 5 = 주당\ 120\ 시간$$

가동률(Utilization) 가용시간은 작업장에서 기대할 수 있는 최대 작업시간이다. 하지만 현실적으로 최대 작업시간에 도달하는 것은 기대하기 어렵다. 설비고장이나 작업자의 결근이나, 자재부족 등 여러가지 원인으로 다운타임이 발생할 수 있기 때문이다. 작업장의 가용시간과 실제 작업시간의 비율을 '작업장 가동률(work center utilization)' 이라고 한다.

$$가동률 = \frac{실제작업한\ 시간}{가용시간} \times 100\%$$

예제

한 작업장의 가용시간이 120시간이지만 실제 100시간 동안만 제품을 생산했다면 이 작업장의 가동률은 얼마인가?

답

$$활용도 = \frac{100}{120} \times 100\% = 83.3\%$$

가동률은 과거 기록이나 작업 샘플연구로부터 결정될 수 있다.

효율(efficiency) 한 작업장이 일주일에 100시간을 가동한다고 해서 100 표준작업시간이 나오는 것은 아니다. 작업자가 표준 작업속도 보다 좀 더 빨리 일할 수도 있고, 더 느리게 작업할 수도 있다. 이러한 이유로 작업장의 효율은 100%보다 크거나 작을 수도 있다.

$$효율 = \frac{표준작업시간}{실제작업한\ 시간} \times 100\%$$

예제

한 작업장이 일주일에 100시간이 사용되어 지고 그 시간 동안 120 표준작업시간을 생산하게 된다. 이 경우 이 작업장의 효율은 얼마인가?

답

$$가동률 = \frac{120}{100} \times 100\% = 120\%$$

계산능력(rated capacity) 계산능력은 작업장의 가동률과 효율을 이용하여 계산하게 된다.

$$계산능력 = 가용시간 \times 가동률 \times 효율$$

예제

한 작업장의 4대의 설비로 구성되어 있고, 일주일에 5일 하루 8시간 가동을 하게 된다. 과거 기록을 보면 가동률은 85%이고 효율은 110%로 나타나고 있다. 이 작업장의 계산능력은 얼마인가?

답

가용시간 = 4 × 8 × 5 = 주당 160시간
계산능력 = 160 × 0.85 × 1.10 = 149.6 표준시간

실적능력(Demonstrated Capacity)

특정 작업장의 생산능력을 알아낼 수 있는 방법중 하나는 이전에 수행되었던 생산정보로부터 조사하고, 그 정보를 작업장의 가용능력으로 이용하는 것이다.

예제

지난 4주에 걸친 한 작업장의 생산을 보면, 120, 130, 150, 140 표준작업시간이었다. 이 작업장의 Demonstrated Capacity는 얼마인가?

답

$$\text{Domonstrated capacity} = \frac{120 + 130 + 150 + 140}{4} = 135\ 표준\ 시간$$

주목해야할 사실은 demonstrated capacity는 최대치가 아닌 평균 생산량이라는 것이다. 비록 계산식에 포함되지는 않았지만 demonstrated capacity는 작업장의 가동률과 효율에 영향을 받는다.

가동률과 효율은 과거 생산이력으로부터 얻어질 수 있는데 그러기 위해서는 이용가능시간, 실제 작업시간, 작업장에서 사용되는 표준시간 등이 관리되어야 한다.

예제

한 작업장에서는 4주 동안 540 표준작업시간을 생산하였는데 가용작업시간이 640시간이었고 실제 작업 시간은 480이라고 할 때 이 작업장의 가동률과 효율을 계산하라.

답

$$\text{가동률} = \frac{\text{실제 작업시간}}{\text{가용시간}} \times 100 = \frac{480}{640} \times 100\% = 75\%$$

$$\text{효율} = \frac{\text{생산에 사용된 표준작업시간}}{\text{실제 작업시간}} \times 100 = \frac{540}{480} \times 100\% = 112.5\%$$

필요능력(부하)(Capacity Required(Load))

필요능력은 우선순위 계획시스템에 의해 생성되는데, 제품단위 또는 일반적인 단위로 주어지는 우선순위를 특정 기간동안에 각 작업장에서 필요한 작업시간으로 변환하는 역할을 담당한다. 이와 같은 변환은 생산계획으로부터 주생산일정, 자재소요계획에 이르는 우선순위 계획수준 마다 실행된다. 그림 5.2는 이와 같은 관계를 표현하고 있다.

계획의 상세함이라든지, 계획구간의 길이나 사용되는 테크닉 등은 각 계획수준마다 다양한데, 이 교재에서는 자재소요계획 및 능력소요계획 수준을 공부하게 될 것이다.

필요능력을 결정하기 위해서는 두 단계의 과정이 필요하다. 첫번째는 각 작업장마다 주문을 진행하는데 필요한 시간을 결정한다. 그리고 각 오더에 대해서 소요능력을 합하여 부하를 결정하게 된다.

각 오더에 필요한 시간

각각의 오더를 진행하기 위해 필요한 시간은 준비교체시간과 작업시간의 합계이다. 작업시간은 개당 작업시간과 한 오더가 포함하고 있는 전체 개수의 곱과 같다.

예제

한 작업장에서 작업오더 333에 대해 기어샤프트 SG123 150개를 진행하여야 한다. 준비교체시간은 1.5시간이며 작업시간은 개당 0.2시간이 소요된다. 작업오더 333을 진행하기 위해 필요한 표준시간은 얼마인가?

답

$$\begin{aligned} \text{총 표준시간} &= \text{준비교체시간} + \text{작업시간} \\ &= 1.5 + (150 \times 0.2) \\ &= 31.5 \text{ 표준시간} \end{aligned}$$

예제

앞의 예제에서, 작업장의 효율이 120%이고 가동률이 80%인 경우 작업오더를 진행하는데 필요한 실제시간은 얼마인지 계산하라.

답

$$\text{소용능력} = (\text{실제 시간})(\text{효율})(\text{가동률})$$

$$\text{실제시간} = \frac{\text{소요능력}}{(\text{효율})(\text{가동률})} = \frac{31.5}{(1.2)(0.8)} = 32.8\text{시간}$$

부하(load)

한 작업장의 부하는 특정 기간 내에 그 작업장에서 수행되어야 하는 모든 오더들을 진행하는데 필요한 시간의 합계를 말한다. 부하를 계산하는 과정은 다음과 같다.

1. 모든 작업장에 대해서 특정 기간까지의 모든 오더에 대해 동작 시간의 표준시간을 결정한다.
2. 모든 작업장에 대해 기간별 표준시간을 모두 더한다. 이를 통해 각 계획구간에 대해 작업장의 총 소요능력(부하)을 계산하게 된다.

예제

한 작업장은 20번째 주에 다음과 같은 진행오더 및 계획오더를 가지고 있다. 20번째 주에 대해 이 작업장의 총 표준소요시간(부하)을 계산하라. 오더 222는 이미 진행 중이며, 잔여 생산량 100개가 남아 있는 상태이다.

주문량	준비교체시간 (시간)	작업시간 (시간/개)	총 시간 (시간)
진행오더			
222	100	0	0.2
333	150	1.5	0.2
계획오더			
444	200	3	0.25
555	300	2.5	0.15
총 시간			

답

진행오더 222 총시간 = 0 + (100 × 0.2)= 20.0 표준시간
333 총시간 = 1.5 + (150 × 0.2)= 31.5 표준시간
계획오더 444 총시간 = 3 + (200 × 0.25) = 53.0 표준시간
555 총시간 = 2.5 + (300 × 0.15)= 47.5 표준시간
총 시간 = 152.0 표준시간

따라서 20번째 주에는 152 표준시간의 부하가 요구된다.

부하는 반드시 가용능력과 비교되어야 하며, 이를 위한 방법 중의 하나는 작업장의 부하 보고서를 이용하는 것이다.

작업장 부하 보고서

작업장 부하 보고서는 각 계획구간에 대하여 진행오더와 계획오더에 기초한 미래의 생산능력소요를 보여준다.

앞의 예제에서 살펴보았듯이 20번째 주의 부하는 152시간으로 계산되었다. 이와 비슷하게 다른 주에서의 부하도 계산될 수 있으며 부하 보고서에 기록될 수 있는데, 부하 보고서의 형태는 그림 5.5에서 보는 바와 같다. 그림 5.6은 같은 데이터를 그래픽 형태로 보여주고 있다. 주목할 사실은 부하 보고서에는 진행오더나 계획오더, 부하합계, 계산능력과 더불어 초과능력 또는 부족능력 등이 기술된다. 초과능력(overcapacity)이란 작업장에 과부하가 걸렸다는 것을 의미하며, 부족능력(undercapacity)은 작업장의 생산능력에 여유가 있다는 것을 의미한다. 이런 형태의 표현은 가용능력을 보정하거나 우선순위 계획을 변경하여 부하를 보정하는데 유용한 정보를 제공하게 된다.

Week	20	21	22	23	24	Total
Released Load	51.5	45	30	30	25	181.5
Planned Load	100.5	120	100	90	100	510.5
Total Load	152	165	130	120	125	692
Rated Capacity	140	140	140	140	140	700
(Over)/Under capacity	(12)	(25)	10	20	15	8

그림 5.5 작업장 부하 보고서(Work center load report)

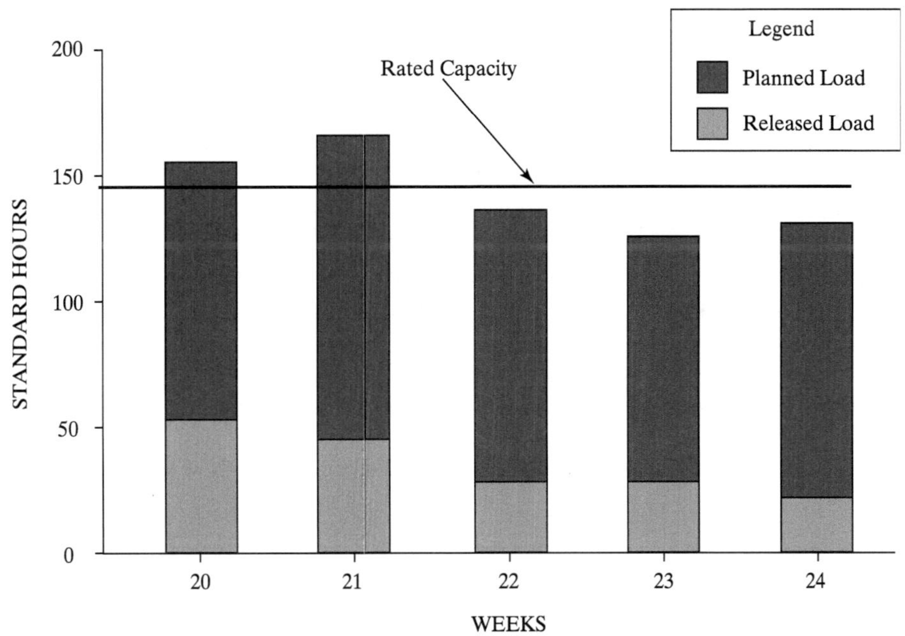

그림 5.6 부하 단면 그래프(Graph of a load profile)

위 예에서 살펴볼 수 있듯이, 제20주차와 제21주차는 생산능력의 초과상태이며, 그외 주는 모두 부족능력상태이고, 누적 부하는 가용능력보다 적은 것으로 나타나고 있다. 계획 수립자에게 있어 이 보고서는 계획 기간에 걸쳐 총 생산능력은 충분하며 가용능력 또는 우선순위는 계획을 달성하기 위해서 조정될 수 있음을 보여주고 있다.

오더의 일정수립(Scheduling Orders)

지금까지 우리는 어떤 오더가 어떤 작업장에서 언제 작업되어야 하는 지 알고 있다고 생각했다. 하지만 대부분의 오더들은 여러 개의 작업장에 걸쳐 진행되며 각각의 작업장에 대하여 오더가 언제 시작되고 언제 끝나야 하는지를 계산해야 하며 이를 통해 최종 납기일자를 맞출 수 있게 된다. 이러한 과정을 일정수립(scheduling)이라고 한다. APICS 사전 제12판은 일정수립을 '계획된 일에 대한 시간표' 라고 정의하고 있다.

역방향 일정수립(back scheduling) 일반적인 과정은 완료일자에서 시작하게 되는데, 리드타임을 이용하여 각 작업이 시작되어야 하는 일자를 거꾸로 찾아나가게 된다. 이러한 과정을 역방향 일정수립이라고 부른다. 일정수립을 위해서는 오더 각각에 대하여 다음과 같은 정보를 알아야 한다.

- 작업수량과 완료일자
- 작업순서와 필요한 작업장
- 각 작업의 가동준비시간과 가동시간
- 작업 전 대기시간, 작업 후 대기시간 및 이동시간
- 작업장의 가용능력(rated 또는 demonstrated)

필요한 정보들은 다음으로부터 얻어진다.

- **오더파일** 작업량과 완료일자
- **공정(route)파일** 작업순서, 필요한 작업장, 가동준비시간, 가동시간
- **작업장(work center)파일**. 작업 전 준비시간, 작업 후 준비시간, 이동시간, 작업장 생산능력

일정수립 과정은 다음과 같다.

1. 작업장 각각에 대하여 소요능력(시간)을 계산한다.
2. 완료일자로부터 시작하여 각 작업의 완료일자와 시작일자를 얻기 위해 거꾸로 계산해 나간다.

예제

기어 축 SG 123을 150개 생산하는 오더가 있다고 가정하자. 완료일자는 135 일째이고, 그림 5.3에서 보았던 공정표를 통해 수행되어야 할 작업과 가동준비시간 및 가동시간을 알 수 있다. 작업장파일은 그림 5.7에서 보는 바와 같고, 이를 통해 각 작업장에서의 리드타임 데이터를 얻을 수 있다. 각 작

업에 대하여 시작일자와 종료일자를 계산하도록 한다. 단, 다음과 같은 수립 원칙을 따라야 한다.

a. 작업시간이 8시간 가까이 되면 이를 일교대 기준의 하루로 표현하도록 한다. 예를 들어 작업이 6.5 표준시간인 경우 8시간으로 하며, 이를 하루로 나타내도록 한다.

b. 오더는 그 날의 시작에서 시작되고 하루의 끝에서 끝난다고 가정한다. 예를 들면, 오더가 첫번째 날에 시작되어 5번째 날에 끝난다면, 완료되기 까지 5일이 소요되는 것이다. 이동 시간이 하루라면, 오더는 7번째 날의 시작에 다음 작업장에서 대기하게 될 것이다.

답

작업장 각각에서 작업시간에 대한 계산은 다음과 같다.

작업준비시간 + 가동시간 = 총 시간(표준시간)

작업 10: 작업장 12: 1.5 + 0.20 × 150 = 31.5 표준시간 = 4일

작업 20: 작업장 14: 0.50 + 0.25 × 150 = 38.0 표준시간 = 5일

작업 30: 작업장 17: 0.30 + 0.05 × 150 = 7.8 표준시간 = 1일

작업 40: 작업장 03: 0.45 + 0.10 × 150 = 15.45 표준시간 = 2일

다음 단계는 각 작업에 대하여 완료일자와 시작일자를 구하기 위해 완료일(135일)로

Work Center	Queue Time (days)	Wait Time (days)	Move Time (days)
12	4	1	1
14	3	1	1
17	5	1	1
03	8	1	1

그림 5.7 작업장 파일의 소요기간 데이터

Operation Number	Work Center	Arrival Date	Queue (days)	Operation (days)	Wait (days)	Finish Date
10	12	95	4	4	1	103
20	14	105	3	5	1	113
30	17	115	5	1	1	121
40	03	123	8	2	1	133
50	Stores	135				

그림 5.8 작업일정

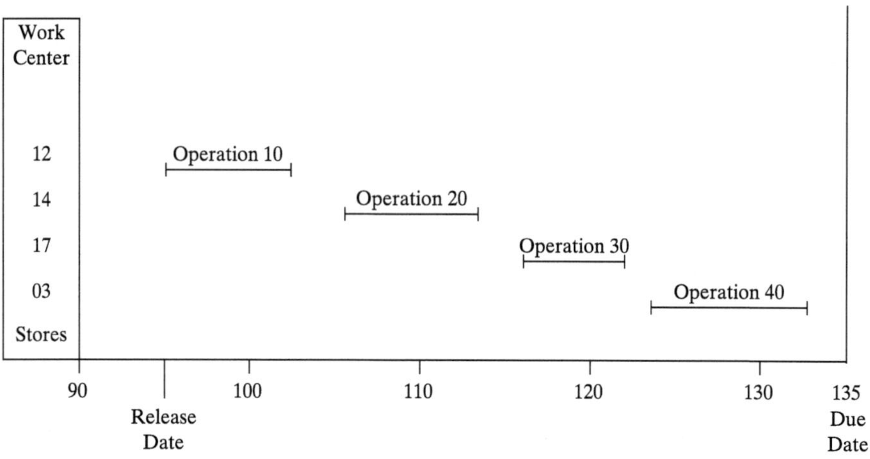

그림 5.9 작업일정 그래프

부터 뒤로 일정을 계산하는 것이다. 이를 위해서는 계산된 작업시간과 더불어 작업 전 대기시간, 작업 후 대기시간, 그리고 이동시간을 알아야 한다. 이를 위해 작업장 파일을 이용하도록 한다. 그림 5.7는 이 작업장 파일로부터 만들어졌다고 가정하도록 한다.

이 과정은 마지막 작업으로부터 시작된다. 제품이 135일에 상점에 있기 위해서는 이동에 필요한 하루를 빼고 133일에 작업 40에서 완료되어야 한다. 작업 전후의 대기시간 및 작업시간 11일을 빼면 오더는 121일에 작업 30에서 완료되어야 한다. 이러한 과정을 반복하면 모든 작업에 대하여 시작일자와 완료일자를 계산할 수 있게 된다. 그림 5.8은 이 과정을 그래픽으로 보여주고 있다.

계획수립(Making the Plan)

지금까지 우리는 소요능력계획을 수립하는데 필요한 데이터와 그 출처, 그리고 여러 작업장을 통과하는 작업지시의 일정수립 수립 및 부하계산 등을 살펴보았다. 다음 과정은 부하와 가용능력을 비교함으로써 둘 간에 불균형이 있는지 그렇다면 가능한 해결방법은 어떻게 찾는지 알아보도록 한다.

부하와 가용능력의 밸런싱 방법에는 두 가지가 있다. 즉 부하를 변경하거나 가용능력을 변경하는 방법이다. 부하를 변경한다는 것은 부하가 평준화될 수 있도록 오더를 앞뒤로 이동시키는 것을 의미한다. 만일 오더가 다른 작업장에서 진행되어야 한다면, 그 외의 작업장의 일정과 부하 역시 변경되어야 할 것이다. 이것은 다른 컴포넌트들에 대한 일정

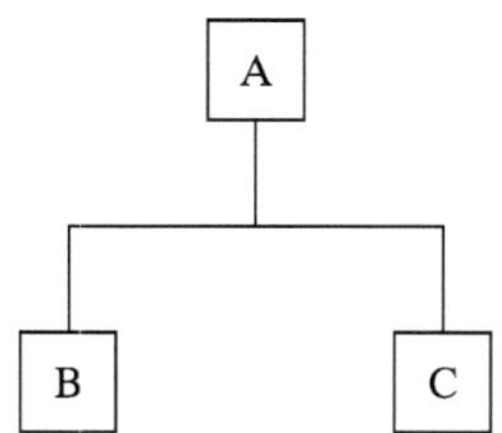

그림 5.10 단순 BOM

도 재조정되어야 하며, 주생산일정도 바뀌어야 한다는 것을 의미할 수 있다.

그림 5.10의 BOM을 보면 부품 B가 원래보다 뒤로 일정조정이 된다면, 부품 C의 우선순위가 변경되고, A의 주생산일정도 바뀌게 된다. 이렇듯 부하조정에 의한 여파가 크기 때문에 부하조정은 권고할 만한 조처로 볼 수 없다. 따라서 단기적인 측면에서 생산능력은 조정될 수 있다. 다음과 같은 경우가 이 경우에 해당된다.

- 근무시간의 연장 또는 단축. 이 방법은 부하 대비 능력의 불균형이 그리 크지 않는 경우에 임시적이지만 신속한 효과를 제공하게 된다.
- 작업자의 고용 또는 임시 해고등을 통해 작업자의 수준을 조정한다. 이러한 능력은 필요한 기술과 훈련의 유용성에 달려있다. 기술의 요구수준이 높으면 높을수록 훈련에 필요한 시간은 길어지게 되고, 빠른 전환은 힘들어지는 경향이 있다.
- 부하가 적은 작업장의 인력을 과부하 작업장으로 이동시킨다. 이 방법은 사전 교육을 통해 작업장간에 교체 투입될 수 있는 유연함이 요구된다.
- 어느 정도의 부하를 다른 작업장으로 이동시켜 대체 공정을 사용하도록 한다. 대체 작업장이 기존 작업장 보다 효율이 떨어지는 경우가 종종 있지만, 일정을 맞추는 것이 중요하므로 이 방법이 유효하게 사용된다.
- 필요하다면 외부업체에 일부 생산을 위탁하는 방법도 있다. 물론 이와 같은 방법은 자체적으로 해결하는 것보다는 추가적인 비용이 지출되지만, 일정이 중요하다는 전제에서는 유효한 방법이라 볼 수 있다.

소요능력계획을 수립하는 것은 실제 작업할 수 있는 정도의 상세 계획이 필요하기 때문이고, 상세함과 더불어 우선순위와 생산능력 각각의 목적을 동시에 만족하기 위해서이다. 이상적이라면, 소요능력계획의 결과는 자재소요계획을 만족시킬 것이며 작업인력, 설비, 기계의 충분한 가동률을 보장하게 될 것이다.

요약

능력관리는 계획 수립과정의 모든 레벨에 걸쳐 이뤄지게 된다. 또한 우선순위 계획과 직접적인 관련이 있으며 상세함의 수준과 계획 기간의 길이는 관련 우선순위 계획과 비슷하게 될 것이다. 능력계획에 있어서 주요 관심은 우선순위 계획을 제조과정에 필요한 능력시간으로 변환하는 것이다. 가용능력은 작업자와 설비의 보유수, 작업자와 설비의 가동률 및 효율에 따라 결정된다.

소요능력계획은 자재소요계획 수준에서 실행되는데, MRP 결과인 계획오더와 실행오더 파일의 실행오더를 가져와서 각 작업장에서의 부하로 전환하게 된다. 이 때 고려되는 것이 리드타임과 실제 작업수량이다. 소요능력계획은 능력계획 방법 중에서 가장 상세한 결과를 제공하게 된다.

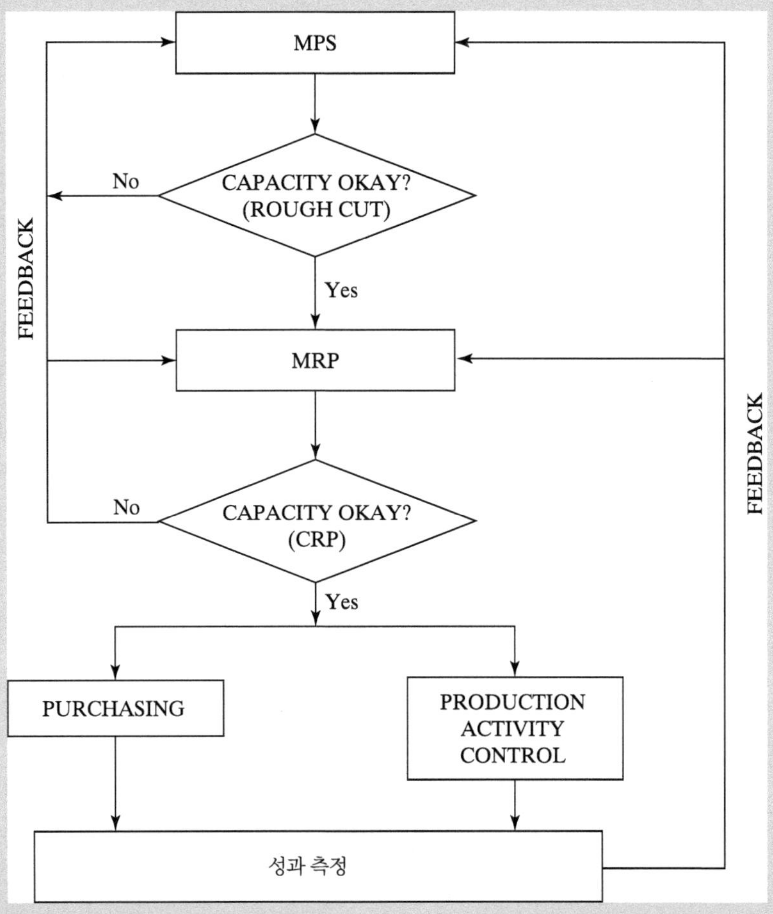

그림 5.11 MRP and CRP closed-loop system

자재소요계획과 소요능력계획은 closed-loop 시스템의 일부분을 구성하게 되는데, 이는 계획과 통제 기능을 포함하고 있을 뿐만 아니라, 계획이 항상 현실을 반영할 수 있도록 피드백을 제공하게 된다. 그림 5.11은 이러한 개념을 보여주고 있다.

질문

1. 능력관리의 필요조건들은 무엇인가?
2. 능력계획이란 무엇인가?
3. 능력계획의 3단계를 설명하라.
4. 우선순위계획의 세가지 레벨을 생산능력계획과 연결하고, 각 레벨을 상세수준과 계획기간의 관점에서 설명하라.
5. 능력소요계획이란 무엇인가? 우선순위계획 프로세스의 어느 레벨에서 그것이 발생하는가?
6. CRP 과정의 입력 요소들은 무엇인가? 이런 정보들은 어디에서 얻어지는가?
7. 아래항목 각각을 설명하고 그것들이 갖는 정보들을 설명하라.
   －진행오더파일, 공정파일, 작업장파일
8. 공장달력이란 무엇인가? 왜 그것이 필요한가?
9. 어떤 파일에서 다음과 같은 정보를 찾을 수 있는가?
   －예정입고량, 계획입고량, 효율과 가동률, 부품 작업순서
10. '가용능력' 을 정의하라. 그것이 영향을 미치는 4가지 요소들은 무엇인가?
11. 표준시간이 일반적으로 생산능력의 측정에 사용되는 이유는 무엇인가?
12. 계산능력, 가동률, 효율이란 무엇인가? 그것들은 어떻게 관련이 있는가?
13. measured 또는 demonstrated capacity란 무엇인가? 그것은 계산능력과 어떻게 구별되는가?
14. 부하란 무엇인가?
15. 작업장 부하 보고서란 무엇인가?그것이 갖는 정보는 무엇인가?
16. 일정계획이란 무엇인가?
17. 역방향 일정수립 과정에 대해 설명하라.
18. 가용능력과 부하의 두 가지 밸런싱 방법은 무엇인가? 어떤 방법이 더 유효하고, 그 이

유는 무엇인가?

19. 가용능력을 단기간에 변경할 수 있는 방법은 어떤 것들이 있는가?

20. 통제시스템에서 피드백이 필요한 이유는 무엇인가?

21. 표준 능력이 부하에 너무 가깝게 책정되었을 때 어떤 문제가 있을 수 있는가?

연습문제

5.1 각각 일주일에 4일 동안 일일 16시간 가동되는 5대의 기계로 구성된 작업장이 있다. 주당 가동시간은 얼마인가?

답: 320 시간 / 주

5.2 위의 작업장의 가동률은 75%이다. 실제 주당 가동시간은 얼마인가?

답: 180 시간 / 주

5.3 위 작업장의 효율이 120% 이라면, 위 작업장의 계산능력은 얼마인가?

답: 288 표준시간 / 주

5.4 각각 일주일에 5일 동안 일일 16시간 가동되는 7대의 기계로 구성된 작업장이 있다. 가동률은 80%, 효율은 110%이다. 계산능력은 표준시간으로 얼마인가?

답: 492.8 표준시간 / 주

5.5 각각 일주일에 5일 동안 일일 8시간 가동되는 3대의 기계로 구성된 작업장이 있다. 가동률이 75%이고 효율이 120% 이라면, 작업장의 계산능력은 얼마인가?

5.6 4주 동안 작업장 생산의 표준작업시간은 50, 45, 40, 55였다. 작업장의 demonstrated capacity는 얼마인가?

답: 47.5 표준작업시간 / 주

5.7 11주 동안 작업장의 생산은 1150 표준작업시간 이었다. 작업장의 measured capacity는 얼마인가?

5.8 1주일 동안 작업장의 생산은 85 표준작업시간 이었다. 일정수립시간은 80시간이고, 실제 가동시간은 75시간이다. 작업장의 가동률과 효율을 계산하라.

답: 가동률 93.75%, 효율 113.33%

5.9 일주일에 40시간 가동되는 3대의 기계로 구성된 작업장이 있다. 4주동안 실제로 355시간을 가동했고, 생산은 475 표준작업시간 이었다. 작업장의 가동률과 효율을 계산하라. 작업장의 주당 demonstrated capacity는 얼마인가?

5.10 회사는 일주일에 5일동안 일일 16시간 가동되는 3대의 기계로 구성된 작업장의 가동률과 효율을 결정하기를 원한다. 자재관리과에 의하면 지난해 작업장의 가용작업시간은 12,000시간, 실제 작업시간은 10,000시간, 11,480 표준시간이었다. 가동률, 효율, 주당 demonstrated capacity를 계산하라. 50주/년이라 가정한다.

5.11 개당 교체준비시간이 1.3시간, 작업시간이 0.3시간이라면 200개짜리 오더를 처리하는데 소요되는 표준시간은 얼마인가? 작업장의 효율이 130%, 가동률이 70%라고 하면 필요한 실제시간은 얼마인가?

답: 61.3 표준시간, 67.4 실제시간

5.12 개당 교체준비시간이 2.0시간, 작업시간이 0.15시간이라면 500개짜리 오더를 처리하는데 소요되는 표준시간은 얼마인가? 작업장의 효율이 125%, 가동률이 85%라고 하면 필요한 실제시간은 얼마인가?

5.13 4주차의 진행오더와 계획오더가 다음과 같은 작업장이 있다. 총 표준소요시간(부하)를 계산하라.

		Order Quantity	Setup time (hours)	Run time (hours/piece)	Total time (hours)
Released Orders	120	300	1.00	0.10	
	340	200	2.50	0.30	
Planned Orders	560	300	3.00	0.25	
	780	500	2.00	0.15	
Total Time (standard hours)					

답: 총 시간 = 248.5 표준시간

5.14 4주차의 진행오더와 계획오더가 다음과 같은 작업장이 있다. 총 표준소요시간(부하)를 계산하라

	Order Quantity	Setup time (hours)	Run time (hours/piece)	Total time (hours)
Released Orders 125	200	0.25	0.12	
345	70	0.70	0.05	
Planned Orders 565	80	1.00	0.25	
785	35	1.50	0.15	
Total Time (standard hours)				

5.15 다음의 공정파일, 진행오더파일, MRP 계획오더 정보를 사용하여 작업장의 부하를 계산하라.

공정: Part 123: 교체준비시간 = 2 표준시간
개당 작업시간 = 3 표준시간 / 개
Part 456: 교체준비시간 = 3 표준시간
개당 작업시간 = 1 표준시간 / 개

부품별 진행 오더

Week	1	2	3
123	12	8	5
456	15	5	5

부품별 계획 오더

1	2	3
0	5	10
0	10	15

부하 보고서

Week	1	2	3
Released Load 123			
456			
Planned Load 123			
456			
Total Load			

5.16 다음의 부하보고서를 완성하고 가능한 조치를 제안하라.

Week	18	19	20	21	Total
Released Load	150	155	100	70	475
Planned Load	0	0	80	80	160
Total Load					
Rated Capacity	150	150	150	150	600
(Over)/Under					

5.17 다음의 진행 오더에 대해 역방향 일정수립을 수립하라. 모든 시간은 일 단위이다. 공정간 이동시간, 대기시간은 하루이다. 납기는 150일이다. 오더는 하루동안 시작되어 끝난다.

Operation Number	Work Center	Operation Time (days)	Queue Time (days)	Arrival Date	Finish Date
10	111	2	4		
20	130	4	5		
30	155	1	2		
	Stores			150	

답: 오더는 126일에 작업장 111에 도착하여야 한다.

5.18 다음의 진행 오더에 대해 역방향 일정수립을 수립하라. 모든 시간은 일 단위이다. 공정간 이동시간, 대기시간은 하루이다. 납기는 200일이다. 오더는 하루동안 시작되어 끝난다.

Operation Number	Work Center	Operation Time (days)	Queue Time (days)	Arrival Date	Finish Date
10	110	4	3		
20	120	2	4		
30	130	3	2		
	Stores			200	

Case Study 5.1

Wescott Product 웨스코트 프로덕츠 사(社)

제이슨 로버트(Jaseon Roberts)는 금요일 아침 출근할 일만 생각하면 숨이 턱 막혔다. 제이슨은 최근 주문조립생산(assemble-to-order products)품을 생산하는 작은 제조사에 오퍼레이션 매니저로 취직하게 되었다. 갓 취직할 당시 제이스는 오퍼레이션을 전공한 경영대학원 졸업생이었는데, 수업 중 뛰어난 성적을 유지했던 그는 소규모 회사의 일 정도는 쉽게 다룰 수 있으리라 생각하는 자신감 충만한 사람이 되어 있었다.

그가 일하는 웨스트코츠 프로덕츠 사(社)는 작은 차고에서부터 시작하여 5년 만에 급속도의 성장을 이뤄 낸 소규모 기업으로, 기실 제이슨이 그들의 첫 오퍼레이션 매니저였다. 그전에는 프랭크 아담스(Frank Adams)가 유일한 프로덕션 '매니저' 로서 회사주 주디 웨스코트(Judy Wescott)에게 보고를 올리고 있을 뿐이었다. 프랭크는 경력직 수퍼바이저로서 기존의 장비 오퍼레이터의 위치에서 수퍼바이저로 진급한 경우로, 계획 및 통제 관련 전문 교육을 받은 경험이 없었다. 그는 곧 모든 웨스코트사 직원과 장비에 전적인 책임을 지는 상황에서 계획을 세우는 것이 너무 어렵고 복잡하다는 것을 깨닫고 있었다. 마케팅세일즈 매니저 랜디 스토카드(Randy Stockard)는 고객 오더에 안정적으로 부응하기가 점점 어려워짐을 보고 주디로 하여금 제이슨을 고용하도록 요청하고 그로 인해 칭찬을 받게 된 장본인이었다. 당시 랜디는 기대하던 시간에 생산품을 전달받지 못해 화가 난 고객들의 전화를 받느라 많은 시간을 소비하고 있었고, 새 고객을 유치 및 기존 고객 유지가 어려운 상황이 되자 그는 세일즈 성장 유지에 깊은 우려를 가지고 있었다. 새로운 세일즈는 곧 그가 받을 보너스의 기회와 직결되는 것이지 않은가.

그러나 제이슨이 새 직임을 얻고 그 행복도 잠시, 곧 제이슨은 자신이 얼마나 제대로 알고 있는지 의심이 되기 시작했다. 회사는 여전히 고객 오더에 대한 확약도 힘들었으며, 오더를 맞출 역량에도 문제가 있었다. 처음에 그는 그가 사용하던 예상 방식(forecast method)에 문제가 있다고 생각했으나, 곧 최근의 분석결과 실제 오더는 예상량의 10%안팎을 벗어나지 않음을 알게 되었다. 심지어 생산과정중 부품과 하위부품 모두에서 그 어떤 눈에 띄는 부족량도 발생한 적이 엇었다. 기실 많은 이들이 회사가 너무 많은 자재를 가지고 있다고 느끼고 있었으며, 지난 몇 번의 임원진 회의에서 기업관리자(company controller) 제이크 매리스(Jake Marris)는 겨우 권수비(turn-ratio) 3.5%이하의 재고는 합리적이지 못하며 회사에 많은 비용을 청구한다고 불평하곤 했다. 분명 다른 어떤 것에 문제가 있을 것이며, 제이슨은 이를 빨리 찾아내야만 했다.

처음 제이슨이 생각해 낸 것은 조립부에 추가근무를 요청하는 것이었으나, 이는 최후의 방법으로 미루어 두어야 할 민감한 문제였다. 조립부의 노동자들은 매우 숙련된 이들로, 이들을 다른 적절한 시간에 배치하는 것은 거의 불가능하거나 어려운 일이었다. 인력을 증가시키는 것도 같은 이유로 어렵긴 마찬가지였다. 지난해까지 그들은 많은 추가 근무를 해야 했으며 그로써 충분했다. 웨스코트사에 노동조합이 있었던 건 아니었지만 노동자들이 단합하여 향상된 추가 근무 통제가 이루어지지 않으면 전격 퇴직하여 수요가 충분한 다른 직장으로 옮기겠다고 선언했던 것이다. 당시 이들은 긴급 상황이 아닌 이상 주/개인당 4시간 이상의 추가 근무를 하지 않는 것에 합의한 바 있었다. 이들 모두 고소득에 가정이 있는 사람들로서, 가족과 함께하는 시간을 추가 근무 수당 보다 중요하게 여기고 있었다. 이러한 고도의 기술이 주는 이점이 있다면, 조립부의 모든 노동자들은 어떤 모델이라도 능숙히 조립해 낼 수 있었으며, 매 장비들 또한 모든 모델을 생산할 수 있을 만큼 유연성이 있다는 것이었다.

금요일 아침마다 제이슨은 그 다음주를 위한 주일정(Mask schdual)을 세우는 날이었다. 모든 조립품의 표준 리드타임이 한 주로 견적되고 있었으며, 오더량이 그리 많지 않은 이상 일주일 이상의 계획을 세울 필요도 없었기 때문이다. 제이슨은 아무리 노력해도 일이 제대로 되지 않음을 느꼈다. 그는 지난 주간 빠뜨린 작업량을 월요일과 화요일에 배치하도록 하였으며, 이미 확정된 작업과 함께 모두 처리되기를 바랬다. 확정된 주문은 세일즈마케팅 매니저 랜디가 고객들의 요청을 전달하고, 확약 날짜를 요구할 때 (이는 '최대한 빨리' 이기 일쑤였다) 이루어지고 있었다. 제이슨은 오더를 보고 자재 재고량과 설비 상황이 맞는지 살펴보고, 요청시기에 맞추어 평범한 확약을 내놓곤 했다. 그러나 많은 확정된 주문이 맞지 않은 이 시점이 되자 랜디는 제이슨에게 오퍼레이션에 제대로 된 통제를 하도록 요구하기 시작했다. 제이슨은 매주 각각의 많은 다른 모델들을 위한 스케줄에 대응하는데 피곤해 지고 있었으며, 세일즈의 진도관리에 대응하기 위해 많은 작업 스케줄을 깨곤 한다는 것을 깨달았다. 장비를 셋업하는 데 추가시간을 들이는 것이 상황을 악화시킨다는 것을 알고 있었으나 다른 방법이 없었다. 회사주 주디 웨스코트마저 그에게 작업수행을 향상시키기 위해 도울일이 없는지 묻는 상황까지 왔다. 제이슨은 평소의 충만했던 자신감이 사라져 가는 것을 느꼈다.

제이슨은 학창시절의 오퍼레이션 전공서적들을 살펴보며 해결책을 간구하기 시작해다. 그는 끝내 마스터 스케줄을 위한 보다 효과적인 시스템을 사용해 확정된 주문과 부품주문, 수용량 계획을 해내는 것이 필요함을 깨닫게 되었다. 그런데 불행히도 하필이면 학교에서 이 부분을 다룰 때, 제이슨은 봄방학 휴가를 일찍 떠나는 바람에 수업을 듣지 못했었다. 제이슨은 문제의 성격을 파악하기에는 충분했지만, 이에 대응하는 스케줄을 세울만큼은 아니었던 것이다. 제이슨은 겸손한 자세로 은사님께 전화를 걸어 조언을 구했다. 문제에 대해 들은 교수님은 제이슨에게 샘플 주일정과 개략 원격 계획(rough-cut capacity plan)을 세우기 위한 정보를 모아 보라고 말해 주었다. 정보를 다 모은 뒤에 교수님은 그들을 어떻게 사용해야 하는 지 보여줄 셈이었다.

다음은 교수님이 제이슨에게 모으라고 지시한 정보의 종류이다.

1. 최근에 가용량에 문제를 야기했던 작업장(work center)이나 장비의 부분을 골라내 보라. 그 작업장에서 사용된 모든 생산품 모델을 나열하라.
2. 각가의 모든 모델에 대해 작업장에서 개당 작업소요시간의 양을 나열하라. 장비 셋업시간이 필요하다면 이도 나열하라. 이 시간은 기준 데이터에서 추려내도 좋고, 기준 데이터가 존재하지 않거나 그 정확도가 의심스럽다면, 최근의 생산에서 실제 평균 소요시간을 추려 내야 한다.
3. 각각의 모든 모델에 대하여 대개의 그룹(lot) 규모를 나열해 보라. 이는 주일정 스케줄에 사용된 용지 규모와 같아야 한다.
4. 각각의 모델에 대하여, 최근의 재고량과 예측정도(forecast), 확정된 고객주문량(firm customer order quantities)을 나열해 보라.
5. 최근 장비의 가용량 (시간)을 나열해 보라.

다음은 제이슨이 모은 데이터의 요약이다.

제12작업장

Model	Run Time (per item, in minutes)	Setup Time (per lot)	Lot Size (minimum qty.)	On-hand*
A	3.7	90 minutes	150	10
B	5.1	40 minutes	100	0
C	4.3	60 minutes	120	0
D	8.4	200 minutes	350	22
E	11.2	120 minutes	400	153

* 대부분의 현 보유량(on-hand)은 실제 그룹 크기가 해당 주의 당 모델의 오더량을 넘어설 때 강행되어졌다. 남은 그룹들은 단순하게 조립해두고 실제 고객 오더가 들어오면 추가적인 하위부품 옵션을 쉽게 더할 수 있도록 했다.

현재 한 작업장에는 교대근무 없이 두명의 노동자가 배치되어 있다. 조립 노동자들은 매우 유연하지만, 다른 작업장에서 다른 노동자들을 빼내 올 수도 없는 것이, 그 곳도 뒤쳐져 있으며 똑같이 작업량이 과부하된 상태이기 때문이다.

다음은 제 12작업장에서 조립되는 5개 모델에 대한 예측(forecast) 및 고객 주문이다.

Model	Weeks	1	2	3	4	5	6	7	8	9	10
A	Forecast	45	45	45	45	45	45	45	45	45	45
	Customer Orders	53	41	22	15	4	7	2	0	0	0
B	Forecast	35	35	35	35	35	35	35	35	35	35
	Customer Orders	66	40	31	30	17	6	2	0	0	0
C	Forecast	50	50	50	50	50	50	50	50	50	50
	Customer Orders	52	43	33	21	14	4	7	1	0	0
D	Forecast	180	180	180	180	180	180	180	180	180	180
	Customer Orders	277	190	178	132	94	51	12	7	9	2
E	Forecast	200	200	200	200	200	200	200	200	200	200
	Customer Orders	223	174	185	109	74	36	12	2	0	0

제이슨은 이 모든 데이터를 모으자마자 교수님께 전화를 걸었다. 그러나 이게 웬 운명의 장난인지, 이번에는 교수님이 일주일 이상의 긴 봄휴가를 떠나신게 아닌가!

과제

제이슨을 도와보자. 구체적으로 다음과 같은 사항을 해결해보라.

1. 짐작되는 문제의 근원과 성격에 대해 논하라.
2. 제이슨이 모은 자료를 이용하여 개략 능력(rough-cut capacity) 상황을 검토하여 보라. 그 결과를 논하고 1번에서 제시된 문제와 어떻게 연관되는지 설명해 보라.
3. 제시된 정보와 상황을 이용하여 제이슨이 이용할 수 있는 완전한 계획을 세워보라. 계획의 이부는 케이스에서 제시된 데이터의 주일정에 대한 접근방식을 세우고 입증할 수 있는 것이어야 한다.

생산현장 관리
(Production Activity Control)

입문(Introduction)

지금까지가 계획을 수립하고, 그 계획의 실행 가능성을 점검하는 과정이었다면, 지금은 이 수립된 계획을 바탕으로 실제 생산을 시작하는 시점이라고 할 수 있다. 생산현장관리(Production Activity Control, PAC)는 주생산일정(MPS)과 자재소요계획(MRP)을 실행하는 역할을 담당한다. 동시에 노동력과 설비를 사용해 제품을 만들고, 재공재고를 최소화하며, 고객서비스를 관리하는 역할을 담당해야 한다. 자재소요계획은 다음과 같은 기능들에 대해서 PAC에게 역할을 넘기게 된다.

- 제조를 위해 작업장에 작업지시
- 작업오더의 통제 및 적시완료 여부확인
- 제조, 계획의 수행, 작업의 통제를 통해 오더진행에 있어 당면한 상세계획을 관리
- 일일별 작업관리 및 필요한 지원을 제공

그림 6.1은 계획 시스템과 PAC와의 관계를 도식화하고 있다.

PAC 시스템의 역할은 계획수립, 실행, 통제기능으로 분류할 수 있다.

계획수립(Planning)

작업장을 통과하는 작업의 흐름은 납품일자를 맞출 수 있도록 계획되어야 하는데, 이는 생산현장관리가 다음과 같은 일을 담당하여야 함을 의미한다.

컴포넌트들을 제조할 수 있도록 필요한 자재와 도구, 인력, 정보 등이 필요한 시점에 준비되어 있는 지 점검한다.작업장에서 모든 작업지시에 대해 시작일자와 완료일자를 계산하여 오더의 완료일자가 맞춰질 수 있도록 한다. 이는 계획수립자가 작업장에 대해 로드 프로파일(load profile)을 개발하는 일을 담당한다는 것을 전제로 한다.

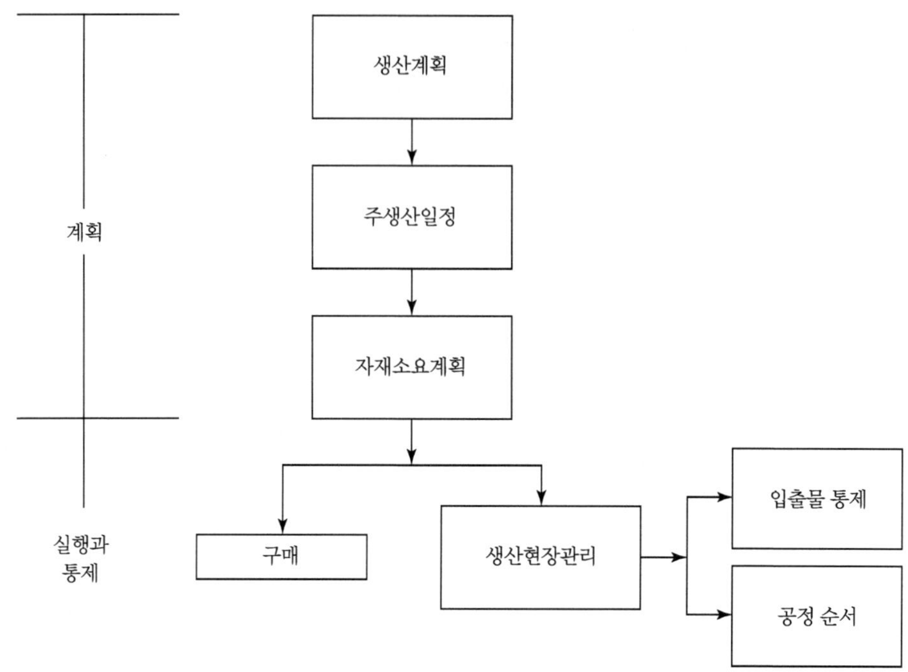

그림 6.1 우선순위 계획 및 생산현장관리

실행(Implementation)

일단 계획이 수립되면 PAC는 수행되어야 할 것들을 작업장에 통보함으로써 수립된 계획을 실행단계로 넘기게 된다. 일반적으로 현장에 오더를 넘겨줌으로써 지시가 이루어지게 되는데 이를 위해 PAC는 제품을 생산하기 위해 작업장에서 필요한 정보를 수집하고 자재소요계획에 의한 오더들을 현장에 넘겨주게 된다. 이를 디스패칭(dispatching)이라 한다.

통제(Control)

일단 계획이 수립되고 현장에 오더가 전달되면, 실제 발생하고 있는 것들에 대해 모니터링하는 과정이 필요하게 된다. 또한 모니터링 결과는 교정작업이 필요한지 여부를 결정하기 위해 계획과 비교된다. PAC는 다음과 같은 일을 하게 된다.

- 현장의 오더들을 정렬하고 이를 바탕으로 하여 디스패치 리스트를 작성한다.
- 작업오더의 실제 성과를 측정하고 이를 계획일정과 비교한다.
- 필요하다면 PAC는 수정조치를 취하게 되는데, 그 방법으로는 계획 재수립, 일정

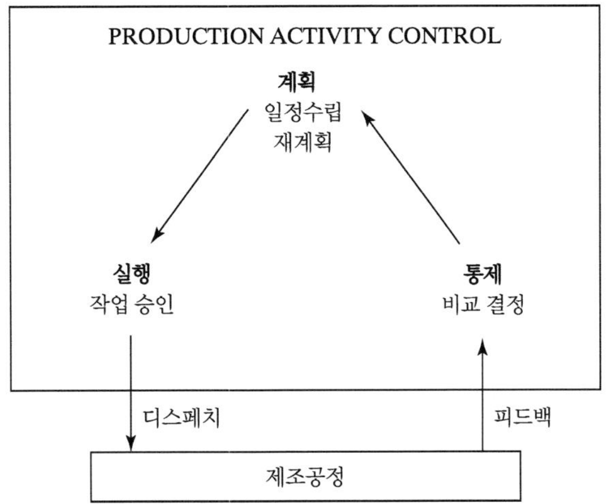

그림 6.2 생산제어시스템의 개념

재수립, 생산능력 조정 등이 있다.

- WIP, 리드타임, 작업장의 대기물량 등을 모니터링하고 통제한다.
- 작업장 효율, 동작시간, 오더수량, 스크랩 등에 대한 보고 작성

그림 6.2는 계획수립, 실행, 통제의 기능을 도식화하여 보여주고 있다.

제조시스템(Manufacturing Systems)

생산관리시스템(porduction control system)의 형태는 기업마다 다르다. 하지만 위에서 기술한 계획수립, 실행, 통제의 기능은 공통적으로 수행하게 된다. 물론 이 기능들 간의 상대적인 중요도는 제조 프로세스의 형태에 따라 다르게 된다. 1장에서 다루었듯이 제조 프로세스는 보편적으로 다음 세 가지로 분류할 수 있다.

1. 흐름제조(flow manufacturing)
2. 단속제조(intermittent manufacturing)
3. 프로젝트 제조(project manufacturing)

흐름제조 흐름제조는 생산량이 많은 표준제품의 생산과 관련이 있다. 자동차나 전기제품 같이 생산의 단위가 낱개로 이루어지는 프로세스를 반복제조(repetitive manufacturing)라고 부르고, 석유제품의 생산과 같이 연속적인 흐름가운데 제품이 만들어지는 프로세스를 연속제조(continuous manaufacturing)라 한다. 흐름제조에는 네 가지 주요 특징이 있다.

1. 고정된 공정을 가진다. 그리고 작업장은 공정을 따라 배치되어 있다. 또한 한 작업장에서 작업에 소요되는 시간은 다른 작업장에서의 시간과 비슷한 것이 특징이다.
2. 작업장은 유사한 제품들의 한정된 부분 만을 생산하게 되고, 장비와 도구들은 특정 제품을 만들기 위해 특별히 고안된다.
3. 한 작업장에서 또 다른 작업장으로의 자재이동은 기계적인 이송의 형태로 이루어지며, 재공재고가 거의 없고, 쓰루풋 시간(throughput time)이 적다.
4. 생산라인에 따라 생산능력이 고정되어 있다.

흐름생산에서 PAC는 작업의 흐름을 계획하고 계획된 일정에 명시된 대로 올바른 자재가 투입되는지를 중점적으로 관리하게 된다. 또한 한 작업장에서 다른 작업장으로의 이동이 자동적으로 이뤄지기 때문에 실행과 통제는 다른 제조방식에 비해 상대적으로 간단하다.

단속제조 단속제조는 제품 디자인, 프로세스 요구, 오더수량에 있어 많은 변동에 의해 특정지어진다. 이와 같은 제조방식은 다음과 같은 특징이 있다.

1. 작업장을 통과하는 작업의 흐름이 변경되고, 특정 제품의 디자인에 영향을 많이 받는다. 오더가 진행될 때, 각 작업장마다 소요되는 시간이 차이가 많고 따라서 작업의 흐름이 평준화되지 않는다.
2. 설비 또는 작업자는 여러가지 작업을 할 수 있어야 한다. 일반적으로 설비와 작업장은 그들이 수행하는 기능에 따라 그룹핑되어 있게 된다.
3. 대부분의 경우 쓰루풋 시간이 길고, 필요할 때 도착할 수 있도록 작업 일정을 수립하는 것이 어려운데, 그 이유로는 작업장의 한 오더마다 소요되는 시간이 차이가 있고, 작업장 이전의 작업대기 또는 작업진행 중의 지연이 길기 때문이다. 흐름생산과 비교해 재공재고가 많은 편이다.
4. 소요능력은 제품의 혼합에 영향을 많이 받으며 예측하기도 쉽지 않다.

단속제조에서의 PAC은 복잡한 양상을 띠게 된다. PAC은 만들어지는 제품의 종류와 공정의 다양함, 일정수립의 어려움 등으로 단속 제조에서 주요 활동으로 인식된다. 전형적으로 계획수립과 통제는 생산되는 각 배치에 대하여 작업오더를 사용하여 이루어지게 되는데, 이러한 환경에서의 PAC을 살펴보게 될 것이다.

프로젝트 제조 프로젝트 제조는 유일한 제품 또는 그 수량이 적은 제품의 생산과 관련이 있는데 선박제조를 그 예로 들을 수가 있다. 제품의 디자인은 제품개발과 함께 수행되거나 변경되기 때문에 제조, 마케팅, 구매, 엔지니어링 간에는 밀접한 관계가 존재하게 된다.

데이터 요구사항(Data Requirements)

제조 중의 자재의 흐름을 계획하기 위해서는 다음과 같은 정보가 필요하게 된다.

- 무엇을 얼마나 생산할 것인가.
- 부품을 언제 조달하여 완료일자를 맞출 것인가.
- 제품생산을 위해 필요한 작업은 무엇이고, 그 작업에 소요되는 시간은 얼마인가.
- 작업장 마다의 가용능력은 얼마인가.

계획파일(planning files)

네 가지의 계획파일이 필요한데 부품기준파일(item master file), 제품구조파일(product structure file), 공정파일(routing file), 작업장 기준파일(work center master file)이 그것이다.

부품기준파일 이 파일 안에는 각 파트번호에 대해 단 하나의 레코드를 가지고 있게 된다. 이 파일 안에는 파트와 관련된 모든 정보들을 포함하고 있다. PAC 관점에서 보면 다음과 같은 정보들을 가지고 있다.

- 파트번호 – 컴포넌트에 할당된 유일한 번호
- 파트 설명
- 제조 리드타임 – 이 파트를 만드는데 필요한 보통 시간
- 재고수량
- 가용수량
- 할당수량 – 재고에서 빠지지 않고 특정 작업오더에 할당된 수량
- 주문재고수량
- 기본작업단위 수량 – 한번에 주문될 수 있는 수량

제품구조파일(BOM file) 이 파일은 단일 수준 구성품과 상위 품목을 조립하는데 필요한 수량에 대한 리스트를 포함하고 있다. 일반적으로 자재창고에서 담당자가 조립품을 만들

기 위해 필요한 부품을 수집하는데 사용되는 자재불출목록(pick list)의 형태를 갖는다. 미국운영관리협회(APICS: Association for Operations Management)에 따르면, BOM을 제시하는 데에는 다양한 방식이 존재하는데, "여기에는 한단계(single level)의 BOM, 톱니모양(indented) BOM, 일시적(transient) BOM, 행렬(matrix) BOM, 원가(costed) BOM을 포함한다. BOM은 특정 공정과정에서 배합비(formula), 조리법(recipe), 재료목록표(ingredients list) 등으로 불릴 수 있다."

공정파일 공정은 아이템을 만드는데 필요한 일련의 작업들로 구성되는데, 각 제품에 대하여 제품이 만들어지는 방법을 서술한 단계별 설명들을 포함하고 있으며 다음과 같은 상세정보를 제공하게 된다.

- 제품을 만들기 위해 필요한 작업과 그 작업이 수행되어야 하는 순서
- 각 작업에 대한 간단한 설명
- 각 작업에 대하여 필요한 설비, 도구 및 액세서리
- 작업준비시간–각 작업에 대하여 설비들을 갖추는데 필요한 표준시간
- 가동시간–각 작업에서 일정 단위를 진행하는데 필요한 시간
- 각 작업에서의 리드타임

작업장 기준파일 이 파일의 목적은 작업장에서 발생한 각종 관련 데이터를 모아 두는 것이다. 각 작업장에 대해 다음과 같은 상세정보를 제공하게 된다.

- 작업장 번호
- 생산능력
- 주간 작업교대 수
- 설비가동시간
- 인력투입시간
- 효율
- 가동률
- 대기시간–작업이 시작되기 전에 작업장에서 머무른 시간의 평균
- 대체 작업장

제어 파일(control files)

단속제조에 있어서 통제는 작업지시(shop order) 및 작업지시와 관련된 데이터를 포함하

고 있는 제어 파일을 통해 이루어지게 된다. 일반적으로 두 종류의 파일이 있는데 작업오더 기준파일(shop order master file)과 작업오더 상세파일(shop order detail file)이 그것이다.

작업오더 기준파일 활성화된 각 제조 오더들은 이 파일 내에 레코드 하나를 가지게 된다. 그 목적은 각 작업오더에 대해 다음과 같은 요약정보를 제공하기 위함이다.

- 작업오더 번호–작업지시를 구별할 수 있는 유일한 번호
- 오더수량
- 완성수량
- 스크랩 수량
- 오더를 위한 자재 수량
- 완료요구일–오더가 끝날 것으로 기대되는 일자
- 우선순위–다른 오더와의 관계속에서 정렬하는데 사용되는 값
- Balance due–아직 완성되지 않은 수량
- 원가정보

작업오더 상세파일 각각의 작업오더는 아이템을 만드는데 필요한 작업에 대한 레코드를 포함하고 있는 상세파일을 가지고 있다. 각 레코드는 다음과 같은 정보를 가지고 있다.

- 작업 번호
- 작업준비시간–계획과 실적
- 가동시간–계획과 실적
- 해당 작업에서 보고된 완료 수량
- 해당 작업에서 보고된 스크랩 수량
- 완료요구일 또는 잔여 리드타임

오더 진행준비(Order Preparation)

일단 오더진행에 대한 지시가 떨어지면 PAC은 오더를 작업장에 발행하기 위해 계획을 수립하고 준비하는 일을 담당하게 된다. 오더의 진행에 필요한 공구와 자재, 그리고 생산능력 등이 가용한 지 여부가 점검되어야 한다. 이런 것들이 준비되지 않는다면 오더는 완료될 수 없으며 발행되지 않게 될 것이다.

일반적으로 공구의 가용성은 MRP에서 고려되지 않는다. 따라서, 이 단계에서 공구 가용성이 점검되어야 한다. MRP 소프트웨어를 사용하는 경우에는 계획수립 중에 자재 가용성이 점검되어 작업지시에 할당되었기 때문에 추가 점검이 필요하지는 않을 것이다. 하지만 MRP 소프트웨어를 사용하지 않는다면 자재 가용성을 수작업으로 점검해야 할 것이다.

소요능력계획 시스템이 사용되었다면, 필요한 생산능력은 가용할 가능성이 크다. 하지만 이 단계에서 계획능력과 실제로 가용한 능력과는 차이가 있을 수 있다. 소요능력계획이 사용되지 않는다면 생산능력이 가용한지 결정할 필요가 있다.

생산능력의 가용성을 점검하는 것은 두 단계의 프로세스를 가진다. 첫째, 언제 생산능력이 필요한 지 알기 위해 오더의 일정수립을 해야 한다. 둘째, 이 기간에 작업장에서의 부하가 점검되어야 한다. 일정수립(scheduling)과 부하점검(loading)은 다음 과정에서 살펴 보도록 한다.

일정수립(Scheduling)

일정수립의 목적은 납품일자를 맞추고, 제조자원을 효율적으로 활용하기 위함이다. 제품을 완성하기 위해 요구되는 각 작업에 대해 시작일자와 종료일자를 결정하게 되는데, 신뢰할 만한 일정수립을 위해서는 계획 수립자가 공정 및 소요 또는 가용능력, 함께 진행되는 작업, 관련된 작업장에 대한 제조 리드타임(manufacturing lead time, MLT) 등에 대한 정보를 가지고 있어야 한다.

제조 리드타임(MLT)

제조 리드타임은 로트수량 내에서 제품 한 개를 생산하는데 필요한 시간을 말한다. 대체적으로 MLT는 다섯 가지 요소로 구성된다.

1. 작업 전 대기시간(Queue Time) – 작업이 시작되기 전 작업장에서 대기하는 시간
2. 준비교체시간(Setup Time) – 작업을 위해 작업장을 준비하는데 소요되는 시간
3. 가동시간(Run Time) – 작업에 소요되는 시간
4. 지체시간(Wait) – 작업이 끝나고 다음 작업장으로 이동되기 까지 현 작업장에서 대기하고 있는 시간
5. 이동시간(Move Time) – 작업장 간의 이동에 소요되는 시간

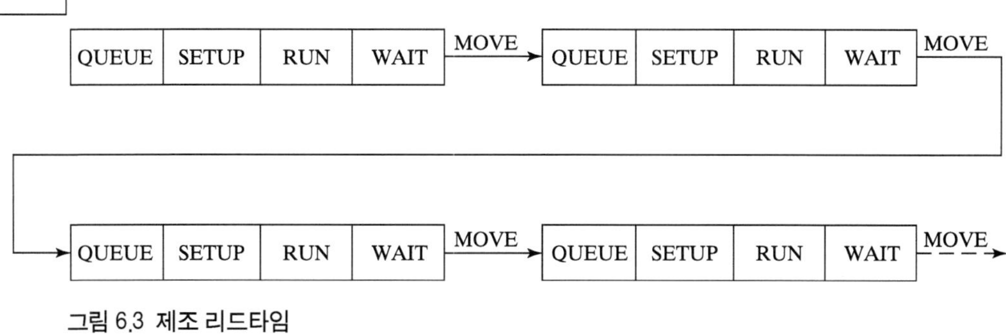

그림 6.3 제조 리드타임

총 제조 리드타임(total MLT)은 오더를 준비하고 발행하는 시간과 각 작업의 MLT를 합한 시간이 될 것이다. 그림 6.3은 제조 리드타임을 구성하고 있는 요소들을 보여주고 있다.

가동준비시간과 가동시간은 이미 결정이 되어 있으며, 이를 결정하는 일은 엔지니어링 파트에서 담당하게 된다. 대기시간과 이동시간은 제조부서 및 PAC에서 관리하게 된다.

다섯 가지 요소 중에서 가장 큰 것은 작업 전 대기시간인데, 단속제조 환경인 경우, 대체적으로 작업 전 대기시간이 전체 리드타임의 85%~95%를 차지하게 된다. PAC는 작업장에 투입되거나 산출되는 작업의 흐름을 통제함으로써 작업 전 대기를 관리하는 역할을 담당하게 된다. 작업을 기다리는 오더의 수 (부하)가 줄어든다면 작업 전 대기시간, 리드타임, WIP도 따라서 줄어들게 된다. 생산능력을 높이는 것도 작업 전 대기시간을 줄이는 방법 중의 하나이다.

제조 리드타임과 밀접한 연관관계가 있는 용어로서 'cycle time' 이 있다. APICS 사전(8번째 판)에서는 자재가 생산설비로 들어가서 나올 때까지 걸리는 시간의 길이로 cycle time을 정의하고 있으며, 유사한 용어로서 'throughput time' 이 있다.

예제

한 제품의 오더 100개가 작업장 A, B에서 진행되었다. A 작업장에서 가동준비시간은 30분이고, 가동시간은 단위당 10분이다. B 작업장의 가동준비시간은 50분이고 가동시간은 단위당 5분이다. 두 작업간 사이에서 대기하는 시간은 4시간이고, 작업장 A, B 사이의 이동시간은 10분이다. 작업 B 이후 대기하는 시간은 4시간이며 창고까지의 이동시간은 15분이다. 양쪽 작업장에서의 작업 전 대기시간은 없다고 할 때 오더에 대한 총 제조 리드타임을 계산하라.

답

Work center A operation time = 30 + (100 × 10)	=	1030 minutes
Wait time	=	240 minutes
Move time from A to B	=	10 minutes
Work center B operation time = 50 + (100 × 5)	=	550 minutes
Wait time	=	240 minutes
Move time from B to stores	=	15 minutes
Total manufacturing lead time	=	2085 minutes
	=	34 hours, 45 minutes

일정수립 기법(Scheduling Technique)

작업지시에 대한 일정수립 기법은 매우 다양하게 존재하지만, 공통적으로 순방향 일정수립(forward scheduling), 역방향 일정수립(backward scheduling), 유한부하투입(finite loading), 무한부하투입(infinite loading)에 대한 이해를 필요로 한다.

순방향 일정수립. 순방향 일정수립은 완료요구일은 고려하지 않고 오더가 접수되었을 때 자재수급과 작업 일정수립이 시작된다고 가정한다. 또한 작업은 그 날부터 진행하며 일정을 수립하게 된다. 그림 6.4의 윗 부분은 이 방법을 설명하고 있다. 결과적으로 완료요구일 이전에 종료되는데, 이와 같은 결과는 재고증가의 요인이 되기도 한다. 이 방법은 제품의 가장 빠른 납품시기를 결정하는데 사용되거나, 작업이 완료되기 위해서는

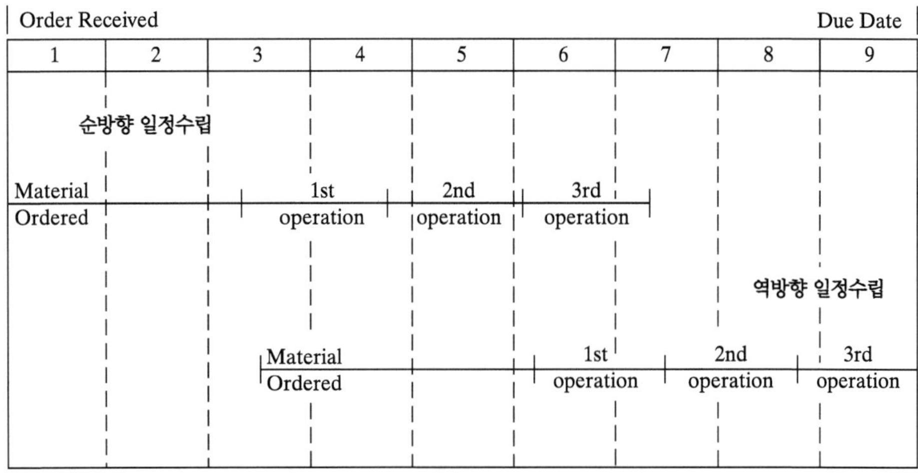

그림 6.4 순방향 및 역방향 일정수립: 무한부하투입

기간이 얼마나 필요한지를 계산하는데 사용된다. 이 방법은 고객에게 약속일자를 주기 위해서 또는 일정이 뒤처진 오더를 따라잡을 수 있을 지 여부를 알아보는데 그 목적이 있다.

역방향 일정수립 역방향 일정수립은 그림 6.4의 두 번째 줄에서 살펴볼 수 있다. 공정의 마지막 작업에 대한 일정을 먼저 수립하여 완료요구일에 종료될 수 있도록 일정을 잡는다. 그 다음에는 마지막 작업의 앞 작업 일정을 거꾸로 계산한다. 이 방법은 제품이 필요한 시점에 맞춰 일정수립할 수 있으며, MRP 시스템에서 사용된 것과 똑같은 로직이다. 재공재고가 줄어드는 장점이 있으나, 시스템 내에 슬랙타임(slack time)이 존재하기 때문에 고객 서비스가 영향을 받을 수가 있다. 역방향 일정수립은 오더가 시작되어야 하는 시점을 결정하는데 사용되며 재고를 줄일 수 있기 때문에 일반적으로 사용되는 방법이다.

무한부하투입 그림 6.4에서 살펴볼 수 있듯이, 무한부하투입은 작업 1, 2, 3을 진행하는데 있어 필요할 때 언제든지 공급될 수 있는 작업장 가용능력을 가지고 있다고 가정하고 일정을 수립하게 된다. 이 방법은 작업장에서 병행되는 작업을 고려하지 않으며, 생산능력이 무한하다고 가정하게 된다. 그림 6.5는 무한부하투입에 대한 로드 프로파일을 보여주고 있다.

유한부하투입 유한부하투입은 모든 작업장이 제한된 가용능력을 가지고 있다고 가정한다. 다른 작업오더로 인해 작업장에 가용능력이 충분하지 않으면, 새로운 오더는 다른 기간으로 일정수립되어야 한다. 그림 6.6은 이러한 상태를 보여주고 있다.

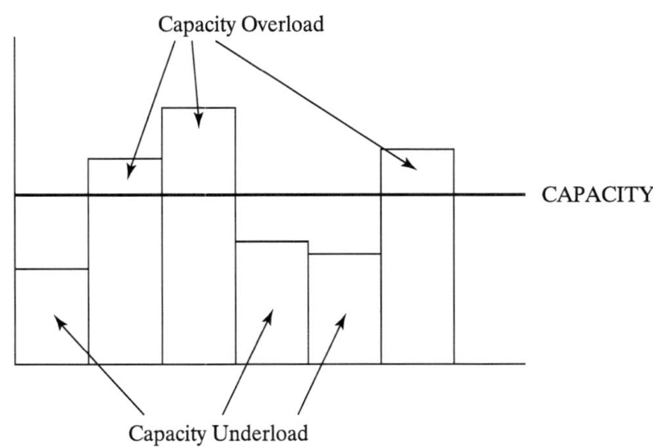

그림 6.5 무한부하투입 단면도

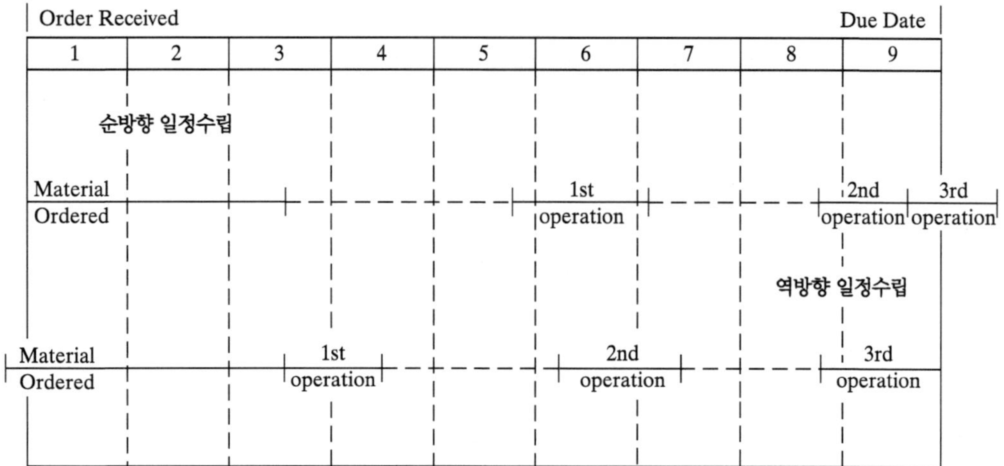

그림 6.6 순방향 및 역방향 일정수립: 유한부하투입

그림 6.6에서 보여주고 있는 순방향 일정수립의 예를 살펴보면, 첫 번째 작업과 두 번째 작업은 작업시점에 해당 작업장에서의 작업이 가능하지 못함을 알 수 있다. 필요한 시점에 소요능력이 가용하지 못하기 때문인데, 이런 경우 후반으로 재조정되어야 한다. 이와 유사하게 역방향 일정수립의 예에서도 두 번째와 첫 번째 작업은 수행될 수 없고 앞쪽으로 재조정되어야 한다. 그림 6.7은 유한부하투입에 대한 로드 프로파일을 보여주고 있는데, 부하가 조정되어 과부하 상태가 없는 것을 주목할 필요가 있다.

5장에서 CRP에서의 역방향 일정수립의 예를 살펴보았는데 그와 똑같은 프로세스가 PAC에서도 사용되게 된다.

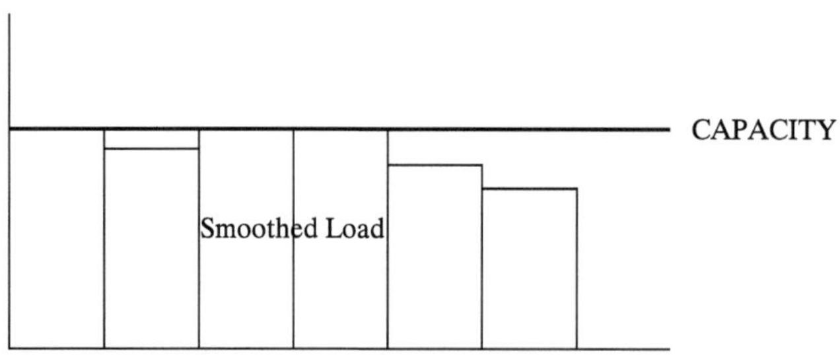

그림 6.7 유한부하투입 단면도

예제

한 회사는 브랜드 X를 50개 생산하여 100번째 날까지 배송해야 하는 오더를 가지고 있다. 다음 기준에 근거하여 역방향 일정을 표시하도록 하라.

a. 각 작업에는 단 하나의 설비만 사용된다.
b. 이 공장은 일주일에 5일, 1일 8시간 1교대로 운영된다.
c. 부품의 로트 크기는 50이다.

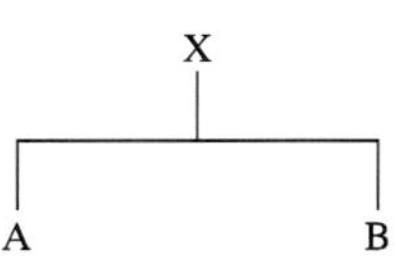

Part	Operation	Time (days)
A	10	5
A	20	3
B	10	10
X	Assembly	5

답

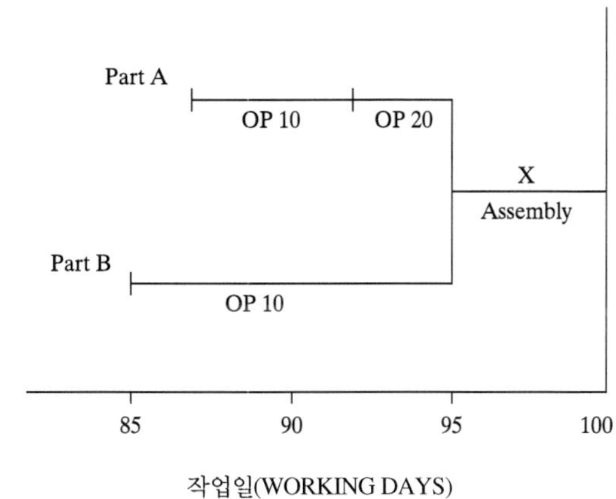

공정 오버랩(Operation Overlapping)

공정이 오버랩되는 경우에는 이전 공정에서 로트 전체가 완료되지 않았더라도 다음 공정이 가능하게 된다. 이러한 경우 전체 제조 리드타임이 줄어들게 되는데 그 이유는 전 공정에서 오더 전체 끝나기 전에 다음 공정을 시작할 수 있기 때문이다. 그림 6.8은 오버랩의 작동 방식과 리드타임 단축을 도식적으로 보여주고 있다.

그림에서 보면 하나의 오더는 최소 두 개의 로트로 나누어진다. 공정 A에서 첫 번째 로트가 완료되면 B 공정으로 이동하게 된다. 그림 6.8에서 보면, 공정 B는 첫 번째 로트가 도착하기 전까지 셋업될 수 없다고 가정하지만, 항상 그런 것은 아니다. 공정 A에서 두 번째 로트를 진행하고 있는 동안, 공정 B에서는 첫 번째 로트가 시작된다. 그런 다음 공정 A에서 두 번째 로트가 끝나게 되면 공정 B로 이동된다. 로트의 크기를 적정하게 조

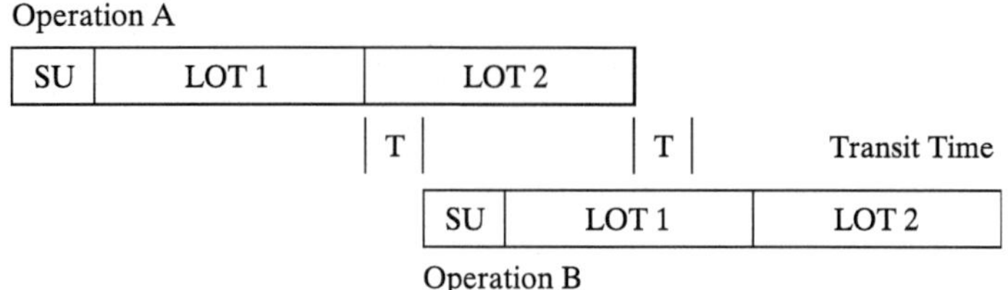

그림 6.8 공정 오버랩

정할 수 있다면, 공정 B에서는 idle time이 없게 될 것이다. 따라서 오버랩 시간에 의해서 제조 리드타임이 줄어들 것이며 공정 전 대기시간이 없게 될 수 있다.

공정 오버랩은 오더의 진행을 재촉하는 방법으로 사용되기도 하지만 다소의 추가 비용이 들어간다. 첫째, 물류 이동비용이 증가하게 되는데, 특히 오버랩되는 공정 사이가 충분히 가깝지 않은 경우라면 더 많은 비용이 소요될 것이다. 둘째, 다른 오더의 대기시간을 늘려 전체 리드타임이 길어지는 결과를 초래할 수도 있을 것이다. 셋째, 오버랩이 생산능력을 늘이지도 못하지만, 생산능력을 감소시킬 수 있는 여지를 가지고 있다. 예를 들어, 첫 번째 공정과 두 번째 공정간의 부품이동이 원활하지 못해 대기시간이 늘어난다면, 생산능력의 감소를 초래할 수도 있는 것이다. 이 문제는 결국 서브 로트의 크기를 얼마로 할 것인가 결정하는데 달려있다. 예를 들면, 공정 B에서의 단위당 가동시간이 공정 A보다 작은 경우에는, 공정 B에서의 idle time을 초래하지 않을 수 있도록 첫 번째 배치(batch)가 커야 할 것이다.

예제

제조 리드타임 설명에서 제시된 예제의 데이터를 사용하도록 한다. 로트 100을 로트 70과 로트 30의 두 개의 로트로 나눔으로서 공정 A와 B를 오버랩하기로 결정하였다. 공정 A와 B사이 및 공정 B와 창고 사이의 대기시간이 없어졌으며, 이동시간은 동일하다고 한다. 공정 B에서 셋업은 첫 번째 배치(batch)가 도착하기 전에는 시작할 수 없다고 한다. 이런 경우 제조 리드타임을 계산하라. 줄어들 수 있는 시간은 얼마인가?

답

로트 70에 대하여 A에서의 작업시간 = 30 + (70 × 10)	= 730분
A와 B 사이의 이동시간	= 10분
로트 100에 대하여 B에서의 작업시간 = 50 + (100 × 5)	= 550분
B와 창고 사이의 이동시간	= 15분
총 제조 리드타임	= 1305분
	= 21시간 45분
절감 시간 = 2085 − 1305 = 780분	= 13시간

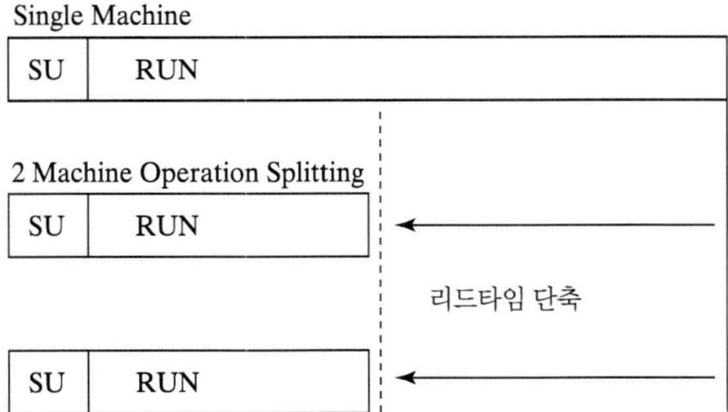

그림 6.9 공정분할

공정분할(Operation Splitting)

공정분할은 제조 리드타임을 단축할 수 있는 두 번째 방법이다. 하나의 오더는 두 개 이상의 로트로 나누어져서 여러 대의 설비에서 동시에 진행된다. 만일 하나의 로트가 두 개로 나누어진다면 리드타임의 가동시간을 절반으로 줄일 수가 있게 될 것이다. 물론 이러한 경우 추가 가동준비시간이 필요하게 될 것이다. 그림 6.9는 공정분할을 도식적으로 보여주고 있다.

공정분할은 다음과 같은 경우에 유용하다.

- 가동준비시간이 가동시간과 비교해 작은 경우
- 적당한 작업장이 쓰이지 않고 있는 경우
- 한 사람의 작업자가 동시에 여러 대의 설비를 작동하는 것이 가능한 경우

설비 한 대가 자동으로 작업을 반복한다면, 작업자는 다른 설비를 준비할 수 있는 시간이 주어지게 되므로 위의 세 번째 조건은 자주 볼 수 있다. 작업을 올리고 내리는데 필요한 시간은 단위당 가동시간보다 짧아야 한다 예를 들면, 작업을 올리고 내리는 시간이 2분 소요되고, 가동시간이 3분이었다면, 작업자는 두 번째가 가동되고 있는 동안 첫 번째 설비에 작업을 올리거나 내릴 수 있는 시간을 확보할 수 있을 것이다.

예제

한 컴포넌트가 작업준비시간이 100분이고 단위당 가동시간이 3분인 특정 작업장에서 제작되었다. 500을 생산하는 오더가 두 개의 설비에서 동시에 진행된다. 이 설비들은 동시에 셋업될 수 있다고 가정하자. 이 경우 소요된 작업시간을 계산하라.

답

$$작업소요시간 = 100 + (3 \times 250) = 850 분 = 14 시간 10분$$

부하 평준화(Load Leveling)

로드 프로파일은 이미 5장에서 살펴 보았다. 한 작업장의 로드 프로파일은 각 오더에 대한 표준 작업시간을 계산하고 그것을 기간에 대해서 서로 합하여 만들어진다. 그림 6.10은 부하 보고서의 예를 보여주고 있다. PAC는 이 보고서를 통해 작업장의 부하가 얼마인지 알게 된다. 이 보고서에서 보면, 20주에 30시간의 생산능력 부족이 있음을 알 수 있다. 이렇게 되면 그 주에 계획된 오더들은 진행할 수 없게 되는데, 이를 위해서는 일부 오더를 18주나 19주에 시작함으로써 해결하거나, 또는 생산능력 부족을 보충하기 위해 잔업을 계획할 수도 있을 것이다.

병목 일정수립(Scheduling Bottleneck)

단속제조(intermittent manufacturing)의 경우, 작업장의 종류가 다양하기 때문에 가용능력과 생산능력에 대한 수요를 맞추는 것은 거의 불가능하다. 그 결과로 과부하 또는 부하부족이 발생하는 작업장이 생기게 된다. 과부하가 발생하는 작업장을 병목(bottleneck)이라고 부르게 되는데, 이는 소요능력이 가용능력보다 큰 작업장을 일컫는 말이다. APICS 사전(8번째 판)에서는 병목을 다음과 같이 정의하고 있다.

Week	18	19	20	21	22	23	Total
Released Load Planned Load	105	100	80 60	30 80	0 130	0 80	315 350
Total Load	105	100	140	110	130	80	665
Rated Capacity	110	110	110	110	110	110	660
(Over)/Under Capacity	5	10	(30)	0	(20)	30	(5)

그림 6.10 작업장 부하 보고서

'a facility, function, department, or resource whose capacity is equal to or less than the demand placed upon it.'

쓰루풋(Throughput) 쓰루풋은 한 설비를 통과해 지나가는 생산의 전체 볼륨을 말한다. 병목 이전의 작업장에서 병목이 처리할 수 있는 그 이상을 생산하게 되면 재공재고가 늘어나게 되므로, 병목이 처리할 수 있는 속도를 기준으로 작업의 일정이 수립되어야 한다. 즉, 병목 이전 작업장의 쓰루풋은 병목에 의해 통제되므로, 병목의 일정에 따라 그 작업장의 일정도 수립되어야 한다.

예제

박스 몸체 한 개와 핸들 한 개, 그리고 두 개의 바퀴로 구성된 마차가 있다고 하자. 일주일에 500개의 생산주문이 들어온다. 그리고 바퀴 조립장치의 생산능력은 주당 1200 세트이고 핸들 조립장치의 생산능력은 주당 450개, 최종조립에서는 주당 550개의 마차를 생산할 수 있다고 한다.

a. 공장의 생산능력은 얼마인가?
b. 공장의 쓰루풋의 한계는 얼마인가?
c. 매주 몇 개의 바퀴가 생산되어야 하는가?
d. 바퀴 조립공정의 가동률은 얼마인가?
d. 만일 바퀴 조립공정의 가동률이 100%로 조정된다면 무슨 일이 생기는가?

답

a. 주당 450
b. 쓰루풋 한계는 핸들 조립공정의 생산능력에 달려있다.
c. 매주 900개의 바퀴가 조립되어야 한다. 이는 핸들 조립공정의 생산능력과 맞춰진다.
d. 바퀴 조립공정의 가동률은 900 ÷ 1200 = 75%
e. 초과재고가 발생한다.

병목과 관련된 원칙들 설비의 쓰루풋이 병목에 좌우되므로 몇 가지 중요한 원칙들을 알아보도록 한다.

1. **병목이 아닌 자원의 가동률은 자원 자체의 능력과는 상관없이 생산 시스템 내의 다른 제약에 의해서 결정된다.** 앞의 예제에서 살펴보았듯이 바퀴 조립공정의 가동률은 병목공정인 핸들 조립공정에 의해 결정된다.
2. **병목이 아닌 자원을 100% 활용한다고 해서, 100% 가동률을 가지는 것은 아니다.** 즉, 바퀴 조립공정이 100% 활용되었다면 일주일에 1200 세트를 생산했을 것이고, 필요 수량보다 300개를 추가 생산하게 된다. 결국 불필요한 재고증가를 피하기 위해서는 이 공정은 때때로 멈춰야 할 것이다.

3. **생산 시스템의 능력은 병목의 능력에 달려있다.** 핸들 조립공정에 문제가 생긴다면, 공장 전체의 쓰루풋이 감소하게 될 것이다.
4. **병목이 아닌 공정에서 시간단축은 시스템 전체에 영향을 주지 못한다.** 예를 들어, 엔지니어링 부서에서 참신한 아이디어를 적용해 바퀴 조립공정의 생산능력을 일주일에 1500 단위를 생산할 수 있도록 향상시켰다 하더라도, 병목으로 인해 추가 생산능력은 사용될 수 없으며, 시스템 관점에선 얻은 것이 아무 것도 없을 것이다.
5. **생산능력과 우선순위는 반드시 함께 고려되어야 한다.** 위의 예제에서 마차 제조업자가 두 종류의 핸들을 가진 마차를 생산한다고 하자. 셋업하는 동안에는 아무것도 생산할 수 없고, 따라서 시스템의 생산능력을 감소시키게 된다. 핸들 조립이 병목공정이기 때문에 이 공정에서의 모든 셋업은 시스템의 쓰루풋을 감소시키게 된다. 이상적으로 보면, 이 회사는 6개월 간격으로 핸들의 종류를 바꿔 생산하는 것이 좋다. 이렇게 되면 두 번째 종류의 핸들을 원하는 고객들은 어쩔 수 없이 6개월을 기다려야 할 것이다. 결국 우선순위(수요)를 만족시키면서, 가능한 한 종류를 길게 생산할 수 있는 타협이 요구되게 된다.
6. **부하는 분산될 수 있고, 분산되는 것이 좋다.** 병목인 핸들 조립공정이 2주 간격으로 두 종류를 생산하며, 핸들의 Batch의 크기는 900이라고 가정하자. 이 경우 900개가 모두 생산되기를 기다렸다가 최종 조립영역으로 이동시키는 것보다는, 한 번에 일일 생산량(90)을 이동할 수도 있을 것이다. 즉, 프로세스 batch 크기와 이동 batch 크기가 다르다. 따라서, 최종 조립으로의 이동은 사용량에 맞춰 이루어지고, 재공재고는 감소하게 된다.

병목관리 앞서 언급되었듯이 병목이 시스템의 쓰루풋에 미치는 영향이 중요하므로, 병목에 대한 일정수립을 하거나 통제하는 것 역시 매우 중요하다. 따라서 다음과 같은 항목들이 관리되어야 한다.

1. **각 병목의 앞에 타임버퍼를 갖도록 한다.** 타임버퍼는 각 병목 앞의 재고(대기물량)장소이다. 다음 작업장의 원인으로 자재의 흐름이 문제가 생기는 경우에는 병목의 작업이 중지될 수도 있으나, 그 외에는 병목이 계속 생산작업을 수행할 수 있도록 하는 것이 매우 중요하기 때문에 자재가 부족하게 되어서는 안 된다. 이를 위해 타임버퍼를 두어 불연속적인 작업으로 인한 가동중지를 방지할 수 있으며, 이때 타임버퍼는 미리 결정된 최소 수량으로 운영되게 된다.
2. **병목에 공급되는 자재 투입률을 통제한다.** 병목에 공급되는 투입률은 병목의 생

산능력과 같아야 하며, 이를 위해 타임버퍼는 일정하게 유지되도록 한다. 전체 공정 중 첫 번째 공정이 병목 앞의 작업들을 통제하도록 하며, 작업속도는 병목의 산출에 맞춰져야 한다. 이를 통해 타임버퍼가 유지될 수 있다.

3. **병목의 생산능력에 맞출 수 있도록 모든 것을 설정한다.** 병목에서의 생산능력 증가는 전체 시스템의 생산능력 증가로 나타나게 된다. 따라서 병목의 가동률을 향상시키거나, 셋업의 횟수를 줄이거나, 작업준비시간과 가동시간을 줄이기 위해 향상된 방법을 고안하는 것 등이 모두 병목의 생산능력을 증가시킬 수 있는 방법들이다.
4. **부하를 조정한다.** 이것은 위의 3번 항목과 유사하지만, 강조하고 싶은 것은 병목의 부하를 줄이는 것을 특히 강조하고 있다. 그 방법으로는 대체 공정의 사용이나 외주생산 등이 있다. 물론 이 방법은 추가 비용의 지불이 따르기는 하지만, 이렇게 함으로써 병목 이외의 공정의 가동률이 높아지고, 전체 시스템의 쓰루풋이 증가한다면 결과적으로 기업의 판매증가 및 수익증가가 예상될 수 있다.
5. **일정을 변경한다.** 이것은 마지막 수단으로, 무리한 일정을 추진하다가 납기를 지키지 못하는 것보다는 납기약속을 고객과 다시 협의하여 현실적인 생산일정을 다시 수립하는 것이 바람직할 수 있다.

가용능력과 만족시켜야 하는 시장수요에 따라 병목에 대한 일정수립되어야 병목이 아닌 자원들에 대해 일정을 수립할 수 있게 된다. 병목에서 작업오더가 완료될 때, 하위 작업에서의 일정이 수립된다.

선공정들은 병목으로부터 시작되는 역방향 일정수립을 통해 타임버퍼를 보호할 수 있어야 한다. 만일 타임버퍼가 4일로 설정되었다면, 병목의 바로 앞 공정은 병목에서 작업되야 하는 부품들을 4일전에 완료할 수 있도록 일정수립되어야 한다. 또한 각 선공정들은 마찬가지 방법으로 후공정에서 필요한 만큼의 부품을 생산할 수 있도록 역방향 일정수립될 수 있다.

선공정에서 발생할 수 있는 변동은 타임버퍼에 의해 흡수될 수 있으며, 쓰루풋은 영향을 받지 않는다. 또한 타임버퍼를 통해 재공재고도 감소되며, 대기 물량이 타임버퍼에 의해 제한받기 때문에 리드타임이 줄어들게 된다.

제약이론과 드럼-버퍼-로프(Theory of Constraints and Drum-Buffer-Rope)

병목을 다루는 법에 관한 부분은 엘리야후 골드라트(Eliyahu M. Goldratt)이 고안한 제약이론에 의거하여 발전된 것이다. 제약이론은 생산프로세스 경영 및 발전에 대한 접근을 새로이 생각할 수 있게 해 주는 계기가 된 것으로, 그 기본적인 개념은 상품 혹은 서비스를 생산하는 모든 작업은 일련의 연결된 작업이라는 것이다. 각 프로세스는 주어진 아웃풋을 생산할 수 있는 용량을 가지고 있는데, 사실상 모든 상황에서 언제나 전체 작업처리량(Throughput)에 제약을 주는 프로세스가 존재하곤 한다는 것이다. 그림 6.11을 A라는 생산품을 가공하는 예로 두자.

제약 관리(managing the constraint)

제약이 되는 프로세스나 제약을 관리하는 방법을 이해하기 위한 몇 가지 기본적인 가이드라인들이 있다. 이들 중 보다 주목할 만한 것을 나열하자면 다음과 같다: 매장을 통틀어 흐름의 균형 조절에 집중하는 것, 병목으로 인해 잃은 시간은 전체 시스템의 손실이나 비제약 요소에서 잃은 시간은 허상이라는 것, 이동 배치(transfer batch)가 꼭 프로세스 배치와 같은 사이즈일 필요는 없다는 것. 이들에 대하여는 앞서의 병목원리 부분에서 설명한 바 있다,

프로세스 향상(Improve the Process)

제약이 확인되었을 때, 운영을 향상시키기 위해 5단계의 프로세스를 시행하기를 추천한다. 이 5단계를 간단히 정리하자면 다음과 같다.

1. **제약 요소를 확인하라.** 이는 어떤 프로세스가 작업처리량을 제한하는지 알아 내기 위해 전체 프로세스를 점검해야 함을 의미한다. 이때 단순히 운영 프로세스만을 확인하는 것으로는 안 된다. 예를 들어, 그림 6. 11에서 판매부서가 시간당 3개의 비율로 생산품을 팔고 있다고 가정해보자. 이 상황에서 제약요소는 판매부서이지 process 3이 아닌 것이다. 제약이 제한하는 것은 작업처리량이지 재고나 생산이 아니라는 것을 꼭 기억하도록 하자.
2. **제약을 활용하라.** 생산적인 작업처리량을 위해 제약의 활용을 최대화 할 방법을 찾아내라. 예를 들어, 많은 운영과정에서 모든 프로세스는 점심시간 동안 멈추게 된다. 이때 한 프로세스가 제약이 된다면 운영팀은 이 점심시간 동안 프로세스의 가동을 통해 제약이 늘어지지 않도록 하는 방법을 고려할 수 있을 것이다.

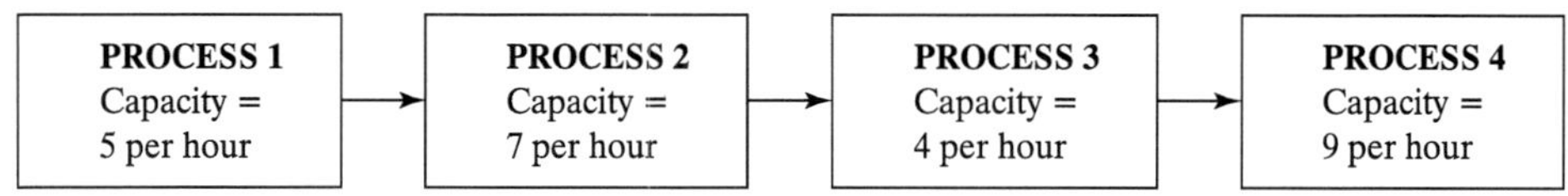

그림 6.11 프로세스 예

3. **모든 힘을 제약에 집중시키도록 한다.** 제약의 효과적인 사용이야말로 가장 중요한 문제이다. 다른 모든 것들은 부차적인 문제다.
4. **제약을 가속화 하라.** 이는 제약의 가용 시간을 늘리는 방법 및 그 이상을 찾는 다는 것을 말한다.
5. **제약이 더 이상 제약으로서 작용하지 않는다면, 새로운 제약을 찾아내고 같은 방법을 반복하라.** 제약의 효율적인 사용이 증가함에 따라, 제약은 더 이상 제약으로서 작용하지 않고 다른 프로세스가 제약이 될 수 있다. 이럴 때 강조점은 새로운 제약 프로세스로 돌려지게 된다.

제약이론으로 일정수립(Scheduling with the Theory of Constraints)

제약이론의 스케줄링 시스템에도 고유의 접근방식이 있는데, 이는 종종 드럼-버퍼-로프(Drum-Buffer-Rope) 방식이라고 불린다.

- **드럼.** 시스템의 드럼은 생산 속도(pace of production) 혹은 '북소리(drumbeat)' 를 뜻하는 것이다. 이는 운영의 마스터스케줄을 의미하고, 이는 제약에 의해 규정된 작업처리량의 속도에 집중하는 것이다.
- **버퍼.** 제약이 필요 재고량에 굶주려서는 안 된다는 점은 매우 중요하므로, '시간' 버퍼는 종종 제약에 앞서 수립되곤 한다. 이는 버퍼 안의 재고가 여타 방해요소로부터 제약을 '보호' 하는 시간의 양을 대표하기 때문에 버퍼라고 불린다.
- **로프.** 이는 로프가 생산을 필요 프로세스를 위한 제약으로 '끌어' 오기 때문에 붙여진 이름이다. 이는 재 주문 시점과 같은 반응 보충 시스템을 의미할 수도 있으며, 정확한 시점에의 잘 조작된 재고 발주를 통해 이루어질 수 있다.

스케줄링 시스템의 기초적인 목적 또한 기업의 제약을 통한 작업처리량과 판매량의 효과적인 운영에 맞추어져 있는 것이다.

초형(plant type)에는 기본적으로 네가지가 있으며, 이는 생산 프로세스에서의 자재 흐름을 구체화 하기 위해 사용 된다. 그러므로 이들은 제약이론을 사용한 운영을 이해하는데 도움이 될 것이다. 이 네가지 초형은 다음과 같다.

- I-플랜트: 한가지 원자재가 한가지 최종 상품을 만들 때 사용된다. 프로세스는 보통 일직선상의 라인에서 진행된다.
- A-플랜트: 한가지 최종 조합을 위해 여러가지 부품들이 사용될 때 사용된다.
- V-플랜트: 적은수의 원자재가 몇 개의 최종 상품으로 만들어질 때 사용된다.
- T-플랜트: 여러가지 직선라인이 여러 개 조합으로 나누어질 때 사용된다.

또한 제약이론은 기업의 변화 시행 및 구축을 위해 사용되기도 한다. 그 첫단계는 주요 충돌사안을 확인하는 것으로, 이후 현재 상황나무(current reality tree:CRT)를 수립함으로써 유효해진다. 불필요한 효과들이 주요 충돌사안으로부터 확인되고 나면, 미래현실나무가 수립되어 문제 해결을 위한 전략을 펼칠 수 있게 될 것이다. 마지막 주요 단계는 전략적 목적 지도(tactical objective map)를 구축해 미래 현실을 완수할 전략을 규정하는 것이다.

예제

상위품목 X는 한 개씩의 부품 Y와 Z를 필요로 한다. 부품 Y와 Z는 제 20작업장에서 처리되며, 작업장 20의 가용시간은 40시간이다. 부품Y의 셋업에는 1시간이 소요되며, 런타임은 부품 한 개당 0.3시간이다. 부품 Z의 경우 셋업시간은 2시간, 런타임은 개당 0.2시간이다. 생산될 수 있는 부품 Y와 Z의 개수를 계산하여라.

답

X를 생산될 Y와 Z의 숫자라고 할 때,

$$\text{시간Y} + \text{시간z} = 40\text{시간}$$
$$1 + 0.3x + 2 + 0.2x = 40\text{시간}$$
$$0.5x = 37\text{시간}$$
$$X = 74$$

그러므로 제20작업장은 각각 74개의 부품 Y와 Z를 생산할 수 있다.

예제

컴포넌트 A는 1개의 B와 2개의 C로 구성된다. A와 B는 모두 제 1작업장에서, C는 제 2작업장에서 생산되며, 모든 작업장의 가동시간은 주당 40시간이다.

Product	Setup Time (hours)	Run Time (hours/unit)
A	2	0.1
B	2	0.2
C	1	0.3

제시된 정보를 이용하여 주당 생산되어야 하는 컴포넌트 A, B, C의 최대 수량을 측정하라.

답

과다 생산을 막기 위해 컴포넌트 A와 B의 수량은 같아야 하나. 그러므로 B의 수량은 식에서 A의 수와 같이 표시될 수 있을 것이다.

제1작업장

$$\begin{aligned} Time_A + Time_B &= 40 \text{ hours} \\ 2 + 0.1A + 2 + 0.2A &= 40 \\ 0.3A &= 36 \\ A &= 120 \end{aligned}$$

제1작업장은 주당 120개의 A와 B를 생산하기에 충분한 가동량을 가지고 있다.

제2작업장

제2작업장은 주당 겨우 65개의 A를 충당할만한 양의 B를 생산할 수 있는데, 이 점이 바로 이 문제에서의 제약이 되는 것이다. 과다 생산을 막기 위해 제1작업장은 주당 65개의 A와 B를 생산하여야 한다. 제2작업장은 주당 (65개의 A에 필요한) 130개의 C를 생산해야 한다.

$$\begin{aligned} Time_C &= 40 \text{ Hours} \\ 1 + 2 \times 0.3A &= 40 \\ 0.6A &= 39 \\ A &= 65 \end{aligned}$$

이 예제에서 제1작업장은 매우 낮은 활용도를 가지게 될 것이다. 그러나 주당 65개 이상의 B를 생산하는 것은 재고량만을 늘릴 뿐이며, 제1작업장은 주당 단지 130개의 C를 생산할 수 있는 제2작업장으로 인해 비게 될 것이다.

생산수행(Implementation)

공구와 자재, 그리고 생산능력을 갖춘 오더들은 적시에 완료될 가능성이 높고 생산 현장으로 발주될 수 있다. 그러나 이 필요 요소들을 모두 갖추지 못한 오더들은 초과 재공재고를 야기시키고 다른 완료될 수 있는 오더들의 작업에 방해가 될 수 있기 때문에 발주되어서는 안 된다. 오더발행(release)하는 과정은 그림 6.12에서 보여준다.

수행은 생산 오더를 발행하여 부품 제작을 시행하도록 함을 통해 이루어진다. 생산오더 묶음(packet)은 보통 생산 주문과 다른 제조에 필요한 정보를 담고 있는 것으로 다음과 같은 것들이 포함될 수 있다.

- 생산 오더 번호, 부품 번호, 부품 영, 사양 및 수량을 보여주는 생산 오더
- 기술 도면(Engineering Drawing)
- 자재 목록표(bill of material)

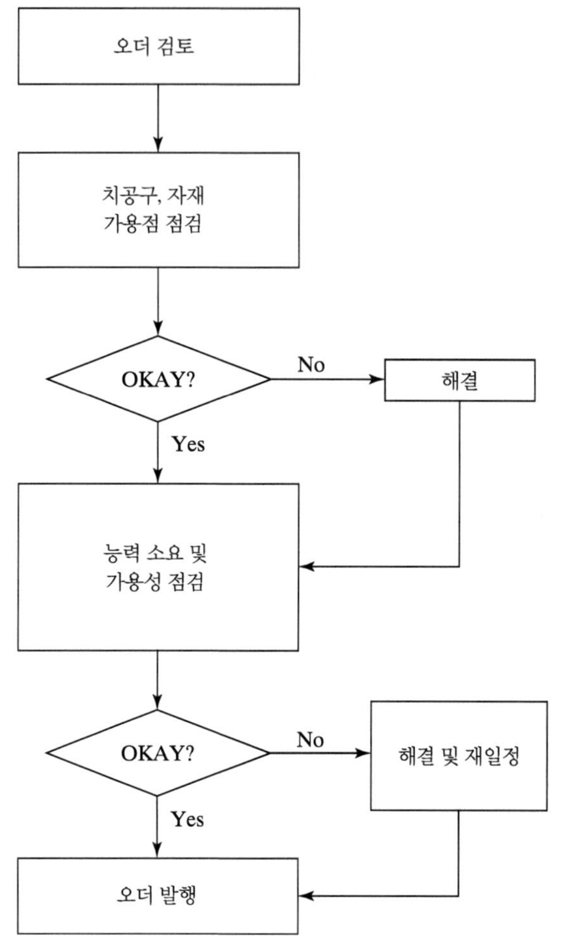

그림 6.12 오더 발행 과정

- 수행되어야 할 공정을 및 설비, 필요 악세서리, 사용될 자재, 준비교체 및 작업 시간을 보여주는 공정경로표(Routing sheet)
- 제조가 창고로부터 필요 자재를 수령할 수 있도록 승인하는 자재 불출표(Material Issue Ticket)
- 제조가 치공구 부서에서 필요 치공구를 수령할 수 있도록 승인하는 치공구 요청서(Tool Requistion)
- 수행될 각 공정에 대한 작업 지시표(Job ticket). 각 공정들이 수행되도록 승인할 분만 아니라 보고 시스템의 일부 기능이 될 수 있다. 작업자가 작업 지시표를 사용해 작업 착수와 작업 완료 하면 이것이 공정 기록이 된다.
- 공정간의 작업 이동을 지시하고 승인하는 이동 지시표(Move ticket)

통제(Control)

일단 작업오더가 현장에 내려가게 되면, 모든 진행은 통제되어야 한다. 진행을 통제하기 위해서는, 성과(performance)가 측정되어야 하며, 계획된 성과와 비교되어야 한다. 측정된 성과가 계획된 성과와 차이가 나기 시작하면, 계획을 변경하거나, 보완작업을 조치하여 성과가 계획대로 진행될 수 있도록 해야 한다.

PAC의 목적은 납기일을 맞추고, 기업의 자원을 최대로 활용할 수 있도록 보장하기 위함이다. 납기일을 맞추기 위해서는 작업장의 오더의 진행을 통제해야 하는데, 이는 오더에 대한 리드타임을 통제한다는 것을 의미한다. 이 장의 앞에서 언급하였듯이, 리드타임의 가장 큰 요소는 작업 전 대기시간(queue time)이다. 작업 전 대기시간이 통제될 수 있다면 납기일을 어렵지 않게 맞출 수 있을 것이다. 우리는 1장에서 여러가지 다양한 공정을 지니고, 다양한 생산능력을 요구하는 다양한 제품과 오더 수량을 가진 단속공정의 특징에 대해 알아보았다. 이러한 환경에서, 모든 작업장에 대해 부하를 평준화하는 것은 거의 불가능하다. 대기(queue)는 이러한 불규칙한 투입과 산출 때문에 존재하게 된다.

대기를 통제하고 납기일을 맞추기 위해서 PAC은 다음과 같은 역할을 담당해야 한다.

- 작업장에 투입되거나 산출되는 작업을 통제. 이는 일반적으로 투입/산출 통제(input/output control)로 불리운다.
- 각 작업장에의 오류없는 우선순위 수립

투입/산출 통제(input/output control)

PAC은 다른 작업장에서 들어오거나 나가는 작업 흐름의 균형을 조정해야 한다. 이것은 대기, WIP, 리드타임을 통제함으로써 이루어질 수 있다. 투입/산출통제 시스템은 투입과 산출을 모니터링하거나 통제함으로써 대기, WIP, 리드타임을 관리하는 수단이다. 이것은 시간 당 투입률과 산출률의 균형을 조정하도록 고안되어 있다.

투입률은 작업장에 오더의 릴리즈를 통해 통제된다. 투입률이 증가하면, 대기와 WIP, 리드타임이 증가하게 된다. 산출률은 작업장의 생산능력을 증가시키거나 감소시킴으로써 통제된다. 생산능력을 변경하는 것은 제조에 있어서 어려움이 있지만, 잔업 또는 감업, 작업자 교대 등으로 이루어질 수 있다. 그림 6.13은 투입/산출통제의 개념을 그림으로 보여주고 있다.

투입/산출 보고서 투입과 산출을 통제하기 위해, 계획과 실적을 비교하기 위한 방법에 의

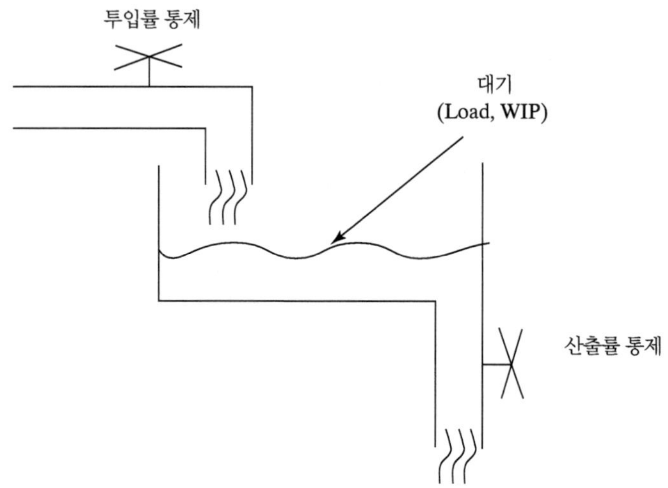

그림 6.13 투입/산출 통제

해 계획을 고안해야 한다. 이와 같은 정보는 투입/산출 보고서 상에 나타나게 된다. 그림 6.14는 보고서의 예를 보여주고 있다. 여기에서 사용된 값들은 표준시간이다.

누적변동(Cumulative variance)은 주어진 기간 동안의 계획합계와 실적합계의 차이를 말한다. 이것은 다음과 같이 계산된다.

누적변동 = 이전의 누적변동 + 실적 − 계획

2주째의 누적투입변동 = −4 + 32 − 32 = −4

백로그(backlog)는 대기와 같은 개념으로 주어진 시간 내에 완료되어야 할 작업으로 표현된다. 이것은 다음과 같이 계산된다.

기간 1에 대한 계획 백로그 = 이전의 백로그 + 계획 투입 − 계획 산출

= 32 + 38 − 40

= 30 시간

보고서를 통해 알 수 있는 것은 계획의 목적이 각 기간에서의 평준화된 산출을 유지하고, 대기와 대기시간을 10시간으로 줄이는 것이며, 투입과 산출이 기대보다 낮다는 것이다.

계획 및 실적 투입은 작업장으로 들어오는 작업의 흐름을 보여주고 있으며, 계획 및 실적 산출은 작업장의 성과를 보여주고 있다. 계획 및 실적 백로그는 대기와 리드타임의 성과를 보여주고 있다.

Work Center: 201
Capacity per Period: 40 표준시간

Period		1	2	3	4	5	Total
Planned Input		38	32	36	40	44	190
Actual Input		34	32	32	42	40	180
Cumulative Variance		–4	–4	–8	–6	–10	–10
Planned Output		40	40	40	40	40	200
Actual Output		32	36	44	44	36	192
Cumulative Variance		–8	–12	–8	–4	–8	–8
Planned Backlog	32	30	22	18	18	22	
Actual Backlog	32	34	30	18	16	20	

그림 6.14 투입/산출 보고서

예제

1주 및 2주에 대하여 다음 투입/산출 보고서를 완성하라.

Week		1	2
Planned Input		45	40
Actual Input		42	46
Cumulative Variance			
Planned Output		40	40
Actual Output		42	44
Cumulative Variance			
Planned Backlog	30		
Actual Backlog	30		

답

Cumulative input variance week 1 = 42 − 45 = −3
Cumulative input variance week 2 = −3 + 46 − 40 =3
Cumulative output variance week 1 = 42 − 40 = 2
Cumulative output variance week 2 = 2 + 44 − 40 = 6
Planned backlog week 1 = 30 + 45 − 40 = 35
Planned backlog week 2 = 35 + 40 − 40 = 35
Actual backlog week 1 = 30 + 42 − 42 = 30
Actual backlog week 2 = 30 + 46 − 44 = 32

작업순서수립(Operation Sequencing)

APICS 사전(12번째 판)에서는 작업순서 수립을 생산능력(다시 말해 현재의 노동력과 이용가능한 기계)과 우선순위에 근거해 각 작업장에서 이루어질 실제 작업의 단기계획 수립방법으로 정의하고 있다. 이 경우에 있어, 우선순위는 작업장에서 작업이 수행되어야 할 순서를 말한다.

자재소요계획은 적절한 일자와 수량을 수립하게 된다. 종종 이러한 일자와 수량은 여러가지 원인에 의해서 변하게 된다. 고객이 다른 납기수량과 일자를 요구할 수도 있으며, 내부적인 문제이든 공급업체의 문제이든, 필요한 컴포넌트의 납기가 맞지 않을 수도 있다. 스크랩이나 자재부족, 또는 과잉이 발생할 수도 있다. 우선순위의 통제는 디스패칭(dispatching)으로 실현된다.

디스패칭 디스패칭은 각 작업장에서 진행되는 가용한 작업들을 선택하고 순서를 수립하는 기능이다. 디스패치 목록(dispatch list)은 우선순위 통제에 대한 지시이다. 작업장에서 진행되어야 하는 가용한 모든 작업의 활동이 기술된다. 디스패치 목록은 다음과 같은 정보들을 포함하고 있으며, 적어도 매일 새로 갱신된다.

- 공장, 부서, 작업장
- 파트번호, 작업지시 번호, 공정번호, 공정설명
- 표준시간
- 우선순위 정보
- 작업장으로 들어오는 작업들

그림 6.15는 디스패치 목록의 예를 보여주고 있다.

DISPATCH LIST

Work Center: 10
Rated Capacity: 16 standard hours per day
Shop Date: 250

Order Number	Part Number	Order Quantity	Setup Hours	Run Hours	Total Hours	Quantity Completed	Load Remaining	Operation Dates Start	Finish
123	6554	100	1.5	15	16.5	75	3.75	249	250
121	7345	50	0.5	30	30.5	10	24	249	251
142	2687	500	0.2	75	75.2	0	75	250	259
		Total Available Load in Standard Hours					102.75		
Jobs Coming									
145	7745	200	0.7	20	20.7	0	20.7	251	253
135	2832	20	1.2	1.0	2.7	0	2.7	253	254
		Total Future Load in Standard Hours					23.4		

그림 6.15 디스패치 목록 (일일 8시간 1교대로 작업하는 2대의 설비를 기준)

디스패칭 규칙(Dispatching Rule) 디스패치 목록에 기술되는 작업의 서열은 우선순위 규칙을 가지고 있는 응용 프로그램을 통해 생성된다. 여기에는 여러가지 규칙들이 있는데, 재공재고를 줄이는 방법이나, 지연된 오더의 수를 줄이거나, 작업장의 산출을 증대시키려는 시도들을 포함하고 있다. 물론 모든 목적을 만족시킬 수 있는 완벽한 규칙이란 존재하지 않는다. 일반적으로 사용되는 규칙들은 다음과 같다.

- **First come, first served (FCFS).** 작업은 도착하는 순서대로 수행된다. 이 규칙은 완료요구일자와 진행시간을 고려하지 않는다.
- **Earliest job due date (EDD).** 작업은 작업의 완료요구일자에 따라 수행된다. 완료요구일자는 고려되지만, 진행시간은 고려되지 않는다.
- **Earliest operation due date (ODD).** 작업은 공정의 완료요구일자에 따라 수행된다. 완료요구일자와 진행시간이 고려되며, 공정의 완료요구일자는 작업장에서 쉽게 이해된다.
- **Shortest process time (SPT).** 작업은 진행시간에 따라 수행된다. 이 규칙은 완료요구일자를 무시한다. 하지만, 진행되는 작업의 수를 최대화할 수 있는 장점이 있다. 반대로 긴 작업시간을 갖는 오더는 계속 지연될 수도 있다.

그림 6.16은 순서수립 규칙을 보여주고 있다. 주목할 점은 각 규칙마다 서로 다른 순

Job	Process Time (days)	Arrival Date	Due Date	Operation Due Date	Sequencing Rule			
					FCFS	EDD	ODD	SPT
A	4	223	245	233	2	4	1	3
B	1	224	242	239	3	2	2	1
C	5	231	240	240	4	1	3	4
D	2	219	243	242	1	3	4	2

그림 6.16 순서수립 원칙의 적용

서를 만들어 낸다는 것이다.

또 하나 살펴볼 규칙은 critical ratio(CR)라고 불리는 것이다. 이것은 한 작업장에서 다른 오더들에 대한 한 오더의 상대적인 우선순위에 대한 인덱스이다. 이것은 잔여 작업과 잔여 시간의 비율에 근거를 두고 있으며, 다음과 같이 표현된다.

$$\text{CR} = \frac{\text{납기일} - \text{현재 일}}{\text{남은 작업 소요 기간}} = \frac{\text{납기까지 남은 기간}}{\text{남은 작업 소요 기간}}$$

남은 작업 소요 기간(lead time remaining)은 제조 리드타임의 모든 요소를 포함하고 있으며, 정상적으로 작업이 완료되기까지 필요한 시간의 양으로 표현된다.

납기까지 남은 기간(actual time remaining)이 남은 작업 소요 기간보다 작다면, 작업을 완료할 수 있는 충분한 시간이 없으며, 작업이 일정보다 늦어진다는 것을 의미한다. 다시 말해서, 남은 작업 소요 기간과 납기까지 남은 기간이 같다면, 작업은 일정대로 움직이고 있음을 의미한다. 반대로 납기까지 남은 기간이 잔여 리드타임보다 크다면, 작업은 일정보다 앞서 있음을 알 수 있다. 또한, 납기까지 남은 기간이 1보다 작다면, 작업은 이미 지연되었음을 의미한다. 다음 테이블은 CR과 관련된 이러한 사실들을 요약하고 있다.

CR이 1보다 작음(실적시간이 리드타임보다 작다)	Order가 일정보다 지연
CR이 1과 같음(실적시간이 리드타임과 같다)	Order가 일정과 맞음
CR이 1보다 큼(실적시간이 리드타임보다 크다)	Order가 일정보다 앞섬
CR이 0 또는 이하임(오늘 일자가 완료요구일자보다 크다)	Order가 이미 늦음

따라서, 오더들은 CR이 가장 작은 것을 우선으로 해서 순서대로 나열하게 된다. CR은 완료요구일자와 진행시간을 고려하고 있다. 하지만, 쉽게 이해하기 어렵다.

예제

오늘의 날짜는 175이다. 오더 A, B, C는 다음과 같은 완료요구일자 및 남은 작업 소요 기간을 가지고 있다. 각각의 납기까지 남은 기간과 CR을 계산하라.

오더완료	요구 일자	남은 작업 소요 기간
A	185	20
B	195	20
C	205	20

답

오더 A의 완료요구일자는 185일이고, 오늘은 175일이다. 따라서, 납기까지 남은 기간은 10일이 된다. 남은 작업 소요 기간이 20일이므로,

$$\text{Critical ratio} = \frac{10}{20} = 0.5$$

오더 B, C에 대한 납기까지 남은 기간과 CR은 같은 방법으로 계산될 수 있고, 그 결과는 다음과 같다.

오더	완료 요구일자	남은 작업 소요 기간(일)	납기까지 소요기간(일)	CR
A	185	20	10	0.5
B	195	20	20	1.0
C	205	20	30	1.5

오더 A는 잔여 리드타임보다 납기까지 남은 기간이 작다. 따라서, CR은 1보다 작다. 이를 통해 일정보다 늦어지고 있다는 것을 알 수 있다. 오더 B의 CR은 1이므로 일정대로 움직이고 있으며, 오더 C의 CR은 1.5로 1보다 크다. 따라서, 일정보다 앞서 있다.

디스패칭 규칙은 사용하기 간단해야 하며, 이해하기 쉬워야 한다. 위의 예제에서 본 것처럼, 각 규칙들은 서로 다른 순서를 만들어내며, 스스로 장점과 단점을 가지고 있다. 어떠한 규칙이 선택되더라도 계획 시스템의 목적을 달성할 수 있도록 일관성이 있어야 한다.

생산보고(Production Reporting)

생산보고는 공장에서 실제로 발생한 실적에 대한 피드백을 제공하게 된다. PAC으로 하

여금 현재고(on-hand)와 주문재고(on-order)의 균형과 작업상태, 물량부족, 자재부족, 스크랩 등에 대한 올바른 레코드를 유지할 수 있도록 해준다. PAC은 이와 같은 정보들이 필요한데, 이를 통해 적절한 우선순위를 수립하고, 납기, 물량부족, 오더상태와 관련된 문제에 대한 답을 얻을 수 있기 때문이다. 제조관리는 공장 운영에 관한 의사결정을 위해 이러한 정보들이 필요하게 된다. 인사부서는 작업자들의 월급을 계산하기 위해 이러한 정보들이 필요하게 된다.

데이터는 반드시 수집되고, 분류되고, 보고되어야 한다. 특정 데이터들은 여러 부서에서 각기 필요한 형태로 수집된다. 데이터 수집 방법은 다양한데, 오라인 시스템을 통해, 데이터 수집을 위한 터미널에서 실시간으로 각종 데이터가 수집되고, 즉각적으로 보고되기도 한다. 또 다른 방법으로는 shop packet에 포함된 공정 보고서 형태로 보고하기도 한다. 재고의 입고 및 출고에 대한 정보도 함께 보고되어야 한다.

일단 데이터가 수집되면, 반드시 분류되어 적절한 보고서가 작성되어야 한다. 다양한 보고서들이 필요로 하는 정보의 종류로는 다음과 같은 것들이 있다.

- 오더 상태
- 부서 또는 작업장의 주간 투입/산출
- 스크랩이나 재작업, 지연되는 오더들과 같은 것들에 대한 예외보고
- 재고 상태
- 오더 상태, 작업장과 부서의 효율 등과 같은 성과에 대한 요약

생산 추적(Product Tracking)

생산관리는 종종 생산 추적(product tracking) 혹은 품목 이력추적가능성(lot-traciability)에 대해 책임을 가진다. 이는 부분과 자재의 원산지를 추적하는 과정이다. 이는 공정과정 혹은 생산품의 수명기간 동안 고객에게 상품의 배색에 대해 보장해 주어야 하는 섬유와 미술품의 배색에 아주 실질적으로 적용된다. 이력추적가능성(traceability)는 식품, 의약품, 항공우주산업에 있어 상품의 안정성을 보장하기 위해 제정되기도 한다. 만약 상품이 안전하지 않은 것으로 증명될 때, 제조자는 모든 자재의 원산지를 추적하고 해당 품목이 사용 된 모든 완제품을 리콜할 수 있다. 이는 다른 공급망을 통틀어 얻어진 정보를 이용하는 매우 세심한 과정으로, 종종 생산 통제 요원(production activity control personnel)이 이를 담당한다.

요약

PAC은 자재소요계획을 실행에 옮기며, 달성된 결과를 보고하고, 요구되는 결과를 달성할 수 있도록 필요하다면 계획이나 실적을 변경하기도 한다. 오더 릴리즈, 디스패칭, 진행보고는 PAC의 세 가지 주요 기능이다. 계획을 달성하기 위해서 PAC은 각 오더에 대하여 상세한 일정을 수립해야 하고, 각 작업장에서 완료되어야 할 작업의 우선순위를 결정하고 통제하여야 한다. 또한 PAC은 queue와 리드타임의 관리에도 책임이 있다. PAC이 제대로 자신의 기능을 수행하고 있다면, 기업은 납기일자를 맞출 수 있을 것이며, 노동력과 설비를 효율적으로 사용하게 되며, 재고 수준을 낮게 유지할 수 있을 것이다.

질문

1. 생산현장관리의 역할은 무엇인가?
2. 계획, 실행, 제어의 주요 기능은 무엇인가?
3. 흐름, 단속, 프로젝트 제조의 주요 특징을 설명하라.
4. 생산현장관리가 단속제조에서 더 복잡한 이유는 무엇인지 설명하라.
5. 제조상에서 자재의 흐름을 계획하기 위해 생산현장관리가 알아야 할 4가지는 무엇인가? 각각의 정보는 어디에서 얻게 되는가?
6. 생산현장관리에서 사용되는 4가지 계획 파일은 무엇인가? 각 파일이 가지고 있는 정보는 무엇인가?
7. 두 가지 제어파일은 무엇이고, 각각의 목적은 무엇인가?
8. 작업지시(shop order)를 하기 전에 생산현장관리가 점검해야 할 것은 무엇인가?
9. 제조리드타임이란 무엇인가? 구성요소를 나열하고 각각을 설명하라.
10. 순방향 일정수립과 역방향 일정수립을 설명하라. 역방향 일정수립이 많이 사용되는 이유는 무엇인가?
11. 유한투입과 무한투입을 설명하라.
12. 공정 오버랩이란 무엇인가? 공정 오버랩의 목적은 무엇인가?
13. 공정분할이란 무엇인가? 공정분할의 목적은 무엇인가?
14. 부하 보고서가 가지고 있는 정보는 무엇인가? 생산현장관리에서 유용한 이유는 무엇인가?

15. 병목공정이란 무엇인가?
16. 쓰루풋의 정의는 무엇인가?
17. 언급된 여섯 가지 병목과 관련된 원칙들은 무엇인가?
18. 병목을 관리하는데 중요한 다섯 가지는 무엇인가?
19. 작업지시(shop order)는 무엇인가? 어떤 정보들이 포함되어 있는가?
20. 큐(queue)를 제어하고 납기를 충족시키기 위해 이루어져야 하는 두 가지는 무엇인가?
21. 투입/산출 통제가 고려해야 하는 것은 무엇인가? 투입은 어떻게 통제되는가? 산출은 어떻게 통제되는가?
22. 디스패칭(dispatching)이란 무엇인가? 디스패치 리스트는 무엇인가?
23. 다음의 디스패칭 원칙들이 가지고 있는 장점과 단점을 설명하라.
    a.First come, first served.
    b.Earliest due date.
    c.Earliest operation due date.
    d.Shortest processing time.
    e.Critical ratio.
24. 작업을 완료하기 위해 남은 시간이 10일이고 잔여 리드타임이 12일인 경우 critical ratio는 얼마인가? 오더가 일정보다 앞서 있는가, 일정대로 진행되고 있는가 아니면 일정 뒤에 있는가?
25. 생산 보고(production reporting)의 목적은 무엇인가? 왜 필요한가?
26. 생산 재고 매니지먼트를 전공하는 학생이 숙제에 critical ratio를 적용해 보기로 했다. 만약 여러 숙제에 대한 critical ratio가 다음과 같이 나타난다면, 어떤 상황이 벌어질지 설명하여 보라.
    a. 음수(negative)
    b. 0
    c. 0과 1사이
    d. 1이상
27. 병목현상은 많은 공공 사업 과정에 존재하며, 이는 라인업을 통해 드러난다. 라인업을 경험하는 사업을 하나 고르고, 시스템에 나타나는 제어들을 표기해 보라. 그 사업에 적용되는 7개의 병목 원칙들의 예에 대해 자세히 논하여 보라. 병목현상의 처리량(throughput)을 증가하기 위한 방법을 제시하고, 이의 사업과 고객에게 주는 이익에 대해 설명하라.

28. 품목 이력추적가능성(lot traceability)란 무엇인가? 왜 이것이 안전 관련 상품에 중요한 역할을 하는가?

연습문제

6.1 작업지시 7777은 부품 8900에 대하여 600개를 생산하는 것이다. 공정 파일로부터 20번 공정이 작업장 300에서 진행되는 것을 알게 되었다. 가동준비시간(Setup Time)이 3.5시간이고 가동시간(Run Time)은 개당 0.233시간이다. 오더 7777을 진행하기 위한 작업장 300의 소요능력은 얼마인가?
답: 143.3 표준시간

6.2 제품 100개를 생산하는 오더가 작업장 A와 B에서 진행된다. 작업장 A의 가동준비시간(Setup Time)이 50분이고 가동시간(Run Time)은 개당 5분이다. 작업장 B의 가동준비시간(Setup Time)이 60분이고 가동시간(Run Time)은 개당 5분이다. 두 공정 사이의 작업후 대기시간(Wait Time)은 5시간이며, 적재 장소까지의 이동시간(Move Time)은 3시간이다. 작업장 A의 작업전 대기시간(Queue Time)은 25시간, 작업장 B의 작업전 대기시간(Queue Time)은 35시간이다. 이 오더에 대한 총 제조 리드타임을 계산하라.
답: 92시간 10분

6.3 문제 6.2에서 오더가 실제 진행되는 시간의 비율은 얼마인가?
답: 18.08%

6.4 제품 50개를 생산하는 오더가 작업장 A와 B에서 진행된다. 작업장 A의 가동준비시간(Setup Time)이 60분이고 가동시간(Run Time)은 개당 5분이다. 작업장 B의 가동준비시간(Setup Time)이 30분이고 가동시간(Run Time)은 개당 6분이다. 두 공정 사이의 작업후 대기시간(Wait Time)은 10시간이며, A와 B 사이의 이동시간(Move Time)은 60분이다. 공정 B가 끝난 후 대기시간(Wait Time)은 8시간이며, 적재 장소까지의 이동시간(Move Time)은 2시간이다. 작업장 A의 작업전 대기시간(Queue Time)은 40시간, 작업장 B의 작업전 대기시간(Queue Time)은 35시간이다. 이 오더에 대한 총 제조 리드타임을 계산하라.

6.5 문제 6.4에서 오더가 실제 진행되는 시간의 비율은 얼마인가?

6.6 스카이후크를 만드는 이 회사는 모델 SKY3 스카이후크 200개를 납품해야 하는 오더를 가지고 있다. 스카이후크는 3개의 부품으로 이루어지는데 상위 부품인 A를 구성하는 컴포넌트 B와 C, 최종 조립을 구성하는 컴포넌트 D로 구성된다. 다음은 각 공정이 진행되는 작업장과 시간을 보여주고 있다. 주어진 조건을 근거로 역방향 일정을

표시하라. 납품일자를 맞추기 위해 컴포넌트 C가 시작되어야 할 때는 언제인가?

a.각 공정에는 단 한 대의 설비만이 할당된다.

b.공장의 운영은 1주에 5일, 1일 8시간 1교대로 이루어진다.

c.모든 부품은 로트 수량 200개로 이동된다.

Part	Operation	Standard Time (days)
D	10	5
	20	7
B	10	5
	20	7
C	10	12
	20	5
Subassembly A		7
Final Assembly SKY3		5

답: 171번째 일

6.7 IDS사는 130일째까지 500개의 문 고정대를 배달해야 하는 오더를 가지고 있다. 다음 조건에 근거하여 역방향 일정을 표시하라.

a.각 공정에는 단 한 대의 설비만이 할당된다.

b.공장의 운영은 1주에 5일, 1일 8시간 1교대로 이루어진다.

c.모든 부품은 로트 수량 500개로 이동된다.

d.공정 간의 작업전 대기 및 이동시간은 8시간이다.

문 고정대는 3개의 부품으로 구성된다. 상위 부품인 A를 만들기 위해서는 구매부품인 C와 D가 필요하며, 부품 A와 컴포넌트 B가 최종 조립에 필요하다. 컴포넌트 B는 3공정으로 이루어지는데, B의 20번 공정을 제외하고는 특별한 도구가 필요하지 않다. 이 공정에서는 도구 제작을 위해 24시간이 요구된다. 모든 부품에 대해 자재는 가용하다.

500의 로트에 대한 표준 시간은 다음과 같다.

Part	Operation	Standard Time (days)
B	10	10
	20	8
	30	6
Subassembly A		18
Final Assembly		5

6.8 제품 100개를 생산하는 오더가 공정 A와 공정 B에서 진행된다. A에서의 작업전 준비시간은 50분이고 가동시간은 개당 9분이다. B에서의 작업전 준비시간은 30분이며, 개당 가동시간은 6분이다. A와 B 간에 로트를 이동시키는데 소요되는 시간은 20분이

다. 현재 이 오더는 긴급오더이기 때문에 가장 높은 우선순위가 부여되어 있고, 각 워크스테이션에 도착하자마자 작업된다.

공장의 운영자는 두 공정을 오버랩 하기로 하였으며 100으로 구성된 하나의 로트를 60개와 40개의 두 개의 로트로 분리하기로 결정하였다. 첫 번째 로트가 공정 A에서 종료되면 공정 B로 이동하여 준비되고 가동된다. 공정 B가 첫 번째 로트 60개가 끝나면 40개가 도착해야 한다. 즉 공정 B는 100개가 끝날 때까지 끊기지 않고 작업할 수 있게 된다.

a.오버랩이 없는 경우, 공정 A와 공정 B에 대한 총 제조 리드타임을 계산하라.

b.공정이 오버랩 되는 경우, 총 제조 리드타임을 계산하라.

단축된 시간은 얼마인가?

답: a. 총 제조 리드타임 = 1600분
b. 총 제조 리드타임 = 1240분, 리드타임 단축 = 360분

6.9 벨 소리장치 200개를 생산하는 오더가 작업장 10과 20에서 진행된다. 준비시간과 가동시간은 다음과 같다. 두 작업장에서 로트를 오버랩하고 하나의 로트를 75개와 125개의 두 개의 로트로 분리하기로 결정하였다. 공정간의 이동시간은 30분이며 작업장 20은 첫 번째 로트가 도착하기 전에는 준비할 수가 없다. 단축되는 제조 리드타임을 계산하라.

A의 준비 = 50분,   A의 가동시간 = 5분/개
B의 준비 = 100분,   B의 가동시간 = 7분/개

6.10 제품 100개를 생산하는 오더가 공정 A에서 진행된다. 작업전 준비시간은 50분이고 개당 가동시간은 9분이다. 긴급오더이기 때문에 50개씩 두 개의 로트로 분리하여 두 개의 설비에서 작업한다. 이 설비들은 동시에 셋업될 수 있다.

a.100개가 하나의 설비에서 진행될 경우의 제조 리드타임을 계산하라.

b.두 개의 설비에서 동시에 진행될 경우의 제조 리드타임을 계산하라.

c.단축된 리드타임을 계산하라.

답: a. 950분
b. 500분
c. 450분

6.11 첫 번째 설비에서 셋업이 완료될 때까지 두 번째 설비가 셋업될 수 없는 경우 MLT에서 단축은 어떻게 되는가?

6.12 제품 100개를 생산하는 오더가 작업장 40에서 진행되고 있다. 작업전 준비시간은 3시간이고 가동시간은 개당 3분이다. 긴급 오더이고 작업장에 두 대의 설비가 운영되고 있으므로 오더를 분리하여 두 개의 설비에서 작업하기로 결정하였다. 로트 분리 이전

과 이후의 제조 리드타임의 차이를 계산하라.

6.13 문제 6.12에서 첫 번째 설비에서 셋업이 완료될 때까지 두 번째 설비가 셋업될 수 없는 경우 제조 리드타임은 어떻게 되는가? 제조 리드타임이 단축되는가?

6.14 다음의 투입/산출 보고서를 완성하라. 기간 4의 끝에서 계획 및 실적 백로그는 얼마인가?

Period	1	2	3	4	Total
Planned Input	35	38	36	39	
Actual Input	33	33	31	40	
Cumulative Variance					

Planned Output	40	40	40	40	
Actual Output	38	35	40	38	
Cumulative Variance					

Planned Backlog	32					
Actual Backlog	32					

답: 계획 백로그 = 20개, 실적 백로그 = 18개

6.15 다음의 투입/산출 보고서를 완성하라. 기간 5의 끝에서 실적 백로그는 얼마인가?

Period	1	2	3	4	5	Total
Planned Input	78	78	78	78	78	
Actual Input	82	80	74	82	80	
Cumulative Variance						

Planned Output	80	80	80	80	80	
Actual Output	85	83	74	80	84	
Cumulative Variance						

Planned Backlog	45						
Actual Backlog	45						

답: 37개

6.16 각각의 수립원칙에 대한 작업 순서를 결정하기 위하여 다음 표를 완성하라.

Job	Process Time (days)	Arrival Date	Due Date	Operation Due Date	Sequencing Rule			
					FCFS	EDD	ODD	SPT
A	5	123	142	132				
B	2	124	144	131				
C	3	131	140	129				
D	6	132	146	135				

6.17 작업 X, Y, Z가 작업장 20에서 완료되기 위해 작업장 10에서 대기하고 있다. 다음 정보는 대기 중인 작업과 작업장에 대한 것이다. 이 문제에서 이동시간은 없다. 작업이 earliest due date에 의해 일정이 수립된다면 원하는 시점까지 작업이 완료될 수 있는가?

Job	Process Time (days)		Due Date
	작업장 10	작업장 20	
A	7	3	12
B	5	2	24
C	9	4	18

Job	작업장 10		작업장 10	
	시작일	종료일	시작일	종료일
A				
C				
B				

6.18 다음 오더에 대한 critical ratio를 계산하고 실행되어야 하는 오더가 무엇인지 설명하라. 오늘은 75일이다.

Order	Due Date	Lead Time Remaining (days)	Actual Time Remaining (days)	CR
A	87	12		
B	95	26		
C	100	21		

Case Study 6.1

존스턴 프로덕츠

존스턴 프로덕츠사(社)의 마스터 스케줄러 저스틴 왕(Justin Wang)은 많은 노력을 들였으나 다른 사람들을 이해시키는데 실패했다. 회사 사람들은 프로덕션 스케줄을 초기에 다 밀어넣으려 애썼고, 문제는 점점 악화되어 갔다.

스케줄을 초기에 다 밀어넣으려 애썼다는 것이 무엇이나면, 프로덕션 슈퍼바이저들은 이전주에 맞추지 못한 생산량을 맞추기 위해 노력하는 것이다. 이는 매주 반복되었고, 저스틴은 이를 현실적으로 재배치하기 위해 거의 매 3주에 한 번씩 모든 마스터 스케줄을 완전히 재조율해야만 했다.

지난 달의 일이 좋은 예가 될 것이다. 제 1주차에 저스틴은 조립부의 생산스케줄을 모두 320 스탠다드 아워(standard hour)로 책정해 놓았다. 조립부는 몇몇 장비 문제와 예상치 못한 부품 부족으로 그 중 291시간만을 채웠다. 그러자 조립부 수퍼바이저는 제2주차 초반에 1주차에서 채우지 못했던 29시간을 채우도록 지시했다. 제 2주차에도 이미 320시간의 기존 스케줄이 있었으므로 29시간의 추가 근무는 곧 359시간의 가동시간을 의미했다. 제 2주차에 노동자들은 이 중 302시간을 채웠고, 나머지 57시간을 제 3주차 초반에 밀어 넣는 식으로 계속 일을 진행했다. 이 때쯤 저스틴이 3주마다 시행하는 마스터 스케줄 검토를 해 보니, 스케줄상보다 거의 100시간 이상의 추가 스탠다드 아워가 책정되어 있었다. 이는 여러 번 일어나 이제 저스틴에게는 놀랄 일도 아니었다.

여기에는 분명 해결되어야 할 사항들이 있다. 저스틴은 문제를 야기시키는 몇몇 부분을 다시 검토해 보기로 했다.

1. **작업기준(Job standards)** 작업기준이 재검토되거나 수정 되지 않은지 최소 4년 이상이기는 했지만, 제이슨은 이것이 문제가 되리라 생각하지 않았다. 그러나 실상은 반대였다. 그가 들은 오퍼레이션 수업은 제한을 두는 것(learning curve)의 개념을 가르쳐 주었다. 즉 곧 작업에 책정된 스탠더드 아워가 너무 높다면 평범한 노동자들은 보통 작업기준에 명시 된 시간당 생산량보다 많은 양의 작업을 완수하게 된다는 것이다.
2. **활용도(Utilization)** 총지배인(general manager)는 높은 활용도를 몹시 강조했는데, 그는 이것이 가격 제어에 도움을 주고 결과적으로 조립부에서 활용도를 주요 수행능력 측정기준으로 사용하게끔 만들었다. 그러나 문제는 고객서비스 또한 극도로 중요한 사항이라는 점이다. 이는 저스틴이 마스터스케줄 상에서 가지고 있던 문제와 더불어, 고객에 대한 운송 정확도를 보장하기 어렵게 만들었고, 오더 확약이 이루어진 후에도 생산품을 제 시간에 배달할 수 없게끔 했ㄷ.
3. **노동자들(The workers)** 노동자들의 시급이 그리 높지 않아 매년 노동자 이직률이 거의 70%에 육박했다. 그럼에도 공장설비는 이를 대체할 노동자들을 쉽게 고용할 수 있는 곳에 유치되어 있었다. 대체 노동자들은 장비에 대해 약 1주에 해당하는 최소한의 교육만 받은 후 생산부에 배치되었다. 교육기간동안 회사는 빈자리에 현지의 임시고용사업체를 통해 단기 노동자들을 기용하고 있었다.
4. **기술 변화(Engeneering Changes)** 사실상 거의 대부분의 상품 설계가 바뀌고 있었고, 매 두달마다 변화하는 설계 일부의 변화에 따라 평균 생산 또한 바뀌고 있었다. 이는 결과적으로 상품의 발전을 가져왔지만, 이로 인해 저스틴이 변화를 쉽게 문제로 치부하지 않게끔 만들기도 했다. 장비에 또한 기술적인 변화가 있었으나, 공정 과정에는 큰 변화가 책정되지 않았다. 특별한 설계가 필요한 한 배치(batch)당 약 15분의 셋업타임이 필요했는데, 이는 특정 설계에 따라 50에서 300유닛의 배치량을 강행하게 만들었다. 그러나 장비는 상당히 낙후되어 가고 있었고, 기본적인 장비조차 자주 고장을 일으키게 되었다. 각 장비는 일반적으로 주당 3시간 정도의 보수를 필요로 한다.

저스틴은 대부분의 계산을 컴퓨터로 하고 있었으므로, 혹시 컴퓨터가 문제의 근원이 아닌가 확인해 보기로 했다. 그는 손수 계산을 하기 위해 한 주간의 정보를 모아 보았다. 한 주간 조립부에는 8명의 노동자들이 각각 8대의 기계를 사용하며, 교대 근무 없이 일하고 있었다. 이는 추가근무 없이 320시간의 생산시간을 가능케 하는 것이다.

Product	Batch Size	Standard Assembly Time (minutes per item)
A174	50	17
G820	100	9
H221	50	19.5
B327	200	11.7
C803	100	21.2
P932	300	14.1
F732	200	15.8
J513	150	17.3
L683	150	12.8

사례 분석

1. 제시된 정보를 이용하여, 저스틴은 총 스탠더드 시간이 실행가능한 320시간 내로 책정 되도록 계산했다. 그의 계산은 옳은가? 필요 시간을 계산하고 제이슨의 계산 정확도를 확인해 보라.
2. 이 회사에서 문제가 된다고 생각 되는 부분을 나열해 보라.
3. 이 상황을 해결할 계획을 세워보고 나열된 제어상황 아래에서 생산 스케줄이 다시 통제하에 도록 만들어 보라.

구매
(Purchasing)

입문(Introduction)

구매란 구입의 과정을 말한다. 많은 이들이 구매는 오로지 구매부서의 책임으로만 여긴다. 그러나 구매의 기능은 이전보다 훨씬 넓어졌기 때문에, 효과적으로 수행된다면 회사 내의 모든 부서들과 관련이 있게 된다. 적절한 자재를 적절한 공급원으로부터 적절한 가격에, 적절한 양으로, 구하여 적절한 때와 장소로 배달시키는 것은 모두 구매의 기능이다.

올바른 자재의 선택을 위해서는 마케팅, 기술, 생산, 구매부서의 참여가 필요하다. 완성품의 양과 전송은 시장의 필요에 의해 정해진다. 그러나 MPC(제조계획 및 통제시스템: Manufacturing planning and control)가 원자재의 종류와 주문 시기를 결정해야만이 그 시장수요가 충족되는 것이다. MPC를 통해 얻은 결과를 바탕으로, 구매는 주문 발주를 하고, 주문한 물품이 제때에 도착하도록 관리하는 책임을 지게 된다.

구매부서는 공급업체로부터의 안정적인 자원 공급과 가격협상에 중요한 책임을 진다. 새로운 공급처를 찾거나 기존 공급처를 평가하고 가격을 협상하는데 도움이 되기 위해서는 다른 부서들로부터의 정보가 필요하다. 환경에 대한 책임은 그 잠재적 비용과 소비자의 요구에 의해 사업상 주요한 고려대상으로 등극하고 있는 실정이다. 구매부서는 기업의 환경적 영향을 줄이는데 지도자적인 역할을 담당하는데, 이는 구매부서가 기업이 구입한 모든 자재를 잘 파악하고 있을 뿐만 아니라 제품정보에 대한 공급자와의 연결에 있어 탁월한 위치에 있기 때문이다. 그러므로 넓은 의미에서 구매란 모두의 업무인 것이다.

구매 및 수익의 영향(Purchasing and Profit Leverage)

제조회사는 평균적으로 매출의 50%를 원자재, 부분품, 완성품 등을 구매하는데 사용한다. 이것은 구매 기능에 수익을 더 올릴 수 있는 막대한 가능성을 부여한다. 예를 들면, 매출의 50%가 구입원가이고 세전 순이익이 10%인 기업을 가정해 보면, 매출 $100당 $10

이익을 얻고, $50를 구입원가로 사용하여, 부대비용은 $40이 된다. 그리고 모든 비용이 매출에 따라 변동된다고 가정해 보면, 아래와 같은 간단한 손익계산서로 표현될 수 있다.

손익계산서(INCOME STATEMENT)

매출	$100	
상품원가		
구입원가	$50	
부대비용	40	90
세전이익		$10

세전 이익 $1 증가로 10% 이익 증가되면, 매출은 $110로 증가해야 한다. 구입원가와 부대비용도 각각 $55, $44로 증가한다. 조정된 손익계산서는 다음과 같다.

손익계산서(매출증가)

매출		$110
상품원가		
구입원가	$55	
부대비용	44	99
세전이익		$11

그러나, 이 회사가 구입원가를 $50에서 $49로 2%감소하면 이익이 10%증가하게 된다. 구입원가의 2%감소는 이익10%를 증가시키는 효과와 같다.

손익계산서 (구입원가 감소)

매출	$100	
상품원가		
구입원가	$49	
부대비용	40	89
세전이익		$11

구매 목적(Purchasing Objectives)

구매는 공급자를 독려하고, 납기를 재촉하여 원활한 공급이 이루어질 수 있도록 하는 책임이 있다. 납기를 맞추지 못한 공급은 생산과 매출에 큰 타격을 줄 수 있다. 그러나 구매가 이러한 문제를 감소시켜 생산과 매출은 물론 이익을 더 증가시킬 수 있다.

구매 목적은 5개의 카테고리로 나눌 수 있다.

- 필요한 양과, 양질의 제품과 서비스 획득
- 최저 가격의 제품과 서비스 획득

- 공급자로부터 즉시 공급과 최상의 서비스 보장
- 우수한 공급자와의 관계 유지, 발전 및 잠재 공급자 발굴이 목표를 만족시키기 위해서는 아래의 전제조건이 필요하다.
- 환경에 최소한의 영향을 끼치는 상품과 공급자 선택

이러한 목적을 만족시키기 위하여는 다음과 같은 몇몇 기본적인 기능이 수행되어야 한다.

- 구매 사양서 결정: 필요한 수량, 원하는 품질, 원하는 시기(시간과 장소)
- 공급자 선정(최적의 자원)
- 구매협상 조항과 조건(적절한 가격)
- 구매오더의 발행과 관리

아웃소싱(Outsourcing)

미국운영관리협회(APICS: Association for Operations Management)는 아웃소싱을 '사전에 먼저 제공된 서비스와 상품을 제공하는 공급자를 가지는 것' 으로 정의하고 있다. 아웃소싱은 해외에서 낮은 인건비에 좋은 인력들을 구할 수 있는 기회가 증가함에 따라 북미 기업들 사이에 점점 유행하고 있다. 인터넷 커뮤니케이션과 효율적인 전송 방식의 기술 진보가 매우 매력적으로 다가오는 것이다. 많은 기업들은 비용절감 및 핵심역량에의 집중, 혹은 경영전문가 톰 피터스(Tom Peters)의 말을 빌리자면 '계속 짜 내야 한다는(stick to the knitting)' 압박을 받고 있는 실정이다.

구매부서는 아웃소싱의 성장에 직접적인 영향을 받는다. 운영부서(operations department)는 고용인들을 관리하고 기계 및 자재를 효율적으로 사용함으로서 상품에 가치를 더한다. 이 중 많은 부품들을 이제 사전에 생산하기보다는 구매하는 편이 되어, 내부 경영에서 구매부서를 통해 외부 공급업체와 협력하는 쪽으로 변화가 일어나게 된 것이다. 아웃소싱의 경향은 제조업 분야 뿐만 아니라 서비스 부서(service departments)에도 영향을 주고 있다. 기업들은 보수유지(maintenance)에서 IT업에 이르기까지 다양한 아웃소싱을 고려하고 있다. 외부 계약자들은 보통 같은 일이라도 더 빨리, 저렴하게 잘 처리하기 때문이다.

구매부서는 외부운영관리와 계약관리(administration of contrancts) 개발에 점점 더 많은 책임을 지고 있다. 그러나 계약과 관련 법률용어들은 우리 책의 범위를 넘어서는 것이므로 다루지 않을 것이다.

구매 주기(Purchasing Cycle)

구매주기는 다음의 단계로 구성되어 있다:

1. 구매요청 접수와 분석
2. 공급자 선정: 잠재적 공급자 찾기, 견적요청서 발행, 견적 접수 및 분석, 최적의 공급자 선택
3. 적절한 가격 결정
4. 구매오더 발행
5. 납기를 맞추기 위한 후속 조치
6. 상품 접수 및 승인
7. 공급자 대금지불 승인

구매요청 접수 및 분석(Receiving and analyzing purchase requisition) 구매요청은 최종사용자 또는 사용부서로부터 시작한다. 자재소요계획 시스템 환경 하에서 구매부서는 계획오더를 MRP 계획자(Planner)로부터 받아서 구매오더를 진행시킨다. 구매요청을 하기위해서는 최소한 아래와 같은 정보가 있어야 한다.

- 발행자, 승인자, 원가계정
- 재사양서
- 수량과 측정단위
- 납기요구일과 장소
- 여타 추가 필요 정보

전자요청시스템(Electronic requistion system은 현재 널리 사용되고 있으며, 종종 ERP(기업자원관리시스템) 소프트웨어의 일부를 차지하고 있다. 최소 요청 정보는 여전히 요구되면서도, 시스템은 그 정보의 통제와 상세부분 다수를 공급해 준다. 예를 들어 요청자가 필요부분계수를 입력하면 시스템 데이터베이스가 적절한 설명, 제품사양, 추천 매도인, 발송 지시 등을 제공하는 것이다. 나아가 시스템은 해당 통제와 함께 회계계수와 지출 한계를 얻기 위한 적절승인을 요청할 것이다. 모든 승인절차가 완료되고 나면 요청은 구매부서로 전송되어 모든 정보의 재입력 없이도 구매주문을 생성할 수 있게끔 할 것이다. 제9장에서 제시된 C 품목과 같이 작은 가치를 가진 품목들이 자주 주문되는 경우, 시스템은 승인된 공급자측에 바로 물품의 전자발주요청을 보낼 것이다. 이로써 기업이 얻을 수 있는 이득은 요청절차 접근 용이화, 서류작업 감소, 요청관련 제반시간 감소, 정

보정확도 증가 증이다.

공급자 선정(Selecting suppliers) 공급업체를 식별하고 선택하는 것은 구매부서의 중요한 책임이다. 구매하고 있는 품목이나, 이전에는 구매하지 않았던 물품에 대한 승인된 공급자 리스트를 보유해야 한다. 구매한 적이 없거나 명부에 승인된 공급자가 없다면, 검색이 시행되어야 한다. 가치가 적거나 표준물품을 공급하는 공급자는 인터넷, 카탈로그, 무역잡지, 물품명부에서 쉽게 찾을 수 있다.

견적요청(Requesting quotations) 일반적으로 주요 품목에 대해서 견적요청을 하는 것이 필요하다. 이는 여러 공급자에게 전송되는 문서로서, 공급자들 간의 경쟁을 유발하여 신뢰할 만한 견적을 얻게끔 한다. 견적요청은 판매오더와는 다르다. 공급자들이 작성한 견적서가 구매자에게 도착한 후, 구매자는 가격이 적절한지, 사양서를 따랐는지, 판매 조항과 조건, 대금지불조건에 대해 분석한다. 견적이 정확하게 작성되었더라도 선택하기 쉽도록 적절한 가격, 원하는 품질, 판매조건이 명시되어 있을 것이나, 그렇지 않으면 여러 품목들이 견적되어 올 것이다. 견적서는 기술상의 적합성으로 평가되어야만 한다. 최종 선택은 기술적 요인과 가격 간의 절충안이 될 것이다. 대개 구매요청부서와 구매부서 모두 이러한 결정에 참여한다.

가격결정(Determining the right price) 적정한 가격결정은 구매부서의 책임이며 공급자 선정에도 밀접하게 관련이 있다. 구매부서는 또한 가격협상에 책임이 있으며, 공급자로부터 최적의 가격을 얻도록 해야 한다. 가격협상에 대해서는 다음 장에서 다루도록 하겠다.

구매주문서 발행(Issuing a purchase order) 구매주문서는 구매하기 위한 법률요건을 갖춘 제안이다. 공급자가 한번 승낙하면, 구매 승인된 특별한 조항과 조건에 따라 상품을 납품하기위한 법적 계약이 된다. 구매주문서에는 구매요청 또는 견적 및 필요한 부가적인 정보들이 들어 있으며, 그 사본은 공급자이고, 경리부서, 발행부서, 입고검사 부서 등의 여러 부서로도 보내진다.

후속 조치 및 납기(Following-up and delivery) 공급업체는 주문한 품목을 적시에 배달할 책임이 있다. 구매부서는 반드시 적시에 공급업체가 물품을 배달하도록 후속 조치를 해야 한다. 만일 납기를 맞추기가 어려울 것 같으면 시간 내에 납기를 맞출 수 있는 대처방안을 찾아야 한다. 대처방안에는 긴급운송, 대체 물품 공급, 공급자와 문제해결 또는 생산스케줄 재조정 등이 있을 것이다.

구매부서는 납기요구를 맞추기 위한 변경이 발생하면 공급자와 함께 문제를 해결해야 할 책임이 있다. 물품에 대한 요구는 시기와 확실한 물품에 대해서 긴급한 요청이 필요하거나 다른 물품연기를 통해 요구를 만족시킬 수 있다. 구매자는 공급자에게 원하는 물품을 제때 제공받기 위해서 실제 요구사항을 제공해야 한다.

상품 접수 및 승인(Receiving and accepting goods) 상품이 입고가 될 때 입고부서는 상품이 정확한 것이며 그 수량은 정확한지, 또 운송 중에 손상을 입지는 않았는지 검사한다. 운반업자가 발행한 증명서와 구매주문생산을 이용해 검사한 후 물품을 수령하고 입고 보고서를 작성한다. 품질검토와 같은 추가적인 검사가 필요하다면 품질검사소로 보내져서 검사를 받게 된다. 품질검사 시 검사품목에 문제가 발견되면 입고부서는 구매부서에게 알리고 해당 물품을 대기시킨다. 제공된 물품이 요구사항과 구매사양 내에 있으면 더 이상 검사는 하지 않고, 처음 의뢰부서로 보내지거나 창고로 이동한다.

입고서류 사본은 구매사양과 차이가 없을 때 구매부서로 보내지고, 구매오더에 대해 하자없이 검사가 완료되면 입고부서는 구매오더를 종료하고 이를 구매부서에 통보한다. 그렇지 않다면 구매오더는 다음 업무절차를 따르기 위해 대기한다. 품질검사소에서 검사되는 물품 또한 승인여부를 구매부서로 통보한다.

공급자 대금 지불 승인(Approving supplier' s invoice for payment) 공급자로부터 송장을 받았을 때는 구매주문, 입고 서류, 송장의 세 가지 정보를 승인해야 한다. 물품과 수량에 대한 가격이 가격변경한도는 구매주문 및 송장내용과 모두 같아야 한다. 승인 전에 필히 구매주문의 모든 조건들과 송장을 검토해야 하는데, 이는 한번 승인되면 대금지불이 이루어지기 때문이며 이런 것들을 확인하고 차이점을 해결하는 것이 곧 구매부서의 책임이다.

사양서 제정(Establishing Specifications)

구매의 첫 번째 고민, 즉 "무엇을 구매할 것인가"는 꼭 간단한 결정만은 아니다. 예를 들어 차를 구입하고자 하는 사람이 있다면, 그는 차를 어느 용도로, 얼마나 자주 쓸 것인지 대금지불 방법은 어떻게 할 것인지 등을 고려해야 한다. 그 이후에야 그는 '최선의 선택'을 위해 어떤 차를 구입할 것인지 그 구체적인 사항을 정할 수 있다. 이번 섹션에서는 제품의 사양 및 그 종류 구축에 있는 기업에 있어 기업이 맞닥뜨릴 수 있는 문제들을 살펴보도록 할 것이다.

공급자로부터 서비스나 물품을 구매할 때, 구매물음엔 여러 가지 요소들이 포함되어 있다. 이러한 요소들은 사양의 개발 시에 반드시 고려되어야 하는데 다음 세가지 큰 카테고리로 나누어 볼 수 있다.

- 수량 요구조건(Quantity requirements)
- 가격 요구조건(Price requirements)
- 기능 요구조건(Functional requirements)

수량 요구조건(Quantity requirements)

필요한 수량은 시장수요에 의해서 결정된다. 수량은 제품의 설계와 사양, 제조방법을 결정하는 요소가 되므로 중요한 것이다. 예를 들어 수요가 단 한개라면, 그 제품은 최소비용으로 설계되거나 적절한 표준제품이 선택될 것이다. 반면 수요량이 수천 개에 달한다면, 상품은 규모의 경제의 장점을 취하도록, 이익을 노리도록 설계되어 보다 나은 가격에 필요한 기능을 만족시키도록 할 것이다.

가격 요구조건(Price requirements)

가격사양은 구매자가 기꺼이 지불할 수 있는 금액의 경제적 가치로 나타난다. 만약 제품이 낮은 가격에 판매된다면, 제조업자는 그 부품을 비싼 것으로 선택하지 않을 것이다. 제품의 경제적 가치는 예상판매가격 및 그 사용과 밀접하게 연관되어야 한다.

기능 요구조건(Functional requirements)

기능사양은 제품 최종사용 및 그 사용과 관련한다. 그 다양성으로 인해 기능사양은 모든 카테고리 내에서 가장 중요하며, 다른 요소들을 좌우한다.

어떤 의미에서 기능사양은 가장 정의하기 어려운 것이다. 성공적인 기능사양은 제품의 실제 목적과 필요를 충족시켜야 한다. 많은 경우 실제적 필요는 실용성과 미적인 요소를 모두 가지고 있다. 예를 들어 코트는 그 착용자의 체온을 따뜻하게 해주기 위해서인데, 문제는 그것이 어떤 상황에서 사용되며 또 다른 어떤 기능을 수행하여야 하는가라는 것이다. 얼마나 추워야 코트를 입게 되는가? 그 입은 상황은 언제 언제일 것이다. 착용 목적이 작업을 위해서인가, 패션을 위해서인가? 색과 스타일은 어떤 것이며, 어떤 느낌을 주어야 하는가?같은 방식으로, 우리는 자동차가 어떤 실용적이고 미적인 문손잡이 혹은 사이드미러를 가져야 하는지 물을 수 있을 것이다.

기능사양과 품질 기능사양은 제품 또는 서비스의 품질과 밀접한 관계가 있다. 품질이 무엇인가는 누구나 다 알고 있는 것이지만, 무엇이 품질이고 무엇이 아닌가에 대해서는 몇 가지 오해가 있다. 품질의 의미를 물어보면, 가장 좋은 것, 완벽한 것, 최상, 우수한 수준과 같은 그럴듯 하지만 큰 의미가 없는 대답들을 듣게 된다. 품질에 대한 정의는 많겠지만 핵심을 곧 고객만족이다. 고객 만족에 있다. 만약 고객의 요구사항을 만족시켰다면 요구된 품질을 가지는 것이라고 할 수 있을 것이다.

고객만족을 제공하는 데에는 다음의 4단계가 있다.

1. 품질과 제품계획(Quality and product planning)
2. 품질과 제품설계(Quality and product design)
3. 품질과 제조(Quality and manufacturing)
4. 품질과 사용(Quality and use)

제품계획은 기업이 어떤 제품과 서비스를 시장에 판매할 것인가에 대한 결정과 관련이 있다. 이는 충족해야 할 시장의 요소, 제품의 특성 및 시장이 요구하는 품질수준, 가격, 예상판매량 등을 결정해야 한다. 그러므로 기본 품질수준은 경영자의 시장수요 및 필요에 대한 이해에 따라 구체화되며, 이 과정이 얼마나 잘 수행되느냐에 따라 상품의 성공이 결정될 것이다.

기업 시장조사연구의 결과는 제품의 예상성능, 외관, 가격, 판매량, 제품의 일반적 사양을 확정하는데 도움을 준다. 제품 디자이너는 일반적 사양에서 제시한 품질수준에 맞는 디자인을 해야 하며, 이를 정확하게 하지 않을 시 그 제품은 시장에서 성공하지 못한다. 생산 디자이너가 제품제조를 위하여 최소한으로 그 사양을 맞추도록 하는 것이 곧 제조의 책임이며, 그 제품이 판매되면, 공급자가 요구된 품질수준의 제품을 공급하도록 하는 것이 곧 구매의 책임인 것이다. 품질은 구매와 제조를 위해 사양 또는 요구조건을 맞추는 것을 의미한다. 최종사용자에게 품질이란 곧 그 제품성능이 고객을 만족시키는 것이다. 고객은 만족을 기대하지, 제품과 서비스의 결함을 기대하지 않을 것이다. 만일 제품이 고객이 원하는 것이며, 잘 디자인되고 생산, 서비스된다면 곧 품질이 만족되는 것이다. 기능사양은 필요한 품질수준을 정의해야 하며, 최종사용에 맞게 모든 제품의 성격을 서술해야 한다.

기능, 수량, 서비스와 가격은 서로 밀접하게 연관되므로, 다른 것들을 고려하지 않은

채 하나 만을 정의하기는 어렵다. 최종사양은 곧 이 모든 요소의 절충안이며, 성공적인 사양은 곧 이 모든 요소들의 최상의 조합이다. 그러나 분명 기능사양이야말로 궁극적으로 다른 요소들을 좌지우지하는 것이다. 상품이 가격에 걸맞는 적절한 기능을 하지 않는다면, 팔리지 않을 것이기 때문이다.

가치 분석(Value analysis) 미국운영관리협회(APICS: Association for Operations Management)편찬 사전 12판은 가치분석을 '요구되는 기능을 정의하고, 그 기능의 가치를 설정하며, 마지막으로 그 기능을 최소비용으로 제공하는 기술들의 체계적사용' 이라 정의하고 있다. 기술자, 사용자, 생산요원, 그리고 공급자들의 팀이 현재 사양의 문제를 해결하고 과다 혹은 불필요한 특징을 식별하기 위해 부품들을 분석한다. 이로써 비용을 절감하고 무엇보다도 각 부품의 전체적인 기능성을 향상시킬 수 있다. 가치 분석의 좋은 예로서 우유 용기의 진화를 들 수 있을 것이다. 초기 무거운 유리병에 담겨 나오던 우유는 이제 가벼운 플라스틱 통에 담겨 나옴으로써 보다 저렴하게 되었을 뿐만 아니라 살균, 운송, 파손의 여러 방면에서 향상을 얻을 수 있었다.

기능사양 기술(Function Specification Descripition)

기능사양의 기술은 다음 혹은 이들의 조합으로 이루어진다.

1. 브랜드(By brand)
2. 물리 · 화학적 특성, 자재와 제조방법 및 성능 사양서(By specification of physical and chemical characteristics, material and method of manufacture, and performance)
3. 설계(By engineering drawings)
4. 기타

브랜드(Description by Brand)에 의한 기술

브랜드로 그 기능사양을 정의하는 것은 도소매에서 가장 많이 사용되지만, 제조에서도 널리 사용되고 있다. 이는 다음의 환경에서 특히 효과적이다.

- 특허품 또는 보안 프로세스로 제조된 상품
- 구매자가 가질 수 없는 공급자만의 전문기술 보유
- 구매수량이 너무 소량이어서 구매자가 사양을 개발할 가치가 없는 소량구매

- 공급자가 광고나 직접 판매를 통해 구매측 직원이나 소비자의 선호를 얻어냈을 때

브랜드를 고려해서 구입할 때 고객은 공급자의 평판과 성실성을 신뢰하는 것이다. 공급자가 브랜드의 평판을 유지하기 위해 제품의 품질을 지속적으로 관리하고 보증하므로 재구매시에도 지난 번과 같이 만족할 것이라는 가정이 바탕이 된다.

브랜드를 고려한 구매의 가장 큰 장애물은 비용이 주를 이룬다. 브랜드 제품은 대부분 비브랜드 제품보다 가격이 비싸다. 브랜드에 의존하는 것보다 비브랜드 제품을 사용하는 것이 사양개발비용감소에는 도움이 될 것이다. 브랜드 의존의 또 다른 단점은, 잠재적인 공급자를 제한하여 경쟁을 약화시킨다는 것이다. 따라서 이로 인해 실제상황에서 브랜드로 사양을 결정할 경우 보통 브랜드명 혹은 그와 동등한 수순의 제품을 통해(최소한 이론상으로는) 경쟁이 가능하게 만들곤 한다.

사양에 의한 기술(Description by specification)

제품을 설명하는 방법은 여러 가지가 있는데 보통 다음 한 가지나 그 이상을 포함하곤 한다. 어떤 방식이 사용되는지 사양서를 통한 기술은 자세하고 정확한 구매자의 요구가 반영되어야 한다.

- **물리 · 화학적 특성(physical and chemical characteristics)** 구매자는 원하는 자재의 물리적, 화학적 특성을 정의해야 한다. 석유, 제약, 페인트 등이 이런 방식으로 정의된다.
- **자재, 제조방법(material and method of manufacture)** 때때로 제조방법은 제품의 성능과 사용을 결정한다. 예를 들어 강철은 열간(hot-rolled)이냐 냉간(cold-rolled)이냐에 따라 그 압연 방식이 다르며 성질도 달라진다.
- **성능(performance)** 이 방법은 구매자가 기본적으로 상품의 수행능력에 관심이 있을 때 하는 방법이다. 예를 들면, 물펌프는 분당 몇 리터를 올릴 수 있는지 명확히 명기되어야 한다. 성능사양은 그런대로 준비하기가 쉽고 공급자의 특별한 지식의 얻을 수 있다는 이점이 있다.

사양을 설명하는 데는 다음 몇 가지 특성을 가진다.

- 사양은 주의 깊게 설계되어야 한다. 너무 산만하게 표현되면 만족스러운 제품이 나오지 않는다. 만약 너무 자세하고 정교하면, 비용이 많이 들고, 검사하기 어려우며, 우수한 공급자를 잃게 된다.

- 필요한 자원을 공급 가능한 업체가 여러 군데여서, 입찰 경쟁이 되어야 한다.
- 성능사양을 사용하면 구매자는 제품이 요구한 결과대로 납품되도록 공급자의 책임임을 명확히 해두어야 하며, 공급된 자재에 대한 표준화된 측정과 검검방식을 제공하게 된다.
- 모든 제품에 사양서가 있는 것은 아니다. 예를 들어 제품이 그 외관이나 색상구조를 명확히 서술하기 어려운 것일 수 있기 때문이다.
- 사양으로 기술된 제품이 공급자가 갖추고 있는 표준 제품보다 훨씬 비싸거나 더 이상 적절하지 않을 수 있다.
- 사양서가 구매자에 의해 지정될 경우, 그 설계비용이 비쌀 수 있다. 이는 그 비용을 보상할 만큼의 구매물량이 있거나 다른 방식으로 기수할 수 없는 경우에만 사용되게 된다.

사양서 출처(Sources of specifications) 사양서의 출처에는 주요하게 2가지가 있다.

1. 구매자 사양서(Buyer specifications)
2. 표준 사양서(Standard specifications)

구매자 사양서(Buyer-developed specifications) 구매자가 설계한 사양서는 대개 비용이 더 들고, 시간이 또한 더 소모된다. 기업들은 적합한 표준 사양이 가용하거나 수요량이 어느 정도 경제적인 규모가 되지 않는 한 이 방법을 사용하지 않는다.

표준사양서(Standard specifications) 표준사양서는 정부와 민간단체의 많은 연구와 노력의 결과로 발전되어 왔다. 표준사양서는 대개 원자재, 반제품, 부분품, 부품, 조립자재에 적용된다. 많은 경우 고객과 산업계에 사실상 표준으로 사용되고있다. 차량 엔지오일을 구입할 때 우리는 공업진흥청이 규정한 차량엔진오일 표준 등급을 지정하여, UL (Underwriters Laboratory)표준으로 만들어진다. 강철 및 건축구조물은 ASME(American Society of Mechanical Engineers)에 의해 만들어진 표준에 의해 제조된다.

표준사양을 사용하면 세 가지 이점이 있다. 첫째, 널리 알려지고, 승인되었기 때문에 대부분의 공급자로부터 구매할 수 있다. 둘째, 널리 승인 · 제조 · 판매되었으므로 비 표준제품보다 저렴하다. 셋째 광범위한 생산자와 사용자로부터 만들어졌으므로 많은 구매자의 요구에 대부분 적용 가능하다.

시장등급(Market grades)은 대부분 정부에 의해 정해진 표준사양 타입을 따르며, 생필품과 식료품에 사용된다. 예를 들어 우유를 구매할 때는 시장등급의 대 · 중 · 소에 따라

사게 된다.

설계도면(Engineering Drawings)에 의한 기술

설계도면은 부품과 조립품의 구조를 정확하고 자세히 표현하여 완성제품, 오차, 그리고 사용되는 자재의 정보를 제공한다. 설계도면은 원하는 것이 무엇인지를 기술하는 주요 방법이며, 부품구조나 그 조립방식을 표현할 방법이 없으므로 널리 사용된다. 설계도면은 기술부서에서 만들어지며, 그 설계비용은 적지 않지만 요구된 구조를 정확하게 표현해 준다.

기타(Miscellaneous) 기술

이외에도 사양서를 기술하는 방법은 매우 다양하다. "지난번 그거랑 같은거 주쇼"라는 말도 사양기술에 해당할 수 있다. 특정 색상이나 패턴들이 사양을 위해서는 샘플이 사용되기도 한다. 구매자는 다양한 방법들 중 최적을 선택해야 한다.

사양기술 방식은 공급자와의 커뮤니케이션이다. 그 성공 여부가 곧 구매성공 혹은 때로 지불가격에 영향을 줄 것이다.

공급자 선정(Selecting Suppliers)

구매의 목적은 품질, 수량, 납기 및 가격 등의 모든 요소를 만족하게 구입하는 것이다.

일단 무엇을 구입하겠다고 결정이 나면, 다음으로 가장 중요한 결정은 최선의 공급자를 선택하는 것이다. 훌륭한 공급자는 요구된 품질 수준의 제품을 생산할 수 있는 기술과 필요 수량을 생산할 수 있는 능력, 그리고 이윤을 남기면서도 경쟁력 있는 가격에 제품을 판매할 수 있는 비즈니스 능력을 가져야 한다.

소싱(Sourcing)

소싱에는 유일(sole), 복수(multiple), 단일(single)의 세 유형이 있다.

1. 유일공급자(sole sourcing)란 특허, 기술사양, 원자재, 위치 등의 이유로 공급자가 유일한 것을 말한다.
2. 복수공급자(multiple sourcing)란 동일 제품에 대한 공급이 가능한 공급자가 한 업체 이상되는 것을 말한다. 복수공급자의 잠재적 이점은 공급자가 서로 경쟁을 통

해서 저가이면서 보다 나은 서비스를 지속적으로 공급할 수 있다는 것이다. 실제 상황에서 공급자와 고객간에는 적대적인 관계가 형성되는 경향이 있다.

3. 단일공급자(single sourcing)는 동일제품에 대한 공급이 가능한 여러 업체 중에서 하나의 협력업체를 선정하기 위해 결정을 계획하는 것이다. 이로 인해 공급자와 기업은 장기적인 협력관계를 갖게 되며, 장비와 기술 개발에 더 많은 투자를 하여 고객으로부터 좋은 평가를 받게 될 수 있다. 단일공급자에 대한 내용은 16장 공급자 파트너십에서 더 자세한 내용을 다루기로 한다.

공급자 선정 요건(Factor in Selecting Suppliers)

앞서 기능, 품질, 수량, 서비스 그리고 가격 사양의 중요성에 대해 알아본 바 있다. 이들은 공급자가 제공할 수 있는 것이 무엇인지를 알려주며, 공급자 선택과 평가의 기준이 된다. 이들을 고려한 공급자 선정에는 아래와 같은 요건이 있을 것이다.

기술력(Technical ability) 공급자가 원하는 제품을 만들어서 공급할 수 있는가? 공급자가 제품을 개선 및 발전을 시킬 수 있는 프로그램을 보유하고 있는가? 공급자가 상품을 개선시키기 위한 과정에 도움을 줄 수 있는가? 이러한 질문들은 이전부터 중요시되어 왔다. 구매자의 제품원가를 증가시키거나 감소시키는 제품개선은 공급자의 능력에 달려 있을 수 있다. 때로는 공급자가 제품원가 비용을 낮추고, 제품을 개선시킬 수 있는 제품사양 변경을 제안 할 수 있다.

제조능력(Manufacturing capability) 제조는 생산을 하는 동안 가능한 결품없이 일관된 생산을 한다. 이러기 위해서는 사양서에 맞게 작업할 수 있는 능력을 보유해야 한다. 이것은 공급자의 제조 설비가 구매자가 원하는 제품의 양과 품질에 맞게 공급할 수 있다는 것을 의미한다. 공급자는 훌륭한 품질통제 프로그램과 역량 그리고, 제조능력이 있는 직원과 적시에 배달할 수 있는 훌륭한 계획통제시스템을 보유해야 한다. 이것들이 공급자가 고객이 원하는 수량과 품질을 제공할 수 있게 보증하는 중요한 요인들이다.

신뢰(Reliability) 공급자 선택 요소로 바람직한 것들은 평판, 안정성, 그리고 재무능력이다. 지속적인 관계를 유지한다면, 상호신뢰와 비즈니스를 유지할 수 있는 충분한 자금력이 있어야 한다.

애프터 서비스(After-sales service) 기술지원과 대체품이 필요하다면, 공급자는 대체품을 교체하고 기술지원을 해야 한다. 이러기 위해서는 서비스 부품의 재고를 보유하고 서비스 조직을 갖추고 있어야 한다.

공급자 위치(Supplier location) 공급자는 구매자 근처에 위치하거나, 최소한 근방에 재고를 유지하는 것이 바람직하다. 공급자 위치가 근접해 있음으로 해서 배달시간 단축과 긴급한 주문 시 대응이 빠르다.

여타 고려요소(Other consideration) 신용, 상호 비즈니스, 구매자를 위한 재고유지수준 등 여러 요소들이 고려되어야 한다.

가격(Price) 공급자는 경쟁가격을 제시할 수 있어야 한다. 이것은 반드시 최소가격을 의미하는 것은 아니다. 필요한 제품을 적시에, 원하는 품질과 수량 뿐만 아니라 필요한 부가 서비스가 포함된 제품을 공급할 수 있는 공급자의 능력이 고려된 것이다.

한 물품의 총 취득원가(total acquisition cost)에는 상품 자체의 가격뿐만 아니라 물품 배달비 및 처리 비용 등 상품 생산에 관련한 모든 가격이 포함되어 있다. 구매자는 보통 상품 가격과 함께 대량 주문으로 인해 할인된 유닛 당 배송비용을 지불한다. 그러나 총 취득원가는 재고 및 보관가격이 포함될 때 더 상승될 수 있다.

낮은 취득원가를 책정하는 것은 회사에 요구되는 총 비용을 고려할 때 그리 좋은 방식이 아닐 수 있다. 예를 들어, 목수가 낮은 품질의 목재를 구입한다면, 낮은 가격을 지불해도 될 것이다. 그러나 목재의 굳은 부분을 제거하고 손질하는 등의 일들을 거치며 생산 관련 비용이 증가할 것이고, 결국 최종 상품의 총 가격을 상승시켜 초반에 절약했던 비용이 무효화 할 것이다. 그러므로 최종 가격의 개념은 체계의 총 가격을 살피는 것이어야 하지, 자재의 가격만을 보는 것이어서는 안 된다.

요즘 비즈니스 환경에서는, 공급자와 구매자의 관계를 어떻게 가져가는가가 둘 다에게 매우 중요시되고 있다. 구매자와 공급자와의 관계는 상호의존 관계로 바뀔 것이다. 공급자는 미래의 사업에 의존하고 구매자는 품질, 기술 제공력, 개선된 제품 공급을 보증한다. 구매와 공급자와의 의사소통은 다른 문제들을 서로 이해하고, 서로 협력해서 문제를 해결하도록 서로의 정보를 완전히 공개해야 한다. 이와 같이 공급자 선정과 공급자와의 관계를 유지한데 최선을 다하여야 한다.

공급자 식별(Identifying Suppliers)

구매부서의 주요책임은 원하는 제품을 제공해 줄 수 있는 공급자를 지속적으로 발굴해야 한다. 공급자 선정에 주요 보조기구는 다음과 같다.

- 공급자의 영업대표
- 카탈로그
- 업계잡지
- 업계명부
- 구매회사 영업대표 정보

공급자 최종 선택(Final Selection of Supplier)

잠재적 공급자 평가 요소로는 수량, 화폐가치가 제품에 적합한가이다. 가격은 중요한 샘플이다. 다른 요소들은 정성적(Qualitative) 평가 요소로서 공급자 선정 시 판단을 위한 필요한 요소이다. 다른 요소들은 공급자의 기술적 능력과 같이 대개 기술적인 방법으로 진술한다.

2가지 주요 요소를 조합하는 방법을 통해 구매자가 최선의 공급자를 찾을 수 있다.

한가지 방법은 다음에 묘사할 순위방법이다.

1. 평가 항목 선정한다.
2. 각 항목에 가중치 부여한다. 가중치는 다른 요소들간의 중요성에 따라 결정되며, 1에서 10의 범위를 사용한다. 만약 가중치가 10인 항목은 가중치가 5인 항목 보다 2배 더 중요하다는 것을 의미한다.
3. 각 항목별 공급자 평가한다. 이 평가는 가중치와는 관계 없이 공급자 항목에 대한 요구사항을 만족시킬 수 있는 정도이며 1에서 10의 범위로 부여한다.
4. 공급자 등급을 매긴다. 각 공급자에 대해 항목별 가중치와 항목별 공급자 평가를 곱해서 순위를 부여한다. 예를 들면 항목별 가중치가 8, 공급자 평가가 3이면 등급 가치가 24가 된다. 각 항목별 점수가 합산되어 총합을 가지고 순위를 부여한다.

그림 7.1은 공급자 선정의 순위방법의 예를 보여주고 있다. 이론상으로 공급자 B가 총합계가 가장 높은 수치인 233으로 선택될 것이다.

이 순위방법은 결정을 하기 위한 판단에 중요한 영향을 미치는 요소를 수치화해서 선정하는 방법이다. 최적의 방법은 아니지만 다양한 요소와 중요성을 고려하고자 할 때 구매업체에서 공급자를 선정하는 방법이다.

Factor	Weight	Rating of Suppliers				Ranking of Suppliers			
Suppliers		A	B	C	D	A	B	C	D
Function	10	8	10	6	6	80	100	60	60
Cost	8	3	5	9	10	24	40	72	80
Service	8	9	4	5	7	72	32	40	56
Technical Assistance	5	7	9	4	2	35	45	20	10
Credit Terms	2	4	3	6	8	8	6	12	16
Total (rank of suppliers)						219	223	204	222

그림 7.1 공급자 순위 평가

가격 결정(Price Determination)

가격만이 구매를 결정하는 요소는 아니다. 하지만, 다른 요소들도 중요하지만 가격이 그 중에서 가장 중요하다. 대부부의 제조회사는 매출의 50%를 구매에 사용하고 구매비용 절감이 이익에 직접적인 영향을 미친다.

그렇지만 '당신은 대가를 지불한 것만 얻을 수 있다(you only get what you pay for)' 라는 말을 기억하라. 원하는 것이 무엇이고,필요이상 더 지불하지 말라는 장사의 요령이다. 구매가 일어날 때 구매자는 기능, 수량, 서비스, 개인적 필요성에 맞는 가격조건 등의 패키지를 받게 된다. '최적 구매' 라는 말은 최적의 목적을 만족시킬 수 있는 여러 요소가 혼합된 합성품을 구입하는 것이다.

가격 기준(Basis for Pricing)

정당한 가격(fare price)이란 용어는 제품에 대한 대가를 지불 할 때 사용된다. 그러면 정당한 가격이라 무엇인가? 간단히 말해보면, 정당한 가격은 구입가격이 최저 가격일 때를 말한다. 그러나 고려해야 할 다른 조건들이 있다. 특히 구매자와 판매자가 서로 상생하는 좋은 관계를 만들어서 계속적인 구매활동이 요구된다. 정당한 가격에 대한 정의는 경쟁력 있는 가격, 판매자에게 이익을 주고 구매자가 이익을 내면서 판매할 수 있는 가격이다. 판매자가 이익을 보지 못하는 가격으로 판매한다면 비즈니스를 더 이상 계속 할 수 없을 것이다. 살아 남기 위해서는 품질과 서비스 수준을 떨어뜨려 판매할 것이다. 결국, 구매자, 판매자 둘 다 만족해야 하는 가격이 결정되어야 한다. 정당한 가격을 지불 받기를 원한다면 정당한 가격으로 판매해야 한다. 이러한 관계가 이루어져야 정당한 가격 기준이 세워지게 된다.

가격은 상하한 제한 폭을 가진다. 시장은 상한제한가격을 결정한다. 구매자는 시장의 수요와 공급, 시장필요에 근거해서 가격을 결정한다. 판매자는 하한 가격을 정해놓는다. 판매가격은 자재비용과 판매비용, 예상이익에 의해 결정된다. 판매가격은 구매자가 원하는 적정가격과 시장의 수요와 공급, 경쟁가격의 분석을 통해서 조정된다.

널리 사용되는 비용분석방법에는 고정비(Fixed cost), 변동비(Variable cost)가 있다. 고정비는 판매량에 상관없이 발생한다. 예를 들면, 장비의 감가상각비, 세금, 보험, 간접비 등이다. 변동비는 생산량 또는 판매량에 따라 직접적인 관련이 있다. 예를 들면, 직접인력비, 직접 자재비, 위탁판매수수료 등이다.

총비용 = 고정비 + (변동 단가)(단위 수)

단위(평균)비용 = 총비용 / 단위 수

= 고정비/ 단위 수 + 변동 단가

그림 7.2는 고정비, 변동비와 판매량과의 관계와 총수입이 어떻게 되는지를 보여준다. 고정비와 변동비의 합을 총비용으로 나타내었다. 점선은 총수입을 나타낸다. 총수입과 총비용이 만나는 점에서 이익이 0이 된다. 이점을 손익분기점(BP: Break-Even Point)이라고 한다. 판매량이 손익분기점보다 적으면 손실이 발생하고 더 많으면 이익이다. 손익분기점은 총비용과 총수익이 같은 곳에서 일어난다.

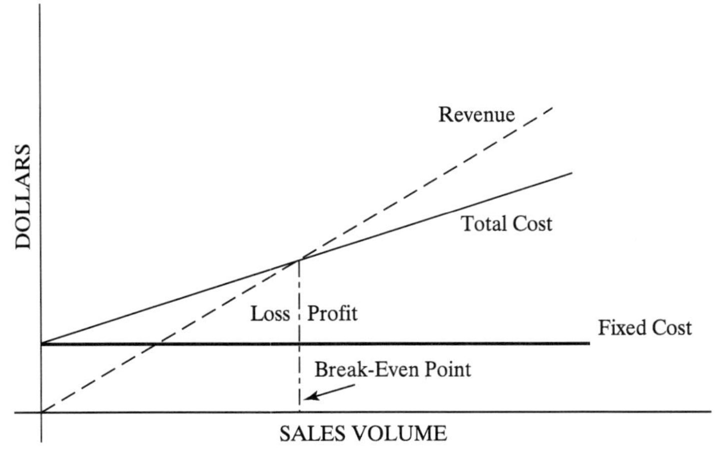

그림 7.2 손익분기점(Break-Even Point)

$$총수입 = 총비용$$
$$(단가)(단위\ 수) = 고정비 + (변동\ 단가))(단위\ 수)$$

예제

부품을 만드는데 고정비(overhead(fixed)cost) $5000이고 단위 당 변동비가 $6.50 이 든다. 1,000개를 만드는데 총비용과 평균비용은 얼마인가? 만약 판매단가가 $15이면 손익분기점(BP: Break-Even Point) 어디인가?

답

총비용 = $5000 + (6.5 * $1,000) = $ 11,500
평균비용 = $11,500 1,000 = $ 11.50(단위 당)
BP: X = 단위 당 판매수량
$15X = $ 5000 + $6.5X
$8.5X = $ 5000
X = 588.2개

588.2개가 판매되는 곳이 손익분기점이 일어난다

경쟁입찰(Competitive Bidding)

경쟁입찰은 구매자가 다양한 공급자들 사이에서 단순히 가장 저렴한 상품을 선택하기 위해 가격들을 비교할 때에 발생한다. 이는 시초가격(quotations)을 보내고 결과를 분석하는 공식적인 과정을 거칠 수도 있고, 단순히 카탈로그나 광고된 가격을 비교하는 것으로 행해질 수도 있는 것이다. 이 과정에는 어느 정도의 시간이 소비되며, 몇 개의 공급원이 있어야만 한다. 좋은 비교를 위해서는 최소한 3개 이상의 공급원이 필요할 것이다. 또한 경쟁입찰이 가능하려면 당 상품이 잘 분류되고 널리 사용될 수 있어야 한다. 너트와 볼트, 가솔린, 빵, 우유와 같은 상품들에 보통 경쟁입찰이 발생하곤 한다.

가격협상(Price Negotiation)

가격은 구매자가 구매품에 대해 지식과 능력이 있다면 협상될 수 있다. 소매상은 가격협상이 어렵지만 대량구매자는 가능할 것이다. 협상을 통해 구매자와 판매자는 상호이익을 위한 가격조건을 맞추어 나갈 것이다. 성공적인 협상을 위해서는 협상기술과 주위 깊은 계획이 필요하다. 많은 시간과 노력이 필요하고 잠재적 이익을 내기 위해서는 비용이 발생하는 것이 당연하다.

협상을 하기 위한 중요한 요소중의 하나는 상품의 유형이다. 4가지 카탈로그:

1. **일용품(Commodities)** 일용품은 구리, 석탄, 밀, 고기 그리고 금속 등과 같은 종류의 물품이다. 일용품 가격은 시장의 공급과 수요에 의해서 정해지며 다양하게 오르내린다. 일용품 가격협상은 앞으로의 가격계약과 관계가 있다.
2. **표준품(Standard products)** 표준품은 많은 공급자들에게 제공되는 품목이다. 표준품을 가진 공급자와, 표준크기, 표준가격 선정은 가격 목록표에 근거하여 결정된다. 대량 구매자를 제외하고는 협상이 일어나지 않는다.
3. **저가치 품목(Items of small value)** 청소, 유지보수와 같이 가격협상의 중요성이 덜한 품목들이다. 가격협상의 주요목적은 주문비용을 줄이기 위한 것이다. 회사는 많은 종류의 물품을 공급받을 수 있게 계약을 협상하고 간단한 주문시스템을 만들어서 주문비용을 줄일 수 있다.
4. **주문생산품목(Made-to-order items)** 여러 곳에서 견적을 받아서 사양서에 맞게 제작하는 것이다. 주문생산품목의 경우 협상이 일반적이다.

구매에 대한 자재소요계획 영향(Impact of MRP on Purchasing)

이 장에서는 구매의 전통적 역할과 책임에 대해서 서술하였다. 이 절에서는 자재소요계획(MRP)의 효과가 구매기능과 구매 역할에 어떻게 영향을 미치는지를 알아본다.

구매는 2가지 유형으로 나눌 수 있다: 1.조달, 2.공급자 스케줄링과 독려.

이번 장에는 대부분 조달부분에 대해 언급되어 왔다. 조달은 공급자 선정, 가격결정, 협상, 사양서를 만드는 기능을 포함한다. 공급자 스케줄과 독려는 공급자에게 오더를 발행(release)하고, 예상납기에 배달될 수 있도록 독려한다.

계획자/구매자 개념(Planner/buyer Concept) 전통적 시스템에서 자재소요 계획자는 생산현장관리와 구매를 위해 오더발행을 한다. 생산현장관리(PAC: Production activity control)를 통해 샵오더(shop order)와 부품을 현장에 투입하여 공장전체의 자재 흐름을 통제한다. 계획이 변경될 때, 생산계획자는 계획변경을 구매자에게 알려야 하고, 변경된 내용을 구매자는 공급자에게 알려야 한다. 생산계획자는 구매자와 자재소요계획(MRP)에 의한 일정변경에 주의를 기울여야 한다.

계획자/구매자(planner/buyer)활동의 효율성을 향상시키기 위해서 많은 회사들은 구매와 계획기능 모두를 한곳에서 관리한다.

계획자의 업무와 구매자의 업무를 하나의 업무로 통합해서 한 사람의 업무로 한다.

계획자/구매자 통제하에 자재계획을 세우고 공급자에게 납품 스케줄에 대해 의사소통을 하며, 독려하고 문제를 처리한다. 또한, 납기 내에 배달이 어려울 때 주생산 계획자(master scheduler)와 다른 계획자와 함께 계획을 분석하고 처리한다. 계획자/구매자는 계획자 또는 구매자 보다 처리해야 할 부품 수는 적지만 두 가지 모두 책임을 갖고있다. 계획자/구매자의 책임은 다음과 같다.

- 자재 소요 결정
- 스케줄 확정
- 샵오더 발행
- 공급자 자재 오더발행
- 배달 우선순위 결정
- 공급자 및 공장 내 오더를 통제
- 구매와 생산계획기능에 관계되는 모든 활동을 처리
- 공급자와 밀접한 관계 유지

생산계획과 구매의 역할이 하나로 결합되었기 때문에 공급자와 공장간의 정보의 흐름과 자재의 흐름이 더 원활해진다. 계획자/구매자(planner/buyer)는 구매자보다 필요한 지식을 더 많이 갖고 있으며, 공급자와 자재흐름에 대해서도 더 원활하게 처리 할 수 있다. 또한 계획자/구매자는 공급자의 제조능력과 제약사항을 더 잘 알기 때문에 필요한 자재를 보다 쉽게 판별할 수 있다.

구매계약(Contract buying) 대개 MRP시스템은 비교적 소량의 주문을 생성한다. 특히 소요분 발주량(lot-for-lot) 주문 부품에 더 잘 맞다. 소량주문은 주문비용이 더 들고, 비효율적이며, 때로는 매주 구매오더를 요청하지만 실제로 구매오더를 발행하기가 불가능할 경우가 많이 발생한다. 매주 발생하는 구매오더를 가능하도록 하는 방법으로는 공급자와 장기계약을 한다. 공급자는 미래의 수요에 대응하기 위해서 구매자로부터 자자소요계획은 받는다. 구매자는 스케줄에 맞게 구매오더를 발행한다. 이런 방식은 공급자와 밀접한 의사소통과 조정이 요구되어야만 업무효율과 비용효과가 높아진다. 구매계약은 계획자/구매자(planner/buyer)에 의해서 더 잘 관리될 수 있다.

공급자의 응대와 신뢰(Supplier responsiveness and reliability) 자재소요계획(MRP)은 종종 변경되기 때문에 공급자는 변경이 일어나면 빨리 대응해야 한다. 공급자는 스케줄 변경에 빠른 대응을 하기 위한 유연성(flexible)이 좋아야 하고 고객에게 강한 신뢰를 줘야 한다.

구매계약을 통해 공급자가 고객에게 생산능력 할당을 확정하거나, 비즈니스를 할 수 있는 일정한 양을 확보한다. 이를 통해 공급자가 고객의 요구에 더 대응을 잘할 수 있으며, 변경에 대해서도 즉시 대처를 할 수가 있다. 공급자의 능력을 알기 때문에 필요한 때에 가능여부와 고객의 요구수준을 맞출 때 까지 주문을 연기할 수도 있다.

공급자의 밀접한 관계(Close relationship with Supplier) 구매계약, 공급자 유연성과 신뢰는 구매자와 공급자의 관계가 밀접하고 협력관계에 있음을 의미한다. 여기에는 훌륭한 쌍방향 의사소통과 협력 그리고, 팀웍이 존재한다. 둘 다 자신 뿐만 아니라 구매자, 공급자의 생산활동과 문제를 잘 알고 있다. 계획자/구매자(planner/buyer)와 공급자 카운터파트(종종 공급자의 생산계획자)는 둘 다 자재소요와 가용자재의 정보를 알고 있어야 한다.

전자데이터 교환(EDI: Electronic data interchange) EDI는 공급자와 고객의 구매오더와 송장, 자재소요 정보 등의 전자정보를 효과적으로 교환을 할 수 있도록 도와준다.

EDI는 문서작업 시간을 줄이고, 계획자/구매자(planner/buyer)와 공급자를 보다 효율적이고 쉽게 의사소통을 할 수 있도록 지원한다.

공급자 재고관리(Vendor-managed inventory) 최근 몇 연간 공급자 재고관리(vendor-managed inventory)라 불리는 구매 방식이 성장하고 있다. 여기서 공급자는 고객의 시설에 있는 특정 품목의 재고를 유지한다. 공급자는 고객이 실제 재고를 필요로 할 때까지 당 재고를 '소유' 하고, 고객은 그 사용비를 지불한다. 공급자가 고객이 사용할 수 있을 만큼의 적절한 공급량을 유지할 의무가 있으므로, 고객은 재고에 대하여 어떤 오더도 할 필요가 없다. 이러한 접근방식은 잠금장치나 표준 전자 용품과 같이 비교적 규격화 된 설계의 낮은 가치의 상품들에 가장 널리 사용된다. 이 품목들은 종종 C 품목(C item)으로 분류되며, 이들에 대하여는 제 9장에서 더 자세히 다룰 것이다. 공급자 재고관리는 많은 자잘한 MRP 분출오더(order release)를 감소 시킨다.

인터넷(Internet) 인터넷 기술은 그 어떤 다른 커뮤니케이션 매체보다 빨리 수용되었다. 실사용되는 네크워크에는 인터넷(internet), 인트라넷(intranet), 엑스트라넷(extranet)의 세 종류가 있다. 인터넷은 가장 널리 이용되며 일반 대중에게도 열려 있는 체게이다. 인트라넷은 보통 기업 내에서 사용되는 내부 네트워크로, 국경을 넘어 여러 제조 부지에 이르기까지 연결될 수 있다. 인트라넷 하에 공유되어지는 데이터들은 민감한 사항들로 고려되어지는 것들로, 따라서 회사 내부인으로만 접근이 제한되어 있다. 엑스트라넷은 2개 이상의 기업간에 공유되는 인트라넷을 일컫는다. 엑스트란넷에 참여하는 기업들은 각자의 인트라넷에서 특정 데이터를 옮기고 다른 참여기업들만이 자료를 볼 수 잇도록 한다.(공급자들이 MRP시스템으로부터 planned order released나 품목의 재고상태와 같은 정보를 공급할 수 있다)

환경 책임 구매(Environmentally Responsible Purchasing)

이번 장 초반에 살펴보았던 구매 목적 중 다섯 번째는 '환경에 최소한의 영향을 끼치는 상품과 공급자를 선택하는 것' 으로, 곧 환경 책임 구매(Environmentally Responsible Purchasing)를 의미한다. 대부분의 기업에서 구매부(purchasing)은 낭비되는 상품을 관리하는데 책임이 있다. 그 이유는 다음과 같다.

- 낭비되는 상품의 가격 트렌드에 대한 경험상의 지식
- 낭비되는 자재가 사용될 만한 곳의 좋은 정보를 알고 있는 판매사원(salespeople)과의 접촉
- 기업 자체의 필요 혹은 기업 내 자재 사용에 대해 익숙함
- 환경에 민감한 자재의 운송과 처리 관련 규율에 대한 지식

'절약(reduce), 재사용(reuse), 재활용(recycle)' 이라는 의미의 3R은 환경에 미치는 영향 감소를 전파하기 위해 널리 사용되는 말이다. 이 3R을 적절히 이해하고 시행하는 것은 소비를 감소하고 이익을 증가시키는데도 도움이 될 것이다.

절약(Reduce)

스크랩 혹은 유해 자재의 사용 혹은 발생을 절약(reduce)하는 것은 3R중 가장 수익성 있는 활동이다. 공급자와 직접 계약을 체결하는 구매부서(purchasing department)는 가장 먼저 친환경 자재에 대해 배워야 하는 곳이다. 리드를 사용하지 않는 연납(lead-free solder)이나 물기반의 용액(water-based solvent)과 같은 것들이 공급자들이 그 고객들로 하여금 비용을 절감하고 환경에 미치는 영향을 감소할 수 있도록 개발한 자재들의 좋은 예일 것이다. 오는 15장에서 더욱 자세히 논의될 JIT는 공급자들에게 적용될 때 공급망의 모든 단계에서 낭비물자를 절약하는 일에 관여 된다. 자동차 산업계에서는 환경에 대한 영향과 비용 모두를 절약하기 위해 반납 가능한 선반이나 포장을 사용하는 것이 널리 시행되고 있다.

또한 낭비를 줄이거나 시스템을 다루고 낟알저장을 추천하는 방식으로 비용을 절감하기 위해 자재 분류(specification)를 수립할 때, 공급자들이야말로 전문가들이며 이에 관해 함께 논의되어야 할 사람들이다.

재사용(Reuse)

그 다음으로 수익성 있는 단계는 자재를 가능한 곳에 재사용하는 것이다. 한 공정 과정에서 발생한 스크랩은 기업 내에서 직접 재사용되거나 재사용을 위해 가벼운 공정을 거칠 수 있다. 예를 들면 골판지같은 경우 찢고 짓이긴 후 운송부서(shipping department)의 포장자재로 사용 할 수 있을 것이다. 많은 제조 생산품들이 생산 과정에서 떨어져 나와 낭비 자재가 된다. 그러나 소규모 상품들은 종종 다른 소규모 상품들로 이루어진 컷아웃(cut-outs to make other)들 사이에 자리잡아 원자재의 필요와 처분 대상인 상품 감소시킨다. 재사용의 또 다른 카테고리는 부산물(byproducts)로, 이전에 폐기물로 여겨 졌던 것에서 판매가능한 상품을 만들어 내는 것이다. 얼마 전까지만해도 도살업자들은 닭날개를 판매 불가능한 상품으로 인식, 그 용도를 찾았던 것을 기억하자.

식품 포장 산업에서 유리병들은 상표가 프린트 된 상자에 담긴 채 이송된다. 이 빈 병들은 세척 및 주입 공정을 위해 상자에서 꺼내지고, 공정이 끝난 후 다시 그 박스에 담긴다. 이때에야 바코드와 설명이 상자에 프린트되는 것이다. 기업은 빈 병들을 담았던 상자를 처리, 처분하는데 신경 쓰지 않아도 된다. 이 상자들은 유리 제조사에서 식품공정까지 빈병을 배송하는데 한 번, 그리고 식품공정에서 완제품으로 포장하는데 한 번으로 총 두 번 사용된다. 절약과 재사용은 환경에 미치는 영향을 최소화 할 수 있는 가장 효율적인 방식이라는 것을 기억하도록 하자.

재활용(Recycle)

재활용은 3R중 가장 대중적이지만 가장 덜 효율적인 방식이다. 그러나 구매부는 이를 잘 이용하여 그 이익을 극대화 할 수 있을 것이다. 공급자들은 종종 스크랩 자재의 처리에 관해 좋은 정보를 줄 수 있으며, 재공정을 위해 자재를 되 살 수도 있을 것이다. 이는 자재를 가장 유용한 상태로 유지시키는 뛰어난 관리를 필요로 한다. 염소 처리 된 용액과 같은 액체류들은 처리하기가 쉽짖 않다. 이들은 머신 오일과 같은 다른 가치 있는 액체류와는 분리되어 있어야 한다. 재판매될 수 있는 가치 있는 폐기물이 오염되면 그만큼의 비용을 잃게 되는 것이므로, 절대로 주의해야 할 것이다. 모든 재활용 대상 자재들은 가능한 한 다른 자재들과 분리되어 있어야 한다.

판매의 공급망 관리로의 확장(Expansion of Purchasing into Supply chain management)

컴퓨터와 ERP와 같은 소프트웨어가 더욱 강력하고 효과적이 됨에 따라, 정보의 흐름(information flow)은 더욱 쉬워지고 많은 양의 데이터를 처리하는 능력 또한 실현가능해졌다. 이러한 상황은 회사들로 하여금 계획과 통제 시야를 공급자라는 소위 '상류(upstream)' 과 배급자과 고객들이라는 '상류(downstream)' 에 까지 확장시킬 수 있게끔 만들었다. 이러한 공급망의 개념에는 네가지의 다루어져야 할 요소들이 있다.

- 공급자로부터 회사를 통해 배급자와 고객에까지 흘러내려(downstream) 도달하는 실제 자재(physical materials)의 흐름
- 고객으로부터 회사와 공급자에게까지 거슬러올라(upstream) 도달하는 돈의 흐름
- 위아래로 흐르는(up and downstream) 정보의 흐름
- 보통 보수나 재활용을 위해 고객에게서 다시 거슬러 올라(upstream)오는 상품의 흐름

그 외 다른 실체들도 회사의 공급망에 영향을 가진다. 그 주요한 예는 정부(governments)로, 공급망에 긍,부정적 모두의 영향을 줄 수 있다. 현대 많은 기업들은 여러 국적의 회사와 고객을 포함하는 글로벌한 성격을 가지고 있으므로, 여러 정부들이 모두 고려되어야 할 것이다.

공급망 관점에 영향을 주는 몇몇 요소들이 살피고 정의 되었는데, 이 중 특별히 다음의 공식화 된 두 종류는 기억해 둘만 하다.

- **고객관계경영(Customer relationship management: CRM)**은 강력한 고객기반을 유지, 성립하려는 의도의 여러 행위들을 포함한다. 고객 요구와 수요가 고려되고, 이들을 둘러싼 회사의 활동을 정렬하기 위해 혼성기능(cross-functional)의 팀이 운영된다.
- **공급자관계경영(Supplier relationship management: SRM)**은 CRM과 비슷하며, 그 활동의 초점은 주요 공급자들과 긴밀하고 장기적인 관계를 유지, 성립하려는데 있다.

이렇듯 공급망에서 공적 연결관계를 성립하고자 하는 중요한 이유는 채찍효과(bullwhip effect)의 통제에 도움을 주기 위해서이다. 채찍효과는 공급망에서 예상도(forecast)를 사용하는 것이 불안해질 때 나타나며, 이후 이 불확실성은 자재가 공급망을 따라 옮겨

지며 품목 크기(lot size)에 차이가 생기거나 리드타임 효과(lead-time effects)가 발생함에 따라 더욱 확대된다.

채찍효과는 공급망 끝에서 고객의 요구에 의해 비교적 작은 변화에 의거한 원자재의 필요량에 막대한 변동을 가져올 수 있다. 정보의 흐름이라는 데이터의 가시성을 가지고 공급망을 관리하는 것과, 공급망을 관통하는 유연성과 민첩성을 성립하는 것은 이 막대한 변동을 감소시킬 수 있을 것이다.

효과적으로 공급망을 관리하는 것은 무엇보다 정보 및 재고관리에 크게 기반하나, 이 외에 다른 측면들도 있다. 붕괴(disruption)에 대한 대비 및 예상에 초점을 맞춘 좋은 전략 일정수립과, 공급망상의 다른 개체들과 이러한 위험에 대하여 공유하는 것 등이 공급망 경영에서 성립된 대표적인 예라고 할 수 있겠다.

공급망의 성장과 함께 중요하게 떠오르는 또 다른 이슈 중 하나는, 윤리에 대한 집중이다. 판매와 공급망의 지위에 있는 사람들은 종종 상당한 양의 돈의 흐름을 운영하게 되므로, 이 부서의 사람들에게 정직하고 윤리적인 수행을 행하는 것이 매우 중요해졌다. 많은 기업과 국가들은 공급방 활동과 보고 기준에 일관되고 윤리적인 대우를 보장하기 위해 엄격한 수행 규율과 규칙을 성립하고 있다.

공급망 관리의 조직적 영향(Some Organizational Implications of Supply Chain Management)

전통적 구매방식에서 공급망관리로 그 시각을 대체시킨 기업들은, 그 전체 기업의 경영에 대한 시각 또한 바꾸어야 함을 인식해야 할 것이다. 예를 들자면 공급망 관점을 채택한 대부분의 기업들은 다음과 같은 점들을 발견하게 된다.

- 비용에 대한 시각이 극적으로 변화하였다. 상품의 가격 뿐만 아니라 전체 가격(total cost)과 가격에 의거해 결정이 이루어진다. 이것은 가격, 품질, 서비스능력, 내구성 및 그 외 기업이 전체 가치(total value)에 고려하는 모든 특징에 대하여 통합적인 시각을 가지게 되었음을 의미한다. 여기에는 도한 운송, 보관, 자재처리 비용 등이 포함될 수 있다. 이러한 변화된 시각을 성취하기 위해서 기업은 프로세스 분석(process analysis), 가치흐름 분석(value stream analysis), 회사와 공급자간 상호 가치흐름 분석(mutual value analysis)의 기술을 채택한다.
- 공급망을 계획, 통제하기 위해 혼성기능(cross-functional)의 팀들이 사용된다. 이 팀들은 생산, 품질관리, 기술, 재무, 구매 등을 포함하는 다양한 부서의 대표들로

이루어져 있다. 혼성기능팀들은 전통적인 부서형 기업보다 더 빠른 결정을 내릴 수 있으며, 개별 부서에 국한 되지 않은 기업 전체의 이익을 고려 할 수 있다.

- 공급자측과의 결정방식이 지시 혹은 협상의 시각에서 상호 이익이 되는 최상의 결정을 내리기 위한 대화 형식으로 바뀌었다. 이는 또한 공급자측과의 계약이 장기적인 것으로 연장되었음을 의미하기도 한다.
- 정보 공유(information sharing)이 단순히 오더에 관한 정보를 전달하는 것에서 사업 자체에 대한 중요 정보를 공유하는 시각으로 바뀌었다.
- 측정 시스템(measurement systems)이 단순히 공급자측의 수행(performance)뿐만이 아닌 공급망 전체 국면을 관찰하게 되었다.
- 전자 거래(e-business)의 성장이 있었다. 이는 사업 정보 흐름과 거래 처리에 인터넷이 보다 많이 사용되어짐을 의미한다.
- 모든 자재의 습득, 보관, 사용, 처분에 환경적 요소를 고려해야만 한다.

절감효과

효과적인 공급망 관점과 관련해 많은 이점이 있을 수 있다. 공급망 관점이 가져다 주는 이점은 다음과 같다.

- 보다 효과적인 상품 분류(product specification)가 효과적인 대체품(product substiturions)과 사용 적합성(fitness of use)에 초점을 맞춘 상품 분류를 가능케 한다.
- 공급자 합병(supplier consolidation)과 용적 할인(volume discount)의 영향력 증가
- 효과적인 커뮤니케이션 시스템을 통한 장기 계약이 오더 및 오더 추적(order tracking)의 처리 비용을 눈에 띄게 감소시킨다.
- 신용카드를 사용한 지불, 일괄 주문(blanket ordering), 전자 상업(electronic commerce)과 같은 기술의 보다 효과적인 사용
- 잠재적 위험 자재 사용 기피 및 3R시행으로 인한 환경 관련 비용 감소

요약

구매는 언제나 어떤 기업에서도 중요한 역할을 감당해 왔으며, 특히 많은 원자재나 습득이 어려운 자재를 사용하는 제조업에서는 더욱 그러하였다. 구매는 계속해서 정확한 상

품을 정확한 시간에 최상의 가격으로 습득하기를 요구하지만, 그 기능은 변화하고 있다. 구매 사이클의 여러 스텝들은 여전히 필요하지만 PO를 쓰고, 상품의 정보를 얻으며 공급자와 소통하는 등의 많은 수동(manual)활동들이 인터넷과 컴퓨터화를 통해 더욱 가속화되고 있다. 정기적인 사무직 활동의 감소는 기업의 전략적 관점에 보다 많은 시간을 투자하고 수익에 더 많은 영향을 주게 만들었다. 공급망을 복합적인 기능으로 보는 것과 아웃소싱, 절약형 생산(lean production)은 판매부로 하여금 공급자측과의 관계를 향상시키고 상품의 흐름과 스케줄링에 보다 적극적인 역할을 취하도록 만드는 세 가지 경영상의 영향력이었다. 판매는 또한 공급자측과의 협력 및 친환경 자재 사용을 통해 기업의 환경에 대한 영향을 감소시키는 데도 주도적인 역할을 담당한다.

질문

1. 구매의 목적 4가지는 무엇인가?
2. 구매주기 7단계를 순서대로 적어라.
3. 구매요구,구매오더,견적요구의 목적,유사점과 차이점을 서술하라.
4. 공급자에게 독려(Follow-up)함에 있어 구매부서의 책임은무엇인가?
5. 제품 입고 시 입고부서에서의 임무를 서술하라.
6. 기능사양서 뿐만 아니라 3가지 다른 사양서는 무엇을 결정해야만 하는가? 왜 중요한가?
7. 품질이란 무엇인가?
8. 품질의 4단계 유형을 기술하고 설명하라. 어떻게 서로 관계를 가지는가? 품질에 대한 책임은 누구에게 있는가?
9. 다음의 장단점을 서술하라.
   a. 브랜드
   b. 물리적, 화학적 특성, 자재와 제조방법 및 성능
10. 표준사양을 사용할 때의 장점은 무엇인가?
11. 훌륭한 공급자 선정과 그들과의 관계를 유지해야 하는 것이 중요한 이유는 무엇인가?
12. 소싱의 3가지 유형을 기술하고 설명하라.
13. 공급자 선정에 사용되는 6가지 요소를 기술하라.
14. 최적 구입이란 무엇인가?

Factor	Weight	Rating of Suppliers Supplier A	Rating of Suppliers Supplier B	Ranking of Suppliers Supplier A	Ranking of Suppliers Supplier B
Function	7	8	9		
Cost	5	9	5		
Technical Assistance	4	5	7		
Credit Terms	1	8	4		

15. 상품의 유형이 협상에 영향을 준다. 상품의 4가지 카탈로그를 말하고 각각의 유형에 맞는 가격협상에 대해 서술하라.
16. 공급망 경영 접근방식을 채택함으로서 얻게 되는 네 가지 이점(savings)은 무엇인가?
17. 한 회사가 생산중인 납땜 전기제품(soldered electronics)의 리드타임의 총량을 삭감하고자 한다. 이러한 노력에 구매부(purchasing)이 어떻게 일조할 수 있는가?
18. 재활용의 3R 중 어느 것이 가장 환경에 이로운 영향을 주는지 설명하라.

연습문제

7.1 매출의 40%가 구입원가이고 그 외 비용이 매출의 50%일 때 구매를 효율적으로 처리해서 구입원가가 매출의 38%로 줄었다면 이익이 얼마 증가하는가?

7.2 다음과 같이 가중치와 공급자 등급이 정해졌을 때 두 업체의 순위는 어떻게 되는가?

7.3 한 회사가 10,000개 부품을 구입하기 위해서 예상 공급자와 협상을 할 때 단위 당 변동비는 $5이고, 고정비, 감가상각, 부대비용 등은 $5,000으로 예상된다, 공급자는 견적단가를 $10를 제시했다. 단위 당 평균단가를 계산하라. 견적단가 $10가 너무 비싼 가격인가? 구매부서는 더 좋은 가격으로 협상을 할 수 있는가?

Case Study 7.1

파티합시다!(“Let’ s Party!”)

‘구매의 원리(principles of buying)’ 수업을 듣던 교실을 떠나는 내내, 머리 속에는 “파티합시다!”라는 말이 울려 퍼지고 있었다. “내가 어쩌다가 반장 선거에 나갔던 거지?” 다시 한 번 되물어 보았다. 급우들은 대부분 신중하고 괜찮은 사람들이었고, 나와의 시간을 즐기며 나도 그들과 일하는 것이 좋았다. 그러나 캠퍼스 일대에서 일명 ‘시끌벅적파(The

Rowdies)' 라고 불리는 우리반 패거리들이 종종 학급 활동을 결정하는데 고집을 부리곤 했다. 이번 학급 회의 때 곧 있을 송년회를 계획했는데, 온 반이 '파티! 파티!' 를 외치며 끝났다. 이 소리는 마치 레슬링 소리처럼 들렸다. 다행히 교수님은 학생들이 송년회 계획을 할 수 있도록 일찍 교실을 떠나신 상태였다.

시끌벅적파는 곧 '고트이어' 라는, 술값이 싼 것 외엔 별 볼일 없는 한 술집에 가자고 제안했다. 다른 급우들이 다른 제안을 하려고 해보았지만 임원진이나 다른 급우들의 전체적인 동의를 얻는데는 실패했다. 고트이어에서 송년회를 한다면 대부분의 멀쩡한 급우들은 참석하지 않을테고, 다른 좀더 무난한 장소를 제안한다 해도 음악이니 하는 요소들 때문에 의견일치를 얻어낼 수가 없었다.

종강까지 약 2주밖에 남지 않았고, 서둘러 장소를 잡아야 했다. 인기 있는 장소들을 선별 하는 건 어렵지 않았지만 급우들의 동의를 얻는 것이 문제였다.

최근 들은 강의 중 공급자 선별(supplier selection)에 관한 강의가 있었다. 교수님께서는 순위매기기(ranking) 혹은 중요점 방식(weight-point method)이라 불리는 기술에 대해 실례를 들어 설명해 주셨었다. 수업 때는 그게 참 단순해 보여서 하마터면 "뭐 그냥 제일 싼 공급자를 고르면 안되나요?"하고 질문할 뻔하기도 했었다. "사업이든 사회에서든, 단체에서 가장 어려운 건 가장 단순한 선택에서조차 의견 일치를 얻어내는 것입니다." 라고 하시던 교수님의 말씀이 생각나자, 어쩌면 여기에 이번 문제에 대한 해결책이 있을지도 모르겠다는 생각이 들었다.

사례 분석

위에 묘사된 반장이 자신이라고 상상하여 보고, 아래의 연습 문제 중 하나를 환수하여 보라.

연습문제 1

1. 상황에 대한 공급자 평가 분석(supplier rating analysis)를 시행하여 보라. 최소한 10개 이상의 요소 및 4개 이상의 장소가 포함되어야 한다.
2. 분석에 의거해 장소를 선별하여 보라.
3. 1번의 분석이 어떻게 2번에서의 선택을 이끌어 냈는지 설명하라. 혹시 기준(criteria)이나 중요점(weight)를 바꿀 생각이 있는가?

연습문제 2

1. 학급회의에서 사용될 송년회 장소 선별을 위한 슬라이드를 준비해 보라.
2. 최소한 10개 이상의 요소와 4개 이상의 장소를 결정하기 위한 토론을 진행해 보라.

3. 급우들로 하여금 각 기준(criteria)에 대한 중요점(weighting factors)에 일치가 있도록 만들어 보라.
4. 계산해 보고 선별을 수행하라.
5. 이 분석이 어떻게 4번의 선별을 이끌어 왔는지 급우들과 논의해 보라. 혹시 실제 기준(criteria)이나 중요점(weight)를 바꿀 마음이 있는가?
6. 급우들에게 이러한 과정이 결정에 합의를 이끌어내는데 도움이 되었는지 물어보라.

예측
(Forecasting)

입문(Introduction)

예측은 계획의 준비 활동이다. 미래의 어느시점에 어떤 조건들이 존재하는지에 대한 평가는 반드시 계획을 하기 전에 이루어져야 한다. 이러한 평가를 어느 정도의 정확도를 갖고 어떻게 이루어지는가는 또 다른 문제이다. 그러나 어떤 형태이든지 이런 평가가 없이 이루어질 수 있는 것은 거의 없다.

왜 예측을 하는가? 많은 환경적요인들과 이유들이 존재하지만, 예측은 미래수요를 충족시키기 위한 계획을 작성함에 있어서 필수적인 것이다.

대부분의 기업은 어떤 제품을 생산계획하기에 앞서 실제 주문이 접수될 때까지 기다릴 여유가 없다. 고객들은 일반적으로 생각하는 시간내에 제품과 서비스를 받고자 한다. 따라서 생산자들은 제품이나 서비스에 대한 미래수요를 예측해야만 하고 그 수요를 충족시키기 위하여 생산능력과 자원에 대한 조달계획을 수립해야 한다.

스탁생산방식(MTS: Make To Stock)의 기업은 즉시 판매가능한 재고를 가지고 있던가 아니면 최소한의 원자재와 반제품을 보유해서 납기를 단축시킬 수 있어야 한다.

주문생산방식(MTO: Make To Order)의 기업은 고객의 주문을 접수하기 전에 생산을 시작할 수 없지만 수요를 충족시키기 위한 장비와 인력자원을 확보하고 있어야만 한다. 많은 요소들이 기업의 제품과 서비스 수요에 영향을 미친다. 비록 그 모든 요소나, 그요소들이 수요에 미치는 효과를 모두 입증해내는 것이 불가능하지만, 그 중에서 고려해야 하는 중요 요소를 살펴보면 다음과 같다.

- 일반적인 경영과 경제상황
- 경쟁 요소
- 수요변화와 같은 시장의 흐름
- 제품의 변경, 가격정책, 판매촉진과 광고활동과 같은 기업자체 계획

수요관리(Demand management)

기업의 가장 중요한 목적은 고객을 만족시키는 것이다. 마케팅 부서는 고객요구만족에 중점을 두지만, 자재를 관리하는 실행부서들은 고객요구만족을 위한 자원을 제공하는 데중점을 둔다. 수요관리는 이 두 가지 계획이 잘 조화되어 결합된 것이다.

수요관리는 제품들에 대한 모든 수요에 대하여 인지(認知)하고 이를 관리하는 기능이다. 수요관리는 단기, 중기, 장기적으로 발생하며, 장기적인 관점에서는 설비투자와 같은 전략적 사업계획에 필요하고, 중기적인 관점의 수요관리의 목적은 생산계획(PP: Production planning)를 위한 제품군별 통합수요를 계획하기 위한 것이다. 단기적인 관점에서는 개별 품목별로 수요관리를 하며, 이는 주생산일정(MPS)에서 출발된다. 여기서는 대부분 단기적인 관점에서의 수요관리에 관해서 설명한다.

자재와 능력 자원들이 효과적으로 계획되기 위해서는, 모든 수요의 출처들이 파악되어야 한다. 여기에는 국내외 고객뿐만 아니라 같은 회사내에서라도 다른 공장과 지역 물류창고, 서비스 부품 등에 대한 요구와 판매촉진활동, 유통재고, 고객장소에 있는 위탁재고가 포함된다.

수요관리는 다음의 4가지 주요활동을 포함하고 있다.

- 수요예측(Forecasting)
- 주문이행(Order processing)
- 납기약속, ATP(약속가능재고)에 대한 개념은 3장에서 언급되었다.
- 생산계획통제와 시장환경 간의 인터페이스 그림 8.1 참조

각 경우마다 생산(공급)은 예측에 의해 보여지는 예상수요에 반응하여 계획된다.

주문이행(Order proccessing) 고객주문이 접수되면 주문이행이 시작된다. 제품이 완제품 재고에서 고객에게 배달되거나, 조립 개시되거나 생산이 시작될 것이다. 만약 제품이

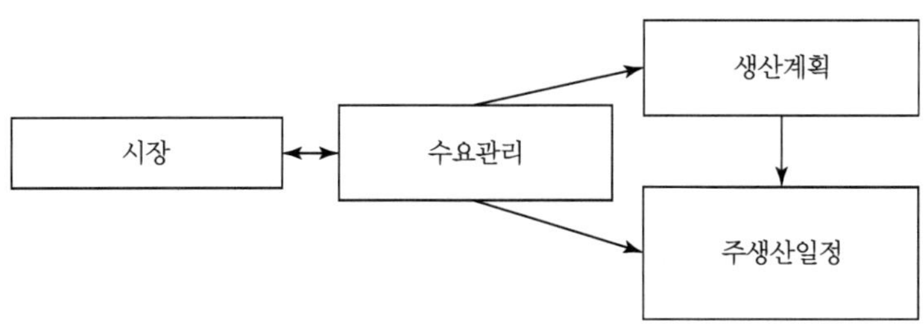

그림 8.1 수요관리와 생산계획관리 시스템

완제품 재고에서 판매가 이루어지는 경우라면, 판매오더는 해당 제품이 재고에서 출고요청을 할 것이다. 만약 제품이 주문에 의해 조립되거나 생산개시되어야 하는 경우라면, 판매부서는 제품에 대한 명세를 판매오더에 기술하여야만 한다.

제품이 표준 부품의 조립만 가능하다면 상대적으로 간단하겠지만, 만약 제품개발단계부터 시작된다면 생산이 복잡해지고 시간 또한 많이 소요될 것이다. 기간과 협의 조건이 기술된 판매주문 사본중 하나는 고객에게 보내지고, 나머지 하나는 생산계획자(master planner)에게 보내져서 생산계획과 실생산을 하도록 한다. 생산계획자는 무엇을 생산할지, 얼마나 생산할지, 고객에게 언제까지 제품을 납품해야 하는지 알고 있어야 한다. 판매주문은 정보를 명확히 전달할 수 있도록 기술되어야 한다.

수요예측(Demand Forecasting)

예측은 무엇을 할 것인지에 따라 다르다. 예측은 전략경영계획(Stratigic business plan), 생산계획(Production planning)과 주생산일정(Master production planning)을 수립하기 위하여 작성되어야 하는데, 2장에서 논의한 바와 같이 각 계획에 따라 그 목적과 계획기간, 상세정도가 다르다.

전략경영계획(Stratigic business plan)은 차후 2년에서 10년 또는 그 이상에 걸쳐 전반적인 시장여건과 경제방향에 관심을 두고있다. 이러한 기간의 목적은 변경을 하는데 장시간이 걸리는 것들에 대한 계획을 세우는데 충분한 시간을 제공하는데 있다. 전략경영계획은 기업 전반에 걸친 장기전략 및 업무목표를 설정한다. 생산과 관련된 신규시장 개척, 신제품 개발, 사업연계 및 구조 개선 등이 포함되며, 최고 경영층의 책임하에서 설정된다. 생산에 있어서, 전략경영계획은 공장의 확장, 자본재 구입, 장납기 자재 구입 등과 같은 자원계획(resource planning)을 위한 충분한 시간을 제공해야 한다. 예를 들면, 전략경영계획에서는 기본적으로 생산에 관련된 모든 지표는 대차대조표, 손익계산서 등 재무제표와 관련된 수치가 사용된다. 자금의 흐름 등을 쉽게 측정할 수 있는 억 원, 천 달러 등의 화폐 단위로 예측하며, 대개 분기 또는 년 단위로 검토한다.

생산계획(Production planning)은 대개 1년에서 3년 동안의 제조활동에 관심을 둔다. 생산계획은 필요한 예산, 인력계획, 장납기 구매품, 전체적인 재고수준에 대한 사항에 대하여 예측을 한다. 예측은 각각의 제품이 아닌 제품군에 대하여 작성되며, 월별로 검토된다.

주생산일정(Master production planning)은 현재에서부터 몇 달 후의 생산활동에 대하여 작성된다. 예측은 재고수준, 원자재와 부속품, 인력계획 등이 각 개별제품별로 이루어지며, 대개 주별로 검토된다.

수요의 특성

이 장에서는 판매(sales)라는 용어보다는 수요(demand)라는 용어가 사용된다. 차이점은 판매는 실제 제품이 판매된 것을 의미하는 반면 수요는 제품에 대한 요구를 나타내고 있다는 것이다. 때때로 수요는 충족되지 못할 수 있으며, 판매가 수요보다 적을 수도 있다.

예측 원칙과 기술에 대하여 논의하기에 앞서 예측과 예측에 사용될 기술에 영향을 미치는 수요의 특성에 대하여 살펴보는 것이 좋겠다.

수요 패턴

만약 수요에 대한 과거 데이터를 시간단위로 표시해보면, 지속적인 패턴 혹은 어떤 형태로표현되어진다. 패턴은 시계열의 일반적인 형태이다. 비록 몇 개의 데이터의 포인트가 그 패턴 내에 있지 않는다 해도 그들은 그와 유사한 형태를 나타낸다.

그림 8.2는 가상의 과거 수요의 패턴을 보여준다. 이 패턴은 실수요가 기간별로 변동

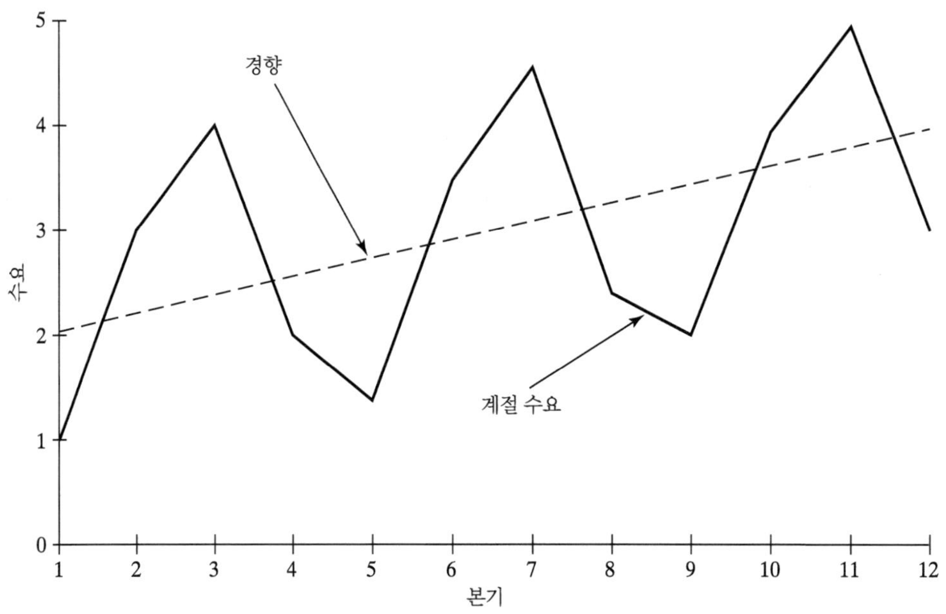

그림 8.2 시계열상의 수요변화

되는 모습을 보여주고 있는데 여기에는 경향(trend), 계절성(seasonality), 임의변동(random variation), 주기(cycle) 4가지 이유가 있다.

경향(Trend) 그림 8.2는 해가 거듭될수록 수요가 지속적으로 증가하고 있는 것을 보여준다. 이 그래프는 선형적인 경향을 나타내지만 그 안에는 기하학적 혹은 기하급수적인 형태와 같이 다른 형태가 있다. 경향은 시간이 변함에 따라 증가하거나 감소할 수도 있고, 동일할 수도 있다.

계절성(Seasonality) 그림 8.2에 나타나는 수요패턴은 해마다 그 해의 일정기간 내에서 수요가 변동되는 것을 보여준다. 이러한 변동은 기후, 명절이나 연휴기간 또는 계절마다 일어나는 특별한 이벤트에 기인한 것일 수 있다. 계절성은 대개 년단위로 일어나지만, 주단위 혹은 일단위로도 나타날 수 있다. 식당의 주문은 하루의 시간마다 다르고, 수퍼마켓 매출의 경우는 주의 요일별로 다르다.

임의변동(Random variation) 많은 요소들이 특정기간 동안 수요에 영향을 미치게 되고 그 결과 편차가 발생하게 된다. 편차는 실제수요가 패턴에 가깝도록 적게 나타날 수도 있으나, 광범위하게 산재되어 나타날 수도 있다. 패턴의 편차는 대개 측정가능하며 예측의 추적을 다룰 때 다시 논의될 것이다.

주기(Cycle) 수년 혹은 수십년에 걸쳐서 경기(景氣)가 파도처럼 상승 혹은 하락함에 따라 수요에 영향을 주었다. 그러나 주기에 대한 예측은 경제학자들의 몫이고 여기서는 논의범위를 벗어나기 때문에 더 이상 언급하지 않는다.

정적 대 동적

어떤 제품이나 서비스에 대한 수요패턴의 형태는 시간이 지남에 따라 변화하는 반면 그 밖의 것들은 그렇지 않다. 이렇듯 그 일반적인 형태를 계속하여 유지하는 것을 정적이라 부르고 그렇지 않은 것들을 동적이라고 부른다. 동적인 변화는 트랜드, 계절성과 실제수요의 임의성에 영향을 줄 수 있다. 수요가 정적일수록 예측은 보다 쉬워진다. 그림 8.3은 정적수요와 동적수요를 그래프로 보여주고 있다. 이 그림에서 동적패턴과 정적패턴의 평균수요는 점에 주의하자. 보통의 경우 평균수요가 예측이 된다.

종속 대 독립 수요

종속과 독립 수요에 대해서 4장에서 논의되었다. 제품과 서비스에 대한 수요가 다른 제

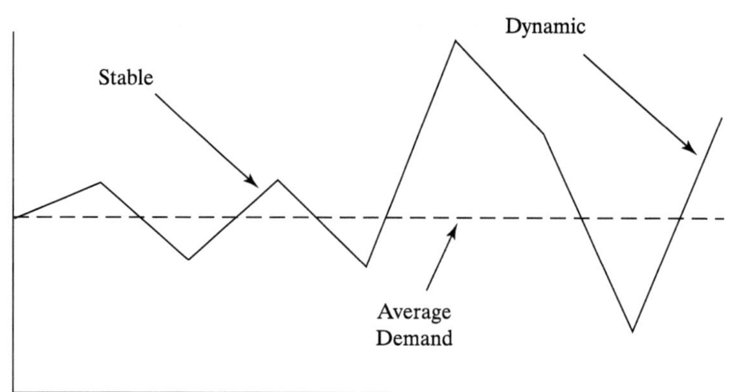

그림 8.3 정적수요와 동적수요

품 혹은 서비스에 대한 수요와 관련이 없으면 독립수요라고 한다. 제품과 서비스에 대한 종속수요는 그 품목에 대한 수요가 다른 품목에 의해 기인할 때 발생한다. 종속품목에 대한 필요량은 예측할 필요 없이 독립수요품목으로부터 계산되어진다.

오직 독립수요품목만 예측이 필요하다. 이러한 독립수요품목은 대개 최종제품이나 완제품을 말하지만 서비스부품이나 같은 회사 내의 다른 공장에 공급하는 품목(inter-company transfers) 역시 이에 해당한다.

예측의 원칙(Principles of Forecasting)

예측은 4가지 중요한 특성 혹은 원칙을 가지고 있다. 이러한 특징과 원칙을 이해하면 예측을 보다 효과적으로 사용할 수 있다. 이러한 특징과 원칙은 간단하고 다소 상식적이다.

1. **예측은 대개의 경우 틀리다** 예측이란 알려지지 않은 미래를 살펴보는 것이다. 아주 운이 좋은 경우를 제외하고는 어느 정도는 틀린다. 오차의 발생은 필연적이고 반드시 발생하게 된다.
2. **모든 예측은 오차에 대한 평가를 가지고 있어야 한다** 예측에는 오차가 발생하기 마련이므로, 실제 질문은 "어느 정도 오차가 발생하는가?"이다. 모든 예측에는 최대값과 최소값의 범위 혹은 플러스나 마이너스 퍼센트로 표현되는 오차에 대한 측정을 포함해야 한다. 오차에 대한 측정은 평균수요에 대해 수요의 변동성을 관찰함으로써 통계학상으로 계산할 수 있다.
3. **예측은 개별품목보다 그룹단위로 하는 것이 더 정확하다** 한 그룹 내에서 개별 품

목의 행태는 비록 개별항목이 속해있는 그 그룹의 특성이 매우 안정적이다 하더라도 품목 개개별로는 불규칙할 수 있다. 예를들면, 한 학급의 개별적인 학생의 등급을 예측하는 것이 반평균을 예측하는 것보다 어렵다. 상위등급과 하위등급이 같이 평균화된다. 이것은 예측이 한 그룹 내의 개별적 품목보다는 품목들의 집단에 대해 보다 정확성을 가지고 있다는 뜻이다. 생산계획의 경우, 유사한 프로세스나 장비에 기초하여 그룹이 만들어진다. 예를 들면, 접합양말의 경우 남성용과 여성용의 시장이 서로 다르기 때문에 남성용과 여성용을 다른 그룹으로 하여 수요예측을 하게 된다. 그러나, 남성용과 여성용 발목양말이 같은 기계에서 생산되고 무릎양말이 다른 기계에서 생산된다면, 생산계획 시에는 (a)남,여성용 발목양말과 (b)남, 여성용 무릎양말에 대해서 예측을 해야만 한다.

4. **예측은 먼 미래보다 가까운 미래시점이 더 정확하다** 가까운 미래는 먼 미래보다 불확실성이 적기 때문다. 대부분의 사람들은 지금으로부터1년후 보다 다음 주에 겪게될 일에 대해 보다 많은 확신을 가지고 있다. 누군가 말한 것처럼 내일은 오늘과 매우 흡사할 것이다.

   이처럼 회사입장에서는 가까운 미래에 대한 수요예측이 먼 미래에 대한 수요예측보다 쉽다. 이러한 사실은 소요기간(Lead time)이 많이 요구되는 품목에 대하여 중요하며 그 품목 수요가 안정적이지 못할 때 더욱 그러하다. 소요기간(Lead time)을 단축할 수 있어야만 예측 정확성이 높아질 것이다.

자료의 수집과 준비(Collection and Preparation of Data)

예측은 대개 추정이나 통계기술에 의해 조작된 과거자료를 기초로 이루어진다. 따라서, 예측이 과거 자료에 의존하므로 자료가 얼마나 믿을 수 있는가에 따라 예측도 그 자료의 수준만큼 믿을 수 있게 된다. 다음은 믿을 수 있는 데이터를 얻기 위한 중요한 데이터 수집의 3원칙이다.

1. **예측에 필요한 같은 조건 내에 있는 데이터를 기록하라** 이것은 예측의 목적이 무엇인지 무엇을 예측해야 하는지를 결정할 때 문제가 된다. 이것에 대해서는 3가지 측면이 있다.
   a. 만약 예측의 목적이 생산을 위한 수요를 예측하는데 있다면, 수요에 기반한 데이터가 필요한 것이지 선적데이터가 필요한 것이 아니다. 선적데이터는 언제 상

품들이 선적되었는지 보여줄 때 필요하지 고객들이 무엇을 원하는지 알고 싶을 때는 필요치 않다. 그러므로 선적데이터는 수요에 대한 실지표가 되지 못한다.

b. 스케줄이 주, 월 또는 분기로 되어 있다면 예측기간 또한 스케줄 기간과 같아야 한다. 만약 스케줄이 주단위라면 예측도 주단위로 이루어져야한다.

c. 품목예측은 제조공정에 의해 생산되는 것과 같이 관리되어야 한다. 예를 들면, 특별한 제품에 제공되는 다양한 옵션이 존재한다면, 그 제품과 각 옵션에 대한 수요가 예측되어야 한다.

몸체 크기가 세가지인 자전거를 만드는 회사가 있는데, 바퀴 크기가 3종류이고, 기어가 3단, 5단, 10단 3종류이며, 기어사양이 고급인 것과 아닌 것이 있다고 가정하자. 여기에는 (3 × 3 × 3 × 2) 54개의 판매사양이 존재한다. 만약 각각을 예측한다면, 54개에 대한 예측이 이루어져야 한다. 보다 좋은 방법은 (a) 총 수요와 (b) 몸체와, 바퀴사이즈 등에 대하여 필요한 비율을 예측하는 것이다. 이럴 경우 12개의 예측만이 필요하게 된다 (몸체3, 바퀴3, 기어5,자전거 자체).

이 경우에, 각 구성품을 만드는 시간이 상대적으로 자전거를 조립하는 데 걸리는 시간보다 길다면, 구성품을 만드는 제조공정은 부분품 예측에 의해 진행하고, 자전거의 조립은 고객의 주문이 접수되면 이뤄진다. 이러한 형태는 3장에서 논의한 바와 같이 최종조립일정(FAS: final assembly schedule)이 사용되는 환경에 적합하다.

2. **데이터에 관련한 환경을 기록하라** 수요는 특별한 사건에 영향을 받게 된다. 이러한 사건들은 수요 데이터와 함께 기록되어야 한다. 예를 들면, 수요에 있어 인위적인 증가는 판매촉진, 기후의 변화, 혹은 경쟁사 공장의 파업 결과에 의한 것일 수 있다. 이러한 요소들이 과거 수요상황과 연결된 것이 명확하다면 이러한 요소들은 예측 조건에서 빠지거나 포함되어야 한다.

3. **서로다른 고객집단에 대한 수요는 별도로 기록하라** 많은 회사들이 상품을 각 상품들이 갖는 특성에 따라 서로 다른 경로를 통해 유통을 시킨다. 예를 들면, 어떤 회사가 다수의 도매상들에게는 적은 물량을 정규적으로 납품하며, 한 소매점에는 일년에 두 번 대량으로 상품을 구매하는 주요 소매상에게 상품을 납품할 수도 있다. 이때 평균 수요를 예측하는 것은 의미가 없으므로 이때는 각각의 수요를 분리하여 예측해야만 한다.

예측 기법(Forecasting Techniques)

많은 예측기법이 존재하지만 대개 다음3가지로 분류할 수 있다.

정성적 기법(Qualitative Techniques)

정성적 기법은 추정이나 예감, 이미 알려진 의견에 의한 예측방법이다. 본질적으로 이러한 방법은 주관적이다. 대개 이러한 기법은 사업전반에 걸친 경향이나 오랜기간에 걸친 제품군에 대한 잠재적 수요를 예측할 때 사용된다. 그렇기 때문에 이러한 기법은 주로 상위 관리자들에 의해 이루어진다. 생산과 재고관리에서 이루어지는 예측은 주로 특별한 최종제품에 관해 이루어지는 것이기 때문에 정성적 기법은 별로 사용되지 않는다.

신상품에 대한 수요를 예측하고자 할 때는 예측에 사용할 수 있는 과거 데이터가 존재하지 않는다. 이러한 경우, 시장조사 기법이나 과거유추 방법이 쓰여질 수도 있다. 시장조사법은 고객의 의견이나 의도를 분석하기 위해 사용되는 체계적이고 형식적이며 의도적인 절차를 말한다. 과거유추법은 신상품과 비슷한 경향을 지닐 것이라 생각되는 유사상품의 도입기와 성장기를 비교 분석하는 방법이다. 또 다른 방법은 실제로 제품을 시장에서 시험하는 것이다.

이밖에도 다른 정성적 기법들이 존재한다. 그 중 하나는 델파이(Dephi) 방법으로 향후 전망에 대한 전문가 집단의 의견을 수렴하는 것이다.

외부적 기법(Extrinsic Techniques)

외부적 기법은 기업의 제품수요에 관련한 외부적 요인에 근거하여 예측을 하는 것이다. 이러한 데이터의 예는 주택건설 착공률, 출산율, 자유저축금액 증감 등이 있다. 이 이론은 제품군의 수요가 다른영역의 활동과 상호관계가 있으며, 비례적이라는 것이다. 상호관계에 대한 예에는 다음과 같은 것이 있다.

- 벽돌의 판매는 주택건설 착공률과 비례한다.
- 자동차 바퀴의 판매는 가솔린 소비와 비례한다.

주택건설 착공률과 가솔린 소비를 경제지표라 부른다. 이러한 경제지표는 향후 특정기간동안의 경제상황을 나타낸다. 주로 사용되는 경제지표에는 건설수주 실적, 자동차 생산가동률, 철강생산, 농가수입, 국내총수입 등이 있다. 이러한 종류의 자료들은 여러 정부 부처, 금융잡지, 무역협회, 은행들에 의해 작성되고 발표된다.

문제는 수요와 상관관계가 존재하면서 실지 수요 발생 이전에 수요를 견인할 지표가 어떠한 것인지 찾아내는 것이다. 예를 들어, 한 기간 내의 건설수주량은 다음기간 동안 건설자재의 수요량을 결정하게 된다. 선행지표를 찾아내는 것이 불가능할 경우에는 정부나 기타 다른 기관에서 예측한 지표를 사용하는 것도 가능하다. 말하자면 예측치를 기반으로 예측을 하는 것이다.

외부적 예측은 제품군에 대한 수요나 회사전체 제품에 대한 총 수요를 예측하고자 할 때 유용하다. 이같은 경우, 개별 최종제품 예측보다도 생산계획(PP), 전략경영계획시 더욱 자주 이용된다.

내부적 기법(Intrinsic Techniques)

내부적 예측기법은 과거 자료를 이용한 예측이다. 이러한 자료들은 대부분 기업 내에 자료를 보유하고 있어 쉽게 얻을 수 있다. 내부적 예측기법은 과거에 발생했던 일이 미래에도 일어날 것이라고 가정을 한다. 이러한 가정은 백미러를 이용하여 차를 운전하는데 비유된다. 미래에 대한 가장 좋은 지표가 과거라고 하는 가정이 어느 정도는 사실이지만, 부족한 부분이 있는 것 또한 사실이다.

내부적 기법은 상당히 중요하기 때문에 자세히 설명을 할 것이다. 이러한 기법에 의해 나온 데이터들이 계획기간 내의 최종제품에 대한 주생산일정(MPS) 작성시 입력값으로 사용된다.

중요한 내부적 기법들(Some Important Intrinsic Techniques)

특정 제품의 지난 1년 동안의 월별 수요가 그림 8.4와 같다고 가정하자.

그해의 지난해 12월까지의 수요 데이터를 알고 있지만 다음해1월의 수요를 예측하고자 한다면 다음과 같은 규칙들을 사용할 수 있다.

January	92	July	84
February	83	August	81
March	66	September	75
April	74	October	63
May	75	November	91
June	84	December	84

그림 8.4 월별 과거 수요

- **이달의 수요는 지난 달 수요와 같을 것이다** 1월의 수요가 지난 12월의 수요가 같이 84일 수도 있다. 이런 가정은 너무 간단하다. 그러나 월별 수요의 변화가 적다면 이런 가정은 아주 유용할 것이다.
- **이달의 수요는 작년 동월의 수요와 같다** 예측수요는 전년 1월과 같이 92이다. 이러한 규칙은 만약 수요에 계절성이 존재하고, 변동의 폭이 적을 경우라면 적합하다.

한 개의 달 혹은 과거 어느 한 시점을 바탕으로 하는 이러한 규칙들은 수요에 많은 변화가 존재하는 경우에는 사용이 제한적이다. 대개의 경우 과거기록을 평균하는 것이 더 믿을 수 있는 예측치가 된다. 왜냐하면 임의변동의 영향을 줄여주기 때문이다.

다른 예로는, 지난 한 해의 평균치를 다음 1월달의 수요 예측치로 사용할 수 있다. 그러나 이러한 단순평균은 수요의 결함이나 변화에 잘 대응할 수 없다. 이때 보다 좋은 방법은 이동평균법을 사용하는 것이다.

평균수요(Average demand) 무엇을 예측할 것인가가 문제이다. 앞에서 언급한 것처럼 수요는 임의변경에 의해 변동이 심할 수 있다. 임의변경의 효과가 무엇일까 고민하는 것보다 평균수요를 예측하는 것이 좋다. 앞에서 얘기했던 두번째 규칙, 예측은 항상 오차를 가지고 있다는 것을 의미한다. 나중에 살펴보겠지만, 이런 오차범위는 측정될 수 있으므로, 수요의 평균에 의한 예측을 하고, 오차의 범위를 적용시킨다.

이동평균(Moving Average)

예측을 위한 간단한 방법은 먼저 과거3개의 기간 혹은 6개의 기간을 평균한 값을 다음 기간의 예측으로 사용한다. 다음 기간의 끝에 가서는 첫구간은 제외되고, 가장 최근의 수요가 그 다음 기간의 수요예측을 위하여 추가된다. 이러한 예측은 항상 특정기간 동안의 실제수요의 평균에 기초하게 된다.

예를 들어, 3개월 이동평균을 그림 8.4를 이용하여 구해보자. 10, 11, 12월의 수요에 기반한 1월 예측분은 다음과 같다.

$$\frac{63 + 91 + 84}{3} = 79$$

이제 실제로1월의 수요가 79가 아닌 90이었다고 가정하면 2월달 수요예측은 다음과 같이 계산된다.

$$\frac{91 + 84 + 90}{3} = 88$$

예제

과거 3개월간의 수요가 120, 135과 140단위였다. 3개월 이동평균을 이용하여 4번째 달의 수요를 계산하라.

답

$$4번째\ 달의\ 예측 = \frac{120 + 135 + 114}{3} = \frac{369}{3} = 123$$

4번째 달의 실제수요가 129였다. 5번째 달의 예측치를 계산하라.

$$5번째\ 달의\ 예측 = \frac{135 + 114 + 129}{3} = 126$$

앞에서 언급했듯이, 1월의 예측이 79이고 2월은 88이었다. 10월의 적은 수요를 빼고1월의 보다 높은 수요치가 들어갔기 때문에 예측이 올라간 것이다. 만약 6개월 평균과 같이 보다 더 긴 기간이 평균된다면 예측이 그렇게 빨리 변화되지는 않는다. 이동평균에서는 달 수가 보다 적어질수록 최근의 정보가 보다 많이 반영된다. 그리고 트랜드에 민감해진다. 그러나 예측은 항상 어떤 트랜드가 나타나는 것보다 늦게 나타난다. 예를 들면 지난 5개월 동안의 수요가 다음과 같다고 하자.

기간	수요
1	1000
2	2000
3	3000
4	4000
5	5000

수요가 증가하는 추세에 있다. 만약 5개월 이동평균이 사용된다면, 기간 6에 대한 예측은 (1000 + 2000 + 3000 + 4000 + 5000)/5 = 3000이다. 이런 경우는 예측이 실제수요와 많은 차이를 보이며 나중에 트랜드가 반영되므로 정확하지 못하다. 그러나 3개월 이동평균을 사용한다면 예측은 (3000 + 4000 + 5000)/3 = 4000이다. 정확하지는 않지만 조금은 나아졌다. 초점은 이동평균은 항상 트랜드를 늦게 반영한다는 것이다. 그리고 평균을 낼 때 기간이 길수록 이런 현상은 더욱 심해진다.

반면에 어떤 트랜드 변화없이 실제수요가 임의변경에 의해 들쑥날쑥할 경우라면, 짧은 기간을 기초로한 이동평균은 단순평균보다 이러한 임의변경을 더 잘 반응한다. 다음과 같은 수요를 고려해 보자.

기간	수요
1	2000
2	5000
3	3000
4	1000
5	4000

수요가 트랜드적이지 않고 무작위적이다. 만약5개월 이동평균이 사용된다면 다음 달의 수요는 3000이다. 이것은 모든 수요를 반영한 결과이다. 만약2개월평균이 사용된다면 3번째, 4, 5, 6번째 월의 수요는 다음과 같다.

3번째 달 예측 = (2000 + 5000) /2 = 3500
4번째 달 예측 = (5000 + 3000) /2 = 4000
5번째 달 예측 = (3000 + 1000) /2 = 2000
6번째 달 예측 = (1000 + 4000) /2 = 2500

2개월 이동평균 예측은 최근의 수요를 굉장히 빨리 반영한다. 하지만 안정적이질 못하다.

이동평균은 약간의 트랜드를 가진 안정적인 수요나 혹은 계절성이 있을 경우 가장 적합하다. 이동평균은 또한 무작위 변동을 걸러내고자 할 때도 유용하다. 수요가 적은 기간 다음에 수요가 갑자기 급증하는 경우가 종종 발생한다면 이동평균을 고려할 만하다.

이동평균을 사용하는데 하나의 결점은 각 제품에 대한 여러기간 동안의 과거자료를 계속 유지해야만 예측이 가능하다는 것이다. 이것은 컴퓨터 상에 많은 데이터 공간과 사소한 노력을 필요로 한다. 또한 계산하기도 번거롭다. 지수평활법(exponential smothing)이라 불리는 일반적인 예측기법은 이동평균법과 같은 결과를 주기는 하지만 그다지 많은 자료를 요구하지도 않고, 계산도 비교적 쉽다.

지수평활법(Exponential Smoothing)

지수평활법은 이동평균처럼 몇 개월 동안의 자료를 보유하고 있어야 할 필요가 없다. 왜냐하면 이전에 계산된 예측치가 이미 이러한 과거자료를 잘 반영하고 있기 때문이다. 그러므로 예측은 새로운 자료와 이전의 예측분에 기초하여 이루어질 수 있다.

그림 8.4를 사용하여 최근 6개월의 평균수요(80 단위)가 1월의 수요를 계산하기 위해

사용되었다고 가정하자. 만약 1월말의 실제수요가 90 단위였다면 우리는 새로운 기간의 수요를 계산하기 위해 6월달의 수요를 빼고1월의 수요를 더해야만 한다. 그러나 만약 1월의 예측치 80과 실제치 90을 선택한다면 2월에 대한 새로운 예측치는 85 단위이다. 이 공식은 예측치(이전의 모든 월에 의해 산출)에 가중치를 준 것만큼 최근 월에 가중치를 부여한다. 이것이 적합해 보이지 않는다면 최근의 실제 수요에 보다 적은 가중치를 주고 이전의 예측치에 보다 많은 가중치를 줄 수도 있다. 만약 가장 최근의 수요에 오직 10%의 가중치만 반영하고 90%를 이전의 예측치에 주는 것이 더 좋을 수도 있다. 이런 경우를 계산하면

$$2월의\ 예측치 = 0.1(90) + 0.9(80) = 81$$

앞서 계산한 것과 같이 실제치와 예측치에 같은 가중치를 주었을 경우처럼 예측치가 많이 증가하지 않았다는 사실에 주목하자. 지수평활법의 한 가지 장점은 새로운 자료에 대해서 마음대로 가중치를 부여할 수 있다는 것이다. 최신의 수요에 대한 가중치를 평활상수(smoothing constant)라고 하고 이를 그리스 문자 α로 표시한다. 평활상수는 0~1.0 사이에서 표현된다.

일반적으로 공식은 다음과 같다.

$$예측치 = (\alpha)(최근수요) + (1 - \alpha)(이전예측치)$$

예제

5월에 대한 이전 예측치가 220 이었다. 그리고 5월의 실제 예측치는 190 이었다. 만약 α가 0.15일 경우 6월의 예측치를 계산하라. 만약 6월의 수요가 218이었다면 7월의 예측치를 계산하라.

답

$$6월\ 예측치 = (0.15)(190) + (1 - 0.15)(220) = 215.5$$
$$7월\ 예측치 = (0.15)(218) + (0.85)(215.5) = 215.9$$

지수평활법은 제품의 예측치를 갱신하는데 기계적인 방법을 제공한다. 이 방법은 안정적인 수요를 가진 제품에 적합하다. 일반적으로 짧은 기간에 대한 예측을 할 경우 효과적이다. 반면 수요가 적거나 간헐적일 경우는 적합하지 않다.

지수평활법은 트랜드가 명확히 존재할 경우 비록 트랜드를 늦게 반영한다고 하더라도 트랜드를 잘 감지해 낼 수 있다. 그림 8.5는 실수요가 증가 추세에 있을 때 지수평활법이 이런 경향을 따라가고 있는 것을 보여준다. α값이 클수록 더 빨리 추세를 따라간다는

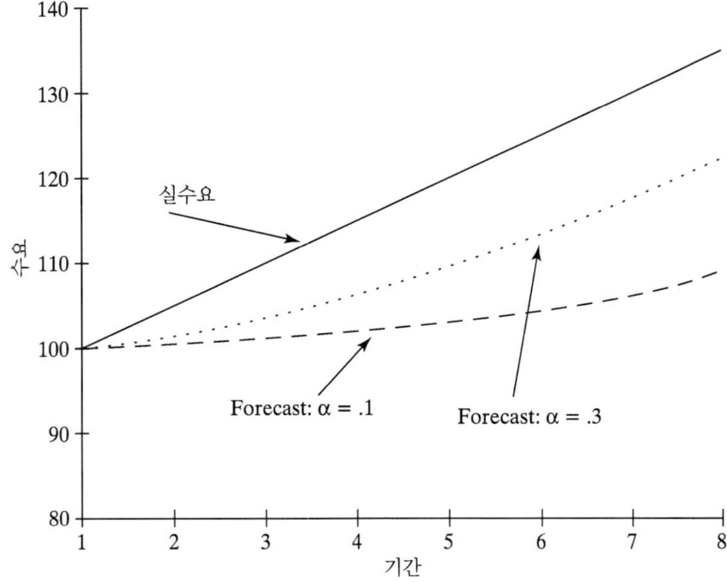

그림 8.5 트랜드가 존재하는 예측

사실에 주목하자.

트랜드가 존재할 경우, 이중지수평활법(double exponential smoothing)이라 불리는 보다 복잡한 공식을 사용할 수 있다. 이 방법은 같은 원칙이 적용되나 각각의 연속적인 예측치가 트랜드 선 상에서 증가를 하고 있는지 혹은 감소 중인지에 관심을 두고 있다. 이중지수평활법은 여기서는 자세한 내용을 다루지 않는다.

이중지수평활법에서는 가장 좋은 α를 선택하는 것이 관건이다. 만약 0.1과 같이 적은 수치가 사용된다면 상대적으로 이전의 예측치에 가중치가 많이 부여되고 트랜드의 변화를 재빠르게 감지하기가 어렵다. 만약 0.4와 같은 높은 수치를 사용한다면 예측은 수요의 변화에 민감하게 반응하게 됨으로, 수요에 임의변경이 존재할 경우 잘못된 예측을 할 수 있다. 가장 좋은 α을 얻기 위한 한 가지 방법은 컴퓨터를 통해 시뮬레이션하는 것이다. 과거 실제 수요를 이용하여, 서로 다른 α값을 사용하여 예측을 해보고 과거 수요에 가장 적합한 α값을 찾아내는 것이다.

계절성(Seasonality)

많은 제품이 계절성을 가지고 있거나, 특정기간 내에 특정한 수요패턴을 가지고 있다. 스키장비, 잔디깎는 기계, 목욕가운, 크리스마스 전구 등이 그 예이다. 월, 주, 일 혹은 시간 단위로 수요가 변해가는 제품의 경우에는 예측이 불분명하다. 한주간의 야채 판매량이라던가 하루 동안의 전력소비량 같은 것이 그러한 예이다. 전력사용량은 오후4시에서7시 사이가 정점이다. 그리고 슈퍼마켓은 주말 혹은 특정휴일 전에 붐비게 된다.

계절지수(Seasonal index)

제품에 대한 계절적 변화요인 정도를 측정하는데 유용한 것이 계절지수이다. 이 지수는 어떤제품에 대하여 특정계절 동안 평균수요 대비 얼마나 증감하는지에 대한 측정치이다. 예를들어서 수영복의 월평균 수요는 100이지만 7월의 평균수요는 175 그리고 10월의 평균수요는 35라고 한다면 7월 수요에 대한 계절지수는 1.75이고 10월은 0.35이다.

계절지수에 대한 공식은 다음과 같다.

$$\text{계절지수} = \frac{\text{해당기간의 평균수요}}{\text{전 기간의 평균수요}}$$

여기서 말하는 기간은 수요의 계절성에 따라 일, 주, 월 혹은 분기 단위가 될 수 있다.

전체기간동안의 평균수요는 계절성까지 평균한 수치이다. 이것을 계절성 제거수요(deseasonalized demand)라고 한다. 위의 공식은 다음과 같이 다시 쓰여질 수 있다.

년	분기				
	1	2	3	4	Total
1	122	108	81	90	401
2	130	100	73	96	399
3	132	98	71	99	400
평균	128	102	75	95	400

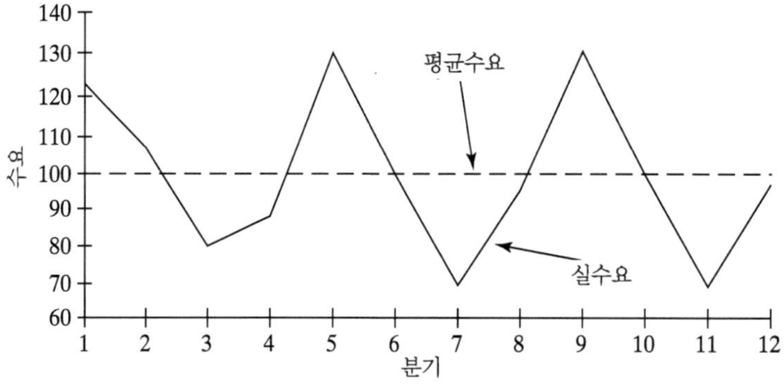

그림 8.6 계절성 판매 실적

$$\text{계절성 제거수요} = \frac{\text{해당기간의 평균수요}}{\text{계절지수}}$$

예제

어떤 제품의 수요가 분기에 관련되어 계절성을 지니고 있고 과거 3년간의 수요가 그림 8.6과 같다. 트랜드는 없으나 계절성은 뚜렷하다. 분기의 평균수요는 100이다. 또한 그림 8.6에서 실제계절적 수요와 평균수요가 분기별로 나타나 있다. 여기서 평균수요는 모든 분기의 평균을 나타낸다. 우리가 예측한 것은 평균수요이지 계절적 수요가 아니라는 것을 기억해야한다.

답

계절지수는 다음과 같이 계산된다.

$$\begin{aligned}\text{계절지수의 총합} &= \frac{128}{100} = 1.28 \text{ (quarter 1)}\\ &= \frac{102}{100} = 1.02 \text{ (quarter 2)}\\ &= \frac{75}{100} = 0.75 \text{ (quarter 3)}\\ &= \frac{95}{100} = 0.95 \text{ (quarter 4)}\\ \text{계절지수의 총합} &= 4.00\end{aligned}$$

계절지수의 총합은 기간의 수와 같다는 것에 주목하라. 이것은 계산이 정확히 이루어졌는가를 검토하는 좋은 방법이 된다.

계절성 예측(Seasonal forecasts)

앞서 계산한 계절지수들이 계절수요를 예측할 때 사용된다. 만약 어떤 회사에서 전기간에 대한 평균수요를 예측했다면, 계절지수를 이용하여 계절예측을 할 수 있다. 공식은 다음과 같다.

$$\text{계절수요} = (\text{계절지수})(\text{계절성 제거 수요})$$

$$\text{계절성 제거 수요} = \frac{\text{실계절수요}}{\text{계절지수}}$$

예제

앞의 예제에서 나온 회사가 다음해의 수요를 420으로 예측했다. 분기별 수요를 예측하라.

답

분기당 평균수요 = (계절지수)(분기당 예측수요)
1분기예상수요 = 1.28 × 105 = 134.4
2분기예상수요 = 1.02 × 105 = 107.1
3분기예상수요 = 0.75 × 105 = 78.75
4분기예상수요 = 0.95 × 105 = 99.75
총 예상수요 = 420

계절성제거 수요(Deseasonalized Demand)

예측은 임의변경을 고려하지 않는다. 예측은 평균수요로 이루어지며 계절지수를 이용하여 계절수요가 계산된다. 그림 8.7은 실제수요과 예측된 평균수요를 보여준다. 예측된 평균수요란 계절성 제거 수요이다. 과거실제수요에 대한 자료에는 계절성이 포함되었기 때문에 평균수요를 예측하기 전에 먼저 계절성을 제거해야 한다.

또한 서로 다른 기간에서 판매량에 대한 비교를 한다면, 계절성을 제외하지 않고는 의미가 없다. 예를 들면, 테니스 라켓을 판매하는 회사가 여름에 판매량이 가장 크다는 것을 발견하였다. 그러나, 어떤 사람들은 실내 테니스를 즐기기도 하기 때문에 겨울에도 수요가 제법된다. 만약 1월의 수요가 5,200이고 6월의 수요가 24,000이라고 한다면 6월의 수요와 1월의 수요 중 어느 달의 수요가 높은지 어떻게 비교할 것인가? 만약 계절성이

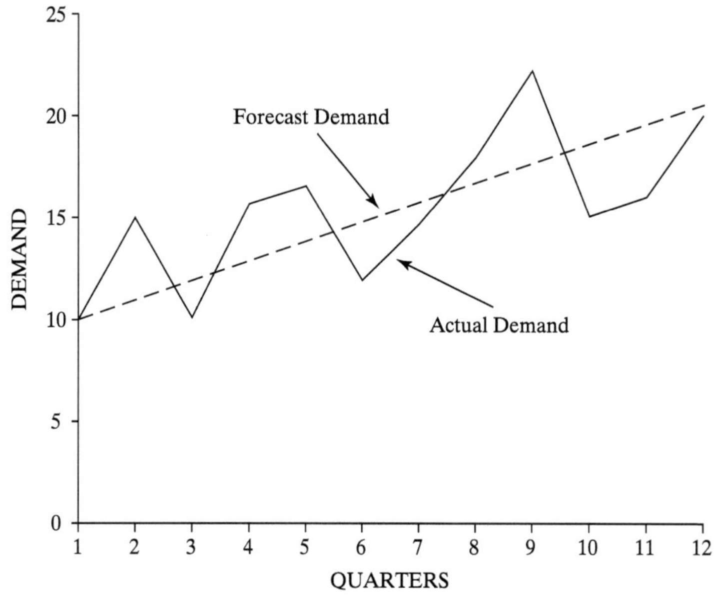

그림 8.7 계절 수요

존재한다면 실수요를 가지고 비교하는 것은 의미가 없다. 계절성이 배제된 자료가 요구된다.

계절성 제거 수요를 계산하는 공식은 앞서 나온 계절수요를 구하는 공식에서 나올수 있다.

$$\text{계절성 제거 수요} = \frac{\text{실계절수요}}{\text{계절지수}}$$

예제

테니스 라켓을 판매하는 회사의1월 수요가 5200이고6월의 수요는 24,000이다. 만약1월의 계절지수가 0.5이고 6월은 2.5라고 한다면 1월과 6월의 계절성 제거 수요를 계산하라. 두 달의 수요를 어떻게 비교할 것인가?

답

1월의 계절성 제거 수요 = 5200 ÷ 0.5 = 10,400

6월의 계절성 제거 수요 = 24,000 ÷ 2.5 = 9600

이제 6월과 1월의 수요를 비교할 수 있게 되었다. 계절성이 배제된 상태에서는 1월의 수요가 6월의 수요보다 크다.

예측을 위해서는 계절성이 배제된 자료가 사용되어야만 한다. 예측은 평균수요로 만들어지며, 계절수요에 대한 예측은 적절한 계절지수를 이용한 평균수요로부터 계산된다.

계절성을 포함한 예측을 하기 위한 규칙은 다음과 같다.

- 예측을 위해 계절성이 제거된 자료만을 사용한다.
- 계절성이 반영된 수요를 예측하지 말고, 계절성 제거 수요를 예측하라.
- 계절성 제거 수요에 계절지수를 적용하여 계절수요예측을 계산하라.

예제

어떤 회사에서 제품에 대한 수요를 예측하기 위하여 지수평활법을 사용한다. 4월의 계절성 제거 수요 예측치는 1,000이었고, 실제 계절수요는 1,250이였다. 4월의 계절지수는 1.2이고 5월은 0.7이다. 만약 α가 0.1이라면 다음을 계산하라.

a. 4월의 계절성이 배제된 실제수요

b. 5월의 계절성이 배제된 예측

c. 5월의 계절성이 포함된 예측

답

a. 4월의 계절성이 배제된 실제수요 $= \frac{1250}{1.2} = 1042$

b. 5월의 계절성이 배제된 예측 $= \alpha$(실제치) + $(1-\alpha)$(예측치)

$= 0.1(1042) + 0.9(1000) = 1004$

c. 5월의 계절성이 포함된 예측 = (계절지수)(계절성 제거 수요)

$= 0.7(1004) = 703$

예측 추적(Tracking the Forecasting)

앞서 언급했듯이 예측은 언제나 틀리다. 여기에는 여러가지 이유가 있다. 어떤 것은 예측하는 사람에 의해서 그러할 수도 있고, 어떤 것은 경제동향에 의해 그러할 수도 있다. 어떻게 하는 것이 예측을 보다 좋게 하는 방법인지 알고 있다면, 예측방법은 발전해 나갈 것이고 오차를 보다 잘 측정할 수 있을 것이다. 잘못된 자료를 가지고는 더 이상의 향상은 생각 할 수없다. 우리는 예측을 추적해야 한다. 예측의 추적은 실제수요와 예측치를 비교하는 프로세스이다.

예측 오차(Forecast Error)

예측오차란 실제수요와 예측수요의 차이를 말한다. 오차는 두가지 종류가 있다. 편중(bias)와 임의변동(random variation)이 그것이다.

편중(Bias) 누적된 실제수요는 예측치와 같지 않을 것이다. 그림 8.8의 데이터를 살펴보자. 6개월에 걸쳐 실제수요가 예측치와 다르고 누적치로 보면 실제수요가 예측치보다 120이 크다.

편중은 실제수요의 누적치와 예측수요의 누적치 사이에 차이가 있을 때 발생한다. 이것은 평균수요를 예측한 것이 잘못되었다는 뜻이다. 그림 8.8의 예에서, 예측된 평균수요는 100이나 실제치는 $720 \div 6 = 120$이다. 그림 8.9는 실제치와 예측치의 누적데이터를 그래프로 보여주고 있다.

편중은 실제치가 계속적으로 예측치의 밑에 있거나 위에 있는 규칙적인 오차이다. 편중이 존재한다면 정확도를 높이기 위해서 예측이 변경되어야 한다.

예측을 추적하는 목적은 오차를 줄이거나 미리 계획에 포함시킴으로써 오차에 대한 대비를 하자는 것이다. 도저히 받아들일 수 없는 오차나 편중이 존재한다면, 원인을 밝히기 위한 조사가 이루어져야 한다.

오차의 원인 중에는 종종 일회적인 성격을 갖는 것들이있다. 이러한 원인들에는 기계 고장, 고객사의 휴업, 일회성 대량주문, 판촉활동 등이 있다. 이러한 원인들은 자료를 수집하고 준비하는 것과 자료에 관련된 환경을 기록하는 것과 연관이 있다. 이러한 경우,

월	예측		실적	
	월	누계	월	누계
1	100	100	110	110
2	100	200	125	235
3	100	300	120	355
4	100	400	125	480
5	100	500	130	610
6	100	600	110	720
Total	600	600	720	720

그림 8.8 예측과 실제 판매의 편중(偏重)

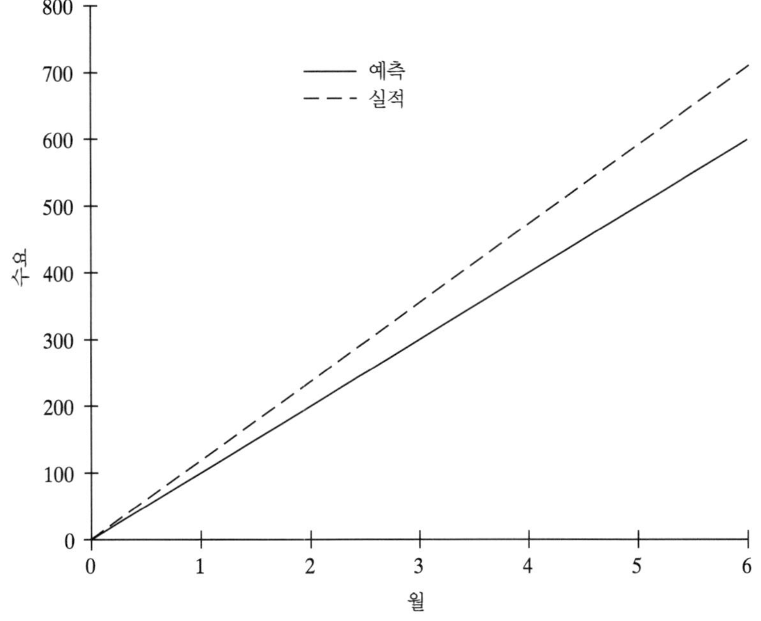

그림 8.9 예측과 실제 수요의 편중(偏重)

수요 이력 데이터는 예외적인 환경을 고려하기 위하여 조절되어야만 한다.

오차는 시간적 요소에 의해 발생할 수도 있다. 예를 들면, 눈삽의 경우 비록 누적수요는 같다고 하더라도, 초겨울, 늦겨울과 같은 시기가 수요에 영향을 받을 수 있다.

누적수요를 점검함으로써 시간에 의한 오차나 일회성 사건에 의한 오차를 확인할 수 있다. 다음의 예가 이것을 보여준다. 4월의 누적수요가 보통의 경우보다 수요가 적다는 것을 알수 있다.

월	예측	실제	누적예측	누적실제
1	100	95	100	95
2	100	110	200	205
3*	100	155	300	360
4	100	45	400	405
5	100	90	500	495

*3월의 경우 고객이 파업가능성을 미리예측하고 물량을 비축했다.

임의변동(Random variation) 주어진 기간 내에서 실제수요는 평균수요에 근접해 변동이 발생할 것이다. 이런 변동은 제품의 수요패턴에 달려있다. 어떤 제품은 안정적인 수요를 가지고 있어서 변동이 적을 수 있다. 다른 것은 수요가 안정적이지 못해 변동이 클수도 있다.

그림 8.10의 실제수요와 예측치를 살펴보자. 많은 임의변경이 존재하지만 평균 수요오차가 0이다. 이것은 평균 수요예측에 오차가 없으며 편중도 없다는 것을 보여준다.

절대평균편차(Mean Absolute Deviation)

예측을 수정하거나 계획을 세우는데 도움을 주려면 오차는 그 전에 측정에 되어야 한다. 오차를 측정하는데는 여러가지 방법이 있지만, 그중에서 일반적으로 사용되는 것이 절대평균편차(MAD)이다.

그림 8.10의 데이터 변동을 살표보자. 비록 총 오차가 0이라 하더라도 각 월별로 많은 변동이 있다. 이런 변동을 측정할 때 평균은 의미가 없다. 변동성을 측정하는 한가지 방법은 오차의 플러스, 혹은 마이너스 기호를 제거한 후 평균을 구하는 것이다. 이것을 절대평균편차라 한다.

- 평균(mean)이란 산술평균(average)을 의미한다.
- 절대(absolute)란 플러스와 마이너스가 없는 절대값을 의미한다.

월	예측	실적	변수 (오차)
1	100	105	5
2	100	94	– 6
3	100	98	– 2
4	100	104	4
5	100	103	3
6	100	96	– 4
Total	600	600	0

그림 8.10 편중(偏重)없는 예측과 실제 판매

■ 편차(deviation)란 오차를 의미한다.

$$\text{MAD} = \frac{\text{절대편차의 합}}{\text{표본수}}$$

예제

그림 8.10에 나타난 데이터를 이용하여 절대평균편차를 계산하라.

답

$$\text{절대편차의 합} = 5 + 6 + 2 + 4 + 3 + 4 = 24$$

$$\text{MAD} = \frac{24}{6} = 4$$

정규분포(Normal distribution) 절대평균편차는 실제수요와 예측치와의 오차를 측정한다. 대개, 실제수요는 예측치에 가깝게 나타나지만 어떤 경우에는 그렇치 않은 경우도 있다. 실제수요에 대한 여러가지 값들의 빈도를 그래프화 하면 종모양의 곡선 그래프를 형성하게 되는데, 이런분포를 정규분포라 하고 그림 8.12와 같다. 11장에서 정규분포와 그 특성에 대해 좀더 상세히 살펴볼 것이다.

정규곡선에는 두 가지 중요한 특성이 있다. 그것은 집중화경향(cetral tendency), 평균

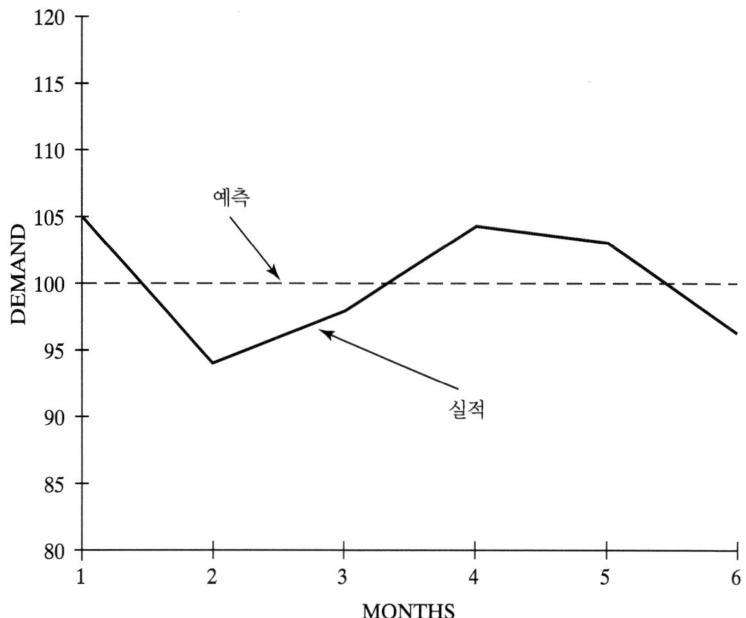

그림 8.11 편중(偏重)없는 예측과 실제 판매

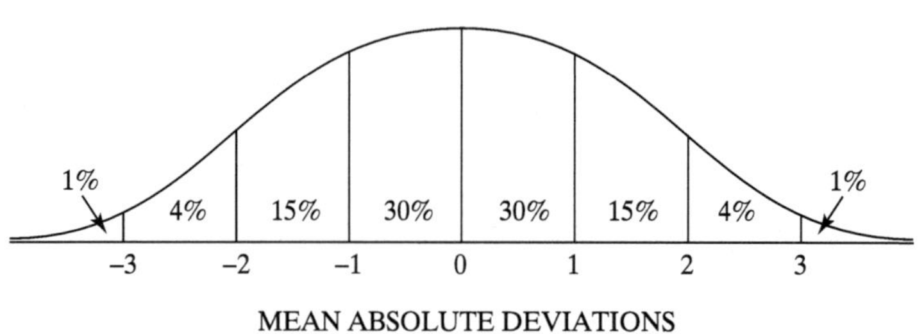

그림 8.12 정규분포곡선

그리고 분포의 흩어짐 또는 분산 이다. 그림 8.12에서 집중화 경향이 예측치이다. 정규곡선의 흩어진 정도가 넓거나 좁은 모양을 하는 분산은 표준편차에 의해 측정된다. 절대평균편차는 표준편차의 근사값이고, 계산과 적용이 쉽기 때문에 자주 사용된다.

통계학에서 우리는 오차의 범위가 다음과 같다는 것을 안다.

약 60% 확률: 평균 ±1 MAD
약 90% 확률: 평균 ±12MAD
약 98% 확률: 평균 ±3 MAD

절대평균편차의 활용 절대 평균편차는 여러 가지로 사용된다. 그중 중요한 몇가지는 다음과 같다.

추적 신호(Tracking signal) 편중은 실제 수요누적치가 예측치와 다른 경우에 존재하게 된다. 문제는 이런 차이점이 편중에 의한 것인지 아니면 임의변경에 의한 것인지 판단하는 것이다. 만약 차이가 임의변경에 의한 것이라면 오차 자체를 수정하면 되며, 예측은 수정할 필요가 없다. 그러나, 만약 오차가 편중에 의해 발생한 것이라면 예측은 수정되어야 한다.

절대평균편차를 이용하여 우리는 오차의 합당성에 대한 판단을 할 수 있다. 정상적인 환경하에서 실제수요는 평균치의 ±3절대평균편차(MAD)에서 확률이 98%이다. 만약 실제수요가 3MAD보다 더 크게 예측치와 차이가 난다면 우리는 예측이 잘못되었다고 할 수 있다.

추적 신호(Tracking signal) 은 예측의 수준을 점검하기 위하여 사용될 수 있다. 여기에는 여러가지 방법이 존재하지만 그중 쉬운 방법은 예측오차의 누적 합계와 절대평균편차를 비교하는 것이다. 공식은 다음과 같다.

$$\text{추적 신호(Tracking signal)} = \frac{\text{예측오차의 합}}{\text{MAD}}$$

예제

예측량이 주당 100이다. 과거 6주간의 실제수요가 105, 110, 103, 107, 115이다. 만약 MAD가 5라고 할 때 예측의 오차의 합계를 구하고 추적 신호(Tracking signal)를 구하라.

답

$$\text{예측오차의 합} = 5 + 10 + 3 + 5 + 7 + 15 = 45$$

$$\text{추적 신호(Tracking signal)} = 45 \div 5 = 9$$

예제

어떤 회사에서 tracking signal이 ±4일 경우 예측을 다시 하기로 하였다. 데이터가 다음 표와 같을 때 어느 기간의 예측을 다시 해야 하는지 결정하라. MAD는 2이다.

기간	예측치	실제치	편차	누적편차	Tracking Signal
				5	2.5
1	100	96			
2	100	98			
3	100	104			
4	100	110			

답

기간	예측치	실제치	편차	누적편차	Tracking Signal
				5	2.5
1	100	96	−4	1	0.5
2	100	98	−2	−1	−0.5
3	100	104	4	3	1.5
4	100	110	10	13	6.5

4기간의 예측은 검토되어야 한다.

비상계획(Contingency planning) 문짝의 수요에 대한 예측이 100이었다고 가정하고 이것을 만들기 위한 용량은 110이었다고 가정하자. 이러한 예측의 실제수요에 대한 절대평균편차는 10이었다. 이것은 실제수요가 90에서 110사이에 있을 경우가 60%라는 것을 의미하고 40%는 그렇지 않다는 것을 의미한다. 이러한 정보를 가지고 생산관리 부서에서는 예상되는 추가수요에 대한 비상계획을 설정할 수 있을 것이다.

안전재고(safety stock) 이러한 데이터를 이용하여 안전재고를 설정할 수 있다. 여기에 대해서는 11장에서 자세히 설명될 것이다.

P/D 비율(P/D Ratio)

예측에 내재되어 있는 오류로 인해 예측에 의존하는 기업들은 다양한 문제에 당면하고 있다. 예를 들면 잘못된 자재를 구입되어 잘못된 상품으로 공정될 수 있는 것이다. 실제로 필요한 것을 생산하는데 보다 더 신뢰성 있는 방식으로는 P/D 비율을 사용하는 방법이 있다.

P는 곧 생산리드타임(Production lead time)의 줄임말로 상품의 적재된(stacked) 리드타임을 의미한다. 여기에는 구매와 원자재의 도착, 제조, 조립, 운송 및 때로 상품의 설계에 드는 시간까지 포함되기도 한다. 4쪽에 나왔던 그림 1.1은 다양한 산업들의 P를 보여주며, 그림 8.13에서 반복되었다.

D는 곧 수요리드타임(Demand lead time)의 줄임말로 고객의 리드타임을 의미하며, 이는 곧 고객이 오더를 한 때로부터 상품이 고객에게 배송되는 시간 까지를 일컫는다. D는 예측생산방식(make-to-stock)을 사용하는 기업의 경우 매우 짧을 수 있고, 반대로 ETO(Engineer-to-order)를 사용하는 기업에서는 매우 길어질 수 있을 것이다.

예측에 내재된 오류를 방지하는 전통적인 방법은 예비 재고를 마련해 놓는 것이었다. 그러나 이러한 혹시 모를 상황을 위한 추가 재고품의 보유는 더 많은 비용이 들게끔 한다. 또 다른 방법은 보다 정확한 예측(predictions)을 하는 것인데, 이를 수행하는 데에는 다섯 가지 방법이 있다.

1. **P 타임 줄이기(Reduce P time)** P타임이 길어질수록 오류가 날 가능성이 높아진다. P는 D보다 짧은 것이 이상적이다.

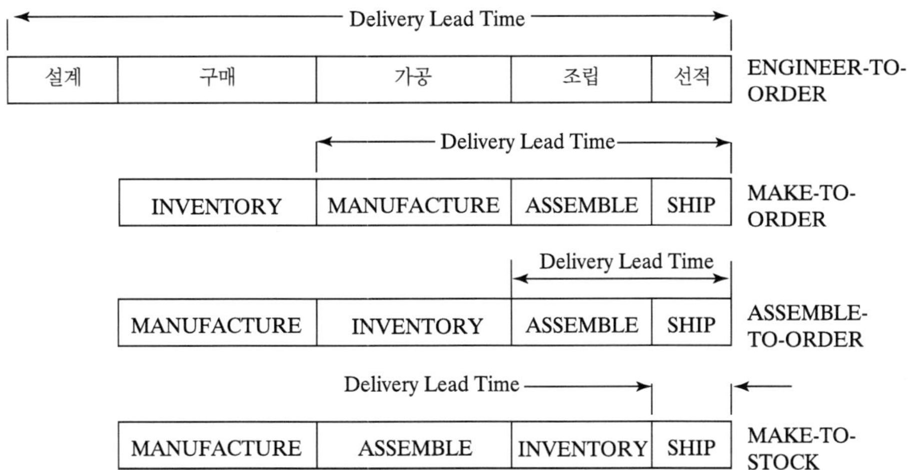

그림 8.13 제조 리드타임 및 전략

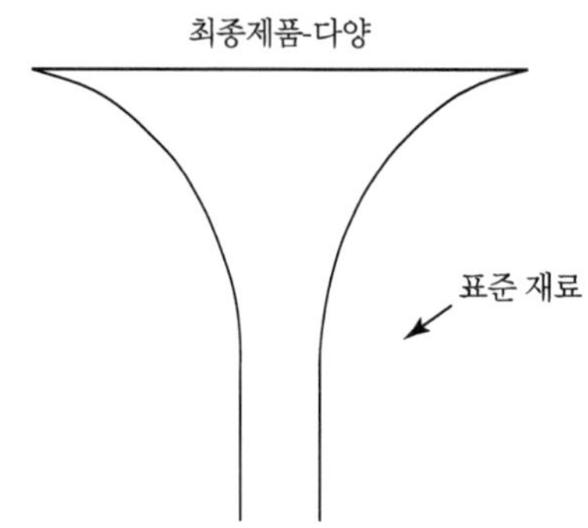

그림 8.14 버섯 설계(Mushroom design)

2. **P와 D가 매치되도록 만들기** 다음의 두 가지 방식으로 이를 성취할 수 있다.
   a. 고객의 D타임을 회사의 P타임과 같도록 만든다. 이는 제조사가 고객의 명세서(specification)에 따라 주문 상품을 제조하는 경우 일반적으로 사용되는 방식이다.
   b. 예측한 상품을 판매한다. 당사가 시장을 주도할 때 가능한 방법이다. 좋은 예로는 자동차 시장을 들 수 있겠다. 자동차 시장에서는 제조사가 예측한 상품을 판매하기 위해 연말마다 특별 장려책을 제공하는 경우가 흔하다.
3. **생산라인을 단순화 하기** 생산라인이 다양해질수록 오류가 일어날 가능성도 커진다.
4. **제품 및 공정 과정 표준(standardize) 하기** 고객화(customization)를 가능한 마지막 조립에 근접한 시점에 발생하도록 하는 것이다. 이러한 기술은 '지연(postponement)' 이라고 불리기도 하며, 이는 제 1장에서 다룬 바 있다. 기본적인 부품이 모든 부품들과 동일하거나 비슷해야 한다. 그림 8.14는 이를 도식화한 것이다.
5. **보다 정확하게 예측하기** 세심하게(well-thought-out) 잘 단속된(well-controlled) 공정과정을 이용해 예측한다.

요약

예측은 정밀과학은 아니지만, 그럼에도 불구하고 다음과 같은 점을 명심한다면 아주 귀중한 도구가 될 수 있다.

- 예측은 점검되어야 한다.
- 오차를 측정하기 위한 논리적으로 설명되는 척도가 있어야 한다.
- 실제수요가 오차 범위를 벗어난 경우, 그 원인을 알아야 한다.
- 현재 예측방법에서 만약 오차의 명백한 원인이 없다면, 다른 더 좋은 방법이 있는지 검토되어야 한다.

질문

1. 수요관리(demand management)란 무엇인가? 어떤기능들이 포함되어 있는가?
2. 왜 예측을 해야 하는가?
3. 기업제품에 대한 수요에 영향을 주는 요소는 무엇인가?
4. 전략경영계획, 생산계획, 주생산일정에서의 예측 목적은 무엇인가?
5. 수요의 3가지 특성에 대한 명칭과 내용을 설명하라.
6. 예측에 적용되는 경향(trend), 계절성(seasonality), 임의변경(randomvariation)과 주기(cycle)에 대하여 설명하라..
7. 예측의 원칙 4가지에 대한 명칭과 내용을 설명하라.
8. 자료수집의 3가지 원칙에 대한 명칭과 내용을 설명하라.
9. 정성적, 외부적, 내부적 예측기법에 대한 차이점과 특성을 설명하라.
10. 이동평균법과 지수평활법의 장, 단점을 설명하라.
11. 계절지수는 무엇인가? 어떻게 계산하는가?
12. 계절성미반영 수요가 의미하는 것은 무엇인가?
13. 예측을 점검한다는 것은 무엇을 의미하는가? 예측이 잘못되는 2가지 경우는 무엇인가?
14. 예측에서 편중 오차라는 것은 무엇인가? 이것에 대한 원인은 무엇인가?
15. 임의변경란 무엇인가?
16. MAD란 무엇인가? 예측에서 이것이 왜 유용한가?
17. 예측을 점검할 때 수긍할 수 없는 오차가 발생했을 경우 어떤 조치를 해야하는가?
18. P/D 비율이란 무엇인가? 이를 어떻게 발전시킬 수 있는가?
19. P/D 비율을 사용하는 제조사가 어떻게 스케줄을 1개 이하로 제한할 수 있는가? 이것

이 재고에 어떤 영향을 주는가?

20. 예측 방식에 편향(bias)은 없으나 상당한 MAD가 존재한다고 할 때, 이는 무엇을 의미하는가?

연습문제

8.1 과거 3개월 동안 어떤 제품의 수요가 250,274,235였다. 4월째의 수요를 3개월 이동평균단가로 계산하라. 만약 4개월째의 실제수요가 229였다면 5월째의 수요를 계산하라.

답: 253,246

8.2 데이터가 다음과 같이 주어져 있다. 4, 5, 6, 7월에 대한 3개월 이동평균단가를 구하라.

월	실제수요	예측
1	60	
2	70	
3	40	
4	50	
5	70	
6	65	
7		

8.3 과거 10개월간의 월간수요가 아래 표와 같다.

a. 수요를 그래프로 표시하라.

b. 11월에 대한 수요를 예측하라.

c. 4월부터 11월까지를 3개월 이동평균법으로 계산하라.

월	실제수요	예측
1	102	
2	91	
3	95	
4	105	
5	94	
6	100	
7	106	
8	95	
9	105	
10	98	
11		

8.4 만약 2월에 대한 예측이 122였고 실제수요는 130이었을 경우 평활지수(α)가 0.15이라면 3월의 예측치는 얼마인가? 지수평활법으로 계산하라.

답: 123

8.5 만약 이전예측치가 100이고 최신수요가 85라면 다음기간에 대한 지수평활에 의한 예측치는 얼마인가? α값은 0.2이다.

8.6 지수평활법을 사용하여 2월부터 6월까지의 예측치를 계산하라. 평활지수는 0.2이고 1월의 이전예측치는 245이다.

월	실제수요	예측
1	260	
2	230	
3	225	
4	245	
5	250	
6		

8.7 지수평활법을 사용하여, 문제 8.3의 c항을 계산하라. 3월에 대한 이전예측치는 96이고 α는 0.2이다. 11월에 대한 두 예측치의 차이는 어떠한가?

월	실제수요	예측
1	102	
2	91	
3	95	
4	105	
5	94	
6	100	
7	106	
8	95	
9	105	
10	98	
11		

8.8 지난 1년간 어떤제품에 대한 주당 평균수요가 100이였다. 지난 8주간의 실제수요는 아래표와 같다.

a. 아래표에있는 데이터를 graph상에 점으로 표시하라.

b. ?값을 0.2로 했을경우, 각주에 대한 지수평활법에 의한 예측치를 계산하라.

c. 예측치와 실제수요가 얼마나 잘 일치하는지 설명하라.

예측치가 실제수요를 늦게 반영하는가 혹은 일찍반영하는가?

주	실제수요	예측
1	103	100
2	112	
3	113	
4	120	
5	128	
6	131	
7	140	
8	142	
9		

8.9 만약 1사분기의 평균수요가 122.5이고 모든분기의 대한 평균수요가 175이라면 1사분기의 계절지수는 얼마인가?

답: 0.70

8.10 문제 8.9의 데이터를 이용하여, 만약 다음해에 대한 예측이 800이었다면, 다음 해의 1사분기의 예측치를 계산하라.

답: 140

8.11 1월의 평균수요가 90이었고, 년평균수요가 1800이었다. 1월의 계절지수를 계산하라. 만약 다음해의 연간수요를 2000으로 예측했다면 다음해 1월의 수요는 얼마일지 예측하라.

8.12 각월의 평균수요가 다음과 같다. 각 월의 계절지수를 계산하라.

월	평균수요	계절지수
January	30	
February	50	
March	85	
April	110	
May	125	
June	245	
July	255	
August	135	
September	100	
October	90	
November	50	
December	30	
Total		

8.13 8.12의 데이터와 계산하여 나온 계절지수를 이용하여 연간 예측이 2000일 경우의 각 월의 예측수요를 계산하라.

월	계절지수	예측
January		
February		
March		
April		
May		
June		
July		
August		
September		
October		
November		
December		

8.14 4월의 실제수요가 1200이고 계절지수가 2.5였다면, 4월의 계절성미반영 수요는 얼마인가?

답: 480

8.15 다음의 계절성미반영 수요를 계산하라.

분기	실제수요	계절지수	계절성미반영수요
1	130	0.62	
2	170	1.04	
3	375	1.82	
4	90	0.52	
합			

8.16 계절성미반영수요가 100이고, $\alpha = 0.2$이며,지난달의 실제수요는 130이였다. 만약 지난달의 계절지수가 1.2이고 다음달이 0.9일 경우, 다음을 계산하라.

a. 지난달의 실제 계절성미반영수요

b. 지수평활법에 의한 다음달의 계절성미반영 수요예측

c. 다음달의 실제수요에 대한 예측

답: a. 108

b. 101.6

c. 91.4

8.17 스키전문점에서 4개월의 스키시즌 동안 스키고글을 판매하였다. 평균수요는 다음과 같다.

월과거	평균수요	계절지수	내년 수요예측
December	300		
January	400		
February	220		
March	130		
합			

a. 4개월 동안의 각 계절지수와 계절성미반영 판매량을 계산하라.

b. 내년 수요예측이 1200이라고 할경우 각월별 판매예측량을 얼마인가?

8.18 예측과 실제수요가 다음과 같을 때 절대평균편차를 계산하라.

기간	예측	실제수요	절대편차
1	110	85	
2	110	105	
3	110	120	
4	110	100	
5	110	90	
합			

답: MAD = 10

8.19 다음의 데이터에 관하여 절대평균편차를 계산하라.

기간	예측	실제수요	절대편차
1	100	105	
2	105	95	
3	110	90	
4	115	135	
5	120	105	
6	125	120	
합	675	650	

8.20 어떤 회사에서 tracking signal이 ±4일 이상일 경우 예측을 수정하기로 하였다. 과거 데이터가 아래와 같을 경우 어느 기간의 예측이 수정되어야 하는가? 이 제품에 대한 MAD는 5이다. 예측이 수정되어야 할 어떤 선행된 징후가 존재하는가?

기간	예측	실제	편차	누적편차	Tracking signal
1	100	110			
2	105	90			
3	110	85			
4	115	110			
5	120	105			
합	125	95			

Case Study 8.1

노스컷 바이크사(Northcutt Bikes社): 예측의 문제

회사 주인 잰 노스컷(Jan Northcutt)은 1995년 노스컷 바이크 사를 창업했다. 당시 자전거 가게를 운영하던 그녀는, 판매를 위해 구입한 자전거의 가격은 오르는데 품질은 점점 떨어져가는 것을 발견했다. 또한 그녀가 원하는 특징을 가진 자전거를 구입하기 위해서는 주문 후 몇 달을 기다려야 하는 수고를 해야만 했다. 이러한 과정에 짜증이 난 그녀는 직접 그녀가 원하는 자전거를 만들기로 결정했다.

그녀는 우선 자전거 프레임, 안장, 타이어 등 자전거에 필요한 모든 부품을 구입한 뒤 차고를 빌려 두 명의 보조원과 함께 이를 조립했다. 그녀의 자전거 가게가 옵션, 배송, 품질 등에 대해 제대로 반응한다는 소문이 퍼져 나가자 고객의 층이 개인으로부터 지역 내 다른 자전거 매장들에 이르기까지 성장하게 되었다. 사업이 번창해 살펴볼 일들이 많아지자, 잰 노스컷은 자전거 가게를 팔아 버리고 제법 큰 공장부지를 빌려 자전거 생산에 집중하는 것이 나으리라는 것을 알게 되었다.

사업은 계속 성장했고, 잰 노스컷은 그녀의 공정에 더 많은 과정을 후방통합(backward integrated)시켜, 이제는 제조하는 자전거의 50%에 해당하는 부품만 구입하게 되었다. 덕분에 그녀는 생산 품질을 관리할 수 있을 뿐만 아니라 생산 품의 가격도 통제하여 최후생산품이 고객들에게 더욱 매력적인 가격을 가질 수 있도록 할 수 있게 되었다.

최근의 상황

잰은 스스로를 실무관리자(hands-on manager)라고 생각하고 있었으며, 상품의 수요를 예상할 때 시장에 대한 평상시의 지식과 직관을 이용했다. 그녀의 회사 설립 원칙 중 하나가 고객의 특별주문에 대한 빠르고 정확한 배달이었으므로, 그녀는 수요가 발생하기 전에 각각 다른 자전거 종류의 기본 부품 생산을 시작해야 한다고 생각했다. 이런 식으로 그녀는 실제 수요가 들어오기 전에 미리 기본 프레임, 바퀴, 스탠더드 액세서리 등을 생산하기 시작했고, 나중에 주문이 들어 온 뒤 조립하면 되는 추가 옵션들만 제외시켜 두었다. 그녀의 생산 소요시간은 다른 자전거 생산업체들의 평균 소요시간보다 50%이상 짧은 것으로, 큰 전략적 이점으로 보였다. 그녀는 성공적인 운영을 위해서는 이러한 대응시간을 그대로 유지하거나 더욱 발전시키는 것이 아주 중요하다고 생각했다.

그러나 고객 수가 증가함에 따라, 잰은 전체 고객 수 중에서 개인적으로 알던 고객의 수의 비율이 눈에 띄게 줄어들었음을 알게 되었고, 새로운 고객들은 처음 노스컷 바이크 사를 선택한 이유대로 더욱 빠른 반응시간을 기대하거나 심지어 요구하기 시작했다. 여기에 전체적인 수요량까지 더해지자 가용량 계획(capacity planning)에 부담이 가해 지기 시작 했다. 노스컷은 어떤 때는 가격에 눈에 띄는 영향을 줄 정도로 시간이 빌 때가 있는 한편, 수요가 가용량을 넘어서 고객 반응 시간(customer response time)을 맞출 수 없을 때도 있음을 알게 되었다. 따라서 생산설비는 특정 모델의 수요를 맞추는데 집중하게 되었고, 실제 그 모델들의 완성 재고품(finished goods inventory)을 생산하게 되어 버렸다. 이는 가격에 타격과 일부 반응 시간에 타격을 주었는데, 그 이유는 다음과 같았다.

- 완성 재고품이 종종 적절한 재고품이 아니었다. 즉 어떤 상품은 부족하고 어떤 상품은 다른 상품의 재고량을 넘어섰다. 이러한 상황은 반응(responsiveness)에 타격을 주며 재고 비용을 증가시켰다.
- 반응 유지를 돕기 위해 완성된 재고품이 다시 공정되어 생산비를 증가시키는 경우가 종종 있었다.
- 상기의 재공정되는 재고품이 다른 고객들의 오더가 차지할 귀중한 자리를 잡아먹었다. 이는 진도관리(expediting)로 인해 리스폰스 타임에 악영향을 주고 가격을 상승시켰다. 현재의 생산 오더와 재공정 주문이 수요가 높은 시점에서 중요 기계와 원자재 사용을 두고 경쟁하고 있었었으므로, 스케줄링은 악몽과 같은 작업으로 느껴지기 시작했다.

재고 문제는 새로운 재고 부지가 필요한 상황까지 이르렀으나, 잰은 이 비용을 가능한한 피하고 싶었다.

잰이 당면한 또 다른 문제는 자전거 수요량이 활발했다는 것이다. 잰은 비생산적인 남는 시간이 있을까봐 걱정했으며 수요가 낮아 남는 시간 동안 노동자들을 쉬게 하고 싶지 않았으므로 계속 꾸준히 생산을하도록 격려했다. 이는 빠듯한 재고부지 상황과 함께 정확한 완제품을 더 중요하게 만들었다.

과거 수요(Past Demand)

다음의 표는 26인치 10단 일반 자전거 생산라인의 월간 수요를 보여주고 있다. 이 모델은 노스컷 바이크 사가 최근 생산하고 있는 가장 대표적인 주요 모델이다. 잰이 그 수요를 보다 건설적으로 이해하기 위해 이 데이터를 이용할 수 있다면, 그녀는 아마 다른 주요 생산품목군과 같은 방식을 사용하리라 생각했다. 이러한 방식은 잰으로 하여금 그녀를

ACTUAL DEMAND

Month	2008	2009	2010	2011
January	437	712	613	701
February	605	732	984	1291
March	722	829	812	1162
April	893	992	1218	1088
May	901	1148	1187	1497
June	1311	1552	1430	1781
July	1055	927	1392	1843
August	975	1284	1481	839
September	822	1118	940	1273
October	893	737	994	912
November	599	983	807	996
December	608	872	527	792

더욱 효율적이고 연속적이게 만든다고 믿었다. 또한 이러한 지식은 더욱 효율적인 계획과 주도적 가격(controlling cost)에 보다 연속적으로 반응할 수 있는 것처럼 보였다.

과제

1. 데이터를 구성화하고 어떤 것을 볼 수 있는지 설명해 보라. 이는 무엇을 의미하며 이 구성에 나온 정보가 예측을 세우는데 어떤 도움을 줄 것인가?
2. 가능한 수요에 정확한 예측을 세우기 위한 방법을 2가지 이상 사용해 보고, 다음 네달간의 수요를 계획해 보라.
3. 2번에서 사용한 방법 중 어느 것이 더 나으며, 왜 그런가?
4. 만약 우리가 잰의 시장시식을 이용해 예측을 향상시킬 수 있다면, 어떤 방법을 통해서인가?
5. 잰의 운영과 상황을 향상시킬 수 있는 다른 접근 방식이 있다면 어떤 것들이 가능한가?
6. 잰의 운영이 그녀의 적절한 통제를 벗어날 정도로 성장한 것인가? 예 혹은 아니오의 이유를 대시오. 잰이 어떻게 하면 좋겠는가? 그녀의 상황을 개선시키기 위해 또 어떤 추가적인 정보를 사용할 수 있겠는가?

재고 기초
(Inventory Fundamentals)

입문(Introduction)

재고는 기업이나 공공기관에서 판매 또는 생산공정에 투입하기 위한 자재와 소모품을 말한다. 모든 기업이나 공공기관은 재고를 필요로 하며, 재고는 전체 자산의 상당한 부분을 차지한다.

회계적 관점에서 볼 때, 재고는 제조회사에 매우 중요하며, 일반적으로 대차대조표상에 총자산의 20% ~ 60%를 차지한다. 재고의 가치는 현금흐름과 투자회수율(ROI: Return on investment)을 개선하는 현금으로 바뀐다. 반면, 재고유지비용은 운영자금을 증가시키고 이익을 감소시킨다. 좋은 재고관리는 필수적이다.

재고관리의 책임은 원자재 단계에서 고객에게 전달될 때까지 재고를 계획하고 통제하는 것이다. 재고는 생산의 산출물과 생산을 지원하기 위한 것이기 때문에 그 둘을 분리해서 관리하는 것이 아니라 통합 관리되어야 한다. 재고는 생산계획(PP: production planning), 주생산일정(MPS: master production scheduling), 자재소요계획(MRP: material requirements planning)의 계획단계 각 단계에서 고려되는 한 부분이 된다.

생산계획은 전체적인 재고를, 주계획(master planning)은 최종제품을, 자재소요계획은 부분품과 원자재를 고려해야 한다.

총량재고관리(Aggregate inventory management)

총량재고관리는 재고를 개별 품목보다는 이들의 분류(원자재, 재공품, 완제품)와 수행하는 기능에 따라 관리한다. 또한, 재정 지향적이며 서로 다른 분류의 재고를 유지하기 위한 비용 및 이익과 관련되어 있다. 따라서, 총량재고관리는 다음을 포함한다.

- 흐름과 요구되는 재고의 종류
- 공급과 수요 모형
- 재고가 수행하는 기능

- 재고관리의 목적
- 재고와 관련된 비용

품목재고관리(Item inventory management)

재고는 총량 뿐만 아니라 품목별로도 다루어진다. 회사는 재고품목에 대해 몇 가지 규칙을 정의해야 한다. 그러면 재고관리를 책임지고 있는 직원이 효과적으로 그들의 일을 수행할 수 있다. 이러한 규칙은 다음을 포함한다:

- 가장 중요한 재고품목
- 개별품목들의 통제방법
- 1회 주문수량
- 주문시기

이번 장은 총량재고관리와 재고관리의사결정에 영향을 미치는 요소들에 대해 학습할 것이다. 그것은 다음을 포함한다.

- 자재흐름에 기초한 재고유형
- 수요와 공급 유형
- 재고에 의해 수행되는 기능
- 재고관리의 목적
- 재고비용

마지막으로 주요 완제품을 결정하고 그것을 관리하는 방법에 대하여 학습하기로 한다. 다음 장에서는 한번에 얼마나 많은 양을 주문하며 주문시기는 언제인가에 대해 토론할 것이다.

재고와 자재흐름(Inventory and the Flow of Material)

재고를 분류하는 방법에는 여러 가지가 있다. 자주 사용되는 분류방법은 그림 9.1과 같이 제조 조직으로 투입, 통과, 산출되는 자재의 흐름과 관련 있다.

- **원자재(raw materials)** 생산공정에 투입되지 않은 구매된 품목이다. 구매된 자재, 부분품, 반조립품(subassembly)이 있다.

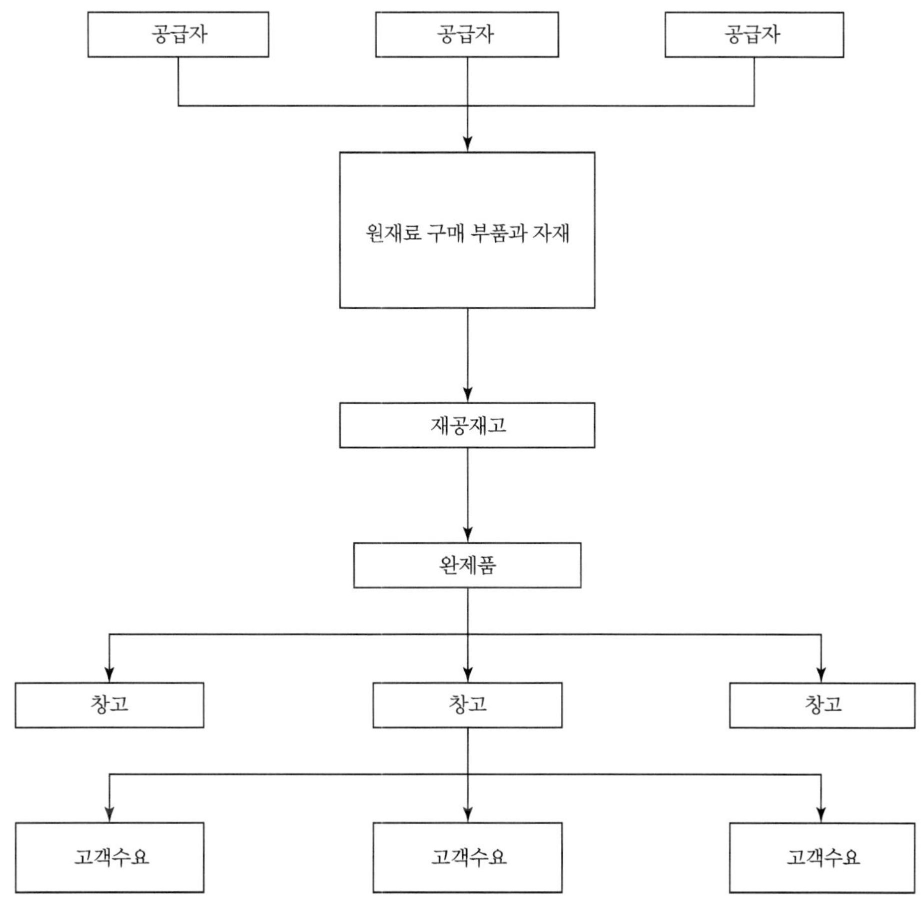

그림 9.1 재고와 자재흐름

- **재공재고(work-in-process)** 제조공정에 투입되어 사용 중이거나 사용되기를 기다리는 원자재
- **완제품(finished goods)** 완성된 품목으로 판매될 준비가 된 생산공정의 완성 제품. 이들은 공장이나 중앙 창고 또는 유통시스템의 다양한 지점에 보관된다.
- **유통 재고(distribution inventories)** 유통시스템에 위치한 완제품
- **유지, 보수, 운영재고(Maintenance, repair, and operational supplies, MROs)** 제품의 일부가 되지 않지만 생산에 사용되는 품목. 수작업 도구, 예비부품, 윤활유, 청소용품이 포함된다.

특정재고의 품목분류는 생산환경에 따라 다르다. 예를 들어, 의자골격이나 타이어는 공급자에게는 완제품이지만 자동차공장에는 원자재나 부분품이다.

수요와 공급유형(Supply and Demand Patterns)

공급과 수요가 정확히 일치하면 재고는 거의 필요 없다. 제품은 수요와 같은 비율로 만들어지고 재고가 축적되지 않는다. 이런 상황이 되기 위해서는 수요가 예측가능하고 안정되고 장기간 일정해야 한다.

이렇게 된다면, 생산이 수요와 일치하는, 반복흐름(line-flow)에 기초를 두고 제품을 생산할 수 있다. 이 시스템을 사용하면, 원자재는 필요할 때 생산에 공급되고, 작업장에서 다른 작업장으로의 작업흐름은 균형을 이루어 재공품이 거의 필요하지 않고, 제품은 고객이 필요한 순간에 배달된다. 흐름생산시스템은 1장에서 다루었다. 흐름생산에서 생산할 수 있는 제품의 다양성이 제한적이기 때문에, 경제성을 갖추기 위해서는 수요가 충분히 커야 한다. 이 시스템은 JIT(just-in-time) 생산의 특징을 가지며 15장에서 다루어질 것이다.

대부분 제품의 수요는 반복흐름시스템을 보장할 만큼 제품의 수요가 충분하지 않고, 일정하지도 않아서 보통 기본작업단위 또는 배치로 만들어진다. 작업장은 기능에 따라 조직화된다. 예를 들어, 모든 기계도구를 한 장소에, 모든 용접은 다른 장소에, 조립은 또 다른 장소에서 수행한다. 작업은 순서에 의해 필요할 때 기본작업단위로 한 작업장에서 다른 작업장으로 이동한다. 이런 특성으로 재고는 원자재, 재공품, 완제품으로 구성될 것이다.

재고의 기능(Functions of Inventories)

배치생산에서 재고의 기본 목적은 공급과 수요를 분리하는 것이다. 재고는 다음 둘 사이의 완충역할을 한다.

- 수요와 공급
- 고객요구와 완제품
- 완제품과 부분품의 유용성
- 공정을 위한 요구와 앞공정의 산출물
- 생산을 시작하기 위한 부품 및 자재와 자재의 공급자

이것에 기초해, 재고는 그들이 수행하는 기능에 의해 분류되어질 수 있다.

예상재고(Anticipation inventory)

예상재고는 미래수요를 예측하여 만들어진다. 예를 들면, 최대판매시기, 판촉활동, 휴업, 또는 파업 등에 대비하여 보유한다. 예상재고는 생산량을 일정하게 유지하고, 생산량 변경으로 발생하는 비용을 줄이기 위해 만들어진다.

안전재고(Fluctuation inventory, Safety Stock)

안전재고는 수요와 공급 또는 소요기간(lead time)의 불확실성에 대비하기 위해 보유한다. 수요나 소요기간이 예상보다 더 크다면 재고부족이 발생할 것이다. 이 가능성에 대비하여 안전재고를 보유하며, 생산중단 또는 납품중단이 발생하는 것을 막기 위한 것이다. 안전재고는 완충재고(buffer stock) 또는 예약재고(reserve stock)로 불린다.

기본작업단위재고(Lot-size inventory)

필요한 것보다 많은 양을 구매하거나 생산할 경우에 발생하는 재고이다. 이것은 수량할인, 운송, 사무원, 설치비용의 감소, 그리고 사용 또는 판매되는 것과 같은 양으로 만들거나 판매하기가 힘든 경우에 이점이 있다. 기본작업단위재고는 점차적으로 고객이 주문할 때 다 써버리고 공급업체의 주문이 도착될 때 주기적으로 보충하게 되므로 주기재고(cycle stock)라고도 한다.

운송재고(Transportation inventory)

운송재고는 한 장소에서 다른 장소로 즉, 공장에서 유통장소나 고객에게로의 이동 때문에 발생한다. 그들은 때로 파이프라인(pipeline) 또는 이동재고(movement inventories)라고도 한다. 이동에서의 평균재고의 양은:

$$I = \frac{tA}{365}$$

I는 이동중인 연평균재고, t는 이동기간, A는 연간수요이다. 이동재고는 운송크기가 아니라 이동시간과 연간수요에 의존한다. 이동재고와 비용을 줄이기 위한 유일한 방법은 이동시간을 줄이는 것이다.

예제

공급자로부터의 상품 이동 시간이 10일이다. 연간 수요가 5200unit일 때, 연평균 이동재고(inventory in transit)는 얼마인가?

답

$$I = \frac{10 \times 5200}{365} = 142.5\text{units}$$

Unit 대신 달러($)단위를 사용해 계산할 수도 있다.

예제

공급업체로부터의 제품배달은 10일이 걸린다. 연간수요가 5200개이면, 연평균이동재고는 얼마인가?

답

$$I = \frac{10 \times 500}{365} = 142.5\text{개}$$

이 문제는 수량 대신 금액을 이용하여 같은 방식으로 풀릴 수 있다.

방호(防護)재고(Hedge inventory)

광물과 일용품, 예를 들어 곡물, 동물생산품 같은 제품은 전세계를 시장으로 한다. 이들 제품의 가격은 세계 수요와 공급에 따라 변한다. 구매자가 가격이 오르기를 기대한다면, 그들은 가격이 낮을 때 방호재고를 구매할 수 있다. 방호는 복잡하고 이 책의 범위를 넘어선다.

유지, 보수, 운영재고(MRO: Maintenance, repair, and operating supplies)

MRO는 직접적으로 제품의 일부분이 되지 않고 일반적인 운영과 유지를 지원하기 위해 사용되는 품목이다. 유지재고, 예비부품, 청소용품, 윤활유, 연필, 지우개 같은 것을 포함한다.

재고관리의 목적(Objectives of Inventory Management)

이익을 최대화하기를 원하는 회사는 적어도 다음의 목적은 가질 것이다.

- 최대 고객 서비스
- 낮은 공장 운영 비용
- 최소한의 재고 투자 비용

고객 서비스(Customer service)

넓은 의미로 고객서비스는 고객의 요구를 만족시키는 회사의 능력이다. 재고관리에서, 고객서비스는 제품의 가용성과 재고관리 효과성을 측정하는 것이다. 고객은 구매자, 유통업자, 또는 조직내의 다른 공장 뿐만 아니라, 다음공정의 작업장일 수도 있다.

강점과 약점을 이용하여 고객서비스를 측정하는 많은 방법이 있지만, 최선의 측정 방법이라고는 할 수 없다. 몇 가지 측정방법으로는 일정대로 주문이 배달되는 비율, 일정대로 배달되는 품목의 비율, 재고부족 주문일수 등이 있다.

재고는 불확실성에 대비함으로써 고객서비스를 최대화한다. 고객이 언제 얼마나 요구할지를 정확하게 예측한다면, 수요에 일치하는 계획을 확실하게 세울 수 있다. 그러나 품목에 대한 수요와 품목을 얻기 위한 소요기간이 불확실해서 재고부족과 고객 불만족을 만들게 된다. 이러한 이유로 불확실성에 대비하여 여분의 재고가 필요한데, 이 재고를 안전재고라 하며, 11장에서 다루게 된다.

운영효율(Operating Efficiency)

재고는 네 가지 방법으로 생산운영을 더 생산적이게 만든다.

1. 재고는 다른 생산량을 가진 작업들이 분리되어 운영되는 것을 허용하고 더 경제적이게 만든다. 연속적인 둘 이상의 작업이 산출량이 다르고 효과적으로 운영된다면, 재고는 그 사이에 만들어진다.
2. 2장에서는 연간 수요가 일정하지 않은 계절 제품을 위한 생산 계획을 다루었다. 그 중 한 전략은 평준화생산(level production)이었고 최대판매시기를 위하여 예비재고를 만들었다. 이것은 다음 결과를 낳았다.

   - 더 낮은 초과근무 비용
   - 더 낮은 고용과 해고 비용
   - 더 낮은 훈련 비용
   - 더 낮은 외주 비용
   - 더 낮게 요구되는 생산능력

   생산량을 일정하게 유지함으로써, 수요의 평균과 같은 양을 지속적으로 생산할 수 있다. 이 전략의 이점은 생산량을 바꾸기 위한 비용을 피할 수 있다는 것이다. 그림 9.2는 이 전략을 보여준다.

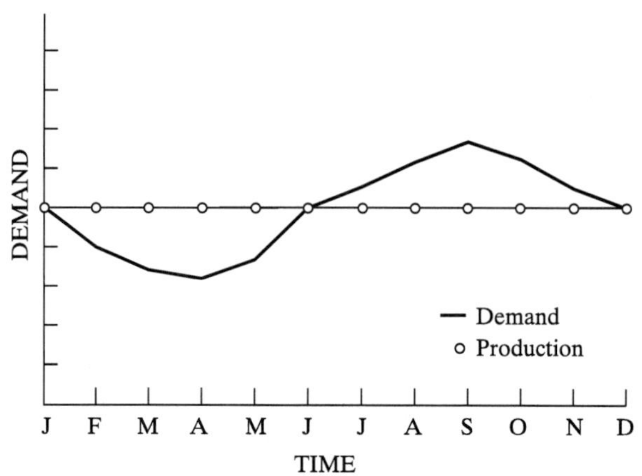

그림 9.2 평준화 생산

3. 재고는 더 긴 시간 동안 가동이 가능하게 하여 다음의 결과를 가져온다.
   - **품목당 더 낮은 설치비용** 기본작업단위 또는 배치를 만드는 비용은 설치비용과 가동비용에 달려있다. 설치비용은 고정되어 있지만 가동비용은 생산되는 수량에 따라 변한다. 더 큰 기본작업단위를 가지고 작업한다면 설치비용은 큰 숫자에 흡수되어 단위당 평균비용은 더 낮아진다.
   - **생산능력의 증가는 설치와 반대로 공정의 많은 부분을 차지하는 생산자원에 달려있다** 작업장에서의 시간은 설치와 가동시간으로 구성된다. 산출물은 품목이 작업에 사용되는 과정에서 만들어지는 것으로 설치와 무관하다. 한 번에 더 큰 수량을 생산한다면, 주어진 연간생산량을 생산하기 위한 설치 시간은 더 적게 요구되고 더 많은 시간이 제품을 생산하기 위해 이용된다고 할 수 있다. 이들 자원에서 설치에 잃어버린 시간은 작업처리시간(전체 생산)과 능력을 잃어버리는 것이다.
4. 재고는 더 많은 수량의 구매를 가능하게 하여 단위당 주문비용을 낮추고 수량할인의 결과를 얻는다.

그러나 이 모든 것은 가격에 있다. 문제는 재고 투자와 4가지 아래 항목과 균형을 이루는 것이다.

1. **고객서비스** 적은 재고는 재고부족의 가능성을 높이고 고객서비스 수준이 떨어진다. 재고수준을 높일수록 고객서비스를 올라간다.
2. **생산량을 바꾸는 것과 관련된 비용** 생산이 수요에 따라 변동한다면, 초과장비능

력, 초과근무, 고용, 해고, 훈련 비용이 모두 증가될 것이다.

3. **주문비용** 낮은 재고는 적은 양을 더 자주 주문함으로써 가능할 것이다. 그러나 이것은 연간 주문 비용을 더 높게 하는 결과를 낳는 것이다.
4. **운송비용** 적은 수량으로 운반하는 제품은 많은 수량으로 이동한 것보다 단위당 비용이 더 많이 들 것이다. 그러나 큰 기본작업단위로 이동하는 것은 더 높은 재고를 의미한다.

재고를 유지하려면 그 재고를 유지하기 위하여 드는 비용을 초과하는 이익이 있어야 한다. 누군가 현재 필요량을 초과하여 재고를 유지하는 이유는 그렇지 않을 때보다 비용이 덜 들 때 뿐이라고 말했다. 이런 이유로 우리는 관심을 재고와 관련된 비용으로 돌려야 한다.

재고비용(Inventory Costs)

다음이 재고관리의사결정과 관련된 비용이다.

- 품목비용(Item cost)
- 유지비용(Carrying costs)
- 주문비용(Ordering costs)
- 재고부족비용(Stockout costs)
- 생산능력과 관련된 비용(Capacity-related costs)

품목비용(Item cost)

구매한 품목을 위하여 지불한 가격은 품목의 비용과 품목을 공장으로 운반하기 위한 다른 직접비용으로 구성되어 있다. 이것은 운송비, 관세, 보험과 같은 것을 포함한다. 포함된 비용은 종종 획득비용(landed price)이라고 불린다. 공장 내에서 제조된 품목에 대해서는 직접자재비, 직접인건비, 공장 제경비를 포함한다. 이들 경비정보는 구매나 회계로부터 얻을 수 있다.

유지비용(Carrying costs)

이 비용은 보관되는 재고의 용적 때문에 발생하는 모든 비용을 포함한다. 재고가 증가하면 이들 비용도 증가한다. 이것은 세가지 범주로 나누어진다.

1. **자본금(Capital costs)** 재고에 투자된 돈은 다른 곳에 이용할 수 없고 잃어버린 기회비용이 된다. 최소한의 비용이 성공적인 이윤을 얻을 수 있는데 돈을 투자하지 않음으로 이익손실이 발생할 것이고 그것은 공장의 투자기회에 더 많이 의존할 것이다.
2. **저장비용(Storage costs)** 재고를 저장하기위해서는 저장공간, 작업자, 장비를 필요로 한다. 재고가 증가하면 이들 비용도 증가한다.
3. **위험비용(Risk costs)** 재고를 유지할 때 위험은:
   a. 진부화(Obsolescence); 모델이나 유형변화 또는 기술개발로 제품의 가치를 잃어버리는 것
   b. 손상(Damage); 보관 또는 이동중에 손상된 재고
   c. 절도(Pilferage); 잃어버리거나 도둑맞은 제품
   d. 퇴화(Deterioration); 저장소에서 썩거나 사라지거나 보관생명을 다한 재고

재고를 유지하는데 비용이 얼마나 드는가? 실제 비용은 산업과 회사에 따라 다양하다. 투자비용은 이율과 회사의 신용등급, 회사의 투자기회에 따라 다양할 것이다. 저장비용은 필요한 장소와 저장유형에 따라 다양할 것이다. 위험비용은 매우 낮을 수도 있고 썩기 쉬운 제품에 대해서는 항목가치의 100%에 가까울 수 있다. 유지비용은 시간의 단위당 재고의 금액가치의 백분율로 정의되어진다. 교재를 보면, 제조산업에서는 유지비용을 20~30%의 계산을 사용하는 경향이 있다. 이것은 많은 경우에 현실적이지만 모든 경우는 아니다. 예를 들어, 유행품목의 진부화 가능성은 높고, 그런 항목의 유지비용은 더 높다.

예제

한 회사가 평균연간재고가 $2,000,000을 유지한다. 투자비용이 10%, 저장비용이 7%, 위험비용이 6%로 추정된다면 연간 이 재고의 유지비용은 얼마인가?

답

전체 재고유지비용 = 10% + 7% + 6% = 23%
연간재고유지비용 = 0.23 × $2,000,000 = $460,000

주문비용(Ordering costs)

주문비용은 외부 공급업자로부터의 구매품에 대한 주문비용과 자체공장에서의 생산품에 대한 주문비용으로 나누어 생각해 볼 수 있다. 주문할 때의 비용은 주문 수량에만 의존하지 않는다. 10 기본작업단위가 주문되든지 100 기본작업단위가 주문되든지 주문할

때의 비용은 같다. 그러나 주문의 연간비용은 연간 주문횟수에 따라 달라진다.

공장에서 주문비용은 다음을 포함한다.

- **생산통제비용(production control costs)** 연간 생산통제에서 소비된 비용과 노력은 주문수량에는 상관없고 주문횟수에 따라 달라진다. 일년에 주문을 적게 할수록 비용은 더 적게 든다. 발생하는 비용은 주문을 발행하고 마감하고, 일정을 잡고, 적재하고 발송하고 독촉하는 비용이다.
- **설치와 해체비용(Setup and teardown costs)** 주문을 발행할 때마다 작업장은 주문을 인쇄하기 위해 설치해야 하고 인쇄가 끝나면 설치된 것을 해체해야 한다. 이 비용은 연간 주문 수량이 아니라 주문수에 의존한다.
- **능력 손실 비용(Lost capacity cost)** 작업장에서 주문이 발생할 때마다, 설치에 소요된 시간은 생산성 산출시간으로서는 손실이다. 이것은 생산능력을 잃어버리는 것을 나타내고 주문횟수와 직접적인 관련이 있다. 이것은 특히 병목 작업장에서 중요하고 비용도 많이 든다.
- **구매주문비용(Purchase order cost)** 구매주문이 발생할 때마다 주문하기 위한 비용이 발생한다. 이들 비용은 주문준비, 이행, 독촉, 접수, 지불권한을 주는 것, 송장을 받거나 지불하기 위한 회계비용을 포함한다. 연간주문비용은 주문발생수에 비례한다.

연간 주문비용은 연간 발생한 주문의 수에 비례한다. 이것은 한 번에 더 많은 주문을 함으로써 줄일 수 있고, 결국 더 적은 횟수의 주문을 하게 된다. 그러나, 이것은 재고수준을 높이고 연간재고유지비용을 증가하게 된다.

예제

다음과 같이 연간 비용이 주어졌을 때, 주문을 한 번 하는데 드는 평균 비용을 계산하라.

생산통제임금 = \$60,000
생산제어부서에서 공급과 운영비용 = \$15,000
작업장에서 주문을 위한 설치비용 = \$120
연간 주문횟수 = 2000

답

$$\text{평균비용} = \frac{\text{고정비}}{\text{변동비}} + \text{변동비}$$

$$= \frac{\$60,000 + \$15,000}{2000} + \$120 = \$157.50$$

재고부족비용(Stockout costs)

소요기간 동안 수요가 예측을 초과하면, 재고부족이 발생할 수 있다. 재고부족은 주문에 늦거나, 판매기회를 상실하거나 고객을 잃어버리는 것 때문에 잠재적인 비용이 들 수 있다. 재고부족은 소요기간 동안 수요가 예측보다 클 때를 대비하기 위하여 여분의 재고를 유지함으로써 줄일 수 있다.

생산능력과 관련된 비용(Capacity-related costs)

생산량이 변경될 때, 초과근무, 해고, 훈련, 여분 교대, 휴직의 비용이 있을 것이다. 이 비용은 침체기에 최고절정시기에 대비해 제품을 생산하는 평준화생산을 함으로써 피할 수 있다. 그러나 이것은 침체기에 재고를 만든다.

예제

회사가 계절제품을 만들어 판매한다. 분기당 2000, 3000, 6000, 5000의 판매예측에 기본을 두고 평준화생산계획을 계산하고, 분기말 재고, 분기평균재고를 계산하라.

재고유지비용이 분기당 단위당 $3라면 연간재고유지비용을 얼마인가? 기초와 기말재고는 0이다.

답

		Quarter 1	Quarter 2	Quarter 3	Quarter 4	Total
Forecast Demand		2000	3000	6000	5000	16,000
Production		4000	4000	4000	4000	16,000
Ending Inventory	0	2000	3000	1000	0	
Average Inventory		1000	2500	2000	500	
Inventory Cost (dollars)		3000	7500	6000	1500	18,000

재무제표와 재고

두 개의 중요한 재무제표는 대차대조표와 손익계산서이다. 대차대조표는 자산, 부채, 자본을 보여준다. 손익계산서는 매출과 매출을 얻기 위해 발생한 비용을 보여준다.

* 대한민국은 K-IFRS가 적용되면서부터 대화대조표 대신 제무상태표, 손익계산서 대신 포괄 손익계산서를 사용하고 있다(역자 주).

대차대조표(Balance Sheet)

자산(Asset)이란 가치를 가지며 미래에 사업활동에 이익을 줄 것으로 기대되는 것을 말한다. 자산에는 현금, 재고, 기계, 건물과 같은 유형적인 것과 회계어음이나 특허와 같이 무형적인 것이 있다.

부채(Liabilities)란 회사가 빚지고 있는 채무 또는 돈이다. 채무, 임금, 장기부채가 부채의 예이다.

자본(Owners'equity)이란 자산과 부채와의 차이이다. 모든 부채가 지불된 후에 기업의 소유주에게 남는 것을 나타낸다. 자본은 기업을 위해 투자한 소유주의 돈 또는 기업의 운영에서 이익을 남김으로써 생성된다. 그것은 소유주가 돈을 기업 밖으로 빼내거나 기업이 금전손해를 볼 때 감소한다.

회계공식(Accountuib equation)은 자산, 부채, 자본과의 관계는 대차대조 공식으로 표현되어진다.

$$\text{자산} = \text{부채} + \text{자본}$$

이것은 기본 회계 공식이다. 두 개의 값이 주어지면 세 번째 값은 찾을 수 있다.

예제

a. 자본이 $1,000이고 부채가 $800일 때 자산은 얼마인가?
b. 자산이 $1,000이고 부채가 $600일 때 자본은 얼마인가?

답

a. 자산 = 부채 + 자본
자산 = $800 + $1,000 = $1,800
b. 자본 = 자산 − 부채
= $1,000 − $600 = $400

대차대조표 대차대조표는 보통 아래와 같이 왼편에 자산, 오른편에 부채와 자본을 보여준다.

자산		**부채**	
현금	$100,000	지불금	$5,000
채권	$300,000	지불어음	$20,000
재고	$500,000	장기부채	$500,000
고정자산	$1,000,000	총 부채	$525,000

		자본	
		자본금	$1,000,000
		보유한 수익	$375,000
총 자산	$1,900,000	총부채와 자본	$1,900,000

자본금은 소유주가 회사에 투자한 금액이다. 보유한 수익은 회사가 만든 매출에 의해 증가하고 비용이 발생할 때 감소한다. 소득과 비용의 합은 손익계산서에 보여진다.

손익계산서(Income Statement)

수입(이익)(Income(profit)이란 사업의 주목적으로 이익을 발생하여 자본을 늘리는 것이다. 이런 이유로 자본은 자본을 증가하게 만드는 매출계정이라 불리는 일련의 계정과 자본을 줄어들게 하는 비용계정으로 나누어진다.

수입 = 매출 − 비용

매출(Revenue)은 제품이나 서비스의 판매로부터 발생한다. 지불은 때때로 바로 현금의 형태이지만 훗날 지불을 약속하는 지불어음으로 만들어진다.

비용(Expenses)은 매출을 발생시키는 과정에서 발생하는 경비이다. 보통 판매비와 일반관리비로 나누어진다.

판매비(Cost of good sold)는 제품을 만들 때 발생하는 비용이다. 직접인건비, 직접재료비, 공장간접비를 포함한다. 공장간접비는 직접인건비와 직접재료비를 제외한 공장의 모든 비용이다.

일반관리비(General and administrative expenses)는 사업상 발생하는 다른 모든 경비이다. 예를 들면, 광고, 보험, 재산세, 공장 이외로부터의 임금과 이익을 포함한다.

다음은 손익계산서의 보기이다.

매출		$1,000,000
매출원가		
직접인건비	$200,000	
직접재료비	$400,000	
공장간접비	$200,000	$800,000
총이익		$200,000
일반관리비		$100,000
순이익		$100,000

예제

주어진 다음 자료를 이용하여 총이익과 순이익을 계산하라.

매출 = $1,500,000
직접인건비 = $ 300,000
직접재료비 = $ 500,000
공장간접비 = $ 400,000
일반관리비 = $ 150,000

자재를 효율적으로 관리하여 재료비가 $50,000만큼 줄어든다면 이익은 얼마나 증가하는가?

매출	$1,500,000	
매출원가		
직접인건비	$300,000	
직접재료비	$500,000	
공장간접비	$400,000	$1,200,000
총이익		$300,000
일반관리비		$150,000
순이익		$150,000

재료비가 $50,000 감소한다면 수익은 $50,000 증가한다. 자재관리는 제일 밑 줄-순이익-에 직접 영향을 준다.

현금흐름 분석(Cash Flow Analysis)

재고는 원자재로 구매될 때 자산으로 기록된다. 원자재는 생산에 투입될 때 재공품으로 기록되고 가공과정에서 관련된 직접인건비와 제경비에 의해 가치가 증가한다. 이를 자재가 제경비를 흡수한다고 말한다. 제품이 판매될 준비가 되었어도 팔릴 때까지는 매출이 되지 않는다. 반면에 제품이 생산될 때 발생한 비용은 지불되어야 한다. 이것은 다른 재정적 문제를 발생시킨다. 기업은 청구서를 지불할 현금을 보유하고 있어야 한다. 현금은 판매로부터 발생하고 기업에서 현금의 흐름은 청구서를 지불한 만큼 충분하여야 한다. 따라서, 기업에서 나가고 들어오는 현금의 흐름을 보여주는 재무제표를 만들고, 부족한 현금은 빌려오거나 다른 방법으로 제공하도록 해야 한다. 이런 유형의 분석을 현금흐름 분석이라 한다.

재정적 재고성과 측정(Financial Inventory Performance Measures)

재무관점에서 재고는 자산으로 묶여 있으며 다른 목적으로 사용되어질 수 없는 돈을 나타낸다. 이 장의 앞에서 보았듯이 재고는 유지비용-자본금, 보관, 위험비용을 가진다. 재무적 관점에서는 가능한 적은 재고를 원하고 재고수준을 측정할 필요가 있다. 총 재고 투자가 한 가지 측정방법이지만 그 자체로 판매와는 관련 없다. 판매와 관련한 두 가지 측정이 재고회전율(inventory turns ratio)과 공급일수(days of supply)이다.

재고회전 이상적인 경우 공장은 재고를 보유하지 않는다. 이것은 비현실적이고, 생산을 지원하고 고객에게 공급하기 위하여 재고는 필요하다. 얼마나 많은 재고이면 충분한가? 정답은 없다. 얼마나 효과적으로 재고가 사용되었는지 측정하는 편리한 방법이 재고회전율이다.

$$\text{재고회전} = \frac{\text{연간 판매비}}{\text{평균재고비용}}$$

평균재고계산은 복잡하고 비용계산을 위하여 중요하다. 이 책에서는 주어진 만큼만 다룰 것이다.

예를 들면, 연간 제품판매비가 $1백만이고 평균재고는 $500,000이면

$$\text{재고회전} = \frac{\$1{,}000{,}000}{\$500{,}000} = 2$$

이것은 무엇을 의미하는가? 회사는 $500,000 재고를 가지고 판매에서 $1백만을 생산할 수 있다는 것을 의미한다. 만약 재고관리를 통해 공장이 회전율을 10까지 올릴 수 있다면 판매는 평균재고 $100,000만을 가지고 생성할 수 있다. 연간평균재고유지비용이 재고가치의 25%라면 재고에서의 $400,000 감소는 $100,000의 비용감소(이익증가)의 결과를 낳는다.

예제

a. 연 판매비가 $24백만이고 평균재고비가 $6백만일 때 재고회전율은 얼마인가?

답

$$\text{재고회전} = \frac{\text{연판매비}}{\text{평균재고비}} = \frac{24{,}000{,}000}{6{,}000{,}000} = 4$$

b. 재고회전율이 일년에 12배 증가한다면 재고는 얼마나 감소하는가?

답

$$\text{평균재고} = \frac{\text{연판매비}}{\text{재고회전율}} = \frac{24{,}000{,}000}{12} = \$2{,}000{,}000$$

$$\text{재고에서의 감소} = 6{,}000{,}000 - 2{,}000{,}000 = \$4{,}000{,}000$$

c. 재고유지비용이 평균재고의 25%라면 얼마나 절감하겠는가?

답

$$\text{재고감소} = \$4{,}000{,}000$$
$$\text{절감} = \$4{,}000{,}000 \times 0.25 = \$1{,}000{,}000$$

공급의 일수 이것은 사용량에 기본을 두며 현재 재고의 사용일수와 같다. 공급일수의 계산식은

$$\text{공급일수} = \frac{\text{현재재고}}{\text{평균 일일 사용수}}$$

예제

회사가 9000개의 현재재고가 있고 연간사용이 48,000개이다. 일년에 240 작업일수가 있다. 공급일수는 얼마인가?

답

$$\text{평균사용일수} = \frac{48{,}000}{240} = 200\text{개}$$
$$\text{공급일수} = \frac{\text{현재 재고}}{\text{평균일일 사용수}} = \frac{9000}{200} = 45\text{일}$$

재고평가 방법(Methods of Evaluating Inventory)

재고의 '가격을 매기는' 회계 방법에는 네가지가 있는데, First in first out, last in first out, average cost,그리고 standard cost가 그 것이다. 각각의 방법 모두 재고에 매기는 가치에 대한 영향이 있다. 만약 물품의 가격에 약간의 변동이 있다면, 이 네가지 방법중 어느것이라도 같은 결과를 보여 줄 것이다. 그러나 가격이 상승 혹은 하락하는 경우 방법 간에 확연한 차이가 있을 수 있다. 이 방법들 중 어느 것도 실제 물품의 실제 물리적 움직임과 관련이 없다. 어떤 방법이 사용되든지 간에 사용법을 설명하기 위해서일 뿐이다.

선입선출(First in First out(FIFO)) 이 방법은 재고 물품중 가장 처음으로 들어온(오래 된) 물품을 가장 빨리 처리한다는 것이다. 가격이 상승할 때, 대체품은 추정 가격보다 더 높은 가격을 가진다. 이 방법은 시가를 반영하지는 않으며, 대체품은 과소평가(understated) 될 것이다. 가격이 하락할 때에는 반대의 결과가 나타난다.

후입선출(Last in First out(LIFO)) 이 방법은 가장 마지막으로 들어온 (새)물품을 가장 먼저 처리하는 것이다. 가격이 상승할 때, 대체품은 시가와 같은 가격을 가진다. 가격이 하

락할 때 재고품은 과대평가(overvalued)될 것이다. 그러나 기업은 극도로 과소평가된 재고품과 남겨질 것이다.

평균원가(Average cost) 이 방법은 상품의 모든 가격의 평균값을 가정한다. 가격이 상승하거나 하락하는 변화과정에 있을 때 이 방식은 실제 가격과 연결되지 않는다는 문제를 가진다.

표준원가(Standard cost) 이 방법은 생산이 시작하기 전에 결정된 가격을 사용한다. 가격에는 직접자재(direct material), 직접 노동, 간접비(overhead)가 포함 된다. 표준가격(standard cost)과 실제가격 사이의 차이는 변동량(variance)으로 표시된다.

ABC 재고 통제(ABC Inventory Control)

재고의 통제는 창고보관단위(stock-keeping units)라 불리는 개별 품목을 통제함으로써 시작된다. 재고를 통제할 때 네 가지 질문에 답해야 한다:

1. 재고 품목 중 중요한 것은 무엇인가?
2. 그것들은 어떻게 통제되는가?
3. 한 번에 얼마나 많이 주문하나?
4. 언제 주문하나?

ABC 재고 분류 시스템은 품목의 중요성을 결정하고 품목의 상대적인 중요성에 따라 다른 수준의 통제를 함으로써 첫 두 개의 질문에 답한다.

대부분 회사는 창고에 많은 품목들을 보관한다. 중요성에 따라 품목을 분류하면 적당한 비용으로 더 나은 통제를 하도록 도와준다. 보통 다른 기준보다는 연간 판매금액에 기초한다.

ABC 원리는 적은 수의 제품이 전체의 큰 몫을 차지하고 있다는 관찰에 기초하고 있다. 이 관찰은 먼저 이탈리아 경제학자 Vilfredo Pareto에 의해 만들어져 파레토의 법칙이라 불리며, 재고에 적용할 때 품목의 백분율과 연간 판매금액의 백분율과의 관계는 다음의 유형을 따른다고 한다.

그룹 A 약 20%의 품목이 약 80%의 판매금액을 차지한다.

그룹 B 약 30%의 품목이 약15%의 판매금액을 차지한다.

그룹 C 약 50%의 품목이 약 5%의 판매금액을 차지한다.

백분율은 근사치이고 절대치를 사용하지는 않는다. 이런 유형의 분류는 재고통제를 돕기 위해 사용되는 것이다.

ABC 분석을 하는 단계

1. 재고관리의 결과에 영향을 미칠 수 있는 특성을 정하라. 그것은 보통 자재의 품귀와 같은 다른 기준이 아니라 연간 사용금액이다.
2. 정해진 기준에 따라 품목들을 그룹으로 분류하라.
3. 그룹의 중요성에 비례하여 통제의 정도를 적용하라.

품목의 중요성에 영향을 미치는 요소는 연간 판매금액, 단가, 자재의 품귀를 포함한다. 간단하게 이 책에서는 연간 판매금액만 사용된다. 연간 판매금액에 의해 분류하는 절차는 다음과 같다.

1. 각 항목에 대해 연간 사용량을 결정하라.
2. 연간총판매금액을 얻기 위해 품목당 연간 사용량에 가격을 곱하라.
3. 품목을 연간판매금액에 따라 나열하라.
4. 누적 연간 판매금액과 품목들의 누적 백분율을 계산하라.
5. 연간사용분포를 검토하고 품목들을 연간사용의 백분율에 기초하여 A, B, C로 분류하라.

예제

회사가 10개 제품라인을 생산한다. 그들의 사용량과 단가는 연간 판매금액과 함께 다음에 보여진다. 연간판매금액은 사용량과 단가를 곱하여 얻을 수 있다.

a. 각 품목을 위하여 연간판매금액을 계산하라.
b. 연간판매금액에 따라 제품들을 나열하라.
c. 누적 연간판매금액과 누적 제품백분율을 계산하라.
d. 제품들을 A, B, C 분류로 그룹핑하라.

답

a. 각 제품의 연간 사용금액을 계산하라.

부품	번호사용량	단가연간	판매금액
1	1100	2	2200
2	600	40	24,000
3	100	4	400
4	1300	1	1300
5	100	60	6000
6	10	25	250
7	100	2	200
8	1500	2	3000
9	200	2	400
10	500	1	500
Total	5510		$38,250

b. b, c, and d.

부품 번호	연간 판매금액	누적 판매금액	누적 판매금액	백분율품목 의 누적	백분율 분류
2	24,000	24,000	62.75	10	A
5	6000	30,000	78.43	20	A
8	3000	33,000	86.27	30	B
1	2200	35,200	92.03	40	B
4	1300	36,500	95.42	50	B
10	500	37,000	96.73	60	C
9	400	37,400	97.78	70	C
3	400	37,800	98.82	80	C
6	250	38,050	99.48	90	C
7	200	38,250	100.00	100	C

가치의 백분율과 품목수의 백분율은 그림 9.3의 그래프와 같이 보여진다.

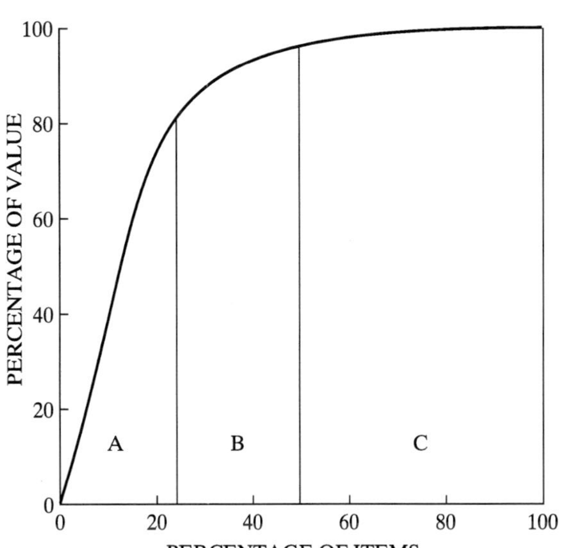

그림 9.3 ABC 곡선(가치 백분율 대비 품목수 백분율)

ABC 분류에 기초한 통제

ABC 접근을 사용하기 위해서는 두 가지의 일반적인 규칙이 있다.

1. 낮은 가치를 가진 많은 품목. C 품목은 전체품목의 50%를 차지하지만 전체 재고 가치의 약 5%만 나타낸다. 보관중인 여분의 C 품목은 재고의 전체 비용에 거의 더해지지 않는다. C 품목은 그것이 부족할 때(극단적으로 중요해지는 때)만 중요하다. 그래서 항상 보관 중이어야 한다. 예를 들어 한 번에 많은 양을 주문하고 많은 안전재고를 가져가라. 재고부족은 일년에 한 번만 발생할 것이다.
2. 높은 가치의 품목재고를 줄이기 위해 금전을 사용하고 노력을 통제하라. 약 20% 품목이 회계상 80%의 가치를 나타낸다. 그것들은 극단적으로 중요하고 엄격하게 통제되고 가장 자주 검토되어야 한다.

다른 분류에 사용되는 통제의 다른 방법은 다음과 같다:

- **A 항목:** 높은 우선순위. 완전히 일치하는 기록을 포함한 엄격한 통제, 관리에 의한 정기적이고 빈번한 조사, 수요예측의 빈번한 검토, 소요기간을 줄이기 위한 추적과 독촉

- **B 항목:** 중간 우선순위. 좋은 기록과 정기적인 주의, 보통의 처리를 가지는 보통의 통제
- **C 항목:** 가장 낮은 우선순위. 가장 간단한 제어 – 많다는 것을 보장하라. 간단하거나 기록이 필요없다. 아마 투빈시스템(tow-bin system)이나 주기적 조사 시스템(periodic review system)을 사용할 것이다. 많은 양을 주문하고 안전 재고를 유지하라.

요약

재고를 가져가는 것은 비용 뿐만 아니라 이익도 있다. 문제는 다음과 같이 재고유지비용에 균형을 이루는 것이다.

- **고객서비스** 낮은 재고 수준은 더 많은 재고부족, 잠재적 납기지연 비용, 판매기회 상실, 고객상실을 발생한다. 재고수준을 높일수록 고객서비스 수준을 높인다.
- **운영효율성** 재고는 하나의 작업과 다른 작업을 분리하고 제조가 더 효율적으로 운영되는 것을 허용한다. 그것들은 평준화생산을 가능하게 하고 생산량을 바꾸는 비용을 피하게 한다. 재고유지는 더 긴 생산가동을 허용하고 설치횟수를 줄여준다. 마지막으로 재고는 공장에서 더 많은 수량을 구매하게 한다. ABC 재고분류 시스템은 개별 품목에 우선순위를 주게 하고 재고와 비용을 더 잘 통제할 수 있게 한다.
- **주문비용** 재고는 각각의 주문시기에 적게 주문함으로써 줄여질 수 있다. 그러나 이것은 연간주문비용을 증가시킨다.
- **운송과 처리비용** 더 자주 더 적은 양을 옮기는 것은 더 많은 운송과 자재처리비용이 들게 한다.

재고관리는 몇 가지 요소에 의해 영향을 받는다.

- 재고의 분류, 원자재, 재공품, 완제품
- 재고가 수행하는 기능: 예비, 변동, 기본작업단위 크기, 운송
- 공급과 수요 유형
- 재고유지(또는 유지하지 않는)와 관련된 비용

집합단계로 재고를 관리하는 것 외에도 품목 단계에서도 관리되어야 한다. 관리는 재고품목에 대한 의사결정규칙을 정해야 한다. 그러면 재고관리직원은 효과적으로 그들의

작업을 할 수 있다.

질문

1. 재고란 무엇인가? 제조회사에서 왜 중요한가?
2. 재고관리의 책임은 무엇인가?
3. 총량재고관리는 무엇인가? 그것과 관련된 것은 무엇이 있는가?
4. 결정규칙이란 무엇인가? 왜 필요한가?
5. 자재 흐름에 따라 자재의 네 가지 분류는 무엇인가?
6. 반복흐름생산에서 필요한 재고가 기본작업단위 또는 배치생산보다 적은 이유는 무엇인가?
7. 재고의 기본 목적은 무엇인가? 그것들은 버퍼를 제공하는 네 가지 영역은 무엇인가?
8. 다음 재고의 기능과 목적을 설명하라.
   a. 예비
   b. 변동
   c. 기본작업단위
   d. 운송
9. 재고가 다음 각각에 어떤 영향을 미치는지 설명하라.
   a. 고객서비스
   b. 공장운영
10. 재고와 관련된 다섯 가지 비용은 무엇인가?
11. 재고유지비용의 이름과 범주를 설명하라.
12. 공장에서 찾아지는 주문비용의 이름과 범주를 설명하라.
13. 재고부족비용과 생산능력과 관련된 비용은 무엇인가? 그것들과 재고와의 관계는 무엇인가?
14. 대차대조표 공식과 손익계산서 공식은 무엇인가?
15. 현금흐름분석의 목적은 무엇인가?
16. 재고회전과 공급일수계산은 무엇인가?
17. ABC 분석의 기본전제는 무엇인가? ABC 재고분석을 할 때 세 단계는 무엇인가?
18. 연간사용금액에 의해 재고를 분류하기 위한 절차에서 다섯 단계는 무엇인가?

19. 부엌에 있는 상품들을 A, B, C 카테고리로 분류해 보라. ABC 분류방식에 의거해 제대로 통제하였는가? 어떻게 하였는가?

20. FIFO와 LIFO의 차이점은 무엇인가?

21. 인플레이션 기간에 재고의 가치가 FIFO와 LIFO를 사용한 평가 방식간에 차이를 보이는가?

연습문제

9.1 운송기간이 10일이고 연간 수요가 10,000개이면, 운송중인 연간평균재고는 얼마인가?

답: 274개

9.2 한 회사가 주요 고객에게 제품을 배달하기 위하여 운송업체를 이용하고 있다. 연간 수요가 $2,000,000이고 평균 운송기간이 10일이다. 다른 운송업체가 8일만에 배달해 준다고 제안하고 있다. 운송재고는 얼마나 감소하는가?

답: $10,959

9.3 다음과 같이 재고유지비용의 백분율이 주어지고 평균재고가 $1백만일 때 연간 재고유지비용을 계산하라. 투자비용은 10%, 창고비용은 5%, 위험비용은 8%이다.

답: $230,000

9.4 꽃장수는 꽃을 평균 $10,000 만큼의 재고로 보관한다. 꽃은 특별한 저장장소가 필요하고 아주 시들기 쉽다. 꽃장수는 투자비용 10%, 창고비용 25%, 위험비용으로 50%를 추정한다. 연간 유지 비용은 얼마인가?

9.5 연간 구매담당자의 임금은 $75,000, 구매부서의 운영비용은 $25,000, 검사와 접수비용은 주문당 $30이다. 구매부서가 일년에 10,000건의 주문을 한다면, 평균 주문비용은 얼마인가? 연간 주문비용은 얼마인가?

답: 주문 평균비용 = $40
연간비용 = $400,000

9.6 한 운송업자가 다음과 같은 연간 비용이 드는 창고를 운영한다. 구매담당자의 임금은 $45,000, 구매비용 $30,000, 고객과 소개비용이 주문당 $25, 재고의 재정적 가격은 8%, 창고비용 6%, 위험비용은 10%이다. 평균재고가 $250,000이고 연간 5000건의 주문이 있다. 연간 주문과 유지비용은 얼마인가?

답: 연간주문비용 = $200,000

유지비용 = $ 60,000

9.7 회사가 계절제품을 제조해서 판매한다. 다음과 같은 판매예측에 기초해서 평준화생산계획, 분기말 재고, 평균분기재고를 계산하라. 분기 평균재고는 분기초와 기말재고의 평균이라고 가정하라. 재고유지비용이 분기당 개당 $2라면 예측된 재고의 연간 유지비용은 얼마인가? 시작과 마지막재고는 0이다.

	1/4분기	2/4분기	3/4분기	4/4분기	총금액
판매	1000	2000	3000	2000	
생산					
기말재고					
평균재고					
재고					

답: 연간재고비용 = $4000

9.8 다음과 같은 자료가 주어졌을 때, 평준화생산계획, 분기말 재고, 평균분기재고를 계산하라. 재고유지비용이 분기당 개당 $6라면 예측된 재고의 연간 유지비용은 얼마인가? 시작과 마지막재고는 0이다.

	1/4분기	2/4분기	3/4분기	4/4분기	총금액
예측수요	5000	7000	8500	9500	
생산					
기말재고					
평균재고					
재고금액					

답: 연간유지비용 = $26,000

회사가 항상 100개의 안전재고를 유지한다면, 연간 재고 유지 비용은 얼마인가?

9.9 다음과 같은 자료가 주어졌을 때, 평준화생산계획, 분기말 재고, 평균분기재고를 계산하라. 재고유지비용이 분기당 개당 $3라면 예측된 재고의 연간 유지비용은 얼마인가? 시작과 마지막재고는 0이다.

	1/4분기	2/4분기	3/4분기	4/4분기	총금액
예측수요	3000	4000	6500	6500	
생산					
기말재고					
평균재고					
재고금액					

답: 연간유지비용 = $18,000

9.10 자산이 $2,000,000이고 부채가 $1,500,000일 때, 자본은 얼마인가?

답: $500,000

9.11 부채가 $3,000,000이고 자본이 $1,200,000일 때 자산 가치는 얼마인가?

답: $4,200,000

9.12 다음과 같은 자료가 주어졌을 때 총이익과 순이익을 계산하라.

수입 = $2,500,000
직접인건비 = $500,000
직접재료비 = $800,000
공장제경비 = $700,000
일반관리비 = $300,000

답: 총이익 = $500,000
순이익 = $200,000

9.13 문제 9.12에서 재료비가 $200,000 감소한다면 이익은 얼마나 증가하는가?

답: $200,000

9.14 연간판매비가 $10백만이고 평균재고가 $2.5백만이면

a. 재고회전율은 얼마인가?

b. 재고관리를 잘해서 재고회전을 연간 10배 증가시키면 평균재고는 얼마나 감소하는가?

c. 재고유지비용이 연간 재고의 20%라면 연간 절감액은 얼마인가?

답: a. 4
b. $0.25백만
c. $0.45 백만

9.15 연간 판매비가 $30 백만이고 평균 재고가 $10백만일 때:

a. 재고회전율은 얼마인가?

b. 재고관리를 잘해서 재고회전을 연간 10배 증가시키면 평균재고는 얼마나 감소하는가?

c. 재고유지비용이 연간 재고의 20%라면 연간 절감액은 얼마인가?

답: a. 3

b. $1 백만

c. $1.8 백만

9.16 회사가 현재재고로 500개를 가지고 있고 연간 사용량이 6000개이다. 연 작업일수는 240일이다. 공급일수는 얼마인가?

답: 20일

9.17 지난 한 해 동안 회사가 다음 10개의 제품을 판매했다. 다음 표는 연간 판매개수와 제품의 가격을 보여준다.

a. 각 제품의 연간 판매금액을 계산하라.

b. 총 연간 판매금액에 따라 제품들을 나열하라.

c. 누적 연간 판매금액과 누적 제품 백분율을 계산하라.

d. 연간 판매금액 백분율에 따라 A, B, C 그룹으로 나누어라.

부품번호	연간사용량	단가	연간판매금액
1	21,000	1	
2	5000	40	
3	1600	3	
4	12,000	1	
5	1000	100	
6	50	50	
7	800	2	
8	10,000	3	
9	4000	1	
10	5000	1	

답: A 제품 2, 5
B 제품 8, 1, 4
C 제품 10, 3, 9, 6, 7

9.18 연간 사용금액에 기초한 ABC를 생성하기 위해 다음 자료를 분석하라.

품목번호	연간사용량	단가	연간 사용금액
1	200	10	
2	17,000	4	
3	60,000	6	
4	15,000	15	
5	1500	10	
6	120	50	
7	25,000	2	
8	700	3	
9	25,000	1	
10	7500	1	

답: A 제품 3, 4
B 제품 2, 7, 9
C 제품 5, 10, 6, 8, 1

Case Study 9.1

재고관리 매니저 랜디 스미스(Randy Smith Inventory Conrtol Manager)

랜디 스미스는 존슨 트린켓사(Johnson Trinket社)에 재고관리 매니저로 고용된 것을 매우 자랑스럽게 생각하고 있었다. 그의 주된 직무는 상당히 분명하게 정해져 있었다. 바로 창고에 있는 재고 수준을 재고량이 떨어지지 않게 하는 한편 재고량과 관리비를 최소한으로 유지시키는 것이었다. 랜디는 최근 물자관리에 관련한 수업을 들었고, 어떤 접근 방식

Part Number	Part unit value in $	Quantity currently in inventory	Average annual usage
1234	$2.50	300	3000
1235	$0.20	550	900
1236	$15.00	400	1000
1237	$0.75	50	7900
1238	$7.60	180	2800
1239	$4.40	20	5000
1240	$1.80	200	1800
1241	$0.05	10	1200
1242	$17.20	950	2000
1243	$9.00	160	2500
1244	$3.20	430	7000
1245	$0.30	500	10000
1246	$1.10	25	7500
1247	$8.10	60	2100
1248	$5.00	390	4000
1249	$0.90	830	6500
1250	$6.00	700	3100
1251	$2.20	80	6000
1252	$1.20	480	4500
1253	$5.90	230	900

이 도움이 될지 알고 있었다. 그는 창고 내 작은 세션 하나에 있는 재고품목에 대한 목록을 만들어 재고관리에 도움이 될만한 계획을 세워보기로 했다. 만약 이 계획이 그 작은 세션에서 통한다면, 창고 내의 다른 30,000여 파트에도 확장 적용할 수 있을 것이었다. 다

음 표는 랜디가 모은 자료들이다.

랜디는 목록을 훑어보고 몇 가지 거슬리는 점을 발견하곤 경험이 있는 재고 사무원에게 그에 대해 물어보았다. 다음은 랜디가 질문한 파트들이며 그에 대한 사무원의 설명이다.

파트 1236: 재고의 반년치 가치에 맞먹는 매우 고가의 파트. 이 파트는 매우 주기적인 수요를 가지고 있는 상품들을 위한 자리이며, 그 수요 시기가 곧 시작될 예정.

파트 1241: 매우 저렴하지만 재고의 양은 매우 작은 파트. 이 파트의 공급자는 그 동안 불규칙한 배송을 해 온 과거가 있다. 또한 이 파트는 리드 타임이 매우 길다. 얼마 전부터 150 묶음이 오더되어 있으며, 마감일이 며칠 지난 상태다.

파트 1242: 파트 1236과 마찬가지로 재고의 반년치 가치에 가까운 가격의 파트이다. 이 파트는 국가 저 반대편으로 이송되며, 현재 배송비용을 절약하기 위해 많은 양이 집적되어있는 상태다.

파트 1246: 그다지 비싸지 않으며 재고량도 많지 않다. 사내 생산품(produce in-house)이며, 생산 기계의 낙후라는 quality tolerance를 가지고 있다. 지난번 배치(batch)는 품질검사부(quality department)로부터 불량품 판정을 받았다.

파트 1253: 사용량에 비해 많은 재적량을 가진 적당히 고가인 파트이다. 이 파트는 최근 품질 검사를 받았으며 거의 150품목이 검사에서 불합격 판정을 받았다.

랜디가 이 몇 가지 문제점들을 이해하고 나자, 그는 문득 자신이 가지고 있던 접근 방식이 과연 최고의 방식인가에 대해 의구심이 생기기 시작했다.

과제

상기의 자료를 이용하여 현재 상황을 평가해보라.

그 평가를 이용하여 랜디가 고려해야 할 총체적 재고 관리 정책을 세워보라.

보다 효과적인 정책 수립을 위해 필요한 정보들이 더 있는가? 있다면, 그것은 어떤 정보들이며 어떻게 사용되면 좋을 것인가?

제10장

주문 수량
(Order Quantities)

입문(Introduction)

재고관리의 목적은 요구하는 고객만족수준을 제공하는 동시에 관련 총 비용을 줄이는 것이다. 재고관리의 목적을 달성하기 위해서는 다음 두 가지 기본질문에 대한 답을 하여야 한다.

1. 한번에 얼마만큼 주문할 것인가?
2. 언제 주문할 것인가?

경영층이 이런 질문에 대해 답할 수 있는 결정 규칙을 정해 놓아야 재고관리 담당자가 언제, 얼마나 주문할지를 알 수 있다. 결정규칙은 합리적이라고 생각되는 것에 근거하여 만들지만, 불행하게도 이러한 규칙이 항상 가장 좋은 결과를 만들어내지는 못한다.

이 장에서는 첫번째 질문에 대한 답을 구할 수 있는 여러 방법들을 살펴보고 다음 장에서는 두 번째 질문에 대해서 살펴보고자 한다. 우선, 우리가 무엇을 주문하고 통제할 것인지 결정해야 한다.

저장단위(SKU: Stock-Keeping Unit)

특정한 재고는 각각의 품목으로 관리하는데, 이러한 것을 저장단위(SKU)라고 부른다. 두 개의 흰색 셔츠가 같은 재고로 관리되고 있어도 사이즈나 색상이 다르다면 두 개의 다른 저장단위가 된다. 똑같은 셔츠가 두 개의 다른 재고로 관리되고 있다면 이것도 두 개의 다른 저장단위가 된다.

발주량(Lot-Size) 결정 규칙

미국운영관리협회 사전에서 기본작업단위 (Lot)와 배치(batch)란 '같이 생산되고 같은 생산비용과 사양을 공유하는 수량' 이라고 정의하고 있다. 한번에 주문할 기본작업단위 수량을 결정하는 일반적인 결정 규칙에는 다음과 같은 것들이 있다.

소요분발주량(Lot-for-lot) 이 규칙은 적거나 많지 않게 필요한 정확한 수량만큼 주문하는 방식이다. 주문 수량은 요구량이 변할 때마다 변경된다. 이 방법은 자재소요계획이나 주생산일정이 제공하는 기간 (time_phased) 정보가 필요하다. 품목을 꼭 필요할 때만 주문하기 때문에 이 시스템은 사용되지 않는 기본작업단위(lot-size) 재고를 만들지 않는다. 그렇기 때문에 'A' 품목에 대한 계획방법으로는 가장 좋은 방법이고 JIT 환경에도 사용될 수 있다.

고정발주량(Fixed-order quantity) 이 발주방식은 개별 품목이나 저장단위(SKU)에 대해 주문수량을 미리 정하여 반복하는 것이다. '한번에 200개' 와 같이 수량은 보통 임의로 정한다. 고정발주량 발주방식의 장점은 이해하기가 가장 쉽다는 것이다. 단점으로는 관련 비용을 최소화하지 않는다는 것이다.고정발주량시스템의 변형은 최소최대(min-max) 시스템이다 최소최대 시스템에서는 재고수량이 발주점 이하로 떨어질 때 주문을 생성한다(발주점에 대해서는 다음 장에서 다룬다). 주문 수량은 주문당시의 실제 가용재고와 최대재고와의 차이수량으로 결정된다. 예를 들어 발주점이 100개, 최대재고는 300개이고 주문 당시의 실제 가용 재고 수량이 75 개이라면 주문 수량은 225 개가 된다. 만약 실제 가용 재고 수량이 80개이면 주문수량은 220개가 된다. 주문 수량 계산방법 중 많이 사용되는 방법중의 하나가 경제적발주량(EOQ: economic-order quantity)인데 다음 절에서 설명된다.

고정기간발주량(Order 'n' periods supply) 고정 수량을 주문하기보다는 주어진 기간 동안의 예상되는 수요를 충분히 만족하도록 주문할 수가 있다. 문제는 '얼마나 많은 기간간을 포함하여야 하는가' 이다. 그 질문에 대한 답은 이장 후반부에서 기간산정발주(period-order quantity) 시스템을 설명할 때 언급된다.

비용

이전 장에서 살펴본 주문비용과 재고유지비용은 둘 다 주문 수량과 관계 있다. 주문 결정 규칙으로는 이 두 가지 비용의 합을 최소화하는 방법을 사용하는 것이 이상적인데 가장 널리 알려진 시스템이 경제적발주량이다.

경제적발주량(EOQ: Economic-Order Quantity)

가정

경제적발주량시스템에는 다음과 같은 가정들이 있다.

1. 수요는 일정하고 지속적임.
2. 품목은 기본작업단위나 배치단위로 생산되거나 구매되며, 계속적인 것은 아니다.
3. 주문비용과 재고관리비용은 일정하고 정확함.
4. 보충되는 수량은 한꺼번에 이루어짐.

이러한 가정들은 독립적이면서도 상당히 일정한 수요를 가지는 완제품에 해당된다고 할 수 있으나, 성립될 수 없는 다양한 상황들이 있기 때문에 경제적발주량개념을 활용하기는 힘들다. 예를 들어서 고객이 주문 수량을 지정하거나 제품의 저장수명이 짧거나 도구의 수명이나 원자재 배치크기로 인해 작업수행기간이 제한되는 주문생산품목일 경우에는 경제적발주량을 계산할 이유가 없다. 자재소요계획에서는 소요분발주량(lot-for-lot) 결정규칙이 자주 사용되지만 경제적발주량의 변형인 여러 방법들도 사용되고 있다.

경제적발주량(EOQ) 공식

위와 같은 가정 하에, 품목 재고 수량은 일정한 비율로 감소한다. 주문 수량이 200개이고 사용비율이 일주일에 100개인 특정한 품목에 대해 살펴보면, 그림 10과 같이 재고수준이 변하게 될 것이다.

수직으로 그은 선은 재고가 0이 될 때 한꺼번에 재고가 보충되는 것을 나타내는데 재

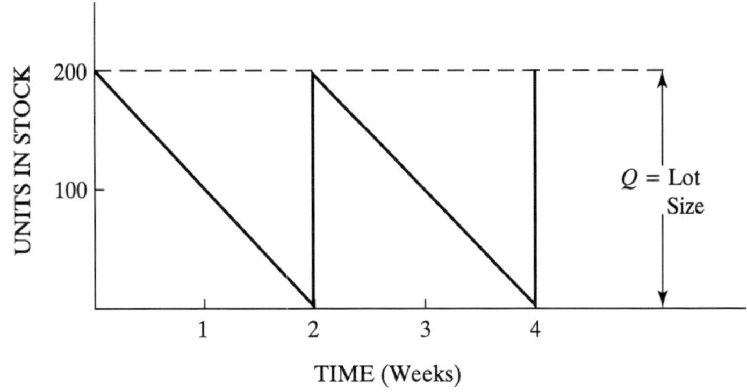

그림 10.1 시간별 재고 변화

고 수량은 주문수량 Q만큼 한꺼번에 증가한다. 이것은 구매 부품이나 제조 부품이 한번에 도착하는 것을 잘 표현하고 있다.

$$\text{평균 발주량 재고} = \frac{\text{주문 수량}}{2} = \frac{200}{2} = 100\text{개}$$

$$\text{연간 주문 횟수} = \frac{\text{연간 수요}}{\text{주문 수량}} = \frac{100 \times 52}{200} = 26\text{회/년}$$

예제

임의의 저장단위(SKU)에 대한 연간 수요가 10,075개이고 650개씩 주문한다고 할 때, 평균 재고와 연간 주문 횟수를 계산하라.

답

$$\text{평균재고} = \frac{\text{주문수량}}{2} = \frac{650}{2} = 325\text{개}$$

$$\text{연간 주문 횟수} = \frac{\text{연간수요}}{\text{주문 수량}} = \frac{10{,}075}{650} = 15.5$$

예제문제에서 연간주문 횟수는 올림을 한다. 이것은 평균치이기 때문에 실제 주문 횟수가 매년 달라질 것이고 평균적으로 그 수치가 된다는 뜻이기 때문이다. 예제의 경우 한 해에는 16개의 주문이 발생되고 다른 해에는 15개의 주문이 발생될 것이다.

관련 비용 다음과 같은 관련비용이 있다.

- 연간 주문 비용
- 연간 재고 유지 비용

주문 수량이 증가함에 따라 평균 재고와 연간 재고 유지 비용은 증가하는 반면 연간 주문 횟수와 주문 비용은 감소하게 된다. 시소처럼 한쪽 비용이 감소하면 다른 쪽 비용이 증가하게 된다. 해법은 재고유지비용과 주문비용의 합이 최소가 되는 주문 수량을 찾아내는 것이다.

A = 연간 사용량

S = 주문 당 주문비용

i = 재고 유지 비용 백분율

c = 단가

Q = 주문 수량이라고 하면,

$$\text{연간 주문 비용} = \text{주문 횟수 주문 당 비용} = \frac{A}{Q} \times S$$

$$\text{연간 재고 유지 비용} = \text{평균재고 개당 연간 재고 유지 비용} = \text{평균재고 개당 비용 유지 비용} = \frac{Q}{2} \times c \times i$$

$$\text{연간 총 비용} = \text{연간 주문 비용} + \text{연간 재고 유지 비용} = \frac{A}{Q} \times S + \frac{Q}{2} \times c \times i$$

예제

연간 수요가 10,000개이고, 주문비용이 주문 하나 당 $30이고, 유지 비용율 20%, 개당 단가는 $15 일때, 주문수량이 600개이라면 다음을 계산하라.

a. 연간 주문 비용
b. 연간 유지 비용
c. 연간 총 비용

답

A = 10,000개
S = $30
I = 0.20
C = $15
Q = 600개

a. 연간 주문 비용 = $A/Q \times S$ = 10,000/600 × $30 = $500
b. 연간 유지 비용 = $Q/2 \times c \times I$ = 600/2 × $15 × 0.2 = $900
c. 연간 총 비용 = $1400

이상적으로는 연간 총 비용이 최소화될 것이다. 연간수요(A), 주문 비용(S), 재고유지 비용(i)이라고 했을 때 총비용은 항상 주문수량(Q)에 의해 좌우된다.

시행 착오법(Trial-and-Error Method)

다음예제를 살펴보자.

어떤 하드웨어 도매업자가 3인치볼트를 박스단위로 재고를 보유한다고 하자. 연간소비는 1000박스이고 수요는 년 중 내내 비교적 일정하다. 주문비용은 한 주문당 20$이고 재고 유지비용은 20%로 추정된다, 개당 단다는 $5이다.

A = 1000개
S = 주문 당 $20
C = 개당 $5
I = 20% = 0.20

이라고 하면,

연간 주문 비용 = $A/Q \times S = 1000/Q \times 20$
연간 유지비용 = $Q/2 \times C \times I = Q/2 \times 5 \times 0.20$
총 비용 = 연간 주문비용 + 연간 유지비용

그림 10.2는 주문 수량이 달라짐에 따라 변화하는 비용에 관한 도표이다. 그림 10.2 도표에서의 결과를 그림 10.3의 그래프로 나타내었다.

그림 10.2와 그림 10.3은 다음과 같은 중요한 사실을 보여준다.

1. 주문비용과 유지비용의 합이 최소가 되게 하는 주문 수량이 있다.
2. 이러한 경제적발주량은 주문비용이 유지비용과 같게 되는 지점이다.
3. 경제적발주량에 대해서 발주량이 폭 넓게 변화하여도 총비용은 거의 변화하지 않는다.

마지막으로 다음 두 가지 중요한 이유가 있다. 하나는 재고유지비용과 주문비용을 정

주문 수량 (Q)	주문 비용 (AS/Q)	유지 비용 ($Qci/2$)	총 비용
50	$400	$25	$425
100	200	50	250
150	133	75	208
200	100	100	200
250	80	125	205
300	67	150	217
350	57	175	232
400	50	200	250

그림 10.2 발주량 크기에 따른 비용

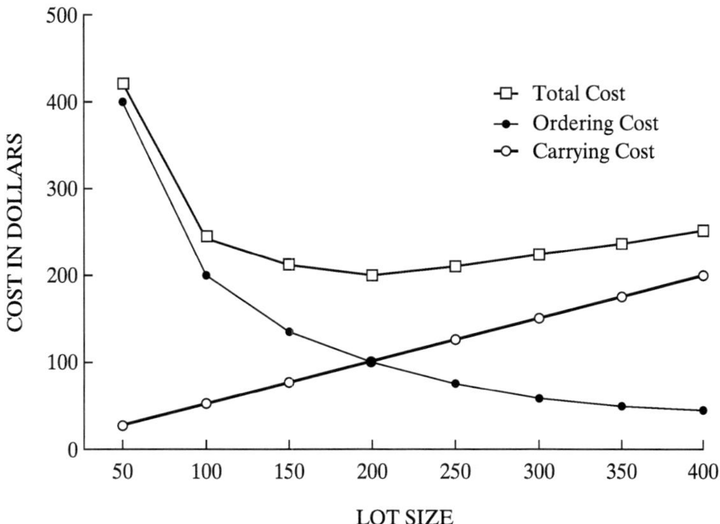

그림 10.3 비용 대 발주단위

확히 산출한다는 것은 아주 어렵다는 것이다. 총비용이 경제적발주량 주변에서 상당히 균일하기 때문에, 정확한 값을 계산 하는 것이 중대한 문제는 아니므로 근사치 정도면 충분하다. 두 번째 이유는 부품은 주로 팔레트나 상자, 다스 같은 편리한 포장 형태로 주문되므로 경제적발주량에 가장 근사한 포장 수량을 취하는 것이 적절하다.

경제적발주량 공식

앞 장에서는 주문비용이 유지비용과 같아지는 주문 수량이 경제적발주량이 된다는 사실을 보여 주었다. 두 개의 비용이 일치할 때 다음 공식이 유추될 수 있다.

$$\text{유지비용} = \text{주문 비용}$$

$$\frac{Qic}{2} = \frac{AS}{Q}$$

Q에 대해서 전개하면

$$Q^2 = \frac{2\,AS}{ic}$$

$$Q = \sqrt{\frac{2\,AS}{ic}}$$

주문 수량에 대한 이 값이 바로 경제적발주량이다. 경제적발주량을 계산하기 위해 이

전 예제에서 이 공식을 사용하면,

$$경제적발주량 = \sqrt{\frac{2AS}{ic}} = \sqrt{\frac{2 \times 1000 \times 20}{0.20 \times 5}} = 200개$$

발주단위의 크기를 어떻게 줄이나

경제적발주량 공식을 살펴 보면, 4개의 변수가 있다. 연간 수요(A)와 주문 비용(S)이 증가함에 따라 경제적발주량도 증가한다. 재고유지비용(i)과 단위비용(c)이 증가함에 따라 경제적발주량은 감소한다.

연간수요(A)는 시장상황에 따라 달라지며 생산으로 통제할 수 없는 것이다, 재고 유지비용(i)은 제품 자체와 회사의 금융비용에 의해 결정되므로 이 또한 생산으로 통제할 수 없다.

단위비용(c)은 저장단위(SKU)에 대한 구매 비용 또는 품목을 생산하는 비용을 말한다. 두 가지 비용 모두 가능한 한 낮은 것이 이상적이다. 어떤 경우에서든 단위비용이 감소하면 경제적발주량은 증가한다.

주문비용(S)는 구매주문을 내거나 생산지시를 하는데 드는 비용을 말한다. 생산지시 비용은 생산관리 비용과 설치비용으로 구성되는데, 이러한 비용을 절감하는 노력은 경제적발주량을 감소시킨다.

JIT 생산환경에서는 초기화 시간의 단축을 강조한다. 여기에는 몇 가지 이유가 있는데 주문 수량 감소도 그 중 한 가지 이유이다. 15장에서 JIT에 대해 상세하게 논의될 것이다.

경제적발주량 모델의 변형(Variations of the EOQ Model)

특수한 환경에 맞도록 기본 경제적발주량모델을 변형한 몇 가지가 있다. 자주 사용되는 두 가지는 화폐단위 발주량 모델과 종속 접수모델이다.

금액단위 발주량(Monetary Unit Lot Size)

경제적발주량은 물리적인 단위가 아니라 화폐단위로 계산될 수가 있다. 이전에 제시된 것과 똑 같은 경제적발주량공식이 사용될 수 있지만, 연간 사용 수치로서 수량단위 대신 사용금액을 사용한다.

A_D = 연간사용금액
S = 주문비용
i = 유지비용의 백분율

연간사용 단위가 금액로 표현되기 때문에 단위비용은 수정된 경제적발주량등식일 필요가 없다.

경제적발주량 금액은 다음과 같다.

$$\text{경제적발주량} = \sqrt{\frac{2\,A_D S}{i}}$$

예제

어떤 품목의 연간 수요가 $5000이고 준비 비용이 주문당 $20이고, 유지비용이 $20라면, 경제적발주량은 금액으로 얼마인가?

A_D = \$5000
S = \$20
i = 20% = 0.20

$$\text{경제적발주량} = \sqrt{\frac{2\,A_D S}{i}} = \sqrt{\frac{2 \times \$5000 \times \$20}{0.2}} = \$1000$$

비즉각수령모델(Non-instantaneous Receipt Model)

때때로 보충 오더(replenishment order)가 들어 올 때, 그 오더가 한번에 다 들어오지 않는 경우가 있다. 이러한 상황이 발생하는 가장 일반적인 이유는 주문된 자재가 장기간에 걸쳐 생산될 경우 아직 생산이 진행되는 동안 일부 자재를 수령하기 때문이다. 이러한 상황에서 EOQ는 수요의 비율과 관련한 생산 비율을 반영하기 위해 수정된다.

$$\text{EOQ} = \sqrt{\frac{2AS}{ic}\left(\frac{p}{p-d}\right)}$$

여기서

p = 생산 비율(unit/일)
d = 수요 비율(unit/일)이다.

p와 d의 시간 단위는 (위에서는 일별로 계산되었는데) 같은 단위를 사용하는 한 어떤 시간 단위를 사용하든 상관 없다.

예제

한 상품이 오더당 500$의 생산 절차 비용(setup cost)를 가지고 있으며, 상품 하나당 재고비용(inventory carrying cost) 한해 12$씩 든다. 상품에 대한 수요는 매일 일정하게 11unit이고, 생산 비율은 생산중일 때 하루당 50unit이다. 이때, 비즉각 EOQ (Non-instantaneous Economic-order quantity)는 얼마인가?

$$\text{Anuual demand (A)} = \text{(11 units per day)} = \text{(365 days per year)}$$
$$= \text{4015 unit per year}$$

$$\text{EOQ} = \sqrt{\frac{2(4015)\ 500}{12}\left(\frac{50}{50-11}\right)}$$
$$= \sqrt{334{,}583.3(1.3)}$$
$$= 655 \text{ units}$$

수량할인(Quantity Discounts)

자재를 구매할 때, 공급자는 가끔 특정 규모 이상 주문하면 수량에 대한 할인을 해준다. 이것은 대량 주문 공급자의 비용을 줄여주기 때문에 가능한 것이다. 그리하여 대량 주문을 받기 위해 공급자는 수량할인을 기꺼이 제공하게 된다. 구매자는 할인을 받을 것인지를 결정해야 하고 그렇게 했을 때 관련되는 비용을 고려해야 한다.

- 구매비용
- 주문비용
- 유지비용

예제

어떤 품목의 연간 수요가 25000개이고 단위 비용이 $10이고, 주문 준비비용이 $10이고, 유지비용이 20%이다. 이것은 경제적발주량 단위로 주문이 되지만, 공급자는 $10000이상의 주문에 대해서는 2%의 할인을 제공해 준다. 그 제안을 받아들여야 할까?

답

$A_D = 25000\ \$10 = \$250000$

$S = \$10$

$i = 20\% = 0.20$

$$\text{경제적발주량} = \sqrt{\frac{2 \times 250{,}000 \times 10}{0.2}} = \$5000$$
$$\text{할인된 주문 수량} = \$10000\ 0.98 = \$9800$$

	미할인	할인 발주량
단가	$10	$9.80
발주량	$5000	$9800
연간 발주량 재고(Qc/2)	$2500	$4900
연간주문횟수	50	25
구매비용	$250000	$245000
재고유지비용(20%)	500	980
주문준비비용($10 each)	500	250
총비용	$251000	$246230

앞 예제에서 보면, 할인을 받는 것은 다음과 같은 결과를 낳는다.

- 구매비용이 절감된다
- 주문비용은 감소한다. 왜냐하면 대량으로 주문이 생성되므로 주문횟수가 줄기 때문이다.
- 대량주문 이므로 재고 유지비용은 증가한다.

수요자는 마지막 항목보다 앞 두 가지 항목에 무게를 두고 결정을 해야 한다. 고려해야 할 것은 총비용이다. 숫자로 판단해보면 할인을 받는 것이 좋을 수도 있고 좋지 않을 수도 있다.

비용을 모르는 동종 품목의 경제적발주량 사용
(Order Quantities for Families of Product When Costs are not Known)

경제적발주량공식은 주문비용과 재고유지비용에 의존한다, 실제로, 이러한 비용은 잘 알려져 있지도 않고 결정하기도 쉽지 않다. 그러나, 동종 품목들에 적용될 때는 그 공식은 여전히 사용될 수 있다.

동종의 품목은 주문비용과 재고유지비용이 일반적으로 각 품목에 대해서 동일하다. 예를 들어서 하드웨어 품목–너트나 볼트, 나사나 못–을 주문한다면, 재고유지비용은 거의 같을 것이다. 그리고 주문 비용도 각 품목마다 같을 것이다. 이러한 경우에서처럼, 주문비용(S)과 제고유지비용(i)이 동종의 모든 품목에 대해 똑같다.

이제,

$$Q = \sqrt{\frac{2\,A_D S}{i}}$$

여기서 A(연간 수요)는 달러로 표현된다.

S는 모든 품목에 대해서 동일하고 I도 모든 품목에 대해서 똑같기 때문에, $2S / I$는 동종의 모든 품목에 대해서 같아야 한다.

$$K = \sqrt{\frac{2S}{i}} \text{ 라고 하면,}$$

$$Q = K\sqrt{A_D}$$

$$Q = \frac{\text{연간수요}}{\text{연간주문}} = \frac{A_D}{N} \text{ 이다.}$$

그래서,

$$K\sqrt{A_D} = \frac{A_D}{N}$$

$$K = \frac{\sqrt{A_D}}{N}$$

이 공식이 적용되는 예제를 살펴보자.

예제

동종의 품목들이 있는데, 각 품목은 일년에 4번 주문하도록 하는 결정규칙을 적용하고 있다고 하자. 주문비용(S)과 유지비용(i)은 알려져 있지 않고, 일년에 4번 주문하는 것은 경제적발주량에 근거한 것은 아니다. 경제적발주량이 계산될 수 없는 상황에서 더 나은 결정 규칙을 고안할 수 있을까?

품목	연간 사용량	연간 주문	현재 발주량 크기	$\sqrt{A_D}$	$K = \frac{\sqrt{A_D}}{N}$
A	\$10,000	4	\$2500	\$100	25
B	400	4	100	20	5
C	144	4	36	12	3
		12	\$2636	\$132	33
평균재고			\$1318		

모든 발주량의 합은 \$2636이다. 평균재고가 주문 수량의 반이기 때문에 평균재고는 \$2636/2 = \$1318이다.

이것은 동종 품목들은 준비비용이 같고 유지비용이 같아서, K값도 모든 품목에 대해 같아야 한다. 앞 계산식은 그렇지 않다는 것을 보여준다. K에 대한 정확한 값은 알려져 있지 않았으나, 모든 값들의 평균치가 더 나은 값이 될 수 있을 것이다.

$$K = \frac{\sum\sqrt{A_D}}{\sum N} = \frac{132}{12} = 11$$

이 K값은 각 품목에 대한 주문수량을 계산하는데 사용될 수 있다.

품목	연간 사용량	현재 연간 주문	현재 발주량 크기	$\sqrt{A_D}$	신규 발주량 크기 = $K\sqrt{A_D}$	신규 연간주문 $N = A_D/Q$
A	\$10,000	4	\$2500	\$100	\$1100	9.09
B	400	4	100	20	220	1.82
C	144	4	36	12	132	1.09
	\$10,544	12	\$2636	\$132	\$1452	12.00
평균재고			\$1318		\$726	

품목 A: 신규 발주량 크기 = $K\sqrt{A_D} = 11 \times 100 = \$1100$

$$\text{신규 연간 주문} = \frac{A_D}{Q} = \frac{10{,}000}{1100} = 9.09$$

평균 재고는 \$1318에서 \$726으로 감소하였고, 반면 연간 주문횟수는 이전과 같다. 그래서 재고와 관련된 총 비용은 감소되었다.

기간산정발주(POQ: Period Order Quantity)

경제적발주량은 주문비용과 재고유지비용의 총비용을 최소화하기 위한 것이고 수요는 일정하다는 가정에 근거하고 있다. 그러나 대개 수요는 일정하지 않고 특히 자재소요계획(MRP)에서는 경제적발주량을 사용하는 것이 최소비용을 이끌어 내지는 못한다.

기간산정발주 수량은 경제적발주량과 같은 이론에 근거하고 있다. 이것은 주문 사이의 경제적인 시간 간격을 계산하기 위해 경제적발주량 공식을 사용한다, 이것은 경제적발주량을 수요율로 나누어서 계산하고, 주문을 해야 할 시간 간격을 구할 수가 있다. 똑같은 수량(경제적발주량)을 주문 하는 대신에 계산된 시간간격에서의 요구량을 충족시키기 위한 주문이 결정된다. 연간 발생되는 주문 횟수는 경제적발주량의 경우와 같지만, 매번 주문 수량은 변화한다. 주문 수량은 실제 수요에 의해 결정되기 때문에 주문 비용은 같지만 재고유지비용은 감소하게 된다.

$$\text{기간산정발주(POQ)} = \frac{\text{경제적발주량(EOQ)}}{\text{평균주간사용량}}$$

예제

어떤 품목의 경제적발주량은 2800개이고 연간 사용량은 52000개이다. 기간산정발주는 얼마인가?

답

$$\text{평균주간사용량} = 52000 \div 52 = \text{주당 } 1000$$

$$\text{기간산정발주} = \frac{\text{경제적발주량}}{\text{평균주간사용량}}$$

$$= \frac{2800}{1000} = 2.8\text{주} \rightarrow 3\text{주}$$

주문은 이후 3주간의 요구량을 반영하게 된다.

대략적으로 계산되었음. 정밀도는 중요하지 않음.

예제

다음 자재소요계획내용과 경제적발주량은 250개임을 고려하여, 경제적발주량을 이용한 계획보충량(planned order receipts)을 계산하여라. 그리고 기간산정발주와 예정 주문입고량을 계산하여라. 두 가지 경우에 대해서 10주간에 대한 기말재고와 총재고를 구하라.

주	1	2	3	4	5	6	7	8	9	10	합계
순 소요량	100	50	150		75	200	55	80	150	30	890
계획 보충량											

답

경제적발주량 = 250개

주	1	2	3	4	5	6	7	8	9	10	합계
순 소요량	100	50	150		75	200	55	80	150	30	890
계획 보충량	250		250			250			250		
기말 재고	150	100	200	200	125	175	120	40	140	110	1360

기간산정발주:

주간평균수요 =890 ÷ 10 = 89개

기간산정발주 = 250 ÷ 89 = 2.81 → 3주

주	1	2	3	4	5	6	7	8	9	10	합계
순 소요량	100	50	150		75	200	55	80	150	30	890
계획 보충량	300				330			260			
기말 재고	200	150	0	0	255	55	0	180	30	0	870

예제에서 총재고가 1360개에서 870개로 10주동안 감소했음을 알 수 있다.

경제적발주량을 사용할 때 고려사항

불규칙적인 수요(Lumpy demand) 경제적발주량(EOQ)은 수요가 일정하고 한꺼번에 보충된다는 가정을 한다. 이 가정이 깨지면 경제적발주량은 최적의 결과를 만들어내지 못하고, 이 경우 기간산정발주(POQ)를 사용하는 것이 더 좋다.

기대 재고(Anticipation inventory) 수요는 일정하지 않고 재고는 미리 쌓이게 된다. 생산능력과 미래수요에 근거하여 재고비축을 계획하는 것이 좋다.

최소 주문(Minimum order) 어떤 공급자는 최소 주문을 요구한다. 이러한 최소라고 하는 것은 개별 품목보다는 전체 주문에 근거하는데, 대개 C 품목에 대해 경제적발주량이 아닌 충분한 주문을 하기 위한 것이다.

운송 재고(Transportation inventory) 13장에서 언급되겠지만, 운송업자는 선적금액에 근거한 비율을 받는다. 만적하는 것은 부분적으로 선적하는 것보다 톤당 비용이 적게 든다. 이것은 대량 주문시에 공급자가 가격파괴를 해주는 것도 똑같은 것이다. 똑같은 형태의 분석을 할 수 있다.

포장단위(Multiples) 때로는 주문 규모가 포장 단위에 의해 제한을 받는다. 예를 들어서 공급자가 침목단위로만 선적할 수 도 있다. 이러한 경우에는 그 단위가 최소 포장 단위가 되야 한다.

주문수량과 JIT(Order quantities and just-in-time) 15장에서 논의되겠지만 절약형생산(lean production)은 제고가 한번에 생산될 양에 대해 큰 영향을 미친다. 한 품목의 보충수량은 공급망에서 다음 공정의 수요와 맞게 조정된다. 이 조정은 더 적은 양으로 유도하고, 때로는 계산에 의해서가 아니라 고객에 대한 선적 빈도나 쉽게 이동할 수 있는 컨테이너에 의해 결정된다.

요약

경제적발주량은 수요가 상대적으로 일정하다는 가정에 근거하고 있다, 이것은 몇몇 재고에는 적절하고 경제적발주량 공식은 합리적인 결과로 사용될 수 있다. 경제적발주량공식을 사용하는 것은 주문비용과 재고유지비용을 결정하는 것이 하나의 문제가 될 수 있다. 총비용 커브는 바닥에서 일정하기 때문에 잘 추측해내는 것이 경제적인 주문 수량을 산출해내기 위해서 필요하다. 경제적발주량 개념은 주문비용과 재고유지비용이 알려지지 않은 같은 부류의 품목에 있어 효과적으로 사용될 수 있다는 것을 알았다.

주문 수량에 의해 영향을 받는 두 가지 비용은 주문비용과 재고 유지비용이다. 주문 수량을 계산하는 모든 방법은 이 두 가지 비용의 합을 최소화하려고 한다. 기간산정발주도 그렇다. 이것은 경제적발주량보다 좋은 점이 있는데, 이것은 실제 소요되는 것을 반영하려고 하기 때문에 수요가 불규칙할 때 더 좋은 방법이다.

질문

1. 재고관리 목적을 달성하기 위해서는 두 가지 질문에 대한 해답을 구해야 한다 그 두 가지가 무엇인가?
2. 결정규칙이란 무엇인가? 결정규칙의 목적은 무엇인가?
3. 저장단위(SKU)는 무엇인가?
4. 소요분발주량(L4L)은 무엇인가? 장점은 무엇인가? 어디에 사용하면 좋은가?
5. 경제적발주량(EOQ)이 가정한 4가지는 무엇인가? 어떤 종류의 품목이 이러한 가정에 타당한가? 어떤 경우에 가정이 맞지 않은가?
6. 경제적발주량의 가정하에서 평균 발주량 크기와 년 주문횟수에 대한 공식은 무엇인가?
7. 두 가지 공식과 상관 있는 비용은 무엇인가? 주문 수량이 증가하면 각 비용은 어떻게 되나? 고정발주량(FOQ)을 정하는 목적은 무엇인가?

8. 다음 각 용어를 설명하고 공식으로 정의해보아라
   A. 연간주문비용
   B. 연간재고유지비용
   C. 연간총비용
9. 경제적발주량(EOQ) 공식은 무엇인가? 각각의 용어를 설명하고 사용되는 단위를 명시하라. 화폐단위가 사용되는 경우 단위는 어떻게 바뀌어야 하는가?
10. 수량 할인을 받아들일 지를 결정할 때 고려해야 하는 비용항목은 무엇인가? 무슨 기준으로 결정을 내려야 하는가?
11. 기간산정발주는 무엇인가? 어떻게 만들어지고 언제 사용되는가?
12. 재고관련 결정을 내릴 때 다음 항목은 어떤 영향을 끼치는가?
    A. 불규칙수요
    B. 최소주문
    C. 운송비용
    D. 포장단위
13. JIT를 추구하는 기업은 전통적인 방식을 사용할때에 비해 작은 품목 사이즈(lot size)를 가지게 된다. 이것이 재고와 관련하여 비용에 어떠한 영향을 미칠것인지 논하여 보라. 조정/비조정 가능한 비용은 어떤 것들이 있는가?

연습문제

10.1 $10짜리 저장단위(SKU)가 500개로 주문이 되고 연간 수요는 5200개이다. 유지비용은 20%이고 주문비용은 $40이다. 다음을 계산하라

a. 평균재고
b. 연간 주문 횟수
c. 연간 재고 유지 비용
d. 연간 주문 비용
e. 연간 총 비용

답: a. 250개
b. 연간10.4 주문
c. 재고유지비용 = $500
d. 연간주문비용 = $416
e. 연간총비용 = $916

10.2 주문 수량이 1000개로 증가하는 경우에 대해 10.1a와 10.1e를 다시 계산하고 결과를 비교하라.

답: 평균재고 500개
연간총비용 $1,208

10.3 어떤 품목에 대해 경제적발주량을 결정하려고 한다. 연간 수요는 100000개s이고, 단가는 $8, 주문비용은 32$, 재고 유지 비용은 20%다. 다음을 계산하라.

a. 경제적발주량 in 개s

b. 연간 주문 횟수

c. 주문비용, 유지비용, 총 비용

답: a. 200개s
b. Number of orders per year = 50
c. 주문비용 = $1600
유지비용 = $1600
총비용 = $3200

10.4 연간 수요가 $800000이고 주문비용은 $32, 유지비용은 20%인 품목에 대해경제적발주량을 결정하려 한다. 다음을 계산하라.

a. 경제적발주량

b. 연간 주문 횟수

c. 주문비용, 유지비용, 총 비용

d. 10.2결과와 비교

답: a. $16000
b. 연간주문횟수 = 50
c. 주문비용 = $1600유지비용 = $1600총비용 = $3200
d. 결과가 같다

10.5 저장단위(SKU)가 연간 수요가 5200개이고 각 10$이고 주문비용은 $200, 유지비용은 20%일 때 경제적발주량과 금액을 구하라.

답: 경제적발주량 = 102개
경제적발주액 = $322

10.6 경제적발주량기준으로 주문을 내고 있는 회사가 있다. 연간 수요가 10000개이고 단가는 $10,주문비용은 $30, 유지비용은 20 %다. 공급자가 1000개 이상의 주문에 대해서는 3% 할인을 준다고 제의하였다. 할인을 받아들일 경우의 손익/손실을 구해보아라.

답: 절감효과 = $2825.45

10.7 문제 10.3을 참조하여라.공급자가 5000개 이상에 대해 3% 할인을 제공한다고 하자. 구매비용과 주무비용, 유지비용, 5000개를 주문했을 때 총비용을 구하라. 할인을 받아들일 경우의 결과를 비교하고 절감효과가 얼마나 되는지 구하라.

답: $75,040 손실

10.8 K=5인 경우에 다음 표에서의 발주량 크기를 구하라.

품목	연간수요	$\sqrt{A_D}$	신규 발주량 크기
1	1600		
2	400		
3	144		

답: 품목 1 200, 품목 2 100, 품목 3 60

10.9 다음 데이터에 대해 K를 구하라.

품목	연간수요	연간주문	$\sqrt{A_D}$
1	10000	5	
2	3600	5	
3	1600	5	
Totals			

답: K= 13.33

10.10 세 가지 사이즈의 전구를 생산하는 회사가 있다. 주문비용과 유지비용은 알려져 있지 않지만, 안다면 각 사이즈에 대해 똑같을 것이다. 각 사이즈는 일년에 여섯번 생산된다. 각 사이즈에 대한 수요가 다음 표와 같다면, 재고를 최소화하고 똑같은 생산 횟수를 유지하는 주문 수량을 계산하라. 연간 주문 횟수에 변화가 있는가?

품목	연간 수요	현재의 문수	현재의 발주량 크기	$\sqrt{A_D}$	신규 발주량 크기 $= K\sqrt{A_D}$	신규 연간 주문횟수 $N = A_D/Q$
A	\$22500	6				
B	\$5625	6				
B	\$1600	6				
Totals						
Average Inventory						

답: 현재 발주량 크기를 가진 평균재고 = \$2477.08
신규 발주량 크기를 가진 평균재고 = \$1950.40

10.11 다섯 가지 사이즈의 나사 드라이버를 생산하는 회사가 있다. 주문비용과 유지비용은 알려져 있지 않지만, 안다면 각 사이즈에 대해 똑같을 것이다. 각 사이즈는 일년에 네 번 생산된다. 각 사이즈에 대한 수요가 다음 표와 같다면, 재고를 최소화하고 똑 같은 생산 횟수를 유지하는 주문 수량을 계산하라. 연간 주문 횟수에 변화가 있는가?

품목	연간 사용량	현재 연간 주문 회수	현재의 발주량 크기	$\sqrt{A_D}$	현재 발주량 크기 $= K\sqrt{A_D}$	신규 연간 주문 $N = A_D/Q$
1	\$10000	4				
2	\$6400	4				
3	\$3600	4				
4	\$1600	4				
5	\$400					
총						
평균재고						

10.12 어떤 품목에 대한 경제적발주량이 950개이고 연간 사용량은 13000개이다. 기간산정 발주는 얼마인가?

답: 4 주

10.13 다음 순소요량을 감안할 때 입고 예정량을 기간산정발주에 근거하여 구하라. 경제적 발주량이 300개이고 연간수요는 4200개이다.

주	1	2	3	4	5	6	7	8	합계
순소요량	100	75	90	90	85	70	80	40	630
계획보충량									

답: 기간산정발주는 4주이다.
계획보충기간 1 = 355 개s
계획보충기간5 = 275 개s

10.14 다음 자재소요계획내용과 경제적발주량은 200개임을 고려하여, 경제적발주량을 이용한 계호기보충량을 계산하여라. 그리고 기간산정발주와 예정 주문입고량을 계산하여라. 두 가지 경우에 대해서 10주간에 대한 기말재고와 총재고를 구하라.

답: 경제적발주량 총기말재고 = 1150개
기간산정발주 총기말재고 = 560개

주	1	2	3	4	5	6	7	8	9	10	합계
순 소요량	75	100	60	0	100	80	70	65	0	60	
계획 보충량											
기말 재고											

10.15 다음의 MRP 기록과 200unit의 EOQ를 이용해 EOQ를 사용한 계획오더수령(planned order receipt)을 계산하여 보라. 그리고 기간오더분량(period-order quantity)와 계획오더수령(planned order receipt)을 계산하라. 마지막으로 두 케이스 모두에서 최종 재고(ending inventory)와 10주간 총 재고량(total inventory)를 계산해 보라.

답: POQ=3주
EOQ 총 최종 재고=985unit
POQ 총 최종 재고=570unit

10.16 어떤 상품이 한 해 동안 매주 240unit의 수요가 있었다. 이 상품은 한 unit당 $42의 가치를 가지고 있으며, 회사는 상품 가치의 20%를 연간 재고비용으로 사용한다. 오더를 받았을 때 생산에 드는 준비비(setup cost)는 $600이며, 생산 공정을 통해 매주 500개를 생산하고 생산되는 대로 매주 배송이 가능하다. EOQ를 계산하라.

Case Study 10.1

칼의 컴퓨터 (Carl' s Computers)

칼이 천재적이라는 것은 분명한 사실이었다. 7년전 칼은 개인 컴퓨터 사업이라는 경쟁에 뛰어들기로 결정한 바 있었다. 이는 표면적으로는 그다지 천재적이지 않은 선택이었지만, 칼이 구축한 개인 컴퓨터의 독특한 디자인과 특징들은 천재적인 것이었다. 그는 또한 단 이틀만에 지역시장에의 배달을 확약할 수 있는 방법을 찾아냈다. 다른 컴퓨터 생산자들도 빠른 생산과 배달을 가지고 있었지만 이들은 지역구라기보다는 전국적인 경쟁자들이었고, 먼 지역에서의 배달은 보통 칼의 회사가 더 우세했다.

칼은 곧 충성도 높은 고객들을 보유할 수 있게 되었고, 이들은 특별히는 지역 내의 소규모 사업자들이었다. 칼의 회사는 배달이 빠를 뿐만 아니라 기술적 문제 처리 능력에서도 신속했다. 이러한 서비스적 특징들은 지역내 사업자들에게 매우 주요한 것이었다. 이들의 생계는 컴퓨터에 달려있었으므로, 제품 자체의 빠른 배달보다 이후의 빠른 서비스 가용량이 더 중요했던 것이다. 대부분의 사업체는 매우 작았으므로 사업체 내에 컴퓨터 전문가들을 둘 수 없었고, 이들은 대부분 칼의 사업에 크게 의존하고 있었다.

현재상황

그러나 칼의 컴퓨터 회사에 모든 일이 순조롭지만은 않았다. 최근 칼의 컴퓨터 회사는 로사 창(Rosa Chang)이라는 사람을 애프터서비스를 위한 재고관리 매니저로 임용했다. 첫 주에 로사는 회사의 여러 사람들을 만나보며 문제를 해결할 좋은 아이디어들을 얻을 수 있었다.

고객 서비스 매니저 랜디 스미스(Randy Smith, Customer Service Manager): "로사씨가 뭘 해야 할지는 잘 모르겠지만, 뭐든간에 빨리 해결해야 할 겁니다! 현시점에서 우리의 주요한 경쟁요소는 서비스가 상품 배달보다 빠르다는 건데요, 항상 중요한 부품이 없어 서비스에 필요한 유닛을 받지 못한다는 얘길 듣거든요. 고객들이나 서비스 현장 사람들 모두 불평하곤 해요. 서비스 요청을 받고 특정 부품이 필요하다는 것을 알았지만 대부분의 경우 그 부품이 없어요. 고객들은 충성도가 높은 편이긴 하지만 인내심이 좋지는 못하거든요. 우리 정책은 최소한 98%의 고객 서비스 레벨을 충족시키는 건데, 실제 능력은 그보다 훨씬 떨어져요. 문제는 이 뿐만이 아니에요. 서비스가 뒤떨어짐에 따라 고객들이 가격에 더 주목하기 시작했어요. 가격을 좀 낮추었으면 좋겠지만, 재무부 쪽에서는 재고와 관여재고가격이 높다는 이유로 이미 한계비용에 가깝다고 말하더라구요. 저는 뭔가 문제가 많다고 봐요. 잘은 모르겠지만 당신이 문제를 빨리 찾아서 해결해 주길 바라요.

수석 엔지니어 엘렌 베드로시안(Ellen Bedrosian, chief Engineer): “세상에, 당신이 와주어서 정말 기쁘군요! 재고 문제 때문에 우리 엔지니어팀은 아주 골머리를 썩고 있어요. 우리 기업은 항상 독특한 디자인으로 유명했고, 이 문제에 있어서 다른 경쟁자들에게 앞서있도록 노력해 왔어요. 그런데 문제는 대부분 우리가 새로운 디자인을 내놓으려고 할 때 재고팀이랑 재무부 쪽에서 기다리라고 하는 거에요. 옛날 디자인 재고가 항상 너무 남아돌아서 재무부 쪽에서는 이것들을 바로 쓸모없게 만들어 버리는 건 너무 가혹하다고 생각하나봐요. 우리가 고객들이 원할만한 새 디자인을 발표할 때 마다 기존 디자인 제품과 서비스까지 쓸모 없게 만드는 경향이 있다는 얘길 들어요. 우리는 새 디자인이 나올 때 쯤에 서비스 재고팀 쪽에 옛날 자재를 다 써버려도 된다고 말하려고 하는데, 매번 이게 잘 안되더라구요.”

구매부 매니저 짐 휴(Jim Hughes, Purchasing Manager): “이거 참, 로사, 행운을 빌어요.. 쉽지 않을 거거든요. 저는 수많은 지시사항의 압박을 받고 있어서 가끔은 어떻게 반응해야 할지 모르겠더락구요. 첫째로 재무무 사람들은 항상 가격을 통제하거나 삭감하라고 얘기해요. 그러면 엔지니어 팀에서는 항상 새로운 디자인을 내놓고 대부분의 경우 새로운 부품 구매를 야기하죠. 우리는 대부분의 시간을 공급자들과 새 디자인에 대해 협력하는 건데, 낮은 가격에 빠른 배송을 할 수 있도록 노력하고 있어요. 이걸로 대부분이 가능해지긴 하지만, 주문에 변화가 생기면 그사람들에게 난감한 처지가 되죠. 한 순간 서비스 현장 사람들이 어떤 부품이 필요하니 빨리 사달라 졸라대는데 많은 경우 예약기록에 그 부품 구매 사항이 없어요. 그래놓고 하루 전에는 꼭 필요하다고 했던 부품을 취소해달라고 하곤 하죠. 우리 바이어들과 공급자들은 우수한 편이지만 기적을 만들어내는 사람들도 아니고, 한번에 모든 일을 할 수는 없어요. 우리 공급자들중 몇은 우리가 계속 이랬다 저랬다 하면 업무관계를 끊겠다고 협박하기까지 해요. 우리는 서비스 현장 사람들에게 해결책을 주려고 노력해 봤지만 제대로 된 건 하나도 없었어요. 어쩌면 그 쪽 사람들은 별로 신경을 안 쓰고 있기 때문인지도 모르죠.”

수석 재무부장 메리 숄턴(Mary Shoulton, chief Financial Officer): “이 재고문제를 좀 해결해 주신다면 보너스도 받으실 수 있을 거에요! 가격, 배달, 유능한 서비스등 여러 부분에서 경쟁자들에게 뒤지고 있는데다 서비스 재고 비용도 완전히 통제 불가능 상태에요. 총 재고량이 지난 2년간 200%이상 상승했는데, 서비스 수익은 겨우 15% 늘었을 뿐이에요. 게다가 불필요 자재로 인한 손실은 80% 증가했죠. 뿐만 아니에요. 주요 재고 관련 비용이 진도 관리에서 오고, 주요 부품 부족을 충당하기 위해 항공화물이 필요한 부품 같은 데 붙는 화물 배달 할증료 때문에 지난해에만 6만7천불 이상이 들었어요. 이게 의미하는 바는, 우리 총 수익의 거의 20%가 서비스 사업에 할당된다는 거죠. 믿겨지세요? 우리 이윤, 창고가동, 그리고 불필요한 재고비용들 때문에 23%의 재고 유지 비용이 들어요. 재고 레벨이 엄청나기 때문에 우리 수익이 크게 잘려 나가는 거에요. 이 상황을 잘 통제하거나 사업을 그만두던가 해야 한다고 생각해요.

서비스 현장 감독 프랭클린 놀레스(Franklin Knowles, Field Service Supervisor): "당신이 고용되기 전까지 다른 생산 감독들과 제가 재고 관리를 받고 있었어요. 당신을 낙담시키긴 싫지만, 당신 일은 거의 불가능해 보이는 게 사실이에요. 구매부 사람들은 평균 사이즈 통을 엄청 사고는 "그 통을 채울만큼" 새로 주문해야 할 주 평균 부품 사용량이 있다고 말해요. 그사람들의 대부분의 리드타임이 일주일이나 그 보다 덜 되니까 말이야 되죠. 모든 기록은 컴퓨터에 저장되어 있으니 컴퓨터가 우리가 일주일치 공급량밖에 없을 때 알림을 주도록 프로그램되어 있어야 해요. 이 모든게 말은 되는데, 뭔가가 자꾸 어긋나는거에요. 먼저 서비스 현장 기술자들이 종종 처리 기록을 남기지 않고 가져가는 것 같아요, 기록에 문제가 생겨버리는 거죠. 사실 몇 달 전에 실지재고정리를 했는데, 기록 정확도가 30%도 안되더라구요! 지금 기록도 그정도로 나쁠 거라고 생각해요. 다음 실지재고정리는 아홉달쯤 뒤에나 있구요. 둘째로, 우리 기록이 정말 별로기 때문에 서비스 현장 기술자들이 우리가 부품을 가지고 있는지 알 방법이 없어요. 그래서 기술자들 중 몇이 주요 부품의 상당량을 챙겨놔서 스스로 재고를 쌓아놓기 시작했어요. 그 재고를 다시 채울 때가 되면 더 많이 가져가곤 하죠. 이것 때문에 중앙 재고에 애로사항이 많아요. 분명 어제까지만 해도 재고가 충분했는데 오늘 보니 다 떨어져 있고! 즉시 필요한 구매 오더가 들어오는 걸 보면 행복해질 정도라니까요. 기술자들이 특별 주문 받은 부품만 가지고 있도록 하는 정책을 만들었지만, 많은 기술자들이 어기고 있어요. "

서비스 현장 기술자 퀀틴 베이트(Quentin Bates, Field Service Technichian): 우리 재고 쪽에 분명 엄청난 문제가 있어요. 우리 기술자들은 미쳐버릴 것 같아요. 우리는

> 이렇게 재고를 챙겨둬선 안되게 되어 있어요. 자주 사용되는 몇몇 부품 빼고는요. 부품이 필요한 문제가 생기면 중앙 재고에서 가져오는 게 원칙이에요. 그런데 문제는 대부분의 경우 부품이 중앙 재고에 없다는 거죠. 그 부품을 사도록 압박을 주는 한편 부품이 올 때까지 고객들을 진정시켜야 해요. 그동안 고객들의 시스템은 사용할 수 없게 되고 그들은 사업을 할 수 없게 되는 거죠. 고객들은 금방 화가 나요. 구매팀 사람들은 우리가 분통을 터뜨릴 때까지 별로 신경도 안쓰는 것 같아요. 최근에 저는 부품 상당량을 별로 필요하지도 않은데도 제 개인 재고에 쟁여 놓았어요. 다른 기술자들도 그렇구요. 이렇게 하면 몇몇 문제상황을 해결할 수는 있겠지만 상황은 점점 악화되는 것 같네요.

이제 로사는 문제들의 특성에 대한 진짜 정보들을 얻게 되었다. 이제 해결 방법을 구축할 차례다. 그리고 이는 빨리 해결되어야만 한다. 가장 먼저 로사가 시행한 것은 몇몇 부품 넘버를 무작위로 선별하여 주문 접근방식을 향상시킬 수 있는지 보는 것이었다.

로사가 선별한 첫 부품 넘버는 A233서킷보드였다. 평균 주 사용량은 32개, 리드타임은 1주였다. 보드 비용은 18불, 주문 비용은 16불, 통을 채우기 위해 필요한 양은 64개였다.

두번째 부품 넘버는 P656 전력공급기였다. 가격은 35불이었만 주문비용은 팩스로 처리하면 되었기 때문에 건당 2불밖에 들지 않았다. 그러나 팩스를 사용함에도 불구하고 배달시간이 2주나 되었다. 부품의 평균 주 수요량은 120개였고, 회사는 보통 한번에 350개씩을 주문했다.

최근 서킷보드의 공급자측에서는 한번에 보드 200개 이상을 주문하면 개당 2불씩을 깎아줄 수 있다고 말 한 바 있다.

사례 분석

1. 주어진 두 개 부품 넘버의 자료들을 사용하여 주문 정책을 총체적으로 평가하여 보라. 현재의 연간 평균 비용과 EOQ등의 시스템을 사용한 비용을 비교해 보고, 다른 적절한 시스템이 사용 가능한지 논하여 보라.
2. 칼의 컴퓨터 기업이 가격을 낮추도록 해야 한다고 생각하는가? 왜 그런가?
3. 다른 문제들의 근원은 어디에 있다고 생각되는가? 최대한 자세하고 완벽하게 분석하여 보라.

로사가 재고를 통제할 수 있도록 하는 총체적인 계획을 세워보라.

제11장

독립수요 주문 시스템
(Independent Demand Ordering System)

입문(Introduction)

전 장에서 다룬 경제적 주문수량(Economic-Order Quantity)은 "한번에 얼마나 주문해야 하는가" 라는 질문에 대한 답이다. 또 다른 중요한 질문은 "언제 재주문을 낼 것인가" 이다. 만약 재주문이 필요한 시점보다 늦게 발생되면 재고부족이 발생하고 고객 만족 수준이 낮아지게 될 것이다. 또한, 필요한 시점보다 먼저 발생하면 과잉재고가 발생하게 된다. 따라서 재고 부족으로 인한 비용과 과잉재고를 가져가는데 따른 비용간의 균형을 맞추는 것이 중요하다.

어떤 제품이든 재주문을 발생시키는 규칙이 필요하고, 그것은 필요할 때 주문을 내거나 매월 주문을 발생시키거나 재고수준이 미리 정의한 수준 이하가 되면 주문을 발생시키는 등 단순한 것 일 수도 있다. 우리는 제품의 중요도에 따라서 다르지만 나름대로 일종의 규칙들을 사용한다. 가정주부는 일주일 분의 쇼핑목록을 만들 때 직관적인 규칙을 사용한다. 일주일동안 먹을 충분한 양의 고기, 통이 비어있으면 소금을, 다음주에 쓰일 것 같은 향신료를 주문한다든지 하는 등등.

산업계에서는 투자비용이 크고 부족할 경우 막대한 비용을 발생시키는 다양한 재고들을 가지고 있다. 이런 재고를 관리하기위해 효율적인 재주문 시스템이 필요한 것이다. 다음의 3가지 기본 시스템들이 언제 주문을 낼 것인지 결정하는데 사용된다.

- 발주점 시스템(Order Point System)
- 정기 발주 시스템(Periodic Review System)
- 자재소요계획(Material Requirements Planning)

처음 두 가지는 독립수요 제품을 위한 시스템이고 마지막은 종속수요 제품을 위한 시스템이다.

발주점 시스템(Order Point System)

발주점시스템은 어떤 제품의 현 재고수량이 발주점(Order Point)이라고 불리는 미리 정의한 수량 이하로 떨어질 때 주문을 발생시킨다. 이때 주문수량은 대부분 미리 계산되어 지는데 경제적 주문수량(Economic-order-quantity)의 개념을 근거로 한다.

이 시스템을 사용할 때는 반드시 주문에서 배달시점까지의 소요기간(Lead Time) 동안의 수요량을 만족시킬만한 충분한 재고수량이 있을 때 주문을 발생시켜야 한다. 특정 제품에 대해 평균 수요량이 1주에 100개이고 소요기간이 4주 라고 가정 해보자. 현재고가 400개 일 때 주문을 발생시켰다면 보통은 새로운 물건이 도착하기 전까지 수요량이 충분할 것이다. 그러나 소요기간 동안의 특정 기간동안 평균 수요량에 변화가 있을 수 있고, 때로는 400개 보다 많을 수도, 적을 수도 있다. 소요기간 동안의 수요가 평균 수요량보다 많다면 재고 부족이 발생할 것이고, 평균수요보다 적다면 재고 과잉이 발생할 것이다. 재고 부족 현상을 막기 위해서 안전재고를 감안할 수 있다. 재고수량이 소요기간 동안의 수요와 안전재고를 더한 수량보다 작아질 때 주문을 발생시키는 것이다.

$$OP = DDLT + SS$$

OP = Order Point

DDLT = Demand During the Lead Time

SS = Safety Stock

소요기간 동안의 수요가 가장 중요한 것임을 주의해야 한다. 재고부족이 발생할 수 있는 기간은 소요기간 동안 뿐이다. 소요기간 동안의 수요가 예상 보다 클 경우 충분한 안전재고를 가져가지 않았다면 재고부족이 발생하게 된다.

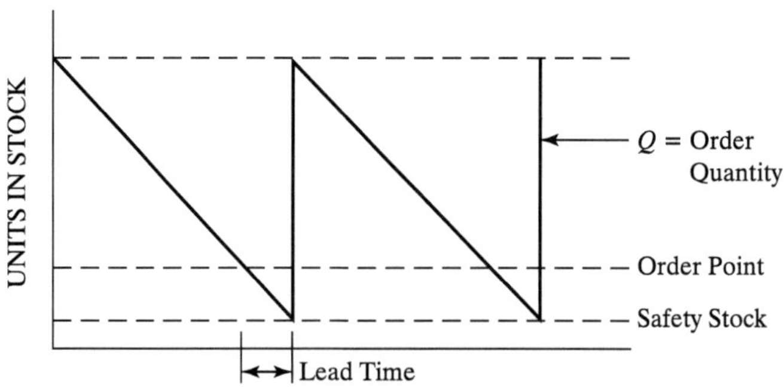

그림 11.1 현 재고 수량 대비 시간: 독립수요 제품

예제

수요가 1주에 200개이고 소요기간은 3주이며, 안전재고 수량이 300개일 때 발주점을 구하라.

답

$$\begin{aligned} OP &= DDLT + SS \\ &= 200\ 3 + 300 = 900\text{개} \end{aligned}$$

그림 11.1은 안전재고와 소요기간, 주문 수량, 발주점 간의 관계를 보여준다. 발주점 시스템에서는

- 주문 수량은 대부분 고정적이다.
- 발주점은 소요기간 동안의 평균 수요량에 의해 결정된다. 만약 평균 수요량이나 소요기간이 변경되었는데 발주점이 변경되지 않았다면 실제적으로는 안전재고가 변경된 것이다.
- 재주문 주기는 일정한 것이 아니고 재주문 기간 동안의 실제 수요량에 따라 가변적이다.

예제

주문 수량이 1000개 이고 안전재고가 300개일 때 년 평균 재고수량은 얼마인가?

답

$$\begin{aligned} \text{평균 재고} &= \frac{Q}{2} + SS \\ &= \frac{1000}{2} + 300 \\ &= 800\text{개} \end{aligned}$$

발주점은 소요기간 동안의 수요량과 필요한 안전재고 수량에 의해 정해진다.

소요기간 동안의 수요량을 산정하는 방법은 8장에서 논의되었다. 이제는 안전재고 수량을 정할 때 고려 해야 할 사항들에 대해서 살펴보기로 한다.

안전재고(Safety Stock) 결정방법

안전재고는 수요와 공급의 불안정에 대비하기 위해 사용된다. 불안정은 수량과,시점의 불안정이라는 두 가지 측면에서 발생할 수 있다. 수량의 불안정은 수요나 공급 수량에 변

화가 생길 때 발생한다. 예를 들면 특정 구간의 실수요량이 예상보다 많거나 적은 경우이다. 시점의 불안정은 수요나 공급 시점이 예상했던 시점과 다를 때 일어난다. 예를 들면 수요자나 공급자가 배달일자를 변경했을 경우이다.

불안정성에 대비하는 방법은 두 가지가 있는데 하나는 안전재고라고 불리는 여유수량을 가져가는 것이고, 다른 하나는 안전 소요기간(Safety lead time)이라 불리며 필요한 시점보다 먼저 주문을 내는 것이다. 안전 재고는 수량 불안정에 대비하기 위해 계산되어진 여유재고 수량이고, 안전 소요기간은 시점의 불안정에 대비하기 위해 주문발주와 주문 접수를 계획보다 미리 발생시키는 것이다. 안전재고와 안전 소요기간은 둘 다 추가재고를 발생 시키지만 계산하는 방법은 서로 다르다.

안전재고는 불안정성에 대한 보완작용을 하는 가장 일반적인 방법인데, 필요한 안전재고는 다음과 같은 변수에 의해 결정된다.

- 소요기간 동안 수요의 변화 정도
- 재주문(Reorder)을 발생시키는 빈도
- 원하는 서비스 수준(Service Level)
- 소요기간의 길이. 소요기간이 길수록 서비스 수준을 만족시키기 위해 더 많은 안전재고를 가져가야 한다. 이것이 소요기간을 가능한 줄이는 게 중요한 이유중의 하나이다.

소요기간 동안의 수요변화

8장에서 논의한 수요예측 에러에 의하면, 수요예측대비 실수요가 변화되는 것은 두 가지 이유가 있다고 하였다. 평균 수요를 예측하는데 발생하는 바이어스(bias) 오류와 평균 대비 수요량의 불규칙적인 변동의 두 가지이다. 안전재고 결정에 고려해야 할 것은 두 번째 것이다.

A와 B 두 가지 제품이 있다고 가정하자, 그림 11.2에서 보는 것처럼 10 주간의 판매실적이 있고 두 제품 모두 한 주의 소요기간 동안 주별 평균 수요가 1000 이다. 그러나, A제품은 주별 수요량 분포가 한 주에 700에서 1400개 사이이고 B제품은 200에서 1600개 로 B제품 수요량이 A제품 보다 변화가 더 심하다. 두 제품 모두 발주점이 1200개라면 A제품은 한번, B제품은 4번의 재고부족이 발생할 것이다. 같은 서비스 수준(두 제품에 대해 재고부족 빈도가 같도록)을 제공하려면 수요량의 불규칙성을 산정하는 방안이 필요하다.

Week	A 제품	B 제품
1	1200	400
2	1000	600
3	800	1600
4	900	1300
5	1400	200
6	1100	1100
7	1100	1500
8	700	800
9	1000	1400
10	800	1100
전체 합	10,000	10,000
평균	1000	1000

그림 11.2 두 제품의 실제수요

평균대비 수요 변화

특정 제품의 과거 100주간 주별 평균 수요량이 1000개 라고 하면, 대부분의 수요량은 1000개일 것이다. 평균과 조금 다른 수요는 적을 것이며 급격히 다른 수요는 더 적을 것이다. 주별 수요량을 평균대비 하여 그룹이나 범위로 분류하면, 평균대비 수요량의 분포가 나타난다. 수요량의 분포가 다음과 같이 나타났다고 가정한다.

주별 수요량	해당주의 개수
725–774	2
775–824	3
825–874	7
875–924	12
925–974	17
975–1024	20
1025–1074	17
1075–1124	12
1125–1174	7
1175–1224	3
1225–1274	2

그림 11.3은 이 데이터들을 히스토그램(Histogram) 그래프로 나타낸 것이다.

정규 분포(Normal Distribution) 일상생활에서의 모든 것엔 변화가 있다. 똑 같은 쌍둥이일지라도 어떤 점에서는 다르다.

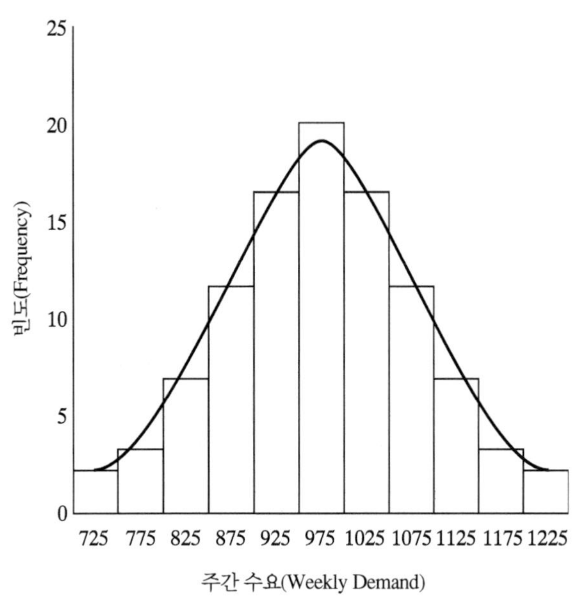

그림 11.3 실제수요의 히스토그램

평균대비 수요분포도 제품마다, 업계마다 패턴이 다르다. 분포를 설명하기 위한 몇 가지 방법－형태(Shape), 중심점(Center), 넓이(Spread)－이 필요하다.

그림 11.3 히스토그램의 형태는 분포의 변화가 심하다고 하더라도, 완만한 곡선이 보여주듯이 일정한 패턴을 따른다는 것을 나타낸다. 이러한 자연스러운 패턴은 예측 가능함을 의미한다. 수요 변화가 심하면, 수요 패턴에 대해 정확도 높은 예측을 하기 힘들지만, 다행히도 대부분의 수요패턴은 예측가능하며 안정적이다.

가장 일반적인 예측 가능한 패턴은 그림 11.3의 히스토그램의 윤곽과 비슷하며 일반곡선(Normal Curve) 또는 종 모양과 비슷하여 종 곡선(Bell Curve)이라고 부른다. 완벽한 정규분포의 형태는 그림 11.4와 같다.

정규분포는 대부분의 값들이 중심점 근처에 몰려있으며 중심점에서 멀어질수록 점차 작게 분포한다. 이 중심점을 축으로 대칭적이며 양쪽으로 균등하게 퍼져나가는 형태를 보인다.

정규 곡선은 두 가지 특징을 나타낸다. 하나는 평균(Average) 또는 회귀선(Central Tendency)을, 다른 하나는 평균 대비 실제 값의 변동(Variation) 또는 분산(Dispersion)을 가리킨다.

평균(Average) 또는 산술평균(Mean) 평균값은 곡선의 꼭짓점이며 분포도 상의 회귀선

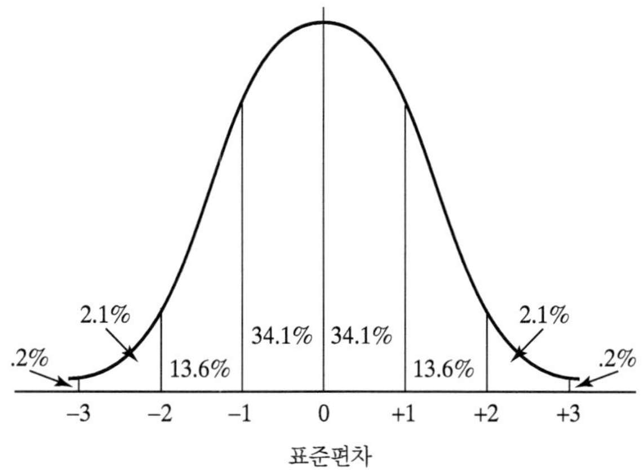

그림 11.4 정규분포

(Central Tendency)이다. 산술평균의 기호는 (발음 기호로는 'x bar')이다. 산술평균은 데이터의 총합을 데이터의 개수로 나누어서 구한다. 수식으로 표현하면 다음과 같다.

$$\bar{x} = \frac{\sum x}{n}$$

는 개별 데이터(즉 개별 주문량)를 나타내고, (그리스어 Sigma)는 합계를, $\sum$은 데이터(주문)의 개수를 나타낸다.

예제

10주간의 실 주문량이 다음의 표와 같을 때 산술평균을 구하라.

Period	Actual Demand
1	1200
2	1000
3	800
4	900
5	1400
6	1100
7	1100
8	700
9	1000
10	800
Total	10,000

답

$$\text{Avarage demand} = \bar{x} = \frac{\sum x}{n} = \frac{10,000}{10} = 1000 \text{ units}$$

분산(Dispersion) 평균 수요 대비 실수요량의 변동 또는 분산은 개별 값들이 평균이나 산술평균에 얼마나 근접하는지를 나타낸다. 이것은 다음과 같은 방법으로 측정할 수 있다.

- 최대값 마이너스 최소값의 범위
- 절대편차－MAD(Mean Absolute Deviation) 평균 수요예측 오차율(8장 참조)
- 표준 편차(Standard Deviation)

표준 편차(Standard Deviation) σ

표준편차는 개별 값들이 평균에 얼마나 근접하는지를 나타내는 통계적 값이다. 이는 그리스어 문자인 sigma(σ)로 나타낸다. 표준편차는 다음과 같이 계산된다.

1. 수요예측 값에서 실제 수요를 뺀 값으로 각 구간마다 편차를 계산한다.
2. 각 편차를 제곱한다.
3. 제곱한 값들을 더한다.
4. 3번 항목의 값을 구간의 개수로 나누어 제곱한 편차의 평균을 구한다.
5. 4번에서 계산한 값의 제곱근(루트)을 구하면 이것이 표준편차 σ이다.
6. 대부분의 계산기와 스프레드시트 응용프로그램(spreadsheet application)은 시그마를 직접 계산할 수 있는 통계적 기능을 가지고 있으며, 여기서 시그마는 두 가지 용도가 있다. σ_n은 모집단(population)과 σ_{n-1}에 기반하는 것이고, σ_{n-1}은 모집단을 평가하는 샘플에 기반하는 것이다. 우리는 n에 기반한 시그마(σ_n)을 사용할 것이다. 이 두 종류의 차이에 대한 보다 자세한 설명은 이 책의 범위를 넘어서는 것이므로 더 이상 다루지 않겠다.

이 책의 이전 버전에서는 MAD를 분산(dispersion)의 측정기준으로 사용하였는데, 이는 수기(manual)로 계산하기 더 쉽기 때문이었다. 그러나 표준편차(standard deviation)가 보다 널리 수용되는 기술이므로, 이를 안전보장재고(safety socks)를 계산하는데 사용하도록 하겠다. 한 표준편차는 약 1.25MAD와 같다.

또한 안전보장재고에 관한 우리의 논의에서 수요 편차(deviation in demand)는 여전히 계산되며, 인터벌(intervals) 또한 리드타임으로 계산된다. 리드타임이 일주일일 때, 안전보장재고량을 결정하려면 일주일간의 수요편차가 필요하다. 리드타임과 예측 인터벌의 차이점에 대하여는 이 챕터 뒷부분에서 다룰 것이다.

수요의 편차는 곧 소요기간과 같은 시간의 간격이라는 사실이 중요하다. 소요기간이 일주일 이라면 안전재고를 구할 때 한 주 동안의 수요 변화가 필요하다.

예제

앞의 예제의 데이터를 가지고 표준편차(sigma)를 구하라.

답

합계	수요예측	실 수요량	편차	제곱 편차
1	1000	1200	200	40000
2	1000	1000	0	0
3	1000	800	−200	40000
4	1000	900	−100	10000
5	1000	1400	400	14000
6	1000	1100	100	10000
7	1000	1100	100	10000
8	1000	700	−300	90000
9	1000	1000	0	0
10	1000	800	−200	40000
Total	10000	10000	0	38000

제곱 편차의 평균 = 400,000 ÷ 10 = 40,000

Sigma = = $\sqrt{40,000}$ = 200 units

통계적으로 다음과 같이 결정할 수 있다.

평균 68 %의 기간동안은 실 수요량이 ±1 sigma 내에 들어갈 것이다.

평균 98 %의 기간동안은 실 수요량이 ±2 sigma 내에 들어갈 것이다.

평균 99.88 %의 기간동안은 실 수요량이 ±3 sigma 내에 들어갈 것이다.

안전재고와 발주점(Order Point)의 결정

표준 편차를 구했으니 이제는 안전재고를 얼마나 가져갈 것인지 결정해야 한다.

정규곡선의 특성은 평균점에 대칭적이라는 것이다. 이것은 실제 수요량의 반은 평균보다 작고 나머지 반은 평균보다 크다는 것을 의미한다. 안전재고는 소요기간 동안의 수요가 평균보다 큰 기간을 대비하기 위해 필요한 것이다. 따라서 50%의 서비스 수준은 안전재고 없이도 만족이 가능하다. 높은 수준의 서비스 만족을 위해 평균보다 큰 수요가 발생하는 기간동안을 대비하기 위해서는 안전재고가 반드시 필요한 것이다.

앞서 기술한 대로 통계적으로 볼 때 수요예측 대비 실 수요의 오류는 68%의 기간동안에는 ± 1 sigma 내에 들어갈 것이다.(34% 기간동안은 수요 예측량 보다 작고 34% 기간동안은 크다).

소요기간 동안 수요의 표준편차가 100개이고 이만큼의 안전재고를 가져간다고 가정해보자. 100개의 안전재고로 수요량이 평균보다 많은 34% 기간만큼을 재고부족으로부터 보호 할 수 있다. 합해보면 재고부족이 일어날 수 있는 시간의 84%(50% + 34%)정도를 보호할 수 있는 만큼 충분한 안전재고인 것이다.

서비스 수준이란 재고부족이 발생하지 않는 시간의 비율이라고 표현한다. 그런데 84%의 시간만큼 고객에게 제공한다는 정확한 의미는 무엇일까? 이것은 재고부족이 발생 가능하더라도 공급을 해줄 수 있다는 것을 의미하며, 재고부족 현상은 주문이 발생할 때만 가능하다는 것을 뜻한다. 일년에 주문을 100번 발생시킨다면 재고 부족 현상이 일어나는 가능성도 100번이 되는 것이다. 안전재고가 1 MAD라면 평균적으로 100번 중 84번은 재고부족현상이 일어나지 않는다는 의미이다.

예제

Sigma가 195개로 계산된 이전 예제의 그림을 사용하여

a. 84% 서비스 수준을 맞추기 위한 안전재고와 발주점을 계산하라.

b. 안전재고가 두 개의 표준편차에 해당한다고 가정했을 때 안전재고 수량과 발주점을 계산하라.

답

a. 안전재고 = 1 sigma
 = 1 195
 = 195개

발주점 = DDLT + SS
 = 1000 + 195 = 1195개

DDLT와 SS가 이와 같이 정의되었을 때, 이 발주점과 안전재고를 가져가면 평균적으로 재고부족이

서비스 수준(%)	안전계수
50	0.00
75	0.67
80	0.84
85	1.04
90	1.28
94	1.56
95	1.65
96	1.75
97	1.88
98	2.05
99	2.33
99.86	3.00
99.99	4.00

그림 11.5 안전계수 테이블

발생 가능한 시점의 84%는 부족현상이 발생하지 않는다.

b. SS = 2 195
　　= 390개
　OP = DDLT + SS
　　= 1000 + 390
　　= 1390개

안전 계수(Safety Factor) 서비스 수준은 표준편차의 구간 개수와 직접적으로 관련이 있으며 이것을 안전계수(혹은 안전율)라고 부른다.

그림 11.5는 여러 가지 서비스 수준의 안전계수를 보여준다. 서비스 수준이란 재고부족 없는 주문 사이클의 비율임을 명심한다. 표에는 가치(value)가 표시되어 있지는 않은데, 주어진 요소들을 삽입함을 통해 안전재고량의 근사치를 찾을 수 있다. 예를 들어, 필요 서비스 레벨 77%의 안전재고량을 찾기 위해서서는, 서비스레벨 75%의 안전재고량(0.67)을 계산하고, 서비스 레벨 80%(0.84)를 계산한다. 따라서 서비스레벨 77%의 안전재고량은 약

$$\frac{0.67 + 0.84}{2} = 0.76$$

이 될 것이다.

예제

표준편차가 200개 일 때 서비스 수준 90% 를 제공하기 위해 안전재고는 얼마나 가져가야 하는가? 소요기간 동안의 예상 수요가 1500개 일 때 발주점은 얼마인가?

답

그림 11.5에서 서비스 수준 90%일 때의 안전계수는 1.28이다. 그러므로,

$$\begin{aligned} \text{안전재고} &= \sigma \times \text{안전계수} \\ &= 200\ 1.28 \\ &= 256\text{개} \\ \text{발주점} &= \text{DDLT} + \text{SS} \\ &= 1500 + 256 = 1756\text{개} \end{aligned}$$

서비스 수준의 결정(Determining Service Levels)

이론적으로는 안전재고를 충분히 가져감으로써 과잉재고에 따른 비용과 재고부족에 따른 비용의 합을 최소화 할 수 있다. 재고부족에 따른 비용발생은 다음과 같은 이유 때문이다.

- 미납주문(Back-order)에 따른 비용
- 판매기회의 상실
- 고객 상실

재고부족에 따른 비용은 제품, 참여하고 있는 업계, 고객, 경쟁사에 따라 변화된다. 어떤 업계에서는 고객 서비스가 주요 경쟁 도구이고, 재고부족은 값 비싼 대가를 치루게 될 수도 있다. 하지만 다른 업계에서는 중요한 고려대상이 아닐 수도 있다. 재고부족에 따른 비용을 산정하는 일은 매우 까다롭다. 일반적으로 서비스 수준의 결정은 관리자의 결정사항이며 회사의 마케팅 정책중의 하나이므로 본문에서는 논외의 일이다.

재고부족이 발생할 수 있는 유일한 시점은 재고가 작아질 때뿐이고, 주문이 발생될 때마다 일어나게 된다. 그러므로 재고부족이 일어날 수 있는 기회는 재주문 빈도에 비례한다. 재주문이 자주 일어나면 재고부족 현상이 더 빈번해질 수 있다. 그림 11.6은 연간 재고부족 가능 횟수가 주문수량에 미치는 영향을 설명하고 있다. 주문수량이 늘어날수록 재고부족 발생가능성은 적어지게 된다. 필요한 안전재고 수량도 줄어들게 되지만 주문수량이 크기 때문에 평균 재고는 늘어나게 된다.

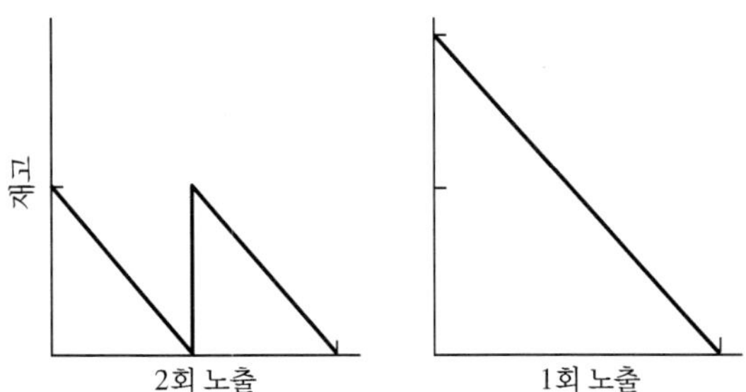

그림 11.6 재고부족 발생가능성(Exposures to Stockout)

연간 재고부족 현상 발생횟수가 몇 번일 때 견딜만한 수준인지는 관리자가 결정해야 할 사항 이다. 그리고 나서 서비스 수준, 안전재고, 발주점을 계산할 수 있다.

예제

관리자가 특정제품에 대해 일년에 한번의 재고부족은 허용하는 것으로 정했다고 가정해보자. 이 제품은 연간 수요가 52,000개 이고 2600개씩 주문되며 소요기간 동안 수요량의 표준편차가 100 이다. 소요기간은 1 주라고 할 때 다음을 계산하라.

a. 일년 동안의 주문 횟수
b. 서비스 수준
c. 안전재고
d. 발주점

답

a. 일년동안의 주문 횟수 $= \frac{\text{annual demand}}{\text{order quantity}} = \frac{52{,}000}{2600} = 20$회

b. 일년에 한번 재고부족이 허락되므로 19회(20회 − 1회) 동안은 재고부족이 없어야 한다.

$$\text{서비스 수준} = \frac{20 - 1}{20} = 95\%$$

c. 그림 11.5에서

$$\text{안전계수} = 1.65$$
$$\text{안전재고} = \text{안전계수} \times \sigma$$
$$= 1.65 \times 100 = 165\text{개}$$

d. 소요기간 동안의 수요 $= (1\text{ 주}) = \frac{(52{,}000)}{52} = 1000$개

$$\text{발주점} = \text{소요기간 동안의 수요(DDLT)} + \text{안전재고(SS)}$$
$$= 1000 + 165 = 1165\text{개}$$

수요예측과 소요기간의 다른 간격(Different Forecast and Lead-Time Intervals)

일반적으로 창고에는 각기 다른 소요기간을 가진 많은 제품이 있게 마련이다. 실 수요와 수요예측 데이터는 각 제품의 소요기간이 다르더라도 보통은 모든 제품에 대해 주별 혹은 월별 기준으로 만들어 저장 된다. 각각의 소요기간 동안 평균수요 대비 수요변동을 측정하는 것은 거의 불가능하므로 각기 다른 간격 간의 표준편차를 조정하는 방법이 필요하다.

소요기간이 0(Zero)이라면, 주문의 표준편차는 0(Zero)이다. 소요기간이 늘어나면 표준편차도 늘어나게 된다. 하지만, 소요기간과 정비례하여 늘어나지는 않는다. 예를 들면, 1주간의 소요기간 동안 표준편차가 100이라고 해서 소요기간 4주동안의 표준편차가 400이 되지는 않는다. 편차가 4주간 연속적으로 증가하지는 않을 것이기 때문이다. 간격이 늘어날수록 평준화 현상이 발생하며, 간격이 길어지면 평준화가 더 많이 발생한다.

소요기간 간격(LTI: Lead Time Interval)과 수요예측 간격(FI: Forecast Interval) 사이의 차이를 보상하기 위해 안전재고나 표준편차에 다음과 같은 조정을 할 수 있다. 정확하지는 않지만, 아래의 공식은 아주 근접한 결과를 얻을 수 있다.

$$\text{sigma for LTI} = (\text{sigma for FI})\sqrt{\frac{\text{LTI}}{\text{FI}}}$$

예제

수요예측 간격이 4 주이고, 소요기간이 2 주, 수요예측간격의 sigma가 150개 이다. 소요기간 간격동안의 표준편차를 구하라.

답

$$\text{Sigma for LTI} = 150\ \sqrt{\tfrac{2}{4}} = 150 \times 0.707 = 106\ \text{units}$$

위에 서술한 관계는 소요기간 간격(LTI)이 변동될 때에도 유용하다. 절대편차(MAD)를 사용하는 것보다 안전재고를 직접 사용하는 것이 더 편리할 것이다. 이런 관계는 다음과 같이 표현될 수 있다.

$$\text{New safety stock} = \text{old safety stock}\sqrt{\frac{\text{new interval}}{\text{old interval}}}$$

예제

어떤 제품의 안전재고가 150개이고, 소요기간이 2주이다. 소요기간이 3주로 변경될 때 새로운 안전재고를 구하라.

답

$$SS(new) = 150\sqrt{\frac{3}{2}} = 150 \times 1.22 = 183 \text{ units}$$

발주점이 도달하는 시점 정하기(Determining When The Order Point is Reached)

특정 제품의 현재고가 발주점에 도달하는 시점이 언제인지 보여주는 방법에 대해 알아보자. 실제로 많은 시스템이 있지만 대부분 2가지 기본시스템–투빈시스템, 영속적 재고관리시스템–의 변형이나 확장판인 경우가 대부분이다.

투빈시스템(Two-bin System)

특정 제품의 발주점에 해당하는 수량이 별도로 확보되어 있고(보통은 분리, 또는 두 번째 BIN에), 주 재고가 모두 소모되기 전까지는 사용하지 않는다. 이 재고가 사용되는 시점에 생산관리나 구매부서에서 파악하여 보충주문을 발생시킨다.

이 시스템의 변형으로 Red-Tag System이 있는데, 발주점에 도달한 재고에 꼬리표를 붙이는 방식이다. 서점에서 주로 이런 시스템을 사용한다. 해당 책의 발주점에 꼬리표나 카드를 붙이는 방식이다. 고객이 그 책을 계산대로 가져왔을 때 해당 책을 재주문 해야하는 시점 이라는 걸 쉽게 알 수 있다.

투빈시스템은 C Item의 재고를 관리하는 간단한 방법이다. 가격이 낮고, 재고를 관리하는데 최소한의 시간과 비용을 사용하는 것이 좋기 때문이다. 하지만, 이런 재고도 관리가 필요하며, 누군가는 반드시 할당되어 재고수준이 낮아지면 주문을 내도록 해야 한다. 재고부족이 발생하면 C Item 도 A Item이 된다.

간판 시스템(Kanbans)

간판 시스템은 상품이 더 필요함을 나타내는 단순한 시스템이다. 이는 보통 품목의 정보 및 생산량이 적힌 카드나 티켓으로 이루어져 있다. 간판 시스템은 공식적인 기록의 필요를 방지하며, 투빈시스템과 마찬가지로 재고가 프리셋레벨(preset level)이하로 떨어졌을 때 추가 생산품의 필요를 가시화한다. 이는 낮은 가치의 C Item 뿐만 아니라 모든 아이템을 대체하는데 사용된다. 간판 시스템에 대하여는 제 15장에서 더욱 자세히 논의될 것이다.

영속적 재고관리 시스템(Perpetual Inventory Record System)

영속적 재고관리란 재고에 변화가 일어날 때마다 수량의 변화를 기록하는 것이다. 어느 순간이든 가장 최근의 재고상황을 보여준다. 최소한 현재고 잔량은 가지고 있으며, 또한 발주했으나 받지 못한 수량, 할당받았으나 발행하지 않은 것, 가용한 잔량에 대한 것도 포함할 수 있다. 저장되는 재고 데이터의 정합성은 변화되는 데이터가 저장되는 속도와 입력 값의 정합성에 달려있다. 사람에 의지하여 입력되는 수동식 시스템은 반응속도도 느리고 부정확한 데이터를 가지고 있을 가능성이 있기 때문이다. 컴퓨터 기반의 시스템은 처리속도도 빠르고 사람에 의한 입력오류도 줄일 수 있다.

재고 레코드는 변화되는 정보와 변화되지 않는 정보를 가지고 있다. 그림 11.7은 영속적 재고 관리의 예를 보여준다.

변화되지 않는 정보는 그림 11.7의 맨 위에 보여진다. 절대 변하지 않는 정보는 아니고 자주 변화되지 않는 정보이다. 변화가 일어나는 것은 엔지니어링 변경, 생산공정의 변경이나, 재고관리의 변경 때문에 발생한다.

이 정보는 다음과 같은 데이터를 포함한다.

- 부품번호(Part Number), 이름, 설명서
- 창고 위치(Storage Location)
- 발주점(Order Point)
- 주문수량(Order Quantity)
- 소요기간
- 안전재고

426254 SCREW				주문수량 500		발주점 100
일자	주문	입고	출고	재고	할당	가용
01				500		500
02				500	400	100
03	500			500		100
04			400	100	0	100
05		500		600	0	600

그림 11.7 영속적 재고 레코드

- 공급처(Suppliers)

변화되는 정보는 처리가 발생될 때 변경이 일어나는 정보로 다음과 같은 데이터를 포함한다.

- 주문(Order) 정보: 날자, 주문번호, 수량
- 공급(Receive) 정보: 날자, 주문번호, 수량
- 발주(Issue) 정보: 날자, 주문번호, 수량
- 현재고 잔량(Balance On Hand)
- 할당 정보: 날자, 주문번호, 수량
- 가능 잔량

이러한 정보들은 회사의 요구나 특유의 환경에 따라 다르다.

정기 발주 시스템(Periodic Review System)

발주점 시스템에서는 재고수량이 '발주점' 이라 불리는 미리 정의한 일정수량 이하로 내려가면 주문을 내게 된다. 주문되는 수량은 보통 경제적 발주량(EOQ) 같은 기준에 의해 미리 결정된다. 발주 시점 사이의 구간은 특정 기간동안의 수요에 따라 가변적이다.

정기 발주 시스템을 사용할 때 특정 제품의 현 재고수량은 명시된 불변 구간에 결정되고 주문이 발생한다. 그림 11.8은 이런 시스템을 설명하고 있다.

그림 11.8은 검사 구간(t_1, t_2, t_3)은 같지만 Q_1, Q_2, Q_3은 같을 필요는 없다는 걸 보여준

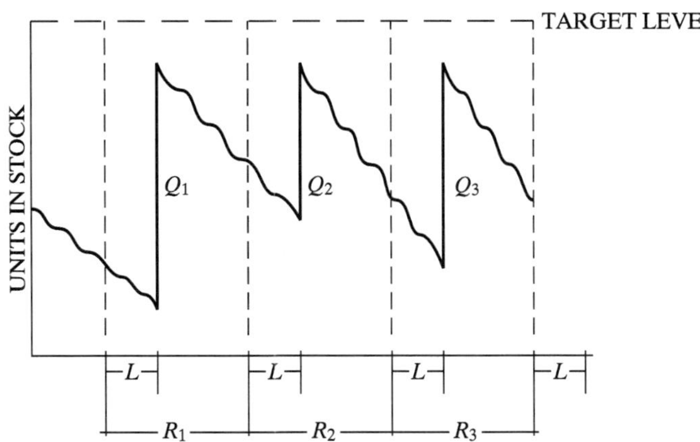

그림 11.8 정기 발주 시스템: 재고수량과 시간의 관계

다. 따라서 검사하는 시점은 고정되어 있고, 주문 수량은 변동 가능한 것이다. 현재고 수량과 주문된 수량의 합은 다음 번 재고보충이 이루어 지기 전까지 충분히 견딜만한 수량이 되어야 한다. 그러므로 현 재고수량과 발주량을 더한 값은 소요기간 동안의 수요량과 검사구간 동안의 수요량에 안전재고를 더한 수량과 같아야 한다.

목표 수준 또는 최대 수준 재고(Target Level or Maximum-Level Inventory)

소요기간 동안의 수요에 검사구간 동안의 수요와 안전재고를 더한 수량을 목표수준(Target Level) 혹은 최대 수준 재고(Maximum-Level Inventory)라고 부른다.

$$\mathrm{T} = \mathrm{D}(R + L) + \mathrm{SS}$$

T = Target(Maximum) Inventory Level
D = 단위시점의 수요량(Demand per unit of time)
L = 소요기간 기간(Lead Time Duration)
R = 정기 검사 기간(Review Period Duration)
SS = 안전재고(Safety Stock)

주문 수량은 최대수준 재고에서 검사기간의 현 재고 수량을 뺀 수량이다.

Q = 주문 수량(Order Quantity)
I = 현 재고 보유량(Inventory On Hand)

정기 발주 시스템은 다음과 같은 상황에서 유용하다.

- 재고에서 작은 수량으로 출고가 많이 일어나며, 재고 변화상황을 기록하는 비용이 비쌀 때. 슈퍼마켓이나 소매점이 이와 같은 분류에 속한다.
- 주문 비용이 쌀 때. 이런 경우는 여러 제품이 하나의 거래처로 주문될 때 발생한다. 지방 유통센터는 대부분의 제품을 중앙 창고에 주문 하므로 가능하다.
- 생산 작업단위(Production run)나 운송단위(Truckload)를 맞추기 위해 여러 제품을 같이 주문 할 경우. 좋은 예는 지방 유통센터가 중앙 창고로부터 운송하는 단위를 맞추기 위해 일주일에 한번만 주문하는 경우이다.

예제

하드웨어 제조회사에서 볼트와 너트를 지방 공급자에게 2주(일하는 날 10일)마다 한번씩 발주한다. 소요기간은 2일 이다. 이 회사가 인치 볼트의 평균 수요를 일주일(일하는 날 5일)에 150개로 정하고,

3일간의 공급량(supply on hand) 만큼의 안전재고를 유지하고자 한다. 발주는 당 주에 일어나고 현 재고는 130개의 볼트가 있다고 할 때

a.목표수준(Target Level)은 ?
b.당 주에 얼마 만큼의 인치 볼트를 주문해야 하는가?

답

D = 단위시점의 수요량(Demand per unit of time) = (일하는 날 기준)
L = 소요기간 기간(Lead Time Duration) = 2일
R = 정기 검사 기간(Review Period Duration) = 10일
SS = 안전재고(Safety Stock) = 3 일간의 공급량(Supply) = 90개
I = 현 재고(Inventory On Hand) = 130개

목표수준(Target Level)

= 30(10 + 2) + 90
= 450개

주문수량(Order Quantity)

= 450 − 130 = 320개

유통 재고(Distribution Inventory)

유통재고는 유통시스템(Distribution System) 상의 모든 완제품을 포함한다. 유통센터에 재고를 가지고 있는 목적은 고객에게서 가까운 곳에 창고를 위치 시켜 고객 서비스 수준을 향상시키고, 제조업자에게는 먼 거리에 자주 납품하기 보다는 한번에 묶어서 납품 하게 함으로써 물류비용을 줄이는데 있다. 자세한 내용은 13장에서 다루게 될 것이다.

유통재고 관리의 목적은 원하는 고객 서비스 수준을 제공하고, 운송 및 취급에 드는 비용을 줄이고, 제조현장의 일정 문제를 최소화 하기 위해 상호협력이 가능하게 하는데 있다.

유통 시스템은 변화가 심하지만, 일반적으로 생산에서 물건을 공급 받는 중앙 물류센터, 몇 개의 유통센터, 그리고 마지막으로 고객을 가지고 있다. 그림 11.9가 이 시스템의 구성도 이다. 맨 하위 단의 고객은 실제 고객일 수도 있고 유통망 상의 중간 매개 일 수도 있다.

공장에서 고객에게 직접 배달하지 않는다면 공장에 대한 수요는 중앙 물류센터에서 생성된다. 차례대로, 중앙 물류센터에 대한 수요는 유통센터에서 생성된다. 이는 중앙 물류센터와 공장의 수요 패턴에 심각한 영향을 미칠 수 있다. 고객의 수요가 비교적 일정하더라도, 중앙 물류센터의 수요는 일정하지 않다, 그것은 유통센터가 언제 보충 발주를 하

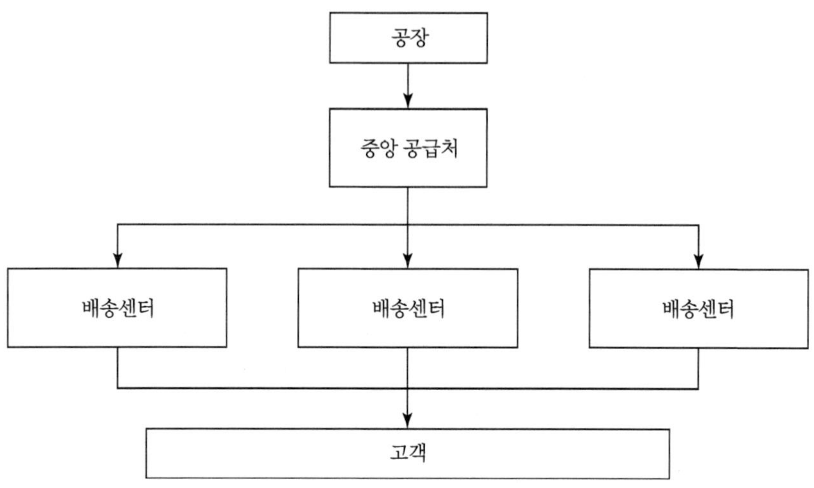

그림 11.9 유통 시스템(Distribution System)의 구성도

느냐에 따라 달라지기 때문이다. 차례대로, 공장에 대한 수요는 중앙 물류센터가 언제 발주하느냐에 달려 있다. 그림 11.10이 이런 프로세스를 도식화 한 것이다.

유통 시스템은 공장의 고객이며, 유통시스템이 공장과 상호작용 하는 방식은 공장 운용의 효율성에 중대한 영향을 미친다.

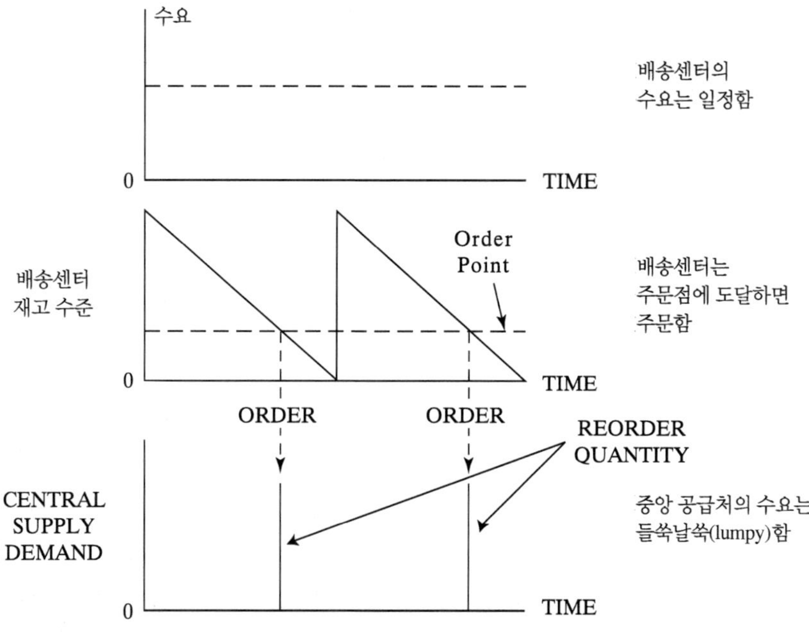

그림 11.10 유통 재고

그림 11.10에서 유통센터에서의 연속적이고 꾸준한 수요가 lot sizing으로 인해 어떻게 비연속적이고 불규칙적인 수요로 바뀌게 되는지 주목하도록 하자. 유통시스템은 공장의 고객이며, 유통시스템이 공장과 연결하는 방식은 공장 운영의 효율성에 분명한 영향을 끼친다.

유통 재고 관리 시스템은 분산방식(Decentralized), 중앙 집중식(Centralized), 유통소요계획(Distribution Requirements Planning)으로 분류될 수 있다.

분산 시스템(Decentralized System)

분산 시스템에서는 각각의 유통센터는 먼저 무엇이 언제 필요한지 결정하고, 그 다음에 중앙 물류센터에 주문을 낸다. 각 센터는 다른 센터의 수요나 중앙 물류센터의 가능 재고나 공장의 생산 일정에 관계없이 주문을 생성한다.

분산 시스템의 장점은 각 센터가 독자적으로 움직인다는 것이고, 따라서 의사소통과 조정작업에 들어가는 비용을 줄일 수 있다. 단점은 상호 조정이 부족하다는 것이며 이로 인해 재고나 고객 서비스, 생산 일정에 영향을 미칠 수 있다. 이러한 결함 때문에 많은 유통 시스템들은 중앙 제어쪽으로 변경되고 있다.

발주점 방식(Order Point)과 정기 발주 시스템(Periodic Review System)을 포함한 많은 주문 시스템이 사용될 수 있다. 분산 시스템은 주문이 중앙 물류센터에 발생하고 시스템을 따라 '끌어당겨' 지기 때문에 때로는 PULL 시스템으로 불린다.

중앙집중 시스템(Centralized System)

중앙 집중 시스템에서는 모든 수요예측과 주문 결정이 중앙에서 이루어진다. 재고는 중앙 물류센터에서 시스템으로 밀려가는 형태(PUSH)가 된다. 유통센터에는 결정권이 없다.

몇 가지 주문 방식이 사용될 수 있지만, 일반적으로는 팔린 제품에 대한 재고를 보충한다거나 계절성(Seasonality), 판매 홍보와 같은 특수한 상황을 지원하기 위한 방식이 사용된다. 이러한 시스템은 가용재고와 각 유통센터 요구량간의 균형을 맞추고자 한다.

이 시스템의 장점은 공장과 중앙 물류센터, 그리고 유통센터 간의 수요를 조정해주는 역할을 한다는 것이다. 단점은 지역단위 수요에 대응하지 못한다는 것이며, 이로 인해 서비스 수준은 낮아지게 된다.

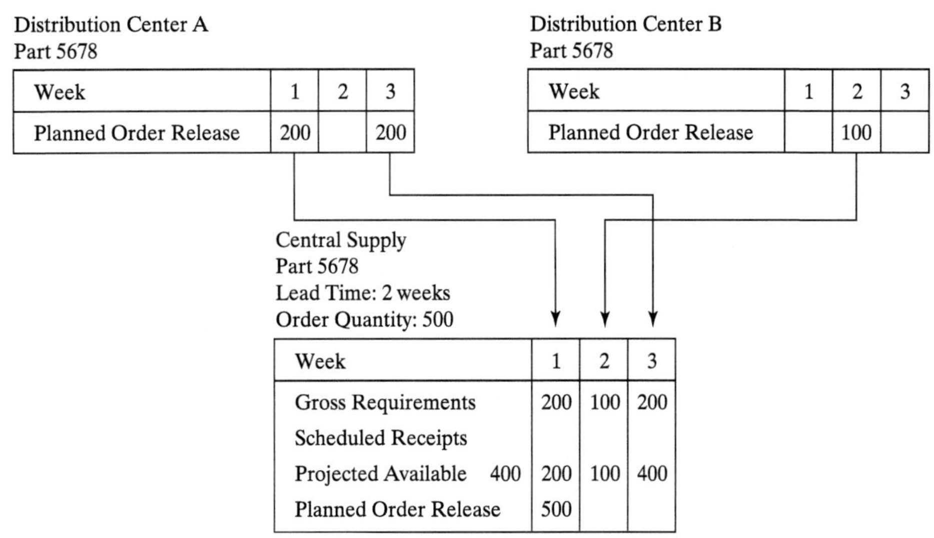

그림 11.11 DRP(Distribution Requirements Planning)

유통 소요 계획(Distribution Requirements Planning)

유통소요 계획이란 중앙 물류센터에서 다양한 주문들이 시스템에 의해 언제 만들어질지 예측하는 시스템 이다. 이 시스템은 중앙물류센터와 공장에서 제품에 대해 정확히 언제, 얼마나 필요한지를 계획할 수 있도록 해준다. 또한 고객의 수요에 대해 응답하는 것과 계획 및 제어를 조정하는 것이 모두 가능하다.

시스템은 자재소요계획 시스템의 로직을 유통시스템으로 변환하여 준다. 다양한 유통 센터의 계획 발주량(Planned order release)은 중앙 물류센터의 자재 계획에 대한 입력 정보가 된다. 중앙물류센터의 계획 발주량은 공장의 주 생산일정(Master Production Schedule)의 수요예측 정보가 된다. 그림 11.11이 시스템의 구성을 도식화 한 것이다. 모든 레코드들은 같은 제품번호에 대한 것이다.

예제

잔디 깎는 기계를 만드는 회사에서 공장과 연결된 중앙 물류센터와 2개의 유통센터를 가지고 있다. 유통센터 A에서 향후 5주간의 수요를 25, 30, 55, 50, 30으로 예측했고, 2주차에 도착 예정인 100개의 잔디 깎는 기계가 운송 중에 있다. 운송기간은 2주이고 발주량은 100개, 보유재고는 50개이다. 유통센터 B에서는 향후 5주간의 수요를 95, 85, 100, 70, 50으로 예측했고, 운송기간은 1주이고 발주량은 200개, 보유재고는 100개이다.

각 유통센터의 총소요량,예상 가용량(Projected available), 계획 발주량(Planned order release)과 중앙물류센터의 총소요량, 예상 가용량, 계획 발주량을 계산하라.

답

유통센터 A
운송기간: 2주
발주량: 100개

Week	1	2	3	4	5
Gross Requirements	25	30	55	50	30
In Transit		100			
Projected Available 50	25	95	40	90	60
Planned Order Release		100			

유통센터 B
운송기간: 1주
발주량: 200개

Week	1	2	3	4	5
Gross Requirements	95	85	100	70	50
In Transit					
Projected Available 100	5	120	20	150	100
Planned Order Release	200		200		

중앙물류센터
운송기간: 2주
발주량: 500개

Week	1	2	3	4	5
Gross Requirements	200	100	200		
Scheduled Receipts					
Projected Available 400	200	100	400		
Planned Order Release	500				

요약

제 10장이 얼마나 오더를 해야 하는가의 문제를 다루었다면 이번 챕터는 언제 오더를 해야 하느냐의 문제를 다루어 보았다. 오더링 시스템은 오더 포인트 시스템이나 주기검토(period review)시스템처럼 사용하기 단순해야 한다. 오더링 시스템은 재고가 떨어지는 것을 방지하기 위해 적절한 시간에 오더를 시행할 수 있어야 한다. 통계 프로그램들은 중요한 리드타임 기간에 안전보장재고(safety stock)를 수립할 수요의 예측을 가능케 한다. 오더포인트는 이 안전보장 재고와 리드타임 기간 동안 예상된 수요를 이용하여 고객들에게 받아들여질 수 있는 서비스를 보장한다. 유통 시스템은 MRP 타입 계산(logic)의 이점을 취해 공급망 전체의 오더량을 최적화 할 수 있다. 재고와 오더링 시스템은 모두 리드타임의 영향을 받는데, 리드타임의 축소에 관한 기술은 이 책의 대부분의 챕터에서 다루어진 바 있다.

질문

1. 독립 수요 제품에는 어떤 것 들이 있는가? 이런 제품들에 사용되는 2가지 기본적인 주문 시스템은 무엇인가? 종속수요 제품에는 어떤 것들이 있는가? 이런 제품을 주문하기 위해서는 어떤 시스템이 사용되어야 하는가?
2. a. 발주점 시스템을 사용할 때, 언제 발주되어야 하나?
   b. 안전재고를 가져가는 이유는 무엇인가?
   c. 발주점 계산 공식은?
   d. 발주점이 연관된 두 가지 요소는 무엇인가?
   e. 소요기간 동안의 수요가 중요한 이유는 무엇인가?
3. 발주점 방식의 4가지 특징은 무엇인가?
4. 안전재고로 가져가야 하는 수량에 영향을 미치는 5가지 요소는 무엇인가? 소요기간의 길이는 안전재고 수량에 어떻게 영향을 미치는가?
5. 정규분포(Normal Distribution)란 무엇인가? 정규분포를 정의하는 두 가지 특징은 무엇인가? 안전재고를 결정하는데 있어 정규분포가 중요한 이유는 무엇인가?
6. 소요기간 동안의 수요에 대한 표준편차 란 무엇인가? 소요기간 동안의 표준편차가 100개 라고 하면, 실수요량이 다음과 같이 되는 확률은 얼마인가?
7. 서비스 수준이란 무엇인가?

8. 재고부족 비용의 3가지 유형은 무엇인가? 이런 비용들은 산업계와 관계없이 무엇에 종속되는가?
9. 서비스 수준은 무엇 때문에 연간 주문 횟수에 종속되는가?
10. 소요기간이 일주일에서 4주까지 늘어난다면 소요기간 동안 수요의 표준편차도 4배가 되는가? 아니라면 왜 그런 것인가?
11. Two-Bin 시스템에 대해 설명하라.
12. 영속적 재고 관리 레코드에서 보여지는 정보는 어떤 것들이 있는가?
13. 언제 발주가 되는지, 특정시점에 발주되는 수량은 얼마인지의 관점에서 볼 때 발주점 시스템과 정기 발주 시스템(Periodic Review System) 과의 차이점은 무엇인가?
14. 정기 발주 시스템에서 사용하는 목표수준(Target Level) 을 정의하라.
15. 정기 발주 시스템을 사용할 때, 수요의 변화가 오더량(order quantity)에 미치는 영향에 대하여 설명하라.
16. 유통재고 관리(Distribution Inventory Management) 의 목적은 무엇인가?
17. 공장에서 고객에게 직접 공급하는 방식이 아닌 경우, 공장으로의 수요는 어디에서 만들어지는가? 이것은 종속수요인가 독립수요인가?
18. 재고 관리에 있어 PULL방식과 PUSH방식에 대해 설명하고 차이점을 비교하라.
19. 유통 소요 계획(Distribution Requirement Planning)에 대해 설명하라.
20. 식료품점은 잘통제되는 재고와 대체시스템(replenishment system)의 한 예이다. 안전보장재고, 투빈시스템, 정기발주시스템에 대하여 자신의 언어를 사용하여 설명하되, 타겟 레벨, 리뷰 기간(review period), 대체기간(replenishment period), 오더량(order quantity)의 단어를 포함하도록 하라.
21. 비중앙집중화된 유통센터의 이점과 약점에 대해 설명해 보라.
22. 유통센터에서 중앙 공급(center supply)까지 연속적인 수요 패턴이 어떻게 바뀌는지 설명해 보라.

연습문제

11.1 특정 SKU에 대해 소요기간이 4주이고, 주별 평균 수요가 150개, 안전재고가 100개이다. 1500개가 한번에 주문된다고 할 때 평균재고수량은 얼마인가? 발주점은 얼마인가?

답: 평균 재고 = 850개, 발주점 = 700개

11.2 특정 SKU에 대해 소요기간이 6주이고, 주별 평균 수요가 100개, 안전재고가 200개이다. 한번에 10주 분의 공급물량이 주문 된다면 평균재고 수량은 얼마인가? 발주점은 얼마인가?

11.3 다음 표에서 평균 수요(average demand)와 표준편차(sigma)를 구하라.

Period	Actual Demand	Deviation	Deviation Squared
1	500		
2	600		
3	425		
4	450		
5	600		
6	575		
7	375		
8	475		
9	525		
10	475		
Total			

답: Average demand = 500개
Sigma = 62개

11.4 다음 표에서 평균 수요와 표준 편차를 구하라.

Period	Actual Demand	Deviation	Deviation Squared
1	1700		
2	2100		
3	1900		
4	2200		
5	2000		
6	1800		
7	2100		
8	2300		
9	2100		
10	1800		
Total			

11.5 Sigma가 150개이고, 소요기간 동안의 수요가 200개 일 때 다음과 같은 상황에서의 안전재고와 발주점을 구하라.

a. 서비스 수준이 50%일 때

b. 서비스 수준이 80%일 때

그림 11.5의 테이블을 사용하라.

답: a. 안전재고 = ZERO
발주점 = 200개
b. 안전재고 = 126개
발주점 = 326개

11.6 소요기간 동안 수요의 표준편차가 100개이다.

a. 서비스 수준이 다음과 같을 때 필요한 안전재고를 구하라: 75%, 80%, 85%, 90%, 95%, 99.99%.

b. 서비스 수준을 다음과 같이 높이고자 할 때 안전재고의 변화를 계산하라: 75%~80%, 80%~85%, 90%~95%, 95%~99.99%

위의 계산에서 도달하게 되는 결론은?

11.7 특정 SKU에 대해 소요기간 동안 수요의 표준편차는 150개이고, 연간 수요는 10,000개이며, 발주량은 750개이다. 관리자가 일년에 두 번의 재고 부족만 허용한다고 했을 때 안전재고를 얼마나 가져가야 하는가? 평균재고는 얼마인가? 소요기간이 2주라고 하면 주문점은 얼마인가?

답: 안전재고 = 156개
평균재고 = 531개
주문점 = 541개

11.8 어떤 회사에서 주별 수요 250개, 소요기간이 3주인 SKU를 가지고 있다. 소요기간의 sigma가 175이고 발주량이 800개일 때 평균재고와 발주점은 얼마인가? 관리자는 1년에 한번의 재고부족만 허용한다.

11.9 어떤 회사에서 주별 수요 500개, 소요기간이 4주인 SKU 재고를 가지고 있다. 소요기간의 sigma가 100이고 발주량이 2,500개일 때 평균재고와 발주점은 얼마인가? 관리자는 1년에 두 번의 재고부족만 허용한다.

11.10 주별 수요에서 계산된 표준편차가 100개라면 소요기간이 3주인 경우 sigma는 얼마인가?

답: 173개

11.11 한 제품의 안전재고가 150개이고 소요기간이 3주일 때 소요기간이 5주로 늘어나면 안전재고 수량은 얼마가 되는가?

답: 194개

11.12 주별 표준편차가 150개일 때, 소요기간이 4주라면 어떻게 되는가?

11.13 한 제품의 안전재고가 200개이다. 공급업체가 소요기간을 8주에서 6주로 줄일 수 있다고 할 때 새로운 안전재고는 얼마인가?

답: 173개

11.14 한 제품의 안전재고가 200개이다. 공급업체가 소요기간이 6주에서 8주로 늘어난다고 할 때 새로운 안전재고는 얼마인가?

11.15 관리자가 1년에 한번의 재고부족만 허용한다. 한 제품의 연간 수요예측이 100,000개이고, 10,000개씩 주문된다. 소요기간은 2주. 지난 10주간의 판매실적이 다음 표와 같을 때 다음을 계산하라.

a. 과거 시간 동안의 Sigma
b. 소요기간 동안의 Sigma
c. 서비스 수준
d. 서비스 수준을 위해 필요한 안전재고 수량

e. 발주점

Week	Actual Demand	Deviation	Deviation Squared
1	2100		
2	1700		
3	2600		
4	1400		
5	1800		
6	2300		
7	2200		
8	1600		
9	2100		
10	2200		
Total			

11.16 문제 11.15에서 관리자가 서비스 수준을 2년에 한번 재고부족으로 늘린다고 했을 경우 새로운 안전재고는 얼마인가? 이 제품의 재고관리 비용이 일년에 한 개당 10달러라고 할 때 재고부족을 1년에 한번에서 2년에 한번으로 변경하여 늘어나는 재고에 대한 비용은 얼마인가?

11.17 한 제품의 연간 수요가 10,000개 이고, 주문수량이 250개, 서비스 수준이 90%이다. 연간 재고부족 가능한 횟수는 얼마인가?

답: 연간 4회

11.18 스토브를 만드는 회사에서 하나의 공장과 두 개의 유통센터(DC)를 가지고 있다. 두 개의 유통센터의 정보는 다음과 같을 때 각각의 유통센터와 중앙물류센터의 Gross Requirements, Projected Avail, Planned Order Release를 구하라.

유통센터 A

운송기간: 2주

주문수량: 100개

Week	1	2	3	4	5
Gross Requirements	50	50	85	50	110
In Transit		100			
Projected Available 75					
Planned Order Release					

유통센터 B

운송기간: 1주

주문수량: 200개

Week	1	2	3	4	5
Gross Requirements	120	110	115	100	105
In Transit	200				
Projected Available 50					
Planned Order Release					

중앙물류센터

소요기간: 2주

주문수량: 500개

Week	1	2	3	4	5
Gross Requirements					
Scheduled Receipts					
Projected Available 400					
Planned Order Release					

답: 중앙물류센터의 2주차 Planned Order Release: 500

11.19 눈삽을 만드는 회사에 하나의 공장과 두 개의 유통센터를 가지고 있다. 두 개의 유통센터의 정보가 다음과 같을 때 각각의 유통센터와 중앙물류센터의 Gross Requirements, Projected Avail, Planned Order Release를 구하라.

유통센터 A
운송기간: 2주
주문수량: 500개

Week	1	2	3	4	5
Gross Requirements	300	200	150	275	300
In Transit	500				
Projected Available 200					
Planned Order Release					

유통센터 B
운송기간: 2주
주문수량: 200개

Week	1	2	3	4	5
Gross Requirements	50	75	100	125	150
In Transit					
Projected Available 150					
Planned Order Release					

중앙물류센터
소요기간: 1주
주문수량: 600개

Week	1	2	3	4	5
Gross Requirements					
Scheduled Receipts					
Projected Available 400					
Planned Order Release					

11.20 몇 개의 제품에 대한 확정 주문이 지역 창고로부터 2주마다 발생된다. 배달까지는 1주가 소요된다. 주별 평균 주문량이 100개이고, 안전재고는 2주분을 가져간다.

a. Target Level은 ?

b. On Hand가 350개 일 때 얼마나 주문해야 하는가?

답: Target Level = 500개
주문량 = 150개

11.21 지역 창고에서 중앙물류센터로 1주에 한번 주문을 낸다. 트럭은 주문이 발생하고 3일 뒤에 도착한다. 이 창고는 일주일에 5일만 운영한다. 특정 상표와 사이즈의 닭고기 스프에 대한 수요가 하루에 20상자로 거의 일정하다. 안전재고는 2일 분으로 되어 있다.

a. Target Leve은 ?

b. On Hand가 90상자 일 때 얼마나 주문해야 하는가?

11.22 작은 하드웨어 가게가 정기발주시스템을 사용해 재고를 통제하고 오더량을 계산하려고 한다. 재고는 2주에 한번씩 리뷰되며, 운송에는 1주간의 리드 타임이 든다. 안정재고는 1주간의 공급량으로 세팅되어 있다. 아래의 표는 상품과 최근 보유 재고량이다. 각 품목별 타켓 레벨과 오더량을 계산하라. (1년은 50주로 계산한다)

Item	Annual Demand	Target Level	On-Hand	Order Quantity
Nut – 6 mm	500		22	
Nut – 8 mm	750		54	
Bolt – 6 mm	200		0	
Bolt – 8 mm	100		6	
Screw #8 – 30 mm	250		12	
Screw #8 – 40 mm	200		8	
Washer – 8 mm	380		20	
Washer – 10 mm	100		5	
Pin – Split	400		40	

11.23 11.22 문제에 나온 가게가 재고리뷰를 매주 한 번씩 한다고 할 때, 오더량은 어떻게 될지 계산해보라. 보다 잦은 오더가 오더량에 어떤 영향을 미치는가?

제12장

물리적 재고 및 창고 관리
(Physical Inventory and Warehouse Management)

입문(Introduction)

재고는 보관 창고에 보관되는 것이므로 실지재고의 관리와 창고 관리는 밀접하게 연결되어 있다. 재고는 오랜 시간 동안 창고에 보관되기도 하고, 경우에 따라 매우 빠르게 회전되어 보관 창고가 곧 유통 센터와 같은 기능을 수행하게 될 수도 있다.

이 챕터에서는 창고 내에 있는 실지재고 관리를 다룰 것인데, 여기에는 창고배치(lay-out)에 대한 기본적인 접근 방식, 상품을 다루는데 관여되는 활동들, 그리고 필요한 정도의 고객서비스를 유지하면서도 효율적인 작업을 가능케 하기 위해 필요한 통제 방법들이 포함 된다. 재고의 정확성은 창고저장의 직무인 한, 재고품의 정확성을 결정하는 방법들이 실지 연례감사(physical annual audit)을 어떻게 지휘해야 하는가와 함께 다루어질 것이다. 재고감사의 순환재고조사(cycle counting) 방법은 오류의 시기 적절한 시정이 오류 예방과 더불어 어떠한 이점들을 가져다 주는지 보여 줄 것이다. 바코드(Bar coding)와 무선식별(radio frequency identification: RFID) 또한 정보 수집의 정확성과 속도를 향상시키는 방법으로서 소개될 것이다.

공장에서는 자재 저장소가 창고와 같은 역할을 하는데 여기에는 원재료, 재공 재고, 완제품, 부품, 수리 용 부품 등을 보관하도록 한다. 자재 저장소와 보관 창고는 같은 역할을 수행하므로, 본서에서는 이 둘을 같은 것으로 취급하기로 한다.

창고 관리(Warehouse Management)

창고의 목적은 여타 유통 시스템의 요소들과 마찬가지로, 원가를 최소화하며 고객 서비스를 극대화하는 것이다. 이를 위한 효율적인 창고 운영은 다음과 같은 일을 수행할 것이다.

- 적기에 고객 서비스를 제공한다.
- 품목이 쉽고 정확하게 관리되도록 지속적으로 정보를 관리한다.

- 저장소에 제품을 넣고 빼는 비용과 노력을 최소화 한다.
- 고객들에게 정보 교환의 연결고리를 제공한다.

창고 운영비용은 자본비용(capital cost)과 운영비용(operationg cost)으로 나눌 수 있다. 자본비용은 창고공간이나 자재 취급 장비들과 관련된 비용을 일컫는 것으로서 필요한 창고 공간은 보관하고자 하는 최대량이나, 저장하는 방법, 통로나 하역장, 사물실과 같은 부속 공간의 수요 등에 따라 결정된다.

운영비용은 대부분 노무비로 구성된다. 이 경우 노동 생산성의 측정 단위는 하루에 작업자가 옮길 수 있는 단위 수(단위는 예를 들면 팰릿: Pallet, 운반단위)인데, 자재 취급 장비나 자재의 배치, 접근용이성, 창고 레이아웃, 재고 배치 시스템이나 오더 피킹 시스템(order picking system) 등에 따라 결정될 것이다.

창고운영과 관련된 활동(Warehouse Activities)

창고운영은 몇 가지 활동수행을 포함하고 있는데, 창고의 효율적인 운영이란 곧 이러한 활동들을 얼마나 잘 수행하느냐에 달려있다. 창고운영과 관련된 활동들로는 다음과 같은 것이 있다.

1. **제품의 수령** 창고는 외부 운송회사나 부속 공장으로부터 제품을 받아서 관리책임을 진다. 이러한 행위는 다음을 의미한다.
   a. 주문과 하차 명세서를 대조해 본다.
   b. 수량을 검사한다.
   c. 손상이 없나 보고 필요 하다면 손상 보고서를 작성 한다.
   d. 필요하다면 제품을 정밀 검사한다.
2. **제품 확인** 품목이 알맞은 재고유지단위 번호(부품번호)와 같은지 확인하고 받은 수량을 기록한다.
3. **저장소의 제품 발송** 제품들은 저장되어지고 처리된다.
4. **제품 보고** 제품은 필요 할 때까지 적절히 보호되는 가운데 저장소에 보관된다.
5. **제품 집하** 필요한 품목은 저장소에서 선택하여 집결장소로 보낸다.
6. **선적물 정렬** 하나의 주문에 대한 제품들은 함께 보내 져서 빠진 것이나 잘못 된 것이 없나 체크 한다. 주문 기록들은 갱신된다.
7. **선적물들을 발송** 주문별로 포장되고 선적 서류가 준비되어지고 알맞은 운반구에 실린다.

8. **정보시스템 운영** 각 품목에 대한 보유 재고, 입고 수량, 출고 수량, 창고내의 위치에 대한 기록들은 지속적으로 유지되어야 한다. 시스템은 사람의 기억력이나 수기 정보 정도의 간단한 것일 수도 있고, 컴퓨터를 이용한 복잡한 시스템일 수도 있다.

위에서 말한 모든 활동들은 거의 모든 창고에서 일어난다. 다만, 창고별로 취급하는 재고유지단위 수, 각 재고 유지 단위당 수량, 수령한 주문이나 이행해야 할 주문의 수 등에 따라서 그 복잡도에 차이가 있을 뿐이다. 창고관리는 그 생산성을 최대로 하고, 원가를 최소화 하기 위해 다음과 같은 사항을 반영하여야 한다.

1. **공간의 최대 이용** 대개 가장 큰 자본비용은 공간이다. 상품은 바닥뿐만 아닌 그 위에도 쌓여지게 되므로, 바닥공간뿐만 아니라 전 3차원 입체공간을 다 고려하여야 한다.
2. **노동과 장비의 효율적인 사용** 자재 취급 장비는 두 번째로 큰 자본비용이며, 노무비는 가장 큰 운영비용에 해당한다. 자재 취급 장비와 노무비는 상충(trade off) 관계로서, 자재 취급 장비가 많이 투입되면 노무비를 절감할 수 있기도 하다. 창고관리는 다음의 기능을 수행할 수 있어야 한다.
   - 전체 운영 생산성을 최대화하기 위해 노동력과 기계장치에 대한 최상의 혼합비율을 선별한다.
   - 모든 재고보관단위(SKU: Stock Keeping Unit)에 쉽게 접근할 수 있도록 만들어야 한다. SKU는 찾기 쉽고 확인하기 쉬워야만 하며, 이는 좋은 재고 배치 시스템과 설계를 필요로 한다.
   - 제품들을 효율적으로 움직인다. 창고 내에서 일어나고 있는 대부분의 활동들은 자재의 취급, 즉 재고 저장위치로 제품들을 투입, 출하하는 것과 관련한다.

다음은 효율적인 창고사용에 영향을 주는 몇 가지 요소들이다.

- 공간 이용도(Cube utilization)와 접근 용이성(accessibility)
- 재고 배치(stock location)
- 주문 집화와 수집(oder picking and assembly)
- 포장(packaging)

다음 항에서 포장을 제외한 요소들을 논의하도록 하겠다.

공간 이용도와 접근용이성(Cube Utilization and Accessibility)

제품들은 창고 바닥에만 저장되는 것이 아니라, 입체적인 공간에도 저장 된다. 창고의 크기가 주로 넓이로 표현되기는 하지만 창고용량은 얼마나 제품이 높이 쌓이는 가에도 영향을 받게 될 것이다.

또한, 통로로 이용될 공간이 필요하고 물건을 수령하고 싣고 하는 도크(dock), 사무실, 주문 집화와 수집을 위한 공간도 필요하다. 저장을 위한 공간을 계산할 때에는 최대의 재고를 넣기 위한 설계상의 특징을 알아야 한다. 가령 최대 90,000 카톤(carton)을 저장하여야 하고, 한 팰릿(pallet)이 30 카톤을 수용할 수 있다고 하면, 공간은 3000 팰릿을 저장할 만큼 필요하게 될 것이다. 만약 팰릿을 3개씩 쌓아 둔다면, 1000 팰릿을 위한 공간이 필요하다. 한 팰릿은 48″ × 40″ × 4″ 크기의 플랫폼이다.

팰릿 위치들(pallet positions) 창고의 한 구역이 그림 12.1과 같다고 하자. 저장소의 깊이는 48″이고 40″인 측면이 벽을 따라 놓인다. 팰릿들은 서로 서로 꼭 붙여서 두지 않는다. 움직임을 위하여 2″ 정도를 사이를 둔다. 이렇게 하면, (120″ × 12″) / 42″ = 34.3 즉 34개의 패릿을 통로의 한쪽에 배치가 가능하다. 팰릿은 3개 쌓을 수 있으므로 34 × 2 × 3 = 204개의 팰릿을 넣을 수 있는 공간에 해당하는 것이 된다.

예제

어떤 회사가 한 팰릿(pallet)에 30개의 카톤(carton)을 담을 수 있는 팰릿에 13,000개의 카톤을 저장할려고 한다. 팰릿을 3개층으로 쌓을 경우 팰릿을 얼마나 배치시킬 수 있는가?

답

필요한 팰릿 수 = 13,000 ÷ 30 = 433.33 → 434 팰릿
팰릿 자리 수 = 434 ÷ 3 = 144.67 → 145 팰릿 자리들

하나의 팰릿 자리는 단지 두 개의 팰릿을 포함함을 주목하라.

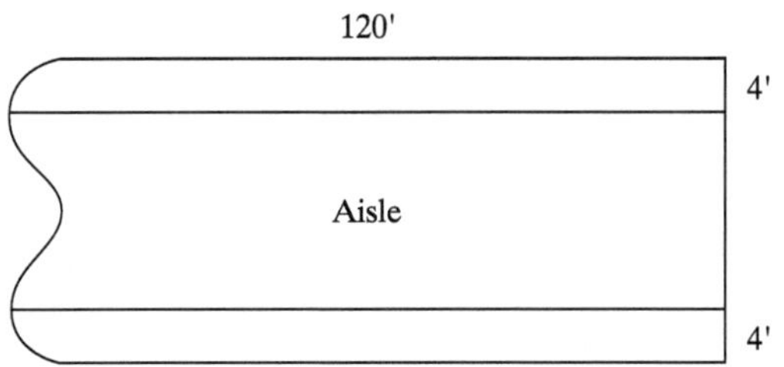

그림 12.1 Cube utilization

접근용이성(Accessbility) 접근용이성은 최소한의 작업량으로 원하는 제품에 도달 할 수 있음을 의미한다. 예를 들어 어떤 재고저장단위(SKU)에 접근하기 위하여 다른 제품을 움직일 필요가 없다면 그 재고저장단위는 100% 접근용이성을 가진다. 모든 팰릿이 동일한 재고저장단위를 가지는 한 접근용이성문제는 생기지 않는다. 이것은 다른 제품들을 옮기지 않고도 재고저장단위를 가져올 수 있기 때문이다. 몇 개의 재고저장단위가 같은 장소에 저장된다면, 각 제품들은 최소한의 노력으로 접근이 가능해야 할 것이다.

공간 이용도(Cube utilization) 그림 12.2에서 보이는 것처럼 각 품목들이 벽을 따라 저장되어 있다고 가정하자. 9번 품목을 빼놓고는 매우 접근이 용이하다고 할 수 있을 것이다. 그러나 공간 이용도는 최대가 아님을 알 수 있으며, 30팰릿의 공간이 있으나 21개만이 이용되어 공간 이용도는 70%(21 ÷ 30 × 100)가 된다. 접근 용이성을 유지하는 동시에 공간 이용도를 높이기 위하여는 몇 가지 방법이 고안될 필요가 있다.

한가지 방법은 여러 층의 랙(rack)을 쌓아서 낮은 곳에 있는 팰릿(pallet)들이 위쪽에 있는 것들을 어지럽히지 않고 움직여질 수 있도록 하는 것이다. 여기서 랙(rack)을 만드는데 드는 자본비용과 불필요한 제품을 움직여 생기는 운영비용사이의 절충관계가 있음을 알 수 있다. 추가적인 비용부담에 대한 가치는 취급되는 양에 대한 절감원가에 의해 결정될 것이다.

예제

한 작은 창고에서는 팰릿 적재 시에 다섯 개의 서로 다른 재고저장단위를 이용하고 있다. 팰릿을 3층으로 쌓고 100% 접근 용이성을 갖도록 하려면 바닥면을 기준으로 얼마나 많은 팰릿 위치가 필요한가? 공간 이용도는 얼마인가?

SKU A	4	팰릿
SKU B	6	팰릿
SKU C	14	팰릿
SKU D	8	팰릿
SKU E	5	팰릿
전체	37	팰릿

1	1	2	3	4					
1	1	2	3	4					10
1	1	2	3	4	5	6	7	8	9

그림 12.2 Cube utilization versus accessibility

답

SKU	팰릿 자리수
A: 4 팰릿	2
B: 6 팰릿	2
C: 14 팰릿	5
D: 8 팰릿	3
E: 5 팰릿	2
전체	14

14개의 팰릿 자리에는 14 × 3 = 42 개의 팰릿을 위한 공간이 있다.
실제 저장되는 팰릿의 수 = 37
공간 이용도 = 37 ÷ 42 × 100% = 88%

재고 위치(Stock Location)

재고 위치 혹은 창고 레이아웃은 창고내의 각 품목의 위치를 고려하는 것이다. 모든 경우에 다 사용될 수 있는 유일한 재고 위치 시스템은 없으며, 단지 사용할 수 있는 여러 가지 기본 시스템이 있을 뿐이다. 어떤 시스템 혹은 혼합 시스템이 이용되는가는 저장될 제품의 형태나 필요한 저장 설비, 하역능률, 주문의 크기에 따라 달라질 수 있다.

어떠한 시스템이라 하더라도 운영을 위하여는 요구 수준에 맞는 서비스를 제공하고, 찾기 쉽게 품목 이력을 관리하고, 제품의 수입 반출을 위한 전체적인 노고를 줄이기 위한 충분한 안전재고(safety stock)와 영업용 재고(working stock)를 보유하여야 한다.

다음은 재고를 배치하는 몇 가지 기본 시스템들이다.

- **기능적으로 관련된 품목들을 함께 그룹화한다** 용도가 비슷한 품목들을 함께 그룹화한다. 예를 들어 모든 철물류를 창고의 동일한 영역에 둔다고 하자. 만약 기능적으로 관련된 품목들이 함께 주문되어 지면 주문품 골라서 모으기가 더 쉬워지고, 창고 관리 인력은 품목의 위치들에 익숙해지게 된다.
- **이동이 빠른 품목을 함께 그룹화한다** 빨리 옮길 수 있는 품목들이 적하 장소에 가까이 있다면, 저장소로부터 움직이는 일이 줄어 든다. 천천히 움직이는 품목들은 보다 먼 곳에 둔다.
- **물리적으로 유사한 품목을 함께 그룹화한다** 물리적으로 비슷한 품목들은 고유의 저장 설비나 취급 장비를 필요로 한다. 작은 포장된 품목은 선반이 필요하지만 무거운 품목들 가령 타이어나 드럼 등은 다른 설비나 취급 장비들을 필요로 한다. 냉동 식품들을 위한 냉동 저장소가 이에 해당한다.

- **영업 재고와 비축 재고를 따로 분리하여 둔다** 상대적으로 작은 양의 영업 재고(인출인 끝난 재고)는 조차장이나 선적 장소에 가까이 위치 할 수 있으나, 비축 재고는 영업 재고를 보충하기 위하여 이용되므로 좀 더 멀리 둘 수 있다. 이것은 주문품 집화가 밀집된 장소에서 일어나도록 하며, 영업 재고의 보충이 팰릿이나 콘테이너처럼 보다 큰 단위로 일어나도록 한다.

개별 재고를 특정 위치에 할당하는 데에는 두 가지 기본 시스템이 있다. 고정 위치 시스템(fixed location system)과 유동 위치 시스템(floating location system)이다. 어떤 시스템도 이 중 하나를 이용한다.

고정 위치(Fixed location) 이 시스템에선 재고저장단위는 특정한 위치에 지정되고 다른 품목들은 이곳에 저장되지 않는다. 이 시스템을 사용하면 재고 기록을 최소화 하는 동시에 품목을 저장하고 인출할 수 있으며, 작은 수작업 시스템에선 기록 조차 전혀 이루어지지 않는다. 이것은 마치 항상 같은 부엌 선반에 놓여 있는 콘프레이크와 같다. 모든 것은 말끔하고 간단해서 쉽게 찾아진다. 그러나 고정위치 시스템은 공간 이용도가 낮다. 만약 수요가 일정하다면 평균재고는 주문양의 절반이 될 것이고 전체 주문량을 위하여는 충분한 공간이 할당되어야 한다. 평균적으로 단지 50%의 공간이 활용된다고 볼 수 있다. 고정 위치 시스템은 저장공간이 주요 원가 요소가 아니고, 하역능률이 작으며, 재고저장단위가 몇 개 안 되는 작은 창고에서 주로 사용된다.

유동위치(Floating location) 이 시스템에서는 제품들은 각각 적당한 위치 어디에나 저장된다. 같은 재고저장단위는 동시에 여러 위치에 저장되기도 하고, 이후 다른 시점에 다른 위치에 저장되기도 한다. 이 시스템의 장점은 공간 이용도를 높이는 것이다. 그러나, 품목 위치에 대한 정확한 최신의 정보가 필요하고 품목들이 들어가고 나가는데 필요한 여분의 저장 공간이 있어야 한다. 유동 위치 시스템을 이용하는 현대식 창고는 보통 컴퓨터를 필요로 하며, 컴퓨터는 들어 오는 재고에 대한 빈 위치를 지정하고, 보유하고 있는 재고가 무엇이며 어디에 위치해 있는지를 알려 준다. 또한, 주문품 집화하는 사람을 올바른 위치로 인도하여 해당 품목을 찾게 하기도 한다. 이러한 과정으로부터 공간 이용도와 창고 효율은 크게 향상된다.

사용위치 창고(point-of-use storage) 때로는, 특히 반복 생산과 JIT환경에서 재고는 사용되는 곳 가까이에 저장된다. 이러한 기술은 몇 가지 이점을 가지고 있다.

- 사용자가 쉽게 자재에 접근할 수 있다.
- 자재 취급이 줄어 들거나 제거된다.
- 중앙에 집중식으로 저장되는 부분에 해당하는 원가가 줄어 든다.
- 자재는 항상 이용 가능하다.

이런 방법은 재고가 적게 유지되고 작업자가 재고 기록을 계속해서 유지 한다면 매우 훌륭한 시스템이 된다. 생산량이 제조환경에서 때로는 C로 분류된 품목들이 작업장 재고로 배출된다. 이 경우 재고 기록들은 재고가 사용되는 시점이 아닌 재고 배출시점에서 변경된다.

중앙창고(Central storage) 사용위치 창고와는 반대로 중앙창고에 모든 재고를 저장하도록 한다. 다음과 같은 몇 가지 이점을 가지고 있다.

- 통제가 쉽다.
- 재고 기록의 정확성이 유지되기 쉽다.
- 특화된 저장소가 사용될 수 있다.
- 안전재고를 감소 시킨다. 이용자들은 자신의 안전재고를 가져갈 필요가 없다.

주문품 집화와 수집(Order Picking and Assembly)

일단 주문이 접수되면 주문서상의 품목들은 창고로부터 인출되어 수집되고 선적을 위해 준비된다. 이 모든 활동에는 노동과 함께 제품의 움직임이 포함된다. 작업은 원하는 고객 서비스 수준을 최소한의 비용으로 제공하게끔 조직될 필요가 있다. 작업을 조직화하는데 있어 사용될 수 있는 몇 가지 시스템으로 다음과 같은 것이 있다.

1. **지역 시스템(Area system)** 주문품을 고르는 사람은 슈퍼마켓에서 쇼핑객이 물건을 고르듯이 주문한 데로 품목을 고르면서 창고 전체를 순회한다. 품목들은 선적을 위한 선적장소에 옮겨진다. 주문은 주문품 고르기가 끝날 때 주문이 끝나므로 주문은 자체적으로 정렬이 된다. 이러한 방법은 제품들이 고정위치에 저장되는 작은 창고에 일반적으로 이용되어진다.
2. **구역 시스템(Zone system)** 창고는 여러 구역으로 나누어져 있어 물건을 고르는 사람은 자신의 영역에서만 작업을 한다. 주문은 해당 구역별로 나뉘어져 있어 주문품 고르는 사람은 품목을 골라 주문이 수집되는 정렬 구역으로 보낸다. 각각의 주문은 개별 처리되므로 다른 주문을 처리하기 전에 구역을 벗어나게 된다. 구역

은 보통 연관 부품들을 그룹화하여 만든다. 부품들은 저장되는 형태나 종종 함께 주문되어지는 이유에서 서로 연관성을 가진다. 구역 시스템의 변형으로는 주문을 정렬지역으로 보내는 게 아니라, 다음 구역으로 보내어 마지막 구역을 벗어 날 때까지 선적을 위하여 주문을 모아 가는 형태가 있다.

3. **다 주문 시스템(Multi-order system)** 이 시스템은 구역시스템과 같다. 단지 하나의 주문이 다루어지는 게 아니라 여러 개의 주문이 함께 모아져 품목이 구역별로 나누어진다. 물건 고르는 사람은 한 묶음의 주문서들에 필요한 모든 품목을 모으면서 자신의 지역을 순회한다. 그리고 품목들은 정렬 지역으로 보내지고 거기서 선적을 위한 개별 주문들로 분류된다.

지역 시스템(area system)은 다루고 통제 하기가 쉬운 장점을 갖지만, 창고 하역능률과 크기가 커짐에 따라 다루기가 어려워진다. 구역 시스템(zone system)은 주문 처리 프로세스를 개별적으로 더 쉽게 다루어질 수 있도록 일련의 더 작은 지역으로 나눈 것이며, 다 주문 시스템(multi-order system)은 품목이 아주 많거나 품목은 거의 없는 다량의 작은 주문이 있는 경우에 적합하다고 할 수 있다.

운영 재고와 비축 재고(Working stock and reserve stock) 위의 시스템들과 관련하여 추가적인 부분으로 언급할 것은 운영 재고와 비축 재고는 분리되어야 한다는 점이다. 이것은 주문이 박스 단위이거나 케이스 단위로 발생하고 저장은 팰릿으로 하는 경우 적합하다고 할 수 있다. 팰릿은 기중기로 작업장으로 운반되어지고 카톤이나 박스는 거기서 꺼내진다. 운영 재고는 선적장 근처에 위치하여 주문품 집하 작업이 줄어 들도록 하고 독립된 작업 부서가 비축재고로부터 운영 재고를 보충하는 작업을 수행하도록 한다.

물리적 통제와 보안(Physical Control and Security)

재고는 유형 자산들로 이루어져 있어 분실하거나 도둑 맞거나 밤에 사라 지거나 하는 고약한 속성이 있다. 그것은 사람들이 정직하지 못해서가 아니라 잊어버리기 때문이다. 시스템은 사람들이 실수하거나 정직하지 못한 일을 하기 어렵도록 하기 위하여 필요하다. 도움이 될 만한 몇 가지 요소들로 다음을 참고할 수 있다.

- **우수한 부품번호 부여 시스템** 부품번호를 메기는 것은 자재소요계획 주제로 4장에서 논의되었다.

- **단순하고 잘 문서화된 거래 시스템** 제품들을 받고, 내보내고, 어떤 방법으로 움직이던지 거래가 일어난다. 어떤 거래에서건 4가지 단계가 있다. 품목을 확인하고, 수량을 검증하고, 거래를 기록하고, 물리적으로 거래를 수행하는 것이다.

1. **품목을 확인한다** 많은 오류는 잘못된 확인 때문에 발생한다. 품목을 수령 했을 경우 구매주문과 부품번호 그리고 수량은 반드시 확인되어야 한다. 제품이 저장되었을 때, 위치는 정확하게 지정되어야 한다. 출고 시 수량, 위치, 부품번호는 반드시 기록되어야 한다.
2. **수량을 검증한다** 수량은 무게를 달거나 크기를 측정하여 물리적인 숫자로 검증되도록 한다. 때로 표준 크기의 용기가 숫자를 세는데 유용하게 사용기도 한다.
3. **거래를 기록한다** 특정 거래가 물리적으로 수행되기 전에 모든 거래에 관한 정보는 기록되어야 한다.
4. **물리적으로 거래를 수행한다** 제품을 저장소에 안으로 밖으로 혹은 근처로 옮긴다.

제한된 접근(Limited access) 재고는 반드시 안전하고 제한된 접근이 허용되는 보안성 있는 장소에 보관되어야 한다. 정상적인 작업 시간외에는 잠겨져 있도록 하며, 이것은 도둑을 막기 위하여 보다는 사람들이 거래 절차를 밟지 않고 물건들을 꺼내가지 못하도록 하기 위함이다. 만약 사람들이 어느 때고 저장소로 들어가서 어슬렁거리다가 아무거나 가지고 나온다면 거래 시스템은 엉망이 되어 버릴 것이다.

잘 훈련된 작업 부서(A well-trained workforce) 거래가 적절히 기록되도록 하기 위하여는 자재를 취급하고 저장하고 거래를 기록하는 창고 스텝뿐만 아니라 창고와 관련된 다른 사람들도 훈련을 받도록 한다.

재고기록 정확도(Inventory Record Accuracy)

재고기록의 유용성은 정확도와 직접적으로 연관된다. 재고 기록에 의해서 회사는 품목에 대한 순 소요량과 자재 가용성을 보고 주문을 발주하고 재고분석을 수행한다. 기록이 정확하지 않으면 자재가 부족해지고, 계획이 엉키게 되며, 배달이 지연되고, 판매기회를 잃어버리고, 생산성이 낮아지고, 과도한 재고 부담을 안게 된다.

부품 기재(부품번호), 수량, 위치 등 이 3가지의 정보는 반드시 정확해야 한다. 정확한 재고 정보는 회사로 하여금 다음과 같은 일을 할 수 있도록 한다.

- **효과적인 자재 관리 시스템을 운영한다** 만약 재고 정보가 부정확하다면, 총 수량 대 순 수량 계산이 오류가 발생할 것이다.
- **만족할 만한 고객서비스를 유지 한다** 만약 재고가 없는 데도 기록상 해당 품목이 있다고 한다면, 주문 약속은 오류가 날 것이다.
- **효과적이고 효율적으로 운영한다** '부품들이 가용하다' 는 확신이 들 때 계획자들은 계획을 짤 수가 있을 것이다.
- **재고를 분석한다** 재고 분석의 품질은 기반이 되는 데이터에 달려 있다.

부정확한 재고 기록은 다음과 같은 결과를 낳는다.

- 판매 기회를 잃는다.
- 재고 부족과 스케줄이 혼란하게 된다.
- 과도한 재고
- 낮은 생산성
- 배송 성능이 떨어짐
- 과도한 촉진, 사람들은 항상 미래를 위한 계획보다는 좋지 못한 상황에 대해서 반응을 하기 때문이다.

재고기록 오류의 원인들(Causes of Inventory Record Errors).

좋지 못한 재고기록 정확도의 원인은 여러 가지가 있다. 그러나 이들은 모두 좋지 못한 재고 기록 시스템이나 제대로 훈련 받지 못한 사람들에 의해 발생한다. 재고 기록 오류의 원인들로는 다음을 들 수 있다.

- 허가 없이 자재를 인출함.
- 보안성 없는 저장소
- 잘 훈련되지 않은 사람
- 부정확한 거래 기록. 오류들은 재고 수량을 정확히 세지 않거나, 기록되지 않은 거래, 거래 기록의 지연, 부정확한 자재 위치, 정확하게 확인이 안 된 부품들 때문에 일어난다.
- 좋지 못한 거래 기록 시스템. 오늘날 대부분 시스템들은 컴퓨터를 기반으로 한다. 그리고 적절히 거래 기록을 할 수 있는 방법을 제공한다. 오류들은 보통 사람들의

시스템에 입력 실수이다. 문서 보고 시스템은 사람들이 일으킬만한 오류를 줄이도록 디자인되어야 한다.

- 감사 능력 부족. 재고의 개수와 위치를 검증하는 프로그램이 필요하다. 오늘날 가장 인기 있는 것은 순환 재고 조사(cycle counting)이다. 이것은 다음 항에서 다룬다.

재고기록의 정확도 측정하기(Measuring Inventory Record Accuracy)

재고 정확도는 이상적으로는 100%이어야만 한다. 은행이나 다른 금융 기관들은 이정도 수준에 이르고 있다. 다른 회사들도 이 수준으로 갈 수 있다.

그림 12.3은 10개의 재고 품목과 그들의 물리적 개수 그리고 기록상에 나타난 수량 등을 보여준다. 무엇이 정확한 재고인가? 모든 품목들의 전체는 같다. 그러나 10개 중 2개만이 정확하다. 정확도는 100%인가 20%인가 아니면 얼마인가?

부품번호 개수	재고 기록	선반 위
1	100	105
2	100	100
3	100	98
4	100	97
5	100	102
6	100	103
7	100	99
8	100	100
9	100	97
10	100	99
합계	1000	1000

그림 12.3 재고 기록 정확도

허용 오차(Tolerance) 재고 정확도를 판단하기 위하여 허용오차 수준을 각 부품에 대해서 정해야만 한다. 어떠한 품목에 대해서는 오차가 발생해서는 안 되는 경우도 있을 것이다. 또 다른 품목들에 대해선 100% 정확도를 유지하기 위하여 통제하고 측정하는 게 어렵거나 비용이 매우 많이 들 수도 있다.

후자의 예는 수 천 개씩 주문되고 사용되어지는 볼트나 너트 것이다. 이러한 이유로 허용오차가 각각의 품목에 대해서 정해져야 한다. 허용 오차는 재고기록과 실제 물리적 재고 사이의 허용 가능한 변량이다. 허용 오차를 정할 때 가격, 품목의 중요한 특성, 가용성, 리드 타임, 생산 중단의 가능성, 안전 문제, 정확한 측정의 어려움 등을 기초로 하여 정해야 한다. 그림 12.4는 앞의 그림과 같은 데이터이나 허용 오차를 포함하고 있다. 이 정보는 재고 정확도가 무엇인지를 정확히 보여준다.

부품번호	재고기록	선반개수	허용오차	허용 오차내	허용 오차밖
1	100	105	5%	X	
2	100	100	±0%	X	
3	100	98	±3%	X	
4	100	97	±2%		X
5	100	102	±2%	X	
6	100	103	±2%		X
7	100	99	±3%	X	
8	100	100	±0	X	
9	100	97	±5%	X	
10	100	99	±5%	X	
합계	1000	1000			

그림 12.4 허용 오차를 갖는 재고 정확도

예제

다음 품목 중 허용 오차 내에 있는 것을 결정하시오. A 품목의 허용 오차는 ±5%, B 품목 ±2%, C 품목 ±3%, D 품목 ±0%이다.

부품 번호	선반 개수	재고 기록	허용 오차
A	1500	1550	±5%
B	120	125	±2%
C	225	230	±3%
D	155	155	±0%

답

품목 A. 허용 오차 ±5%내에서 변량은 ±75개가 될 수 있다.
품목 A는 허용 오차 내에 있다.
품목 B. 허용 오차 ±2%내에서 변량은 ±2개가 될 수 있다.
품목 B는 허용 오차 밖에 있다.
품목 C. 허용 오차 ±3%내에서 변량은 ±7개가 될 수 있다.
품목 C는 허용 오차 내에 있다.
품목 D. 허용 오차 ±0%내에서 변량은 ±0개가 될 수 있다.
품목 D는 허용 오차 내에 있다.

재고기록 감사(Auditing Inventory Records)

오류는 발생한다. 재고 정확도가 유지되도록 오류들은 발견되어야 한다. 재고 기록의 정확도를 검사하는데 두 가지 기본적인 방법이 있다. 하나는 전체 품목을 대상으로 하는 (보통 일년 단위로 하는) 정기 재고 조사와 특정 품목에 대해서 하는 (보통 매일 하는) 순환 재고 조사가 있다. 재고기록 정확도를 감사하는 것도 중요하지만 기록의 부정확성의 원인을 찾고 그것들을 제거 하게끔 시스템을 감사하는 것이 더 중요하다. 순환 재고 조사는 이러한 역할을 하지만 정기 감사는 그렇지 못한 경향이 있다.

정기 재고 조사(Periodic(annual) inventory) 연간 재고 실사의 일차적 목적은 재고기록이 재고의 가치를 나타내고 있다는 것을 재무 감사들에게 전달하기 위함이다. 계획자들에게는 재고 실사는 기록에 있어서 오류를 정정할 수 있는 기회가 된다. 재무 감사자들에겐 재고의 총액이 관심이지만 계획자들은 품목 단위까지 상세하게 관심을 갖게 된다.

재고 실사를 하는 책임은 보통 자재 관리자들에게 있는데, 이들은 합리적인 계획 하에 그것이 제대로 수행되도록 보장한다. 조지 프라슬(George Plossl)은 재고 실사를 하는 것은 페인트 칠하는 것과 같다고 하였는데, 재고 조사의 결과는 준비를 엄마나 잘 하는가에 달려 있다는 것을 의미한다. 준비를 잘 하기 위한 3가지 요소가 있다.

유지 관리 재고는 반드시 분류되어야 하고 같은 부품은 함께 모아져서 쉽게 셀 수 있도록 한다. 때로는 품목들을 미리 세어 봉합된 카톤에 넣어 보관할 수도 있다.

확인 부품들은 명확히 확인되고 부품번호로 꼬리표를 붙인다. 이것은 조사를 하기 이전에 선행되어야 한다. 부품 확인에 익숙한 직원이 참여하고 실제 재고 조사를 시작하기 전에 모든 의문사항이 해결되도록 한다.

훈련 재고조사를 하는 사람은 반드시 적절한 교육과 훈련을 받도록 한다. 실제 재고 조사는 보통 일년에 한 번 하게 되므로 절차를 매년 기억할 수는 없을 것이다.

절차 재고조사는 4가지 단계로 이루어져 있다.

1. 품목을 세고 품목에 남겨둔 티켓에 수량을 기록한다.
2. 이 수량은 다시 세어 보거나 샘플 추출하여 검증한다.
3. 검증이 끝나면 티켓을 모으고 각 부서에서 품목들의 리스트를 만든다.
4. 재고 수량과 금액 사이의 차이에 대해서 재고 기록들을 일치시킨다. 재무적으로 이 단계는 경리 직원들의 일이다. 그러나 자재부서 직원들도 실제 보유 하고 있는 수량이 얼마인지를 반영하기 위하여 참여하도록 한다. 만약 큰 차이가 생긴다면 즉시 조사되어야 한다.

실제 재고 조사를 하는 것은 많은 회사들에 있어서 유서 깊은 관습이다. 주로 연간 재무제표를 작성하기 위한 재고 가치 평가를 위하여 필요하기 때문이다. 그러나 연간 실제 재고 조사를 하는 것은 몇 가지 문제점을 가지고 있다. 대개 공장이 문을 닫아야 하고, 이것으로 인해 생산이 중단될 것이다. 인건비와 문서 작업 비용이 많이 들 것이므로 조사 작업이 마무리되고 공장을 다시 가동 해야 한다는 압력 때문에 작업은 다급하고 대강 이루어진다. 게다가 재고 조사를 하는 사람들은 익숙하지가 않아서 실수를 하기가 쉽다. 결과적으로 오류가 제거 되기 보다는 더 많은 오류가 재고 기록에 들어 가게 된다. 이러한 문제점들 때문에 순환 재고 조사가 발전을 해왔다.

순환재고조사(Cycle Counting) 이것은 일년 내내 계속해서 재고를 조사하는 시스템이다. 실제 재고 조사는 일정이 잡히고 각각의 품목은 미리 정해진 일정에 의해 수량을 파악한다. 품목의 중요성에 따라 어떤 것들은 일년 내내 자주 수량을 파악하지만 다른 것들은 그렇지가 않다. 아이디어는 매일 정해진 품목의 수량을 세어 보는 것이다.

순환재고조사의 이점은 다음과 같다.

- 문제를 즉시 발견하고 고칠 수가 있다. 수량조사의 목적은 첫째로 에러의 원인을 발견 하고 이를 정정하여 다시는 발생하지 않도록 하는 것이다.
- 생산 손실을 완전히 혹은 부분적으로 줄인다.
- 훈련된 전담 직원을 이용한다. 이것은 일년에 한번 하는 재고조사자가 저지르기 쉬운 실수를 최소화하는 숙련된 재고조사자를 양성할 수 있도록 한다. 순환 재고조사자는 문제를 확인하고 정정하는 훈련도 받는다.

분류 품목	품목 수	연간 조사 빈도	연간 조사 품목수	총 조사 %	일일 조사 수
A B C	1000 1500 2500	12 4 1	12,000 6,000 2,500	58.5 29.3 12.2	48 24 10
연간 조사 회수 연간 작업일 수 일일 조사 수			20,500 250 82		

그림 12.5 순환 재고 조사 일정

수량 조사 빈도 기본적인 발상은 몇몇 품목을 매일 세어서 모든 품목들이 일년에 정해진 횟수 만큼 파악할 수 있도록 하는 것이다. 일년 중 품목의 수량을 세는 횟수를 수량 조사 빈도라고 한다. 품목의 가격이 비쌀수록 그리고 거래 횟수(오류 가능성)가 증가 할수록 수량 조사 횟수는 증가해야만 한다. 빈도를 결정하기 위해서는 몇 가지 방법이 사용된다. 3가지 일반적인 방법으로 ABC 방법, 구역 방법, 위치 감사법이 있다.

- **ABC 방법** 이것은 대중적인 방법이다. 재고들은 ABC 시스템(10장 참조)에 의해서 분류된다. 수량 조사 빈도를 위해 어떤 규칙이 정해진다. 예를 들어 A 품목들은 매주 혹은 매달 수량들을 센다. B 품목은 두 달에 한 번 혹은 분기에 한번 센다. 그리고 C 품목은 2년에 한번 혹은 일년에 한 번 센다. 이런 기준에 의해서 재고 조사 계획이 수립될 수 있다. 그림 12.5는 ABC시스템을 이용하는 순화재고조사의 예를 보여주고 있다.

예제

어떤 회사가 재고를 ABC 품목으로 분류 하였다. A 품목은 한 달에 한 번 개수를 세었고, B 품목은 일년에 네 번 세었고, C 품목은 일년에 두 번 세었다. 2,000개의 A 품목과 3,000개의 B 품목과 5,000개의 C 품목이 있다. 각 품목에 대한 순화 재조 조사 스케줄을 세워라.

답

분류 품목	품목 수	연간 조사 빈도	연간 조사 품목 수	총 조사 %	일일 조사 수
A	2000	12	24,000	52.2	96
B	3000	4	12,000	26.1	48
C	5000	2	10,000	21.7	40
연간 조사 회수			46,000		
연간 작업일 수			250		
일일 조사 수			184		

- **구역법** 수량 조사를 보다 효율적으로 하기 위하여 품목들은 구역에 의해서 분류한다. 이 시스템은 고정 위치 시스템이 이용되거나, 재공 재고나 혹은 운송 중 재고를 셀 때 이용된다.
- **위치 감사 시스템** 유동 위치 시스템에서 제품들은 아무 곳에나 저장되고 시스템은 제품이 있는 곳을 기록하게 된다. 사람의 실수 때문에 이러한 위치는 100%정확성을 유지하기가 쉽지 않다. 만약 자재들이 올바른 곳에 없다면, 정상적인 순환 재고 조사는 이를 발견하지 못할 것이다. 위치 감사를 이용하면 매기 미리 정해진 수의 재고 위치들이 점검된다. 각 저장 용기에 있는 품목수를 재고기록과 비교하여 점검하고 재고 위치들을 검증한다.

순환 재고 조사는 위의 모든 방법을 포함할 수도 있다. 구역법은 재고 흐름이 빠른 품목에 대해서 이상적이다. 만약 유동 위치 시스템이 이용된다면, ABC 방법과 위치 감사 시스템을 혼합 사용 하는 것이 적당하다.

계수 시기 수량을 계수하는 시기는 특별한 경우에 하거나 혹은 정기적으로 계획되어질 수 있다. 선택 기준은 다음과 같다.

- **주문을 낼 때** 주문이 되어지기 바로 전에 품목들의 수량을 센다. 이것은 주문이 되어 지기 전 오류를 발견하는 데 유용하다. 그리고 재고 수준이 낮을 때 수량을 세어

서 작업량을 줄일 수 있다.

- **주문이 접수되어 졌을 때** 재고는 가장 낮은 수준에 있다.
- **재고 기록이 0에 다다를 때** 다시 한번, 이 방법은 작업을 줄이는 이점을 갖는다.
- **특정 수 만 큼 거래가 발 생 했을 때** 거래가 발생 하면 오류도 발생한다. 재고 흐름이 빠른 재고는 더 많은 거래를 가지고 에러가 발생하기가 더 쉽다.
- **에러가 발생할 때** 명백한 에러가 발생하면 특별 재고 조사는 필요하다. 이러한 경우는 재고기록이 음수가 되거나, 재고 기록에는 수량이 있으나 실제로는 품목을 찾을 수 없을 때이다.

기술의 적용(Technology Applications)

재고기록의 불균형은 대부분 인간적인 오류에서 발생된다. 재고 코드나 재고량을 세는(reading stock codes and entering count quantities)과정이 감사 자체를 포함한 어떤 처리상에서도 많은 오류의 원인이 될 수 있다. 바코드는 이러한 오류들을 감소시킬 수 있는 것으로, 기계판독(machine-readable)이 가능한 심볼을 이용해 소매, 배급, 제조 모든 수위에서 정보의 수집에 널리 사용되고 있다. 바코드가 발생시키는 오류의 비율은 반복 진입(repetitive entries)에서 약 3% 정도로 추정되는데, 이는 인간적인 오류 발생량에 비하면 극도로 적은 것이다. 바코드는 산업체에 의해 표준화(standardized)되며 보통 종이라벨이나 태그(tag)에 인쇄되어 나온다. 전형적인 형태는 파트넘버와 같은 특별한 식별자(identifier)만을 포함하며, 가격이나 설명 등 필요한 차후 정보의 데이터베이스가 조회할 수 있게끔 해 준다. 자동차 산업은 라벨에 레이아웃 설계 명세서(specifications or layout)와 사용된 코드 타입이 명시하도록 요구하고 있다. 이 라벨에는 생산 코드 뿐만 아니라 제조사, 포장량(package quantity), 제조일자 등이 포함될 것이다.

바코드는 짧은 거리에서 쏜 레이저가 바코드의 줄과 그 간격의 반사를 읽어 내며 인식하는 원리로서, 새로운 디자인들로 그 범위가 향상되고 있다. 바코드의 사용은 데이터 엔트리(data entry)의 속도뿐만 아니라, 무엇보다 회수된 데이터(data retrieved)의 정확도까지 향상시킨다.

무선주파(RFID)도 바코드와 비슷한 원리이며, 레이저 대신 작은 장치나 태그(tag)에 반사되는 무선주파를 이용해 정보를 얻는다는 점만이 다르다. 또, RFID는 바코드와는 달리 라벨과 리더기 사이에 가시적인 선을 필요로 하지 않으며, 컨테이너 안에 들어 있거나 기타 보이지 않는 상품들까지도 정확히 판별해 낼 수 있다. 이러한 특징은 RFID를 안전

장치(security device)로 이용 되거나, 라벨을 읽거나 접근하기 어려운 상황에서 사용하기 적합하게 만들어 준다. 북미 철도는 RFID태그를 모든 기관차 및 철도차량에 사용하고 있다. 기차는 기후와 먼지 등의 극한 상황하에 움직이는데, 모든 차량의 양쪽에 RFID태그를 위치 시킴으로서, 열차 소유주, 차량 번호, 기계 종류 등의 정보를 정확히 전달할 수 있게 하는 것이다. RFID 태그의 가격은 인쇄된 바코드보다는 비싸지만, 태그당 몇센트(cent)정도로 급격히 하락하여 보다 넓은 사용을 장려하고 있다. 월마트(wal-mart)와 같은 거대유통회사는 이 장치의 정보수집 가치를 발견하고 많은 상품에 이를 사용하여 공급망 전체의 차후 비용 삭감을 꾀하고 있다.

바코드와 마찬가지로 대부분의 RFID태그는 식별번호(identification number)정도의 정보만을 전송할 수 있다. 이 식별번호는 물품의 차후 정보를 포함한 참조 데이터베이스(reference database)로 사용된다. 철도시스템에서 차량번호는 열차내 내용물과 목적지 등과 같은 정보를 전달할 수 있고, 이로써 배송추적(delivery tracking)과 심지어 안전/위험 정보의 접근(safetly/hazardous information access)까지 가능케 한다. 많은 기업들은 RFID 패스카드를 이용해 주차장이나 보안지대(security areas)에 대한 접근을 통제한다. 사용자는 RFID 시그널에 의해 판독되며 이에 따라 접근이 허가된다. 운영팀(management)은 이 모든 범위에 걸쳐 쉽게 중앙 통제를 시행할 수 있다. 회사의 정기 주차권이 만료되면 자동으로 진입이 불가하게 되는 식으로 말이다.

공급망은 정보에 의해 유도되며, 정확하고 종합적인 정보를 시기적절하게 회수하는 능력은 비용 삭감을 이끌어 낼 수 있다. 지난 챕터들에서 리드타임은 재고와 고객 서비스 수준에 영향을 준다는 사실을 볼 수 있었다. 바코드와 RFID 기술은 리드타임을 절약할 수 있게 해 주며, 공급망의 모든 구성원들로 하여금 비용을 절약하는 한편 품절 발생의 수를 대폭 줄일 수 있게끔 해준다.

요약

이 책의 지난 챕터들은 이론과 상식을 이용해 재고를 효과적으로 관리하는 법을 다루었다. 이번 챕터는 재고의 물리적인 처리와 보관에 대해 살펴보았다. 창고저장(warehousing)의 단순히 물품을 보관하는 장소에서 기업의 주요 투자에 영향을 주는 전략적 활동과 고객서비스 향상의 분명한 요소로 변모하는 중이다. 물품의 납입, 판독, 보관, 회수, 궁극적인 운송과 같은 창고저장의 기본 활동은 여전히 요구되어지고 있지만, 그 기술과 공급망의 속도에 대한 요구는 처리방식에 변화를 가져오고 있다. '모든 물품이 제 자리에 있는 곳' 일 뿐이었던 개념은 유동적인 장소와 재고 이용현장(point-of-use storage)에 그 자리를 내주었다. 이러한 동향들이 가속화되며 보안과 통제에 대한 필요가 증가하고 있으므로, 노동자들이 적절한 절차와 오류의 결과를 알고 이해하는 것이 중요하다. 높은 수준의 고객서비스를 제공하기 위해 재고 기록은 틀림없이 정확해야 한다. 순환재고조사(cycle counting)는 기록의 정확성을 향상시키며, 무엇보다 재고 시스템의 오류를 밝ㄴ해 그 과정이 꾸준히 향상될 수 있도록 해 준다. 바코드와 RFID는 어떤 현대 재고 및 창고저장 시스템에도 널리 사용되고 있는 기술로, 데이터 정확성과 상품의 이동 속도(movement of product)를 향상시킨다.

질문

1. 창고 운영의 4가지 목적은 무엇인가?
2. 여덟 가지 창고 활동을 말하고 각각을 기술하라.
3. 공간 이용도(Cube utilization)와 접근 용이성(accessibility)란 무엇인가?
4. 창고에서 저장 위치가 왜 중요한가? 기본 재고 위치 시스템 4가지의 이름과 각각을 기술하라.
5. 재고저장단위(SKU)에 위치를 할당하는 고정 위치 시스템과 유동 위치 시스템에 대해서 기술하라.
6. 세가지 주문 집화 시스템의 이름을 말하고 기술하라.
7. 자재 취급의 세가지 주요한 목적은 무엇인가? 컨베이어, 산업용 트럭, 크레인의 특징을 기술하라.
8. 임의의 거래에서 나타나는 4가지 단계는 무엇인가?
9. 재고 기록이 정확하지 못할 경우 초래하는 결과는 무엇인가?
10. 교재에서 부정확한 재고 기록의 6가지 원인을 설명하였다. 명칭을 말하고 각각을 기술하라.
11. 재고 정확도는 어떻게 측정되어지는가? 허용 오차란 무엇인가? 왜 그것이 필요한가?
12. 허용 오차를 두는 원칙은 무엇인가?
13 재고 정확도를 감사하는 두 가지 주요한 목적은 무엇인가?
14. 재고를 취급하기 위하여 준비하는데 있어 3가지 요소는 무엇인가? 왜 준비를 잘 해야

하는가?

15. 재고를 취급하는데 4가지 단계는 무엇인가?
16. 순환 재고 조사를 기술하라. 어떤 기준으로 재고 조사 빈도를 결정해야 하는가?
17. 재고 기록을 감사하는데 있어 실지 재고 조사보다 순환 재고 조사가 왜 좋은가?
18. 재고 수량을 세는데 언제가 좋은 때인가?
19. 바코드나 RFID태그에 저장되는 전형적인 정보들에는 어떤 것이 있는가?
20. RFID가 바코드보다 더 선호될 수 있는 예시를 3개 제시해 보라.
21. 바코드와 RFID가 어떻게 공급망의 비용을 삭감시키는가?

연습문제

12.1 어떤 회사가 팰릿에 5000 카톤으로 구성되는 SKU를 저장하고자 한다. 한 팰릿은 25 카톤을 포함한다. 그것들은 창고에 3층으로 저장되어진다. 얼마나 많은 팰릿 자리들이 필요한가?

답: 67 팰릿 자리들

12.2 어떤 회사가 팰릿에 7000카톤은 가지고 있다. 각 팰릿은 30카톤을 가진다. 그리고 카톤은 4층으로 저장된다. 얼마나 많은 팰릿 자리들이 필요한가?

12.3 어떤 회사는 다음 그림에서 보여 지듯이 팰릿들을 저장하기 위한 영역을 가지고 있다. 만약 팰릿 사이에 2″ 공간이 있다면 얼마나 많은 40″ × 40″ 크기의 팰릿이 4층 높이로 저장되어질 수 있는가?

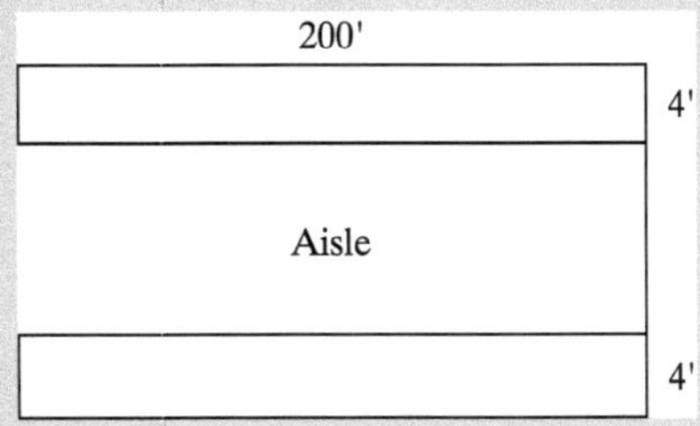

답: 465 팰릿

12.4 어떤 회사가 아래에 보여진 크기의 창고를 가지고 있다. 만약 팰릿 사이에 2″ 공간이 있다면 얼마나 많은 40″ × 40″ 크기의 팰릿이 3층 높이로 저장되어질 수 있는가?

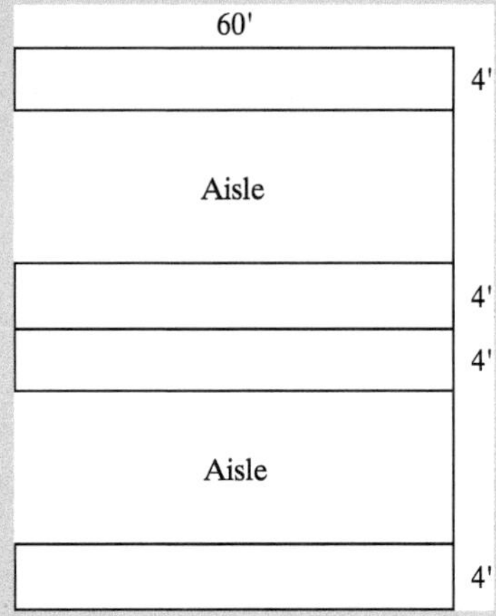

12.5 어떤 회사가 다음과 같은 SKU를 저장하고 100% 접근 용이성을 원한다. 품목들은 팰릿위에 저장되고 3층으로 쌓을 수 있다.

a. 얼마나 많은 팰릿 자리들이 필요한가?

b. 공간 이용도란 무엇인가?

c. 만약 팰릿을 저장하기 위하여 랙(rack)을 산다면, 100% 접근 용이성을 보장하기 위하여 얼마나 많은 자리 위치들이 필요한가?

SKU	팰릿수	필요한 팰릿 자리 수
A	13	
B	4	
C	8	
D	10	
E	14	
합계		

답: a. 필요한 팰릿 자리 수 = 15

b. 공간 이용도 = 87%

c. 13개의 팰릿 자리

12.6 어떤 회사는 다음과 같은 10개의 SKU를 저장하고 100% 접근 용이성을 원한다. 품목들은 팰릿위에 저장되고 4층 높이로 저장된다.

a. 얼마나 많은 팰릿 자리들이 필요한가?

b. 공간 이용도란 무엇인가?

c. 만약 팰릿을 저장하기 위하여 랙(rack)을 산다면, 100% 접근 용이성을 보장하기 위하여 얼마나 많은 팰릿 자리들이 필요한가?

SKU	팰릿수	필요한 팰릿 자리 수
A	14	
B	17	
C	40	
D	33	
E	55	
F	22	
G	34	
합계		

12.7 다음 중 어느 품목이 허용 오차 내에 있는가?

부품번호	선반수량	재고기록	차이	%차이	허용오차	허용오차 내인가?
A	650	635			±3%	
B	1205	1205			±0%	
C	1350	1500			±5%	
D	77	80			±5%	
E	38	40			±3%	
합계						

답: B와 D는 허용 오차 내이다.

12.8 다음 중 어느 품목이 허용 오차 내인가?

부품번호	선반수량	재고기록	차이	%차이	허용오차	허용오차 내인가?
A	75	80			±3%	
B	120	120			±0%	
C	1400	1500			±5%	
D	75	76			±5%	
E	68	66			±2%	
합계						

12.9 어떤 회사가 재고를 ABC분석을 해서 5000개 품목들 중에서 22%는 A, 33%는 B, 나머지는 C로 계산 하였다. A 품목은 한 달에 한번 순환 재고 조사를 하고, B 품목은 3개월마다 하고 C품목은 일년에 2번하기로 결정하였다. 전체 수량과 일일 수량을 계산하라. 회사는 주 5일 일하며 일년에 50주 일한다.

분류	품목의 수	조사 빈도	조사 수량	% of Total Counts	Counts per Day
A					
B					
C					
전체 수량					
연간 근무 일수					
일일 수량					

답: 일일 수량 = 97.2

12.10 어떤 회사가 재고를 ABC 분석을 해서 10,000개 품목들 중에서 19%는 A, 30%는 B, 나머지는 C로 계산하였다. A 품목은 한 달에 두 번 순환 재고 조사를 하고, B 품목은 3개월마다 하고 C품목은 일년에 한 번 하기로 결정하였다. 전체 수량과 일일 수량을 계산하라. 일년에 근무일이 250일이 있다.

분류	품목의 수	세기 빈도	센 수량	% of Total Counts	Counts per Day
A					
B					
C					
전체 수량					
연간 근무일수					
일일 수량					

Case Study 12.1

코스트마트 창고(CostMart Warehouse)

에이미 고든(Amy Gordon)은 코스트마트 지역 창고의 재고관리 슈퍼바이저(inventory management supervisor)로 승진 된 것에 기쁨을 감출 수가 없었다. 그녀는 현지 코스트마트 백화점에서 비정규직 점원으로 일하며 대학에 다니다가, 학사학위를 취득한 후 매장의 약 1/4에 해당하는 섹션의 부장으로 선임 된 바 있었다. 그리고 이제 1년이 지나 그녀는 "말이 씨가 된다(be careful what you ask for−you just might get it)"는 옛말에 의구심을 가지게 되었다.

배경

에이미는 점원 시절 그녀가 담당하는 섹션의 창고 보급 물품 책임 문제에 대해 끊임없이 불평해 왔으며, 그 것이 자신의 문제가 아니라고 확신하고 있었다. 백화점은 컴퓨터겸 금전등록기(cash register)로 재고 동향을 즉각 인식하는 방식의 매장 터미널(point-of-sale terminals)을 사용하고 있었다. 에이미는 좀도둑이나 기타 이유들로 발생하는 물품 손실이 소매영업점의 고질적인 문제임을 인식하고 모든 부하직원들에게 매장 상황이 바쁘지 않을 때마다 담당구역의 재고를 집중계수하라고 지시했다. 매장 내 컴퓨터에는 재고가 일정량 이하로 떨어지면 보급을 제안하는 프로그램이 내장되어 있었다. 물론 에이미는 그 프로그램의 제안은 제안일 뿐임을 잘 알고 있었다. 어떤 상품들은 유행을 타므로 그에 따라 미리 오더를 넣거나 오더를 하지 않아도 되기 때문이다. 또한 에이미는 계절 상품들은 그에 맞추어 처리해야 하며, 세일이나 특별 판촉 행사가 진행되는 시기도 잘 알고 있었다. 이런 시기들은 월례 매니저 회의에서 미리 공지되며, 에이미는 이것이 수요에 미치는 영향에 대해 잘 예측하곤 했다.

에이미는 자기 담당 섹션 재고 관리에 뛰어났으므로 창고의 문제에 대해 상당히 목소리를 내곤 했다. 그녀는 창고로 보급 오더를 내리는 거의 모든 건에 문제가 있다고 생각했다. 어떤 물품은 때로 최고 6주 정도나 늦을 때도 있었고, 제대로 도착한다 해도 주문량보다 너무 많거나 적게 도착할 때도 있었다. 그러니 마치 창고에서의 모든 배달은 그녀의 주문에 맞춰 채워 주는 것이 아니라 무작위로 하는 일처럼 느껴지는 것이었다. 그녀가 총지배인(general manager)에게 하는 불평들은 다 창고 문제의 영향에서 불거지는 것이었다. 에이미 담당구역의 고객들은 많은 물품들이 품절되는 상황이 반복해서 일어나자 더욱 자주 강하게 항의하곤 했다. 어떤 고객들은 크게 화가 나서 다시는 코스트마트에서 쇼핑하지 않겠다고 말하기도 했다. 한 고객은 실제로 에이미를 '고객서비스를 책임지는 코스트마트' 라는 문구가 쓰인 매장 입구까지 끌고 가서 허위 광고로 고소하겠다고 윽박지르기까지 했다.

어떤 때는 에이미가 주문한 것보다 두 세배 많은 양의 상품이 배달되는 경우도 있었다. 이 경우 그녀는 종종 특별 깜짝 세일로 초과 재고를 피하려고 했다. 재고 비용 또한 그녀의 수행 평가 기준 중 하나였기 때문이다. 물론 수익성 또한 중요한 수행 평가 기준 중 하나였고, 품절과 깜짝 세일은 여기에 영향을 주는 것도 사실이었다. 끝내 유독 힘들던 어느 날, 에이미는 총지배인에게 "차라리 저를 창고 재고 담당으로 써 주세요. 저는 여기서 제 담당 구역을 잘 통제하잖아요? 거기 문제도 빨리 해결할 수 있을 것 같은데요!" 라고 말해 버렸다. 그리고 2주후, 그녀는 자신이 창고의 재고 관리 슈퍼바이저로 승진되었다는 소식을 듣게 되었다.

최근의 상황

우선 에이미가 처음으로 맞닥뜨려야 했던 문제는 창고 총지배인(general supervisor) 헨리 행크 앤더슨(Henry 'Hank' Anderson)의 적잖은 분노였다. 행크는 10년 이상 수퍼바이저의 자리에 잇었으며, 기초레벨 관리자(entry-level handler) 직위에서부터 그 자리까지 노력해 온 바였다. 창고 재고 슈퍼바이저라는 자리는 에이미를 위해 특별히 만들어진 자리였고, 그 전에는 행크 혼자 재고 관리에 책임이 있었다. 두 사람의 상관이 행크에게 업무 분담은 감등의 일환이 아니며, 창고의 성장이 책임 분할을 가져왔을 뿐이라고 설명해 주었고, 행크 또한 겉으로는 알아듣는 척 했지만, 모두가 행크가 이 일을 사실 모욕적으로 느끼고 있음을 알고 있었다. 이 사실 만으로도 충분히 그의 분노를 짐작 할만 한데, 어느 날 행크는 식당에서 이렇게 이야기 하기까지 했다. "내 일을 빼앗은 것만으로도 억울한데, 그걸 또 무슨 경험도 없는 대학생 꼬마, 것도 계집애한테 넘겨주다니! 빌어먹을 교실 따위에서는 창고를 어떻게 운영하는지 배울 수 없다는 건 모두가 아는 사실 아냐? 실제 온몸으로 경험해야만 진짜 이해할 수 있는 거라고!"

에이미는 행크의 상황도 다루어야 할 문제임을 알았지만, 한편 창고를 어떻게 운영해야 하는지, 특히 왜 창고가 점원 시절 겪었던 문제를 발생시켰는지 알아 내야만 했다. 그녀가 처음 취한 행동은 매점의 오더 프로세싱의 책임을 맡고 있는 제인 도슨(Jane Dawson)과 이야기를 나누어 보는 것이었다. 제인은 그녀의 관점에서 상황을 설명해 주었다.

"에이미씨 매점의 요구사항이 처리되는 과정이 얼마나 거슬렸을지 잘 알아요. 하지만 저도 참 힘들었답니다. 저는 오더들을 마감 날짜에 맞추어 그룹화 하려고 노력하고, 매점에 보낼 물품들도 한가득이었지만 끊임없이 문제를 맞닥뜨려야 했어요. 어떤 때는 창고에서 재고를 찾을 수 없다는 연락이 올 때도 있고, 오더된 양이 한 박스 이하 분량이므로 박스를 뜯을 수 없으니-싫다는 건지 없다는 건지-그냥 한 박스를 통째로 보내겠다고 한 적도 있어요. 그리곤 저 옛날에 찾을 수 없었던 오더 상품을 찾아내서 이제야 보내 버리는 거에요. 게다가 그 물건들 때문에 트럭에 자리가 없어서 다른 물건들 배달이 미루어지기도 하고요. 이런 문제들에 공급자가 빠뜨린 실제 재고 부족량까지 더해지면 항상 우리는 구석으로 밀려나고 실제 배송해야 할 것들은 절대 배송하지 못하게 되는 것처럼 보이는 거죠. 이 상황을 바꾸기 위해 뭔가 좀 해주실 수 있을 거에요."

에이미는 제인에게 재고 기록의 정확도를 아냐고 물었고, 제인은 잘 모르겠지만 아마 50%도 맞지 않을 것이라고 대답해 에이미를 더욱 절망스럽게 만들었다. 어떻게 그럴 수 있지? 제인은 중얼거렸다. 최근 재고관리를 위해 새 컴퓨터 프로그램을 설치한 바 있고, 정규적으로 순환재고조사(cycle counting)를 시행하고 있으며, 창고 선반마다 각 SKU의 지정 자리를 규정하는 본거지(home base) 재고 시스템을 사용하고 있는데도! 에이미는 노동자중 한명과 대화를 나누어 보아야겠다고 생각했다. 그녀는 헌신적이고 효과적인 직원으로 소문난 경력 5년 차의 칼 칼슨(Carl Carson)을 불러 그녀가 아는 사실들에 대해 이야기 해 주고 또 다른 정보를 줄 수 있는지를 물었다.

칼의 이야기는 이랬다.

"제인이 말씀 드린 게 사실이긴 해요. 하지만 많은 부분이 제인 자신의 잘못이라는 얘기는 안 했군요. 만약 제인이 다음 배송 때 어떤 상품을 보내고 싶은지 미리 말해 줬더라면 우리 쪽에서도 물품을 찾거나 자리를 마련하는데 좀 더 수월했을 겁니다. 그런데 실제 하는 행동은 갑자기 필요한 목록을 떡 줘 놓고 물건들을 다 찾아서 엄청나게 짧은 시간 내에 준비 해 달라는 거에요. 우선 첫째로 제인은 자기가 원하는 만큼의 물건만 보내기 위해 큰 박스 하나를 뜯는 게 얼마나 비현실적인 일인지 몰라요. 뜯은 박스를 다시 포장할 좋은 방법도 없을 뿐 아니라, 남은 물건들이 부서지거나 더러워질 가능성도 높아져요. 개별 포장을 할 방법이 있다 해도 시간이 너무 오래 걸려 배송 시기를 놓칠 가능성만 높아질 뿐이죠.

그리고 물건 찾는데도 문제가 있어요. 공급자가 배송한 물품들은 종종 주어진 SKU보다 많아서 선반에 놓을 자리가 없어요. 남는 물건들은 별도 장소(overflow area)에 두는데, 거기 물건들은 추적하기가 상당히 어려워요. 그리고 물건을 시스템에 정확히 위치시켰다

해도, 다른 사람이 다른 물건 뒤로 금방 옮겨 버리곤 배송 준비에 바빠 이동 기록을 남기는 걸 잊어버릴 거에요. 재고순환조사 때는 또 지정 선반에서 물건을 찾을 수 없으니, 계수 기록을 고쳐서 이젠 시스템이 그 물품이 존재하는지 조차 모르게 만들어 버려요. 각 SKU의 최대량을 수용할 수 있을 만큼 창고 부지를 넓히면 되지 않겠냐고 생각하실 수도 있어요. 그러려면 창고가 최소한 지금보다 두 배는 더 커야 할 텐데, 그 걸 운영팀(management)이 승인 할 리가 없죠. 그나마 유일하게 다행인 상황은 우리가 전에 오더 되었는데 잃어버렸던 물품을 찾고, 뒤늦게나마 배송시킨다는 거죠."

에이미는 이 문제가 어디까지 미치는지를 보자 속이 울렁거리기 시작했다. 그녀는 가까스로 자신을 추슬러 창고 오더링 담당 구매부(purchasing department) 크리스타 챠베즈(Christa Chavez)를 찾아 이야기를 나누었다. 크리스타 또한 경험자에 능력 있고 헌신적인 훌륭한 직원으로 평가 받고 있었다. 다음은 크리스타가 자신의 관점에서 제공해 준 이야기이다.

"우리 공급자들은 괜찮은 편이지만 놀랍도록 뛰어난 사람들은 아니에요. 우리측이 거의 항상 가격 때문에 그쪽을 구워삶곤 하니까, 지금 하는 것 이상으로 하지 않으려 하는 것도 이해는 가요. 문제는 우리가 진짜 원하는 물품과 그 시기를 알려 줄 방법이 우리 자체에서 없다는 거에요. 그렇게 하려면 우리 창고측에서 어떤 물품을 원하며, 언제 원하는지 또 현재 재고는 얼마나 있는지를 알아야 하는데, 그런 걸 전혀 알 수가 없는데다 재고 기록은 뭐 농담 거리 수준이죠. 저는 거의 하루 종일 오더 날짜와 수량을 고치고 부족 오더량을 채우려고 진도관리를 하는데 보내고 있는데, 이 부족량이라는게 실제 부족한 게 아닐 때가 종종 있단 말이에요. 이 상황에서 우리가 할 수 있었던 최선은 미리 오더하고 오더량을 늘려 우리가 재고 정확성 문제를 커버할 만큼의 충분한 안전보장 재고(safety stock)를 가지고 있는지 보장하게 해 주는 것 뿐이었어요. 행크에게도 여러 번 이 문제에 대해 컴플레인을 걸어 보았는데, 행크는 그 건 분명 공급자의 문제이니 그들을 제대로 끌고 오는 게 제 일이라는 식으로 말할 뿐이었어요.

최소한 이 시점에서 에이미는 문제에 대해 보다 나은 관점을 가지고 있었던 것이다. 문제는 이제 에이미 자신이 그 문제 해결의 책임을 맡고 있다는 것이다. 에이미는 차라리 이 문제에 대해 불평하지 말 것을 하는 생각마저 들었다. 그러나 이미 늦었다. 이제 그녀는 들었던 여러 문제들을 처리하기 위한 전략을 구성해야만 한다.

사례 분석

1. 문제라고 생각되는 것들을 구조화 하여 보라. 이때 현상과 문제는 분리되어야 함

을 주지하라.

2. 에이미가 상관을 설득하고 행크를 극복해낼 데이터베이스 케이스(database case)를 구축해야 한다고 가정하자. 케이스 구축을 위해 어떤 데이터를 수집해야 하는가?
3. 이러한 환경에서 창고는 어떤 식으로 돌아가야 하는지 그 모델을 하나 세워보라.
4. 현재 창고의 상황이 3번 문제에서 세운 모델처럼 되기 위한 시차별 계획(time-phased plan)을 세워 보라.

제13장

물리적 유통
(Physical Distrubution)

입문(Introduction)

1장에서 공급망 개념을 설명하였듯이 공급망은 물류시스템에 의해 연결된 일련의 공급자들과 고객들로 구성된다. 보통 공급망은 이와 같이 연결된 몇몇 회사들로 이루어진다. 이번 장에서는 공급망의 물리적 유통면에 대해서 논의할 것이다.

물류는 공급자로부터 소비자에게 이르는 자재의 흐름이다. 이에 대한 책임은 통합 자재 관리나 로지스틱스 시스템을 담당하는 유통부서에 있다. 그림 13.1은 이러한 형태의 시스템에서 다양한 기능의 상호 관련성을 보여주고 있다. 물리적 공급은 공급자로부터 생산자까지 상품의 움직임과 저장에 해당한다. 판매과정에서 비용은 공급자나 고객이 지불하겠지만 최종적으로 고객에게 전가되는 것이다. 물리적 유통은 또한 생산 끝 단에서부터 고객까지 연결된 완제품의 움직임과 저장으로 볼 수 있다. 상품이 움직이는 특별한 경로를－유통센터, 도매상, 소매상을 거쳐－유통채널이라 한다.

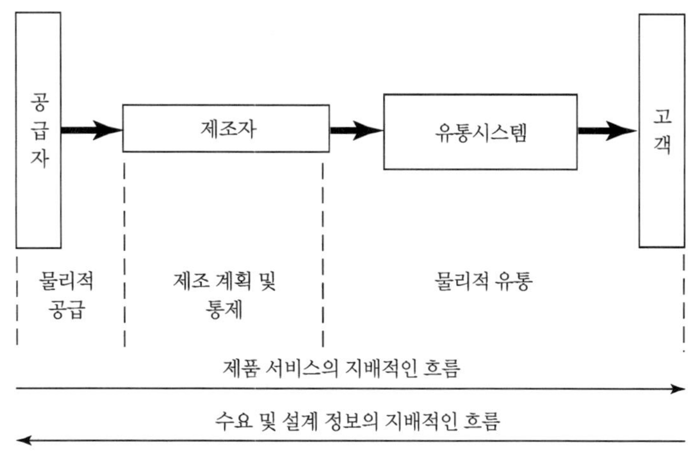

그림 13.1 공급망(로직스틱스 시스템)

유통채널(Channels of Distribution)

유통채널은 생산자로부터 최종 소비자까지 재화나 서비스의 흐름에 관여하는 하나 이상의 개인이나 회사들을 말한다. 경우에 따라 회사에서 고객에게 바로 배달하기도 하지만 때로 생산품의 일부 혹은 전부를 최종 소비자에게 보내는데 다른 개인이나 회사를 이용하기도 한다. 이러한 회사나 개인을 중개인이라고 부른다. 중개인의 예로는 도매상, 대리인, 운송회사, 그리고 창고 회사를 들 수 있다.

실제적으로는 두 개의 관련된 채널이 포함된다. 먼저, 거래채널은 소유권의 이전과 관계가 있으며 이것의 기능은 협상하고, 팔고, 계약하는 것이다. 다음으로 유통채널은 상품이나 서비스의 이전과 배송을 고려하는 것이다. 대개 동일한 중개인이 두 가지 기능을 다 수행하지만 반드시 그런 것은 아니다.

그림 13.2는 유통채널과 거래채널의 분리를 보여주고 있다. 이 예는 냉장고나 스토브 같은 큰 가정용품을 공급하는 회사에 관한 것이다. 소매상은 단지 진열용 모델만 보유한다. 고객이 주문을 하면, 배달은 지역 창고나 공공 창고에서부터 이루어진다.

본 교재에서는 유통채널만 고려하기로 한다.

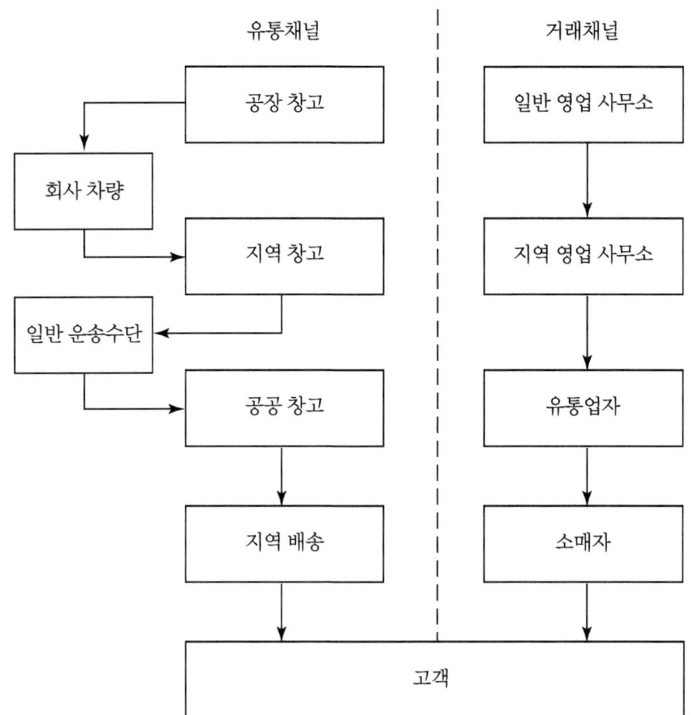

그림 13.2 유통 및 거래 채널의 분리

한 회사의 물리적 공급이 다른 회사의 물리적 유통이라는 사실에 논란이 있을 수 있으나, 원자재나 최종 완성품의 물리적 상태나 양이 관련되어 있는 경우에 둘 사이에는 중요한 차이점이 있다. 철광석을 옮기거나 저장할 때 생기는 물류 관리 문제는 강철판을 옮길 때 생기는 문제와는 다른 점이 있다. 이러한 차이는 물류 관리 시스템을 디자인하는데 영향을 미치고 유통센터와 공장의 위치를 결정하는데 있어서도 영향을 주게 된다. 본 교재에서는 물리적 유통과 물리적 공급 둘 다를 물리적 유통이라 하기로 한다. 그러나 특정 회사에 있어서 둘 사이의 차이점이 있을 수 있음은 기억해야 할 것이다.

물류는 우리 생활에 있어서 절대적으로 필요한 것이다. 보통 제조업자나 고객 그리고 잠재 고객들은 지리적으로 넓게 퍼져 있다. 제조업자가 단지 지역 시장에만 공급을 한다면 성장과 이윤 잠재력을 제한하는 것이 된다. 자신이 시장을 넓힘으로써 회사는 규모의 경제를 얻게 되고, 대량구매로 구매 비용을 낮추며, 이윤을 향상시킬 수 있게 되는 것이다. 그러나 시장 확대를 위해서는 잘 돌아 가는 유통 시스템이 필요하다고 할 수 있다. 제조업자는 원재료를 취급하거나 좀더 유용한 무언가를 만들어서 제품에 형식적 가치를 더한다. 빵은 곡류부터 만들어진다. 그러나 곡류 그 자체 보다 인간에게 더 유용하다. 유통은 소비자가 원하는 시간과 소비자가 이용 가능한 시장에 상품을 둠으로써 시간 가치와 지역 가치를 더하도록 한다.

자재들이 움직이는 방식은 여러 요소에 따라 영향을 받는다. 예를 들면

- **회사가 사용하는 유통채널** 예를 들면 생산자에서 도매상으로 소매상으로 고객으로.
- **시장이 운영되는 방식** 시장의 지리적 분산과 같은 시장의 특징들, 고객의 수, 주문의 크기.
- **생산물의 특징** 예를 들면 무게, 밀도, 부서지기 쉬움, 부패하기 쉬움.
- **자재를 옮기는데 이용 가능한 운송수단의 형태** 예를 들면 기차, 배, 비행기, 트럭.

모든 것들은 밀접하게 연관되어 있다. 예를 들면, 상하기 쉬운 제품을 지역 시장에 파는 꽃 장수는 자신이 직접 팔거나 자신의 트럭을 이용할 수 있다. 그러나 통조림제조 회사는 상하지 않는 제품을 전국 시장에 도매상과 소매상으로 구성되어 있는 유통채널을 통해서 판매하고, 트럭이나 기차를 운송 수단으로 이용하기도 한다.

역물류(Reverse Logistics)

날이 갈수록 기업들은 최종 고객 혹은 유통 채널 상의 다른 기업으로부터 돌아오는 상품

들을 처리해야 할 일이 많아지고 있다. 이러한 역물류의 발생은 고객이 구매 제품에 대해 요구하는 품질 정도가 향상 된 점, 그리고 유통업자들이 재정상의 압박으로 느리게 이송되거나 원하지 않는 재고를 삭감하려고 하는 점에 기인하고 있다. 미국 운영관리협회(APICS) 사전 제 12판은 역물류를 환불, 보수, 재제조, 재활용등을 목적으로 하는 상품 혹은 자재의 역류를 전용으로 하는 완전한 공급망이라 정의하고 있다.

어떤 유통채널에서 역물류는 곧 주요 비용을 대변할 수 있기도 하며, 이는 인터넷의 발달에 일정 부분 의거하여 증가하는 추세이다. 인터넷을 통한 판매는 보다 넓은 지리적 시장을 가지고 있으며, 보통 일반적인 수준보다 더 높은 반환 정도를 보인다. 미국에서만 역물류와 관련한 총비용은 한해당 500억 달러를 초과하는 것으로 집계되고 있다. 출판계에서는 철 지난 잡지 때문에 반환된 물품의 총량이 최초 발송량의 50%에 달하며, 자동차 부품생산업계에서는 시동모터(starter motor) 및 교류발전기(alternater) 재건으로 인해 반환 정도가 90%까지 미친다. 더욱이 기업들은 환불된 물품에 대한 포장비용까지 담당하도록 요구 받고 있는 실정이다. 역물류에는 두 개의 주요 카테고리가 존재한다. 하나는 자산회수(asset recovery)로서, 실제 물품의 반환을 의미하며, 또 하나는 녹색역물류(green reverse logistics)로서 포장자재 혹은 중금속과 같은 환경민감 자재와 기타 제한 자재의 처분에 대한 공급자의 책임을 의미한다.

녹색 역물류의 비용은 재사용 가능한 포장자재를 사용함으로써 절감이 가능하다. 예를들어 골판지 대신 캔이나 선반등을 사용하거나 전체 포장량을 줄이는 식이다. 환경 민감 자재들은 분류되어 제조공정중 재사용되거나 폐기물 매립을 피하는 방향으로, 최대한 효율적인 비용으로 처리될 수 있을 것이다. 재사용 가능한 음료수병은 매립의 필요를 줄여 줄 수는 있으나 분류 및 처리 비용이 더 들 수도 있다.

자산회수 관련 비용절감은 자재처리의 조정과 관련하며, 이 것에는 아마 새 상품의 발신도 관련될 것이다. 반환된 자재에 대한 정보는 자재의 적절한 처리나 재사용을 보장해주어야 한다. 반환이 발신자의 신용을 생산케 한다면, 이 또한 정보를 필요로 한다. 이러한 예는 자동차의 시동모터(starter motor) 교체 과정에서 상당히 많이 일어난다. 설치자(installer)는 시동모터를 주문해 설치한다. 이 대체품과 같은 크기 같은 모델인 낡은 모터는 원래 박스에 포장되어 공급자에게 배달되어 신용(크레딧)을 쌓을 수 있게 한다. 이 박스에는 모터에 대한 모든 정보가 있으며, 재조립자(rebuilder)에게 돌아가는 동안 식별용으로 사용될 수 있다. 비용을 절감하기 위해 유통업자(distributor)들은 발송되는 새 모터들과 재조립을 위해 돌아오는 낡은 모터를 조직화 할 것이다.

상품이 반환되는 데에는 다음과 같은 많은 이유들이 있다.

- 최종 소비자의 품질 요구(실제 품질의 문제이든, 그렇게 느낀 것이든)
- 불량품 혹은 손상품
- 과다 예측 요구(over-forecast demand)로 인한 재고들
- 구식의/기한 지난 재고들
- 상품의 재공정(remanufacturing)및 개조(refurbishment)

반환된 상품들은 다음과 같이 처리될 수 있다.

- 재고로 반환
- 재판매 위해 개조
- 대체 시장(alternate market)에 판매
- 재사용 가능한 부품으로 분해
- 중요 자재 복구 위해 분리(추후 폐기 비용 절감)

만일 유통 채널이 앞서 예로 든 시동 모터 반환의 경우와 같이 아주 단순하다면, 출입 배송을 조직화하여 역물류 비용을 절감할 수 있을 것이다. 그러나 유통채널은 굉장히 복잡해질 수도 있는데, 이 때에는 이번 챕터에서 이후 다루게 될 제3자 물류기업(3PLs)이 반환된 상품의 처리, 처분을 담당하는 중앙 기관으로 사용될 수 있을 것이다. 3PLs은 상품 흐름을 추적하기 위한 정보를 제공하는데에도 아주 요긴한 기관이다. 역물류에 전략적 접근을 취하는 기업들은 상당한 비용을 절감할 수 있을 것이며, 공급망 전역에 걸쳐 보다 나은 재고를 제공할 수 있을 것이다. 이 기업들은 또한 좋은 기업시민으로서의 명성을 쌓을 수 있게 된다.

물류시스템(Physical Distribution System)

물류는 적시에 최소 비용으로 고객이 원하는 것을 고객에게 배달하도록 하는 책임을 진다. 유통 관리의 목적은 요구되는 고객 서비스를 최소 비용으로 유지하는 유통 시스템을 설계하고 운영하는 것이다. 이 목적을 달성하기 위해서 상품을 운반하고 저장하는데 포함되는 모든 활동들은 통합 시스템으로 구성되어야 한다.

물류 시스템 내에서 활동들(Activities in the Physical Distribution System)

시스템이란 상호 작용하는 구성 요소와 활동들의 집합이다. 자동차 엔진은 시스템이다.

한 부분이 오작동을 하면 전체 엔진의 성능은 떨어지게 될 것이다. 유통 시스템에서도, 여섯 가지의 상호 연관된 활동들이 고객 서비스와 공급 비용에 영향을 미치고 있다.

1. **운송** 운송은 회사 밖으로 상품들을 운반하는 다양한 방법들을 포함한다. 대부분의 회사들에 있어서, 운반비는 전체 유통 비용의 30~60%에 달하는 유통에 있어서 가장 높은 단일 비용이다. 운송은 제품에 장소 가치를 더해 준다.
2. **유통재고** 유통 재고란 유통 시스템내의 임의 지점에 있는 모든 완제품을 포함한다. 원가 관점에서 보면, 유통 비용의 25~30%에 이르는 두 번째로 중요한 항목이다. 재고는 제품을 고객 가까이에 두어서 시간 가치를 창출한다.
3. **창고(유통센터들)** 창고들은 재고를 저장하는데 이용된다. 창고 관리는 장소 선택, 시스템 내에서 유통센터의 수, 배치, 상품을 받고, 저장하고, 끄집어 내는 방법 등을 결정한다.
4. **자재 취급** 자재 취급은 유통센터 내에서 상품을 움직이고 저장하는 것이다. 사용되는 자재 취급 장비의 형태는 효율에 영향을 주고 유통센터 운영비용에도 영향을 준다. 유통센터 내의 운영 비용과 자본 비용 사이에는 절충관계(trade off)가 존재한다.
5. **보호 포장** 유통 시스템 내에서 움직이는 상품들은 반드시 용기에 담겨야 하고, 보호되어야 하고, 확인되어야 한다. 게다가 상품은 포장되어 운반되거나 저장되어야 하고 저장소나 운반 차량의 크기에도 맞아야 한다.
6. **주문 처리와 의사소통** 주문 처리는 고객의 주문을 충족시키기 위해 필요한 모든 활동을 포함한다. 주문 처리는 배송에 있어 시간 요소를 나타내며, 고객 서비스의 중요한 부분이 된다. 많은 중개인들이 상품 운반에 참여하고, 의사소통이 잘되는 것은 성공적인 유통 시스템에 필수 불가결한 요소라 할 수 있다.

총 비용 개념(Total-Cost Concept)

유통 관리의 목적은 최소의 시스템 비용으로 요구 수준의 고객 서비스를 제공하는 것이다. 이것은 운반비용이나 재고비용 혹은 어떤 개별 활동비용이 최소화되어야 한다는 것을 의미하지는 않는다. 총비용이 최소화되어야 한다는 것을 의미한다. 한 활동에서 일어난 일은 다른 활동들과 전체 시스템 비용, 그리고 서비스 수준에 영향을 미친다. 경영자는 시스템을 전체로 다루어야 하고 각 활동 간에 상호 연관성을 이해하여야 한다.

예제

어떤 회사는 일반적으로 철도로 제품을 선적한다. 철도를 이용하면 $200이 들고, 운송 기간은 10일이다. 반면 항공을 이용하면 $1000이 들고 배송하는데 하루면 상품이 운반된다. 특별 운송을 위하여 운송 중 재고의 비용은 하루에 $100이다. 의사결정에 포함되는 비용은 어떤 것들이 있는가?

답

	철도	항공
운송비용	$200	$1000
운송 중 재고 유지 비용	1000	100
전체	$1200	$1100

두 가지 연관된 원리를 여기서 살펴볼 수 있다.

1. **비용 상충 관계(Cost tradeoff)** 운반 비용은 비행기를 이용하면 상승한다. 그러나 재고 유지 비용은 낮아진다. 둘 사이에는 비용 상충 관계가 있다.
2. **총 비용(Total cost)** 하나의 비용이 아니라 모든 비용들을 고려함으로써 전체 시스템 비용은 감소된다. 비용을 더 들이지 않고도 운송시간을 줄여 고객 서비스를 향상시킬 수가 있다. 전체 비용은 또한 생산부서나 마케팅 부서의 의사 결정에도 영향을 미치게 된다.

앞의 예는 더 빠른 운송 수단을 이용하는 것이 비용을 아끼는 결과를 낳는다는 것을 의미하지는 않는다. 예를 들면, 만약 운반되는 상품의 가격이 싸고, 재고유지 비용이 하루에 단지 $10이라면, 기차가 더 쌀 것이다. 게다가, 다른 비용들이 고려될 수도 있다.

유통에 있어서 대부분의 의사결정과 실제로 우리의 일상 생활이나 사업에서 이루어지는 많은 것들은 절충 관계와 총비용에 대한 이해를 통해 결정된다. 이 절에서는 비용과 절충 그리고 고객 서비스의 향상 등에 강조점을 두고자 한다. 일반적으로 항상 그런 것은 아니지만 고객 서비스의 향상은 비용의 향상을 가져오고, 이것은 중요한 절충 중의 하나가 된다.

국제유통(Global Distribution)

국제 유통이란 전세계에 걸쳐 위치의 이동이 이루어지는 상품의 동향을 말한다. 기업들은 전세계적으로 상품의 대외 구매(sourcing) 및 판매를 지향하고 있는데, 이는 외국에서의 낮은 제조 비용 및 국내외 제조업의 세계 시장에의 공급 능력에 기인한 것이다. 상품의 국제 유통은 재고 관리를 위해 정보가 필요하며, 고객 요구는 만족되어야 하고, 그 목적에 도달하기 위해 운송업체가 소통에 의지한다는 점에서, 북미 내에서의 움직임과 비슷하다. 그러나 또한 전 세계의 기업과 거래할 때 나타나는 몇몇 차이점들 또한 주지해야만 한다. 거리, 언어, 문화, 통화(currency) 그리고 기준(measurement) 등이 그 것이다.

상품이 이동해야 할 거리가 길어질수록 시장에 도달하는 시간 또한 길어진다. 이러한 거리의 차이는 사업 지역간 시차를 고려한 경영을 요구하게 될 수 있다. 상품이 국경을 넘나들면서 제조자, 창고 대리점(warehouse agencies), 운송자(carriers)간에 다른 언어가 사용 되기도 한다. 문화적 차이에는 사업 경영 방식, 종교적 기념일, 현지 노동관 등이 포함될 수 있다. 환전 및 글로벌 펀드 이체(international fund transfer)가 점차 용이해 지고 있기는 하지만, 환율 변동은 비용에 급격한 변화를 줄 수 있으며, 상품 대외구매(sourcing) 지역을 포함한 여러 위험성들에 접근할 대에 반드시 고려되어야 할 요소이다. 측정기준(measurement system) 또한 세계 각지 마다 다를 것이다. 무게 중량법이 좋은 예이다. 1톤은 2000파운드, 롱 톤(영국톤, long ton)은 2240파운드, 미터 톤은 2205파운드 등으로, 무게 측정기준은 상품을 처리하는 국가마다 다르다. 이러한 문제를 맞닥뜨린 개인 및 사업체들에게 국제 유통은 종합적으로 매우 복잡한 문제일 수 있는 것이다.

그러나 다행히도 현재 사용되는 기술과 시스템들이 이러한 문제들 중 몇을 다소 완화시킬 수 있다. 시간은 그리 큰 문제가 되지 않는 것이, 인터넷으로 인해 기업들은 하루 종일 사업을 지휘할 수 있고, 인터넷상에 기술된 트랜섹션(written internet transaction)은 사이즈, 양, 종류 등 주문 정보에 발생하는 실수를 줄여 주었다. 국제기준의 사용은 많은 유통 문제를 해결해 줄 수 있다. 예를 들어 국제표준화기구(International Orgarnization for standardization: ISO, 제 16장에서 다루어질 것이다)와 같은 경우 사실상 전세계 모든 지역의 해양, 철도, 트럭 운송에 걸친 상품의 원활한 처리를 가능케하는 해양운송기준을 정립한 바 있다. 이중 몇 기준들은 오랜 역사를 가진 것으로, 일찍이 1936년 파리 주재의 국제 상업 회의소(International Chamber of Committee: ICC)는 인코텀스(Incoterms)를 정립, 국제적으로 통용되는 통상 용어를 제공한 바 있다. 여기에는 수출 포장비용, 통관, 국내외 운송 비용, 손해 보험 등이 포함되어 있다. 인코텀스에 대하여는 이 챕터 뒷부분에서 다시 다룰 것이다.

국제 유통은 점점 발전하고 용이해 지고 있으며, 기업들로 하여금 보다 경쟁적인 상황에서 제조하고 세계 시장에 상품을 판매하도록 만들고 있다. 국제 유통이 중요해짐에 따라, 유통업계에 종사하는 사람들은 그 효율을 유지하기 위해 전세계기반의 공급망과 국제 상관습(international business practices)에 대한 지식을 확장시켜야 할 것이다.

3PLs: 제3자 물류기업(3PLs: Third Party Logistics Providers)

상품의 구매자와 공급자는 종종 자신들이 직접하는 것보다 더 저렴한 가격에 물리적 유통 서비스를 제공하는 제 3자와 작업하게 된다. 3PL은 단순한 배송 서비스 제공을 넘어 창고저장(warehousing), 전자정보교환(electronic data interchange), 포장, 화물운송(freight forwarding) 등의 서비스를 제공한다. 이들이 경제적인 가격에 이러한 서비스를 제공할 수 있는 것은, 이들이 이미 구축 된 인프라(infrastructure)를 가지고 있으며, 한 기업의 유통 필요를 다른 고객들의 것과 결합할 수 있기 때문이다. 페덱스(FedEX)가 좋은 예로, 이 회사는 여러 지역 시장의 고객들에게 현지 창고, 재고경영, 표시사항(labeling requirement)외 기타 여러 서비스를 제공하고 있다.

3PL은 기업들이 그들의 핵심 역량에 집중할 수 있게 만들며 상품의 배달이나 서비스 관련 문제들을 다른 이에게 맡길 수 있도록 해 준다. 또한 이들은 운송된 용적인 고객의 수가 늘고 줄었는가에 등의 규모 관련 문제에 수울히 대처한다. 3PL은 공급자가 현지 창고 수용을 필요로 하나 자가 설비를 갖출 만큼의 자원이나 용적이 없는 시장에서 특히 효과적으로 사용될 수 있다.

인터페이스(Interfaces)

만들어진 상품을 취급하고, 그것을 고객에게 배송함으로써, 물류는 마케팅과 생산 사이의 다리 역할을 하게 된다. 물류와 생산 그리고 마케팅 사이에는 몇 가지의 중요한 인터페이스가 있다.

마케팅(Marketing)

비록, 물류가 한 사업내의 모든 부서와 상호 작용을 하지만, 가장 밀접한 관련이 있는 곳은 마케팅이라 할 수 있다. 실제로 종종 물류는 자재부서와 물류 관리 부서가 아닌 마케팅관할로 간주되기도 한다.

'마케팅 믹스' 는 생산, 촉진, 가격, 장소로 구성되며, 장소는 물류에 의해서 결정되는 것이다. 마케팅은 소유권을 양도하는 책임을 진다. 이러한 과정은 개별 판매, 광고, 판매촉진, 판매와 가격 정책 등의 방법에 의해 완성된다고 할 수 있다. 물류는 고객들이 상품을 전달 받도록 하는 책임이 있으며 이것은 유통센터를 운용하거나 운송시스템이나 재고 그리고 주문 처리 시스템을 이용하는 과정에서 수행되도록 한다. 또한, 마케팅 부서나 회사의 중역에 의해서 결정된 고객 서비스 수준을 맞추는 책임을 가진다.

물류는 수요를 창출한다. 신속한 배송과 상품의 가용성, 그리고 정확한 주문 충족은 회사의 생산물을 촉진시키는데 있어서 중요한 경쟁 도구가 된다. 유통 시스템은 비용이다. 그리하여 효율적이고 효과적인 운영은 회사의 가격경쟁력에 영향을 미치게 된다. 이러한 모든 것이 회사의 이윤에 영향을 주게 될 것이다.

생산(Production)

물류는 생산 공정으로 가는 자재의 흐름을 만들기도 한다. 원자재의 부족으로 생산 계획을 준수하지 못하는 경우 많은 비용이 발생하기 때문에 서비스 수준은 일반적으로 높게 유지하여야 한다.

공장 부지를 선택하는데 고려해야 할 요소는 여러 가지가 있다. 이 가운데 중요한 것으로는 원자재를 공장으로 운반할 때 드는 비용과 운송수단의 가용성 그리고 완제품을 시장으로 운반하는 데 드는 비용이 있다. 때로 공장의 위치는 수원지와 원재료의 운송 연결 정도에 의해서 결정된다. 이것은 원재료가 아주 부피가 크고 완제품에 비해서 상대적으로 가격이 싼 경우에 해당한다. 북미의 오대호에 있는 제강 공장들의 위치는 좋은 예가 된다. 기본 원재료인 철광석은 부피가 크고 무겁고 단가가 싸다. 따라서 운반비는 제강 공장의 수지를 위해서 저렴할 필요가 있다. 철광석은 북부 퀘벡이나 미네소타에 있는 광산에서 운송 수단 중 가장 싼 배로 공장까지 운반한다. 다른 경우로 가격이 싼 운송 수단을 이용할 수 있다면 시장에서 멀리 떨어져 있고 노동력이 싼 원격지에 공장을 세울 수도 있다.

만약 회사가 완제품을 고객에게 직접 배송하지 않는다면, 공장에 생기는 수요는 최종 고객에 의해서 생기는 게 아니라 유통센터에 의해서 발생한다. 11장에서도 말했듯이, 이것은 공장의 수요 패턴에 밀접한 관련이 있으며, 비록 고객으로부터 발생하는 수요가 상대적으로 일정하다 하더라도, 공장은 재고 보충을 위해서 유통센터로부터 생기는 수요에 반응하게 된다. 만약 유통센터가 발주점을 적용하는 시스템을 사용한다면, 공장에 대한 수요는 일정하지 않게 될 것이고, 독립적이기 보다는 종속적인 형태가 될 것이다. 유통 시스템은 공장의 입장에서 고객이 된다. 그리고 유통 시스템이 공장과 상호 작용하는 방식은 공장 운영의 효율성에 영향을 미칠 것이다.

운송(Transportation)

운송수단은 지역의 경제 발전에 있어서 주요한 구성 요소이다. 이것은 시장성 있는 일용품 생산을 위한 원재료를 모으고, 산업 생산물들을 시장으로 분배하는 기능을 담당한다. 그렇게 함으로써 지역 경제 발전을 돕는 경제, 사회의 중요한 공헌자가 되는 것이다.

운송 회사는 다섯 가지 기본 방식으로 나눌 수 있다.

1. 철도
2. 도로: 트럭이나 버스 오토바이 등
3. 항공
4. 수상: 대양, 내륙, 연안 배들
5. 파이프 라인

각각의 유형은 서로 다른 비용과 서비스 특징을 갖는데, 이것은 운반할 상품의 특징에 따라서 어느 방법이 적당한지 결정하는 기준이 된다. 특정 형태의 화물은 다른 방식보다 특정한 방식으로 운반될 때 간단하며 합리적으로 운반되기도 한다. 예를 들면 트럭은 넓게 퍼진 시장에서 작은 양을 운반하기에 적합하나, 곡류와 같은 부피가 큰 화물을 대량으로 운반하는 데는 기차가 가장 적합하다.

운송 원가(Cost of Carriage)

운반 서비스를 제공하기 위해서, 운송방식에 관계없이 각 운송수단은 기본적으로 어떤 물리적인 요소들을 필요로 한다. 이러한 요소들로 도로, 터미널, 차량이 있다. 운송 방식이나 수단에 따라 각각은 자본원가(고정비)나 운영원가(변동비)의 형태로 운송수단에 부과된다. 고정비(Fixed cost)는 운반되는 상품의 양에 따라 변하지 않는 비용이다. 운송업자들이 소유하는 트럭의 구입 비용은 고정비에 해당한다. 트럭을 얼마나 사용하던지 차량의 비용은 변하지 않는다. 그러나 운영비(기름값이나 유지비, 운전사 임금 같은)는 트럭의 사용에 따라 달라진다. 이러한 것들을 변동비(variable cost)라 한다.

도로(way)는 차량이 움직이는 경로를 말한다. 이것은 사용되는 땅의 권리와 노상, 트랙 그리고 도로를 이용하는데 필요한 다른 물리적 설비들을 포함한다. 도로의 특성과 그리고 그것을 이용하는데 얼마를 지급해야 하는가는 운송방식에 따라 다르다. 정부에 의해서 소유되고 운영될 수 있으며, 운송업자나 자연적으로 제공될 수도 있다.

터미널(Terminal)은 운송업자들이 짐을 내리고 싣는 곳이고, 지역 집배, 운송, 터미널간 화물 운송 서비스를 연결하는 곳이다. 터미널에서 처리되는 다른 기능으로는 화물의 무게를 달거나, 다른 경로나 운송업자를 연결하거나, 차량의 경로를 정하거나, 파견하고 정비하는 기능 등이 있다. 그리고 통제와 문서작업등을 한다. 터미널의 특성, 크기, 복잡도는 회사의 크기나 운송방식 그리고 운반되는 화물의 형태에 따라서 달라질 수 있다. 터미널은 보통 운송업자들이 소유하고 운영하지만 특별한 경우 공공의 소유로 운영된다.

파이프 라인 이외에 모든 운송방식에서는 다양한 운송수단(Vehicles)이 이용된다. 이것은 노선을 따라 물건을 운반하기 위한 운반수단이나 동력장치의 기능을 한다. 대개의 경우는 운송업자가 운송수단을 보유하거나 임대하지만, 때로는 공급업자가 운송수단을 소유하거나 임대하기도 한다.

노선, 터미널, 그리고 차량 외에도 화물운송에는 유지비, 노무비, 연료비, 관리비와 같은 다른 비용도 포함된다. 이러한 것들은 운영비에 해당하지만 고정비나 변동비가 될 수도 있다.

철도(Rail)

철도는 고유의 노선과 터미널 그리고 운반구를 제공하는데 모두 많은 자본 투자가 필요하다. 이것은 대부분의 전체 운영 비용은 고정되어 있음을 의미한다. 이렇듯 철도는 고정비를 흡수하기 위해 많은 양의 화물을 한번에 운반해야 한다. 충분한 양의 화물이 없다면 철로를 깔거나 운영하지 않을 것이다. 기차는 160,000파운드의 운송량을 가진 수백 대로 이루어진 철도 차량으로 상품을 운반한다.

따라서 철도는 아주 긴 거리를 대량으로 운반할 경우 가장 좋은 방법이 된다. 트럭보다는 출발 빈도가 낮다. 트럭은 한차가 다 실릴 때 마다 출발 할 수가 있다. 철도의 속도는 장 거리에 좋고, 서비스는 믿을 만하며, 다양한 상품을 운반할 수 있다. 기차는 부피가 큰 상품들 예를 들면 석탄, 곡류, 칼륨, 콘테이너를 장거리 운반 할 경우 도로를 이용하는 경우에 비하여 낮은 비용이 든다.

도로(Road)

트럭은 자신의 노선(도로나 고속도로)은 없으나, 정부에 이용료－허가증, 연료, 그리고 다른 세금이나 도로를 이용하는 요금을 지불한다. 터미널은 운송업자가 소유하며 운영되나 개인이 소유 할 수도 있고, 정부가 소유하기도 한다. 차량은 운송업자가 소유하거나 임대하여 운영한다. 만약 소유를 한다면 많은 자본 비용을 지출해야 한다. 그러나 다른 운송방식에 비해 차량 비용은 적은 편이다. 도로를 이용한 차량은 대부분의 비용을 운영비(변동비)가 차지한다.

트럭은 운전에 적합한 노면이 있는 한 택배 서비스가 가능하며 미국과 캐나다의 도로망은 최고라고 한다. 운반 단위는 트럭 단위로 약 100,000파운드 정도가 된다. 훌륭한 도로망과 상대적으로 적은 운반단위 이 두 가지 요소는 트럭이 북미지역 어디에서나 빠르고 유연한 서비스를 제공 할 수 있음을 의미하는 것이다. 트럭은 분산된 시장에서 상대적으로 적은 부피의 상품을 유통시키는데 적합하다.

항공(Air)

항공 운송은 고정된 물리적 노상이 없다는 의미에서 길이 없다고 할 수 있다. 그러나 교통 통제와 항법 시스템을 포함하는 항공로 시스템이 필요하며, 이것은 주로 정부에서 제공한다. 운송업자는 사용료를 지불하게 된다. 터미널은 모든 공항시설을 포함하는데 대부분은 정부가 제공하고 있으므로 운반업자는 보통 필요한 공간을 소유하거나 빌려서 자신의 화물 터미널이나 유지 보수 설비를 제공하고 있다. 항공기는 직접 소유하거나 임대하여 제공한다. 항공기는 비싸고 항공사에게 있어서 가장 중요한 원가 요소가 된다. 운영비가 비싸기 때문에 항공사의 비용은 주로 변동비가 차지한다.

항공 운송의 주요 이점은 특히 장거리 서비스의 속도라 할 수 있다. 대부분 화물은 여객기로 운반하며, 화물 운송 시간표는 여객 서비스 시간표를 따르게 된다. 서비스는 활주로가 있는 목적지에도 제공 되기 때문에 유연한 편이다. 운송비용은 다른 방식에 비해 비싼 편이다. 이러한 이유로 항공 운송은 고가이면서 부피가 작고 긴급을 요하는 품목에 가장 적합하다.

해상(Water)

해로는 자연적으로 제공되거나 정부의 노력에 의해서 자연을 개발하여 제공된다. 세인트로렌스 시웨이 시스템이 한 예가 된다. 운송업자는 운송로를 만들기 위한 자본비용이 필요하지는 않지만 해로를 이용하는데 이용료를 지불하기도 한다.

터미널은 정부에 의해서 제공되나 점점 사유화되는 추세에 있다. 어느 경우든 운송업자는 이를 이용하는데 비용을 지불하게 될 것이다. 이렇듯 터미널은 주로 변동비에 해당한다. 운반구는 운송업자가 소유하거나 임대하는데 운송업자에게는 주요 자본비용 혹은 고정비가 된다.

해상 운송의 주요 이점은 비용이다. 일반적으로 운영비가 낮다. 그리고 배는 상대적으로 용적이 크기 때문에 고정비는 큰 부피로 흡수 된다. 배는 느리고 공급자와 수요자가 항로 상에 있어야 직접적인 택배가 가능하게 된다. 따라서 해상 운송은 장거리이면서 항로가 있고 저가이면서 부피가 큰 화물을 운반하는데 가장 유용하다고 할 수 있다.

파이프라인(Pipeline)

파이프 라인은 넓게 퍼져 있는 기반 시설로 가스와 기름 같은 정제된 상품을 운반한다는 점에서 다른 운송방식에 비하여 독특한데 이점 때문에 운송 기관을 이용하려는 대부분의 이용자들에겐 큰 관심을 못 얻는다. 운송로나 파이프 라인을 깔기 위한 자본 비용은 매우 비싸고 운송업자가 부담하여야 한다. 반면, 운영비용은 매우 저렴하다.

운송의 법적 유형(Legal Types of Carriage)

운송업자는 법적으로 공공(公共, 임대를 하는) 또는 사영(私營, 임대를 하지 않는)으로 구분할 수 있다. 사영의 경우에는 개인이나 회사가 자신의 차량을 소유하거나 임대하여 자신의 화물을 운반하도록 한다. 공공인 경우에는 이용비용을 지불할 다른 사업자들이 필요한 사업이라 할 수 있다. 대부분의 운송방식에는 공공 즉 임대를 위한 운송업자가 있다.

임대를 위한 운송업자들은 중앙정부나 자치정부 등에 의해서 법규 상의 지배를 받는다. 관할에 따라서 법규는 규제가 심하거나 덜 심할 수 있다. 근래에는 정부에 의한 규제가 완화되는 추세에 있다. 경제 법규는 3가지 영역에 집중된다.

1. 운임의 규제
2. 경로와 서비스 수준의 통제
3. 시장 진입과 탈퇴의 통제

사영 운송업자들은 경제 법규에 의한 통제를 받지 않는다. 그러나 공공 운송업자들처럼 공공의 안전과 라이센스 비용 그리고 세금에 의한 통제를 받게 된다.

임대(For hire)

임대 운송업자는 공공을 위해서 공공 운송업자로서 특정 하주와의 계약아래 상품을 나른다.

공공운송업자(Common carriers)는 공공을 위해서 서비스를 지속적으로 제공한다. 이것은 화물이 무엇이든지 서비스를 원하는 자를 위해서 운반을 한다는 것을 의미한다. 사소한 몇 가지 예외적인 경우에만 화물을 실어 나르기 위한 라이센스를 취득한 경우에만 물건을 나를 수가 있다.공공 운송업자는 아래와 같은 것들을 제공한다.

- 공공에게 이용 가능한 서비스
- 지정된 지역이나 지점에서 서비스
- 운송 계획이 이루어진 서비스
- 일정 등급의 운송이나 상품의 서비스

계약운송업자(Contract carriers)는 공공을 위해서가 아니라 자신과 공식적인 계약을 맺은 사람들을 위해서만 운송을 한다. 계약 운송업자는 특정 하주들과 동의한 계약에 따라서 서비스를 제공한다. 계약은 서비스의 특징, 이행, 요금 등을 정한다.

사영(Private)

사영 운송업자는 자신의 장비를 소유하거나 임대하여 자신이 직접 운영한다. 이것은 장비, 보험, 유지비에 투자를 한다는 것을 의미한다. 한 회사 내에서 운송량이 많아져서 자본 비용을 상쇄 시켜줄 정도가 된다면 보통 자신의 운송단을 운영하는 것을 고려 한다.

서비스 능력(Service Capability)

서비스 능력은 운송 서비스의 가용성과 밀접한 관련이 있다. 운송 서비스 가용성은 하주가 운송 회사를 통제 할 수 있는 정도에 따라 다르다. 하주는 공공 운송업자와의 계약을 통해 시장에 공급하고 그 운송업자의 시간표와 통제에 따라야만 한다. 공공 운송업자는 대부분 통제하기 어렵다. 하주는 자신이 소유한 운반구에 대해서는 다양한 통제를 할 수 있으며, 이 경우 최대의 운송 능력을 가질 수 있게 된다.

기타 운송 회사들(Other Transportation Agencies)

다양한 운송 방식이나 여러 방식들을 조합하여 서비스를 제공하는 운송회사들이 있다. 우체국, 화물 운송업자, 국제 택배, 해운업자가 이에 해당한다. 이들은 모두 보통 공공 운송업자로서 운송 서비스를 제공한다. 자체적으로 차량을 보유하고 있으며 자신의 상품을 운반하기 위해 다른 운송업자들과 계약을 맺기도 한다. 보통 이들은 독립된 작은 화물들을 경제적인 적재량으로 만들기 위해 큰 화물로 통합한다.

운송 원가 요소(Transportation Cost Elements)

운송에 있어서 4가지 기본이 되는 원가 요소가 있다. 이러한 요소에 대한 지식은 하주가 적절한 운송방식을 선택하여서 좀더 나은 가격을 갖도록 한다. 4가지의 기본 원가요소는 다음과 같다.

1. 터미널간 화물 운송
2. 집배와 배송
3. 터미널에서 화물 취급
4. 계산서 발급과 수집

자동차 운송을 예로 들면, 모든 운송 방식에서 각각의 원리가 모두 같은 것은 아니다. 상품은 하주로부터 수탁자에게 바로 가거나 혹은 터미널을 통해서 전달된다. 후자의 경우 짧은 거리 지역 배송에 적합한 차량으로 다시 실어 나른다. 그리고 목적지에 따라 분류되어 목적지 터미널로 전달하기 위해 고속도로 운행 차량에 적재하는 터미널로 배달된다. 거기서 다시 한번 분류되고 지역 배송 트럭에 실리고 수탁자에게 보내진다. 그림 13.3은 이러한 패턴을 도식적으로 나타낸 것이다.

터미널간 운송 원가(Line-Haul Cost)

상품들이 선적되면 중량과 용적을 가진 이동 콘테이너로 보내진다. 운송업자가 자영업자이든 임대 사업자이든 또는 콘테이너가 꽉 찼건 아니건 간에 기본적인 비용이 든다. 트럭의 경우는 기름 값, 운전자 임금, 사용에 따른 감가상각 등이 포함된다. 이러한 비용은 운송되는 중량이 아니라 운송한 거리에 따라서 달라진다. 트럭이 꽉 차서 가든 비어서 가든

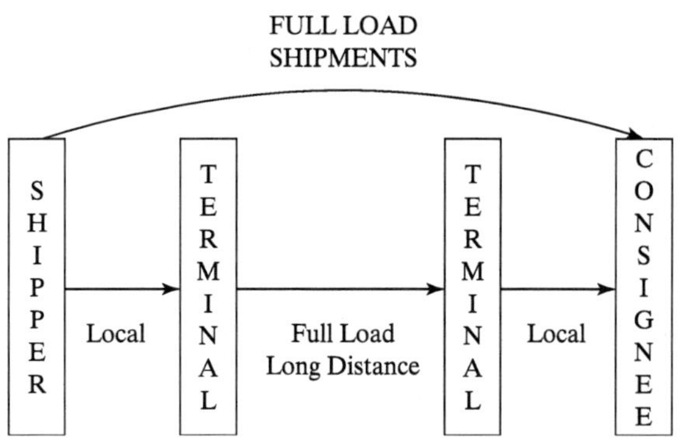

그림 13.3 운송 형태

운송업자는 역시 같은 비용을 부담하게 된다. 만약 절반만 찬다면 기본 원가는 트럭에 실린 상품에 대해서만 분배될 것이다.

따라서 전체 라인 운송원가는 선적한 중량이 아니라 거리에 따라 변동한다. 예를 들면 어떤 일용품에 대해서 라인 운송 원가가 1 킬로미터당 당 $3이고 거리가 100km이라면 전체 라인 운송 비용은 $300이다. 만약 하주가 50,000kg을 보낸다면, 전체 터미널간 운송 비용은 10,000kg을 보낸 것과 동일하다. 그러나 100kg당 터미널간 운송원가는 다르다.

터미널간 운송원가/100kg = 300/500 = $0.60

터미널간 운송원가/100kg= 300/100 = $3

이렇듯 전체 터미널간 운송원가는 km당 원가와 운반 거리에 따라 다르다. 그러나 100kg당 라인 운송비용은 km당 원가와 운반된 거리 그리고 운반한 무게에 따라 달라진다.

예제

어떤 상품에 대해서 터미널간 운송 원가가 km당 $2.500이다. 500km의 운송 거리와 60,000kg의 선적량에 대해서 100kg당 원가는 얼마인가? 만약 선적량을 100,000kg으로 증가시키면 100kg당 비용 절감은 얼마인가?

답

전체 터미널간 운송 비용 = $2.5 × 500 = $1,250

100kg당 비용 = $1250 ÷ 600 = $2.083

만약 100,000kg이 선적되었다면:

100kg당 비용 = $1250 ÷ 1000 = $1.25

100kg당 절감분 = $2.08 − $1.25 = $0.83

운송업자는 두 가지 한계, 즉 한 번 갈 때 얼마나 많이 운반 할 수 있는가에 대한 두 가지 용적 한계를 가진다. 중량제한과 차량의 부피제한이다. 어떤 상품들은 중량 한계에 도달하기 전에 부피 한계에 도달해 버린다. 하주가 좀더 많이 싣기를 원한다면 상품의 밀도를 높이는 방법을 반드시 찾아야만 한다. 이러한 이유로 무게가 가벼운 제품들은 포개어서 만들어 지고(예를 들면 종이컵) 그리고 자전거나 일륜차들이 조립하지 않은 상태로 선적되는 것이다. 이것은 조립하게 함으로써 고객을 피곤하게 하려는게 아니라 제품의 밀도를 높여서 주어진 차량에 좀더 많이 싣기 위함인 것이다. 똑같은 이유가 유통센터 에 저장되는 상품에도 적용된다. 상품들이 치밀하게 들어 찰수록 주어진 공간에 좀더 많이 저장된다. 만약 하주가 운반비를 줄이고자 한다면 선적되는 중량을 늘이거나 밀도를 최대화 시켜야 할 것이다.

예제

어떤 회사가 완전 조립된 통구이용 틀을 운송한다. 한번 운송에 드는 터미널간 운송 비용은 km당 $12.50들고 트럭 한대는 100개의 틀을 운반한다. 회사는 통구이용 틀을 조립하지 않고 운송하기로 결정하였는데 계산을 해보니 한 트럭에 500개의 틀을 실을 수 있었다. 통구이 틀을 조립 했을 경우와 조립하지 않았을 경우 틀당 터미널간 운송 비용을 계산하라. 300km를 간다고 했을 경우 틀당 절감분을 계산하라.

답

조립된 상태 운송 비용 = $12.50 ÷ 100 = 틀 당 마일 당 $0.125
조립하지 않은 운송 비용 = $12.50 ÷ 500 = 틀 당 마일 당 $0.025
km당 절감 분 = $0.125 − 0.025 = $0.10
운송 절감 = 300 × $0.10 = 틀 당 $30.00

집배와 배송 원가(Pickup and Delivery Costs)

집배와 배송 원가는 터미널간 운송 원가와 비슷한데 원가가 거리보다는 소비한 시간에 따라 달라진다는 것이 다르다. 운송업자는 한 번 집배한 것과 집배한 무게에 따라 비용을 청구한다. 하주가 여러 번 선적을 해야 한다면, 통합해서 한 번 집배로 보내는 것이 저렴할 것이다.

터미널 취급(Terminal Handling)

터미널 취급 비용은 화물이 실리고 취급되는 횟수에 따라서 달라진다. 만약 한 트럭 가득히 실린다면 상품은 터미널에서 다룰 필요 없이 수탁자에게 바로 전달될 수 있다. 만약 일부분만 채워진다면 터미널로 보내진 후, 물건을 내려, 분류하고, 고속도로 차량에 실려야 한다. 목적지에서 상품들은 하역되어, 분류되고 다시 지역 배송 차량에 실린다.

각각의 개별 소화물은 반드시 처리되어야 한다. 소량을 주문하는 많은 소비자를 가지는 하주라면 각 포장마다 취급 비용이 들기 때문에 터미널 취급 비용이 높다고 예상 할 것이다. 터미널 취급 비용을 줄이는 기본 원리는 더 적은 개수의 소화물로 합하여 화물 취급에 드는 노동을 줄이는 것이다.

계산서 발급과 수집(Billing and Collecting)

선적이 이루어질 때마다 문서 작업을 동반하며 송장이 발급된다. 계산서 발급과 수집 비용은 여러 선적 건을 하나로 합치고 집배 빈도를 낮춤으로써 줄어들 수 있다.

전체 운송 원가(Total transportation cost)

전체 운송 원가는 터미널간 운송, 집배와 배송, 터미널 취급, 계산서 발급과 수집 원가로 이루어진다. 선적 비용을 줄이기 위해서 하주는 다음과 같은 일을 해야 한다.

- 선적되는 무게를 증가 시켜서 터미널간 운송 원가를 줄인다.
- 집배 횟수를 줄여서 집배와 배송 원가를 낮춘다. 이것은 한번 집배당 무게를 늘리고 통합을 하면 가능하다.
- 선적 화물을 통합시켜 소화물의 수를 줄여 터미널 취급비용을 줄일 수가 있다.
- 통합 선적으로 계산서 발급과 수집 비용을 줄일 수 있다.

임의의 선적에 있어서 터미널간 운송비용은 거리에 따라 달라진다. 그러나 집배와 배송, 터미널 취급, 그리고 계산서 발급 비용은 고정되어 있다. 따라서 전체 선적 원가는 고정비와 그것에 관계된 변동비로 구성된다. 이 관계는 그림 13.4에서 보여준다. 운송업자는 이 관계를 고려할 것이고 고정비와 거리당 비용을 청구하거나 거리에 따라 감소하는 비율로 비용을 청구할 것이다. 후자의 경우 짧은 거리가 먼 거리보다 훨씬 원가가 비싸게 나온다.

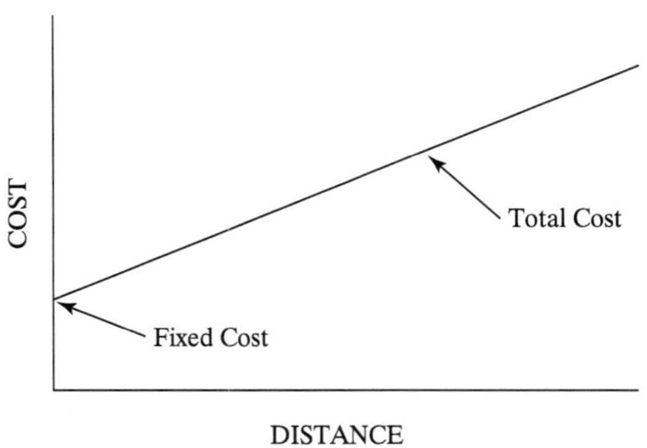

그림 13.4 거리 대비 운송 원가

운송업자에 의해서 부과되는 운임은 선적되는 상품에 따라 달라지고 다음에 따라서 영향을 받는다.

- **가격** 운송업자가 파손에 대해서 부담하는 부분은 가격이 비쌀수록 더 커진다.
- **밀도** 품목의 밀도가 높을수록, 한 차량 내에서 운반되는 중량아 더 커진다.
- **부패성** 부패되기 쉬운 상품은 취급 시에 특별한 장비나 방법을 요한다.
- **포장** 포장방법은 파손과 손실의 위험에 영향을 준다.

게다가 운송업자는 두 가지 운임 구조를 갖는다. 하나는 TL(Truckload 트럭 한 대분 짐)혹은 CL(car load)에 기반 한 것이고 하나는 LTL(less than truckload 트럭 한 대분이 안 되는 짐) 혹은 LCL(less than carload)에 기반한 것이다. 이러한 구분의 기본적인 이유는 부가적인 집배와 배송, 터미널 취급, 계산서 발급과 수집 비용이 필요하냐에 있다. 트럭 운송업자들과 항공사 해운업자들은 한 차가 안되어도 취급하지만, 보통 철도 운송업자는 LCL을 취급하지 않는다.

운송용어(Transportation terms)

북미지역의 상품 운송업자들은 오랜 시간 동안 운송 중 누가 상품을 소유하며 누가 운송비용을 담당하는지 등을 구체화하는 용어들을 사용해 왔다. 공통적으로 사용되는 네 가지 기초 용어는 FOB(Freights on Board적재운임:)이라는 용어에 기인한다. FOB는 누가 상품의 책임자이며 위험 부담 보험 비용을 지불하는지를 명시한다. 이때 많은 용어들이 해양 선박 운송의 역사에서 온 단어들이라는 점은 참 흥미롭다. 우리는 물품을 '운송(ship)' 하여 '도크(dock;하역장)' 에서 받고, 일련의 도크들은 묶어 '선적장(shipping bay)' 이라고 불리지 않는가.

네가지 FOB용어들은 영리한 판매/구매자들이 자신의 전문 영역에서 가장 저렴한 가격을 유지할 수 있도록 하기 위해 사용되었다. 적은 양의 물품을 이송하는 소규모 회사는 보통 큰 공급자들보다 더 많은 가격을 지불해야 한다. 따라서 소규모 구매자와 같은 경우 보통 운송자 측이 배송비를 지불하고 판매자에게 최소 최종비용(total cost)를 청구하도록 하는 것이 더 나을 것이다. 자사 운송 트럭을 구비한 기업들은 스스로 운송비용을 지고 싶어 할 것이다.

FOB shipping point, freight collect 판매자가 자기 하역장에 상품을 구비하며, 모든 운임 비용 및 리스크는 구매자가 지는 것으로 것으로 간주한다.

FOB shipping point, freight pre-paid 판매자가 직접 구매자에게 상품을 배달하지만, 구매자가 상품 운송 중의 모든 리스크를 지며 보험비용을 지불한다.

FOB destination, freight pre-paid 판매자가 모든 리스크 및 구매자 지역까지의 이송

비용에 책임을 진다.

FOB destination, freight collect 판매자가 구매자 지역까지의 리스크를 지지만, 화물 운송의 책임은 구매자가 진다.

FOB용어는 북미 내 이송 중 소유권만을 명시하며, 다음 섹션에 설명할 인코텀스로 시작한 국제 기준과는 대조되는 것이다. 북미권 밖에서 북미 FOB 운송용어를 사용하는 것은 어떤 이송자에게도 심각한 리스크 및 비용을 지울 수 있다.

인코텀스(Incoterms)

인코텀스(International Commercial Terminology, Incoterms)는 1936년 국제상공회의소(ICC)에 의해 정립 된 기준으로, 국경 내외의 상품 이송 중 판매자 및 구매자 간의 책임을 관리하기 위해 만들어 졌다. 이 기준들은 이후 계속 업데이트되어 왔으며, 다음의 설명은 인코텀스 2000을 기준으로 하고 있다. 운송 중의 상품들은 판/구매자 모두에게 주요한 투자를 의미하며 손실 혹은 손해의 위험을 가지고 있다. 그러므로 공급망 내의 주어진 시간 혹은 장소에서 누가 실제로 그 상품을 소유하는지, 그리고 누가 상품 운송 중 초래되는 비용을 부담할 것인지에 대해 분명히 이해하는 것이 필수적인 것이다. 또 위험 상품(hazardous goods)을 이송할 때 발생할 수 있는 리스크 중 하나는 사고 혹은 유출의 가능성 및 이에 따른 환경 정화 비용일 것이다.

다음의 세 가지 책임이 명시되어야 한다.

- 상품 운송 비용
- 상품의 리스크에 대한 소유 혹은 보험
- 상품 동향의 관세 서류 준비

인코텀스는 네 부분으로 나뉘며, 비용 및 리스크에 대한 판매자의 책임을 증가시키는 추세이다.

Group E: 출발(Departure)

EXW(named place): Ex Works 판매자가 자신의 부지 안에 상품을 구비한다. 구매자가 상품의 모든 이송과 보험 비용에 책임을 진다. 세관 서류도 포함한다.

Group F: 구매자 부담 운송(Main carriage unpaid)

FCA(named carrier) Free carrier 판매자가 수출서류 준비 및 인코텀스를 따라 명명

된 운송트럭까지 상품을 운반할 책임을 진다. 구매자는 그 이후 모든 비용의 책임을 진다.

FAS(named ship): Free alongside ship 이 용어는 해양운송에 엄격하게 적용된다. 판매자가 수출 서류 및 수출 항구에서의 선적까지의 상품 배송에 책임을 진다.

FOB(named ship): Free on board 이 용어는 해양운송에 엄격하게 적용된다. 판매자가 수출 서류 및 지정 선박까지의 혹은 '선박의 난간 너머' 까지의 배송에 책임을 진다.

이 용어는 앞서 소개한 북미지역의 FOB 운송 용어와 같지 않다는 것을 주지하도록 하자. 상품 무역이 계속 국제적으로 진행됨에 따라 인코텀스의 사용이 더욱 확대되어 운송 중 상품의 가격, 소유, 리스크를 정확히 명시하도록 하게 될 것이다.

Group C: 판매자 부담 운송(Main Carriage Paid)

CFR(named destination port): Cost and freight 판매자가 수출 서류에 책임을 지고 목적지 하역장까지의 운송 비용을 지불한다. 그러나 상품이 이송 항구 '선박 난간 너머' 에 도달하면 구매자가 상품의 리스크를 지는 것으로 간주한다. 이 용어는 해양 운송에만 사용되는 것이다.

CIF(named destination port): Cost, insurance, and freight 이 용어 또한 해양 운송에만 사용되며, 판매자가 추가적으로 지정 목적지 항구에 도달할 때까지 상품과 관련된 보험(혹은 리스크)에 책임이 있다는 점을 제외하고는 CFR과 동일하다.

CPT(named destination port): Carriage paid to 이 용어는 항공, 트럭, 복합 운송 등 '선박 난간' 이 존재하지 않는 컨테이너를 사용하는 수단에 사용된다. 판매자는 수출 서류에 책임을 지고 지정 목적지까지의 이송 비용을 지불한다. 그러나 상품이 첫 번째 운송자(carrier)에게 도착하면 리스크들은 판매자에게로 넘어간다.

CIP(named destination): Carriage and insurance paid to 이 용어는 항공, 트럭, 복합 운송에 사용되며 해양 운송용어 CIF와 비슷하다. 판매자가 목적지까지 이송비용을 지불하고 수출 서류를 준비한다. 리스크는 상품이 첫번째 운송자에게 도착할 때 판매자에게 이양된다.

Group D: 도착(Arrival)

DAF(named place): Delivered at frontier 이 용어는 인접 국가간 상품 이송에 사용되는 것으로, 판매자가 수출 서류를 준비하고 국경 출입구까지의 상품 이송비용을 부담한다. 이후 국경 출입구로부터 구매자 공장까지의 리스크와 이송비용은 구매자가

진다.

DES(named ship and port): Delievered ex ship 이 용어는 해양 운송에 사용되며, 판매자가 지정 항구에서의 상품 하선을 위한 서류를 제공하며, 그 시점까지의 이송 비용을 지불하는 것이다. 판매자는 리스크를 지며 선박으로부터의 상품하선과 이후 세관 서류에 책임을 진다. 이 용어는 판매자가 선박을 소유/임대하는 대형자재(bulk commodities)의 이송에 가장 자주 사용된다.

DEQ(named destination): Delievered ex quay DES와 비슷한 용어이나, 상품이 선박에서 하선되기 전까지 리스크의 이양이 일어나지 않는다는 점이 다르다.

DDU(named destination): Delieverd duty unpaid 이 용어는 어떠한 운송수단에도 사용될 수 있다. 판매자는 지정 목적지까지의 모든 리스크와 비용에 책임을 지며, 구매자가 모든 의무 및 세금을 부담한다.

DDP(named destination): Delievered duty paid 이 용어 또한 어떠한 운송 수단에도 사용될 수 있다. 판매자가 모든 이송, 수출 서류 및 상품이 지정 목적지에 도착하기까지의 모든 의무(보통 구매자가 지는)에 책임을 진다.

창고운영(Warehousing)

지난 장에서는 창고의 관리에 대하여 논하였다. 이번 항에서는 물류시스템에 있어서 창고의 역할을 고려해 보기로 한다.

창고는 공장 창고, 지역 창고, 현지 창고를 포함한다. 이들 창고들은 공급자나 도매상 같은 중개인이 운영하거나 혹은 공공 창고 일수 있다. 후자는 저장 공간을 제공하고 창고 관리를 해주는 일반적인 서비스를 일반에게 제공한다. 어떤 창고는 자신들이 저장하고 제공하는 서비스의 종류에 있어서 전문화되기도 한다. 냉동창고가 대표적인 예이다. 창고가 수행하는 서비스 기능은 다음 두 종류로 분류된다.

1. 일반 창고는 오랜 기간동안 창고에 상품을 저장하고, 일차적인 목적은 필요할 때까지 상품을 보호하는 것이다. 최소한의 취급, 운반, 운송기관과의 관계를 갖는다. 가구 보관이나 문서보관소가 이러한 형태의 보관의 예에 해당한다. 계절성 판매를 위해 보관하는 재고를 위해 이용되기도 한다.
2. 유통 창고는 운반하고 섞는 동적인 목적을 가진다. 상품은 많은 양의 단일 로트로 수령되고 신속히 분류되어, 시장의 고객에 의해 요구되는 다양한 품목들로 구성된

개별 주문으로 분배된다. 저장보다는 운반과 취급에 비중을 둔다. 이런 형태의 창고는 유통 시스템에서 광범위하게 이용된다. 창고의 규모는 물리적인 크기보다는 하역률 즉 취급량의 규모로 표현된다.

지난 장에서 논의되었듯이 저장 창고나 유통센터들은 원재료나 반제품 혹은 완제품이 저장되는 장소이다. 그것들은 자재흐름을 끊고, 유통 시스템에 원가를 가중 시킨다. 따라서, 품목들은 저장의 이익이 비용을 상쇄시킬 수 있을 때에만 저장되어야 한다.

창고들의 역할(Role of Warehosuses)

창고는 3가지 중요한 역할을 한다. 운송 통합, 제품 혼합, 서비스이다.

운송통합(Transportation consolidation) 지난 장에서 보았듯이 운송 원가는 창고를 이용하면 줄어 든다. 이것은 작은 LTL과 큰 TL을 통합시킴으로써 가능해진다. 통합은 공급 시스템이나 유통 시스템 모두에서 발생하며, 물품 공급에 있어서 여러 공급자로부터 오는 LTL 선적들은 공장으로 TL로 선적되기 전에 창고에서 통합된다. 물리적 유통의 경우 TL 선적들은 원거리 창고에서 이루어지고 LTL은 지역 사용자들에서 이루어진다. 그림 13.5는 두 개의 상황을 도식으로 보여주고 있다. 운송 통합은 대량 선적 쪼개기(bulk-

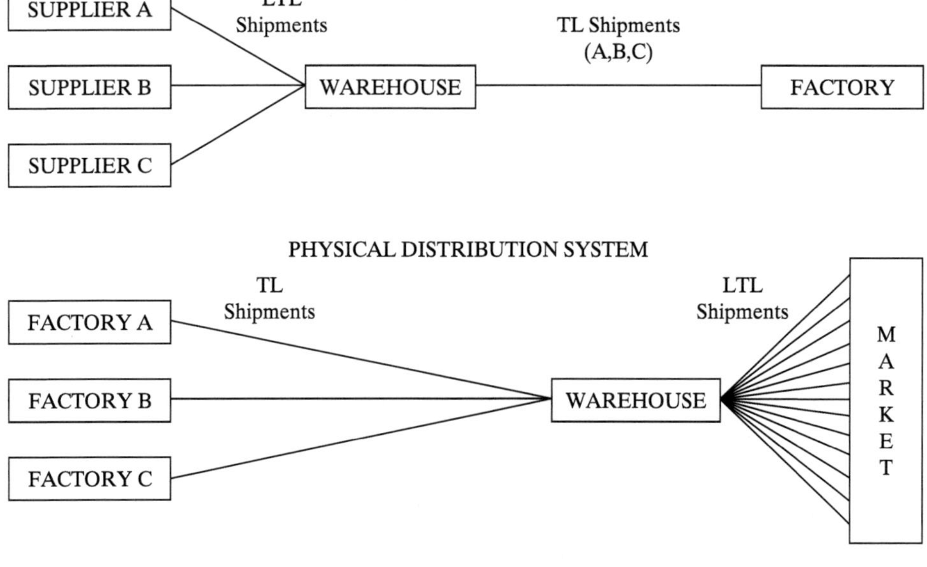

그림 13.5 운송통합

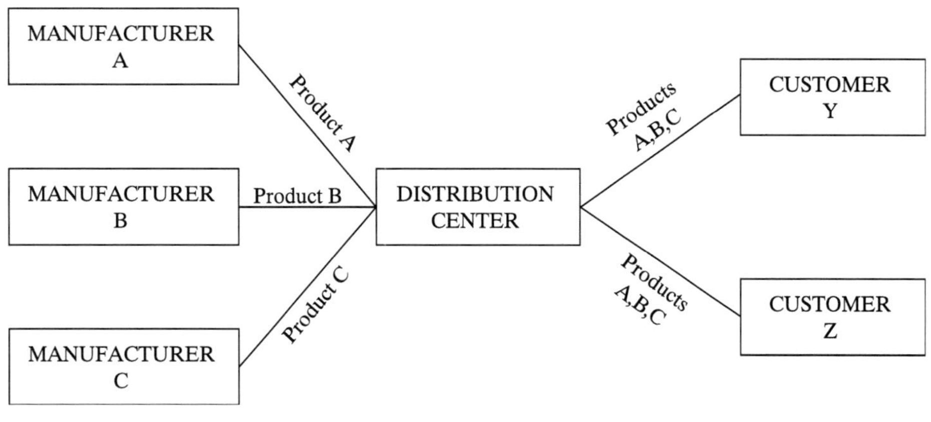

그림 13.6 제품 혼합

break)로 불리기도 한다. 이것은 공장으로부터 유통센터로 가는 대량 선적을 지역 시장에 가는 작은 선적으로 나눈다는 것을 의미한다.

제품혼합(Product mixing) 운송 통합이 운송 원가의 감소에 관심을 두는 반면, 제품 혼합은 한 주문 단위 내에서 여러 품목들을 혼합하여 창고가 제공하는 경제적 이익을 얻고자 하는 것이다. 고객의 주문에 대하여 다른 지역에서 생산되는 제품을 혼합하도록 한다.

유통센터 없다면 고객은 개별 공급자에게 주문을 내야 하고 각각의 공급자들에게 TLT운임을 지불해야 할 것이다. 유통센터를 이용하게 되면 중앙 지점에 주문을 내고 그곳으로부터 배송을 받을 수 있게 된다. 그림 13.6은 이러한 개념을 나타낸다.

서비스(Service) 유통센터는 장소 이용으로부터 고객 서비스를 향상시킬 수 있다. 상품들은 시장 근처에 위치하게 되고 좀더 빠른 시장이용이 가능해진다.

창고 운영과 운송 원가(Warehousing and Transportation cost)

유통 시스템은 가장 낮은 비용으로 가장 최고의 서비스 수준(지정한 시간에 도달되는 주문의 수)을 제공하여야 한다. 특별한 선적 형식도 대부분은 다음과 같은 요소에 의한 것이다.

- 고객의 수
- 고객의 지리적 분산
- 고객의 주문 크기

■ 공장의 유통센터의 수와 위치

공급자는 처음 세 가지에 대해서는 거의 통제를 할 수가 없으나 맨 마지막에 대한 통제는 가능한데, 공급업자들이 시장에 지역 유통센터를 세우기도 한다. 운송에 대해서는 중앙 유통센터로부터 고객에게 바로 전달할 것인가 지역 유통센터를 경유할 것인가는 비용의 문제를 고려하여야 한다. 만약 트럭 단위의 선적이 이루어지면 중앙으로부터 오는 편이 비용이 적게 들 것이고 LTL로 선적이 된다면 지역 센터로부터 오는 편이 비용이 덜 들 것이다.

예제

어떤 회사가 토론토에 위치한 공장을 가지고 있고 보스톤, 경기에 위치한 많은 고객들을 가지고 있는 북미동부지역 시장에 물건을 공급하고 있다. 만약 토론토 공장에서 고객에게 직접 운송을 한다면, 대부분 운송은 한 차에 가득 차지 않고 실려서 운송이 될 것이다. 그러나, 만약 보스톤에 유통센터를 설치한다면 보스톤까지 TL운송을 할 것이고 그 지역에 있는 고객들에겐 LTL로 분배할 수 있다. 어느것이 경제적인가는 유통센터를 거쳐서 가는 경우와 바로 가는 경우의 총 원가가 어느 것이 더 낮은가에 따라서 결정될 것이다. 다음 숫자들은 보스톤까지 평균 운송비용을 나타낸다.

공장에서 고객까지 LTL: \$100 / 100kg
공장에서 유통센터까지 TL: \$50 / 100kg
재고 유지 비용(유통센터): \$10 / 100kg
유통센터에서 고객까지 LTL: \$20 / 100kg

보스톤에 유통센터를 설립하는 것이 더 경제적인가? 만약 연간 운송량이 1,000,000kg이라면, 연간 절감분은 얼마인가?

답

유통센터가 사용될 경우 비용은:

토론토에서 보스톤까지 TL = \$50(100kg당)
유통센터 비용 = \$10(100kg당)
보스톤 지역에서 LTL = \$20(100kg당)
전체 비용 = \$80(100kg당)
100kg당 절감분 = \$100 − \$80= \$20
연간 절감분 = \$20 × 10,000 = \$200,000

시장 경계(Market Boudaries)

앞의 예제를 계속 살펴보면 회사는 다른 지역에 있는 고객들에 대하여 토론토 공장으로부터 직접 공급을 하거나 보스톤에 있는 센터를 통해서 공급할 수가 있다. 문제는 '어떤 지역들이 어떤 공급원으로부터 공급받을 것인가' 를 결정하는 것이다. 답은 물론 가장 낮

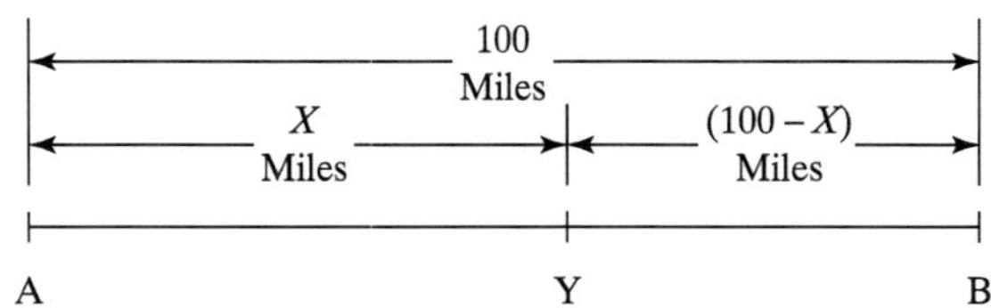

그림 13.7 시장 경제

은 비용으로 그 지역을 서비스 할 수 있는 공급원이다.

배송 비용(Laid-down cost, LDC)은 특정 지리학상의 위치로 상품을 배송하는데 드는 비용이다. 배송 비용은 A지점에서 B로 상품들을 옮기는 모든 비용을 포함한다. 앞의 예제에서 토론토로부터 발생한 LDC는 거리 당 운반원가 × 특정 목적지까지 거리이다. 보스톤(Boston)으로부터의 LDC는 보스톤에 상품을 옮겨놓는 모든 비용과 보스톤 유통센터 내의 재고비용 그리고 특정 목적지까지의 운반비용을 포함해야 한다.

$$\text{LDC} = P + TX$$

여기서,

P = 제품 원가
T = 거리 당 운반 비용
X = 거리

제품원가는 제품을 공급하기 위한 장소로 가져가 보관하는 모든 비용을 포함한다. 앞의 예제에서 보스톤에서의 제품원가는 보스톤까지 운반하는데 드는 TL운송 비용과 재고비용을 포함한다.

예제

도시 A와 도시 B는 300km 떨어져있다. 어떤 품목의 생산비용은 100kg당 $10이다. 그리고 운송비는 100kg당 km당 $0.20이다. 100kg당 LDC 원가는 얼마인가?

답

LDC = 생산 비용 + (km당 운송 비용) (거리)
= $10 + ($0.20 × 300) = $70 (100kg당)

시장 경계(Market boundaries) 시장 경계는 둘 혹은 그 이상의 공급자들이 있을 때 각 공급자들의 배송비용이 동일하게 되는 선이다. 그림 13.7를 보면 A, B 두 개의 공급원이 있다. 시장 경계는 A와 B로부터 LDC가 꼭 같아지는 Y에서 나타난다. A에서 Y까지의 거리를 X로 두면, B로부터 Y까지의 거리는 $(100 - X)$가 된다. A가 공장이고 B가 유통센터라고 하자. A에서 제품 원가는 $100이고 B의 제품 원가는 $100 더하기 A에서 B까지의 TL 운반 비용 그리고 B에서의 저장 비용이라고 하자.

이 예에서 TL운반과 재고관리 원가는 단위 당 $10으로 B의 제조 원가가 $110이 되게 하자. A나 B의 운반 원가를 단위 당 마일 당 $0.40이라 하자.

Y지점은 다음과 같이 계산된다.

$$LDC_A = LDC_B$$
$$100 + 0.40X = 110 + 0.40(100 - X)$$
$$X = 62.5$$

A에서 62.5km 떨어진 곳에서 A와 B사이의 시장 경계가 표시된다.

예제

도시 A, B 사이의 거리는 약 500km이다. 비용 구조가 앞의 예제와 같고 LTL 운송비용은 100kg당 $0.20이라 할 때 A, B 사이의 시장 경계위치를 계산하여라. A에서 생산 비용은 100kg당 $10이라고 가정한다.

답

B에서의 제품원가는 A에서 제품원가 더하기 A에서 B까지 TL운송 비용 더하기 B에서의 취급비용의 합과 같다.

$$\begin{aligned} \text{B에서 제품원가} &= \text{A에서 제품원가} + \text{TL 운송비용} + \text{취급비용} \\ &= \$10 + \$50 + \$10 \\ &= \$70 \end{aligned}$$

시장 경계는 다음의 위치에서 생긴다.

$$LDC_A = LDC_B$$
$$\$10 + \$0.20X = \$70 + \$0.20(500 - X)$$
$$0.4X = 160$$
$$X = 400$$

시장 경계는 A에서 400마일 혹은 B에서 100마일 떨어진 곳이다.

창고를 더 추가할 때 운송 비용에 미치는 영향

보스톤에 유통센터를 지을 경우 전체 운송 비용을 줄일 수 있다는 것을 앞의 예에서 살펴보았다. 유사하게 부산에 두 번째 유통센터를 세우면 전체 운송원가는 더 낮아질 것이라

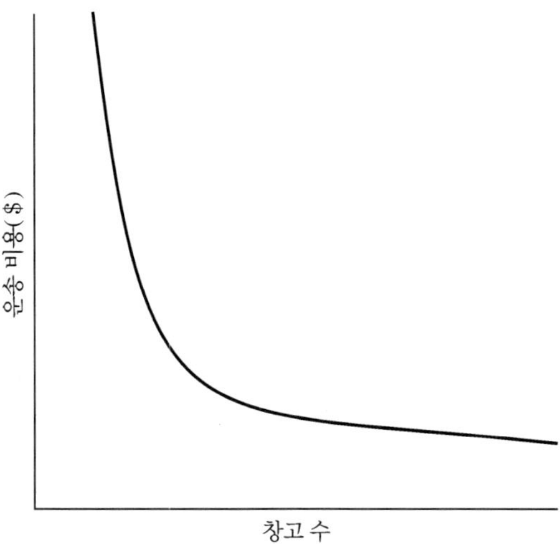

그림 13.8 운송비용과 창고 수

예상할 수 있을 것이다.

일반적으로 유통 시스템에 유통센터가 추가가 될수록 다음을 예상할 수 있다.

- 유통센터로 가는 TL선적 비용이 증가함
- 고객으로 가는 LTL선적 비용이 감소함
- 전체 운송 비용은 감소함

예상하듯이, 절감 효과가 큰 것은 처음 몇 개의 유통센터가 추가되는 경우이다. 궁극적으로는 많은 유통센터가 늘어 날수록 절감 효과는 감소한다. 가장 먼저 시스템에 추가되는 유통센터는 가장 큰 시장을 담당하기 위해서 위치되어진다. 두 번째 유통센터는 두 번째로 큰 시장을 담당하기 위해 추가되고 이렇게 계속 추가가 된다. 추가적인 유통센터들이 담당하는 고객의 수는 감소하고 추가되는 유통센터로는 맨 처음 만들어진 센터로 배송되는 것보다 적은 양이 TL로 선적된다. 그림 13.8은 시스템내의 유통센터 수와 운송비용 사이에 존재하는 관계를 보여주고 있다.

포장(Packaging)

어떤 산업에서든 포장의 기본 역할은 상품을 유통센터를 통해 고객에게 안전하게 전달하는 것이다. 포장은 다음을 담당한다.

- 제품을 확인 한다.
- 제품을 담고, 보호한다.
- 물류효율에 기여한다.

소비재의 경우 포장은 마케팅 프로그램의 중요한 부분이 될 수도 있다. 물류는 제품을 옮기고 저장 할 뿐만이 아니라 이를 확인 할 수도 있어야 한다. 포장은 제품을 바깥으로 꺼내지 않고도 확인할 수 있는 방법을 제공한다. 포장지에 신발이 250mm라고 쓰여져 있다면 포장을 뜯지 않고도 상품을 확인할 수 있는 역할을 포장이 하는 것이다.

포장을 통해 제품을 담고, 광범위한 위험들 가령 충격, 압축, 진동, 습기, 열, 태양열, 산화, 동물, 곤충, 새, 곰팡이, 세균들의 침입으로부터 보호하도록 한다. 포장은 물건을 싣고 내리고 옮기고 배송하고 저장하는데 생기는 유통 위험의 정도에 따라 다른 방법이 적용되도록 한다. 포장은 모든 유통상태에 대하여 제품을 보호할 만큼 충분히 견고해야 한다. 포장은 포장이 제공할 수 있는 물류효율로부터 그 원가를 상쇄할 수 있어야 한다. 보통 유통 시스템에서 요구하는 포장의 세 가지 수준이 있다. 첫째, 일차적 수준으로 제품을 담기 위한 포장이다(예를 들면 콘프레이크 상자). 다음으로 작은 포장품들을 위한 선적 골판지 같은 선적 용기가 필요하다. 마지막으로 몇 개의 일차 이차 포장품들이 한 단위로 조합되는 세 번째 수준의 포장이 있다.

단위화(Unitization)

단위화는 유니트 로드(Unit load)라 불리는 큰 단위로 몇 개의 단위들을 통합하는 것으로, 취급 수고를 덜어 준다. 유니트 로드는 많은 품목들이나 부피가 큰 자재로 이루어진다. 잘 정리하고 단단히 고정시켜 큰 덩어리로 모아서 수작업으로 하기에는 큰 단일단위로 옮긴다. 자재 취급 비용은 유니트 로드 크기가 커질수록 감소한다. 개별로 옮기는 것보다 카톤으로 옮기는게 더 경제적이며 몇 개의 카톤을 하나의 유니트 로드로 옮기는 것이 훨씬 더 경제적이다.

이러한 원리는 우리가 일상 생활에서 쇼핑을 할 때, 많은 품목을 쇼핑봉투에 넣고 나서 자동차의 트렁크에 넣는 경우를 생각해 보면 쉽게 이해된다. 산업계에서 유니트 로드는 쇼핑 봉투에 해당하는 것이다.

시트, 랙, 컨테이너 같은 많은 수의 유니트 로드 장치가 있다. 가장 일반적인 것 중의 하나는 팰릿이다.

팰릿은 보통 48″ × 40″ × 4″ 크기이고 포크리프트 트럭으로 들어 옮길 수 있도록 설

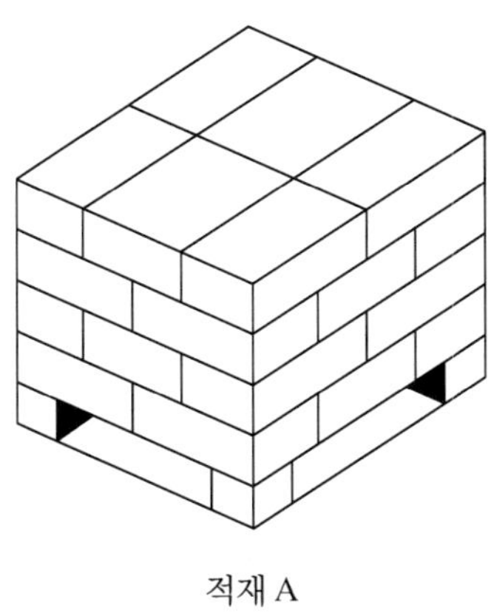

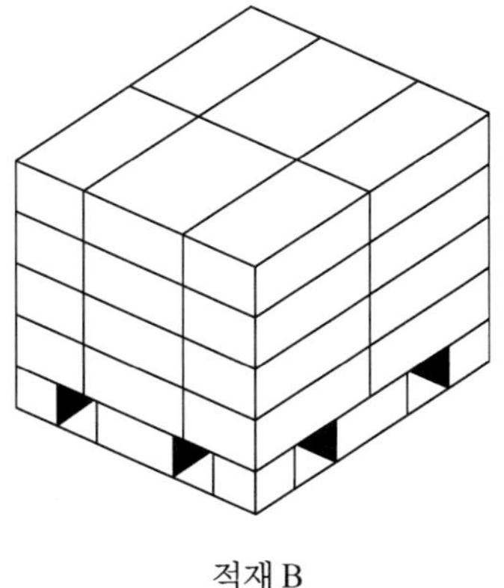

그림 13.9 안정적인 팰릿 적재와 불안정한 적재

계되어져 있다. 포장품은 그 위에 가지런히 놓여져 몇 개의 포장품이 한번에 옮겨진다. 포장품들로 적재되어서 팰릿은 입방체를 이루는데 이것이 유니트 로드이다.

단위화는 성공적으로 될 수 있다. 하주는 그들의 제품들을 일차포장에 넣고 이를 선적 카톤에 넣는다. 카톤은 팰릿에 올려져 팰릿들은 창고, 트럭 혹은 기타 운반구에 놓인다.

팰릿, 트럭들(혹은 다른 운반구), 그리고 창고들의 용량을 이용하기 위해서는 제품의 크기와 일차 포장, 그리고 카톤, 팰릿, 트럭, 창고 공간 사이에 어떤 관계가 있어야만 한다.

포장은 팰릿 위의 공간을 완전히 이용하여 카톤들이 상호 결합되어 안정된 적재를 형성할 수 있도록 설계되어야 한다. 그림 13.9는 각각 팰릿의 전체 공간을 이용하는 두 가지의 유니트 로드를 보여주고 있다. B는 상호결합이 안되고 안정하지 않은 경우에 해당한다.

팰릿은 트럭이나 철도 차량에 알맞게 들어 간다. 앞에서 언급한 크기는 팰릿이 일반적인 50′ 철도 차량과 40′ 트럭 트레일러에 최소한의 공간 낭비로 들어가도록 선택한 것이다. 그림 13.10은 철도 차량과 트레일러를 보여주고 있다. 이러한 최상의 공간활용도를 얻기 위해서는 제품과 카톤, 팰릿, 운반구 그리고 창고의 크기를 고려해야만 한다.

자재 취급(Materials Handling)

자재 취급은 공장이나 유통센터 같은 건물 내부나 주위에서 일어나는 짧은 거리의 움직임이다. 유통센터에서의 자재 취급은 운반구에 물건을 싣고 내리고 저장소로부터 상품을

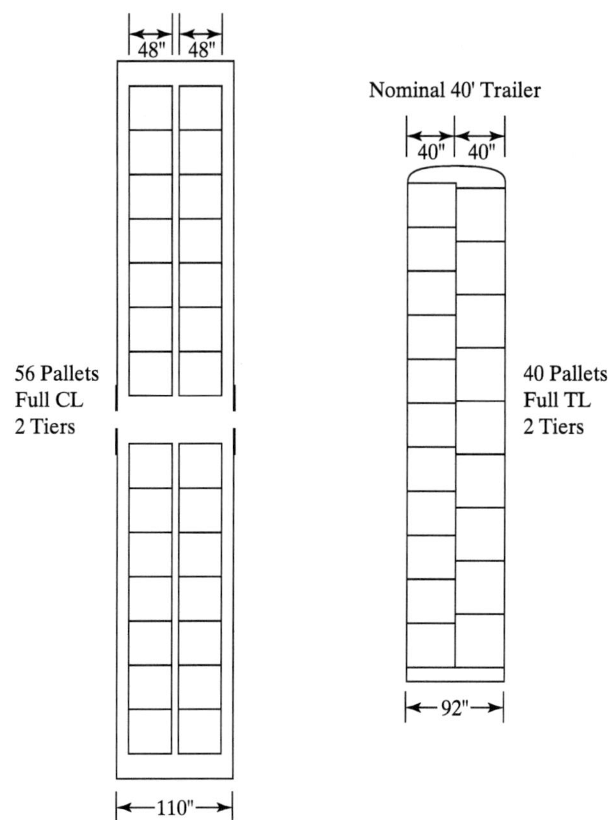

그림 13.10 철도 차량과 트레일러의 팰릿 배치 계획

하역하고 회수하는 것을 의미한다. 게다가 유통센터 내에서 사용되는 랙 시스템은 자재 취급의 한 부분으로 간주된다.

자재 취급의 몇 가지 목적은 다음과 같다.

1. 건물의 높이를 이용하고 가능한 한 많이 통로공간의 수요를 줄임으로써 공간 이용도를 높임.
2. 취급을 줄임으로써 운영효율을 향상시킴. 한 번 옮길 때 적재량을 증가시키는 것은 옮기는 횟수를 거의 없애는 결과를 낳는다.
3. 고객의 요구에 응대하는 속도를 증가시킴으로써 서비스 수준을 향상시킴.

많은 형태의 자재 취급 장비가 있다. 편의상 그것들은 세 가지 영역으로 그룹화된다. 콘베이어, 산업 트럭, 크레인과 호이스트 등이다.

콘베이어(Conveyor)는 두 지점 사이에 수평적으로 혹은 수직적으로 자재를 옮기는 장치들이다. 그것들은 비싸고, 고정 경로를 만들고 지속적으로 공간을 차지 한다. 결과적으로 컨베이어의 원가를 정당화하기 위해서는 충분한 처리영역이 있을 경우에만 이용된다.

산업용 트럭(Industrial truck)은 손이나 전기나 프로판가스로 힘을 얻는 운반구이다. 디젤이나 가솔린은 실내에서 이용되지 않는다. 그것들은 유독하고 치명적이기 때문이다. 산업용 트럭은 콘베이어보다 더 유연하다. 지면이 적당하고 장애물이 없으면 어디든지 이동할 수 있기 때문이다. 그것들은 지속적으로 공간을 차지하지 않는다. 이러한 이유 때문에, 유통센터와 제조 공장에서 자재 취급시 가장 많이 이용된다.

크레인과 호이스트(Cranes and hoists)는 자신의 작업영역 내에서는 수직적으로 수평적으로 어느 지점으로든 자재를 움직일 수가 있다. 크레인과 호이스트는 머리 위 공간을 이용하여 무겁고 큰 품목을 옮길 때 사용되며, 작업 영역 내에서 매우 유연하게 동작한다.

다중 창고 시스템(Multi-Warehouse System)

이번 항에서는 시스템 내에 더 많은 유통센터를 추가할 경우 나타나는 결과를 살펴볼 것이다. 창고관리, 자재 취급, 재고, 포장 그리고 배송비용에 영향을 미치게 될 것이다. 우리는 이들 비용과 전체 시스템 비용이 어떻게 작용하는지를 살펴볼 것이다. 우리는 또한 시스템에 유통센터가 추가되었을 경우 서비스수준에 어떠한 변화가 일어나는지를 알기 원한다. 유효한 비교를 하기 위해서는 판매량을 고정시켜야 하는데, 이렇게 하면 시스템에 유통센터를 추가해가며 비용을 비교할 수 있다.

운송 비용(Transportation Costs)

앞서, 고객에게 전달할 선적이 가득 실리지 않는다면 시장에 가까운 곳에 유통센터를 세워 전체 운송비용을 절감할 수 있다는 것을 보았다. 이것은 먼 거리는 한차 가득 실어 트럭 단위로 보내고, 상대적으로 짧은 거리에 대해서 덜 찬 선적으로 운송하기 때문이다. 일반적으로 유통센터를 추가하면 다음을 예상할 수 있다.

- TL 선적 비용은 증가한다.
- LTL 선적 비용은 감소한다.
- 운송의 전체 비용은 감소한다.

가장 큰 절감효과는 맨 처음 유통센터를 추가했을 때 생긴다. 궁극적으로 유통센터를 추가하면 할수록 한계절감효과는 감소한다.

재고 유지 비용(Inventory-Carrying Cost)

유통센터 내에 보관하는 평균 재고량은 주문량과 안전재고량에 따라 좌우된다. 시스템 내에서 평균 주문량은 일정해야만 한다. 왜냐하면 주문량은 수요량과 주문비용 그리고 재고 유지비용에 좌우되기 때문이다.

전체 안전재고량은 시스템 내의 창고 수에 영향을 받는다. 안전 재고는 리드타임 동안의 수요변동에 대응하기 위해서 가져가는 것으로 부분적으로는 팔린 개수에 따라 변동한다. 11장에서 표준편차는 예측량과 리드타임 간격의 비율의 루트 값에 따라 변한다는 것을 보았다. 평균 수요량이 1000개이라고 하면 서비스 수준이 90%에 대해서 안전재고는 100개가 된다. 만약 1000개가 두 개의 유통센터로 전덜되고 각각 500개씩 수요를 갖는다면 안전재고량은 각각에 대해서

$$SS = 100\sqrt{\frac{500}{1000}} = 71 \text{이다.}$$

동일한 판매량을 갖는 두 개의 유통센터에 대해서 전체 안전재고량은 100개에서 142개로 늘어난다. 이렇듯 일정한 판매량을 가질 때 유통센터의 수가 늘어 날수록 각각에 대한 수요는 줄어든다. 이것은 전체 유통센터들의 안전재고량의 증가를 초래한다,

창고관리 비용(Warehousing Cost)

유통센터와 관련된 고정비는 공간과 자재 취급이다. 필요한 공간은 유지할 재고량에 따라 달라진다. 우리가 보아 왔듯이, 유통센터가 시스템에 추가될 수록 더 많은 재고를 가져가야 하고 더 많은 공간을 필요로 한다.

게다가 사무실이나 화장실 같은 비저장 영역의 중복도 있을 것이다. 따라서 유통센터의 수가 증가 할수록 유통센터 공간비용이 점진적으로 증가 할 것이다.

운영비용 또한 창고가 늘어나면 같이 늘어날 것이다. 운영비용은 대부분 취급되는 단위 수에 따라 달라진다. 판매량에서 증가가 없기 때문에 취급되는 단위는 일정하고 취급비용도 그렇다. 그러나 간접적인 중복 감독과 사무비용은 증가하게 된다.

자재 취급 비용(Materials Handling Costs)

자재 취급 비용은 취급되는 단위 수에 따라 달라진다. 판매량이 일정하기 때문에 취급되

는 단위 또한 일정해야 한다. 회사가 유니트 로드로 선적하여 유통센터에 보내는 한 자재 취급 비용에서 변동은 거의 없다. 그러나 단위화되지 않고 선적되는 지점에 유통센터 수가 증가한다면 자재 취급 비용은 늘어나게 된다.

포장비용(Packaging Costs)

단위당 포장비용은 일정하다. 그러나 재고가 늘어날 것이기 때문에 전체 포장비용은 따라 늘어나게 된다.

전체 시스템 비용(Total System Costs)

우리는 전체 시스템 비용은 일정하다고 가정하였다. 그림 13.11은 운송비용과 창고관리 비용, 자재 취급 비용, 재고비용 그리고 포장비용이 유통센터가 추가될수록 어떻게 변화하는 가를 도식적으로 보여주고 있다. 한 지점에 이르면 전체 비용은 감소하다가 다시 증가하기 시작한다. 이 최소 비용 지점을 결정하는 것이 물류의 목적이다.

시스템 서비스 능력(System Service Capability)

시스템의 서비스 능력 또한 평가되어야 한다. 이것을 측정하는 한 방법은 일정한 기간에 시장에 공급한 양을 구하는 것이다. 그림 13.12는 그러한 측정을 보여주고 있다.

예상하듯이 서비스 수준은 유통센터가 늘어날수록 증가한다. 창고가 한 개에서 두 개

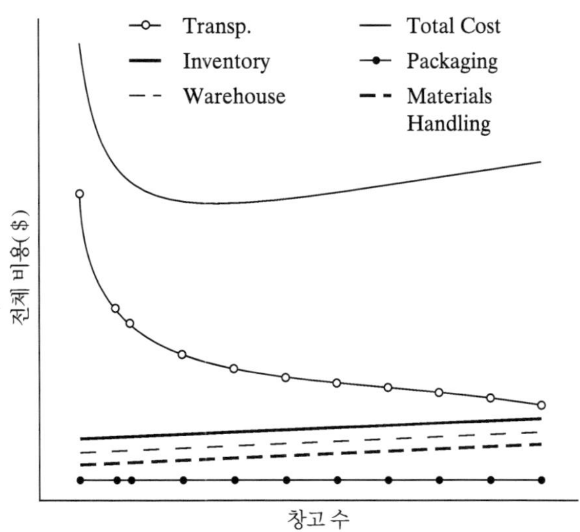

그림 13.11 전체 시스템 비용

창고 수	하루이내 도달한 시장의 비율
1	30
2	70
3	87
10	95

그림 13.12 창고 수 대비 시장 도착 평가

로 늘어나면 서비스 수준은 급격히 증가하다가 추가될수록 덜 급격히 증가한다. 맨 처음 유통센터는 가장 좋은 시장을 담당하기 위해 세워지고, 그 다음은 두 번째로 좋은 시장을 담당하기 위해서 세워지고 계속 그렇게 세워진다. 한 개에서 열 개까지 유통센터를 세울 경우에 대한 연구가 이루어졌다고 가정하면 비용은 그림 13.13과 같이 된다.

세 개의 유통센터에 대해 최소비용이 발생한다. 그림 13.13은 3개에서 10개로 늘어 날 경우 1일 서비스 수준은 8% 증가한다는 것을 보여주고 있다. 경영자는 반드시 어느 경우를 선택할지 결정해야 하며, 결정은 가능한 선택사항 중 적당한 분석과 비용 증가분과 서비스 수준 간의 비교를 기초로 선택되어야 한다.

비용($1000)	위치 수			
	1	2	3	10
운송	$8000	$6000	$5000	$4500
창고	500	600	700	900
자재 취급	1000	1000	1100	1400
재고	400	425	460	700
포장	100	100	100	100
전체 비용	$10000	$8125	$7300	$7800

그림 13.13 비용 대비 창고 수

요약

물리적 유통은 상품의 기업내 출입 동향을 의미하는 것으로, 세계 경제와 인터넷 고객을 위한 개별 배송 부문 모두에서 변화를 맞이하고 있다. 상품의 과반수가 여전히 큰 경제적 단위로 유통 채널을 통해 이송되고 있다. 제 3자 물류기업(3PL) 제공자들은 그들의 특화 분야를 적용해 기업들로 하여금 고객 서비스를 향상시키며 가격을 절감할 수 있도록 하고 있다. 좋은 포장 디자인은 공급망 전역에서의 상품의 효과적인 처리에 영향을 줄 뿐만 아니라 높은 환경 비용을 가질 수 있으므로 기업에게 중요한 문제가 된다. 인터넷 고객이라는 유통 채널의 변화로 인한 역물류는 3PL을 성장시키는 또 다른 요인이 되고 있다. 공급망에 전략적으로 배치 된 창고(warehouses)는 고객 서비스를 향상시키고 가격을 절감하는데 도움을 줄 수 있다.

세계적 구매대행(global sourcing)및 범국경의 국제 유통은 정확하고 포괄적인 서류의 필요를 증가시켰다. 이 서류는 누가 운송비를 지불하는가? 누가 서류를 준비하는가? 누가 상품을 소유하며 어떠한 환경 문제에 대해 책임을 지는가?와 같은 사항을 지정한다. 전 세계적으로 수용되고 있는 기준용어인 인코텀스는 이와 관련한 대부분의 문제를 명시하고 있으며 북미내외의 모든 운송에 요구되는 것이다.

질문

1. 공급자로부터 소비자까지 가는 자재의 흐름에서 세 가지 기능을 말하고 기술하라. 물리적 공급과 물리적 유통 사이의 차이는 무엇인가?
2. 거래채널과 유통채널의 일차 기능은 무엇인가?
3. 자재들이 움직이는 방식은 부분적으로 네 가지 요소에 영향을 받는다. 그것들은 무엇인가?
4. 음료회사의 역물류 시스템(reverse logistics system)을 설명하되, 상품의 동향과 지불의 흐름을 포함하도록 하라. 기업이 비용을 절감하기 위해 취해야 할 단계에는 어떤 것들이 있는가?
5. 역물류와 관련한 총 가격이 상승하고 있는 이유는 무엇인가? 이러한 경향이 계속될 것으로 보이는가?
6. 물리적 유통 시스템의 목적은 무엇인가?
7. 물리적 유통 시스템에서 여섯 가지 시스템 활동을 말하고 기술하라.

8. 비용 절충과 총 원가 개념은 무엇인가? 왜 그것들이 중요한가?
9. 마케팅과 물리적 유통사이의 관계를 기술하라. 물리적 유통이 수요 창출에 어떻게 기여하는가?
10. 왜 유통센터들의 중앙 유통센터 혹은 공장 대한 수요가 종속적인 것으로 고려되는가?
11. 운송의 다섯 가지 기본 방식은 무엇인가?
12. 운송 시스템에서 세 가지 물리적 요소는 무엇인가? 다섯 가지 방식 각각에 대해서 누가 그것들을 제공하고 자금은 어떻게 조달이 되는지 기술하라.
13. 대량의 일용품을 장거리로 운송하는 경우 기차 운송이 도로 운송보다 더 싼 이유를 기술하라.
14. 분산된 시장에 적은 양의 상품들의 유통에 있어서 트럭들이 빠르고 유연한 이유를 기술하라.
15. 해상 운송과 항공 운송의 주요한 특징은 무엇인가?
16. 운송의 주요한 법적 형태는 무엇인가? 경제적 규제의 세 가지 영역은 무엇인가? 그것들은 어느 법적 운송 형태에 적용이 되는가?
17. 공공 운송과 계약 운송을 비교하라. 사설 운송과는 어떻게 다른가? 어느 것이 가장 높은 수준의 서비스를 제공하는가?
18. 전체 터미널간 운송 비용과 중량 100단위 당 터미널간 운송 비용은 무엇에 의존하는가? 하주가 터미널간 운송비용을 줄이는 두 가지 방법은 무엇인가?
19. 하주가 다음의 것들을 어떻게 줄일 수 있는지 기술하라.
    a. 집배와 배송 비용
    b. 터미널 취급 비용
    c. 계산서 발급과 수집 비용
20. 하주에 의해 부과되는 요금은 선적이 되는 일용품에 따라 변한다. 요금에 영향을 미치는 네 가지 요소의 이름을 말하고 기술하라.
21. 왜 LTL요금이 TL요금보다 더 비싼가?
22. 창고의 두 가지 기본 형태를 말하고 기술하라.
23. 창고가 제공하는 세 가지 중요한 역할의 이름을 말하고 기술하라.
24. 배송 패턴에 영향을 미치는 네 가지 요소의 이름을 말하고 기술하라. 공급자가 통제할 수 있는 것은 어느 것인가?
25. 내려 놓는 원가란 무엇인가? 시장 경계는 무엇인가? 시장 경계를 결정하는데 왜 내려

놓은 원가가 중요한가?

26. 시스템에 유통센터들이 추가가 될수록 TL 비용과 LTL 비용, 그리고 전체 운송비용에 어떤 일이 일어 나는가?

27. 유통 시스템에서 포장의 세 가지 역할은 무엇인가? 왜 각각이 중요한지를 기술하라.

28. 단위화란 무엇인가? 물리적 유통에서 그것이 왜 중요한가? 왜 그것은 상속되나?

29. 자재 취급에 있어 세 가지 중요한 목적은 무엇인가? 콘베이어와 산업용 트럭, 크레인, 호이스트를 기술하라.

30. 시스템에 더 많은 창고가 추가될수록, 다음의 항목들에 무엇이 일어나는지 예상할 수 있는가?
    a. 운송 비용
    b. 재고비용
    c. 자재 취급 비용
    d. 포장비용
    e. 전체 시스템 비용
    f. 시스템 서비스 능력

31. 북미 내 운송에 사용되는 운송용어인 FOB와 국제 운송에 사용되는 용어의 다른점은 무엇인가?

32. 북미 운송용어중 어떠한 것이 구매자/판매자에게 가장 적은 리스크를 부담지우는가?
    a. 구매자:
    b. 판매자:

33. 영국의 한 구매자가 할리 데이비슨 오토바이를 미국에 있는 딜러로부터 직접 수입하려고 한다. 이때 구매자의 수고를 가장 최소화하는 인코텀스는 무엇인가? 이들이 따로 운송방법을 마련하는 것이 판매자에게 비용을 절감시켜 주겠는가?

34. 녹색 역물류(green reverse logistics)란 무엇인가?

35. 3PL이 인터넷을 통한 개인 구매자에게 상품을 판매하는 회사에게 어떠한 도움을 줄 수 있는지 설명해 보라.

36. 역물류가 학교 서점에 어떻게 적용될 수 있는지 설명해 보라.

연습문제

13.1 어떤 회사는 선적당 $500의 비용으로 철도에 의해서 고객에게 배송을 한다. 운송기간

은 14일이다. 상품은 선적당 $700로 트럭에 의해서 배송이 될 수 있고 운송 기간은 4일이다. 운송 중 재고비용이 일일 $25이라면 각각의 방법으로 배송 할 경우 얼마나 들겠는가?

답: 철도 $850; 트럭 $800

13.2 어떤 회사는 북미에서 기계 장치의 부품을 제조하고 조립을 위해서 아시아에 보내서 지역 시장에 판매 한다. 부품은 배로 보내지고 운송 기간은 평균 6주가 걸린다. 그리고 배송 비용은 선적당 $100이다. 비행기로는 $7500의 비용으로 운반할 수 있고, 이틀이 걸린다. 만약 운송중 재고 유지 비용이 하루에 $150이 이라면 비행기로 배송해야 하는가?

8장에서 예측은 가까운 기간 내에 있는 것은 더 정확하다고 말했다. 이것은 고려되어져야만 하는가? 더 짧아진 리드타임에 의해서 어떤 활동들이 영향을 받는가?

13.3 어떤 일용품에 대해서 터미널간 운송 비용은 거리당 $10이다. 200km를 가고 30,000kg을 배송한다면 100kg당 비용은 얼만인가? 배송량이 50,000kg으로 증가한다면 100kg당 비용면에서 절감분은 얼마인가?

답: 100kg당 $2.67

13.4 어떤 회사가 특정 상품을 공장으로부터 100km 떨어진 시장에 km당 $4의 비용으로 배송하려고 한다. 일반적으로 한번에 500km를 보낼 수가 있다. 단위당 터미널간 운송 비용은 얼마인가?

13.5 문제 13.4에서 만약 조립하지 않은 상태로 배송을 한다면, 한 트럭에 800단위를 실을 수가 있다. 이제 터미널간 운송 비용은 얼마인가?

답: 터미널간 운송 비용 = $5

13.6 어떤 회사는 깃털을 가공하여 덮개를 덮은 트럭에 느슨하게 배송을 한다. 평균 배송당 터미널간 운송 비용은 $250이고, 트럭은 2000kg의 깃털을 운반한다. 총명한 신입사원이 채용되었고 깃털들을 500kg 짐짝으로 만들어야 한다고 주장하였다. 이것은 다루기가 더 쉽게 될 것이고 지금 차지하는 부피의 1/10로 압축되게 할 것이다. 트럭은 이제 얼마 만큼의 깃털을 운반할 수가 있는가? 현재 kg당 터미널간 운송 비용은 얼마인가? 이 제안이 받아들여진다면 터미널간 운송 비용은 얼마이겠는가?

13.7 캘거리(Calgary)에 있는 A사는 북서부 지역에 상품을 공급한다. 이제 단위당 평균 $25의 비용으로 LTL배송을 한다. 만약 이 회사가 시장에 유통센터를 설립한다면, TL 비용은 단위당 $12가 될 것이라고 측정이 되고, 재고 유지 비용은 단위당 $5가 될 것이다. 그리고 지역 LTL비용은 단위당 $6가 될 것이다. 만약 이 회사가 연간 수요를 100,000단위로 예측하면 연간 얼마나 절감할 것인가?

답: 연간 절감 = $200,000

13.8 어떤 회사가 평균 100kg당 $40의 비용으로 중서부 지역에 있는 고객에게 LTL배송을 한다. 이 시장에 유통센터 설립을 제안하였다. 만약 TL 배송 비용이 100kg당 $20이라면 측정된 재고 유지 비용은 100kg당 $5이고 지역 운반(LTL) 비용은 100kg당 $6로 측정이 된다. 만약 연간 배송량이 10,000,000kg라면 유통센터를 설립함으로써 연간 절감 분은 얼마인가?

13.9 어떤 회사는 중앙 공급 시설과 500km 떨어진 유통센터를 가지고 있다. 중앙 공급 시설에서 제품 원가는 $20이다. TL운송비는 중앙 공급 시설로부터 유통센터까지 단위 당 $50이다. 재고 유지 비용은 단위 당 $4이다. 시장 경계위치를 계산하고 시장 경계에 내려놓은 비용을 계산하라. LTL비용은 거리 당 단위 당 $1이다.

답: 시장 경계는 중앙 공급 시설로부터 277km이고, 내려 놓는 원가는 $297이다.

13.10 문제 13.18에 있는 회사가 모 공장과 앞서 제안된 유통센터 사이에 위치한 또 다른 시장을 가지고 있다고 가정하자. 공장에서 그 시장까지의 LTL 비용은 100kg당 $35이다. 그 회사는 유통센터로부터 LTL은 100kg당 $4로 측정하였다. 이 시장에는 유통센터로부터 공급을 해야 하는가 아니면 중앙 공급 시설로부터 해야 하는가?

13.11 어떤 회사는 A도시에서 고객들에게 직접 LTL로 배송할 수 있고, B도시에 위치한 공공 창고를 이용할 수가 있다. 그 회사는 다음과 같은 확정된 자료가 있다.

A도시까지 LTL로 100kg당 비용은 $0.70 + $0.30(km당)
창고까지 TL로 100kg당 TL비용은 $0.40 + $0.15(km당)
창고 취급 비용은 100kg당 $0.30
거리: 공장에서 도시 A까지 = 115km
공장에서 도시 B까지 = 135km
도시 B에서 도시 A까지 = 30km

a. 공장에서 도시 A의 고객까지 바로 배송하기 위한 100kg당 전체 비용은 얼마인가?

b. B 도시에 있는 창고를 경유하여 배송하기 위한 100kg당 전체 비용은 얼마인가?

c. 이 문제에서 100kg당 비용은 고정 요소와 변동 요소를 갖는다. 왜인가?

Case Study 13.1

메탈 스페셜티즈 주식회사(Metal Specialties, Inc.)

메탈 스페셜티즈 사(社)는 스테인레스강이나 공구강과 같은 특수 금속 도매업체다. 이들은 200마일 정도 떨어져 있는 지역에서 스테인레스강을 구매하는데, 현재 자사의 트럭을 이용해 이송해 오고 있다. 그러나 현재 트럭이 $20,000 상당의 수리를 필요로 하는 상황이다. 연간 운영비용은 $30,000이며, 터미널간 화물 운송비용은 1마일당 2$.20이다. JJ로 불리는 자넷 존스(Janet Jones)는 메탈스페셜티즈의 운수과장(traffic manager)으로서, 스테인레스강의 운송비용을 절감하고자 하며, 목전의 트럭 수리비용을 생각해 볼 때 지금이 대안을 찾기에 적절한 때라고 생각하고 있었다. 그녀는 여러 제안들을 간추려 끝내 자동차운송과 철도운송의 두 가지로 선택의 폭을 줄여놓았다.

헤비 메탈 트랜스포트(HMT)사는 계약 자동차운송업체로서 그 서비스와 신뢰성에 뛰어난 명성을 가지고 있었다. HMT는 점증부과제(incremental rate)로, 150cwt 이하의 운송에는 $4.00/cwt, 150~200cwt의 운송에는 $3.80/cwt, 200~250cwt에는 $3.60/cwt, 그리고 250cwt이상의 운송에는 $3.40의 가격을 제시했으며, 최대 운송가능량은 400cwt라고 밝혔다.

미들랜드 커티넨탈 레일웨이(Midland Continental Railway)사는 일정부과제(piggy-back rate)로 최대운송가능량 200ctw에 $3.25/cwt의 가격을 제시했다. 여기에는 트럭을 이용한 철강소에서의 자재 픽업 및 메탈 스페셜티사 창고까지의 이송비용과 무개화차(flat car)에 실린 트레일로 송행 비용까지 포함되어 있다. 이 운송업체 또한 신뢰성있다고 평가받고 있었다.

재무부서는 메탈스페셜티사의 연례 재고이송비용을 20%, 운송중 재고비용 10%, 자본비용(cost of capital)은 8%로 추산하고 있다. 스테인리스강 오더 비용은 오더 당 $40이며, 스테인리스강의 싯가는 현재 $300/cwt이다.

사례분석

1. JJ는 곧 결정을 내려야 한다. 주어진 정보를 볼 때, JJ에게 어떠한 조언을 할 수 있겠는가?

제품과 프로세스
(Products and Processes)

입문(Introduction)

프로세스관리, JIT(Just-in-Time)생산, 종합 품질통제(TQC: Total Quality Control) 등의 효율 및 유효성은 모두 제품이 설계된 방식과 사용되는 프로세스(process)에 연관되어 있다.

제품에 대한 설계는 이를 만드는 가능한 방법들을 결정하는 것이 된다. 제품 디자인과 프로세스에 따라 품질과 제품의 비용이 결정되며, 품질과 비용은 다시 기업의 수익성을 결정하게 된다.

이번 장에서는 제품 디자인과 프로세스 간의 관계 그리고 서로 다른 프로세스들과 관계된 비용 등을 연구하고 있다.

마지막으로, 기존의 프로세스에 대한 개선을 다루게 된다.

신제품 요구(Need for New Product)

사람과 마찬가지로 제품들도 한정적인 생명 기간이 있다. 제품들은 이의 출시(introduction)로 시작해서 시장으로부터 사라짐(disappearance)으로 끝날 때까지 제품 생명 주기(Product Life Cycle)라고 알려진 몇 단계를 거치게 된다. 그림 14.1은 생명주기의 각 단계에 있어 판매량과 이익의 관계를 간단히 보여준다. 그림에서 시간의 길이에는 의미가 없다. 생명 주기는 제품과 시장에 따라 몇 개월 만에 끝날 수도 있고 몇 년이 될 수도 있다.

도입기(Introduction phase) 이 단계는 가장 비용이 많이 들고 위험한 단계이다. 고객이 제품을 받아들이도록 하기 위해, 기업은 엄청난 광고와 촉진 활동을 하며, 이때 드는 비용은 향후 매출을 통해 회수할 것을 기대해야 한다. 출시가 실패할 경우 기업은 자금의 손해를 볼 것이라는 사실은 신제품을 출시 전의 충분한 조사의 중요성을 강조하고 있다.

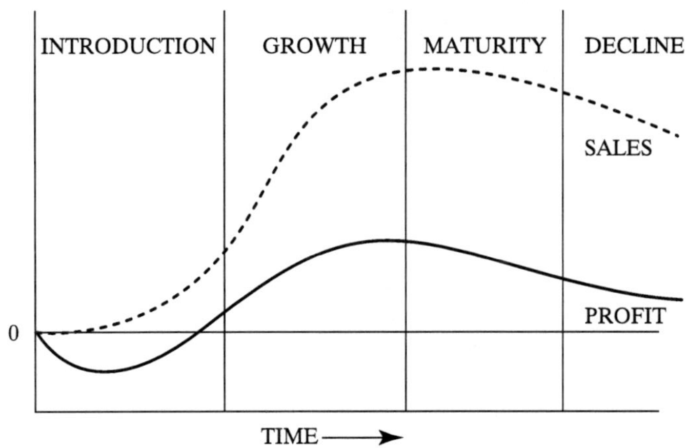

그림 14.1 제품 생명주기

성장기(Growth phase) 이 단계에서는 성공한 제품의 판매가 빠른 속도로 증가한다. 생산이 증가함에 따라 제품의 단위원가는 낮아진다. 판매량의 증가와 단위 원가의 낮아짐은 이익을 급속히 증가시키는 원인이 된다. 그러나 일반적으로 제품의 성공은 경쟁자의 관심을 끌어들인다. 경쟁자의 시장 진입은 가격을 하락시키고, 기업의 판매 역시 감소시킬 가능성이 있다. 이 시점에 이익은 줄어들게 된다.

성숙기(Maturity or saturation phase) 거의 모든 사람들이 이 제품에 관심이 잇고 샘플이나 제품 자체를 가지고 있어 판매는 꾸준하게 된다. 시장은 포화상태가 된다. 가격 경쟁이 때로는 심각하게 일어나고 이익은 줄어들기 시작한다.

쇠퇴기(Decline phase) 고객들이 이 제품에 대한 관심을 잃어가고 경쟁자로부터 성능 향상된 제품을 사기 시작해서 판매가 감소한다. 이익은 더 떨어질 것으로 생각되기 때문에 기업은 이익률을 유지할 방법을 찾아야 한다. 일반적으로 이는 다음 3가지 방법으로 진행될 수 있다.

- 신제품 출시
- 기존 제품의 성능 개선
- 생산 방법의 개선

기업의 자원에 따라 이러한 일들은 기업 자체의 연구개발로 진행되거나, 경쟁사의 제품을 모방하기도 하고, 고객이나 공급자의 연구 개발 작업에 의존할 수도 있다. 이 책에서는 기업이 자체 연구 개발, 설계하는 것에 관심을 가질 것이다.

제품개발 원칙(Product Development Principles)

소수의 기업들 만이 단일 제품을 생산하고 대개의 기업은 연관성 있는 수개의 제품을 생산하곤 한다. 여기서 공급하는 제품의 범위와 관련하여 두 가지 상충되는 면을 발견하게 된다.

- 제품 라인의 범위가 지나치게 좁다면 고객을 잃어버리게 될 수 있다.
- 제품 라인의 범위가 지나치게 넓다면 고객은 만족하게 될지 모르나 전문성의 부족으로 인하여 운영비용이 증가하게 될 것이다.

판매부서의 책임은 판매량을 늘여 매출액을 증가시키는데 있으므로 다양한 제품을 고객에게 공급하기를 희망할 것이다. 이것은 조직이 다양한 제품을 공급하여야 함을 의미하는 것이므로 대부분의 제품이 소규모로 판매된다.

반면에, 운영의 관점에서 보면 몇 종류의 제품에 대해 가급적 긴 생산주기로 공장을 가동하기를 희망할 것이다. 이렇게 함으로써 준비교체 비용을 줄이고 전용 기계를 사용함으로써 가동비용 또한 줄일 수 있기 때문이다. 최소의 비용으로 생산하고자 하는 임무를 완수하는 셈이기도 하다.

어쨌든 판매 측에서의 요구와 생산의 경제성에 대한 균형을 이루어야 하는데 대개 이것은 다음과 같은 프로그램을 잘 활용하여 달성할 수 있다

- 제품의 단순화(Product simplification)
- 제품의 표준화(Product standardization)
- 제품의 전문화(Product specialization)

단순화(simplification)

단순화란 제품을 만들기 위한 프로세스를 쉽게 만드는 것을 말한다. 이렇게 함으로써 제품의 종류, 크기, 다양성 등에 의해 만들어지는 불필요한 부분의 낭비를 없애고자 하는 것이다. 여기서 주안점은 다양성을 없애 제품을 단순하게 하기 보다 불필요한 다양성을 제거한다는 것이다.

부품의 다양성을 줄이는 것 뿐만 아니라 프로세스 및 자재 비용을 줄이기 위하여 제품 디자인을 단순하게 할 수도 있다. 예를 들면, 나사형 캡을 사용하기 보다 똑딱이 식의 플라스틱 캡을 사용하여 자재 및 인건비를 줄이는 경우를 생각해 볼 수 있다.

표준화(standardization)

제품 디자인에 있어서 표준은 제품에 사용되는 자재, 형상, 측정 등에 대하여 미리 정의된 규격(specification)을 의미한다. 따라서, 주어진 규격에 따라 만들어진 모든 제품은 유사하고 서로 부품교환이 가능한 것들이 된다. 전구의 경우가 좋은 예로 설명될 수 있다. 소켓과 사용 전력이 표준화되어 있어 이들은 서로 교환해 가며 사용할 수 있는 것들이 된다.

표준규격의 범위는 품목의 활용도를 높이도록 설계될 수 있다. 남성용 셔츠는 목 둘레와 팔 기장으로 표준화되어 거의 모든 사람의 체형에 적합하도록 만들어진다. 대부분의 셔츠 생산업자는 공통된 표준을 사용함으로써 고객들로 하여금 생산자에 상관없이 동일한 크기의 옷을 고를 수 있도록 하고 있다.

제품 표준화(standardization)는 부품의 상호교환을 가능하게 하므로 표준 규격의 범위를 잘 설정하기만 하면 적은 종류의 부품만을 사용하도록 할 수도 있다. 전구의 예를 살펴보면, 사용전력의 규격은 40, 60, 100 와트(watt)가 있다고 할 때, 사용자들은 자신의 필요에 맞는 전구를 선택하고 종류수가 많지 않으므로 재고를 적게 가져갈 수 있게 되는 것이다.

표준화의 또 다른 의미는 부품들이 조립되는 방식에 있다. 부속들의 디자인이 표준화되어 있어 다양한 모델의 제품들이 동일한 방식으로 생산된다면 대량생산이 가능해지게 된다. 자동차 회사들은 많은 다양한 종류의 모델을 동일한 조립라인에서 만들도록 하고 있다. 예를 들면, 엔진이 탑재되는 방법이 동일하고 탑재 칸에 맞출 수 있도록 설계되어 있다면 몇 종류의 엔진도 같은 방법으로 차대에 올릴 수 있게 된다.

모듈화(Modularization) 표준화가 고객의 선택의 폭을 줄이도록 할 필요는 없다. 구성 부품(component part) 수준에서의 표준화는 생산자로 하여금 다양한 최종제품을 만들 수 있도록 하여 고객의 욕구에 대응할 수 있도록 한다. 자동차 제조업체를 예로 들면, 자동차는 대개 수개의 표준 부품과 일련의 선택사양을 제공함으로써 고객이 이를 선택할 수 있도록 하고 있다. Mazda Miata의 경우 80% 정도를 표준부품을 사용하도록 하여 소량을 판매하면서도 낮은 비용으로 빠르게 대응할 수 있도록 하여 이익을 내고 있다. Chysler는 모든 미니밴 모형에 대해 단일 플렛폼－차량의 기본 프레임－을 적용하여 한 종류의 프레임 비용만 들도록 하고 있다.

전문화(Specialization)

전문화는 특정 영역 혹은 직무에 대해 집중적인 노력을 기울이는 것을 말한다. 전기 기술자, 의사, 변호사 등은 다 각자가 선택한 영역에 대해 전문화되어 있다고 할 것이다. 제품에 있어서 전문화라고 하면 기업이 하나 혹은 유사성을 가진 제한된 범위의 제품을 생산하도록 하는 것을 말한다. 이것은 프로세스와 노무에 있어서 전문화를 유발하고 생산성을 높여 비용을 절감하도록 할 것이다.

제한된 범위의 제품을 생산하게 되면, 다음과 같은 이유로 생산성이 향상되고 비용을 절감할 수 있게 된다.

- 제한된 범위의 제품만을 신속하고 값싸게 생산할 수 있도록 기계와 장비를 설계하거나 개발할 수 있다.
- 프로세스의 전환이 적게 발생하게 되므로 프로세스의 초기화가 적게 발생한다.
- 근무자들로 하여금 업무전환이 덜 발생하도록 하므로 숙련도가 높아져 빠르게 작업할 수 있게 된다.

전문화는 종종 집중(focus)이라는 용어로 사용되어 제품과 시장 혹은 프로세스를 대상으로 하기도 한다.

제품 및 시장 집중(Product and market focus) 이것은 고객의 유사성, 규모와 같은 수요 특성, 고객만족 수준 등을 기준으로 집단화 한 특성을 기초로 한다. 예를 들면, 기업을 높은 수요를 가지는 제품군에 대해 전문화하거나 반면에 낮은 수요를 보이는 폭 넓은 제품을 선택하여 다양한 주문에 대응하도록 할 수도 있을 것이다.

프로세스 집중(Process focus) 이것은 프로세스의 유사성에 기초한다. 예를 들면, 자동차 생산업체가 조립프로세스에만 전문화할 수도 있다. 다른 회사들이 조립에 전문화 된 업체에 부품을 납품하도록 할 수 있을 것이다.

전문화 공장(Focused factory) 최근에 제조업에 있어서 새로운 경향으로 공장이 수종의 제품 믹스(mix)에만 전문화하도록 하여 틈새시장을 공략하는 경우가 있다. 일반적으로 전문화 공장은 좀 더 복잡한 공장들에 비하여 훨씬 효율적이고 경제적으로 생산하는 것으로 알려져 있으며, 이는 한 분야에 있어서 반복적 생산과 집중이 작업자와 경영층으로 하여금 전문화의 이익을 얻도록 하는데 있다고 보여진다. 전문화 공장은 '공장 안의 공장' 형태가 되어 기존의 공장 안에 전문화된 부분만 별도의 영역을 차지하도록 하는 경우도 있다.

전문화는 유연성이 떨어지는 단점을 가진다. 대개 전문화된 장비나 인력은 처음 훈련된 업무이외의 일을 수행하기 어렵게 된다.

요약하면, 단순화, 표준화, 전문화의 발상은 각각 다르면서도 서로 연관되어 있다. 단순화는 잉여의 제거를 의미하는 것으로 표준화를 위한 시작이다. 표준화는 대부분의 요구를 수용할 수 있도록 일정한 범위의 규격 또는 표준을 정하는 것이다. 마지막으로, 전문화는 표준화가 없이는 달성될 수 없는 것이다. 특정 분야에 대한 집중이 전문화이고 이를 통하여 반복적인 생산을 하게 되므로 제품이나 프로세스에 대한 표준화가 없이는 전문화의 목표는 달성할 수 없는 것이 되고 만다.

제품의 단순화, 표준화, 전문화 프로그램은 기업으로 하여금 가장 잘 생산하고, 고객이 원하는 제품을 공급하도록 하고, 높은 수준의 생산성으로 프로세스가 돌아가도록 하는데 집중할 수 있도록 한다. 부품의 다양성을 줄이는 것은 원자재, 재공품, 완성품의 재고를 줄이도록 할 것이다. 사용되는 부품의 수가 적기 때문에 더욱 긴 생산이 가능하고 품질이 개선될 것이며, 자동화와 기계화의 기회를 가질 수 있게 된다. 이러한 프로그램은 상당한 비용을 절감하는데 기여하고 있다.

제품 명세와 설계(Product Specification and Design)

제품 디자인은 생산에 적용할 수 있는 일련의 규격을 만드는 책임을 가진다. 제품은 다음을 만족하도록 설계되어야 한다.

- 기능적일 것
- 낮은 프로세스 비용이 들도록 할 것
- 환경적으로 민감할 것(Environmentally sensitive)

기능성(Functional) 이것은 제품이 시장에서 명시하는 기능을 수행할 수 있도록 설계되어야 한다는 것이다. 마케팅 부서에서는 기대 성능, 판매 규모, 판매 가격 등으로 전개하여 시장이 요구하는 명세를 만들어 낸다. 제품 디자인을 담당하는 엔지니어는 시장의 명세를 만족하도록 제품을 설계한다. 이들은 제품이 만들어졌을 때 시장에서 원하는 기능을 수행하도록 크기와 사양, 규격 등을 만들어 내게 된다.

저 비용 프로세스Low-cost processing) 제품은 최소의 비용으로 생산하도록 설계되어야 한다. 제품 디자이너는 원자재, 허용오차, 기본 외관, 접합을 위한 방법 등과 같은 것들을 명시하고 이러한 명세를 통해 최소 생산비용을 정하게 된다. 대개는 많은 수의 설계가 기능상 그리고 외관상의 명세를 만족할 수 있을 것이다. 따라서 생산비용을 최소화 할 수 있는 설계를 선택하는 것이 중요한 일이 된다.

빈약한 설계는 다음과 같은 이유로 프로세스에 비용을 더하게 된다:

- 제품과 부품들이 경제적인 방법에 의해 생산되지 못하도록 설계될 수 있다.
- 부품은 많은 잉여자재를 제거하도록 설계될 수 있다.
- 부품의 가공이 어렵게 설계될 수 있다.
- 표준화된 부품이 적다는 것은 일괄(batch) 작업의 규모가 작다는 것을 의미한다. 일련의 제품에 대하여 표준 부품을 사용하게 되면 재고 상태의 부품 수, 치공구, 작업자의 훈련 등을 줄일 수 있고 전용 기계의 사용을 가능하게 한다. 이 모든 것이 생산비용을 절감하는 것이다.
- 마지막으로, 제품의 설계는 생산계획, 구매, 재고관리, 그리고 검사와 관련된 간접비용에 영향을 미칠 수 있다. 예를 들어 하나의 제품 디자인이 20 개의 서로 다른 표준화되지 않은 부품을 필요로 하는 반면 다른 디자인이 15 개의 표준 부품을 사용한다면 앞의 경우에 있어서 자재의 흐름과 프로세스를 계획하고 통제하기 위한 노력은 훨씬 더 많은 비용을 필요로 할 것이다.

저 비용이 설계에 반영되어야만 한다.

환경 혹은 녹색 민감성(Environmental or 'green' sensitivity) 여기에는 몇 가지 문제들이 포함 혹은 고려되어야 한다. 그 중 하나는 사용되는 자재와 프로세스 과정과 관여한다. 구체적으로 말하자면, 자재가 재활용 혹은 재사용 가능한가가 고려되어야 한다는 것이다. 그렇지 않다면, 이 자재가 환경에 유해한지 아닌지를 살펴 보아야 한다. 더불어 그 자재가 얼마나 재활용 혹은 재사용하기 쉬운지를 고려해 보여야 한다. 이러한 많은 환경 관련 고려들은 지속가능성(sustainability)이라는 종합적 명제 아래 나열될 수 있다. 지속가능성은 또한 책임감 있는 지역사회 '시민' 의 역할을 담당하는 것과 도덕적인 사업 접근 방식을 선택하는 문제를 포함할 수 있는 것이다.

동시 공학(Simultaneous Engineering)

제품을 낮은 비용으로 생산할 수 있도록 설계하기 위해서는 제품과 프로세스 설계 사이의 조화가 필요하게 된다. 두 가지 작업이 함께 이루어질 수 있다면, 시장에서 요구하는 기능을 만족시키면서도 최소의 비용으로 생산할 수 있는 제품을 설계 할 수 있을 것이다. 제품 설계와 프로세스 설계의 이러한 관계는 제품의 성공과 실패를 결정할 수도 있다. 제품이 수익을 낼 수 없을 정도의 비용으로 생산되어야 한다면 이것은 기업 입장에서는 실패한 제품이라 할 것이다.

전통적인 제품과 프로세스 설계의 접근방법은 어느 정도 릴레이 경주와 같다고 본다. 제품 설계가 끝나면 프로세스 설계부서로 옮겨져 제품을 어떻게 만들 것인지 결정하곤 하였다. 이러한 체계는 많은 시간과 비용을 필요로 하였다. 그림 14.2는 제품의 개발주기와 관련하여 모든 이해 관계자들의 의사교환이나 상호작용이 없을 경우에 어떠한 상황이 발생할 수 있는지에 대한 우화를 보여주고 있다.

오늘날, 많은 기업들이 제품과 프로세스에 대한 설계를 동시에 진행하고 있다. 대개는 제품 디자인, 프로세스 디자인, 품질보증, 생산계획 및 재고관리, 구매, 마케팅, 현장 서비스, 그리고 제품의 배송 등과 관련된 부서의 인력들로 하나의 팀을 구성하게 된다. 이 그룹이 제품 디자인을 완성하는 가운데 고객의 요구를 만족시키고 최소의 비용으로

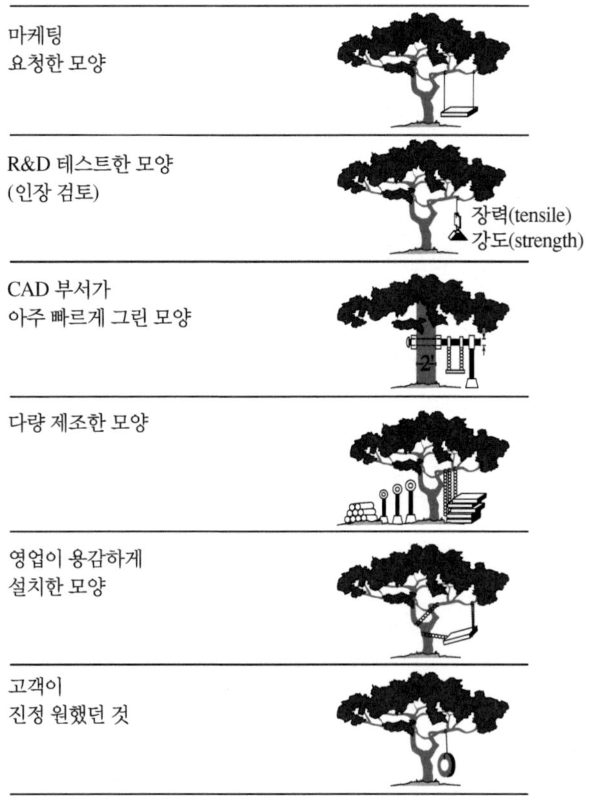

그림 14.2 의사교환이 필수적이다

고객에게 전달되도록 할 것이다.

이러한 접근방법이 가지는 장점은 다음과 같다.

- 제품출시시간(time to market)이 단축된다. 경쟁업체에 비하여 제품을 조기에 출시할 수 있는 기업은 강한 경쟁우위를 확보할 수 있게 된다.
- 비용이 절감된다. 초반부에 모든 이해관계자를 참여시키는 것은 설계 변경에 대한 비용을 최소화하는 것이 된다.
- 품질이 향상된다. 제품 생산이 용이하고, 품질관리에도 편리할 것이므로 불량률이 줄어들게 된다. 품질이 향상되므로 판매 후 서비스에 대한 필요성이 감소한다.
- 전체 시스템 비용이 절감된다. 제품 설계에 의해 영향을 받게 될 모든 그룹이 참조되어 모든 이해관계가 설명된다. 예를 들어 현장 서비스 입장에서는 제품이 현장 서비스에 적합하도록 설계됨으로써 서비스 비용이 절감되도록 할 것이다.

프로세스설계(Process Design)

운영관리(Operations management)의 책임은 고객이 원하는 제품과 서비스를 제공하는데 있어 원하는 시점에, 품질을 만족하며 최소의 비용으로 최대의 효과와 생산성을 만족시키는 것에 있다. 프로세스(Processes)는 운영관리가 다음의 목표를 만족하기 위한 수단을 말한다.

프로세스는 다수의 단계 혹은 작업을 통하여 무언가를 수행하는 방법을 말한다. 프로세스설계는 이러한 단계들을 개발하고 설계하는 것을 말한다.

우리가 하고 있는 모든 것은 약간의 설명을 덧붙일 수 있는 프로세스라 할 수 있다. 우리가 은행에 가서 돈을 입금 혹은 인출하거나, 음식을 준비하거나, 여행을 떠나거나 하는 것들이 다 프로세스와 관련된 것이다. 가끔은 소비자로서 프로세스에 개입되기도 한다. 우리들 대부분은 매점의 카운터 앞에서 대기하기도 하며 왜 고객에 대한 서비스를 향상시키기 위해 더 나은 프로세스를 개발하지 않는가 하는 의문을 품기도 하는 것이다.

내포(Nesting) 프로세스의 계층구조를 살펴보는 또 다른 방법은 내포(Nesting) 개념이다. 작은 프로세스들이 서로 연결되어 큰 프로세스를 형성한다. 그림 14.3을 살펴보자. 수준 0은 일련의 단계를 보여주고 있으며, 각각은 동시에 자체적인 수개의 단계를 포함하기도 한다. 수준 0에 포함된 작업 중의 하나는 구성부분으로 전개되어 수준 1에 나타낼 수 있다.

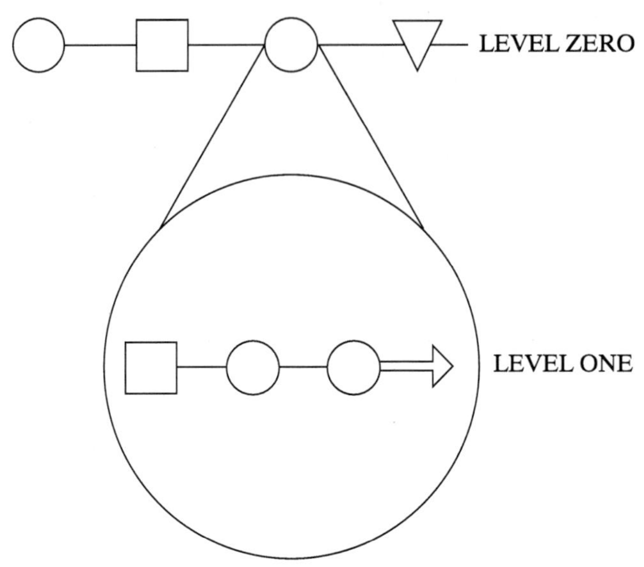

그림 14.3 내포의 개념

이러한 중첩의 과정은 세부적인 다음 단계로 연속될 수 있다.

대량고객화(Mass customization) 최근 프로세스 과정의 유연성에 일어난 변화는 대량고객화라는 개념을 발전시켰다. 운영이 충분히 효율적이고 유연성있게 설계되어 있다면, 이는 고객의 구체적 요구에 맞춘 특별 주문 상품을 대량생산 상품과 사실상 같은 비용으로 생산할 수 있을 것이다.

프로세스설계에 영향을 미치는 요소(Factors Influencing Process Design)

프로세스를 설계하는데 있어서 다음과 같은 다섯 가지 요소를 고려하도록 한다.

제품 설계와 품질 수준(Product design and quality level) 제품설계는 원자재와 부품을 완성품으로 만드는 기본적인 프로세스를 결정한다. 예를 들면, 스테이크를 통구이로 요리하기 위해서는 통구이 프로세스가 포함되어야 하는 것이다. 프로세스 설계자는 대개 이러한 프로세스를 위한 다양한 기계나 작업방법으로부터 적절한 방법을 선택할 수 있다. 기계나 작업의 종류는 생산되어야 하는 양, 사용 가능한 설비, 만족할 만한 품질 수준 등에 기초하여 선택된다.

희망 품질 수준은 프로세스가 반복적으로 이를 수행해 나가는 가운데 원하는 품질 수준을 만족할 수 있어야 하므로 프로세스설계에도 영향을 미치게 된다. 만일 프로세스가 이를 충족시킬 수 없다면 비싼 검사나 재작업을 하지 않는 한 프로세스는 원하는 바를 달성할 수 없게 된다. 프로세스 설계자는 기계나 프로세스의 능력을 알고 있어야 하며 최소의 비용으로 품질을 만족시킬 수 있는 것을 선택할 수 있어야 한다.

수요 패턴과 유연성(Demand pattern and flexibility needed) 제품에 대한 수요가 유동적이라면, 프로세스는 이러한 변화에 신속히 대응할 수 있을 정도로 유연하여야 한다. 예를 들면, 다양한 종류의 음식을 제공하는 음식점이 하나 있다고 하자. 이 경우 프로세스는 햄버거를 익히다가 피자를 구울 수 있는 만큼의 유연성을 가지고 있어야 한다. 역으로, 피자 전문점이 피자만을 만들어 판다면 다른 음식을 위한 프로세스는 필요하지 않을 수도 있다. 프로세스의 유연성은 유연한 설비와 다수의 다양한 일을 수행할 수 있는 작업자를 필요로 한다.

수량/생산능력에 대한 고려(Quantity/capacity considerations) 제품 설계, 생산량, 프로세스 설계는 밀접한 관계를 가지고 있다. 제품과 프로세스 설계 모두 생산량에 의존하는 특성을 가진다. 예를 들면, 한 품목에 대하여 한 개만 생산하고자 하는 경우와 100,000개를 생산하고자 하는 경우는 설계와 프로세스에 있어 다르게 될 수 있다. 필요한 양과 프로세스 설계는 생산능력을 결정하게 된다. 그림 14.4는 이들 간의 관계를 묘사하고 있다. 여기서 세 가지 모두 고객과 직접적으로 연결되어 있음을 주목하라.

고객 참여(Customer involvement) 1장에서 우리는 생산에 있어 4가지 전략 주문설계생

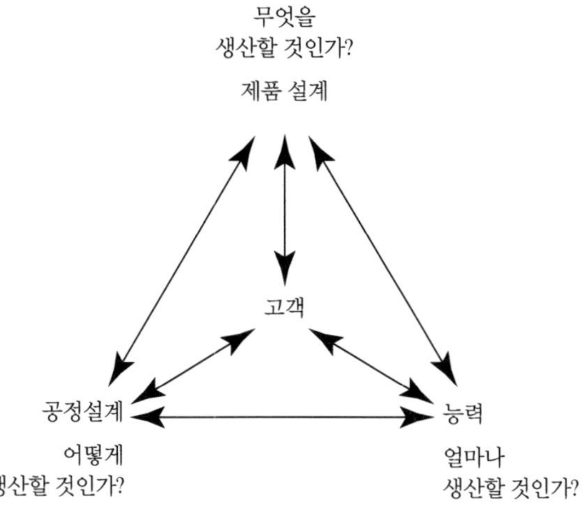

그림 14.4 제품 설계, 프로세스 설계, 생산능력은 밀접한 관계에 있다.

산(ETO: engineer-to-order), 주문생산(MTO: make-to-order), 주문조립생산(ATO: assemble-to-order), 스탁생산(MTS: make-to-stock)과 각각에 있어서 고객의 참여 정도를 살펴보았다. 프로세스 디자인은 선택된 생산전략에 종속 된다.

환경적 고려요소들(Encironmental concerns) 프로세스과정은 환경에 최소한의 영향을 주도록 설계되어야 한다. 더불어 에너지 활용의 총량도 최소화될 수 있도록 고려되어야 한다. 이러한 고려는 곧 프로세스 운영비용에 직접적으로 영향을 준다. 페인트(채색)작업은 종종 환경 및 노동자들에게 유해한 여러 용액 및 화학 약품의 사용과 관계된다. 이 오염과 정화를 감소하기 위해 수성페인트가 개발되었다. 수성페인트와 수성페인트용 장비들은 종종 고가이지만 기업으로 하여금 정화 및 노동자 보호 비용을 절감할 수 있도록 해 준다.

Make or buy decision(생산 혹은 구매 결정) 제조 업체는 부품을 자체적으로 생산할 것인지 외부 업체로부터 조달할 것인지 선택할 수 있다. 필요한 모든 것을 전부 생산하거나, 구매하는 기업은 거의 없다. 북미의 제조업체들은 생산원가의 50% 이상 부분을 구매하고 있는 것으로 알려져 있다. 결국 어떠한 품목을 생산하고, 어떠한 품목을 구매할 것인지에 대한 의사결정이 필요하게 된다. 비용이 주된 결정인자가 되지만 대개 다음과 같은 인자들이 고려된다.

자체 생산 이유(Reasons to Make In-House)

- 공급업자보다 낮은 가격에 생산할 수 있다.
- 기존 설비를 최대한 활용할 수 있다.
- 핵심 프로세스를 기업 내부에 두어 통제할 수 있다.
- 품질을 유지할 수 있다.
- 작업 인력을 유지할 수 있다.

외부 조달 이유(Reasons to Buy out)

- 자본 투자가 적다.
- 전문성 있는 공급업자를 활용할 수 있다.
- 고유의 전문 영역에만 집중하도록 한다.
- 경쟁력 있는 가격을 제공할 수 있다.

많은 품목에 있어 생산 혹은 구매의 결정은 볼트나 너트와 같이 쉽게 구분이 가는 경우가 있고, 모터나 부속과 같이 대개의 기업에서 생산하지 않는 품목도 있다. 다른 품목들은 기업의 전문 영역이라서 자체생산이 요구되는 경우도 있다.

가공설비(Processing Equipment)

가공 설비는 몇 가지 유형으로 분류할 수 있겠으나 여기서는 기계나 장치의 전문성의 정도에 따라 분류하기로 한다.

범용 기계(General-purpose machinery) 이것은 다양한 작업을 수행하도록 하거나 다양한 제품에 대해 사용될 수 있다. 예를 들면, 가정에서 사용되는 재봉틀은 여러 가지 물건에 대해 박거나 바느질하도록 쓰일 수 있다. 또한 다른 보조기구를 사용하여 자수 등을 할 수도 있다.

전용 기계(Special-purpose machinery) 이것은 하나 또는 유사한 몇 가지 작업 단위를 수행하도록 설계된 것이다. 예를 들면, 셔츠의 소매만을 바느질하도록 고안된 바느질 기계는 다양한 사이즈의 셔츠에 대해 동일한 작업을 할 수 있을지라도 다른 작업들은 수행하기 어렵게 될 것이다.

범용기계는 일반적으로 적은 비용이 든다. 그러나 작업시간이 느리고 사람이 조작하기 때문에 전용기계를 사용하는 경우보다 품질이 떨어지는 경향이 있다. 전용기계는 유연성이 떨어지는 반면 부품을 범용기계에 비하여 훨씬 빠르게 생산할 수 있다.

프로세스 시스템(Process Systems)

제품 디자인, 규모, 가용 설비 등을 고려하여 프로세스 기술자는 제품을 만들기 위한 시스템을 설계한다. 자재의 흐름을 기초로 하여 프로세스는 다음의 세 가지 방식으로 조직화 할 수 있다:

- 흐름 프로세스(flow)
- 단속적 프로세스(intermittent)
- 프로젝트 프로세스(Project, 고정위치)

시스템은 품목에 대한 수요, 제품 범위, 자재 이동의 용이성 등에 영향을 받게 된다. 세 가지 모두 자동차나 교재 등과 같은 분리된 단위의 품목을 생산하거나 가솔린, 페인트,

비료 등과 같은 연속적인 제품을 생산하는데 적용될 수 있다.

흐름프로세스(Flow Process)

제품 혹은 제품군을 생산하기 위한 작업장(workstation)이 부서 내에 그룹을 형성하고 제품을 생산하는 순서에 따라 배치된다. 조립 라인, 정유, 철판 롤(roll)을 만드는 공장을 예로 들 수 있다. 작업의 흐름은 한 작업장에서 다음으로 거의 일정한 속도로 지연 없이 진행된다. 작업장 사이에 물건을 이동시키는 기계적 방법이 있다. 자동차와 같이 단위가 분절적이면 흐름생산은 반복생산(repetitive manufacturing)이라 하고 가솔린과 같은 경우 연속생산(continuous manufacturing)이라 한다. 그림 14.5는 특정한 흐름 형태를 보여주고 있다.

흐름 시스템은 단지 제한된 범위의 유사제품 만을 생산한다. 예를 들면, 한 조립라인이 특정 종류의 냉장고를 만드는데 사용된다면 세탁기를 만드는 데는 사용할 수 없을 것이다. 적용되는 작업내용이 틀리고 순서가 다르기 때문이다. 제품군에 대한 수요가 충분히 커야만 라인을 구축하는 경제성이 정당화될 수 있다. 충분한 수요가 있다면 흐름 시스템은 다음과 같은 이유로 효과적이 된다:

- 작업장이 한정된 범위의 유사한 제품만을 생산하도록 설계됨으로써, 기계와 공구가 전문화될 수 있다.
- 자재가 한 작업장에서 다른 작업장으로 흐르게 되어 재공품 수준이 낮아진다.
- 흐름 시스템과 낮은 재공품 수준에 의해 생산주기가 짧아진다.
- 대부분의 경우, 흐름 시스템은 노동력을 자본과 대체하고 단순하고 반복적 임무를 수행하도록 표준화 한다.

비용 효과적이기 때문에, 이러한 가공 시스템은 어디에서든 어느 정도 사용되어져야 한다.

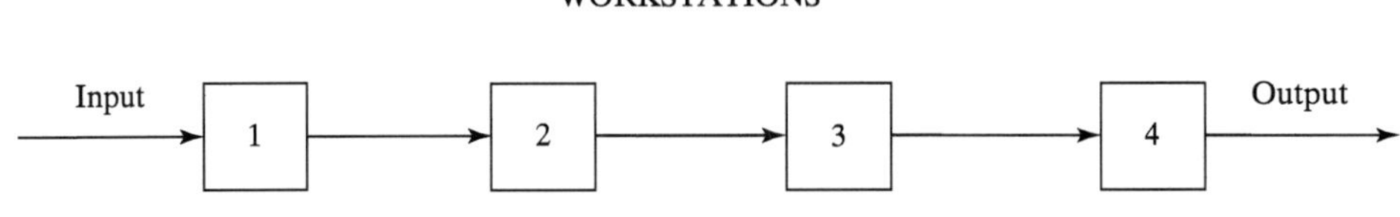

그림 14.4 자재의 흐름: 흐름공정

단속프로세스(Intermittent Process)

단속적 생산에서는 제품이 흐름생산에서와 같이 연속적으로 생산되지 않는다. 대신에 로트(lots) 혹은 배치단위로 주기적으로 생산된다. 작업장은 많은 서로 다른 부품을 가공할 수 있어야 한다. 따라서 다양한 일을 수행할 수 있도록 범용기계가 사용된다.

범용 작업장은 흐름생산에서의 전용 작업장에 비해 빠른 속도로 제품을 생산하지는 않는다. 대개 작업장은 유사한 종류의 기술이나 장비에 따라 부서 내에 배치된다. 예를 들어 모든 용접이나 조립프로세스는 한 부서에 위치하도록 하고, 기계 공구는 다른 부서에 배치할 수 있다. 작업은 제품생산에 필요한 작업장만을 거쳐가도록 하고 나머지는 건너 뛰며 진행된다. 이것은 그림 14.6에 나타난 바대로 뒤범벅되어진다.

단속프로세스는 유연하다. 한 부품 또는 업무에서 다른 것으로의 이동이 흐름프로세스에 비해 빠르게 전환된다. 이것은 범용기계를 사용하고 숙련되고 필요한 여러 가지 일을 수행할 수 있는 유연성이 있는 작업자를 사용하기 때문이다.

작업흐름의 통제는 각각의 묶음 작업에 대한 개별 주문 단위로 관리된다. 이러한 점과 작업흐름의 뒤섞임으로 인해 생산계획과 통제의 문제는 심각성을 가진다. 대개 많은 작업주문이 존재하고 각각이 다른 방식으로 처리될 수 있다.

작업량의 정도가 어느 정도 이상이 되면 흐름생산이 단속생산보다 경제적이 된다. 이것은 다음과 같은 이유 때문이다:

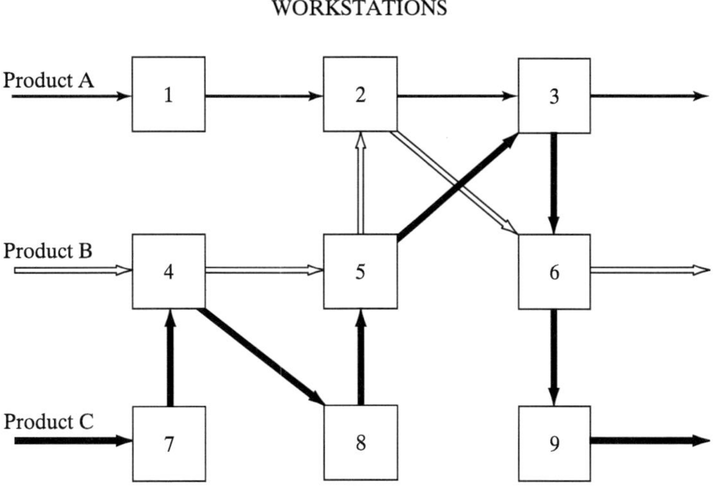

그림 14.6 자재 흐름: 단속 프로세스

- 초기화 비용이 낮다. 일단 라인이 설치되면 다른 제품을 생산하기 위한 전환이 거의 발생하지 않는다.
- 작업장이 특정한 제품을 위해 설계되므로 가동비가 낮다.
- 제품이 한 작업장에서 다음으로 연속하여 움직이므로 재공품 재고가 적다.
- 작업의 흐름이 정해진 순서로 프로세스를 따라 흐르게 되어 생산 통제와 연관된 비용이 낮다.

특정 부품의 규모는 라인의 생산능력을 충분히 활용할 수 있을 정도로 커서 자본비용을 정당화 할 수 있어야 한다.

프로젝트(고정위치) 프로세스(Project(Fixed Position) Process)

프로젝트 또는 고정위치 생산은 기차, 선박, 건물 등과 같은 대형의 복잡한 프로젝트를 대상으로 한다. 제품은 선박의 경우에서와 같이 전체 조립기간 동안 한 위치에 고정될 수도 있고 상당량의 작업과 시간이 투여 된 이후에 장소를 이동하게 될 수도 있다. 대형 항공기가 이와 같은 방식으로 건조된다. 프로젝트 생산방식은 제품을 한 작업장에서 다른 곳으로 이동하는데 드는 엄청난 비용을 피할 수 있다는 장점을 제외하고는 별다른 이점이 없다.

지금까지 설명한 세 가지 방식을 조합한 많은 변형이 있다. 기업은 특정 제품을 생산하기 위한 최적의 조합을 찾으려 노력할 것이고, 많은 기업에서 세 가지 방법이 모두 사용되는 경우를 보게 된다.

프로세스 선택(Selecting The Process)

일반적으로, 생산량이 증가할수록 전문화 된 프로세스를 적용할 기회가 커지게 된다. 작업에서 전문성이 증가할수록 생산속도는 증가한다. 대개 그러한 전용기계나 도구, 장치 등의 자본비용은 높은 편이다. 자본비용은 고정비용이라 하고 생산, 또는 가동비용은 변동비용이라 불린다.

고정비용(Fixed Cost) 고정비용은 생산량의 변동과 관계없이 일정한 수준을 가진다. 기계의 도입비용 이나 초기화 비용 등이 고정비용으로 간주된다. 생산량이 많던 적던 간에 이 비용은 일정한 값을 가진다. 프로세스의 초기화 비용이 $200이라면 이것은 얼마 만큼을 생산하든 간에 일정할 것이다.

변동비용(Variable Cost) 이것은 생산량에 따라 달라진다. 직접 인건비나 직접 자재비가 이에 해당한다. 제품에 대한 가동시간이 단위 당 12분이고 직접 인건비가 시간 당 $10이며, 단위 당 자재비가 $5이라 하면:

$$\text{변동 비용} = \frac{12}{60} \times \$10.00 + \$5.00 = \$7.00 \text{ /단위}$$

[정의]

FC = 고정비용(Fixed cost)

VC = 변동비용(Variable cost)

x = 생산량(Number of units to be produced)

TC = 전체 비용(Total cost)

UC = 평균단가(Unit cost per unit)

전체비용 = 고정비용 + (단위 당 변동비용)(생산량)

따라서,

$$TC = FC + VCx$$

$$\text{평균단가} = (\text{전체비용})/(\text{생산량}) = TC / x$$

예제

프로세스 설계자가 한 품목을 생산하는 두 가지 방법을 고려하고 있다. 방법 A는 치공구를 위한 고정비용으로 $2000이 들고 단위 당 변동비용은 $3이라고 한다. 방법 B는 전용기계를 사용하는 것으로 이를 위한 고정비용으로 $20,000이 들고 단위 당 변동비용은 $1이라고 한다. 여기서 *x*를 생산량이라고 하자.

	방법 A	**방법 B**
고정비용	$2000.00	$20,000.00
단위 당 변동비용	$3.00	$1.00
전체비용	$2000.00 + 3*x*	$20,000.00 + 1*x*
평균단가	$\frac{\$2000.00 + 3x}{x}$	$\frac{\$2000.00 + 1x}{x}$

표 14.1은 생산량이 증가함에 따라 전체비용이 어떻게 변하는가를 나타내는 것이다. 이 표에 나타난 전체비용을 그래프로 나타낸 것이 그림 14.7이다. 표 14.1과 그림 14.6으로부터 처음엔 전체비용과 단가에 있어 방법 A가 B보다 낮은 수준을 보이고 있음을 알 수 있다. 이것은 방법B의 고정비용이 더 크고 이것이 작은 생산량에 흡수되기 때문이다. 두 방법 모두 생산량이 증가할수록 전체비용은 증가하지만 방법 A의 비용이 좀 더 빠르

Volume	Total Cost (Dollars)		Unit Cost (Dollars)	
(Units)	Method A	Method B	Method A	Method B
2000	$8000	$22,000	$4.00	$11.00
4000	14000	24000	3.5	6
6000	20000	26000	3.33	4.33
8000	26000	28000	3.25	3.5
10000	32000	30000	3.2	3
12000	38000	32000	3.17	2.67
14000	44000	34000	3.14	2.43
16000	50000	36000	3.13	2.25

표 14.1 생산량 대비 전체비용, 평균비용

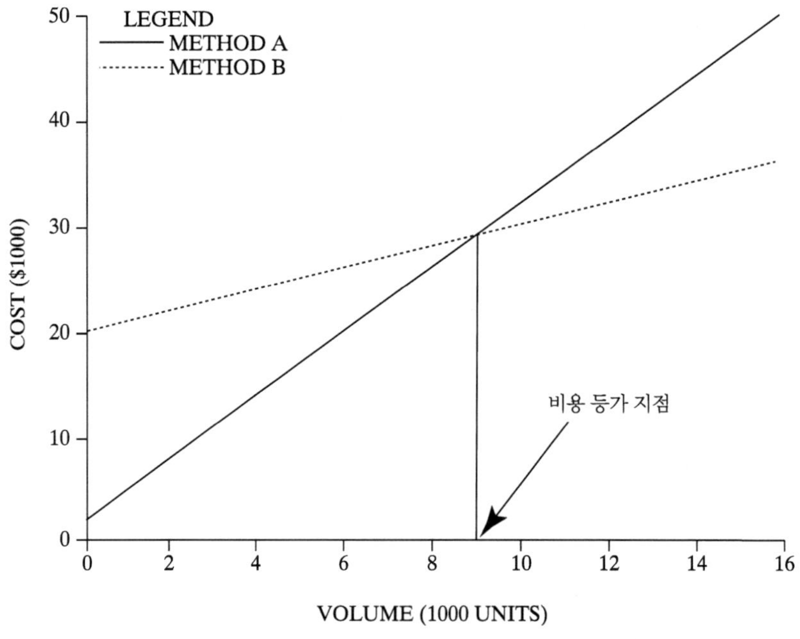

그림 14.7 생산량 대비 전체비용

게 증가하여, 생산량이 8,000과 10,000 사이가 되는 어느 시점에서부터는 방법B의 전체 비용이 더 낮아지게 된다.

유사하게, 두 방법 모두 생산량이 증가할수록 단가는 낮아진다. 하지만 방법B의 단가가 더 빨리 낮아지게 되어 생산량이 8,000과 10,000 사이가 되는 어느 시점에서 두 방법의 단가가 같아지게 된다.

비용 등가 지점(CEP: Cost Equalization Point)

방법B의 전체비용이 A보다 낮아지는 생산량을 알게 되면 전체비용을 최소화하는 프로세스를 선택하는 의사결정이 가능해진다.

이 양을 비용 등가 지점(CEP)이라 한다. 이 점에서 두 방법의 전체비용이 일치하게 된다. 앞의 예에서는 전체비용이 다음과 같이 계산된다.

$$TC_A = TC_B$$
$$FC_A + VC_A x = FC_B + VC_B x$$
$$\$2,000 + \$3x = \$20,000 + \$1x$$
$$3x + x = 20,000 - 2,000$$
$$2x = 18,000$$
$$x = 9,000 \text{ 단위}$$

CEP는 9000 단위이고 이 수량에서 두 방법의 전체비용은 같아진다.

$$TC_A = FC_A + VC_A x = 2,000 + (3 \times 9,000) = \$29,000$$
$$TC_B = FC_B + VC_B x = 20,000 + (1 \times 9,000) = \$29,000$$

전체비용이 아닌 단가를 사용해도 같은 결과를 얻게 된다. 앞서 살펴본 결과로부터 다음을 이해할 수 있다:

- 생산규모가 CEP 이하가 되면 고정비용이 작은 방법의 전체비용이 작게 된다.
- 생산규모가 CEP 이상이 되면 고정비용이 큰 방법의 전체비용이 작게 된다.

예를 들면, 생산규모가 5,000 단위가 되면 방법A가 더 낮은 비용이 들고, 10,000이 되면 방법 B가 더 낮은 비용이 든다.

자재비용과 직접 인건비가 대부분인 변동비용은 직접 노동 부문을 기계나 설비로 대체하여 절감할 수 있다. 그러나 이를 정당화하기 위해서는 생산을 위한 단가가 충분히 낮은 수준이 되도록 생산규모가 커야 한다.

생산규모의 증가(Increasing Volume)

생산량을 늘이는 분명한 방법 중의 하나는 판매량을 늘이는 것이다. 그러나, 최종제품은 구매 혹은 생산된 수개의 부품으로 이루어진다. 만일 이러한 부품의 규모가 커지게 된다면 부품의 단가나 최종부품의 단가는 줄어들게 될 것이다.

부품의 규모는 이 장의 초반부에서 살펴보았듯이 판매량의 증가 없이도 단순화나 표준화에 의해서 증가될 수 있다.

부분 조립품이나 부품이 한 제품 이상에서 사용될 수 있도록 표준화 된다면 부품의 규모는 판매량에 관계없이 증가될 수 있다. 따라서 전문화되고 빠르게 가동되는 프로세스가 정당화 되고 가동비용은 절감된다.

부품의 표준화는 현대의 대량생산에 있어서의 주요한 특징 중 하나이다. 20세기 초반 Henry Ford는 최종 제품을 표준화함으로써 제조의 혁신을 이룩한 사람이다. 그 당시 우스개 중의 하나로 '여러분은 검은색이기만 하면 어떠한 색의 차라도 살 수 있다' 는 말이 있었다. 오늘날 수 많은 종류의 자동차가 만들어지고 있으나 각 모델이 구성품과 부품들로 나누어진다면 다양한 모델에 있어서도 공통되는 부품들을 발견할 수 있을 것이다. 이러한 방법으로 현대의 제조업자들은 표준 부품들로 이루어진 폭 넓은 선택사양의 제품을 고객에게 제공하고 있다.

지속적인 프로세스 개선(CPI: Continuous Process Improvement)

사람들은 항상 어떻게 하면 일을 잘 할 수 있고 시간을 절약할 수 있는지에 대해 관심을 가져왔다. 프로세스개선(Process improvement)은 인간과 다른 자원의 효과적인 사용을 증진시키는 것과 관계되며, 연속적(Continuous)이라는 것은 끊임없는 활동을 의미하는 것이다: 개선은 생산성의 향상이나 품질 또는 조건의 가치가 증가함을 의미한다.

지속적인 프로세스 개선은 논리적인 수개의 단계와 프로세스를 분석하고 이를 개선하기 위한 기법들로 구성된다.

생산성 향상(Improving productivity) 생산성은 더 우수하고 빠른 장비나 기계를 도입하는 자본투자로써 개선될 수 있다. 그러나, 주어진 자본하에서 기계나 장비에 대해 최대의 생산성을 이끌 수 있는 방법이 고안되어야 하는 것이다. 하나의 작업장은 백만 달러 이상의 고도로 정교한 기계설비로 구성될 수 있다. 이것의 생산성과 투자 회수율은 어떻게 설비가 사용되고 운영자에 의해 관리되어지는가에 따라 많은 차이가 생기게 되는 것이다. 지속적인 프로세스 개선(CPI)은 설비가 어떻게 사용되고 관리되어야 하는 것을 결정한다.

지속적인 프로세스 개선은 생산성을 향상시키기 위하여 저 비용으로 작업방법을 설계 혹은 개선하는 방법이다. 이것의 목표는 주어진 자원의 효과적인 사용으로 생산성을 높이는데 있다. 지속적인 프로세스 개선은 작업내용의 제거에 초점을 두는 것이며, 우수한 장비도입으로 자본투자를 하는 것과는 관계없다.

Peter Drucker는 "효율성(efficiency)은 일을 올바르게 하는 것이다; 유효성(effectiveness)은 올바른 것을 하는 것이다"라는 말을 하였다. CPI의 목적은 올바른 것을 하는 동시에 이를 효율적으로 수행하는데 있는 것이다.

직원 참여(People involvement) 오늘날의 관리는 유연성 있고 성취의욕이 강한 직원들의 잠재력을 최대화할 필요성을 감지하고 있다. 사람들은 사고하고 학습하며 문제를 해결하고 생산성을 향상하는 능력을 가지고 있다. 기존의 프로세스와 설비에 대하여 익숙한 상태이므로 개선활동의 기본적 원천은 그들로부터 나올 수 있게 되는 것이다.

프로세스의 개선은 산업 기술자들만의 책임이라 할 수 없다. 작업과 관련한 모든 사람들이 그들이 수행하고 있는 프로세스를 개선할 기회를 가지고 있어야만 한다. 업무를 분석하고 개선하는데 도움이 되는 기법들은 그리 복잡하지 않으며 학습에 의해 쉽게 익힐 수 있는 것들이다. 실제로, 연속적 개선의 발상은 작업자의 참여와 상대적으로 적은 비용으로 방법을 개선하는데 기초하고 있다.

작업자는 다음 두 가지 임무를 수행한다:

- '정의된' 임무를 수행한다.
- '정의된' 임무를 개선한다.

팀(Teams) CPI의 특징 중의 하나는 팀에 의한 참여라 할 수 있다. 팀(team)이라는 것은 공통의 목표와 목적을 달성하고자 함께 협력하는 조직을 일컫는 말이다. 팀의 모든 구성원은 프로세스와 연관을 가진 사람들이어야 한다. 팀 활동이 성공할 수 있는 이유는 사람에 대한 강조에 있다. 모든 문제가 팀에 의해 풀 수 있는 것도 아니고 모든 사람이 팀에 적합한 것도 아니다. 그러나, 대개는 효과적이다. 대부분의 문제는 조직 간에 걸쳐 발생하는 것으로 이 때문에 여러 부서에서 참여하는 팀 활동이 일반적이다.

지속적인 프로세스 개선은 여전히 개개인의 노력에 의해서도 효과적으로 수행될 수 있는 것이다.

지속적인 프로세스 개선 6단계(The Six Steps in CPI)

지속적인 프로세스 개선 시스템은 과학적 방법에 기초를 두고 있다. 이러한 일반적인 방법은 많은 종류의 문제를 해결하는데 활용되고 있으며, 여섯 단계는 다음과 같다:

1. 연구 대상 프로세스를 선택한다.
2. 필요한 데이터를 수집하기 위하여 기존의 방법을 적당한 형태로 기록한다.
3. 기록한 데이터를 분석하여 대안이 되는 개선된 방법을 만든다.
4. 일을 수행하는 최선의 방법을 개발하기 위해 대안을 평가한다.
5. 작업자를 훈련하여 작업표준으로 적용한다.
6. 새로운 방법을 유지한다.

프로세스 선택(Select the Process)

첫 단계는 무엇을 연구대상으로 할 것인지 결정하는 것이다. 이것은 충분한 개선여지가 있는지를 판단하는 능력에 따른다. 기존 방법에 대한 관찰이 우선된다.

관찰(Observe) 관찰의 주요 특성은 질문하는 자세에 있다. '왜', '언제', '어떻게'와 같은 질문이 무언가를 관찰할 때마다 나와야 한다. 이러한 태도는 대개 익숙한 방법은 하나라고 가정하는 경향이 있기 때문에 어느 정도는 개발될 필요가 있다. 간혹 우리는 "우리는 항상 이렇게 일해왔다!"는 말을 듣곤 한다. '이렇게' 라는 말이 유일하고, 최선이거나 가장 효과적인 방식이라고 할 수는 없는 것이다.

어떤 것이 다른 것보다 더 나은 개선의 여지가 있을지는 몰라도 어떠한 상황도 개선 가능성은 있는 것이다. 가장 개선의 여지가 있는 영역으로 나타내지는 징후에는 다음과 같은 것들이 있다:

- 높은 불량률, 재가공, 재작업, 그리고 보수 비용
- 불량한 설비 배치로 인한 역방향 물류흐름
- 병목 현상, 과도한 시간외 근무
- 작업장 사이에 혹은 작업장 내에 발생하는 과도한 수작업에 의한 자재이동
- 특정한 원인을 알기 어려운 작업자의 불만

선택(Select) 지속적인 프로세스 개선의 목적은 작업, 제품, 또는 서비스 비용을 절감하기 위하여 생산성을 향상하는데 있다. 방법의 개선을 위하여 프로세스를 선택하는데 있어 중요한 두 가지 고려사항은 '경제성'과 '인적요소'이라고 할 수 있다.

경제성 고려(Economic considerations) 개선활동의 비용은 정당화될 수 있어야 한다. 연구활동을 하고, 개선된 방법을 적용시키는 것에 대한 비용이 적정한 시간 이내에 절감효과로써 충당될 수 있어야 한다는 것이다. 1~2년 정도가 일반적으로 사용되는 기간이다.

업무의 규모 또한 연구를 정당화 할 수 있어야 한다. 거의 모든 것이 개선될 수 있는 것이겠지만 이 개선이 가치 있는 것으로 받아들여져야 한다는 것이다. 한 방법이 다섯 시간 걸리는 작업에서 한 시간을 절감할 수 있는 방법이라고 하자. 그런데 이 방법이 한 달에 한번밖에 사용되지 않는다고 하면, 시간의 절감율은 20%가 되겠지만 연간 절감된 시간은 12시간밖에 안 되는 것이다. 대신에 또 다른 방법이 10분 작업에서 1분을 절감할 수 있는 방법으로 이것이 일주일에 200번 수행된다고 하면, 이 경우 시간의 절감율은 10%가 되겠지만 연간 173.3시간((1 × 200 × 52) ÷ 60=173.3)이 절감되는 것이 된다. 더 높은 투자이익이 생기는 셈이다.

인적요소(The human factor) 인적요소는 방법개선의 성공을 결정한다. 관리 계층이나 작업자들로부터 발생할 수 있는 변화에 대한 거부는 언제나 예상할 수 있어야 한다. 높은 피로도, 재해, 태만, 청결하지 못한 작업환경 등으로 특징 지워지는 작업환경은 개선되어야 한다. 경우에 따라서는 그러한 부분의 개선이 경제적으로 정당화되기 어려울지라도 보이지 않는 부분에서의 이점은 상당한 것이며 연구과제를 선정하는데 있어 중요한 비중을 차지하여야 한다.

파레토 도표(Pareto diagrams) Pareto 분석은 가장 경제적인 영향이 클 것으로 판단되는 문제의 선정에 사용될 수 있다. Pareto 분석의 원리는 9장에서 설명한 ABC 분석의 원리와 같다. 이 이론에 의하면 몇 개 품목(대개 20%)이 대부분의 비용이나 문제를 포함한다는 것이다. 이것은 '치명적인 소수'를 '사소한 다수'와 분리하는 것이다. 치명적인 다수의 예에는 다음과 같은 것들이 있다.

- 몇 개의 프로세스에서 대부분의 불량이 발생한다.
- 몇 개의 공급업자로부터 대부분의 반품이 발생한다.
- 몇 개의 문제점이 대부분의 프로세스 정체 시간을 차지한다.

Pareto 분석을 수행하는 단계는 다음과 같다:

1. 데이터를 분류하기 위한 방법을 결정한다: 문제별, 원인별, 불일치별 등
2. 측정 단위를 정한다. 이것은 대개 금액으로 정의하나 발생빈도를 적용할 수도 있다.
3. 적당한 기간 동안 데이터를 수집한다. 대개 모든 유사조건을 포함할 수 있는 기간이 된다.
4. 선택된 측정 단위에 따라 내림차순으로 데이터를 요약한다.
5. 전체비용을 계산한다.
6. 각 항목에 대한 퍼센트를 계산한다.
7. 각 항목에 대하여 퍼센트를 나타내는 막대 그래프를 구성하고 누적 퍼센트의 라인 그래프를 그린다.

예제

현장에서 한 제품에 대한 다수의 불량이 발생하고 있다. 불량의 유형에 따라 데이터가 수집되었으며 그 결과는 다음과 같다. 유형 A-11, B-8, C-5, D-60, E-100, F-4, 기타-12. 중요도의 내림차순으로 데이터를 요약한 표를 완성하라. 표를 이용하여 Pareto 그래프를 그려라.

답

불량유형	불량 개수	퍼센트	누적 퍼센트
E	100	50.0	50.0
D	60	30.0	80.0
A	11	5.5	85.5
B	8	4.0	89.5
C	5	2.5	92.0
F	4	2.0	94.0
기타	12	6.0	100.0
합계	200	100.0	

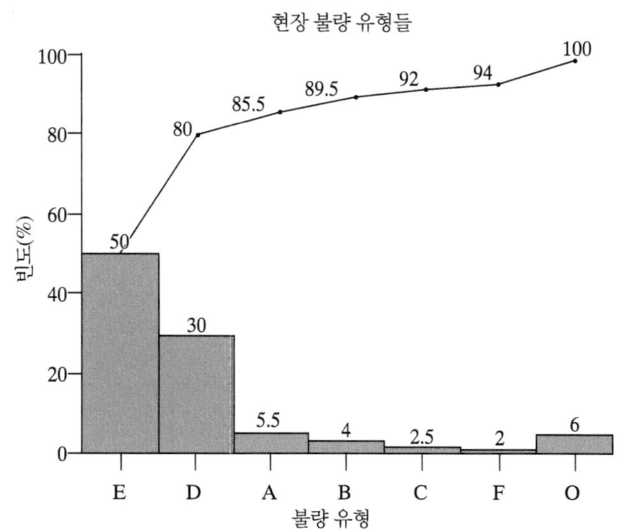

Pareto 분석은 문제가 무엇인지를 보여주는 것이 아니라 문제가 어디서 발생하고 있는지를 보여주는 것임을 주목하기 바란다. 앞의 예에서 유형 E와 D의 불량 원인을 살펴봄으로써 투입 노력에 대한 최대의 효과를 기대할 수 있다는 것이다. 여기서 데이터 수집을 위한 범주를 신중하게 선택하는 것이 중요하다. 예를 들면, 앞의 경우에서 불량의 유형을 파악하기보다 불량위치를 기록하도록 하였다면 전혀 다른 결과를 보이거나 그리 중요하지 않은 정보만을 얻게 될 수도 있다.

원인결과도표(Cause-and-effect diagram) fishbone 또는 Ishikawa 도표라고도 불리는 원인결과도표는 원인의 근본을 찾는데 유용한 도구로서 그림 14.8에 나타난 것과 같다.

원인결과도표는 그룹 혹은 조 단위의 공동작업에서 가장 유용하게 사용되며, 토론과 브레인스토밍(brainstorming)에 의해 만들어질 수도 있다. 원인결과도표를 만드는 과정은 다음과 같다.

1. 연구 대상이 되는 문제를 명시하고 이를 간단히 정의한다. 예를 들면, '기계 A에 대한 반품률이 20%이다' 등과 같이 쓴다.
2. 문제의 주요 원인에 대한 아이디어를 생각한다. 보통은 모든 가능한 근본원인을 6개의 범주로 분류할 수 있다.
   - **자재** 예를 들면, 적합한 자재에서 부적합한 자재에 이르기까지.
   - **기계** 예를 들면, 유지보수 잘 된 기계와 그렇지않은 것.
   - **사람** 예를 들면, 숙련된 기술자 대신의 미숙련 작업자.

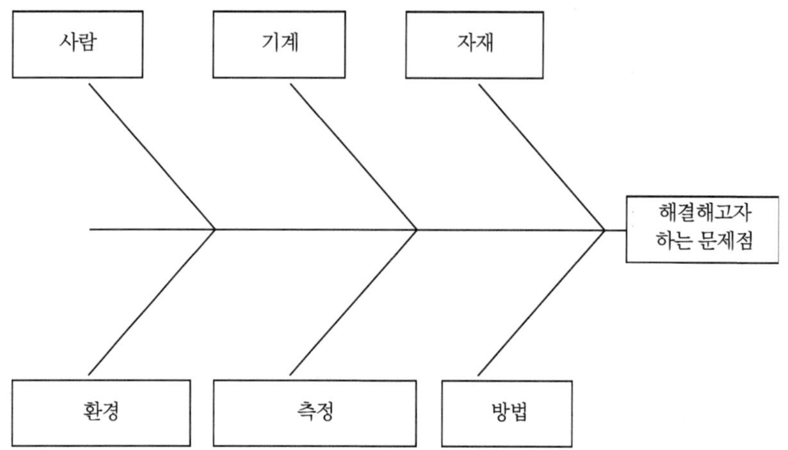

그림 14.8 원인결과도표

- **방법** 예를 들면, 기계의 가공속도 변경
- **측정** 예를 들면, 부정확한 측정도구를 사용한 부품 계측
- **환경** 예를 들면, 먼지와 습도의 증가

3. 각각의 주요 원인에 대하여 가능한 모든 원인을 브레인스톰 한다.
4. 모든 원인이 열거되면 가장 개연성 있는 근본원인을 명시하고 이에 노력을 투입한다.

기록(Record)

다음 단계는 현 프로세스와 관련된 모든 사실을 기록하는 것이다. 무엇이 기록되는지 이해하기 위해서는 연구대상 프로세스에 대한 정의가 필요하다. 기록은 프로세스를 정의한다. 프로세스에 대한 적절한 정의를 위해서는 다음 사항들을 결정하여야 한다.

- **프로세스 범위(Process boundaries)** 모든 프로세스는 크든 작든 간에 시작과 끝이 존재한다. 이 시작점과 끝점이 프로세스의 경계를 형성하게 된다. 예를 들면, 아침에 일을 시작하는 프로세스의 시작점은 침대에서 일어나는 것이고 끝점은 책상 앞에 도착하는 것이라 할 수 있다.
- **프로세스 흐름(Process flow)** 이것은 시작점과 끝점 사이에 무엇이 일어나는가 하는 것이다. 대개 이것은 시작점과 끝점 사이에 수행되는 단계들의 목록이 된다. 이 단계를 수행하는데 도움이 되는 몇 가지 기록방법이 있다. 이중 몇 가지는 이 장의 후반부에서 설명될 것이다.

- **프로세스 투입과 산출(Process inputs and outputs)** 모든 프로세스는 무언가를 변화시킨다. 변화되는 물건을 투입물(inputs)이라 하며 이것은 원자재와 같이 실체가 있는 것이 될 수도 있고 데이터 등과 같이 정보를 가진 것이 될 수도 있다. 산출물(outputs)은 프로세스를 지나온 결과라 할 수 있다. 예를 들면, 원자재는 프로세스를 지나 뭔가 유용한 물건으로 바뀌고 데이터는 보고서 등의 형태로 만들어지게 된다.
- **Components(구성요소)** 이것은 투입물을 산출물로 변환하는데 사용되는 자원을 말한다. 이는 사람, 방법, 그리고 장비로 구성된다. 프로세스의 투입물과 달리 구성요소는 산출물을 구성하는 부품이 아니라 프로세스의 한 부분이라고 말할 수 있다. 예를 들면, 보고서를 만드는데 있어서 문서편집기, 그래픽 프로그램, 컴퓨터, 프린터 등은 모두 구성요소가 된다.
- **고객(Customer)** 프로세스는 고객에 대한 봉사를 위해 존재하는 것이며 고객은 최종적으로 프로세스가 해야 할 바를 정의한다. 고객의 욕구가 고려되지 않는다면 고객에게는 별로 중요하지 않은 산출물을 대상으로 개선이 이루어지는 상황이 될 수도 있다.
- **공급업자(Suppliers)** 이들은 투입물을 제공하는 사람들을 일컫는 것으로 조직의 내부에 있을 수도 있고 밖에 있을 수도 있다.
- **기업 환경(Business Environment)** 프로세스는 내적 혹은 외적인 인자에 의해 통제된다. 외적인 인자는 관리의 범위를 넘어선 것들로 프로세스의 산출물에 대한 고객의 승인, 경쟁자, 정부의 규제 등과 같은 것을 말한다. 내적 인자는 조직 내에 존재하여 통제할 수 있는 것을 말한다.

그림 14.9는 시스템의 구성도를 보여주고 있다.

다음 단계는 현 방법과 관계된 모든 사실을 기록하는 것이다. 기록이라고 하는 것은 우리가 분석기간 동안에 머리 속에 많은 세부사항을 다 보관할 수 없기 때문에 필요한 것이다.기록을 함으로써 문제의 모든 원소를 논리적인 순서에 따라 고려할 수 있고 프로세스의 모든 단계를 전부 검토하고 있다는 확신을 할 수 있게 된다. 현 방법에 대한 기록은 또한 중요한 조사나 개선방법의 개발에 있어 중요한 기초가 되기도 한다.

활동 분류(Classes of activity) 사용되는 몇 가지 도표를 언급하기에 앞서 기록되어야 할 활동이 무엇인지를 살펴보아야 한다. 모든 활동은 일반적으로 6가지 중 하나에 속하게 된다. 속기를 위한 방법으로, 보편화 된 6가지의 기호가 있다. 그림 14.10은 각각의 활동

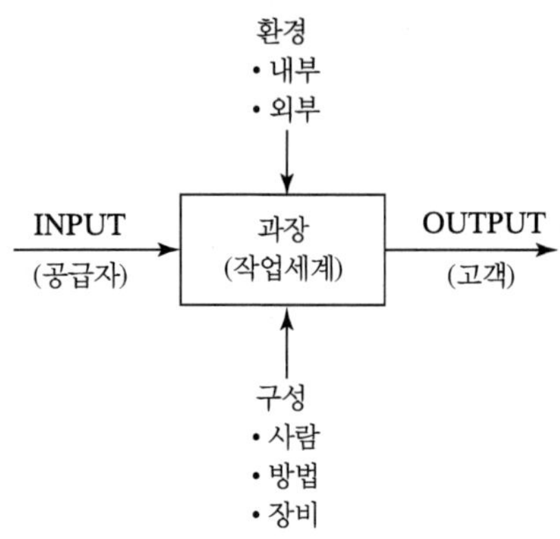

그림 14.9 프로세스의 구성도

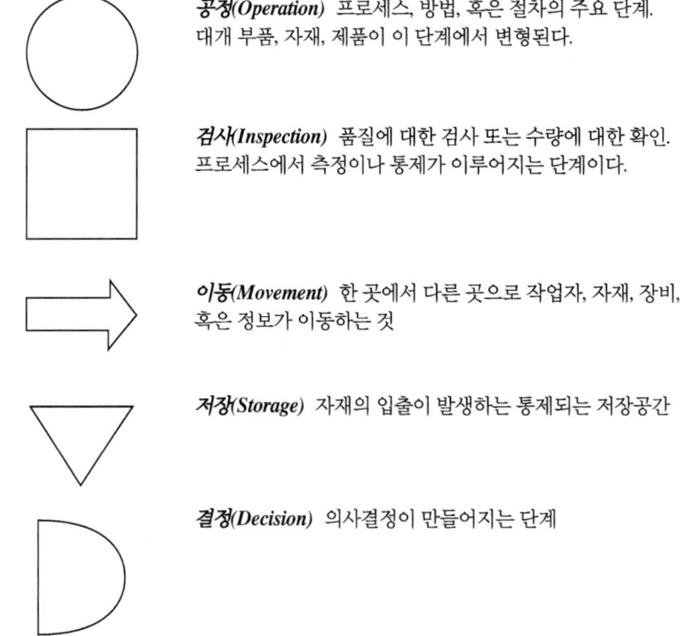

그림 14.10 활동의 분류

과 이에 대응하는 기호를 설명하고 있다. 이들 중 '결정'은 항상 사용되지는 않을 수도 있다. 이 경우 '작업'으로 간주되기도 한다.

다음은 도표를 사용하는 몇 가지 방법을 설명하고 있다.

공정 프로세스 도표(Operations Process Charts) 이 도표는 주요 프로세스와 검사에 대해 연속적으로 기록한다. 이것은 초기 조사활동에서 유용하며 프로세스에 대해 개관

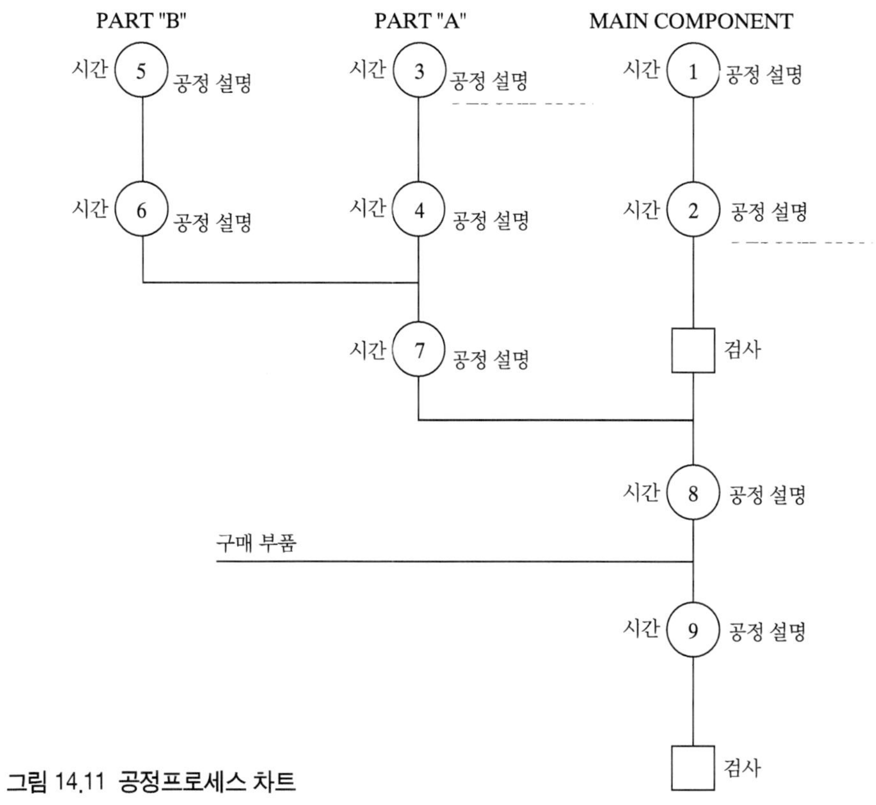

그림 14.11 공정프로세스 차트

(bird's eye vies)적인 시각을 제공한다. 그림 14.11은 이 표를 나타낸다.

또한 각 작업에 대한 설명과 시간이 표시되어 있다. 공정프로세스 차트는 제품의 이동을 기록하기 위해 사용될 수도 있다.

프로세스흐름표(Process flow diagram) 프로세스흐름표는 프로세스를 구성하는 다양한 단계와 사건 등을 도식적이고 순차적으로 표현하는 것이다. 이것은 제품이 만들어지거나 서비스가 수행되는데 있어서 실제로 무엇이 이루어지는지를 도표형태의 그림으로 제공한다. 그림 14.10에 나타난 기호 이외에도 재작업이나 문서화 등과 같은 것이 표현될 수 있다. 그림 14.12는 프로세스흐름표의 예를 나타낸다. 이 예에서 프로세스는 물건을 인수하는 시점에서 시작하고 수표가 공급업자에게 전달되는 시점에서 끝나고 있다.

분석(Analyze)

조사와 분석은 지속적인 프로세스 개선의 핵심적인 단계에 해당한다. 다른 모든 단계가 중요하기는 하나 이들은 성패를 좌우할 수 있는 분석단계를 이끌어 내거나, 분석으로부

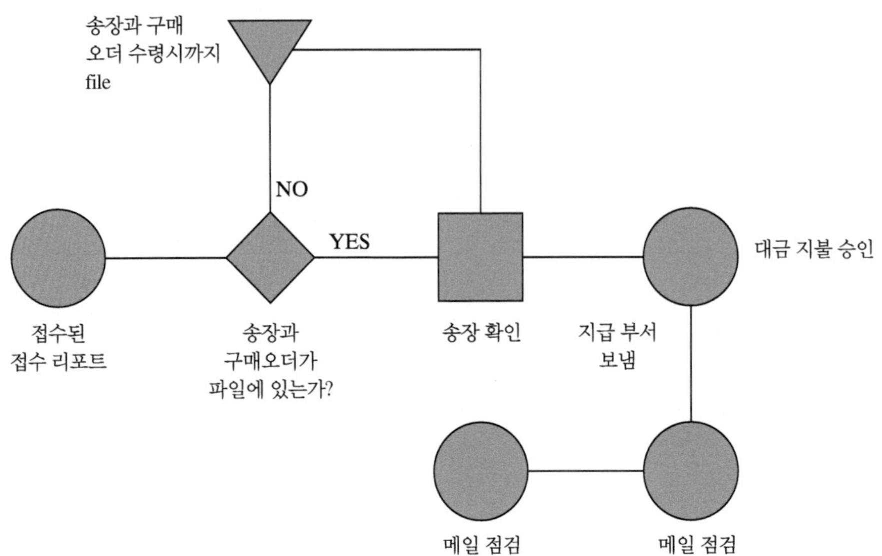

그림 14.12 프로세스흐름표

터 이어지는 결과에 해당하는 단계라고 할 수 있다. 이 단계에서는 현재 수행중인 방법의 모든 면을 관찰하여 분석하고 모든 가능한 방법을 평가한다.

근본원인의 발견(Find the root cause) 대부분 문제의 근본원인으로부터 발생하는 증상을 구분하기는 어렵다. 근본원인을 발견하기 위해서는 질문하는 자세를 견지할 필요가 있다. 분석가에 있어서 '왜' 라는 단어는 무척이나 중요한 것이다. 기존 방법의 모든 면들이 질문되어야 한다. 루드야드 키플링(Rudyard Kipling)의 저서인 'Just-So Stories' 에는 다음과 같은 말이 있다:

나는 6명의 하인이 있다
그들은 내가 아는 것을 모두 가르쳤다
그들의 이름은 What(무엇), Why(왜), When(언제)
그리고 How(언제), Where(어디) 그리고 Who(누구)이다

키플링은 우리가 질문할 때 사용하는 6개의 단어를 의인화하고 있다; 이것들은 분석가에게 있어서도 해당되는 말일 것이다.

많은 문제해결에 적용되는 경험적 원칙 중 하나는 문제의 근본원인에 도달하기에 앞서 '왜' 라는 질문을 다섯번은 해보라는 것이다.

조사에 있어서 다음의 세 가지 접근방법은 도움이 될 것으로 생각된다.

- **질문하는 태도** 이것은 열린 마음으로 보여지는 사실이 아닌 있는 그대로의 사실을 조사하여 선입견과 섣부른 판단을 피하라는 말이다.
- **무엇이 달성되었고 그것이 어떻게, 왜 그렇게 되었는지를 알기 위하여 전체 프로세스를 살펴본다** 이러한 질문에 대한 답은 전체프로세스의 유효성을 결정할 수 있을 것이다. 그 결과는 해당 프로세스가 필요하지 않다는 결론으로 이어질 수도 있다.
- **프로세스의 부분들을 조사한다** 활동은 크게 두 가지로 나눌 수 있다: 제품에 무언가 변화를 일으키는 것(작업, 검사, 이동)과 아무런 생산적 변화를 일으키지 않는 것(지연, 저장)이 바로 그것이다. 첫 번째 경우에 있어서, 가치는 부품이 가공 중에 있어야 더해지는 것이 된다. 초기화나 이동 등은 필요한 것이기는 하지만 비용은 더할 지라도 가치는 향상시키지 않는 활동에 해당한다. 이들은 최소화될 수 있어야 한다. 다시 말하면, 제품이 가공 중에 있어야 가치가 증가하는 것이고, 목표는 이들 작업의 생산성을 향상시키는데 있다는 것이다.
- **생산율, 물품 처리량(item through-put), 재공 재고(process inventory)간의 관계를 분석한다** 자재 인풋율이 아웃풋율과 같은 재조 프로세스에 있어서, 프로세스중 재고 총량과 한 개 물품이 프로세스를 통과하는데 걸리는 시간(스루풋타임 through-put time)에는 근본적인 관계가 존재한다. 프로세스 생산율을 R, 재고를 I, 스루풋타임을 T라 할 때, 이 셋의 관계는 '리틀의 법칙(Little' s Law)' 이라 불리며 다음의 수식을 결성한다.

$$I = RT$$

예제

분당 2개 물품을 생산할 수 있는 프로세스가 있다. 이 프로세스는 최근 100개 물품을 생산하고 있다. 이 프로세스에 다른 물품이 도입된다면, 새 물품을 얻기까지 얼마나 걸리겠는가?

답

생산율이 분당 2개이고, 재고가 100유닛 이므로, 다음과 같이 계산될 수 있다.

$$I = RT$$
$$100\text{유닛} = (2\text{유닛}/\text{분}) \times T$$
$$T = 50\text{분}$$

개발(Develop)

가능한 해결방안을 도출하는 시점에서는 더 나은 방법의 개발을 위해 서너 개의 접근방법을 활용할 수 있다.

- 모든 불필요한 작업을 제거(Eliminate)한다. 왜 이 일이 수행되어 왔는지를 그리고 이것이 제거될 수 있는지를 질문한다.
- 가능한 작업들을 결합(Combine)한다. 이렇게 해서 자재의 취급을 줄이고, 공간을 절약하며, 생산주기를 줄일 수 있도록 한다. 이것은 JIT 생산의 중요한 접근방법이기도 하다.
- 좀 더 효과적인 결과를 위하여 작업의 순서를 재배치(Rearrange)한다. 이것은 앞의 경우에 대한 확장으로 순서를 바꾼 다음에 이들을 결합할 수도 있을 것이다.
- 필요한 작업의 복잡한 부분을 가능한 한 단순하게(Simplify) 한다. 질문하는 접근방법이 사용된다면 복잡도를 감소하는데 도움이 될 것이다. 대개 최선의 해법은 단순한 것들이다.

동작경제의 원리(Principle of motion economy) 동작경제(motion economy)의 몇 가지 원칙으로는 다음과 같은 것들이 있다.

1. 자재, 공구, 그리고 작업장은 정상 작업 영역 내에 위치하도록 하고 공구와 자재는 미리 정한 위치에 놓이도록 한다.
2. 가장 빈번하게 수행되는 작업을 정상 작업 영역에 위치하도록 하고 나머지는 최대 잡을 수 있는 영역 내에 놓이도록 한다.
3. 손, 팔, 다리 등의 움직임이 동시에, 대칭적이고 균형을 이루도록 움직일 수 있게 작업을 배치한다. 양 손이 함께 움직이면서 동시에 일을 마칠 수 있어야 한다. 작업주기의 끝이 다음 주기의 시작위치에 근접하도록 한다.
4. 작업자의 피로를 유발할 수 있는 조건을 최소화 한다. 적절한 조명과 함께 공구와 자재를 최대 작업영역 내에 위치하도록 한다(그림 14.13 참조). 또한 작업 시에 일어서거나 앉을 수 있도록 하고 몸을 굽히지 않아도 될 수 있도록 적당한 높이를 제공하여야 한다.

인간 및 환경적 요소(Human and environmental factors) 동작경제의 원리와 함께 중요한 고려사항으로는 인간적, 환경적 요소를 들 수 있다. 이들은 안전과 편안함, 청결과 사적인 요구사항 등을 포함한다; 밝기, 환기, 난방, 소음 감소, 휴식과 자극 등을 제공한다.

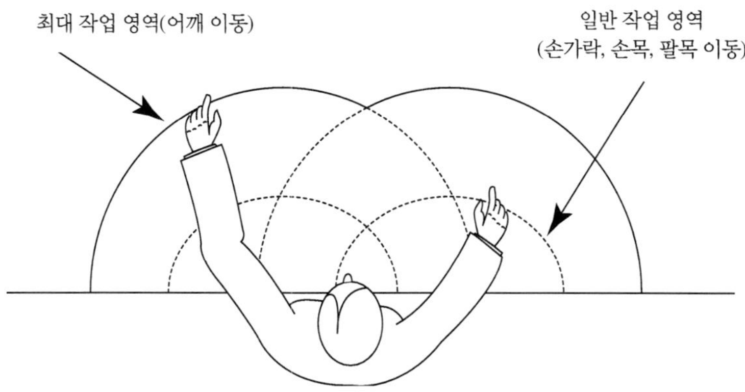

그림 14.13 작업 영역

이들 중에서 자극은 눈에 덜 띄게 될 수도 있다. 고도로 반복적인 작업환경에서는 작업자는 지루함과 불만을 느끼게 되어 감정적인 문제를 일으킬 수도 있다. 공장이나 사무실에 있어서 친근한 색체를 사용하고, 창문을 배치하며, 작업시간 중 음악을 들려주는 등 편안한 환경을 조성하게 되면 많은 스트레스와 결석을 줄일 수 있게 된다.

직무설계(Job design) 방법의 개선은 과학적 관리에 기초를 두고 있다. 이는 과업내용에 집중하여 불합리한 부분을 제거하는 것이다. 인간에 대한 고려, 고수준의 욕구, 자기 성취욕에 대한 부분을 감안하지 못하게 되어 작업은 반복적이고 지루함을 느끼게 될 수도 있다. 직무설계는 좀 더 만족감을 느끼고 작업자의 정신적 영역을 활용할 수 있는 업무를 제공하려는 노력이라고 할 수 있다. 이러한 개선은 다음을 포함한다.

직무확대(Job enlargement) 작업자의 업무를 유사성을 가진, 혹은 연관된 일을 묶어 확대되도록 한다. 예를 들면, 한 가지 일만 수행하는 것이 아니라 일련의 활동을 포함한 부분으로 업무를 정의한다. 이것은 수평적 확대(horizontal enlargement)에 해당한다.

직무심화(Job enrichment) 직무심화는 좀 더 의미 있고, 만족감을 느낄 수 있는 업무를 추가하는 것이다. 업무는 생산작업뿐만 아니라 초기화, 일정수립, 유지보수, 통제의 책임을 부여 받게 된다.

직무순환(Job rotation) 직무순환은 작업자들에게 몇 가지 업무를 숙달하도록 함으로써 서로 다른 일로 전환할 수 있게 하는 것이다. 이것은 교차훈련(cross training)이라 하기도 한다.

이러한 모든 요소가 더 동기 부여되고 유연한 작업자를 양성하게 한다. 현대의 제조업에 있어서 고객의 요구에 대하여 신속하게 대응하는 것은 필수적인 것이고 이러한 특성은 성공과 실패 사이의 격차를 말하는 것이다.

작업자 권한 위임 및 자기주도팀(Employee empowerment and self-directed teams) 작업을 수행하고 이해하는데 작업자들이 더 많은 지식과 책임을 자기도 있다고 가정하는 것이다. 작업자들에게 더 많은 책임을 가지도록 권한을 위임하는 것이 곧 자기주도팀(self-directed team)의 결성을 이끌어낼 수 있으며, 이 팀들에는 일반적으로 작업감독이 존재하지 않는다. 작업자들 스스로 요구된 작업들을 감독 없이 효율적이고 효과적으로 이루어 낼 수 있도록 무엇을 행해야 하는지 이해하고, 자신들의 활동을 관리한다.

적용(Install)

지금까지, 분석가에 의해서 완성된 일이 계획되어져 왔다. 이제 이 계획은 새로운 방법의 적용에 의해 실행으로 구체화되어야 한다.

적용을 계획하는데 있어서 적용의 최적시기, 적용방법, 연관된 인력을 고려할 필요가 있다. 또한, 분석가는 설비, 공구, 정보, 인력이 모두 가능한 상태에 있는지 확인하여야 한다. 적용시점에서는 공회전을 해 봄으로써 모든 설비와 공구가 제대로 작동하는지 확인해 볼 수 있을 것이다.

적용단계에서는 작업자의 훈련이 매우 중요하다. 작업자가 변경된 방법의 설계 등에 참여하였다면 이는 그리 어려운 부분이 아닐 수 있다. 작업자는 변화에 익숙하고 편안함을 느끼게 되고 어느 정도 주인의식을 느끼게 될 것이다.

학습곡선(Learning curve) 시간이 지날수록 작업자는 일을 반복하게 됨으로써 속도가 향상되고 오류는 감소하게 될 것이다. 이러한 과정은 학습곡선으로 설명될 수 있으며 그림 14.14에 나타난 바와 같다. 여기서 시간 단위는 명시되지 않았는데, 업무에 따라 작업자의 학습과정은 몇 분에 걸쳐 완성될 수도 있고, 높은 수준의 기술이 요구된다면 수 개월 또는 년이 걸리게 될 수도 있다.

유지(Maintain)

유지는 두 부분으로 구성된 후속 활동을 말한다. 그 하나는 새로운 방법이 정상적으로 수행되고 있는지에 대한 확인이다. 이것은 처음 며칠 동안에 있어 매우 중요하며 면밀한 관찰이 필요할 수도 있다. 다음은 변화가 예상된 이익을 거두어 들이고 있는지 확인하는 것이다. 그렇지 않다면 이 방법은 변경되어야만 한다.

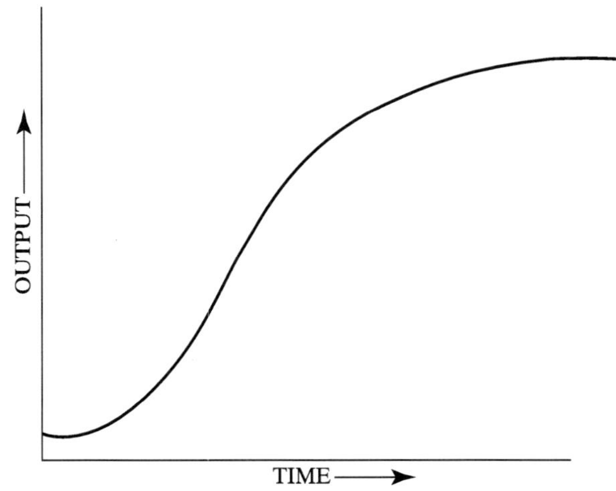

그림 14.14 학습곡선

요약

제품과 그를 생산하는 프로세스는 계속해서 재설계된다. 이는 상품을 보다 더 소비자에게 호소력 있도록 만들고, 생산성을 향상시키거나 상품과 관련 프로세스를 보다 더 환경에 친밀하게 만들기 위해서이다. 생산자들은 제품 개발의 잘 정립된 원칙들을 따르는데, 이는 3S라 불린다. 이는 간소화(Simplication), 표준화(standardization)그리고 특수화(specialization)라 불리는, 생산성을 향상시키고 상품을 보다 신뢰성 있게 만드는데 도움을 주는 매우 강력한 원칙들이다. 손쉽게 정보를 공유할 수 있는 오늘날의 환경에서 제품설계(product design)와 프로세스설계(process design)는 시장에 절감된 가격의 보다 좋은 품질의 제품을 보다 빨리 제공할 수 있도록 동시에 작업 할 수 있다. 상품의 디자인이 설정됨에 따라 제조 과정 또한 설계된다. 이때 제조 과정이 기초하는 사항들에는 요망되는 품질 정도, 고객 요구의 변화에 맞추어 빨리 대응할 수 있는 제조 능력(유연성), 수요의 총량 및 고객이 상품 제조에 얼마나 관여되고 싶어하는지 등이 있다. 용적량에 따라 제품을 살지 직접 제조 할지, 혹은 어떠한 프로세스를 사용할지가 결정될 수 있다. 이때 저 고정비용, 고 변동가능 대체 가격(low fixed cost hight variable cost alternative)으로 사용하는 것 이하와 고 고정비용 및 저 변동가능 대체 가격으로 투자하는 것 이상의 용적량을 결정하는 등비 지점(cost equalization point: CEP)을 사용할 때 가장 좋은 결정이 나올 수 있다.

지속적 프로세스 향상(Continuous process improvement: CPI)는 모든 과정에 적용되어 이들을 더욱 비용 면에서 효율적이고 경쟁력 있게 만든다. 이는 새 제품이 도입되었을 때 뿐만이 아니라 진행 중인 과정에서 행해지는 것이다. CPI는 전통적으로 사용되는 여섯 가지 과학적인 전개 방식을 사용한다. 선별, 기록, 분석, 전개(developemt), 설치(install), 유지(maintain)이 그 것이다. 모든 단계들은 사람이 관여한다는 한가지 공통점을 가지고 있다.

생산과 제조의 향상은 곧 상품의 빠른 유통과 함께 낮은 비용과 향상된 이윤이라는 결과를 매끄럽게 도출해 낸다. 지속적인 향상은 다음 챕터의 JIT(just in time)생산과 절약형 생산(lean production)으로 이어진다.

질문

1. 단순화, 표준화, 전문화에 대하여 설명하라. 왜 이들이 중요하고 서로 연관되어 있는가?
2. 표준화의 장점과 단점에 대하여 논하라.
3. 전문화의 장 점과 단점에 대하여 논하라.
4. 제품전문화나 프로세스전문화가 기초를 두고 있는 것은 무엇인가? 전문화 공장이란?
5. 모듈화 된 설계의 장점은 무엇인가?
6. 제품비용은 다음 항목에 의해 어떠한 영향을 받게 되는가?
   a. 표준화된 크기
   b. 범용 치수 부품
7. 제품 디자인에 있어서 두 가지 기준은 무엇인가?
8. 제품 디자인이 프로세스비용에 있어 왜 중요한가?
9. 제품 디자인이 품질에 있어 왜 중요한가?
10. 동시공학이란 무엇이고 이것의 장점은 무엇인가?
11. 프로세스란? 프로세스의 중첩이란?
12. 프로세스를 설계하는데 있어 고려되어야 할 다섯 가지 중요한 요소는 무엇인가?
13. 제품 디자인, 생산량, 프로세스 설계가 밀접하게 관계되어 있나?
14. 기업이 자체생산을 하는 이유와 외부조달 하는 네 가지 이유를 들어라.
15. 전용기계와 범용기계에 대하여 설명하라. 각각의 유연성과 작업자 참여, 개 당 생산시간, 품질, 자본비용, 응용 등을 비교하라.

16. 흐름프로세스란 무엇이고 이것의 장점과 단점은 무엇인가?

17. 단속프로세스는 무엇이고 어느 경우 사용되는가? 흐름프로세스와 비교하라.

18. 프로젝트프로세스는 어느 때 사용되는가?

19. 고정비용과 변동비용을 정의하고 생산에 있어 각각의 예를 들어라. 전체비용은 무엇이고 어떻게 계산되는가?

20. 비용등가점은 무엇인가?

21. 어떻게 하면 변동비를 낮출 수 있겠는가? 이것이 고정비용에 미치는 영향은 무엇이고 이러한 조치가 경제적으로 정당화 되기 위하여 무엇이 필요한가?

22. 지속적인 프로세스 개선의 여섯 단계는?

23. 연구대상의 업무를 선택하는데 있어서 두 가지 고려항목이 무엇인가? 이를 설명하라.

24. Pareto 도표는 무엇인가? 이것이 왜 유용한가?

25. 원인결과도표는 무엇인가? 이것이 왜 유용한가?

26. 기록이 중요한 이유는 무엇인가?

27. 기록과 관련하여 다음의 각각을 설명하라.
    a. 프로세스 범위
    b. 프로세스 흐름
    c. 프로세스 투입과 산출
    d. 프로세스요소
    e. 공급자
    f. 프로세스 통제

28. 방법분석에 있어 사용되는 여섯 가지 기호는 무엇인가? 사용될 수 있는 다른 기호는 무엇이 있는가?

29. 다음 각 항목을 설명하라.
    a. 작업프로세스표
    b. 프로세스흐름도표

30. 분석단계의 목적은 무엇인가? 기본적인 질문은 무엇인가?

31. 더 나은 방법을 개발하고자 할 때 반영되어야 할 네 가지 접근방법은 무엇인가?

32. 동작경제의 네 가지 원칙은 무엇인가?

33. 직무설계를 설명하라.

34. 학습곡선이란 무엇인가?

35. 자기 주도형 팀(self-directed team)의 강점과 약점은 어떤 것들이 있겠는가?

36. 학습 곡선이 계획을 위한 표준생산시간(standard production time)에 어떻게 영향을 미칠 수 있겠는가? 이 영향을 어떻게 처리할 수 있는가?

37. '리틀의 법칙(Little' s Law)' 이 어떻게 유용하다고 증명될 수 있겠는가?

38. '사업 환경(business environment)' 라는 용어는 무슨 뜻인가?

39. 익숙한 생산을 한 골라 보고, 사용자에게 보다 유용하며 보다 쉽게 제조할 수 있도록 재설계될 수 있는지 설명해 보라.

연습문제

14.1 여러분에게 익숙한 특정 제품을 선택해보라. 제조를 위해 또는 사용자의 편의를 위해 이를 재설계하는 것이 가능하겠는가?

14.2 다음의 고정비용, 변동비용, 생산규모로부터 전체비용과 단위비용을 계산하라.

고정비용	변동비용	생산규모 (단위)	전체비용	단위비용
$200.00	$10.00	100		
$200.00	$7.00	1000		
$50.00	$15.00	20		
$1,000.00	$1.00	2000		
$500.00	$20.00	500		

14.3 초기화를 위한 프로세스비용이 $200이다. 개 당 5분의 가동시간이 필요하고 시간 당 $30의 가동비용이 든다. 다음을 결정하라:

a. 고정비용

b. 변동비용

c. 500 단위 생산에 대한 전체비용과 단위비용

d. 1000 단위 생산에 대한 전체비용과 단위비용

답: a. 고정비용 = $200.00
b. 변동비용 = $2.50
c. 500 단위 생산에 대한 전체비용과 단위비용 = $1450.00, $2.90

d. 1000 단위 생산에 대한 전체비용과 단위비용 = $2750.00, $2.75

14.4 한 제조업자는 새로운 열처리 오븐을 구매해서 설치할 것인지, 아니면 이를 협력업체에 의뢰하여 외부에서 작업하도록 할 것인지 결정하고자 한다. 제조업자는 다음과 같은 비용을 예상하고 있다.

	자체처리	서비스 구매
고정비용	$25,000.00	$0.00
변동비용	$10.00	$17.50

a. 비용 등가점은 얼마인가?

b. 연 생산량이 다음과 같을 경우 회사는 외주를 요청하여야 하는가:

3,000 단위

5,000 단위

c. 위에서 각 생산량에 따른 단가는 얼마인가?

답: CEP는 3333.33

3,000 단위. 외주. 단가 = $17.50

5,000 단위. 자체처리. 단가 = $15.00

14.5 바나나가 한 상점에서 파운드 당 29 센트에 판매되고 있다. 보통 집 근처의 가게에서는 파운드 당 49 센트에 팔고있다. 세일을 하고 있는 상점까지 가는 순환버스 요금이 $1.80이라고 할 때, 사러 나갈 필요가 있겠는가? 할인의 이점을 얻기 위해서는 어떻게 하여야 하는가?

14.6 다음 비용을 참고로 하여, 400 단위의 주문을 처리하기 위해 선택하여야 하는 프로세스를 결정하라. 선택된 프로세스의 단가는 얼마인가?

	구매	프로세스 A	프로세스 B
초기화		$20.00	$150.00
공구작업		$10.00	$20.00
인건비/단위		$4.00	$3.75
자재비/단위		$2.00	$2.00
구매비용	$6.10		

14.7 Light Company는 새로운 전등갓을 생산하려고 한다. 이 부품의 부속은 자체적으로 생산하거나 구매할 수 있다. 구매하는 경우, 단위 당 $2.00이 들 것이고, 반자동의 기계에서 생산하는 경우 $5,000의 고정비용과 $1.30의 단위 당 변동비용이 든다고 한다. 자동기계로 생산하게 되면 고정비용은 $15,000이 들게 될 것이나 변동비용은 60 센트로 낮아진다.

a. 구매와 반자동 기계 적용안 사이의 비용등가점을 계산하라.

b. 반자동 기계와 자동 기계 적용안 사이의 비용등가점을 계산하라.

c. 예상 판매량이 다음과 같을 때, 어느 방법이 사용되어야 하는가?

i) 5,000 단위

ii) 6,000 단위

iii) 8,000 단위

iv) 10,000 단위

v) 20,000 단위

d. 각각의 예상 판매량에 대하여 선택된 프로세스의 단가는 얼마인가?

답: i) 단가 = $2.00
ii) 단가 = $2.00
iii) 단가 = $1.925
iv) 단가 = $1.80
v) 단가 = $1.20

14.8 주문 배달업을 하는 한 회사가 고객으로부터의 반송사유에 대하여 3개월 간 데이터를 수집한 결과가 다음과 같다. 50,000건이 크기가 맞지 않아서 였고, 15,000건이 주문취소, 3,000건이 주소이상, 나머지가 15,000건이었다. Pareto 도표를 완성하라.

합계	원인수	비율	누적비율
총계			

14.9 비정상적인 불량이 발생하여 어느 부품이 문제를 일으키고 있는지 파악하기 위해 다음의 데이터를 수집하였다. 부품A – $5,720, 부품B – $10,250, 부품C – $820, 부품D – $1130, 부품F – $700. 오류를 중요도의 내림차순으로 정리하여 표를 완성하라. Pareto 도표를 완성하라.

부품	수	비율	누적비율
총계			

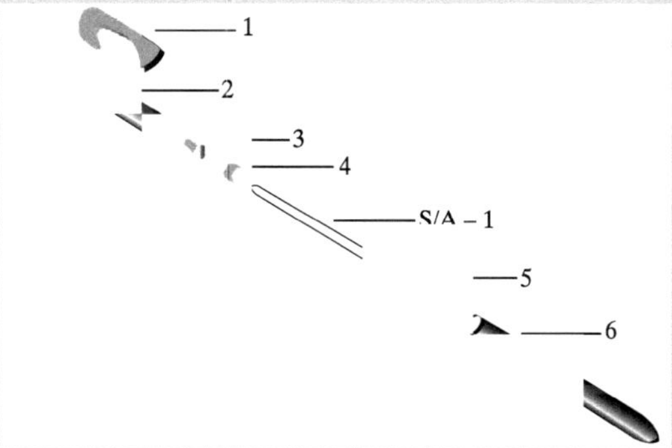

그림 14.15 볼펜의 조립

14.10 볼펜의 조립에 대한 작업프로세스표를 그려라. 펜은 다음 세 부품으로 구성된다(그림 14.15 참조):

1.위 통

2.아래 통

3.카트리지

작업 1 클립을 위 통에 연결한다.

2 버튼을 위 통에 끼운다.

3 원통을 위 통에 끼운다.

4 볼을 카트리지 끝부분에 눌러 끼운다.

5 카트리지 끝부분을 카트리지에 끼운다.

6 카트리지에 잉크를 채운다.

검사 1 카트리지를 검사한다.

작업 7 카트리지를 윗 통에 넣는다.
8 스프링을 카트리지에 씌운다.
9 아래 통을 위 통에 돌려 끼운다.

검사 2 펜의 작동을 검사한다.
3 최종검사

14.11 여러분이 아침에 일어나서 일을 시작하기까지 일어나는 활동에 대한 프로세스흐름표를 완성하라. 이 프로세스를 개선할 수 있는 방법을 생각할 수 있겠는가?

Case Study 14.1

생산관리자 셔릴 프랭클린(Cheryl Franklin, Production Manager)

셔릴 프랭클린은 쿠퍼 장난감 회사(Cooper Toy Company)의 생산관리자로 일하게 된 지 일주일만에, 그녀의 승진이 과연 좋은 것이었나를 반문하게 되었다. 셔릴의 상관은 자사의 어느 최신 장난감의 생산이 뒤떨어지는 것에 대해 염려하고 있었다. 회사는 그 상품을 광고하는데 많은 비용을 들였으며, 장난감에 대한 수요가 생산과 맞아떨어지지 않고 있었다.

셔릴은 어떤 문제가 있는지 조사하고, 생산량을 제대로 궤도에 맞추도록 하기로 결정했다. 그러나 불행히도 그녀는 생산에 관여한 거의 모든 사람들이 다른 사람 탓을 하고 있음을 발견하게 되었다.

문제의 장난감은 해변이나 수영장에서 인기 있는 플라스틱 물총의 일종으로, 급수통에 물이 보관되어 있다가 총으로 공기가 주입되면 거의 10미터에 달하는 상당히 큰 물줄기가 뿜어 져 나오게 되어 있었다.

셔릴은 장난감을 생산하는데 사용되는 생산라인 중 가장 느린 파트가 3분에 한 개 제품을 생산할 수 있어야 한다는 것과, 수요 평균량은 겨우 5분 정도 당 한 개 제품을 생산하는 것임을 알고 있었다. 그러나 셔릴이 조립구역을 조사해 본 결과, 매 10분당 한 개 제품만을 생산하고 있을 뿐임을 알게 되었다. 그러나 조립부 슈퍼바이저 또한 그럴싸한 변명 거리를 가지고 있었다. 그는 조립에 사용되는 재고가 충분하지 않다고 밝혔다. 그들은 검사를 마친 물총 급수통을 평균 8분에 한 개 정도만 지급받고 있을 뿐으로, 최대한 빨리 조립을 하고 있다는 것이었다.

셔릴이 검사 구역을 방문했을 때, 그녀는 많은 급수통이 검사 대기 상태에 있는 것을 보았다. 급수통을 검사하는 직원들은 열심을 다하고 있는 것으로 보였지만, 분명한 문제가 있었다.

셔릴은 품질관리자(quality manager)와 대화한 후, 좀 더 많은 정보를 얻게 되었다. 품질관리자의 말을 그대로 따오자면 이렇다. "보세요, 우리는 이 급수통들에 몇몇 중요한 검사들을 시행해야 해요. 만약 어린이가 물총에 너무 많은 공기를 주입하면, 안전 밸브가 일정량의 공기를 박으로 빼도록 해야 한다 고요. 그런데 많은 급수통 이음새가 제대로 접착되어 있지 않아요. 만약 그 중 하나가 물총에 장착 된다면 탱크는 안전 밸브가 작동하기도 전에 파열되어 버리고 말 거에요. 그러면 플라스틱 조각이 튀어 나갈 수도 있고, 끝내 어린 아이가 다칠 수도 있다고요. 접착불량으로 퇴짜맞는 급수통의 비율이 20%에 달하는 이상, 모든 급수통을 일일히 점검해 봐야 하지 않겠어요!"

셔릴은 조사를 계속하여 다음과 같은 사항들을 추가적으로 발견하게 되었다.

- 급수통 접착을 담당하는 생산부 슈퍼바이저는 접착제를 바르는 기계가 종종 막히며, 제대로 작동할 때에도 접착제를 평평하게 바르지 않는다고 주장했다.
- 접착 기계를 담당하는 보수유지부(maintenance) 측에서는 접착제 고착 부품이 도포에 적합하게 되어 있지 않으며, 접착제 자체도 사용하기에 너무 되다고 주장했다.
- 접착제 고착 부품의 설계와 설치를 담당하는 기술자들은 장난감이 너무 급하게 생산에 도입되어 적절한 고착 부품을 설계할 시간이 부족했고, 끝내 전에 쓰이던 다른 도포용 고착 부품을 사용할 수 밖에 없었다고 주장했다.
- 접착제 구매를 담당하는 구매부 직원은 접착제의 사양에 대해 적절한 설명을 듣지 못했기 때문에 공급자측의 추천에 의존해 접착제를 선택할 수 밖에 없었다고 주장했다.
- 마케팅부 사람들은 장난감 시장이 너무나 경쟁적인데다가, 장난감의 평균 생명주기는 매우 짧기 때문에 빨리 장난감을 시장에 도입해야 했다고 주장했다.
- 셔릴은 도움이 필요하다. 특히 다음의 질문에 답해 보라.
  1. 이 상황에 기저하는 문제들은 무엇이 있는가? 최대한 자세히 설명해 보라.
  2. 문제에 대한 최상의 해결책은 무엇인가? 마찬가지로 자세히 설명해 보라.
  3. 어떤 지속적 제조 향상(continuous process improvement) 기술이 어떻게 이 문제들에 적용될 수 있는지 제시해 보라.

절약형 생산
(Lean Production)

입문(Introduction)

지난 몇 년간 제조업계의 경쟁은 보다 치열해져 왔으며, 글로벌 경제는 이제 강력한 실체가 되었다. 많은 국가들의 생산자는 지속적으로 고품질의 상품을 생산할 수 있게 되었고 북미 시장에 경쟁력 있는 가격과 납기로 판매할 수 있게 되었다. 그들은 변화하는 시장의 요구에 대응을 해 왔고 소비자에 앞서서 그러한 요구들을 자주 발굴해 왔다. 이러한 경쟁력은 라디오, TV, 카메라 및 선박과 같은 상품의 제조에까지 영향을 미쳤고 이로 인해 북미는 이 부분에 대한 경쟁력을 잃어 왔다.

이 몇 제조업체들은 어떻게 이를 가능케 하였을까? 이는 꼭 그들의 문화, 지리적 여건, 정보의 보조, 새로운 설비 또는 값싼 노동력 때문만은 아니다. 그들 중 많은 이들은 절약형 생산(lean production)을 실행했기 때문이다. 절약형 생산은 제조회사에서 사업을 조직화하고 실행하는 방법에 관한 철학이다. 이 것에는 사업을 조직하는 접근방식과 JIT생산(Just-in-time production)의 실행 모두가 포함되어 있다. 이것은 갑작스럽게 제조업체를 보다 생산적으로 만들어 내는 마법과 같은 공식이나 신기술이 아니다. 그보다는 기존 산업과 제조공정 원리의 매우 숙련되고 조직화된 응용에 기인한다. 몇몇 특정한 일본 기업들은 다른 철학으로 우리들의 제조에 대한 기본적인 가정과 접근 방식을 검토해 보도록 만들었다.

엘리 골드렛(Eliyahu M. Goldrett)이 그의 저서 「더 골(The Goal)」에서 최초로 제시했던 또 다른 제조에 대한 철학적 접근 방식 또한 생산에 어떻게 접근할 것인가에 대한 가정들에 새로운 시각을 더해 주었다. 이 접근 이론은 TOC이론(제약이론: Theory of Constraints)이라 불리며, 6장에서 DBR(drum-buffer-rope)이라 불리는 TOC 스케줄링 접근방식과 함께 기본적인 개념이 소개, 설명된 바 있다.

15장은 절약형 생산과 JIT의 개념을 소개하고, TOC에 대한 보다 자세한 설명과 함께 각각의 개념이 가장 잘 적용될 수 있는 환경들에 대해 다루게 될 것이다.

절약형 생산(Lean Production)

절약형 생산은 지난 몇 년에 걸쳐 JIT의 개념에서 발달 해 온 개념이다. 1980년대 동안에는, JIT로 인한 이점과 이득이 잘 입증되어 있음에도 불구하고 JIT의 보다 덜 성공적인 시행 사례가 많았다. 많은 제조업체들이 JIT의 입증된 이득을 취하려는 마음에, 이처럼 고도로 복합적인 시스템의 영향과 접근 방식을 먼저 온전히 이해하지 않고 JIT를 시행하려 했던 것이다. 당시의 이러한 상황은 JIT의 실망스러운 실행 결과나 철저한 실패를 가져왔었다. 이러한 오해의 일부는 보다 상위 개념인 JIT '철학'(상관습의 근본적인 변화)과 보다 구체적인 JIT생산(간단히 해석하자면 생산과정에 자재를 필요 적시(just in time)에 조달하는 것 정도)을 혼동한 데서 비롯 되기도 하였다.

기본적인 개념을 잘 이해하지 못하였을 때 그러하듯, 많은 제조업자들은 JIT 개념을 효과가 없거나 그들의 특정한 생산 환경에 적절치 못하다고 보았다. 그 동안 고도로 복잡한 생산 시스템의 발전이 급격하게 진행되고 있었다. 자재소요계획(Material Requirements Planning: MRP)은 복합적인 기업 정보 시스템을 운행하는데 효과적인 장치로 인식되었으며, 현재는 '기업자원관리'(Enterprise Resource Planning: ERP)라고 불리고 있다. 비슷하게 구매와 물류(logistics) 활동 또한 기본적인 내부 자재 운영 원칙의 전사적 접근과 통합되어 오늘날 공급망관리(supply chain management)라고 불리고 있다. 같은 원리로, 보다 높은 수준의 JIT 접근 방식의 기본적 개념들을 종합 관점으로 발전시킨 것을 절약형 생산이라 하며, JIT라는 용어는 끌기 생산 시스템(Pull production system)을 의미하곤 하는 구체적인 개념의 JIT생산을 의미하게 되었다.

원래 JIT가 의미하던 것은 절약형 생산 접근 방식에 들어서서도 여전히 JIT라 불리고 있다. 이는 말 그대로 필요 적시(just in time) 적절한 자재를 조달하는 것을 의미하기 때문이다. 한편 절약형생산(lean production)은 시스템상의 낭비를 제거 혹은 분명하게 삭감하기 위한 중요 변화를 이해하고 실행하는 것을 의미한다. 이는 전 조직에 걸쳐 영향을 미치는 철학적 접근 방식으로서, 최소의 시스템 낭비와 최대의 고객 서비스라는 궁극의 목표를 지향한 시스템의 통합을 일컫는다.

절약형 생산은 여러가지로 정의될 수 있으나, 그 중 가장 일반적인 정의는 '모든 낭비의 제거 및 지속적인 생산력 향상(elimination of all waste and continuous improvement of productivity)' 일 것이다. 낭비란 무엇보다도 상품에 가치를 부가하기 위해 절대적으로 필요한 최소의 장비, 부분, 공간, 자재, 생산 시간 및 노동자가 들이는 시간 이상의 모든 것을 의미한다. 이는 곧 이상적인 접근법이란 잉여도, 안전 재고도 없이 최소의 리드타임을 가지는 것을 의미한다. "지금 쓸 것이 아니면 만들지 않는다"는 논리다.

낭비 제거의 장기적인 결과로는 비용 효율적이고, 품질 지향적이며, 고객 필요에 응답이 빠른 기업의 출현이다. 이러한 기업은 시장에서 상당한 경쟁적 우위를 얻을 가능성이 있다. 기본적인 목적이 낭비 절감에 초점 맞추어져 있는 동안 발달되어진 낭비 절감의 접근 방식은, 리드 타임의 단축, 질적 향상, 저렴한 생산 비용 등을 통한 시장 수요에 대한 빠른 응답을 이끌어 낸다.

절양형 생산 접근방식의 주요한 결과는 재고나 능력의 존재 이유에 관계없이 공정 중 활동간 과잉(낭비) 재고나 능력을 제거 혹은 삭감하는 것이며, 시스템 내 활동의 끈끈한 결합을 강요한다. 다시 말해 기업들은 일련의 상대적이고 비 결합적이지 않은 시스템으로서 경영되어야 한다. 이것은 절약형 생산이 진정 통합된 시스템이라는 것을 인식하지 못하고 단지 전략형 생산의 한 부분에만 집중함으로써 구축에 실패할 수 있는 기업들에게 중요한 포인터가 된다.

JIT(Just-in-time) 철학

JIT생산은 여러 가지 방법으로 정의 되었지만, 가장 일반적인 것은 모든 낭비요소의 제거와 지속적인 생산성 향상이라는 데 있다. 낭비란 제품에 가치를 더하기 위해 절대적으로 필요한 최소한의 장비, 부품, 공간, 자재 그리고 근로자의 노동시간 이외의 것을 뜻한다. 이것은 잉여생산품이 없다는 것이고 안전재고가 없어야 하며 리드타임의 최소화를 의미한다. 즉, 지금 제품을 사용하지 않는다면 만들지 말라는 것이다.

오랜 기간 낭비요소의 제거 결과로 경비절감 효과, 품질 제고, 고객의 니즈에 빠르게 반응하는 조직으로의 변화가 있었다. 그러한 조직은 시장에서 거대한 경쟁적 이점을 갖게 된다.

가치 더하기(Adding Value)

고객에게 주어지는 가치란 무엇인가? 그것은 정해진 시간과 장소에서 정해진 부품과 수량을 갖는 것을 의미한다. 더 나아가 고객이 원하는 제품 또는 서비스를 지속적으로 잘 제공하는 것이고 고객이 원할 때 이용 가능해야 한다. 가치란 고객의 실질적인 요구를 만족시켜 주는 것이고 고객이 지불하 수 있는 가격에 충족되어야 한다. 이것과 관련한 또 다른 단어로 '품질' 이 있다. 품질이란 고객의 기대수준을 만족시켜주거나 뛰어 넘는 것을 말한다.

가치는 고객이 무엇을 원하고 있는지를 시장에서 알아 보는 것으로부터 출발한다. 디

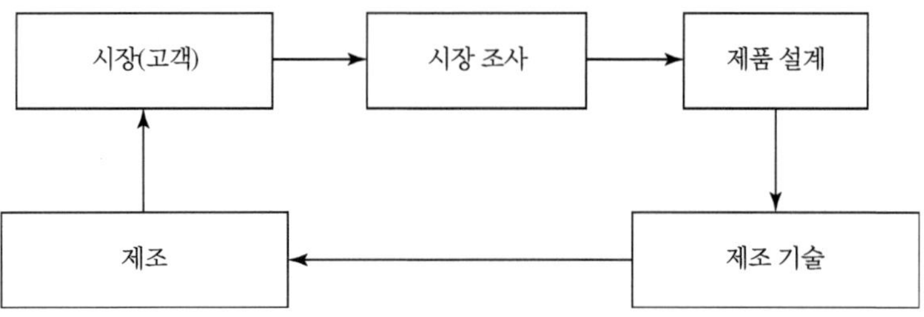

그림 15.1 제품 주기(Product cycle)

자인 전문가는 고객이 원하는 바를 충족시켜 줄 가치 있는 상품을 디자인해야 한다. 제조 전문가는 제품을 생산하는 프로세스를 먼저 설계하고 나서 정해진 사양에 맞는 제품을 만들어야 할 것이다. 제품이 고객에게 전달되는 것까지 감안하면 하나의 완전한 사이클을 이루게 된다. 그림 15.1는 이러한 내용을 도식적으로 표현해 주고 있다. 전체 연결 고리 중 어느 한 부분이라도 고객에게 가치를 부여하지 못하면 그것은 낭비가 되는 것이다.

제품에 가치를 더한다는 것은 비용을 늘린다는 것을 의미하지는 않는다. 고객은 제조비용에 대해서는 관심이 없다. 대신 그들이 지불해야만 하는 가격과 그로 인해 받게 되는 가치에만 관심이 있을 뿐이다. 가능하다면 가치를 더하지 못하는 많은 제조공정 중의 행위들은 낭비 요소로 규정되고 제거되어져야만 한다.

낭비(Waste)

제조 공정 중 제품에 가치를 부여하지 못하는 어떠한 것도 낭비라고 한다. 이번에는 제품 사이클 중 낭비의 원인이 되는 각각을 살펴보기로 하겠다.

허술한 제품 사양과 설계에 의한 낭비

낭비는 시장의 요구에 부응하기 위한 관리의 정책으로부터 만들어 지기 시작한다. 관리는 각각의 시장에 대응하기 위한 정책에 대한 책임이 있다. 정책이란 회사가 제품을 판매하고 서비스를 제공하기 위한 시장 분할과 이에 따라 생산라인을 어떻게 배치하고 전문화 할 것인가를 결정하게 되는 것을 말한다. 이러한 정책들은 제품의 단가에 영향을 미친다. 예를 들어, 제품의 범위와 다양성이 크게 되면 생산기간이 짧아지고 기계는 자주 변경되어야만 할 것이다. 전문화된 기계나 고정 설비를 사용할 기회가 적어진다. 이와 반대로 회사에서 제한된 제품의 범위를 제한하면 제조라인을 기반으로 제품을 생산 할 수 있게 되고 특정한 목적으로 사용하는 기계의 이점을 활용 할 수 있을 것이다. 다시 말하면 제품이 다양화되면 될수록 제조 공정은 보다 복잡해 지고 생산계획과 공정제어가 더욱 힘들게 된다.

부분품의 표준화(Component standardization) 14장에서 언급했듯이 회사는 몇 가지 방법을 통해 만드는 제품을 전문화 할 수 있으면서 고객에게는 다양한 제품을 선보일 수 있다. 만일 회사가 그들이 만드는 서로 다른 제품에 사용되어지는 몇 개의 부품들을 표준화 한다면 다양한 모델을 고객에게 공급할 수 있고 다양한 옵션을 제공할 수 있게 된다.

부품의 표준화는 제조에 있어서 많은 이점을 제공한다. 제품 표준화는 특수한 부품의 사용을 많은 부분에서 대체하게 되고 제품의 생산 수명을 연장하게 된다. 바꿔 말하면 보다 전문적인 기계나 고정설비 그리고 조립방법의 활용에 있어서 경제적이 된다는 것이다. 표준화는 필요한 계획과 제어 노력을 감소시켜 주고 필요 아이템의 수는 물론 운반되는 자재의 수도 줄일 수 있게 된다.

이상적인 제품이란 고객의 요구를 만족시키거나 초과하는 것으로 자재의 사용을 최적화시키고, 최소의 낭비로 생산될 수 있음을 의미한다. 제품 설계는 고객의 요구를 만족시켜 줌은 물론이고 제품의 품질과 비용을 감안한 아주 기본적인 제조공정을 결정하게 된다. 따라서 제품 설계는 반드시 가장 생산적인 절차를 거쳐 만들어질 수 있도록 해야 한다. 생산적인 절차란 최소한의 공정과 움직임, 부품 그리고 고객에게 중요한 모든 요소를 포함했음을 뜻한다.

14장에서는 제품의 설계에 대하여 좀더 상세하게 다루어져 있다.

제조에서의 낭비(Waste Caused in Manufacturing)

제조는 제품의 설계와 사양을 바탕으로 한 자원의 사용을 포함한다. 그러나 먼저, 제조 엔지니어링은 제품을 만들 수 있는 능력을 감안하여 설계 해야 한다. 그들은 또한 제조 단계, 기계나 장비 그리고 공장의 레이아웃과 일하는 방법을 결정하게 된다. 그런 다음 계획을 세우고 제품을 생산하는 공정을 관리하게 된다. 이러한 것은 제조계획과 관리, 품질관리, 유지보수, 노사관계를 포함 한다.

도요타는 자사의 절약형 생산 프로그램의 일부로서 제조에서 낭비의 중요한 일곱 가지 요인을 다음과 같이 구분하고 있다. 앞의 네 가지는 제조시스템 설계와 관련된 것이고 나머지 세 가지는 시스템 생산 활동과 관리에 관한 것이다.

1. **절차(Process)** 최고의 절차란 최소한의 불량률과 필요한 만큼 만들고 최소한의

비용증가로 지속적으로 제품을 만들 수 있는 능력이 되어야 함을 의미한다. 잘못된 타입이나 크기의 기계를 사용하거나 절차가 제대로 준수되지 않거나 또는 잘못된 툴과 고정설비를 사용하게 되면 절차에 낭비 요소가 더해지게 되고 비용도 증가하게 된다.

2. **방법(Methods)** 작업자에 의한 작업 수행방법의 오류는 낭비를 증가 시킨다. 불필요한 작업동작, 시간 또는 노력들이 작업자들의 잘못된 작업방법으로 이어진다. 제품에 가치를 더해주지 못하는 불필요한 요소들은 제거되어야 한다. 툴을 찾고, 이동하거나 불필요한 동작들은 이러한 낭비의 한 예이다.
3. **이동(Movement)** 구성품의 이동과 저장은 비용을 증가시킬 뿐 가치가 될 수 없다. 예를 들어서 제품을 받아서 저장하고 생산에 투입하는 그런 경우 이다. 이러한 것은 제품을 옮기고 찾고 배달하기 위한 노동력을 필요로 한다. 이와 관련하여 기록들을 보관하고 관련 시스템을 유지/관리 해야 한다. 잘못 설계된 생산라인의 레이아웃은 제품을 먼 거리로 옮겨야만 하고 이로 인해 이동비용 증가와 필요한 저장장소의 추가 소요 및 데이터 기록 비용이 증가하게 된다.
4. **제품결함(Product Defects)** 작업의 결함은 공정의 매끄러운 흐름을 저해한다. 선 공정에서 결함을 발견하지 못하게 되면 후 공정에서 이를 보정하기 위해 전체 작업이 지체되거나 새로운 양품이 공급될 때까지 기다리게 된다. 생산 일정도 다시 수정해야 한다. 만일 다음 공정이 고객이라면 그 비용은 보다 증가될 것이다. 결함에 대한 재작업도 역시 낭비요소에 해당한다.
5. **대기시간(Waiting Time)** 대기시간에는 두 가지 종류가 있다. 그것은 작업자나 자재와 연관된 것이다. 만일 작업자가 작업 물량이 없거나 자재를 공급 받는데 지연이 된다면 이 역시 낭비요소가 될 것이다. 이상적인 상태라면 자재는 한 작업공정에서 다음 공정으로 넘어가면서 큐에서 대기하는 시간 없이 바로 진행되어져야 한다.
6. **초과생산(Overproduction)** 초과생산이란 현재 필요한 물량보다 많은 제품을 생산한 경우이다. 이러한 상황이 발생되면 원자재와 노동력이 불필요하게 낭비되는 결과가 초래되고 필요치 않은 재고가 쌓이게 된다. 자재 이동비용까지 감안하면 대단히 비싼 비용이 낭비된다. 초과생산은 추가적으로 자재를 관리해야 하고 계획과 관리에 많은 노력이 들어 가며 품질 문제가 발생될 수 있다. 초과재고의 발생과 재공재고의 증가로 인하여 초과 생산은 혼란을 가중시키고 재고에 문제를 묻어 두게 되는 경향이 생긴다. 또한 필요한 부품 대신에 필요치 않은 것을 생산하는 결과

를 만들어 낸다. 시장의 요구에 부합되지 않는 한 초과 생산은 불필요하다. 기계와 작업자가 완전히 가동될 필요는 없다.

7. **재고(Inventory)** 9장에서 보았듯이, 재고는 비용을 발생시키고 초과 재고는 초과 비용을 제품에 더해지게 한다. 아울러 초과 재고에는 다른 비용도 포함되어 있다.

경쟁력을 유지하기 위해서 제조부서는 시장과 고객의 요구에 빠르게 대응하기 위해 보다 낮은 비용으로 보다 좋은 제품을 생산해 내야 한다. 다음으로 단계별로 영향을 주는 재고의 역할에 대해 살펴보기로 하자.

좋은 제품은 특징을 갖고 있거나 품질이 다른 제품에 비하여 월등히 좋다. 제품 향상의 기회를 만들어 가는 능력은 구현할 수 있는 엔지니어링 체인지와 개선의 스피드에 달려 있다. 만일 시스템을 이용해서 처리할 많은 양의 재고를 갖고 있다면 시장에 대응하기 위한 엔지니어링 체인지에는 보다 많은 시간과 비용이 필요하게 된다. 적은 재고는 품질을 향상 시킨다. 예를 들어 한 개의 부분품이 1,000개의 배치로 만들어지고 첫 번째 공정에서 불량품이 발생했다고 가정하자. 몇 개의 작업이 진행된 이후에 자주 결함이 발견될 것이다. 따라서 모든 1,000개의 부품을 검사해야 한다. 이렇듯 결함이 발생되면 첫 번째 공정 이래로 많은 시간이 경과 되기 때문에 문제의 원인을 정확히 짚어 내기가 어렵다. 만일 배치의 크기가 1,000개가 아닌 100개였다면 보다 빨리 그리고 일찍 결함을 찾아낼 수 있을 것이다. 그리고 100개만 검사를 하면 될 것이다.

회사는 제조비용이 낮다면 보다 나은 가격을 고객에게 제안 할 수가 있다. 낮은 재고는 비용을 줄일 수 있다. 역시, 재공 재고가 감소되면 제조공정에서 공간이 덜 필요하게 되고 결과적으로 비용을 줄일 수 있게 된다.

시장에 대한 응답력은 짧은 리드타임과 보다 빠른 납기 성과에 달려 있다. 6장에서 우리는 제조 소요기간은 대기시간에 달려 있고 대기시간은 공정 중 오더에 대한 배치의 수와 크기에 좌우된다. 만일 배치 크기가 줄어들면 대기시간과 소요기간이 줄게 된다. 8장에서 언급했듯이 예측은 가까운 시기에 대한 것일 수록 정확도가 증가 함을 알 수 있다. 소요기간의 감소는 예측 정확도를 증가시키고 보다 나은 오더 약속과 납기 성과를 제공하게 된다.

포카요케/실수방지 장치(Poka-Yoke(Fail Safe))

포카요케는 일본의 시게오 싱고(Shigeo Shingo)에 의해 도입된 개념으로, 우선 먼저 실수를 방지하고 제조 혹은 제조공정에 풀푸르프(fool-proof)를 만들어 둔다는 것이다. 싱고는 전략적 품질 컨트롤이 결함을 예방하지는 않는다며, 그는 실수(error)와 결함(defect)을 구분하여 설명하였다. 실수는 언제나 만들어질 수 있으나 결함은 예방될 수 있다는 것이다. 실수는 주로 제조 과정과 관련 된 것인 한편, 결함은 상품과 연관되어 있다. 제조 과정상의 실수가 언제나 결함의 발생과 직접적으로 연결되는 것은 아니지만, 보통 최소한 제조 과정의 향상이 이루어질 때까지 주의 깊은 조사를 필요로 함을 의미하는 것이다. 실수가 발생하면 즉각 시정조치(corrective action)가 이루어져야 하는데, 이는 곧 상황 발생 후 최대한 빨리 전체적인 조사(100% inspection)가 시행되어야 한다는 것이다. 이 조사는 세 가지 유형 중 한 형식을 취할 수 있다. 연속 점검(successive check), 자가 점검(self-check), 그리고 근원조사(source inspection)가 그 것이다. 연속점검 조사(successive check inspection)란 방금 작업을 수행한 사람의 다음 사람이 조사를 시행한 후, 정보를 다시 원래 수행한 사람에게 주어 상황을 바로잡을 수 있도록 하는 것이다. 자가 점검은 작업 수행자 스스로가 점검하는 것으로, 자각(sensory perception)으로 충분히 점검할 수 있는 모든 물품에 시행될 수 있다. 스크래치나 페인트 얼룩과 같은 것이 그 예가 되겠다. 근원조사는 결함을 점검하는 대신 결함을 야기할 실수를 점검하는 개개의 작업자에 의해 이루어진다.

포카요케는 제조과정이나 그 근원을 변화시키려 노력함을 통해 인간적인 경험과 지식에 의존해야 할 필요를 제거하는 것이다. 다음은 그 예들이다.

- 색깔 코드로 표시 된 부품을 사용한다
- 조립된 부품에 템플렛(template)을 씌워 특정 부품이 어디로 가야 할지 표시한다
- 계수기(counter)를 사용해 작업이 몇 번 이루어졌는지 볼 수 있도록 한다
- 전기 플러그 핀 크기를 다르게 해, 한 소켓에 특정 플러그만 맞도록 한다. 이 방법은 전기 배선에 많이 이용되는 것이다.

절약형 생산 환경(Lean Production Environment)

절약형 생산 환경에는 많은 특징들이 있다. 그것들은 특정 제조환경에서 모두 존재하지는 않지만 일반적으로 절약형 생산 시스템 개발에 있어서 몇 개의 도움이 되는 원리를 제시해 준다. 이러한 것들은 아래와 같이 나누어 볼 수 있다.

- 흐름 생산(Flow manufacturing)
- 프로세스 유연성(Process flexibility)

- 종합 품질관리(Total quality management)
- 총괄 생산성관리(Total productive management)
- 간단없는 흐름(Uninterrupted flow)
- 끊임 없는 프로세스 개선(Continuous process improvement)
- 공급자 파트너쉽(Supplier partnerships)
- 전체 종업원 참여(Total employee involvement)

흐름생산(Flow Manufacturing)

절약형 생산 개념은 도요타와 몇몇 생활가전 제조업체에 의해 개발되었다. 이들 회사 제조 상품은 반복생산 환경에서 만들어 졌다. 반복생산은 흐름베이스의 불연속 단위 생산을 말한다. 이러한 형태의 시스템에서는 제품이나 제품군을 만들기 위한 작업장이 필요하고 제품을 만들기 위한 일련의 공정에 맞게 인접해 있어야 한다. 한 작업장에서 다른 작업장으로의 흐름은 비교적 일정한 비율로 일어 나고 종종 발생된다. 이는 제품을 이동하기 위한 몇몇의 자재 관리시스템을 동반한다. 그림 15.2는 이러한 흐름생산을 도식화하여 보여 주고 있다.

이와 같은 시스템들은 14장에서 논의 되었다. 이들 시스템은 비슷한 제품을 생산 할 때 유용한 생산 방식이다. 예를 들면, 자동차, TV 또는 전자레인지 같은 것들이다. 이러한 제품을 만들기 위해 작업장은 필요한 순서대로 정렬되어져야 하고 시스템은 다른 다양한 제품을 만들어 내는데 적당치 않기 때문이다. 따라서 제품군에 대한 요구는 반드시 생산라인을 설치하는데 충분히 경제적이라는 것이 검증되어 져야 한다. 흐름시스템은 통상 비용대비 상당히 효과적이다.

작업 셀(Work cell) 많은 회사들은 흐름생산같은 생산라인을 갖고 있지 않다. 예를 들어 많은 회사들은 라인을 설치하기에 특정 제품에 대한 충분한 물량이 없다. 이러한 종류의 생산라인을 갖는 업체들은 통산 기능조직으로 구성되어 있다. 일반적으로 비슷하거나 같은 공정을 그룹핑하여 활용하게 된다.

선반은 밀링 기계, 드릴 그리고 용접 같은 장치와 함께 위치하게 될 것이다. 그림 15.3

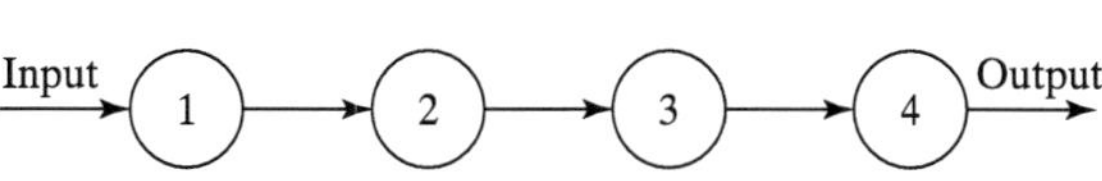

그림 15.2 흐름생산(Flow Manufacturing)

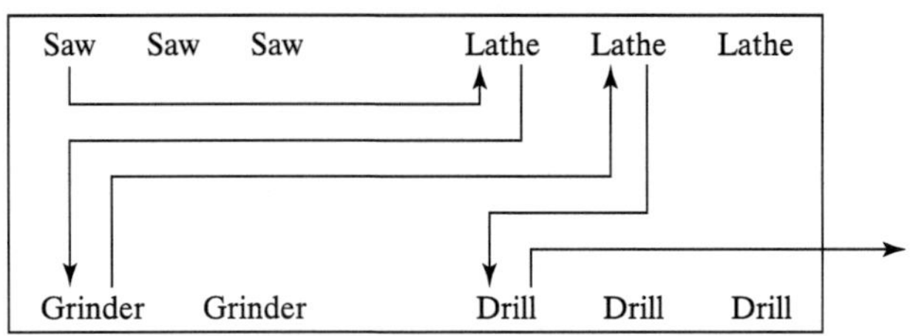

그림 15.3 기능적 레이아웃(Functional layout)

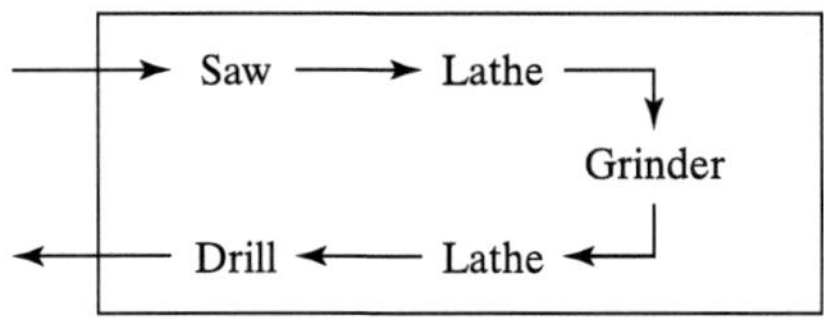

그림 15.4 작업 셀 레이아웃(Work cell layout)

은 가상적인 제품 생산을 위한 라우팅을 포함하여 이러한 종류의 레이아웃을 도식화하여 보여 주고 있다.

제품은 로트나 배치단위로 하나의 작업장에서 다른 곳으로 이동하게 된다. 이러한 형태의 생산은 긴 대기시간과 높은 재공재고, 긴 소요기간과 상당히 많은 자재관리가 필요하다.

보통 이러한 종류의 레이아웃은 개선될 수 있다. 제품의 흐름을 개선해 내는 능력에 달려 있다. 제품을 제품군으로 만들게 되면 가능해진다. 만일 공통의 작업흐름이나 라우팅, 자재, 툴링 그리고 셋업 절차를 거친다면 제품은 같은 군에 있게 된다. 예를들어, 그림 15.3과 같이 제품군에 대한 생산흐름을 보인다고 가정하자. 이러한 제품군을 만들기 위해서 필요한 작업장은 그 군을 생산하기 위한 단계에 따라 레이아웃을 만들 수 있게 된다.

그림 15.4는 그러한 레이아웃을 도식화하여 나타낸 것이다. 부품들은 이제 하나씩 또는 아주 작은 로트 단위로 한 작업장에서 다음으로 흐를 수 있게 된다. 이렇게 하면 다음과 같은 몇 개의 이점을 가질 수 있다.

- 셀간의 대기시간과 소요기간을 획기적으로 줄일 수 있다.
- 생산활동 관리와 일정수립이 간소화된다. 과거의 시스템과 달리 셀은 단지 하나의 작업장만으로 관리하면 된다.
- 작업장의 공간이 줄어든다.
- 선 공정에 대한 피드백에 즉각적이다. 만일 품질문제가 발생된다면 바로 찾아 낼

수가 있다.

작업 셀은 높은 다양성을 허용하고 낮은 볼륨의 제조가 반복되어진다. 작업 셀은 실질적으로 효과적이고 제품 설계와 프로세스 설계는 작업 셀에서 생산을 위해 설계된 부품들과 함께 작업이 이루어 져야 한다. 구성품의 표준화가 더욱 중요하다.

프로세스 유연성(Process Flexibility)

프로세스 유연성은 제품의 볼륨과 혼합생산에 대한 빠른 변화에 대응할 수 있게 한다. 이러한 것을 달성하기 위해서는 작업자와 기계는 유연해야 하고 시스템은 한 제품에서 다른 것으로 빠르게 바뀌어질 수 있어야 한다.

기계 유연성(Machine Flexibility) 기계의 유연성이라 하면 흔히 특수 목적의 값비싼 하나의 기계를 사용하는 대신 일반적으로 덜 비싸고 범용적으로 사용할 수 있는 두 개의 기계를 사용하는 것을 뜻한다. 보다 작은 일반적인 목적의 기계는 적절한 조치를 하게 되면 특정 공정에 적용할 수 가 있다. 한 개보다 두 개의 기계를 갖고 있다면 작업 셀에 하나를 할당하는 것이 보다 수월해질 수 있다. 이상적으로는 그 기계는 필히 낮은 비용에 운반이 용이해야 한다. 그림 15.5는 이러한 개념을 설명해 주고 있다.

- 대용량 비 전용 장치 흐름
- 소용량 전용 장치 흐름

빠른 변경(Quick changeover) 신속한 변경은 짧은 준비교체시간이 필요하다. 짧은 준비

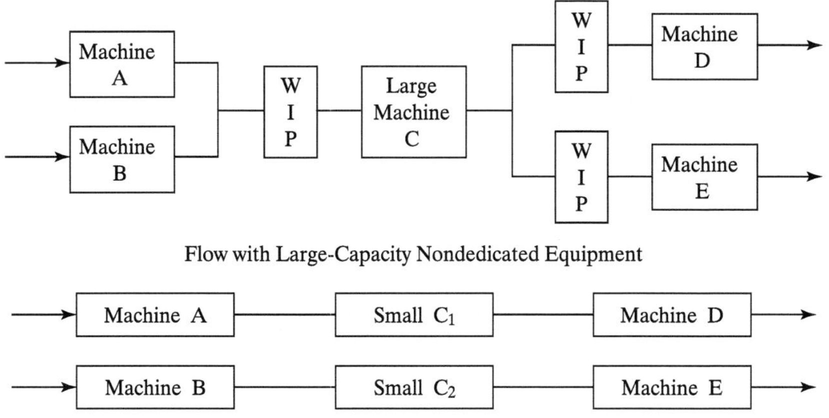

그림 15.5 크고 다목적용 장치와 작은 전용 장치

교체시간은 역시 다음과 같은 이점이 있다.

- **경제적-주문 수량 감소(Reduced economic-order quantity)** 경제적인 로트 사이즈는 준비교체시간에 달려 있다. 만일 준비교체시간을 줄일 수 있다면, 로트 크기도 줄일 수 있다. 예를 들어, 경제적 주문 수량(EOQ)이 100단위 이고 준비교체시간을 25% 로 줄일 수 있다면 경제적 주문 수량은 50으로 감소된다. 재고는 반으로 줄고 대기시간과 소요기간 역시 줄게 된다. 준비교체시간을 더 크게 줄일 수도 있을 것이다. 일반적으로 필요 할 때 올바른 툴과 고정설비를 사용하고 일을 적절하게 조직화 한다면 준비교체시간을 50% 까지 줄일 수 있다고 한다. 한가지 예를 들면 다이 프레스 관한 작업변경을 비디오에 담았다고 하자. 작업자의 작업변경은 눈으로 봐서 50% 이상이 되지 않았다. 그는 툴과 다이 그리고 기타 일로 인해서 이곳 저곳을 다니고 있었다. 준비교체시간을 줄이기 위한 시스템을 '4단계 방법(four-step method)' 라 한다. 이 방법은 주요 비용 손실 없이도 90% 까지 절감할 수 있다고 한다. 이것은 준비교체시간을 미리 준비하고 합리화하고 조정시간을 줄이게 되면 가능할 것이다.
- **대기시간과 제조 소요기간 감소(Reduced queue and manufacturing lead time)** 제조 소요기간은 대부분 대기시간에 의존한다. 바꿔 말해서 대기시간은 주문 수량과 일정에 따라 달라진다. 준비교체시간을 줄이면 대기시간이 줄게 되고 궁극적으로 제조 소요기간을 줄일 수 있다.
- **재공재고의 감소(Reduced work-in-process(WIP) inventory)** 재공재고는 프로세스 상의 주문의 수와 크기에 달려 있다. 만일 주문수량이 감소하면 재공재고도 감소한다. 또한, 작업장을 서로간에 밀접하게 재배치 함으로서 작업 공간도 줄일 수가 있고 관리비용도 줄고 작업셀을 늘릴 수 있게 된다.
- **품질 향상(Improved quality)** 주문수량이 작을 때는, 결함도 적어지게 된다. 그 이유는 빠르고 쉽게 노출되기 때문에 쉽게 원인을 찾아내서 수정할 수 있다.
- **프로세스와 자재 흐름의 개선(Improved process and material flow)** 재고는 버퍼와 같아서 프로세스와 일정수립의 문제점을 덮어 버리게 만든다. 재고의 감소는 이러한 버퍼를 감소시켜서 실제 생산프로세스와 자재 제어시스템의 문제점을 노출시키게 된다. 이러한 것은 문제점을 개선하고 프로세스를 향상시키는 기회를 제공한다.

작업자의 유연성(Operator flexibility) 유연한 기계류와 프로세스는 그것을 다루는 사람에게도 유연함을 요구한다. 작업자는 자신이 하는 일에 대한 직무 교육을 받아야 함은 물론, 다른 기술과 문제해결 기법에 대한 추가 교육도 받아야 한다. 오직 잘 훈련된 작업자만이 유연한 시스템의 이점을 활용할 수가 있게 된다.

종합 품질관리(Total Quality Management)

TQM은 제 16장의 주제이다. 여기서는 제조의 관점에서 품질에 초점을 맞추기로 한다. 품질은 두 가지의 이유에서 상당히 중요하다. 만일 고객에게 배달되는 물건의 품질이 만족스럽지 않다면 그것은 제품의 결함이며 고객은 불만을 토로하게 될 것이기 때문이다. 만일 프로세스상에서 불량이 발생한다면, 고객에게 제품 배달이 지연되는 일정상의 문제와 재고 증가 또는 부족의 원인이며 시간 낭비가 증가될 것이다. 또한 작업장의 수고로움이 더하게 되고 제품비용 증가로 이어지게 된다.

누가 사용자인가? 극단적으로, 회사의 고객이 될 것이지만, 다음 공정의 작업자도 역시 사용자가 될 수 있다. 어떤 작업장의 품질이든 반드시 공정상 다음 작업장의 품질 수준을 만족하거나 뛰어 넘어야 한다. 이것은 연이은 자재의 흐름을 위해서도 필요하다. 만일 하나의 작업장에서 불량이 발생했거나 다음 공정으로 진행되기 전까지 발견되지 못했다면 시간 낭비는 물론 필요한 수량의 제품이 배달되지 못할 것이다.

제조에 있어서 품질은 제품의 불량을 검사하여 그것을 수리하는 것을 의미하지는 않는다. 제조는 제품이 요구되는 품질 수준으로 끊이지 않고 지속적으로 생산될 수 있도록 해야 하고 가능하다면 불량률이 제로에 가깝도록 해야 한다. 제조에서는 이러한 모든 것을 달성할 수 있도록 프로세스를 개선해야 하고 이러한 최상의 상태가 유지되도록 지속적인 모니터링을 해야 한다. 일일 모니터링은 작업자에 의해 수행되어질 때 최고가 될 수 있다. 만일 결함이 발견되면 공정진행은 멈춰져야 하고 그 원인을 찾아내어 바로잡아야 한다.

훌륭한 품질 프로그램이란 불량과 재작업 그리고 재고가 적어야 하며 생산 납기가 정확하고 시간적으로 제때에 배달되어 보다 고객을 만족시켜야 한다.

근본으로부터의 품질(Quality at the source) 근본으로부터의 품질은 문제가 발생되면 첫 번째로 바로 공정을 멈추고 원인을 찾아내어 그것을 고쳐야 함을 의미한다. 작업자는 스스로가 품질 검사자가 되어야 하고 자신이 생산하는 제품의 품질에 대한 책임을 각자가 져야 한다.

종합 생산적 유지보수(Total Productive Maintenance)

전통적인 유지보수를 '고장관리(breakdown maintenance)' 라 한다. 이는 기계 고장이 발생되었을 때만 유지보수가 이루어 지기 때문에 붙여진 말이다. 고장관리의 모토는 "고장이 나지 않은 면 수리하지 않는다"이다. 불행하게도 기계가 작동될 때 고장이 발생되면 생산일정에 차질이 생기고, 초과 재고가 발생하거나 배송이 늦어지게 된다. 추가해서 적절한 유지보수의 부족은 작업의 성능을 약화 시킨다. 예를 들어, 자동차를 제때에 관리하지 않으면, 운행 중 정지하거나 출발하지 않을지도 모른다. 또한 주행 성능이 떨어지게 될 것이다.

제조에서도 원하는 품질로 계속해서 생산을 하기 위해서는, 기계장치는 최상의 상태로 유지보수가 이루어져야 한다. 이것은 품질 이상으로 중요하다. 만일 기계가 고장 나면, 다른 작업장에 빠르게 영향을 미치게 된다. 예방정비는 일일 검사, 주유 그리고 청소에서 시작한다. 작업자는 통상 기계설비가 어떠한 조건하에서 최상의 조건이 될 수 있는 가를 이해해야 한다. 그렇게 해야 평상시 규칙적인 예방정비를 하게 된다.

종합 생산적 유지보수는 한단계 더 나가서 종합 예방정비의 개념과 함께 한다. 미국 운영관리협회의 8번째 사전에서는 종합 생산적 유지보수를 '유연성을 향상시키고 자재관리를 감소하며, 지속적인 흐름을 유발하기 위한 장비의 적용과 수정 그리고 재정비에 대한 지속적인 예방정비가 더해진 것' 이라 했다. 그것은 역시 낭비를 제거해야 한다는 JIT의 철학을 강조한 것이다.

끊임 없는 흐름(Uninterrupted Flow)

이상적으로 자재는 하나의 작업에서 지체 없이 다음 작업장으로 흘러야 한다. 특히, 생산라인이 다양하지 않은 반복생산 공정에서는 더욱 그렇다. 그러나 이러한 목표는 어떠한 제조환경에서도 목표가 되어야 한다. 간단 없는 자재의 흐름을 위해서는 몇 가지 조건이 필요하다. 일정한 작업할당, 끌기 시스템, 유효한 생산일정과 일련 생산방식이다.

일정한 작업 할당(Uniform plant loading) 각 작업장에서 완료된 작업은 같은 시간이어야 한다. 반복생산에서는 이러한 것을 라인밸런싱(balancing the line)이라 부른다. 이 의미는 생산라인 각 작업장에서의 작업 수행시간은 유사하거나 거의 같다는 것을 말한다. 그 결과 병목구간이나 재공 재고가 발생치 않게 된다.

끌기 시스템(Pull system) 작업장에 대한 요구는 다음 작업장으로부터 발생한다. 끌기 시스템은 라인이 끝에서 시작하고 필요한 제품 생산이 선행된 작업장으로부터 끌어 오게 된다. 선행 작업공정은 수행될 다음 공정에서 신호가 없다면 어떠한 제품도 생산하지 않는다.

생산 요구에 대한 신호는 공장의 물리적 레이아웃 이나 작업 조건에 따라 달라진다. 가장 잘 알려진 시스템이 간반(Kanban)시스템이다. 세부 항목은 변하지만 기본적으로 두 개의 용기(two bin)와 고정발주량방식(fixed order quantity), 발주점발주시스템(order-point system)을 들 수 있다. 부품의 작은 재고는 사용자 공정에 속해 있다 . 예를 들어, 두 개의 부품 용기가 있다고 하자. 하나의 용기가 사용되어 지면 공급 공정에 되돌려 지고 그것은 해당 공정에 필요한 부품을 생산하라는 신호가 된다. 그 용기는 표준크기이고 부품의 고정번호(오더 수량)가 적혀 있다. 이 시스템은 역시 보다 쉽게 재공 재고를 파악하고 관리할 수 있게 한다.

유효한 일정(Valid schedules) 끊임없는 흐름생산을 위해서는 잘 계획된 생산계획이어야만 한다. 그 일정은 공장에 입고되는 자재의 흐름을 정하고 제조 공정 중 작업의 흐름을 설정한다. 평준화 흐름생산을 유지하기 위해서는 일정수립은 평탄화가 되어야 한다. 다시 말하면, 같은 양이 매일 같이 생산되어야 한다는 것이다. 게다가 제품의 혼합생산이 매일 같이 같아야 한다. 예를 들어, 공장에서 강아지의 털 깎는 기계를 만든다고 가정하자. 이 기계는 경제적 모델, 표준 모델, 딜럭스 모델이 있다.

각각의 기계에 대한 일주 당 생산 요구수량은 500, 600 그리고 400개 이다. 그리고 조립라인의 생산용량은 일주일 단위로 1,500개이다. 그 공장에서는 그림 15.6과 같은 일정을 세울 수가 있을 것이다. 이것은 요구수량을 만족하고 생산용량에 대한 평준화가 이루어진 것이다.

그러나 안전재고가 없다면 재고가 쌓이게 되고 요구수량의 변동은 재고부족에 이르

Week	On Hand	1	2	3
Economy	0	1500		
Standard	600		1500	300
Deluxe	800			1200
Total	1400	1500	1500	1500

그림 15.6 주생산일정(Master production schedule)

Week	On Hand	1	2	3
Economy	250	500	500	500
Standard	300	600	600	600
Deluxe	200	400	400	400
Total	750	1500	1500	1500

그림 15.7 주별로 평준화된 주생산일정

게 될 것이다. 예를 들어서, 첫 주에 딜럭스모델에 대한 요구수량의 급변동이 있다면 2주차에 가서는 판매할 제품이 없게 된다.

또 다른 일정수립이 그림 15.7과 같다. 이러한 일정은 재고가 감소하고 모델 요구증가에 대한 변화에 대응을 할 수 있다. 준비교체시간이 증가하지만 시간 자체가 작다면 별 문제가 되지 않는다. 이러한 생각은 각각 모델별로 몇 개씩 생산을 할 때 적용된다. 이제 날마다 각 모델에 대하여 100, 120, 80를 생산하게 된다. 만일 생산라인이 유연성을 갖고 있다면, 15개의 혼합된 순서로 생산할 수 있다. 이것은 전체 생산량인 300에 대하여 하루 동안 20번 반복된다.

E: Economy

S: Standard

D: Deluxe Sequence: ESD, ESD, ESD, ESD, SES

공장에서는 요구 수량을 충족시키기 위해 생산을 하게 된다. 재고는 최소 수량으로 유지한다. 만일 모델간 요구수량이 바뀌었다면 조립라인에서는 일별로 대응을 할 수가 있다. 이것을 혼합모델일정계획(mixed-model scheduling)이라 부른다. 일정수립은 평준화 된다. 이 평준화는 생산능력과 연관된 것이 아니라 자재에 대한 것을 말한다.

일련생산방식(Linearity) JIT에서 생산계획에 대하여 강조하는 것은 더도 아니고 덜도 아닌 것이다. 이러한 개념을 일련생산방식(Linearity)이라 한다. 그리고 전체 생산능력에 비하여 약간 적은 생산량에 대한 일정을 수립하게 된다. 만일 조립라인에서 기간당 100개를 생산할 수 있다면, 8시간 동안 700개를 생산한다는 계획을 세우게 되는 것을 말한다.

700개를 생산하고 나서 시간이 남는다면 청소나 기계에 주유를 하고 다음 생산준비 혹은 문제점에 대한 해결을 하는 일들로 활용한다.

지속적인 프로세스 개선(Continuous Process Improvement)

이 주제는 제 14장에서 논의하였던 JIT와 TQM의 주제이다. 낭비 요소의 제거는 끊임없는 프로세스 개선에 기인한다. 따라서 끊임없는 개선이란 JIT 제조의 주요 특징이다.

공급자 관계(Supplier Partnership)

만일 좋은 일정수립이 유지되고 공장에서 JIT환경을 만들어 갈려면 중요한 요소중 하나가 믿을 만한 공급자와의 관계를 들 수 있다. 공급자는 공장으로 자재를 공급하는 흐름을 만들어 가는 주체이기 때문이다.

협력관계 만들기(partnering) 협력관계 만들기란 특정 목적을 달성하기 위해서 두 개 또는 그 이상의 공급자와 장기간 계약관계를 갖어 가는 것을 의미한다. JIT철학에서는 공급자의 성과뿐만 아니라 공급자와의 관계를 매우 중시한다. 공급자를 경쟁자로 보지 않고 협력 생산자로 보는 것이다. 이러한 관계는 상호 신뢰와 협력을 바탕으로 하고 있다. 협력관계에 대한 세 가지의 주요 항목을 소개하면 다음과 같다.

1. **장기계약(Long-term commitment)** 이것은 협력관계 만들기의 이점을 취하기 위해서 필요하다. 문제를 해결하고 프로세스를 개선하고 협력관계를 쌓아가기 위해서 필요한 요소이다.
2. **신뢰(Trust)** 신뢰는 적대관계를 제거하기 위해 요구되어지는 항목이다. 파트너란 기꺼이 정보를 공유하고 강한 협력 관계가 되어야 한다. 개방적이면서 빈번한 커뮤니케이션이 필요하다. 많은 경우에 있어서 서로의 비즈니스 계획과 기술 정보를 서로 공유하기도 한다.
3. **비전공유(Shared vision)** 모든 파트너는 고객의 만족을 위해 필요한 것을 이해해야만 한다. 목표와 목적은 공유해야 하고 그래야 한 방향으로 갈 수가 있다.

만일 위와 같은 항목들이 적절이 이루어진다면 협력관계는 상생전략으로 발전하게 될 것이다. 그러한 이점은 구매자에게 아래와 같은 내용을 제공한다.

- 충분한 능력으로 필요한 품질 수준으로 제품을 공급하기 때문에 별도의 내부 검사가 필요치 않게 된다. 이것은 공급자가 훌륭한 프로세스 품질 개선 프로그램을 보

유하고 있거나 개발할 능력이 있음을 뜻하는 것이다.

- 그러한 능력은 JIT를 근간으로 하여 빈번하게 공급을 할 수 있게 된다. 이는 결국 공급자가 이미 JIT환경을 구비한 제조자가 되었음을 말한다.
- 결국 이러한 것들은 구매자가 성능과 품질 그리고 비용을 개선할 수 있는 능력을 갖게끔 한다. 공급자가 JIT 철학을 바탕으로 한 공급자가 되게 하려면 장기적인 관계가 성립되어야 하는 것이다. 공급자에게는 그들의 생산능력에 따른 일정수립 보장과 단일 고객과의 계약관계가 필요하다.

바꿔 말하면 공급자에게는 다음과 같은 이점이 있게 된다.

- 장기간 안전하고 커다란 규모의 사업공유가 있게 된다.
- 보다 효율적으로 생산계획을 수립하는 능력을 갖게 된다.
- JIT 공급자로서 보다 높은 경쟁력을 구비하게 된다.

공급자 선택(Supplier selection) 7장에서는 공급자를 선택할 때 고려해야 하는 능력을 언급했었다. 기술적 능력, 제조 능력, 신뢰성, 판매 사후 서비스 그리고 공급자의 위치 등을 고려 요소라 했다. 협력관계에서는 파트너십을 바탕으로 다른 측면에서 고려되어야 한다. 이에 대하여 언급하면 다음과 같다.

1. 공급자는 안정된 관리시스템을 소유하고 있어야 하고 파트너십 관계를 위해서 진실되게 임해야 한다.
2. 조직의 비밀에 대한 공급자의 불이행 위험 부담이 없어야 한다.
3. 공급자는 효과적인 품질 시스템을 갖고 있어야 한다.
4. 공급자는 고객만족이라는 비전을 공유하고 고객에게 기쁨을 주어야 한다.

공급자 인증(Supplier certification) 공급자가 선택되어지면 다음 단계로 인증하는 프로세스가 있다. 이는 공급자가 제품을 선적하는 단계부터 시작한다. 조직에서는 인증을 위해 자신들의 기준을 제시할 수 있고 또는 미국품질협회(American Society for Quality Control)에서 개발한 내용을 적용할 수도 있다. 여기서는 제품과 비제품 부문(예: 지불에러)에 대한 결함을 정의해 놓고 있다. 그리고 ISO9000 시스템과 같은 훌륭한 문서화된 시스템을 이용하는 것도 좋을 것이다.

전체 종업원 참여(Total Employee Involvement)

성공적인 JIT환경에서는 조직 내 모든 종업원의 협력과 참여를 중시한다. 낭비의 제거와 지속적인 개선이라는 아이디어는 JIT의 중심 철학이면서 모든 종업원의 참여가 있어야만이 가능하다.

주문을 받기 전에 작업자에게는 프로세스를 개선하고, 장비를 제어하고, 오차를 수정해야 하는 책임이 있으며 지속적인 개선을 위한 매개체가 되어야 한다. 작업자의 역할은 직접적인 노동력을 제공하는 것 이외에도 예방정비, 장비 준비, 데이터 기록과 문제 해결 같은 전통적으로 간접업무라고 했던 일까지 수행 해야 한다. 이 장의 서두에서 논의하였듯이 종업원은 유연한 직무수행 능력을 보유하고 있어야 한다. 장비가 유연하게 사용되어 지고 작업변경을 빠르게 할 수 있듯이 이를 관리하는 작업자도 역시 유연한 작업능력을 갖고 있어야 한다.

관리자의 역할도 변해야 한다. 전통적으로 관리자는 생산계획 수립, 조직관리, 작업감독에 관련하여 책임을 갖고 있었다. 그들의 많은 전통적인 임무는 이제 라인의 작업자에게 넘어 갔다. JIT환경하에서는 그보다 리더십을 강조하고 있다.

관리자와 감독자들은 코치이면서 트레이너가 되어야 한다. 이는 종업원들의 능력을 개발하고 개선을 위한 협력과 리더십을 제시하여야 한다.

전통적으로 스텝은 품질관리, 유지 그리고 기록과 같은 역할에 대한 책임을 부여 받아 왔다. JIT환경하에서 라인 작업자들은 이러한 많은 의무를 수행 해왔다. 이제 스텝은 라인 작업자들이 이러한 일들을 수행 할 수 있도록 훈련시키고 도와주는 그러한 일들을 해야 한다.

JIT환경에서의 생산계획과 관리(Manufacturing Planning and Control in a JIT Environment)

이 장에서 논의한 JIT제조 철학과 기술은 프로세스와 생산방법을 어떻게 설계하느냐에 달려 있다. 프로세스와 제조공정의 설계는 제조와 산업 엔지니어의 주요 책임이다. 생산계획과 관리는 자재의 흐름과 제조 공정에서 수행되는 작업을 관리하는 것이지 프로세스를 설계하는 것은 아니다. 그러나 생산계획과 관리는 어떠한 일이든 간에 제조 환경하에서 작업이 이루어지고 관리가 되어야 한다. 그림 15.8은 이러한 관계를 보여주고 있다.

이번 장에서는 생산계획과 관리에 대한 JIT 환경의 영향요소에 대하여 알아보기로 하겠다. 어떠한 생산계획이나 관리시스템이 사용되더라도, 다음과 같은 의문점은 생기기

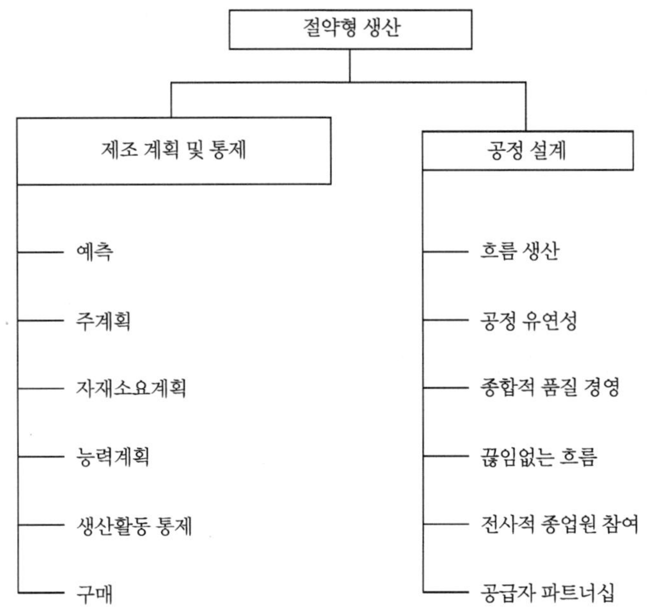

그림 15.8 JIT 제조

마련이다.

1. 무엇을 만들 것인가?
2. 그것을 만드는데 무엇이 필요한가?
3. 무엇을 해야 하는지?
4. 무엇을 얻어야 하는지?

이러한 질문의 논리는 우리가 식사를 준비하거나 첨단 제트기를 만들 때도 마찬가지이다. 계획과 관리시스템은 변한다. 이번 장에서 논의되는 생산 계획 및 관리시스템은 어떠한 제조 환경에서도 효과적임 입증되어 왔다. 제조 프로세스의 복잡성과 완제품과 부분품의 많은 수, 자재표의 레벨 그리고 소요기간은 생산계획 및 관리시스템을 간단하게 혹은 복잡하게도 만들어왔다. 이러한 요소가 간단히 수행될 수 있다면, 계획과 관리시스템은 보다 단순화될 것이다. 일반적으로 JIT철학은 이러한 요소들을 단순화시키고 그렇게 함으로서 생산계획/관리를 보다 쉽게 만든다.

다음에는 생산계획과 관리의 다양한 부분들이 어떻게 JIT환경과 밀접한 관련이 있는가를 살펴보기로 하겠다. 통상, JIT 제조는 생산계획과 관리시스템을 고지식하게 만들지 않는다. 오히려 다른 방법으로 요점을 변화 시킨다. JIT프로세스는 단순한 계획과 관리시스템이 아니다. 그것은 철학이고 제조공장을 설계하고 가동하는 기술의 집합체이다. 계획과 관리는 JIT제조에서도 여전히 필요하다.

예측(Forecasting)

예측에 대한 JIT제조 환경의 주된 이점은 소요기간이 짧다는데 있다. 이것은 사업계획과 장기 생산계획에 대한 예측에는 영향을 주지 않는다. 그러나 주생산일정에는 영향을 미친다. 만일 리드타임이 짧아서 생산 비율이 영업 비율을 맞출 수 있다면 주생산일정에 대한 예측은 덜 중요해질 것이다.

생산계획(Production Planning)

JIT시스템은 공급자와의 관계를 강조한다. 생산계획의 목적 중 하나는 장기 소요기간 구매를 준비하는 것이다. JIT 프로세스는 잠재적으로 그러한 소요기간을 줄여준다. 그러나 보다 중요한 것은 구매자와 공급자가 자재의 흐름에 대한 계획을 함께 세울 수 있게 해준다는데 있다.

주생산일정(Master Production Scheduling)

몇 가지 일정수립 요소가 JIT 제조 환경에 포함되어 있다.

1. 주생산일정은 생산능력을 일정하게 하려고 하고, JIT 환경에서도 역시 생산능력과 자재흐름을 기반으로 일정수립을 일정하게 유지하려고 한다. 그림 15.9가 그 차이를 설명해 주고 있다.
2. 보다 짧은 소요기간은 기간울타리를 줄이고 주생산일정이 보다 고객의 요구를 충족시킬 수 있도록 한다. 이상적인 소요기간은 공장에서 예측이 아닌 실제 판매에 생산을 맞출 수 있을 만큼 짧아야 한다. 공장이 계절적 요소의 요구수량 또는 그 증가를 만족시키려면 여전히 예측을 해야 한다. 생산계획 평균선도 역시 줄일 수가 있다.
3. JIT시스템은 작업에 대하여 안정된 생산계획을 필요로 한다. 이 원리는 기간울타리를 이용 함으로서 가능해진다. 이는 소요기간에 맞춘 자재와 자원들의 공급에 그 기본을 두고 있다. 만일 JIT 시스템을 통해 소요기간을 줄일 수 있다면 기간울타리도 줄게 된다.
4. 전통적으로, 주별 기간 버킷이 사용되었다. 이것은 제조에 있어서 실제 작업흐름

생산능력에 따른 평준화 일정

Week	1	2	3
Model A	900		
Model B	300	900	
Model C		300	1200
Total	1200	1200	1200

자재와 생산능력에 따른 평준화 일정

Week	1	2	3
Model A	300	300	300
Model B	400	400	400
Model C	500	500	500
Total	1200	1200	1200

그림 15.9 생산능력과 자재에 따른 평준화 주생산일정

을 계획하고 조직하는데 있어서 조직상의 버퍼였다. 감소된 소요기간과 일정의 안정성으로 JIT환경에서는 일일 기간 버킷을 사용한다.

자재소요계획(Material Requirements Planning)

MRP는 자재목록표(BOM), 리드타임과 가용재고에 바탕으로 한 자재 흐름에 계획을 말한다. JIT 환경에서는 몇 가지 방법으로 이에 대한 접근을 수정 제시하고 있다.

- MRP 기간 버킷은 통상 주단위로 사용된다. 소요기간이 줄어들면 자재흐름이 향상된다. 이러한 것들은 일일 기간 버킷을 사용 가능하게 한다.
- MRP 의 순수한 로직은 상위의 계획오더가 릴리즈 되면서 사용하게 될 오더 수량을 계산하는 것으로부터 출발 한다. 현재고와 다른 수량 로직에서 사용하던 것도 마찬가지로 계산되어진다. 순수한 JIT환경에서는 현재고가 없어야 하며 다른 수량 로직에서는 필요한 만큼 만 정확하게 만들어야 한다. 따라서 순소요량이 불필요하

게 된다. 만일 리드타임이 충분히 짧다면 부품생산은 총소요량과 같은 기간 버킷에 맞추어 생산되고 추가 조정이 불필요 한다.

- JIT환경에서 자재목록표(BOM)은 자주 슬림화될 수 있다. 작업셀의 사용과 많은 재고 트랜잭션의 제거로 몇몇 레벨의 자재목록표는 필요 없게 된다.

MRP와 JIT는 둘 다 자재 흐름에 기본을 두고 있다. 반복생산 환경에서는 이러한 것은 모델 혼합이라 흐름비율로 정해진다. 생산할 제품은 하위 작업장의 필요에 따라 결정되어진다. 이는 극단적으로 조립라인일 경우이다.

그러나 많은 생산환경에서는 평준화 일정수립과 끌기 시스템에 익숙치 않다. 아래와 같은 몇 가지 예가 있다.

- 요구수량 방식이 불안정한 곳
- 고객 지향 설계(customer engineering)
- 품질을 예측할 수 없는 곳
- 물량 규모가 작고 주기적으로 발생치 않는 곳

능력 관리(Capacity Management)

생산능력계획의 기능은 작업, 장비 그리고 우선순위 생산계획에 따른 자재의 필요에 따라 결정된다. 평준화된 일정수립은 작업을 수월하게 해 주어야 한다. 생산능력 관리는 요구에 따라 하루단위의 충족에 있다. 평준화는 필히 작업을 수월하게 해야 하며 이는 JIT와 일맥 상통하는 것이다. JIT는 낭비요소와 생산능력의 비효율적인 문제의 제거에 있는 것과 같다. 초과 생산능력에 대한 일정수립과 같은 선형생산은 우선순위 일정수립과 일치시키는 능력을 향상하게 된다.

재고관리(Inventory Management)

JIT 시스템은 재고를 감소하기 때문에 어떤 측면에서는 재고관리가 보다 쉬어진다. 그러나 오더수량이 줄고 매년 요구수량이 같은 수준으로 남아있다면 보다 많은 작업지시와 보다 많은 문서작업이 뒤따라야 하며 보다 많은 업무를 수행해야 할 것이다. 업무처리를 줄이기 위한 노력들은 기록을 해야 한다. 이러한 종류의 한 시스템이 바로 백플러싱(backflushing) 혹은 후-불출처리(post-deduct) 시스템이다.

자재는 원자재로부터 완제품을 만들기 까지 공정상에 흐른다. 후불처리 시스템에서는 원자재는 공정에 투입된 것으로 기록된다. 작업이 마무리되었을 때 그리고 제품을 만들었을 때 재공재고는 자재목록표의 부품수량에 완료된 제품의 수량을 곱하여 불출처리를 하게 된다. 자재목록표(Bom)가 정확하다면 소요기간은 줄어들게 된다.

절약형생산에서 이루어지는 이 모든 작업들은 그 주요 목적인 낭비 감소에 일조할 뿐만 아니라 해당 환경의 MRP에 있어 효과적인 대안을 가능케하는 환경을 조성해 준다.

효과적인 기본 작업 단위크기가 미치는 영향(The Impact on Effective Lot Sizing)

MRP는 종종 '푸시 시스템(push system)' 이라고 불린다. 이는 자재소요가 계획된 주문 발주 이전에 계산된 뒤, 계획에 중대한 변화가 없을 것임을 가정하에 생산 주문대로 생산시스템에 밀어 넣어진다는 의미이다. 이 모든 계획의 '발동장치' 는 MRP에 의해 제시되는 최종 제품소요 예측량이다. MRP의 난점 중 하나는 계획이 종종 효과적이지 못하게 된다는 것인데, 이에 영향을 미치는 문제나 변동사항에는 다음과 같은 것이 있다.

- 시기와 수량에 대한 고객 요구사항 변동
- 시기, 수량, 품질 등에 대한 공급자 납기 문제
- 부정확한 데이터 성격에 따른 부정확한 데이터베이스 축적
- 생산상의 문제
  - 작업장 결근
  - 생산성/효율성 문제
  - 기계 고장
  - 품질 문제
  - 빈약한 의사소통

이러한 문제들은 계획이 아무리 잘 만들어졌다 해도 비효율적인 실행과 재고수준 증가를 초래하는 환경을 형성한다.

끌기 시스템(The Pull system)

끌기 시스템(Pull system)은 전통적인 '밀기(push)' 시스템인 MRP에 대한 대안으로 개발된 것으로, JIT 생산의 주체로서 정의되곤 한다. 이의 기본적인 개념은 미리 계획을 세워 스케줄을 정해두는 대신 최종 고객 주문에 반응하여 수요를 충족시키는데 필요한 것만을 딱 필요한 시기에만 생산하는 것이다. 이 시스템은 독자적인 재고에 사용되던 기본적인 재발주점(reorder point)시스템과 본질적으로는 같은 것이라 할 수 있다. 그렇다면 MRP이전에 효과적으로 사용되지 않던 것이 왜 이제야 효과가 있다는 것일까? MRP는

기본적으로 재발주점 시스템이 잘 사용되지 않아 그에 대한 보다 효과적인 대안으로서 고안되어진 것이기 때문이다.

재주문시스템이 비독자적 재고 환경에서 잘 시행되지 못했던 주요한 이유는, 독자적 재고환경에서는 비교적 일정한 수요량을 가정할 수 있으나 비독자적 재고환경은 그렇지 못하기 때문이다. 간단한 예를 들어 이 문제를 좀 더 쉽게 설명해보도록 하겠다.

제품이 특별한 자전거 모델이라고 가정해 보자. 자전거는 주문조립생산(ATO) 환경의 일반적인 생산형태인 배치방식으로 만들어진다. 배치 크기는 200대이다.

여기서 BOM상 한 단계 아래 레벨인 종속 재고 품목 중 하나인 자전거 안장을 살펴보자. 안장의 배치크기는 300이고 소요시간(lead time)은 2주라 가정하며, 우리가 재발주점을 시험해 보고 있으므로 재발주점은 80으로 둔다 하자.

예시 1) 자전거 안장 재고가 290개 있다고 가정해 보자. 이때 자전거의 새로운 배치가 갓 주문되어 빠른 시간 내에 200개의 안장을 사용해야 하게 되었다. 그러면 90개의 안장이 남게 되고 이는 재주문점보다 10개 많은 것이다. 이후 주문이 발생하기 전까지 자전거 안장 재고량은 90개를 유지하게 될 것이다. 이후 또 다시 주문이 들어오게 되면, 생산해야 할 자전거 수는 200대인데 안장이 90개밖에 없는 상황이 발생한다. 이때 즉각 안장 300개를 재주문한다 하더라도, 가용상태까지는 2주의 소요시간을 기다려야 하게 된다.

예시 2) 이번에는 재고가 충분치 않다고 가정해 보자. 우리에겐 270개의 안장이 있다. 200대 자전거 주문이 들어오면 이 중 200개의 안장을 사용하게 되므로, 곧 안장 재발주점에 도달하게 된다. 이때 재주문을 하면, 2주후에는 추가된 300개의 안장이 기존의 재고 70개와 합쳐져 총 370개의 안장 재고가 남게 된다. 아주 오랜 이후가 될지도 모르는 다음 자전거 주문까지 안장 재고 370개를 유지하려면 비용이 많이 들 것이다.

상기의 예가 보여주듯이, 비종속적 재고환경에서의 기본작업 단위크기(lot-sizing)문제는 종종 급격한 재고 부족을 야기하거나 실제 필요량보다 넘치는 재고를 보유하게끔 만든다. 이러한 문제를 야기하는 중요 사항은 예시에서 볼 수 있듯 너무 큰 기본 작업 단위크기와 긴 소요시간이며, 이들이 바로 절약형생산의 주요 낭비 절감 대상이다.

먼저 가장 경제적인 기본작업 단위 크기를 결정하는데 도움을 주는 표준경제적발주량(EOQ)모델을 살펴보자. 물론 이는 재고 유지비용과 주문 비용의 기본적인 절충(trade-off)이 되며, 이는 제 10장에서 보다 자세히 살펴본 바 있다.

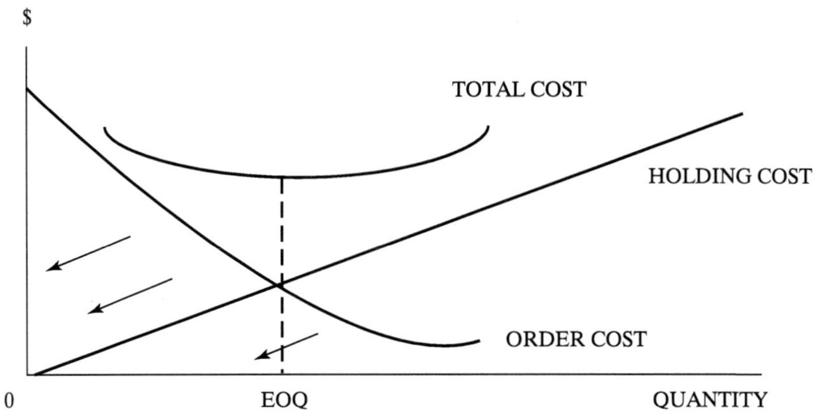

이 모델의 기본적인 가정은 재고 유지비용과 주문 비용이 모두 알려져 있으며, 비교적 고정되어 있다는 것이다. 이는 본질적으로 유지비용에는 실제적인반면 주문비용에는 그렇지 못하다. 주문비용이 장비 셋업에 든다면, 절약형 생산의 주요한 노력은 이 셋업 비용을 감소시키는 것일 것이다. 주문비용이 상품 구매에 든다면, 절약형 생산의 주요 노력점은 공급자들과 협의하여 비용을 절감시키고 구매 주문 및 배송 시간을 줄이는 것이 된다. 이러한 노력으로 인해 주문 비용 곡선은 아래 그림처럼 왼쪽 아랫방향으로 움직일 수 있다.

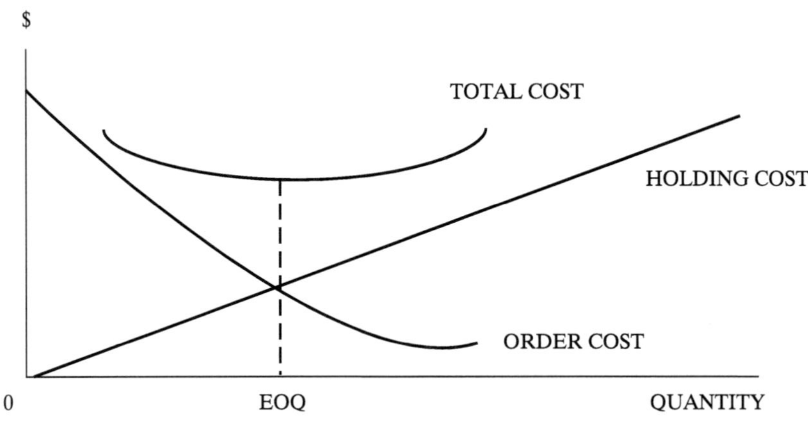

이러한 노력들이 행해지면, 새로운 주문비용 곡선에 따라 새로운 총 비용 곡선이 생성되며, 이는 다음과 같이 상당히 작은 경제적 발주량(EOQ)을 야기시킬 것이다.

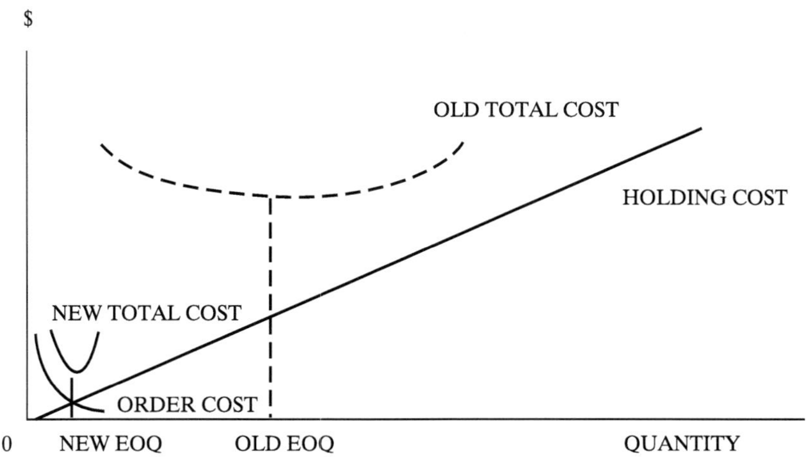

이는 경제적 발주량(EOQ)과 재발주점이 매우 작으므로 주문을 자주, 그러나 작은 배치크기로 하게 됨을 의미한다. 또한 이러한 조치는 최종 레벨에서 취해지게 되므로, 앞의 자전거의 예로 다시 설명하자면 매우 적은 양의 자전거가 자주 주문되어, 같은 식으로 적은 양의 자전거 안장이 자주 필요하게 될 것이다.

이 시점에서 자전거와 자전거 안장의 예를 다시 검토해 볼 때, 효과적인 기본 단위의 영향을 알 수 있을 것이다. 자전거의 기본 단위가 매우 작으므로, 자전거 안장의 기본 단위도 작아진다. 절약형 생산 개선의 목표인 안장 보충 소요시간도 줄어야 한다. 자전거의 기본 작업 단위가 현재 7개이며 안장이 10개라고 가정해 보자. 자전거 안장의 재발주점은 0이 다. 이때 자전거의 한 작업 단위를 생산한다면, 자전거 안장 재발주점에 도달하지 못했으므로 자전거의 다음 작업 단위를 생산할 수 없을 것처럼 보일 것이다. 그러나 자전거 안장의 기본작업 단위 크기가 기렇게 작다면, 쉽게 2, 3 작업단위 혹은 그 이상을 재고로 둘 수 있을 것이며 (그 수는 새 보충 소요기간에 따라 달라진다) 따라서 첫 번째 안장 작업단위가 보충되는 동안 두 번째 보충단위의 안장을 사용해 다음 자전거 작업단위를 생산할 수 있게 된다.

작업 단위 변화의 단점 작업단위를 작게 하면 분명 낮은 수준의 평균 재고를 유지할 수 있게 되지만, 한편 주문비용과 소요시간을 줄이기 위해 1회성 이상의 비용이 들게 된다. 고객 수요가 감소하지 않았다면 각 배치의 크기가 줄어들었으므로 이를 더 자주 생산하도록 주문해야 할 것이다. 주어진 배치 재고가 재주문 시점에 가까워질 때마다, 보충 소요기간내의 수요가 예상치를 넘어서 재고 고갈(stock out)의 위험을 감수해야 할 것이다. 다음 그림은 이러한 상황을 보여주고 있다.

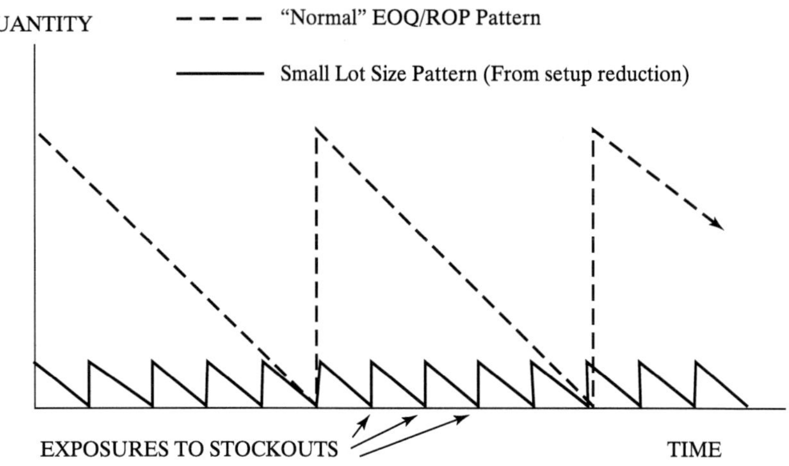

간판 시스템(Kanban System)

절약형 생산의 지속적인 목표인 소요시간 절감과 더불어, 시스템은 반응시간이 소요되는 공식적이고 구조화된 시스템에 의존하지 않을 수 있는 재주문 신호를 생성해야 한다. JIT 생산 개념의 개발자들은 간판이라 불리는 단순한 카드 시스템을 사용했다. 간판은 일본어의 거친 번역으로서, 카드나 티켓을 의미하는 것이다.

이 시스템은 매우 간단하게 운영된다. 상품에 보통 카드보드지로 만들어진 간판신호를 붙여 재료를 식별하는 것이다. 간판에는 다음과 같은 정보들이 기입된다.

- 부품번호와 ID
- 창고 장소
- (재료가 컨테이너 안에 있을 경우) 컨테이너 크기
- 작업장 혹은 공급자

작동방식 다음 그림은 2간판 시스템(two-card Kanban system)의 사용을 보여주는 것이다. 여기에는 생산 간판(카드에 명시 된 부품번호의 생산을 허가하며 구체적인 양이 표시된다)과 이동간판(확인된 재료의 움직임을 허가한다)의 두 가지 간판이 사용된다.

프로세스의 시작 시점에서 모든 간판은 컨테이너에 붙어있으므로 움직임이 일어나지 않는다. 행동이 허가될 때에야 간판을 떼게 된다. 이러한 방식을 통해 간판의 숫자가 특정 장소에 허가 된 재고의 수를 제한하게 된다.

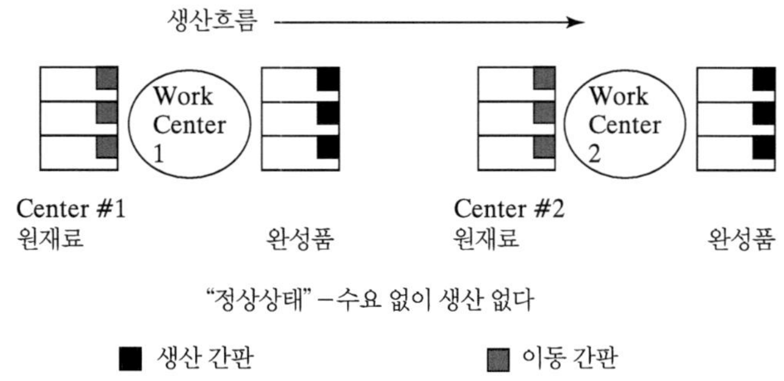

어떠한 시점에서 다운스트림 프로세스는 워크센터 2에서 생산되어 당센터의 '완제품' 재고에 있던 부품을 필요로 하게 된다. 이때 워크센터 2 생산을 표시하는 카드를 떼어내고 재료 및 그 컨테이너를 가져오게 된다. 이는 간판시스템의 두가지 추가적인 규칙을 설명해 준다. 첫째, 모든 자재의 흐름은 컨테이너가 가득찬 상태에서 이루어진다. 이때 컨테이너의 작업단위 사이즈가 매주 작앙다 함을 기억하도록 한다. 둘째, 간판 카드는 워크센터에 붙여진다. 이러한 초기의 흐름이 다음 그림에 나타나 있다.

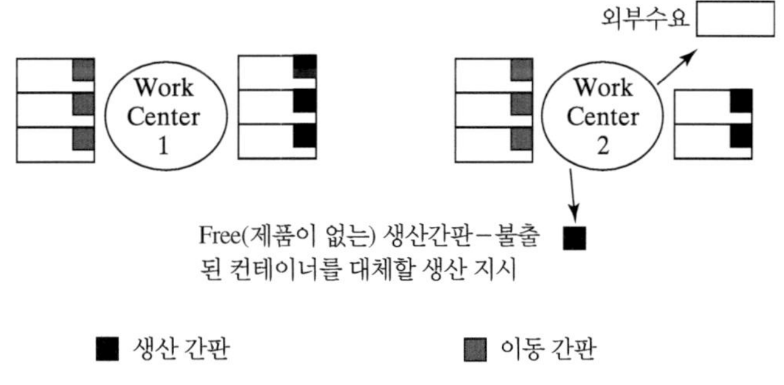

떨어진 생산간판이 곧 이동된 컨테이너를 대신할 워크센터 2의 생산을 지시하는 신호가 된다. 이를 위해서는 원자재가 필요하며, 원자재는 이동카드가 붙여진 워크센터 앞 컨테이너에 담겨져 있을 것이다. 이 원자재가 워크센터 2에서 완성된 재료를 대처하기 위해 사용되면, 다시 원래 원자재 컨테이너는 비게 되고 여기 붙어있던 이동간판은 다음 그림과 같이 떼어지게 되는 것이다.

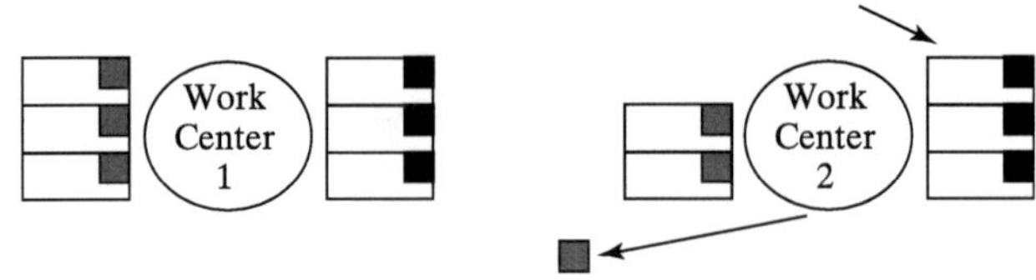

1. 생산 컨테이너 교체
2. 생산 간판을 새 컨테이너에 위치
3. 원자재 컨테이너의 이동 간판이 제거되고 'free'가 됨

■ 생산 간판 ■ 이동 간판

떨어진 이동간판은 곧 사용된 자재를 대신할 자재의 이동을 허가하는 신호가 된다. 그리고 이 새 자재는 워크센터 1의 완제품 섹션에 있다. 자재처리자는 자재를 이동시키며, 이 이동을 허가하는 표시로써 컨테이너에 이동간판을 부착하게 되며, 그 전에 생산 권한을 신호하는 생산 간판을 떼어내게 된다. 이는 간판시스템의 또 다른 중요한 규칙을 설명해 준다. 자재가 있는 모든 컨테이너는 오직 하나의 카드만이 부착되어야 한다는 것이다. 즉 이동간판을 붙이려면 생산간판은 반드시 제거되어야 한다. 다음 그림은 이를 설명하고 있다.

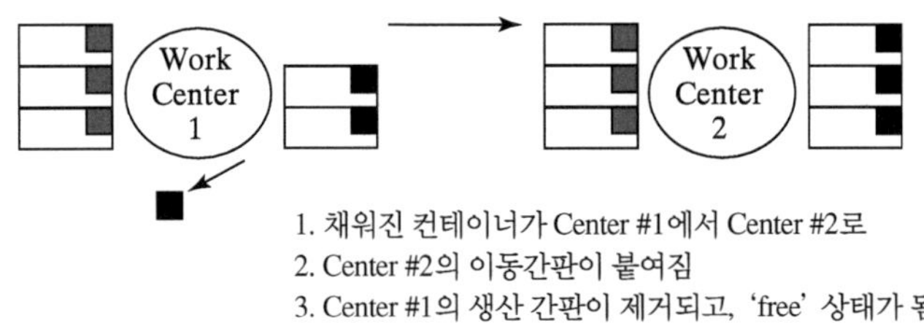

1. 채워진 컨테이너가 Center #1에서 Center #2로
2. Center #2의 이동간판이 붙여짐
3. Center #1의 생산 간판이 제거되고, 'free' 상태가 됨

■ 생산 간판 ■ 이동 간판

이에따라 워크센터 1에는 떼어진 생산 간판이 생기게 된다. 이는 다음 그림과 같이 생산을 허가하는 신호가 되고, 이에 따라 워크센터 1의 원자재 일부를 사용하게 되면 이는 다시 그 자재에 붙어있던 이동간판을 떼도록 만드는 것이다.

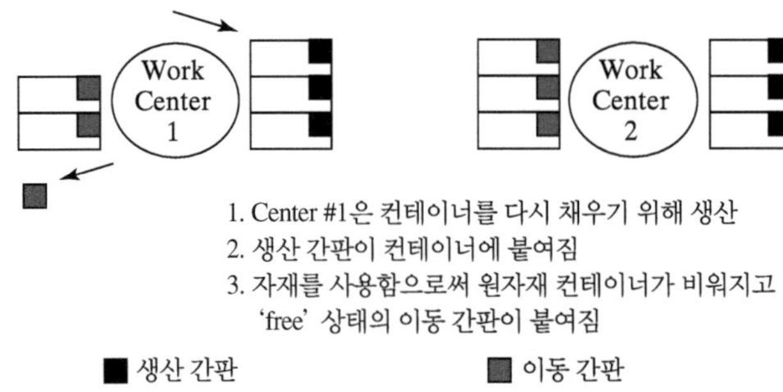

1. Center #1은 컨테이너를 다시 채우기 위해 생산
2. 생산 간판이 컨테이너에 붙여짐
3. 자재를 사용함으로써 원자재 컨테이너가 비워지고 'free' 상태의 이동 간판이 붙여짐

■ 생산 간판 ■ 이동 간판

이러한 프로세스는 공급자에 이르기까지 거슬러 올라가 사용 될 수 있다. 이들에게 이동간판은 설비로의 다음 선적을 허가하는 신호로 사용 될 수 있을 것이다.

이 시스템에는 스케줄이 없다는 것에 주목하자. 재료의 생산과 이동은 단지 생산 다운스트림에 있어 재료 사용에 대한 반응으로서 허가되는 것이다. 최종 제품 생산은 곧 고객의 자재 취득이 될 것이다. 몇몇 설비에서는 고객 주문을 위한 최종 조립 스케줄이 존재한다. 이러한 설비들에 있어 이 스케줄은 유일한 공식적 스케줄일 것이다.

덧붙여, 간판 카드들은 다음 그림과 같이 워크센터 내부 또는 사이에서만 순환할 수 있음을 유의하도록 하자.

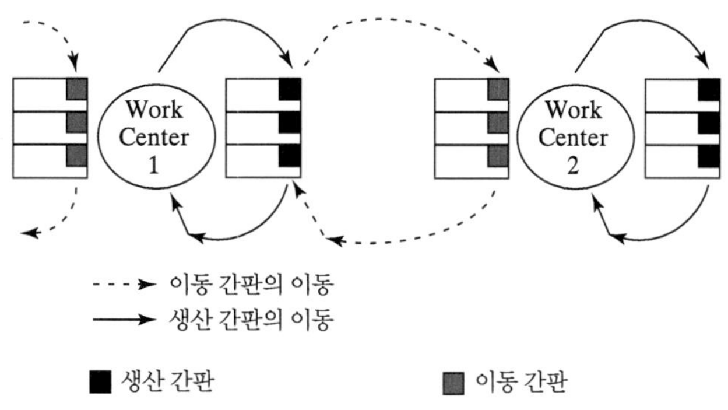

간판 규칙(KANBAN "rules") 간판 시스템에는 공식적인 스케줄은 존재하지 않지만, 상당히 중요한 규칙들이 존재한다. 간판시스템이 가장 효과적으로 시행되기 위해서는 일련의 제한이 존재하며, 이들을 요약하자면 다음과 같다.

- 부품을 채운 컨테이너에는 단 한 개의 간판만을 부착한다.
- 일부만 채워진 컨테이너는 존재하지 안흔다. 모든 컨테이너는 가득 채워지거나, 비어있거나 혹은 채우거나 비워지는 과정중에 있는 것이다. 이 규칙은 재고 회계를 쉽게 해주어 각 부품개수를 셀 필요 없이 컨테이너 숫자와 그 곱셈으로만 계산하게끔 해준다.
- 떼어진 간판 외의 생산/이동 허가는 존재하지 않는다.

대체 간판(Card Alternatives) 많은 설비에서 간판시스템이 개발되고 성공적으로 구축된 이래 많은 새 대안들이 설계되어져 왔다. 다음은 이들 중 몇 가지이다.

- 단일 간판 시스템: 생산카드만이 사용되며, 빈 컨테이너가 곧 이동신호로 쓰인다.
- 컨테이너 색을 이용한 코딩

- 저장공간지정
- 컴퓨터시스템 – 보통 바코드 등의 신호 발생기

시스템이 사용되는 방법이 중요한 것이 아니라, 모두가 명확하게 이해할 수 있는 반응 신호가 중요하다는 점을 기억하도록 하자.

프로세스 개선을 위한 간판시스템 사용(Using Kanban System for Process Improvement)

간판 시스템이 비교적 작은 컨테이너들의 재고 관리를 가능케 함에 따라, 지속적인 프로세스 개선 촉진에 좋은 기회가 생기게 되었다. 구체적으로 말하자면, 연장된 기간 동안 프로세스가 매끄럽게 진행되고 있을 때, 실제로 시스템에 너무 많은 재고가 존재할 가능성이 있으므로 추가적인 개선이 필요하다는 것이다. 이에 많이 사용되는 것이 강의 비유된다. 강물 수위가 충분히 높으면 물이 바위들을 모두 덮어 부드럽게 흐르는 것처럼 보인다. 여기서 물은 재고를, 바위들은 품질 문제, 노동자 기술, 장비 고장 등 프로세스상의 문제점을을 뜻한다.

개선을 위한 접근 방식은 첫 번째 바위가 드러 날 때까지 물의 양을 줄인 후, 작업하는데 가장 주요한 방해물들에 대한 우선 순위를 정하는 것이다. 물론 한번에 너무 많은 양의 물을 줄인다면, 방해물들로 인해 아예 물의 흐름이 멈출 수 있으므로 위험하다. 여기서 간판시스템의 작은 작업단위가 이득이 된다. 간판 하나를 제거하면 곧 컨테이너도 하나 제거되는 것이고, 컨테이너는 소규모이므로 제거로 인한 영향도 작을 것이기 때문이다. 여기서 중요한 측면은 끝내 몇몇 주요 프로세스 문제들이 드러나게 될 것이며, 이것이 곧 절약형 생산 개선노력을 위한 다음 목표로 설정될 것이다.

이는 분명 시행하기 쉬운 접근 방식은 아닐 것이다. 그러나 기억해야 할 것은 프로세스가 매끄럽게 진행된다는 것은 너무 많은 재고가 있다는 의미일 수도 있으며, 만약 그렇다면 문제가 생길 때까지 재고를 줄이는 것이 필요하다는 것이다. 이는 대부분의 사람들에게 있어 자연스러운 행위가 아닐 것이므로, 성과 평가 시스템이 이러한 종류의 행동을 반영하도록 변경될 필요가 있을 것이다.

그 외 추가적인 절약형 생산 도구들(Some Additional Lean Production Tools)

Value Steam Mapping은 공급자로부터 고객까지의 자쟁의 흐름을 매핑(mapping)하고 이해할 수있도록 하는 도구로서, 현재의 제조과정과 흐름의 상태에 초점을 맞추는 것뿐만

이 아니라 모든 제조 과정 단계의 가치 부가/ 가치 비부가 시기를 구체화하는 것이다. 이것은 모든 활동 및 제조 과정 중에 있는 재고품과 키 메트릭(key metrics)까지도 포함하는 것이다. 이 현재 활동의 흐름의 가시적 이해를 통해 상당한 수준의 낭비 절감과 유하시간(flow time)의 감소, 그리고 보다 효과적, 효율적인 제조 과정 흐름을 가능케 할 장래 상태 매핑(map)을 구축할 수 있게 해준다. 그 후에야 장래 상태로의 운영을 이끌어낼 구체적인 활동들을 위한 전략들이 수립될 수 있는 것이다.

개선(Kaizen) 개선 이벤트(Kaizen event)는 전체적 제조 과정 중 상당히 작은 일부분에 집중, 그 부분의 과정을 향상시키는 것을 주로 한다. 이는 종종 전체적인 절약형 생산 시스템의 시행의 일부로서 정립 되곤 하는 구체적인 목표를 달성하기 위해 제조 과정을 이해하고 재설계하는 구조적 접근 방식이다. 가이젠 이벤트는 보통 운영의 지속적인 향상을 위한 전체적인 접근 방식 중 주요한 일부분으로 여겨진다. 또한 가이젠 이벤트는 보통 1~2주간의 짧은 기간 내에 완수되도록 계획 되기 때문에 '가이젠 블리츠(blitz: 빠른)' 라 자주 불리우곤 한다.

전략시간(Takt time) 전략시간(Takt time)은 때때로 전체 제조과정의 심장박동과 같이 여겨지곤 한다. 이는 보통 고객 수요율(rate of customer demand)과 생산율(rate of production)이 맞아 떨어질 때를 의미한다. 만약 생산이 수요와 잘 맞아 떨어진다면, 이는 고객 수요량 이상의 초과 재고나 기타 다른 형태의 낭비가 없거나 거의 없다는 결과를 가져올 것이다. 탁트 타임은 가치 흐름 매핑(value stream mapping) 중에 장래 상태의 계획을 세울 때 일반적으로 사용되는 측정 단위이다.

5S 접근 방식(5S approach) 이는 원래 일본어 단어 5개의 머리글자를 따 온 것으로, 번역하자면 정리, 정돈, 청소, 청결, 습관화정도가 되겠다. 이 또한 절약형 생산 시스템의 전체적 목표인 작업을 보다 효과적이고 낭비가 덜한 조직화를 꾀하는 구조적 접근 방식이다.

- **정리(Seiri; Sort)** 작업장에 필요한 것과 불필요한 것을 규정하고, 불필요한 것을 제거한다.
- **정돈(Seisoh ; Straighten)** 필요한 것들을 필요한 때에 즉시 사용할 수 있도록 잘 정돈해 놓는다.
- **청소(Seisoh; Shine)** 작업장을 청소하고, 깨끗하게 유지한다.
- **청결(Seiketsu; Standardize)** 구축된 질서와 청결을 유지한다.

- **습관화(Shitsuke; Sustain)** 현재와 앞으로의 기업 문화의 일부로서 질서 유지의 태도를 교육, 함양시킨다.

MRP(ERP), 간판시스템, 제약이론 중 무엇을 선택할 것인가?
(Which to Choose: MRP(ERP), Kanban, or Theory of Constraints?)

다양한 시스템들이 개발되고 촉진되며, 각 시스템의 지지자들은 자신들의 것이야 말로 고객 서비스 극대화, 재고 및 다른 프로세스 비용 최소화에 대한 '정답'이라고 주장하고 있다. 그러나 분명 생산 비즈니스 환경 별로 어떤 시스템이 더 이익을 가져다주지만 다른 시스템은 그렇지 못할 때가 있다. 따라서 비즈니스 환경을 이해하고 그 환경에 속한 고객의 필요를 최대한 만족시키기 위해 특별한 생산 전략을 개발하는 것이 중요하다.

MRP(ERP)

최적의 적용 환경 MRP는 본질적으로 미래를 예측하는(forward-looking) 시스템이다. 주생산 계획에 근거하여 언제 제품이 만들어져야 할지를 예측하고, 정의된 파라미터에 근거해 모든 레벨에서의 부품 생산이나 구매의 필요를 예측한다. 이렇듯 시스템의 예측 특장을 이용하면, MRP는 다양성과 불확실성이 매우 큰 환경에서 효과적일 수 있음을 알 수 있다. 예를 들자면 수요의 다양성을 다른 시스템들만큼 혹은 그 이상으로 잘 처리할 수 있으며, 제품 디자인이나 프로세스의 변화를 처리하는데도 효과적일 것이다.

비효율적인 적용환경 MRP는 데이터에 매우 종속적이라는 큰 단점을 하나 가지고 있다. MRP는 많은 양의 데이터를 가져야 할 뿐만 아니라 이 데이터들은 당 시점에 정확하고 시기 적절해야만 한다. 따라서 인프라 구축의 데이터에 대한 부담은 클 수밖에 없을 것이며 비용도 많이 들 것이다. 비즈니스 환경이 제품 디자인, 프로세스, 고객 요구 등에서 꽤 안정적인 편이라면, JIT와 같이 데이터가 크게 중요하지 않은 시스템을 사용하는 것이 보다 효율적일 수 있다.

JIT생산(간판시스템)

최적의 적용 환경 JIT와 간판이 선호되는 환경은 MRP의 그것과는 거의 반대라 보면 된다. JIT접근에 있어 대부분의 추천방식은 프로세스 불확실성 감소 혹은 제거, 생산 안정화 및 예측가능화와 같은 것이다. 이는 간판 시스템이 리액션에 의거한 시스템이라는 것을 주지해 보면 더욱 이해가 쉬울 것이다. 간판 시스템에 있어 미리 계획 되는 것이란 거의 없으며, 완전히 리액션에 의거하여 이미 사용된 자재를 충전한다. 간판 시스템은 예측과는 거리가 먼 시스템이므로, 제품 디자인의 변화는 시스템상의 큰 문제를 초래할 수 있다. 따라서 간판 시스템은 매우 안정적이고 예측가능한 환경에서 가장 잘 사용될 수 있을 것이다.

비효율적인 적용 환경 리액션을 기반으로 하는 간판 시스템의 특성으로 인해, 변동이 심한 환경에서는 금방 실패하게 될 것이다. 고객 요구의 변동, 프로세스 문제, 제품 디자인의 광범위한 변화등은 간판 시스템이 효과적으로 작동하기 힘들게 만드는 요소들이다.

간판 시스템은 미리 생산 계획을 계획하지 않으며 단순히 사용된 자재를 대체하는 신호를 제공할 뿐이다. 절약형 생산 시스템의 일부로서, 초과 재고량이 소량 존재하게 한다는 사실을 암시하기도 한다. 만일 제품 디자인에 변화가 생긴다면, 간판 시스템은 이에 대해 미리 감지하는 능력이 떨어지므로 재고상 구제품이 잔류하거나 신제품이 생산되기도 전에 요구되는 상황이 일어날 수 있다. 덧붙여 간판시스템은 재고상 물품이 상당히 작은 양이라는 것을 전제하고 가동 되는 것이므로 수요에 있어서의 작고 큰 변화는 시스템이 반응할 기회를 주기도 전에 재고가 동이 나는 경우가 생길 수 있을 것이다.

제약이론(Theory of Constrains: TOC/Drum-buffer-rope: DRB)

최적의 적용 환경 TOC 시스템이 제약 요인의 분석과 효과적인 운영을 근간으로 하고 있다(제6장 참조)는 점은 곧 이러한 제약요인은 발견될 수 있으며, 효과적으로 운영될 만한 충분한 시간이 주어지고 있음을 가정하고 있는 것이다. 이러한 가정이 유효한 환경에서의 TOC 개념은 프로세스 운영에 큰 이익을 가져다 줄 수 있으며, 이러한 점은 여러 사례를 통해 입증된 바 있다.

비효율적인 적용 환경 제약요인이 쉽게 정의, 운영 되지 않는 환경에서 TOC는 잘 운영 되지 않을 수 있다. 예를 들어 운영상 제품 혼합방식이 하루에도 몇 번씩이도 바뀌어 제약요인도 변화하는 상황이라면 설사 제약 요인이 정의 된다 하더라도 이를 효과적으로 통제하는 것은 매우 어려울 수 있다. JIT와 간판 시스템과 마찬가지로, TOC는 보다 수요 환경이 안정적인 곳에서 효과적으로 사용될 것이다.

혼합 시스템(Hybrid Systems)

각 시스템의 최적의 특징을 추리고 혼합하여 혼합 시스템으로 운영해낼 수도 있음을 예상할 수 있었을 것이다.

간판 시스템과 MRP의 혼합 이 두 시스템의 조합은 제법 보편적인 것이 되었다. MRP시스템은 예측과 계획에 사용되며, 여기에는 리드 카임이 긴 구매 자재와 자원(가용성)의 추가 혹은 변화 그리고 제품디자인 변경 구현등이 포함될 것이다. MRP시스템이 자재와 자원을 나열하면, 간판 시스템은 실제 실행 시스템으로 사용되어 고객 주문에 대한 신속한 반응과 프로세스내 감소된 재고 레벨의 결과를 보고하게 된다. 이 시점에서 MRP시스템은 애초에 계획을 위한 시스템이며 JIT는 근본적으로 실행시스템임을 강조해 두는 것이 좋겠다. 이런식으로, 만일 MRP 시스템이 생산 계획과 마스터 스케줄 선상의 효과적인 계획을 위해 사용되고, 간판 시스템이 소비자 요구에 따라 이 계획들을 시행하는 것으로 사용 된다면 이 두 시스템은 양립 가능한 것이 될 것이다.

절약형 생산과 TOC 절약형 생산은 종종 시스템 전체를 통해 프로세스의 개선을 촉진하는 한편 TOC는 거의 언제나 그 모든 처리량을 제약하는 프로세스가 존재함을 지적한다. 따라서 TOC 접근법은 개선 영역의 우선순위를 정하는데 도움을 주며, JIT원리는 이러한 개선을 돕는다는 것을 알 수 있다. 이러한 의미에서 TOC 개념은 한번에 모든 것을 바꾸려고 하지 않으면서 JIT개념을 실행하는데 효과적인 접근방식으로 이해될 수 있을 것이다.

요약

낭비요소 근절과 지속적인 개선이라는 절약형 생산의 철학과 기술은 반복생산을 위해서 개발되었다. 그리고 아마도 많은 응용부분이 그곳에 있다. 그러나 많은 기본 개념은 다양한 제조형태의 조직에서도 응용될 수 있다.

14장에서 언급했듯이 간헐 생산에서는 자재가 로트나 배치 형태로 제공된다. 흐름생산이 아니기 때문이다. 제품설계, 공정절차 그리고 주문수량 면에서 많은 변화가 있는 것이 특징이다. 극단적으로 모든 작업은 고객 요구 스펙에 따라 결정될 정도이며 제품설계에 있어서 공통점을 찾아 볼 수가 없다. 일반 목적의 장비가 제품생산을 위해 사용된다. 도급 기계샵이 하나의 예가 된다. 그러나 많은 공장에서는 다양한 형태의 표준 제품을 작은 볼륨으로 생산한다. 이것은 창고 입고용 이나 고객주문에 따른 것이다. 이러한 많은 것들이 제품군이고 만일 이를 확정할 수 있다면 작업 셀을 준비할 수 있을 것이다.

어쨌거나 간헐생산 샵에서의 특징은 절약형 생산의 제조 환경 중 아래와 같은 몇 가지를 적용할 수 있다.

- 종업원 참여
- 작업장소 레이아웃
- 총괄 품질 관리
- 총괄 생산성 관리
- 준비교체시간 감소
- 공급자와의 관계
- 재고 감소

JIT 제조환경은 생산과 통제 시스템을 필요로 한다. 제조자원계획시스템(MRP-II)은 JIT 제조시스템과 보완관계에 있다. 몇몇 가지 기능은 제조환경의 차이로 인해 변경 적용되어야 하지만, 일반적으로 MRP II에서 수행되는 기능은 JIT 생산계획 관리시스템에서 사용될 수 있다.

질문

1. 본문에서 사용되어진 낭비의 정의를 내려보라.
2. 사용자에게 가치란 무엇인가? 그것과 품질은 어떠한 관계인가?
3. 제품 주기 루프의 기본 요소들에는 어떤 것들이 있는가? 각각의 책임을 기술해 보라.
4. 제품 전문화가 중요한 이유는? 제품의 전문화에 대한 책임은 누구에게 있는가?
5. 부품 표준화의 의미는 무엇인가? 왜 부품 표준화가 낭비 요소를 제거하는데 중요한가?
6. 제조에 있어서 제품의 설계가 중요한 이유는? 제조에 있어서 어떻게 설계가 낭비를 더하게 되는가?
7. 제품 설계이후 제조 엔지니어링의 책임은 무엇인가?
8. 아래의 항목들에서 낭비의 원인에는 무엇이 있는지 설명해 보라.
   a. 프로세스
   b. 방법
   c. 이동
   d. 제품 결합
   e. 대기 시간

f. 초과 생산

9. 재고가 어떻게 제품 개선, 품질, 가격 그리고 시장요구에 빠르게 대응하는 능력에 영향을 주는지 설명하라.
10. 반복생산이란 무엇을 말하는가? 이것의 이점은 무엇이며 제약 요소에는 어떤 것들이 있는가?
11. 작업셀은 무엇인가? 어떻게 작업이 이루어지는가? 이를 구현하기 위해서 어떤 조건들이 필요하며 이점은 무엇인가?
12. 프로세스의 유연성이 필요한 이유는? 어떠한 두 가지 조건이 요구되는가?
13. 낮은 셋업 타임의 다섯 가지 이점과 명칭을 기술하라.
14. 품질이 중요한 두 가지 이유는?
15. 제조의 품질은 무엇인가? 어떻게 획득할 수 있는가?
16. 생산성 관리가 중요한 이유는 무엇인가?
17. 간단없는 흐름을 위해서는 어떠한 네가지 조건이 있어야 하는지 각각을 기술하라.
18. 생산능력을 바탕으로 한 레벨링과 자재를 기준으로 한 레벨링의 차이는 무엇인가?
19. JIT제조환경에서 8시간의 교대 근무에서 7시간의 작업시간을 일정수립으로 수립하는가?
20. JIT 환경에서 공급자와의 관계가 특별히 중요한 이유는?
21. JIT 환경에서 종업원의 참여는 왜 중요한가?
22. JIT 환경과 주생산일정(MPS)의 차이점은?
23. MRP에서의 요소들이 JIT 제조환경에 어떠한 영향을 미치는가?
24. 재고관리시스템의 백플러싱 또는 후불출시스템을 설명하라.
25. MRP 시스템에서 가끔씩 발생하는 어려움은 무엇인가?
26. MRP 밀기(Push) 시스템과 끌기(Pull) 시스템의 중요한 차이점은 무엇인가?
27. 간판시스템은 무엇인가? 어떻게 작동되는가?
28. 생산간판과 이동간판의 차이점은 무엇인가?
29. MRP 시스템이 가장 잘 작동되는 곳은 어떤 환경인가?
30. 간판 시스템이 가장 잘 작동되는 곳은 어떤 환경인가?
31. DBR 시스템이 가장 잘 작동되는 곳은 어떤 환경인가?
32. MRP와 간판이 동시에 사용될 수 있는가? 그렇다면 어떻게 사용하는가?

연습문제

15.1 한 공장에서 자재창고에 10개의 아이템을 운반했다. 각각의 경제적주문수량(EOQ)는 $20,000 이었다. 부품표준화 프로그램을 통해서 10개의 아이템을 5개로 줄이고자 한다. 총 연간 요구수량은 같지만 각 아이템에 대한 요구는 이전의 2배이다. 10장에서 EOQ는 연간 요구수량의 평방제곱근에 따라 달라진다는 것을 배웠다. 각 아이템에 대한 연간 요구수량은 이제 2배라고 했을 때, 다음을 계산하라.

a. 새로운 EOQ

b. 표준화 전 총 평균재고

c. 표준화 후 총 평균재고

15.2 문제 15.1에서 연간 운반비용(carrying cost)이 제품단위별 20%라고 하면 연간 운반비용중 절감되는 규모는 얼마인가?

15.3 제품 1,000개에 대한 연간 요구수량을 갖고 있는 공장이 있다. 운반비용은 연간 개당 $20 이고 준비교체 비용이 $100 이다. 준비교체시간을 줄여서 준비교체 비용은 $10로 줄였다. 개당 가동비용(run costs)이 $2이라고 했을 때, 다음을 계산하라.

a. 준비교체시간을 줄이기 전 EOQ

b. 준비교체시간을 줄인 이후 EOQ

c. 준비교체시간 감소 전과 후의 총 비용과 개당 비용

15.4 한 공장에서 세 가지 모델의 퍼트용 골프채를 생산한다. 모델 A는 매달 500개, B는 400개 그리고 C는 300개의 구매요구 수량이 있다. 매일 각각의 모델을 혼합생산방식에 의해서 생산한다면 어떻게 생산 순번이 정해져야 하는가?

15.5 아래는 생산능력을 근간으로 한 MPS 일정수립이다. 아래의 테이블을 활용하여 자재를 바탕으로한 평준화된 일정수립을 만들어 보라.

Week	1	2	3	4	5
Model A			800	1600	1600
Model B	600	1600	800		
Model C	1000				
Total					

답:

Week	1	2	3	4	5
Model A	800	800	800	800	800
Model B	600	600	600	600	600
Model C	200	200	200	200	200
Total					

Case Study 15.1

머피 매뉴팩처링 사(Murphy Manufacturing 社)

조 볼브라흐는(Joe Vollvrach)는 머피 매뉴팩처링 사의 오퍼레이션즈 담당 부사장으로서, CEO로부터 절약형생산의 개념을 조사하고 적합할 시 시행하라는 지시를 받고, 약간 걱정이 되었다. 그는 MRP야말로 제조업 운영에 가장 적합한 방식이라는 것은 모두가 인정하는 것이며, 실제 자사가 MRP 시스템을 도입해 상당한 성공을 거두고 있는 터였다. 그러나 조는 JIT와 절약형 생산에 관한 잡지 기사와 책 몇 권을 읽어 본 후, 어쩌면 이 방식에 무언가 있을지 모른다는 생각이 들었으며, 그 방법도 제법 간단해 보였다. 많은 수의 회사들이 재고 비용을 크게 삭감할 수 있었으며, 그 외 다른 낭비를 줄일 수 있었다고 보고 하고 있었다. 머피 매뉴팩처링과 같은 경우 연간 재고 턴이 5~6회 정도였으므로, 뚜렷한 재고 삭감이란 매우 매력적인 전망으로 여겨졌다.

CEO로부터의 지시를 크게 염두 해 둔 데다, 많은 성공사례들에 용기를 얻게 된 조는 더 이상 지체할 이유가 없었다. 그는 모든 부하직원들에게 책 예시에 나온 대로 절약형 생산을 도입하라고 지시했다. 그러나 몇 달이 채 지나지 않아, 조는 책에 나온 성공사례들의 진위여부가 의심스러워지기 시작했다. 다음은 조가 맞닥뜨린 문제와 그가 듣게 된 불평 사례들이다.

구매부 매니저 캐런(Karen, the Purchinsing Manager): “조, 이 JIT와 절약형 생산은 우리 부서에는 완전 재앙이나 마찬가지에요. 비용이 많이 들 뿐만 아니라 공급자들이 몹시 화가 나게 되었다고요. 우리 원자재 재고량이 보통 높은 편이라서, 좀 더 적은 양을 주문하고 필요할 때 적시에 배달하려고 하셨죠. 물론 그렇게 하면 원자재 재고량을 줄일 수는 있어요. 하지만 그래서 절약하는 비용이 새로 증가된 비용보다 많지가 않아요. 우선, 구매 오더를 넣을 때도 비용이 드는데, 우리는 이제 더 많이 구매를 하게 되었죠. 그만큼 우리 바이어의 시간도 더 많이 잡아먹게 되고요. 게다가 배송 비용도 있어요. 대부분의 배송사는 트럭 한대 분량 미만의 짐에는 더 많은 요금을 붙이기 때문에, 지금처럼 적은 분량을 더 자주 주문하니 비용이 천정부지로 솟게 되었죠. 여기에 진도관리 비용(expediting cost)까지 더해지니 상황이 아주 심각해요. 스케줄도 더 자주 바뀌게 되었고, 덕분에 생산부 측에선 원자재가 없으니 익일 배송으로 조달해 달라고 요구하곤 해요. 그런 식으로 특급 조달을 하고 있는데, 그거 비용이 얼마나 드는지 아시죠!

그게 전부가 아니에요. 우리 공급자들이 우리가 사업을 할 줄 알긴 아는지 의아해 해요. 스케줄 변동이 일전보다 훨씬 자주 있게 되었고, 거기에 맞추려면 그 사람들이 할 수 있는 건 그 사람들 완제품에 우리 재고를 많이 두는 것 뿐이에요. 그러니 그 사람들 입장에선 우리 쪽 요구에 맞추느라 재고 저장비용이며 관리비용이 훨씬 더 들게 되는 거죠. 주문도 많아 졌을뿐더러, 주문 했다 하면 죄다 긴급 주문이니, 우리를 고객으로 유지하려면 그 비용을 메꿀만큼 가격을 올릴 수 밖에 없다고 압박하고 있다고요. 지금까지는 어떻게든 설득해 왔는데, 이제는 얼마나 더 버틸 수 있는지 모르겠어요. 게다가 저는 솔직히 그쪽 말에 동의해요. 그 사람들이 가격 인상을 요구하는데 뭐라고 논리적으로 반박해야 할지 모르겠어요.

발송 접수부 슈퍼바이저 오스카(Oscar, Supervisor of Shipping/Receiving): "계속 이런 식으로 하시려면, 추가 트럭 주차 구역 두 개와 수납 직원 네 명을 더 주셔야만 합니다. 이송량이 늘어 트럭도 늘려야 했거든요. 트럭이 언제 도착할지 정확하게 일정을 짤 수가 없기 때문에 하루에도 몇 번씩 트럭 몇 대가 주차 구역에서 대기하고 있어요. 생산부 사람들은 그 중 어떤 트럭에 중요한 자재가 실려 있다는 걸 알고 우리에게 아우성이지만, 하역 중인 트럭에도 중요 부품이 있기 때문에 우린 그저 기다려야만 해요. 요즘 모든 것이 다 위태 위태 한 것 같아요. 트럭 구역이 좀 늘고, 직원들이 충분히 있으면 좀 낫겠지만 그게 전부가 아니에요. 우리 부서가 파산하지 않으려면 접수부 혁신에 약 3백만불, 전체 예산에 추가 5십만불을 들여야 한다는 걸 알아 냈어요. 아니구나, 6십만 불이 추가되어야 맞겠네요. 또 배송량이 늘어

문서처리량도 엄청나게 늘어났으니, 기록 담당 직원도 한 명 더 필요하겠네요."

조는 두통으로 진통제를 몇 알 삼켜야 했다. 그러나 곧 생산부 슈퍼바이저 마샤(Marsha, Production supervisor)가 그를 붙들고 말했다.

"조, 이 웃긴 아이디어가 어디서 나온 건지 모르겠지만요, 이 것 때문에 우린 죽겠어요. 이 Kanban 시스템인가 뭔가 하는 건 분명 그냥 잘못 된 거에요. 마치 우리가 MRP시스템 이전에 사용하던 리오더 포인트(reorder points)같다는 생각이 드는데요, MRP가 얼마나 더 작업을 수월하게 했는지 우리 둘 다 알고 있잖아요. 한 35년쯤 시간이 거꾸로 돌아간 것 같아요. 우리 고객들은 항상 오더에 대해 마음을 바꾸는 변덕스러운 사람들이란 건 모두가 아는 사실이죠. 우리가 MRP를 사용했을 때 우리는 변화를 가시적으로 확인 할 수 있었어요. 그런데 이젠 그저 최후 조립 구역이 뭘 하는지 정도나 알 수 있을 뿐이에요. 이 게 설치 변화(setup change)에 맞추느라 아주 비효율적인 작동정지시간(downtime)을 많이 만들어 낼 뿐 더러 다른 부분들을 만드는데 필요한 자재를 공수할 시간은 또 안 줘요. 우리가 필요한 걸 알아냈을 때조차 대부분 공급자들이 필요한 원자재 재고를 갖추고 있지 않답니다. 우린 이제 더 많은 시간과, 바이어들에게 소리 쳐 댈 에너지를 낭비하고 있어요. 여기에 당신이 완제품을 제거하라고 지시하신 게 상황을 더 심각하게 만들고 있어요. 우리가 보통 필요로 하는 것을 만들 자재는 없는데다, 우리가 만들 수 있는 걸 만들도록 허락되어 있지도 않죠. 그게 맞는 것 같아요, 고객이 우리 재고에 있는 어떤 모델을 주문하면, 최소한 그 오더가 위기(crises)가 되는 경우는 없을 테니까요.

방금 제가 설명한 위기의 시나리오(crises scienario)는 다른 모든 것이 잘 돌아갈 때 일어나는 일들이에요. 장치 부품이 고장 난다거나 하는 다른 문제가 생기면 진짜 끔찍한 일이 벌어지는 거죠. 우리가 힘줄 수 있는 작은 오더들은 쓸모 없어지고 모두가 긴장하기 시작해요. 예방정비(preventive maintenance)에 대해서도 말도 꺼내지 말아요. 우리가 필요한 오더를 만들기 위해서는 모든 장비를 최대한 돌려야 해요.

그나저나, 우리 부서에 있는 최고의 직원들이 사표를 내겠다며 난리들이에요. 이들 중 몇은 생산 단가(piece rate) 따라 급여를 받는데, 자재 부족에다 완제품을 피하라는 내려진 지시까지 내려졌으니 급여에 상당한 삭감이 있었던 거죠. 시급으로 급여를 받는 직원들도 불쾌 해하긴 마찬가지에요. 우리 모든 슈퍼바이저들은 노동 생산력과 효율성에 따라 평가를 받는데, 수치가 아주 나쁘게 나와요. 자연스

레 우리는 노동자들에게 더 잘하라고 닦달하게 되는데, 사실 저도 대부분의 시간 그들이 뭘 어떻게 할 수 있는지 모르겠어요.

아 또 하나 주목해 주셔야 할만한 부분이 있는데요, 우리 모델 몇 개에 상당한 기술적 설계 변화가 있었어요. 이럴 때 전에 사용하던 MRP시스템은 어떤 경고를 주었었는데, 이젠 아무 낌새도 없더라구요. 갑자기 엔지니어 한명이 나타나 다른 부품을 사용하라고 말하고 마는 식이죠. 구매부에 확인을 해보면, 종종 자기들 내에서 통지를 돌렸을 뿐이고, 그 부품을 위해 공급자들과 작업을 막 시작했을 뿐이에요. 우리는 낡은 부품은 다 폐기해 버려야 할 뿐 더러, 새로운 부품을 기다려야 하지요. 판매부(sales)에서 조차 우리에게 화를 내기 시작했어요.

그리고 저는 여기 부서에 소속 된 몸이니, 조 당신께서 품질 제어(quality control)부 사람들을 좀 처리해 주세요. 우리가 재고가 충분할 때에는 스크랩이나 불합격 부품을 어떻게 처리할 수 있겠는데요, 이제는 제자리마다 모든 부품이 있어야 해요. 품질제어부한테 부품 불합격시키고 우리더러 사용하라고 하는 것 좀 그만 두라고 해 주세요. 그게 완벽하지는 않더라도 최소한 우리는 오더를 배송할 더 나은 기회를 얻게 될 테니까요."

마샤가 떤나자마자, 영업부 매니저 밸로리(Valoried the sales manage)가 들어왔다. 그녀가 입을 열기도 전에 조는 더욱 극심한 두통을 느끼기 시작했다. 그녀의 얼굴에 떠 오른 표정이 무엇을 생각하는지 보여 주고 있었던 것이다.

"조, 제가 할 일은 판매를 하고 고객들을 만족시키도록 하는 거에요. 우리 영업부는 잘 돌아가고 있는데, 배송부가 상당히 문제에요. 지난 6개월간 우리의 적시 배송 기록이 95%에서 50%이하 로 까지 떨어졌어요. 고객들 몇 분이 우리를 더 이상 이용하지 않겠다고 으름장을 놓고 있고, 어떤 고객들은 가격 인하를 요구하고 있어요. 그들 말로는 우리의 배송 기록이 너무나 형편없어 믿을 수가 없으니 그들의 원자재 점포에 우리 상품 재고를 더 들여 놓을 수 밖에 없을 것 같대요. 그리고 그렇게 원자재 재고 가격을 상승시킨 건 우리측 잘못이므로 가격 인하로 보상을 해 줘야 한다는 거에요. 그런 논리에 반박하기란 쉽지 않지요. 만약 우리 공급자들이 지금 우리가 그 사람들한테 하는 것처럼 했다면, 우리도 똑같이 대응했을 테니까요.

우리 고객들도 그들의 고객들의 요구를 반영하기 위해 오더를 바꿔야 한다는 사실은 모두가 주지하는 사실이죠. 그런데 현재 이 오더 변화는 더욱 자주, 극단적으로 있게 되었어요. 우리 배송이 형편 없으니 이를 완화시키기 위해 더 많은 양을 미리 주문하는 것처럼 보여요. 더 먼 장래를 위해 오더를 넣으면 진짜로 뭐가 필요한지 덜 확신할 수 있게 되고, 자연스럽게 그들은 실제 필요량을 알 때 오더를 바꾸게 돼요. 이 오더 변화를 처리할 오더 엔트리(order-entry)직원이 한 명 더 필요할 정도라니까요. 만약 제가 당신보다 높은 사람이었다면, 모든 사람들에게 이 추가 비용은 모두 당신 탓이라고 말했을 거에요.

여기서 핵심은 간단해요, 조. 사람들을 좀 다그치셔서 배송이 엄청나게 향상되도록 하시지 않으면, 우리는 큰 문제에 당착할 거에요, 곧 이요."

발레리가 떠나자, 조의 비서가 들아와 CEO로 부터의 긴급 메모를 전달했다.

"방금 지난 4분기 예비 재정 보고를 받았는데, 5년 만에 처음으로 손실이 있더군요. 상당한 문제에요. 구체 사항을 살펴보니 판매 목표는 기본적으로 달성 되었더군요. 손실의 원인은 재고 비용이 적당히 줄어든 한편, 운영의 사실상 거의 모든 부문에서 상당량의 지출이 증가 되었기 때문이었어요. 오늘 두 시에 긴급 직원 회의를 소집하겠습니다. 이 상황을 완전히 설명할 수 있도록 준비 해 줘요."

조는 그 모든 항의로부터 자신을 격리시키고 회의를 준비하기 위해 문을 닫았다. 조는 JIT와 절약형 생산이란 일본 외 지역에서는 적용 불가능한 문화에 기반한 시스템이라고 주장한 사람들의 말이 맞을지도 모른다는 생각을 했다. 대부분의 문제는 그가 이 새 시스템을 시행하였기 때문에 일어난 일이라는 것을 알고 있었다. 무엇이 잘못 되었으며, 어찌 해야 한단 말인가? 이 두 질문이 곧 있을 두시 직원 회의의 주요 사항이 될 것이 분명했고, 조는 그에 대해 완전하고 적절한 답을 준비해 가야 했다. CEO는 이성적인 사람이므로 실수들에 대해서는 어찌 처리할 수 있겠으나, 보다 자세한 분석과 잘못 된 것들을 바로 잡기 위한 완전한 행동 계획을 기대하고 있을 것이다. 겨우 30분전에 두통약을 먹었는데도, 머리가 다시 아파오기 시작했다.

과제

조가 두시 직원회의에서 발표할 수 있는 온전하고 총체적인 보고서를 준비해 보라. 여기에는 무엇이 잘못되었으며 왜 잘못되었는지에 대한 분석이 포함되어 있어야 하며, 절약형 생산을 올바른 방식으로 시행할 총체적인 시간단계별 계획도 들어가 있어야 할 것이다. 만일 절약형 생산이 적절하지 않다고 생가고딘다면, 왜 그러한지 자세히 설명하고 총체적인 대안 계획을 수립해 보라.

종합 품질 관리
(Total Quality Management)

입문(Introduction)

상품 혹은 서비스의 품질은 사람들의 느낌과 개개인의 경험에 의해 측정되곤 하므로 규정하기가 쉽지 않다. 이번 장에서는 품질의 정의 방법들과 이 들이 상품과 서비스가 고객의 기대에 맞도록 설계하는 데 어떻게 사용될 수 있는지를 다룰 것이다. 품질의 끊임없는 향상은 기업의 모든 구성원들의 책임이다. 따라서 이번 장에서는 품질기능전개(quality function deployment), ISO 9000: 2000 스탠다드, 6 시그마(six sigma)와 같은 여러 운영 실례를 소개하여 기업 내 이러한 향상이 있을 수 있도록 도울 것이다. 또한 공정 변수(process variation)와 그 측량 방법, 그리고 품질검사(inspection)과 벤치마킹(benchmarking)에 대해서도 간단히 소개 할 것이다.

품질이란?(What is Quality?)

우리는 품질이 무엇인지 모두 알고 있거나, 안다고 생각한다. 그러나 그것은 사람들마다 다른 것을 의미한다. 품질을 정의하고자 할 때, 사람들의 응답은 개인의 의견과 인식에 의해 영향 받는다. 응답들은 대개 일반적이거나 모호하다. 예를 들면, "오랜 동안 지속되고 좋은 서비스를 제공하는 것과 스타일을 갖는 것이 가장 좋은 것이다."

품질의 정의가 변화되고 있지만, 우리가 사용할 것은 오늘날 비즈니스에서 가장 일반적으로 허용되는 생각을 포함한다.

품질은 사용자 만족, 즉 제품 혹은 서비스들이 사용자의 요구와 기대치를 만족하는 것을 의미한다.

이러한 정의에 따르면 품질을 이루기 위해서는 품질과 제품정책, 제품설계, 제조와 제품의 최종적인 사용을 고려해야 한다.

품질과 제품정책 제품계획은 기업이 판매할 제품과 서비스에 관한 결정과 관련된다. 제품 혹은 서비스는 기업이 소비자가 받아들이고 그에 대해 기꺼이 대가를 지불하길 바라는 유무형의 특징들의 조합이다. 제품계획은 서비스하고자 하는 시장분야, 기대되는 성능의 수준과 지불되어야 할 대가를 결정해야 하고 기대되는 판매량을 추정해야 한다. 제품의 기본적인 품질 수준은 시장 분야의 바람과 욕구에 대한 이해에 따라 고위경영진에 의해 정해진다.

품질과 제품설계 시장에 관한 회사의 연구에서 제품의 일반적 명세, 기대되는 성능, 외양, 가격과 양의 윤곽을 만들어야 한다. 제품 설계자들은 일반적 명세에서 기술된 품질수준을 제품으로 만들어야 한다. 그들은 사용될 재료들, 치수, 허용한계, 제품 능력 그리고 서비스 요구들을 결정한다. 제품 설계자들이 이것을 적절하게 하지 않는다면, 사용자의 요구와 기대를 적당하게 만족하지 못하기 때문에 제품 혹은 서비스는 시장에서 성공할 수 없을 것이다.

품질과 제조 최소한, 제조는 제품설계의 최소명세를 일치시켜야 할 책임이 있다. 허용한계는 허용 가능한 한계를 정하고 바람직한 양에 대한 허용 가능한 변화로서 표현된다. 예를 들어, 목재의 길이는 7′ 16″ ±1/8″로 표현될 수 있다. 이것은 허용 가능한 가장 긴 목재는 7′ 16 1/8″이고 허용 가능한 가장 짧은 목재는 길이로 7′ 5 1/8″이 될 것이다. 한 아이템이 허용 범위 내에 있다면, 제품은 적당하게 동작한다. 만약 그렇지 않으면, 그것은 허용될 수 없다. 그러나, 아이템이 정상 혹은 목표치에 가까워질수록, 그것은 더욱 잘 동작되고 결함이 발생할 가능성이 더 적어질 것이다.

제조에서 품질은 최소한, 모든 생산이 명세 한계 내에 있어야 하고 정상치로부터 더 적게 변화될수록 품질은 더 좋아진다. 제조는 우수한－단지 적합한게 아닌－제품을 생산하기 위해 노력하고 있다. 생산된 모든 제품 혹은 서비스는 표현된 허용오차의 어떤 형식을 가질 것이다. 예를 들어, 비누의 무게, 컴팩트 디스크의 주파수응답, 혹은 라인에서 기다리며 소모되는 시간은 플러스와 마이너스 허용오차(tolerance)를 모두 가질 것이다.

품질과 사용 사용자에게 품질은 제품이 어떻게 동작해야 하는가에 대한 기대에 달려있다. 이것은 때로는 '사용 적합성(fitness for use)' 으로 표현되기도 한다. 소비자들은 제품에 왜 결함이 있는가에는 관심이 없다. 그러나 결함이 있는지에 관심을 둔다. 제품이 잘 인지되고, 잘 설계되고(소비자의 요구를 일치시키고), 잘 만들어지고, 좋은 가격이고, 잘 서비스되면, 그때 품질이 좋은 것이다. 제품이 소비자의 기대치를 초과하면, 그것은 최상급

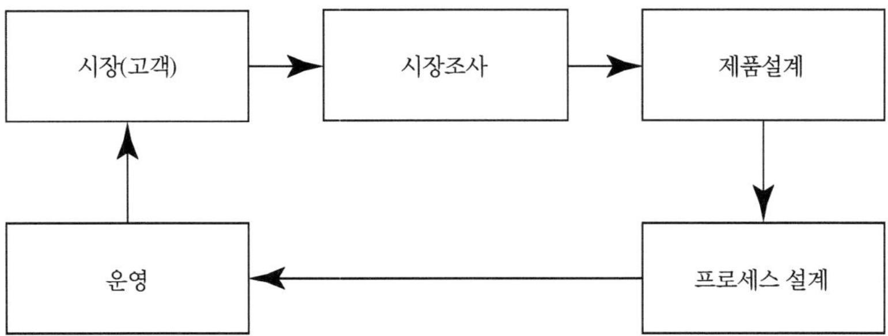

그림 16.1 제품개발 주기

의 품질이 된다.

그림 16.1은 제품정책, 제품설계, 운용과 사용자에 의해 형성된 연결고리를 보여준다. 품질은 각 연결에 의해 추가되어야 한다.

품질은 다음과 같은 다양한 차원을 가진다.

- **성능(Performance)** 엔진의 힘과 같은 기본적인 동작 특성. 성능은 제품 혹은 서비스가 판매시점에 소비자가 사용할 준비가 되어 있다는 것을 의미한다. '사용하기에 적합함(fitness foruse)' 이라는 문장은－제품이 하도록 의도되어있던 것을 수행한다는 것－이것을 기술하기 위해 자주 사용된다. 성능은 신뢰성, 내구성과 유지보수성의 세 가지 측면이 있다.
  1. 신뢰성은 성능의 일관성을 의미한다. 제품이 망가지기 전에 사용될 수 있는 시간의 길이에 의해 측정된다.
  2. 내구성은 심하게 마모되고 자주 사용될 때조차도 기능이 유지되는 제품의 능력을 말한다.
  3. 유지보수성은 고장이 난 후에 동작조건으로 되돌아갈 수 있음을 의미한다.
- **특징(Feature)** 이런 것들은 2차적인 특성들이다.－VCR에서 리모트 콘트롤과 같은 작은 부속물들
- **일치성(Conformance)** 정해진 표준 혹은 명세를 일치시키는 것. 이것은 제조의 책임이다.
- **보상(Warranty)** 제품에 대한 소비자 만족을 보장하기 위한 조직의 공적인 약속.
- **서비스(Service)** 서비스는 일반적으로 만져질 수 있는 이용가능성, 서비스의 속도, 예우, 그리고 개인적 경쟁력과 같은 여러 가지 것들로 구성되어 있다.
- **미학(Aesthetics)** 미학은 감각에 호소하는 것을 의미한다. 예를 들면, 외적인 마무

리 혹은 제품의 외양.

- **인지된 품질(Perceived quality)** 전체 소비자 만족은 단지 제품이 아닌, 조직에 대한 완벽한 경험에 의존한다. 기업의 평판 혹은 과거의 성능과 같은 만질 수 없는 것들이 인지된 품질에 영향을 준다.
- **가격(Prices)** 소비자들은 그들이 산 것에 대해 대가를 지불한다.가치는 소비자가 받는 이익의 합이고 제품 그 자체보다 커질 수 있다. 위에 나열된 모든 측면들은 가치의 요소들이다.

이런 측면들은 반드시 상호 연관되지는 않는다. 제품은 한 가지 혹은 몇 가지 측면에서는 우수할 수 있고, 다른 측면에서는 보통이거나 빈약할 수 있다.

종합 품질관리(TQM: Total Quality Management)

TQM은 소비자 만족과 조직이 사업을 하는 방법 두 가지 모두를 향상시키기 위한 접근방법이다. TQM은 품질과 소비자와 관련된 공정개선 개념들을 함께 동반해야 한다. 그것은 인간 지향적이다. 미국운영관리협회 Dictionary(12th ed.)에 따르면, "그것은 공정, 서비스 그리고 그들이 작업하는 문화를 개선하려는 조직 모든 구성원들의 참여에 기반한다."

TQM의 목적은 낮은 가격에 소비자에게 질 좋은 제품을 제공하는 것이다. 품질을 높이고 가격을 내림으로써, 이익과 성장은 증가할 것이다, 즉, 직업보장과 고용을 증가시킬 것이다.

TQM은 지속적으로 조직을 개선하도록 하기 위한 철학과 원칙들이 있다.

TQM에 6가지 기본개념들이 있다.

1. **경영자의 헌신 및 참여(A committed and involved management)** 경영자는 반드시 품질 프로그램을 ??취하고 참여해야 한다. QM은 조직문화의 일부가 되어야 하는 지속적인 공정이다. 이것은 고위경영진의 절대적 헌신을 요구한다.
2. **고객 집중(Focus on the customer)** 이것은 제화와 서비스가 낮은 가격에 소비자의 욕구를 일치시키도록 소비자에게 귀 기울이는 것을 의미한다. 결함과 비용을 감소시키기 위해 설계와 공정들을 향상시키는 것을 의미한다.
3. **전 작업자 참여(Involvement of the total work force)** TQM은 조직 내에 모든 사

람의 책임이다. 제품과 공정개선에 관한 기술들을 모든 개인들이 습득하는 것과 새로운 문화를 생성하는 것을 의미한다. 즉 사람들에게 권한을 부여하는 것이다.

4. **지속적인 프로세스 개선(Continuous process improvement)** 프로세스들은 비용을 감소시키고 품질을 향상시킬 수 있도록 개선되어야 한다. (이 주제는 14장에서 논의되었고 이 장에서는 다루지 않을 것이다.)
5. **공급자 협력(Suplier partnering)** 적대적인 관계보다는 동반자적인 관계가 이루어져야 한다.
6. **성과 측정(Performance measures)** 개선은 결과를 측정할 방법이 없다면 가능하지 않다.

이런 기본적인 개념들은 다음 부문에서 더욱 자세히 논의될 것이다.

경영자 헌신(Management Commitment)

임원이 행하고 관련되지 않는다면, TQM은 실패할 것이다. 이런 관리자들은 공정을 시작해야 하고 TQM철학과 개념들을 교육 받아야 할 첫번째 대상이 되어야 한다. 최고경영자와 임원들은 이루어져야 할 분명한 비전을 세우고, 장기적인 목적을 개발하고, 프로그램을 감독하기 위한 목적의 품질 협의회 (Quality council)를 구성해야 한다.

품질 협의회는 조직문화를 정의할 핵심적인 가치를 제정해야 한다. 핵심적인 가치는 소비자를 만족시키는 품질, 지속적인 개선, 고용자 참여 그리고 빠른 응답과 같은 원칙들을 포함해야 한다. 또한 협의회는 전망, 사명 그리고 품질정책 선언(Quality policy statement)들을 포함하는 품질 선언문들을 제정해야 한다. 전망 선언문은 조직이 향후 5~10년 후에 어떤 모습이어야 하는가를 기술한다. 사명 선언문은 조직의 기능을 기술해야 한다. 우리는 누구인가, 우리의 고객은 누구인가, 조직은 무엇을 하는가, 그리고 조직이 그것을 어떻게 하는가(how it does it). 품질정책선언문은 제품들과 서비스들이 어떻게 제공되어야 하는가에 대한 조직내의 모두에 대한 지침이다. 마지막으로, 품질협의회는 TQM의 목적과 조직의 목표 그리고 조직이 그것들을 어떻게 이루길 바라는가를 표현하는 전략적인 계획을 수립해야 한다.

고객중심(Customer Focus)

TQM은 조직이 고객의 기대치를 일치시키거나 초과함으로써 고객을 기쁘게 하도록 헌신한다는 것을 의미한다. 현재의 고객욕구를 이해할 뿐만 아니라 고객의 미래 욕구들을 예측하는 것을 의미한다.

고객은 제품과 서비스를 받는 사람 혹은 조직이다. 고객에는 외부고객과 내부고객의 두 가지 타입이 있다. 외부고객(External Customer)은 조직 외부에 존재하고 조직으로부터 제품들과 서비스들을 구매한다. 내부고객(Internal Customer)은 조직 내에 다른 사람 혹은 부서로부터 산출물을 받는 사람 혹은 부서들이다. 각 개인 혹은 공정에서 작업은 선행작업의 고객으로 고려된다. 조직이 고객을 기쁘게 하기 위해 헌신한다면, 내부 공급자들은 내부 고객들을 기쁘게 하기 위해 헌신해야 한다.

고객들은 그들의 공급자들에 6가지 요구 조건들을 갖는다.

1. 높은 품질 수준
2. 양, 명세 그리고 배송과 같은 것들을 변경하기 위한 높은 유동성
3. 높은 서비스 수준
4. 짧은 리드타임
5. 목표치를 준수하는데 있어 낮은 변화가능성
6. 낮은 비용

고객들은 모든 요구 조건들에 대해 개선을 기대한다. 이런 요구 조건들이 반드시 상충되는 것은 아니다. 낮은 비용과 높은 유동성은 공정이 그것들을 제공하도록 설계된다면 상충되지 않는다.

작업자 참여(Employee Involvement)

TQM은 조직 전체적이고 모든 구성원들의 책임이다. TQM환경에서 사람들은 그들의 업무를 할 뿐만 아니라 그들의 업무를 향상시키는 작업도 하게 된다. 조직에 고용자 참여를 이루기 위해 TQM은 다음을 요구한다.

1. **훈련(Training)** 사람들은 그들 자신의 업무 기술들을 훈련 받고, 가능하면 관련된 다른 업무에서 교차훈련받아야 한다. 또한 지속적인 개선, 문제해결 그리고 통계적 공정관리의 도구들을 이용하도록 훈련되어야 한다. 훈련은 지속적이고 사람에 의해 구동되는 개선을 위한 도구를 제공한다.
2. **조직(Organization)** 조직은 사람들이 그들의 공급자들과 내/외부 고객들과 밀접하게 접촉하도록 설계되어야 한다. 한 가지 방법은 고객–, 제품–, 혹은 서비스–중심의 단위 혹은 팀으로 조직화하는 것이다.

3. **주인의식(Local ownership)** 사람들은 그들이 작업하는 공정들에 대해 주인의식을 느껴야 한다. 이것은 행위들이 그들의 공정들을 더욱 좋아지게 만들고 지속적인 개선을 하도록 만든다. 그들은 위임되어야 한다.

권한 위임(Empowerment)은 결정을 할 권한을 사람들에게 주는 것이고 사전에 승인을 얻지 않고 그들의 업무영역 내에서 행동을 취하는 것이다. 예를 들어, 고객서비스대표자는 관리자에게 승인을 얻거나 불평을 전달하기보다는 그 장소에서 고객의 불만에 응답할 수도 있다. 결정을 할 권한을 주는 것은 그들이 조직의 목표와 목적을 이루고 그들의 업무를 개선하도록 동기를 부여한다.

팀(Teams) 팀은 공동의 목표와 목적을 이루기 위해 일하는 사람들의 그룹이다. 좋은 팀들은 그들의 전체적 노력의 합이 그들의 개인의 노력들보다 더 커지도록 해야 한다. 팀에서 일하는 것은 기술과 훈련을 요구한다, 그리고 팀에서 일하는 것은 종합 품질관리의 부분이다.

지속적 프로세스 개선(Countinuous Process Improvement)

지속적인 프로세스 개선이 주제, 즉 JIT와 TQM 모두에 속하는 요소는 14장에서 논의될 것이다. 품질은 지속적인 공정 개선을 요구한다. 제품이 성능과 같은 한가지 차원에서 우수해지면, 또 다른 차원에서 개선된 품질이 추구되어야 한다.

공급자 협력관계(Supplier Partnerships)

공급자 협력관계는 Just-In-Time 제조와 종합 품질관리 모두에서 매우 중요하다. 이 주제는 15장에서 상세히 논의될 것이다.

성과측정(Performance Measures)

조직이 어떻게 잘 수행되는가를 결정하기 위해, 그것의 진보가 측정되어야 한다. 성능측정은 아래와 같이 이용될 수 있다.

- 어떤 공정이 개선될 필요가 있는지를 찾기 위해서
- 대체 공정들을 평가하기 위해서
- 교정 행위가 취해질 수 있도록 목표와 실제 성능을 비교하기 위해서
- 고용자의 성능을 평가하기 위해서

- 추이를 보기 위해서

이것은 성능 측정이 필요한지가 아닌, 적당한 측정을 선택하는 것에 관한 질문이다. 측정될 공정에 대한 유효하고 유용한 피드백을 주지않는 어떤 것을 측정하는 것이 요점은 아니다.

아래와 같이 많은 독특한 공정 혹은 행위에 관한 성능을 측정하기 위해 사용될 수 있는 기본적인 특성들이 있다.

- **품질** 예를 들면, 일정기간동안 공정이 얼마나 많은 단위 제품들을 생산하는가. 시간 표준은 이러한 측면을 측정한다.
- **비용** 주어진 산출물을 생산하기 위해 필요한 자원의 양.
- **배달 소요시간** 제때에 제품 혹은 서비스를 전달하기위한 능력에 대한 측정.
- **품질** 품질측정에 대한 3가지 측면들이 있다.
  1. **기능** 정해진대로 제품이 동작하는가?
  2. **미학** 제품 혹은 서비스들이 고객들에게 호소력이 있는가? 예들 들면, 제품의 어떤 특징들을 좋아하는 사람들의 비율.
  3. **정확성** 이것은 생산된 불순물들의 수를 측정한다. 예를 들면, 결함들 혹은 반품들의 수.

성능 측정들은 사용자들이 이해하기 쉽고, 사용자와 연관되고, 사용자에게 보여질 수 있고, 사용자에 의해 선호되도록 개발되고, 개선을 촉진하도록 설계되어야 한다. 측정은 공정의 모든 형태들에 대해 필요하다.

몇 가지 영역들과 가능한 측정들이 다음과 같다.

- **고객** 불평, 정시 배달, 도매상 혹은 고객만족의 수.
- **생산** 재고 회전율, 불량 혹은 재작업, 공정수율, 단가, 작업을 수행하기 위한 시간.
- **공급자** 정시배달, 평가, 품질성능, 수금정확도.
- **판매** 수익에 대한 영업비용, 새로운 고객, 얻거나 잃은 고객들, 평방 피트 당 판매량

품질 비용 개념(Quality Cost Concepts)

품질비용은 두 가지 광범위한 분야로 나누어진다. 품질을 관리하는데 실패한 것에 대한 비용과 품질을 관리하기 위한 비용.

실패비용(Cost of Failure)

품질을 관리하는데 실패한 것에 대한 비용은 명세서를 일치시키지 못한 자재를 생산하는 비용이다. 그것들은 아래와 같이 나누어질 수 있다.

- **내부실패비용** 제품이 생산 설비 내에 있는 동안에 발생하는 문제들을 고치는 비용. 불량, 재작업, 손상과 같은 비용. 이런 비용들은 선적하기 전에 제품에 결함이 없으면 사라질 것이다.
- **외부실패비용** 제품 혹은 서비스들이 고객에게 전달된 후에 문제를 고치는 비용. 그 중에는 보상비용, 고객제품에 대한 현장 서비스와 고객불평을 만족시키는 것과 관련된 비용들이 포함된다. 외부 실패비용은 고객이 기업의 제품에 관심을 잃는다면 모든 것들 중에 가장 큰 손실이 될 것이다. 이런 비용들은 결함이 없다면 사라질 것이다.

품질을 관리하는 비용(Costs of Controlling Quality)

품질을 관리하는데 드는 비용은 다음과 같이 나누어질 수 있다.

- **예방비용(Prevention costs)** 처음부터 업무를 바르게 함으로써 문제를 피하는 비용이다.("예방에 들인 1온스가 치료에 들인 1파운드보다 낫다."라는 오랜 속담을 상기해보라.) 그런 것들에는 훈련, 통계적 공정관리, 기계유지보수와 품질 계획비용이 있다.
- **평가비용(Appraisal costs)** 조직에서 품질을 검사하고 감사하는 데에 드는 비용. 품질검사, 품질감사, 테스트와 교정에 드는 비용들을 포함한다.

예방에 대한 투자는 실패와 승인에 대한 비용을 감소시킴으로써 생산성을 향상시킬 것이다. 그림 16.2는 품질개선프로그램 전과 후의 전형적인 유형의 품질비용을 보여준다. 예방에 투자하는 것은 단기적으로는 전체비용을 증가시키겠지만, 장기적으로 예방은 실패의 원인을 제거하고 전체 품질 비용을 감소시킬 것이다.

삶의 방식과 같은 변이(Variation as a Way of Life)

사람, 기계, 혹은 자연 등 모든 것에는 변화가 존재한다. 사람은 매번 정확하게 같은 방식으로 같은 임무를 수행하지 않고, 기계도 매번 정확하게 같은 방식으로 수행한다고 믿을

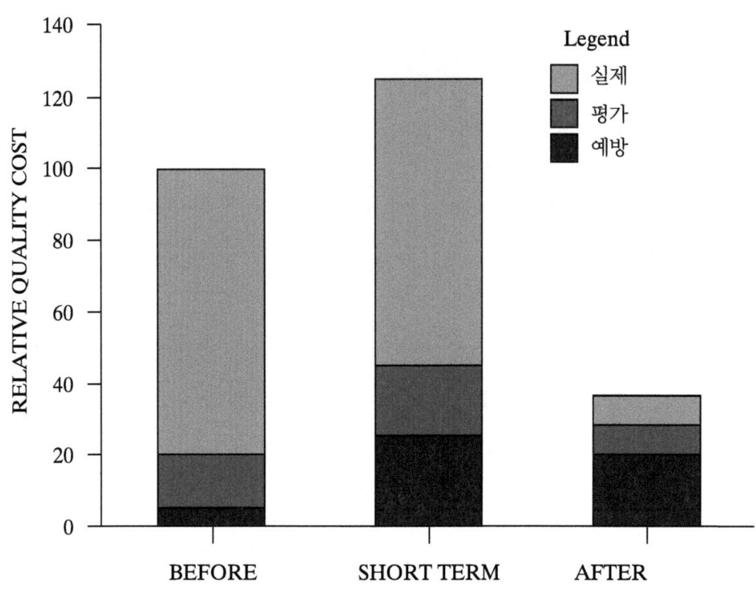

그림 16.2 품질 관련된 비용에 관한 품질개선의 영향

수는 없다. 두 개의 낙엽은 같지 않다. 그것은 실제로 얼마나 많은 변화가 있는가에 대한 문제이다.

한 선반으로 직경 1″인 손잡이를 100개의 축을 만든다고 가정해보자. 이런 손잡이들을 측정한다면, 몇 개는 더 작고 몇 개는 더 크게, 직경이 1″ 주변에 무리 지어지는 경향이 있다는 것을 발견하게 될 것이다. 각 직경의 손잡이들의 수를 그려보면, 아마도 그림 16.3과 같은 분포를 얻게 될 것이다.

기회 변화(Chance Variation) 자연 혹은 어떠한 제조 공정에서도, 공정에 고유한 일정량의 변화를 발견할 것으로 기대할 수 있다. 이러한 변화는 공정에 영향을 주는 모든 것으로부터 온다. 그러나 다음과 같이 6가지 범주로 나누어진다.

1. **사람** 능숙하게 훈련되지 못한 작업자들은 잘 훈련된 작업자들보다 더욱 일관성이 부족한 경향이 있다.

2. **기계** 잘 관리되는 기계들은 그렇지 못한 기계들보다 더욱 일정한 출력물을 주는 경향이 있다.

3. **자재** 일정한 원자재들은 낮은 품질, 일정하지 않은, 낮은 등급의 자재보다 더 나

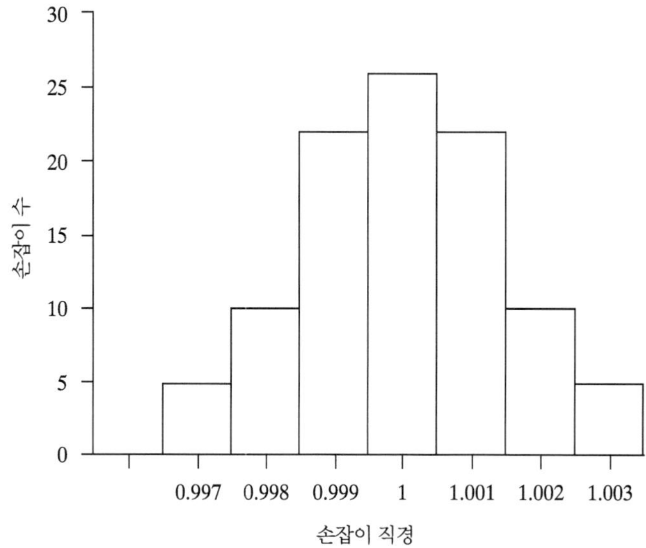

그림 16.3 손잡이 직경들의 빈도 분포

은 결과를 낳는다.

4. **방법** 작업을 하는 방법에서 변화는 품질을 변경할 것이다.
5. **환경** 기온, 습도, 먼지등에서의 변화는 어떤 공정에 영향을 줄 수 있다.
6. **측정** 문제가 있는 측정 도구들은 올바르지 못한 조정과 빈약한 공정 성능의 원인이 될 수 있다.

이런 6가지 작은 범주로 모든 가능한 변화들을 나누는 것은 공정에서 발생하는 변화의 원인을 더욱 파악하기 쉽게 만든다. 제품에서의 변화와 6가지 원인들 중에 하나의 변화 사이에 연결고리가 발견된다면, 품질에서의 개선이 가능하다.

공정을 변화하는 것을 제외하면 기회변화를 변경할 방법이 없다. 공정이 너무나 많은 결함들을 생산한다면, 그것은 변화되어야 한다.

할당 가능한 변화(Assignable variation) 기회는 변화의 유일한 원인이 아니다. 도구는 변이되고, 측정기는 이동되고, 기계는 마모되거나 작업자는 실수를 만든다. 할당 가능한 변화라 불리워지는 변화의 이러한 원인들은 그에 대한 특정한 이유가 있다.

통계적 관리(Statistical control) 단지 기회변화만이 존재할 때, 시스템은 통계적으로 관리된다라고 말해진다. 변화에 대한 할당 가능한 원인이 있다면, 공정은 통제되지 않는 것이고, 좋은 제품을 생산하기가 쉽지 않다. 이 장에서 나중에 보여질 것처럼 통계적 공정 관리의 목적은 변화의 할당 가능한 원인들의 존재를 탐지하는 것이다. 통계적 공정 관리는 2가지 목적을 갖는다.

- 최소한의 결함만을 가지고 요구된 품질을 생산할 수 있는 공정을 선택하도록 돕는 것
- 요구된 품질을 지속적으로 생산하고 변화에 대한 할당 가능한 원인이 존재하지 않는다는 것을 보장하기 위해 공정을 감독하는 것

가변성의 유형(Patterns of Variability)

모든 공정의 산출물은 그것의 외형,집중과 전개에 의해 기술될 수 있는 유일한 유형을 갖는다.

외형(Shape) 100개의 손잡이들의 직경을 측정하는 대신에, 우리가 10,000개의 축들의 직경을 측정한다고 가정해보자. 우리가 10,000개의 축들의 직경의 분포를 그리면, 그림 16.3에 결과들은 부드러워져서 그림 16.4에 보여지는 것과 같은 곡선을 가지게 될 것이다. 이 종형곡선은 정규곡선(normal curve)이라 불리우고 통제된 조건아래에서 운영되는 제조 공정들에서 일반적으로 만날 수 있다. 이 곡선은 정원에 잔디의 길이부터 사람들의 키, 학생들의 성적까지 사실상 모든 자연적 공정에 존재한다.

집중(Center) 정규분포가 대부분 하나의 중심점 부근에 모이게 되고 이 중심으로부터 멀어지면서 점진적으로 더 적어진다는 것을 그림 16.4로부터 알 수 있다.

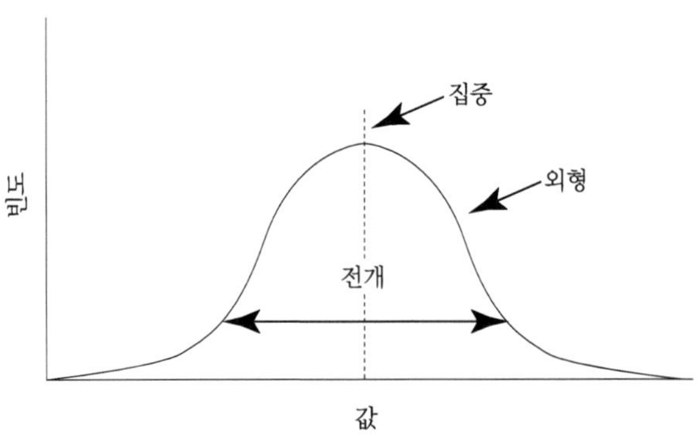

그림 16.4 정규분포(Normal distribution)

$$\Sigma x = \text{모든 관측치들의 합}$$
$$n = \text{관측치들의 수}$$
$$\mu = \text{산술평균}$$

이라 하면,

$$\mu = \frac{\Sigma x}{n}$$

이다. 우리가 사용한 사례에서는

$$\Sigma x = 10{,}000$$
$$n = 10{,}000$$
$$\mu = \frac{10{,}000}{10{,}000} = 1 \text{ inch}$$

전개(Spread) 공정을 평가하기 위해, 중심이 무엇인지 뿐만 아니라, 전개 혹은 변화에 대한 것도 알아야 한다. 통계적 공정관리에서 이러한 변화를 측정하기 위해 범위와 표준 편차라는 2가지 방법이 있다.

- **범위(Range)** 범위는 간단하게 최대값과 최소값 사이의 차이이다. 그림 16.3에서 보여지는 예제에서 최대값은 1.003″이고 최소값은 0.997″이다. 범위는 1.003″ − 0.997″ = 0,006″이다.
- **표준편차(Standard deviation)** 표준편차(그리스 문자 시그마(σ)로 표현된다.)는 중앙주변에 '평균 전개' 로 고려된다. 높은 표준편차를 가진 분포는 낮은 표준편차를 가진 분포보다 비대해진다. 더 높은 품질의 제품들은 변화가 거의 없다. 표준편차의 측정은 11장의 안전재고를 결정하는 것에 관한 부분에서 논의되었다.

$$\mu \pm 1\sigma = \text{관측의 } 68.3\%$$
$$\mu \pm 2\sigma = \text{관측의 } 95.4\%$$
$$\mu \pm 3\sigma = \text{관측의 } 99.7\% \text{일 때}$$

여기서

μ = 산술평균 혹은 평균
σ = 표준편차

제품에서 변화량(품질)을 평가하기 위해 표준편차를 사용할 수 있다.

다음과 같은 축들에 대한 예를 가정해보자.

$$\mu = 1.000 \text{ inches}$$
$$\sigma = 0.0016 \text{ inches}$$

이전 예제에서 표준편차를 적용하면 다음과 같다.

축의 68.3%는 1″ .0016″(1σ)
축의 95.4%는 1″ .0032″(2σ)
축의 99.7%는 1″ .0048″(3σ)

공정 능력(Process Capability)

허용오차(tolerance)는 완벽한 값으로부터의 한계이고 특정한 설계 기능을 수행하기 위해 제품설계자에 의해 정해진다. 예를 들면, 손잡이는 1″ .005″의 직경을 가지는 것으로서 정해질 수 있다. 그래서 0.995″로 부터 1.005″까지 사이에 직경을 가지는 모든 손잡이는 허용 오차 내에 있게 된다. 통계적 공정관리에서, 0.995″는 최소허용한계(Lower Specification Limit: LSL)라 불리우고, 산출물의 최소 허용 가능한 한계이다. 동일하게 1.005″는 최대허용한계(Upper Specification Limit: USL)라 불리우고, 산출물의 최대 허용 가능한 한계이다. USL과 LSL 모두 제품의 명세와 관련되어있고 어떠한 공정에도 독립적이다. 최소허용한계와 최대허용한계 사이의 거리를 사양 출입구(specification door-way)라 부른다. 출입구는 차량(공정)이 통과하는 터널과 비슷하다고 볼 수 있다. 출입구보다 큰 차량의 부분들은 결함상품이나 스크랩을 상징한다. 이 예시에서는 터널의 넓이를 바꿀 수 없게 되어 있다. 사양은 최종적으로는 고객들에게, 그리고 설계자(designers)들에 의해 세팅 되고, 보통 이에 이의가 제기되지 않는다. 이 한계 내에서 공정 전개의 결과를 잘 유지시키는 것은 생산자에 달려 있는 것이다.그림 16.5는 이것을 설명한다. 좁게 전개된(low sigma) 공정은 명세한계 내에서 제품을 생산할 것이다. 넓게 전개된(upper sigma) 다른 공정은 결함을 생산할 것이다. 첫 번째 공정은 능력이 있다라고 말해지고, 두 번째는 능력이 없다라고 말해진다.

전개 이외에, 공정이 결함을 생산할 수 있는 또 다른 경우가 있다. 평균에서 이동이 발생하면, 결함이 생산될 것이다. 그림 16.6은 이러한 개념을 설명한다.

요약하면

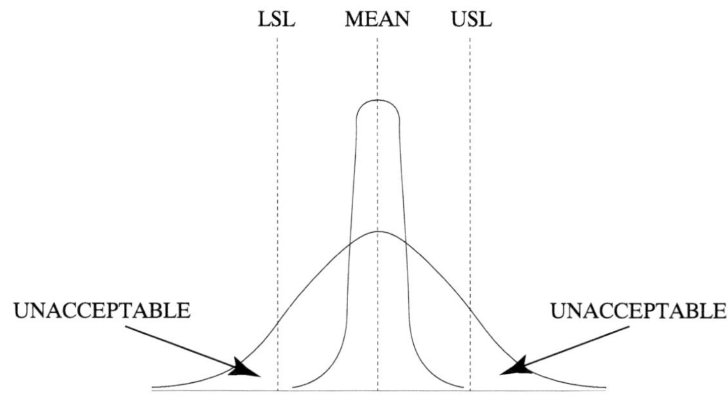

그림 16.5 공정 전개의 효과

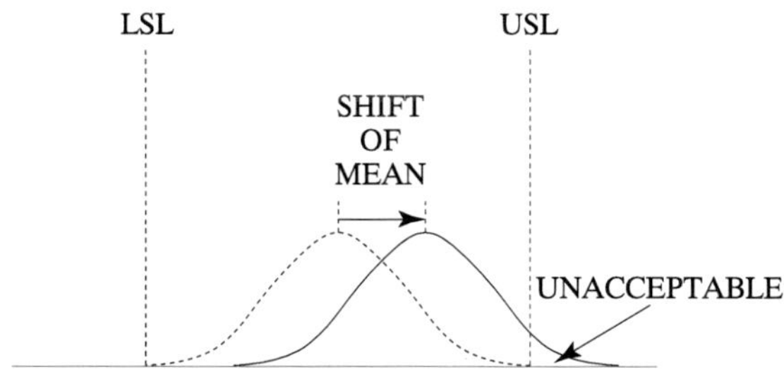

그림 16.6 평균이동의 효과

- 공정의 능력은 제품 명세 허용오차와 연관되지 않는다.
- 공정은 명세를 일치시킬 수 있도록 선택되어야 한다.
- 공정들은 너무 큰 전개(sigma)를 가지거나 평균을 이동하는 2가지 방식으로 결함이 발생될 수 있다.

공정능력지수(Process Capability Index: C_p)

공정능력지수는 공정능력과 허용오차를 하나의 지수로 결합하여 오퍼레이터와 매니저들이 제조 과정의 수용성을 빠르게 측정할 수 있도록 해 준다. 이 지수는 공정이 평균의 이동 없이 최소와 최대 허용 한계(upper and lower specification limit)사이에 집중된다고 가정한다. 마찬가지로, 이 지수는 공정이 6σ의 넓이를 가지며, 99.7%의 양품 생산에 해당한다고 가정한다. 만약 6σ의 전개(spread)가 허용 한계보다 작다면, 공정은 능력이 있다고 평가된다.

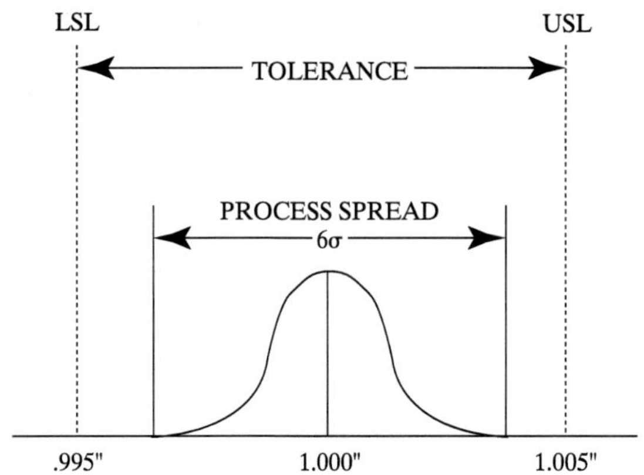

그림 16.7 1보다 더 큰 지수

$$C_p = \frac{USL - LSL}{6\sigma}$$

이전 공정전개의 예에서 허용오차는 1.000″ ± 0.005″였으며, 전개의 표준편차(σ)는 0.0016″이었다.

$$C_p = \frac{1.005 - 0.995}{6 \times 0.0016} = 1.04$$

이 예제에서 C_p는1.00보다 약간 크므로, 따라서 공정은 가능하다고 볼 수 있다.

만일 능력지수가 1.00보다 크다면, 공정은 허용오차 내에 부품의 99.7%를 생산할 수 있고 능력이 있다고 말할 수 있다. 그러나 C_p가 1.00보다 작다면, 공정은 능력이 없다고 말할 수 있는데, 공정은 앞뒤로 이동되는 경향이 있으므로, 1.33의 C_p가 공정능력의 표준이 되기 때문이다. 어떤 조직들은 2보다 더 큰 수를 사용한다. 능력지수가 높아질수록 반품률은 더 작아지고 품질은 더 좋아진다. 그림 16.7은 상기 예제에 나온 능력지수의 개념을 보여준다.

예제

화학적 혼합물의 무게에 대한 명세가 10그램 0.05그램이다. 무게눈금의 표준편차가 0.02이면 공정은 능력이 있는 것으로 생각할 수 있는가?

답

$$C_p = \frac{10.05 - 9.95}{6 \times 0.02} = 0.83$$

C_p는 1보다 작고 공정은 능력이 없는 것으로 보인다.

공정능력지수는 공정 변화가 만족스러운지를 가리키지만, 공정이 적당하게 집중되어 있는지는 측정하지 않는다. 그래서 약한 집중으로부터 발생하는 명세를 벗어나는 제품에 대해서 보호하지는 않는다.

C_{pk} 지수

이 지수는 동시에 집중과 변화 모두의 효과를 측정한다. 지수의 철학은 공정분포가 최악의 경우 명세 내에 있다면, 다른 명세한계에 대해서도 허용할 만하다는 것이다. 그림 16.8은 이런 개념을 설명한다.

C_{pk}는 $\dfrac{\text{USL} - \text{Mean}}{3\sigma}$와 $\dfrac{\text{Mean} - \text{LSL}}{3\sigma}$ 중에 더 작은 것이다.

C_{pk}가 커질수록, 명세한계로부터 3σ 한계의 거리 또한 멀어지고, 반품률은 보다 작아질 것이다.

지수의 해석은 다음과 같다.

값	**평가**
+1보다 작다	허용할 수 없는 공정. 공정분포가 겨우 명세 내에 있다.
+1보다 크고 +1.33보다 작다	한계 공정. 공정분포의 일부가 명세를 벗어난다.
1.33보다 크다	허용할 수 있는 공정. 공정분포는 명세 내에 있다.

예제

기업이 선반에서 명목상 직경이 1″이고 0.005″의 허용오차를 가지는 축을 생산한다. 다음 각각의 경우에 대해 C_{pk}를 계산하고 공정능력을 평가해라.

a. 표본이 0.997의 평균직경을 가진다.
b. 표본이 0.998의 평균직경을 가진다.
c. 표본이 1.001의 평균직경을 가진다.

답

a. $C_{pk} = \dfrac{1.005 - 0.997}{3 \times 0.001} = 2.67$ or $= \dfrac{0.997 - 0.995}{3 \times 0.001} = 0.667$

C_{pk}는 1보다 작고 공정은 능력이 없다.

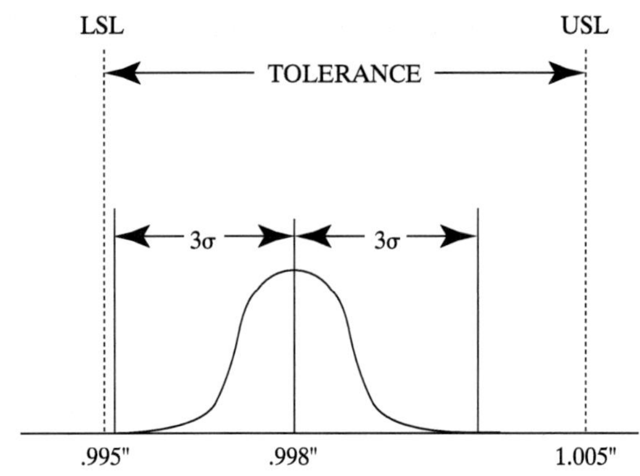

그림 16.8 C_{pk} 지수

b. $C_{pk} = \frac{1.005 - 0.998}{3 \times 0.001} = 2.33$ or $= \frac{0.998 - 0.995}{3 \times 0.001} = 1.00$

C_{pk}는 1 이고 공정능력은 간신히 수행할 수 있다.

c. $C_{pk} = \frac{1.005 - 1.001}{3 \times 0.001} = 1.33$ or $= \frac{1.001 - 0.995}{3 \times 0.001} = 2$

C_{pk}는 1.33이고 공정은 능력이 있다.

예제

아래 샘플은 최근의 노트북 경첩핀 배송으로부터 취득 된 것이며, 나열된 수치들은 핀 길이의 기록들이다.

2.01　2.02　1.99　2.01　2.99　2.03　2.02　2.0120 원서랑 다름??

a. 핀의 길이는 2.00″ ±0.005″의 사양으로 요구된다. 데이터를 표로 그려보고 허용한계를 입력하라.

답

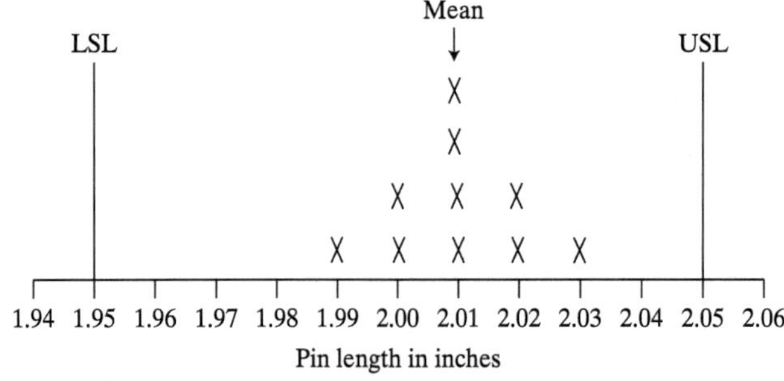

b. 주어진 제이타의 표준편차 및 C_p, C_{pk}를 계산하라.

답

데이터의 시그마는 0.01095, 평균은 2.01

$$C_p = \frac{2.05 - 1.95}{6 \times 0.01095} = 1.52 \text{ Capable} \qquad C_{pk} = \frac{2.01 - 1.95}{3 \times 0.01095} = 1.83 \text{ Capable} \qquad C_{pk} = \frac{2.05 - 2.01}{3 \times 0.01095} = 1.21 \text{ Marginal}$$

데이터를 분석해 보면, 제조되는 핀의 평균 길이는 공식 사양 2.00″ 이상으로 규정크기를 약간 초과해 생산되고 있다. C_{pk}가 1.21인 공정은 미미하나마 능력이 있다 할 수 있으나, 평균치가 2.00으로 이동된다면 향상될 것이다. 공급자는 핀의 길이를 0.01″ 줄일 수 있도록 장비를 맞추어야 할 것이다. 이렇듯 사양을 넘어서는 부분이 없음에도 불구하고, 평균치를 조정하여 향상을 꾀하는 것은 지속적인 공정 향상(continuous process improvement)의 한 예이다.

공정관리(Process Control)

공정관리는 변화에 대한 할당 가능한 원인이 있을 확률이 높을 때를 보여 주므로서 과도한 결함의 생산을 막으려고 한다.

변화가 모든 공정에 존재한다는 것과 공정의 전개가 최소한의 불량품만을 생산하도록 공정이 설계되어야 한다는 것을 보여준다. 변화가 모든 공정에 존재한다는 것과 공정의 전개가 최소한의 불량품만을 생산하도록 공정이 설계되어야 한다는 것을 보여준다. 변화는 기회의 원인인 시스템이 동일하게 남아있고 변화의 할당 가능한 원인이 없는 한 안정한 유형을 따를 것이다. 안정한 공정이 만들어질 때, 변화의 결과유형 한계가 결정될 수 있고 미래의 생산을 위한 지침으로 여겨질 것이다. 변화가 이런 한계들을 초과할 때, 할당 가능한 원인이 있을 높은 확률을 보여준다.

전개가 너무 크거나 중심 혹은 평균이 옳바르지 않다면 공정이 결함을 생산할 수 있다는 것을 알 수 있다. 몇 가지 방법은 제품명세에 무슨 일이 일어나는지를 비교할 수 있도록 이런 2가지 특징들을 지속적으로 측정할 필요가 있다. 이것은 $\overline{X}$ 와 R 관리차트를 이용하여 이루어진다.

관리차트

실행차트(Run charts) 제조업자가 병들을 채우고 있고 적당량의 액체가 들어갔는지를 확인하기위해 공정을 검사하기를 원한다고 가정해보자. 표본이 30분마다 추출되고 측정

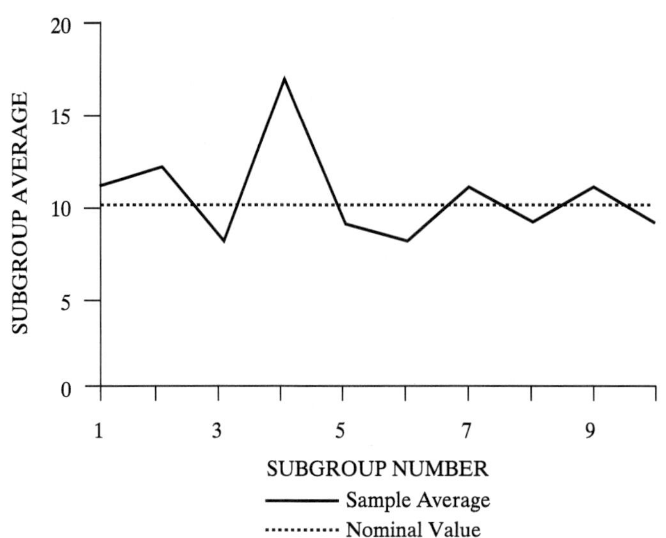

그림 16.9 실행 차트

된다. 표본들의 평균은 그림 16.9에 보여진 것처럼 차트에 그려진다. 이것은 실행차트(Run Chart)라 불리어진다. 공정에서 무슨 일이 일어나고 있는지에 관한 시각적 설명을 주고 있는데, 시스템(기회)변화와 할당 가능한 원인의 변화를 구분하지 않는다.

$\overline{X}$(X bar)와 R 차트 평균과 범위($\overline{X}$와 R 차트)는 도수 분포(frequency distribution)의 집중과 전개라는 두 가지 중요한 특징들을 남긴다. 작은 표본들(일반적으로 3~9개)이 시간에 따라 규칙적인 원칙대로 취해지고 표본평균과 범위가 그려진다. 범위는 계산하기 더 쉽기 때문에 표준편차보다 자주 사용된다. 표본들은 평균값이 변이에서 변화를 더욱 빨리 보여주기 때문에 개별적인 관찰보다는 다소 관리차트에서 사용된다. 그림 16.10은 $\overline{X}$와 R차트의 예이다.

관리한계

그림 16.10은 두 개의 점선을 보여준다. 상위관리한계(UCL)과 하위관리한계(LCL). 이런 한계는 공정에 의해 생산된 변이의 중요성을 평가하기위해 만들어진다. 명세한계와 혼동하지 않아야한다. 제품의 각 단위의 한계(허용한계)들이 허용되고 공정에 할 일이 없다.

관리한계는 공정이 관리되고 있다면, 표본값은 관리한계 내에 있게 될 확률이 99.7%가 되도록 설정한다. 이런 상황이 발생한다면, 공정은 통계적 관리상태에 있는 것으로 고려되고 변이의 할당 가능한 원인은 없다. 공정은 안정하고 예측 가능한 것이 된다. 그림

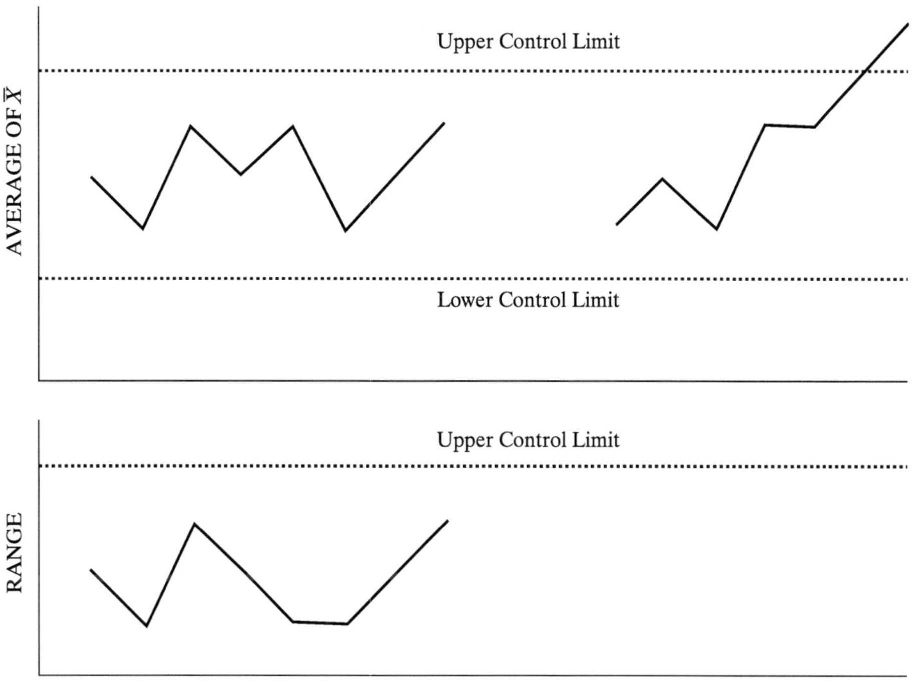

그림 16.10 $\bar{X}$와 R 관리차트

16.10에 차트의 왼쪽부분에 보여진다. 모든 점들이 한계 내에 놓여있고 공정은 통계적 관리상태에 있다. 단지 기회변이가 공정에 영향을 주고 있다. 그러나, 변이의 할당 가능한 원인이 존재할 때, 변이는 초과될 것이고 공정은 관리범위를 벗어난다고 말할 수 있다. 이것은 차트의 오른쪽에 보여지고, 공정이 관리범위를 벗어나는 원인이 되는 어떤 것을 보여준다.

앞서 설명한 것처럼, 변화의 두 가지 형태가 공정에서 발생한다.

- **산술평균 혹은 평균에서 이동** 이것은 마모된 도구 혹은 이동된 지침에 의해 발생될 수 있다. 차트의 부분에 보여질 것이다.
- **분포의 전개에 변화** 범위가 증가하지만 표본 평균이 동일하게 유지된다면, 이러한 문제들을 예상할 수 있다. 눈금 혹은 도구가 느슨해지거나 기계의 일부가 마모되는 경우이다. 이것은 차트의 *R*부분에 보여질 것이다.

*R*차트는 연속적인 눈금상에서 측정될 수 있는 축의 직경과 같은 그런 변수들을 측정하기 위해 사용된다.

속성들을 위한 관리차트

속성은 명세에 순응하거나 혹은 순응하지 않거나 품질속성을 참고한다. 예를 들어, 색상, 놓친 부품 과 긁힘에 대한 시각적 검사. Go-no-go 게이지는 좋은 예이다. 부품이 허용범위 내에 있거나 혹은 없는 경우가 있다. 이런 특징들은 측정될 수는 없지만, 셀 수는 있다. 속성들은 대개 비율 결함 혹은 p-차트를 사용해서 그려진다.

다른 품질 관리 도구들 (Other Quality Control Tools)

473쪽의 막대그래프나 481쪽의 실행차트, $\overline{X}$, R차트 등과 같이 이전에 논의한 다른 도구들 외에도, 일반적으로 사용되는 다섯 가지 단순한 도구들이 있다.

1. **파레토도(Pareto diagrams)** 이 도표는 단순히 막대그래프를 가장 높은 순위부터 낮은 순위까지 정리하여 재구성 한 것을 의미한다. 이러한 접근법은 가장 중요한 문제들에 쉽게 집중할 수 있도록 도와 주며, 지난 14장에서 지속적인 공정 향상(continuous process improvement)을 설명할 때 논의 된 바 있다.
2. **체크시트(Checksheets)** 매우 단순한 데이터 수집 방식이다. 주목할 사항이 결정되었을 때, 예를 들어 어떤 상품이나 서비스에 대한 고객의 항의가 선택 되었다면, 그 불만의 원인들을 리스트에 나열해 두고, 그 항의의 이유가 반복될 때마다 해당 항목 옆에 체크 표시를 해 둔다. 그러면 무엇이 불만의 주요 원인인지 분명하게 알 수 있을 것이고, 그 주 원인에 집중한 행동을 취할 수 있게 해 줄 것이다.
3. **공정흐름도(Process Flow Diagrams)** 이 도표에 대하여는 제 14장에서 다룬 바 있는데, 어떤 서비스나 상품을 생산할 때 요구되는 자세한 단계들을 표시한 것이다. 구체적인 업무가 규정되고 나면, 이 업무에 병목 현상(bottleneck)이나 기타 다른 종류의 향상을 위해 시정되어야 할 문제가 있는지 알아보기 위한 데이터가 수집될 수 있다.
4. **산포도(Scatter plots)** 단순히 이해관계(interests)의 두 변수 사이의 관계를 보여주는 표이다. 예를 들어 한 은행이 고객들이 줄을 서서 기다리는 시간과 서비스 만족도에 관계가 있는지 알아보려고 한다고 하자. 각각의 고객에게 기다린 시간과 서비스 만족도의 수치를 조사한 후, 각각의 시간 수치를 가로축에, 서비스 만족도를 세로축에 표시하면 된다. 많은 고객들로부터 데이터를 수집했다면, 그 두 요소 사이에서 관계가 있는지 또 관계의 강도는 어느정도 인지를 알 수 있을 것이다.
5. **특성요인도/생선가시 도표(cause-and-effect diagrams, fishbone diagrams)** 이 도

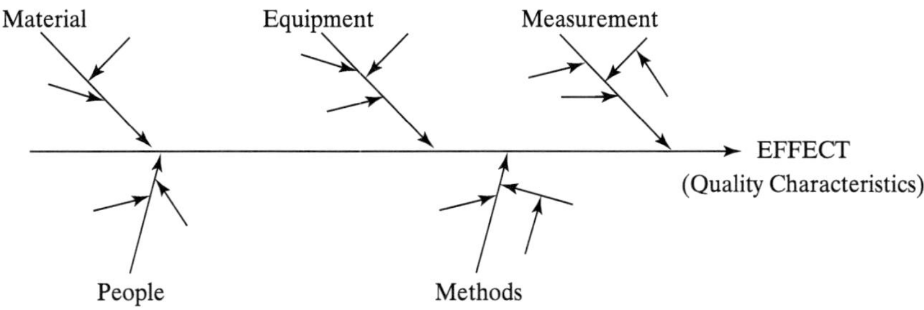

그림 16.11 표본 계획

표 또한 제 14장에ㅔ서 다룬 바 있으며, 이는 동일한 문제 혹은 효과에 대한 잠재적인 원인들을 수집하는데 사요오딘다. 특정한 문제들이 주요한 영향 지역에서 뻗어 나온 것이므로, 이를 도식화시키면 생선가시 모양이 나오게 된다. 이후 잠재적 원인들의 근본 원인을 찾기 위해 조사를 시행하고 시정할 수 있게 된다. 그림 16.11은 이 구조를 보여준다.

표본검사

통계적 공정관리는 공정을 감시하고 공정이 관리범위를 벗어날 때를 탐지해서, 결함 부품들의 생산을 최소화한다. 전통적인 검사는 부품들이 만들어진 후에 부품 다발을 검사한다. 그리고 검사에 기초해서 그 부품 다발에 대해 합격 혹은 불합격시킨다. 100%검사와 승인 표본검사의 두 가지 검사 절차가 있다.

100% 검사는 LOT내의 모든 단위를 테스트하는 것을 의미한다. 검사의 비용이 부품들의 결함으로부터 발생하는 손실보다 적을 때에 적합하다. 예를 들면, 검사가 하기 쉽거나 검사가 공정의 일부가 될 때이다. 전구제조업자는 모든 전구가 켜지는지를 보기위해 쉽게 검사기를 만들 수 있다. 혹은 제빵업자는 빵들을 포장하기 전에 모든 제품들을 육안으로 검사할 수 있다. 실패비용이 이례적으로 높을 때, 100%검사는 필수적이다. 의학산업과 항공산업을 위한 제품들은 제품성능의 중요성 혹은 높은 실패비용 때문에 수 차례에 걸쳐 검사된다.

승인 표본 검사는 제품의 다발 중에 표본을 취해서 그 다발의 전체품질을 평가한다. 검사의 결과에 기반해서 전체다발을 합격 혹은 불합격시킬 것인지에 대한 결정이 이루어진다. 좋은 다발이 불합격되거나 불량한 다발이 합격될 가능성이 있다. 표본 검사는 어떤 조건하에서는 필수적이다.

표본 검사의 이유들 표본 검사를 하는 데에는 4가지 이유가 있다.

1. **제품을 테스트하는 것이 파괴적이다** 줄의 최대 인장력 혹은 사과의 당도는 제품을 손상시킴 으로서만 결정될 수 있다.
2. **제품 다발에 대해 100% 검사를 하기에 충분한 시간이 없다** 선거일에 뉴스 보도자들은 시청권을 얻기를 바란다. 투표의 적은 비율만이 진행되었을 때, 대개 에러에 대한 어떤 추측을 감안하고 최종결과를 예측한다(20분의 19)
3. **다발의 전부를 검사하기에 너무 비용이 많이 든다** 대중적 반응의 조사와 같은 시장 표본검사는 이러한 예이다.
4. **장기간 반복되는 테스트를 할 때 사람의 실수는 3% 정도로 추정된다** 이렇게 높은 에러를 감수하기보다는 대표적인 표본을 취하는 것이 좋은 이유가 될 수 있다.

표본 검사를 위해 필요한 조건들 통계적 표본검사는 다음과 같은 조건에 달려있다.

- 모든 항목들이 유사하거나 동일한 조건하에서 생산되어야 한다. 식품공장에서 수입농산물을 표본 추출하는 것은 각각의 농부 혹은 농지에 대해 각각의 표본들을 요구한다.
- LOT의 무작위 표본이 취해져야 한다. 무작위 표본은 LOT내에 모든 항목이 선택될 동일한 기회를 갖는 것을 의미한다.
- 표본 추출될 LOT은 동종의 혼합이 되어야 한다. 결함들이 다발의 어떠한 부분에서도 발생할 것이다라는 것을 의미한다. (꼭대기 위에 사과들은 바닥에 있는 사과들과 같은 품질이 되어야 한다.)
- 검사될 다발은 커야 한다. 표본검사는 작은 LOT들에서 드물게 수행되고 매우 큰 표본에서 더욱 더 정확해진다.

표본검사 계획

표본검사 계획들은 비용을 고려해서 제품의 품질에 대한 어떤 보증을 제공하기 위해 설계된다. 허용 가능한 품질 수준(AQL)이라 불리는 결함들의 특정한 수준이상을 포함하지 않는다면 LOT은 좋은 것으로 여겨진다. 계획은 LOT을 허용하기 위해 표본 내에 결함들의 최소 허용 가능한 수(또는 %)를 갖도록 설계된다. 결함들이 이 수준이상이면, LOT은 불합격될 것이다.

특정한 계획을 선택하는 것은 세 가지 요소에 달려있다.

고객의 위험 불량 LOT을 선택할 확률은 고객의 위험이라 불리어진다. 표본검사는 100% 정확도를 가진 결과를 산출하지는 않는다, 결함들의 바람직한 수 이상을 포함하는 LOT가 허용될 위험이 항상 있다. 고객은 표본계획이 불량 LOT을 허용할 낮은 확률을 갖는다는 것을 보장 받기를 원할 것이다.

생산자의 위험 좋은 LOT를 불합격시킬 확률을 생산자의 위험이라 한다. 표본은 확률과 연관되기 때문에, 좋은 제품 더미들이 불합격될 가능성이 있다. 생산자는 표본계획이 좋은 LOT을 불합격시킬 낮은 확률을 갖도록 보장하길 원할 것이다.

비용 검사는 돈을 필요로 한다. 목적은 표본계획의 비용에 대한 고객의 위험과 생산자의 위험이 균형을 이루도록 하는 것이다. 표본이 커질수록, 생산자의 위험과 고객의 위험이 더 작아지고 좋은 더미들이 불합격되지 않고 불량 더미가 합격될 가능성이 더 커질 것이다. 그러나 표본의 크기가 작아질수록, 검사비용은 더 커진다. 그래서 생산자의 위험과 소비자의 위험과 검사 비용간에 균형이 필요하다.

사례 단순히, 단일표본계획이 고려될 것이다(다른 것들이 있다). 계획은 생산LOT(N)의 주어진 크기로부터 무작위로 선택된 품목들의 수, 즉 표본의 크기(n)를 정할 것이다. 이런 것들은 약간 알려진 특징에 대해 검사될 것이고 계획은 표본(c)에 결함 있는 제품들의 최대 허용 가능한 수를 설정할 것이다. 결함들의 허용 가능한 수 혹은 그보다 더 작은 수가 표본에서 발견된다면, LOT은 합격이 될 것이다. 표본에서 결함들의 허용 가능한 수보다 더 많이 발견되면, 전체 LOT이 불합격된다. 결함들의 허용 가능한 수 혹은 그보다 더 작은 수가 표본에서 발견된다면, 그 LOT은 합격될 것이다. 그림 16.12는 단일 표본계획의

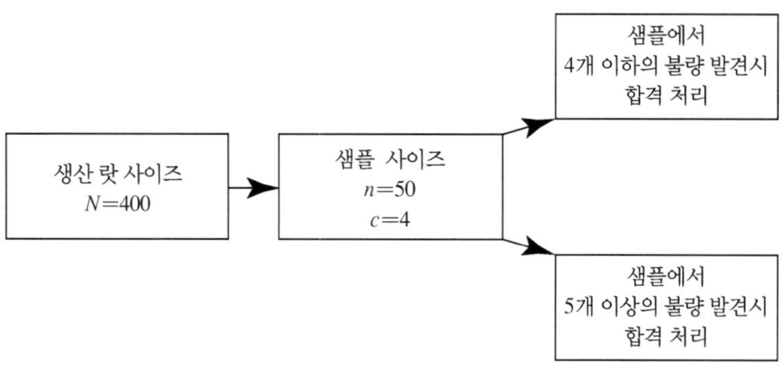

그림 16.12 샘플링 계획

예를 설명한다.

표본이 더 커질수록, 생산자의 위험과 소비자의 위험이 더 작아지고 좋은 더미들이 불합격되지 않고 불량 더미들이 합격될 가능성은 더 커진다. 그러나 표본의 크기가 더 커질수록, 검사비용도 더 커진다. 그래서 생산자의 위험과 소비자의 위험과 검사 비용간에 절충이 필요하다.

ISO 9000: 2008

국제표준화기구(ISO)는 여러가지 표준들을 규정해 왔는데, 그 중 가장 최신 버전이 바로 ISO 9000: 2008이다. ISO는 비정부기구로서 1997년에 처음 설립되어 스위스 제네바에 그 기반을 두고 있다. ISO라는 약자는 '균등' 을 의미하는 그리스어 isos 에서 따 온 것이다. ISO는 유럽공동체(EC)에 의해 채택된 이후 북미를 주로 한 전 세계에서 받아 들여지는 표준이 되었다. 유럽에서 사업을 하기 위한 필요조건이 된 것 이외에도, 세계 곳곳의 소비자들이 품질표준을 기대하고 ISO인증을 요구하게 되었다.

ISO는 기술표준(technical standards)와 관리기준(management standards)의 두 범주로 나뉘어 있다. 기술표준은 전구, 너트와 볼트, 타이어사이즈, 전기 배선과 같은 부품들의 교환을 가능케 한다. 제 14장에서 논의한 바와 같이, 표준화된 부품은 생산과 마케팅에 많은 이점을 가져다 준다. ISO9000: 2008은 기업으로 하여금 업무를 처리하고 공급자와 고객들을 이해할 수 있도록 그 사업을 어떻게 경영해야 하는지를 규정하고 있다.

표준들은 사업 기능들의 모든 단계들에서 불순응을 막도록 의도된다. 근본적으로 공급자가 ISO표준에 순응하고 소비자에게 만족되는 품질시스템을 개발하도록 공급자들과 소비자들간에 계약상의 상황에 대해 씌여 졌다. 소비자는 허용성에 대하여 시스템을 감사할 것이다. 다른 공급자들과 다른 소비자들을 위한 다수의 감사들을 초래했다. 이 때문에, 써드파티 등록시스템이 생성되었다.

써드파티 등록시스템 등기자라 불리워지는 써드파티는 공급자의 품질 시스템의 적합성을 평가한다. 시스템이 적용 가능한 ISO9000표준에 관한 등기자의 해석에 순응할 때, 등기자는 등록의 증명을 발행한다. 등기자는 공급자를 조사하고 매 3 혹은 4년마다 재평가를 한다. 등기자는 미국 품질 관리 협회와 제휴된 등기자 신임위원회에 의해 신임된 자격을 갖춘 인증 대행자이다. 써드파티 등록 시스템은 공급자가 품질 시스템을 갖고 감독 된다는 것을 소비자에게 보증해주고, 개별 소비자들에 의한 감사에 대한 요구를 제거한다.

ISO 9000: 2008은 공정 접근방식을 중심으로 설계되어 있으며, 종합적 품질 관리(total quality management)에 맞춘 여덟 가지 원칙에 기반한다.

1. **고객에 집중** 고객의 요구를 이해하고, 고객의 기대치를 넘어서도록 노력한다.
2. **리더십** 방향성, 목표의 통합, 서로 지지적인 작업 환경을 구축한다.
3. **직원들의 참여** 모든 위치의 전 직원들이 기업의 이익을 위해 자신의 능력을 충분히 발휘할 수 있도록 한다.
4. **공정 접근(process approach)** 모든 작업이 적절한 과정과 처리를 통해 이루어지도록 확인한다.
5. **경영을 위한 체계적 접근(system approach to management)** 밀접한 관련을 가진 공정 시스템을 필요로 하는 목적에 대하여 4번 원칙을 확충한다.
6. **지속적 향상** 기업의 영속적인 목표로서, 모든 상황에서 그 이상의 향상이 가능하다는 사실을 인식하고 그에 기반해 행동한다.
7. **사실에 기반한 의사 결정** 좋은 의사 결정은 실제적인 데이터와 정보의 분석에 의거해 만들어져야 함을 인정한다.
8. **공급자와의 상호 이익적인 관계** 이러한 관계에서 시너지 효과를 얻을 수 있다.

ISO9000: 2008은 제조업 분야에만 적용되는 것이라는 일반적인 오해가 널리 퍼져 있다. 그러나 ISO는 어떠한 사업체에도 적용될 수 있는 기준을 의도한다. 최근 '제품실현(product realization)' 이라는 단어를 사용하는 것이 이를 잘 보여준다. 제품 실현이란 제품을 실현화시키는 모든 과정을 의미하는 것으로, 이전의 '생산시스템(production system)' 개념을 정보 제공, 환자 진단, 건축 설계와 같은 서비스 활동까지 포함시켜 업데이트한 단어라 볼 수 있다. ISO 9000: 2008이 적용될 수 있는 서비스업에는 다음과 같은 것들이 있다.

접대	정보통신	의료서비스
보수유지	정부	무역
재무	전문직	행정직
구매	운송	과학
공익사업	기술	교육

문서화(Documentation)

ISO는 문서화를 제공하고 있지는 않지만, 경영을 위한 일반적인 요구사항들을 구체적으

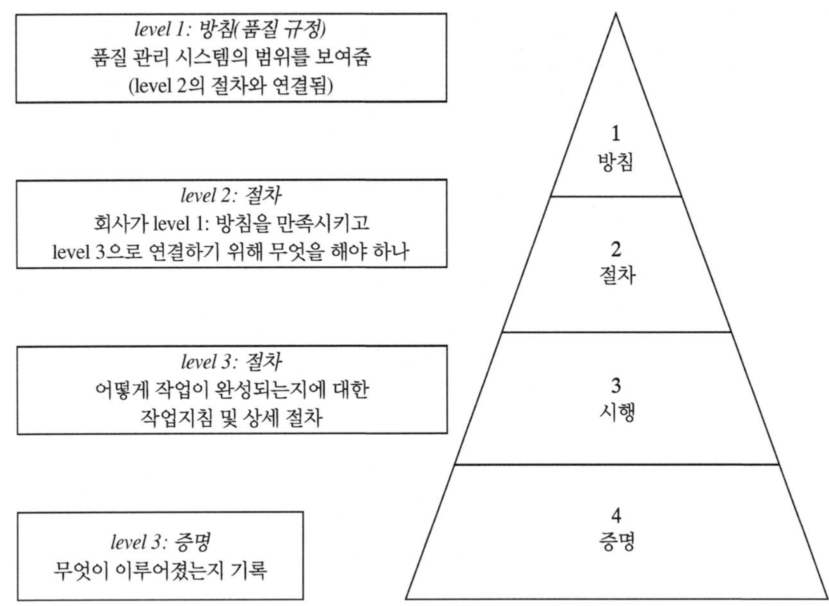

그림 16.13 적용될 ISO 9000표준 분야

로 명시하고 있다. 이는 그림 16.13과 같이, 보통 방침(policy)혹은 품질규정(quality manual), 절차, 시행, 증명의 4단계로 나뉘어진다. 방침이란 경영진(management)이 달성하고자하는 것을 규정하고, 절차는 방침들과 긴밀히 연관되어 설정되어, 그 방침들이 기업 활동 내에 포함되어 있는지를 확인하도록 한다. 시행은 그 절차의 실증으로서, 절차가 시행되었음을 증명하는 것이 곧 문서화이다. 감사관(auditor)들은 모든 기록활동들을 꼼꼼히 점검하여 이들이 잘 전개되고 있는지를 확인한다. 방침의 예를 소매 환경에서 들어 보자면, '품질, 고객 만족 보장' 이라는 표어를 들 수 있을 것이다. 그렇다면 그 절차는 '100% 환불 보장, 상품 구매 확인증 발부, 부서장 승인' 이 될 것이다. 그 시행은 부서장에게 환불을 허가할 권한을 주는 것을 포함하게 될 것이며, 증명은 영수증과 환불상품의 적절한 서류기록을 통해 이루어질 수 있을 것이다.

ISO 9000: 2008은 사업 경영의 모든 양상을 포함하는데, 여기에는 오퍼레이션, 행정, 판매, 기술지원 등이 포함된다. ISO는 공정 접근방식을 상품 혹은 서비스를 생산하는 일일 활동에 적용한다. ISO의 인증을 받은 기업의 고객들과 공급자들은 그 경영 절차가 일관성 있게 유지되고 있으며, 그 상품 혹은 서비스에 안정성과 지속적인 향상이 있음을 보증 받을 수 있을 것이다.

벤치마킹(Benchmarking)

벤치마킹은 그 조직이 그들의 성능수준을 어떻게 이룰 것인지를 찾고 그들을 그들의 조직에 적용하도록 조직이 특정한 공정에서 그들의 성능과 '업계최고' 인 조직의 것을 비교할 수 있는 체계적인 도구이다. 14장에서 논의된 것처럼 지속적인 개선은 내부를 관찰하고 현 관행을 분석하여 개선을 하도록 추구한다. 벤치마킹은 그 동종업계 외부에 있는 경쟁자들과 우수한 수행자들이 무엇을 하는지 외부를 관찰한다.

1. **벤치마크할 공정을 선택하라** 지속적인 개선공정에서 첫 단계와 매우 비슷하다.
2. **여러분이 연구하기 원하는 공정을 수행하는 '업계최고' 인 조직을 확인한다** 이것은 같은 업계가 아닌 회사일 수도 있다. 고전적인 예는 자신의 주문 입력시스템을 연구할 때 벤치마크로서, 전자우편주문 영업조직인 L. L. Bean을 사용하는 Xerox이다.
3. **벤치마크된 조직을 연구하라** 정보는 내부적으로 이용 가능할 수 있다. 정보는 내부적으로 이용 가능하거나, 대중적인 영역에 있거나 혹은 어떤 근본적인 연구를 요구할 수 있다. 근본적인 연구는 질문조사,현지방문과 집중 그룹들을 포함한다. 질문조사는 정보가 많은 원천들로부터 모일 때 유용하다. 현지방문은 '업계최고' 조직과의 만남과 연관된다. 많은 기업들은 다른 조직에 그들의 상대부서와 만나는 벤치마크 팀이 될 근로자들의 팀을 선택한다. 집중 그룹들은 소비자, 공급자 혹은 벤치마크 상대방들과 같이 공정을 함께 논의할 그룹들로 구성된 위원회이다.
4. **데이터를 분석하라** 여러분의 공정과 벤치마크 조직간에 차이는 무엇인가? 이것에는 2가지 측면이 있다. 하나는 공정을 비교하는 것이고 나머지는 어떤 표준에 따르는 그런 공정들의 성능을 측정하는 것이다. 성능의 측정은 미터법과 같은 측정단위를 필요로 한다. 전형적인 성능 측정은 품질,서비스응답시간, 주문 비용 등등이다.

6 시그마(Six Sigma)

현대의 장비들은 점점 더 복잡 해져 가고 있으며, 수천 개의 부품들이 서로 견실히 맞물려 돌아가야만 전체 시스템이 실패하지 않게 되는 경우도 많다. 모토로라사의 신뢰성기사(reliability engineer) 빌 스미스는 기업의 복잡한 시스템들이 적절히 기능하기 위해서는 각각의 부분들의 실패율이 0에 가깝게 수렴되어야 한다는 사실을 발견했다. 이렇게 극도로 낮은 실패율은 검사관들의 측정 능력을 벗어나는 것이었으므로, 스미스는 다른 이들의 도움을 받아 실패율 3.4/100만을 목표로 하는 6 시그마 돌파전략(Six Sigma Breakthorugh Strategy)를 개발했다.

- **범위(Scope)** 공정 변수(process variability)의 체계적 감소
- **품질 규정** 실패율을 100만분의 1로 측정(Defects per million possibilities)
- **목적** 공정 변수 감소를 통한 이익 증가
- **측정 방법(measurement)** 실패율을 100만분의 1
- **초점** 공정 중 오류의 근원의 위치를 발견, 제거

그러나 6 시그마는 단순한 부품 생산의 측정 기준 이상이다. 6 시그마는 기업들로 하여금 모든 사업 과정을 향상시키는 데 집중하도록 격려한다. 낭비, 비용, 손실 가능성의 감소를 통해 이루어진 고정 향상은 생산자의 수익을 증대시키고 고객에게도 이득을 제공한다. 6 시그마 방법론은 고위경영진에 의해 먼저 제시되어야만 한다. 6 시그마가 기업의 사업 목표를 결정하고 모든 직원들의 활동을 인도하기 때문이다. 중간급 경영진은 이 사업목표를 공정 목표와 측정방법(measurement)로 변환시킬 임무가 있다. 6 시그마는 프로젝트와 프로젝트 매니저 두 요소로 구성된 문제해결에 고도로 집중된 체계이다. 그림

국면	책임
1. 인식	경영자
2. 정의	경영자
3. 측정	블랙벨트/그린벨트
4. 분석	블랙벨트/그린벨트
5. 개선	블랙벨트/그린벨트
6. 통제	블랙벨트/그린벨트
7. 표준차	경영자
8. 통합	경영자

그림 16.14 6 시그마 책임

16.14는 6 시그마 프로젝트의 8개 주요 국면(phase)과 책임(responsibilities)을 보여주고 있으며, 이는 DMAIC(설계, 측정, 분석, 향상, 통제design, measure, analyze, improve, control)로 표현될 수도 있다. 프로젝트가 선별 되고 나면 다음과 같이 시행한다.

1. 적절한 측정기준(metric)과 주요 수행 출력변수(performance output variables)를 선별한다.
2. 시간의 흐름에 따라 측정 기준들이 어떻게 추적될지를 결정한다.
3. 현재의 프로젝트 베이스라인 수행 정도(baseline performance)를 확인한다.
4. 주요 수행 출력 변수를 이끌어낼 입력 변수(input variables)를 확인한다.
5. 입력 변수가 주요 수행 출력변수에 긍정적인 영향을 미치도록 하려면 어떠한 변화가 있어야 하는지 확인한다.
6. 5번의 변화를 시행해낸다.
7. 6번의 변화가 주요 수행 출력 변수에 긍정적인 영향을 주었는지 확인한다.
8. 6번의 변화가 주요 수행 출력 변수에 긍정적인 영향을 주었다면, 새로운 수준에서 입력 변수의 제어 장치를 수립한다. 긍정적인 영향을 주지 않았다면, 5번으로 돌아가 다시 시행한다.

기술적인 측면에서 6 식그마는 공정 능력(C_p)이 2 혹은 그 이상일 때 달성된다. 이는 사양 출입구(specification doorway)가 6 시그마 프로세스 전개 넓이의 2배임을 의미하며, 장기 실패율은 1백만당 3.4부분이라는 뜻이다. 적절한 통제가 시행된다면 공정의 작은 이동(shifts)정도는 결함이 있는 부품이 생산되기 전에 감지될 것이다. 그림 16.15는 이러한 개념을 도식화한 것이다. 공정이 잘 집중화되어 있음에 주목하라.

프로젝트 매니저들의 경험과 능력은 태권도(가라테) 용어로 표시된다. '초록띠(green belts)' 매니저들은 특정 정도의 훈련을 거쳤으며, 약 일백만불($)의 비용 절감 프로젝트

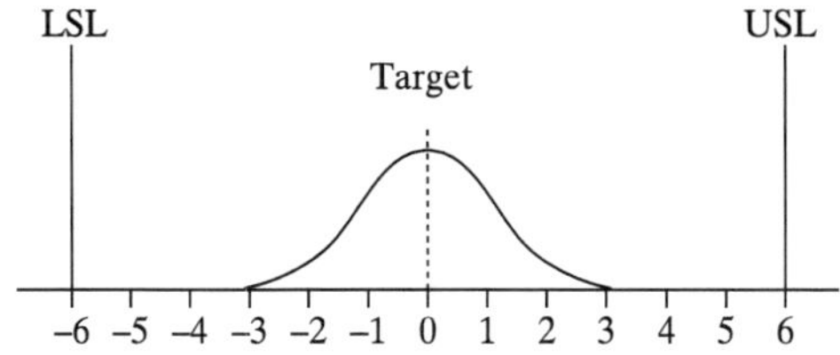

그림 16.15 프로세스 출입구(LSL-USL)이 프로세스 전개 넓이 2배가 될 때 6 시그마 달성

$$C_p = \frac{\text{USL} - \text{LSL}}{6\sigma} > 2$$

를 완수하도록 요구되어지는 사람들이다. 검은띠 매니저들은 더 두루 넓고 많은 양의 훈련을 거친 이들로, 일백만불 이상의 비용 절감 프로젝트를 시행하도록 기대 된다. 대부분의 경우 검은띠 매니저들은 인증 대학에서 석사 학위를 받도록 요구되는 경우가 많다. 기업 매니저들 중 적은 수만이 검은띠 마스터 자격(Master Black Belt Status)을 가질 수 있으며, 이들이 훈련 및 훈련생들의 지도를 책임지게 될 것이다.

6 시그마 방식은 다른 기초 전략 공정 프로세스의 확장으로서, 지속적 프로세스 향상(Continuous process improvement)나 ISO 9000와 같은 다른 품질 시스템들과 비교될 수 있을 것이다. 6 시그마는 기업들로 하여금 고객에 초점을 맞추고 사업 공정을 여러 잘 정의된 단계와 책임을 통해 발전시킬 수 있도록 고무한다. 고객들이야 말로 끝내 낮은 가격과 강화된 품질을 향유하는 사람들이기 때문이다.

품질 기능 전개(Quality Function Depolyment)

품질기능 전개(QFD)는 새 제품을 개발하거나 현제품의 향상을 도모할 때 사용되는 의사결정 기술로서, 고객의 욕구와 필요, 기대가 기업의 설계에 반영되어 있는지를 확인하는데 도움을 준다. 공급하는 상품과 고객의 욕구간의 관계를 무시하는 기업은 경쟁력을 유지할 수 없을 것이다. QFD는 1960년대 요지 아카오 박사와 시게루 미즈노 박사에 의해 최초로 개발되어 GM, 포드, 다임러크라이슬러, IBM, 레이시온, 보잉, 록히드 마틴 등 미국의 유수 제조사들과 그 공급자들에 의해 채택되왔다. 미국운영관리협회 사전 제 12판은 QFD를 '상품 설계 공정을 통해 고객의 모든 주요 요구가 확인된 후 충족 혹은 그 이상으로 만족 되었음을 보증하는 방법론(a methodology designed to ensure that all the major requirements of the customer are identified and subsequently met or exceeded through the resulting product design process.)' 이라 정의하고 있다.

QFD의 시행은 다음과 같이 이루어진다. 고객의 필요가 다양한 조사나 경쟁사 상품과의 비교 등의 방법을 통해 수집된다. 이 욕구들은 고객의 목소리(VOC: Voice of the customer)라 불리며 일련의 명확한 단계를 거쳐 기술 사양(engineering specification)으로 변환되어야 한다. 그림 16.16에 나온 '품질의 집(HOQ: House of Quality)' 은 모든 데이터를 체계화 된 과정으로 정리한 것으로, 고객의 요구를 우선순위대로 나열하고 새 디자인의 기술적 목표 가치(technical target value)를 설정한다.

그림 16.16의 품질의 집은 여행용 보온컵의 디자인을 이용한 간단한 예이다. 왼쪽편에는 고객들이 여행용 머그컵의 중요 특징으로 생각하는 것들을 나열했으며, 오른편에는

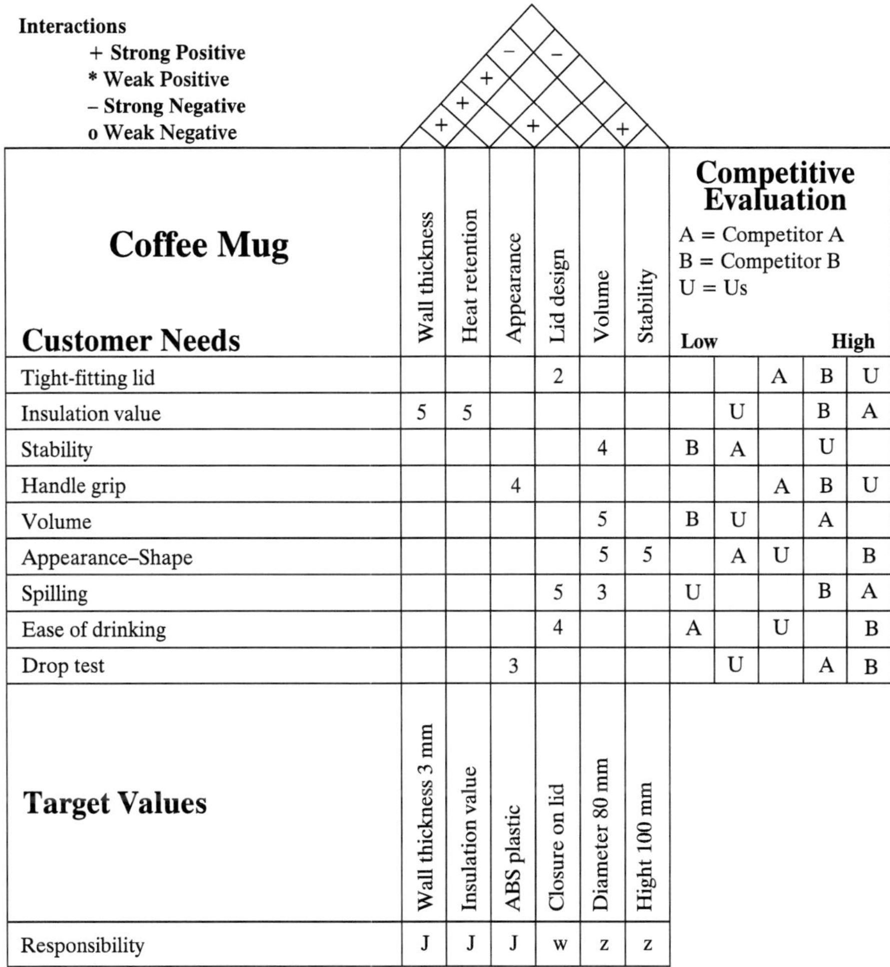

그림 16.16 여행용 보온컵의 품질의 집(HoQ)

그 특징들에 대하여 자사의 샘플 머그컵이 경쟁 제품들에 비해 얼마나 우위에 있는지가 낮음~높음의 순으로 표시되어 있다. 이 예에서 자사의 머그컵은 뚜껑이 잘 맞으며, 손잡이 디자인도 고객들에게 호감을 얻는 것으로 나타나고 있다. 그러나 내용물이 잘 흘러내리고, 내구성이 없으며, 용량도 작고 보온기능도 별로인 것으로 나타나고 있기도 하다. 이러한 것들은 모두 고객의 '욕구(wants)' 로 고려되며, 이 욕구들을 '어떻게(how)' 충족시킬 것인가에 대해서는 집 꼭대기 부분에 자재의 두께라던가 컵의 용량과 내구성과 같은 특징들을 통해 표시되어 있다. 집의 지붕 부분에는 각 특징들의 상호작용(interaction)이 표시되어 있는데, 예시에서는 단순히 강력 장점(strong positive)과 강력 단점만이 표시되어 있다. 컵의 두께라던가 보온력과 같은 강력 장점들은 서로 밀접히 연관되어 있다.

즉 컵의 두께가 증가하면 보온력도 증가하는 식이다. 그러나 컵의 두께가 두꺼워질수록 용량은 작아진다는 단점도 있다. 집은 중심에는 경영진(management)에 의해 설정된 우선순위들이 표시되어 어느 부분에서 향상이 이루어져야 하며 그 중요도의 관계는 어떻게 되는지를 보여 주고 있다. 집 아래쪽에는 요구되는 특징에 적합한 기술적 사양과 그 우선순위가 나열되어 있으며, 최종 상품의 해당 디자인을 책임질 사람 혹은 부서 코드도 표시되어 있다. 예시에 따르면 새 제품의 디자인은 ABS플라스틱으로 된 100mm×80mm의 짧고 통통한 모양으로서, 핸들 또한 몸통과 같은 ABS 플라스틱으로 주조될 것이다. 새 디자인은 컵 두께와 용량의 관계와 같은 부정적 상호 관계가 고려된 것이어야만 한다.

절약형 생산, TQM과 MRP(Lean Production TQM and MRP)

MRP와 절약형 생산, 그리고 TQM의 목적이 다를지라도, 그들 간에는 밀접한 관계가 있다. 절약형 생산은 낭비를 제거하고 공정을 개선함으로서 부가가치가 없는 행위들을 제거하고 소요시간을 감소시키는데 집중하기 위해 추구하는 철학이다. TQM은 고객만족과 그 목표에 대한 전체회사의 집중을 강조하고 있다. 절약형 생산은 내부에 주목하고(조직에서 낭비의 제거와 소요시간 감소) TQM은 외부에 주목하고(고객만족) 있는데, 그들 모두는 동일한 개념들을 많이 갖고있다. 모두는 관리위임, 지속적인 공정 개선, 고용자 연관과 공급자 협력관계를 강조하고 있다. 성능측정은 필연적으로 절약형 생산과 TQM 모두에 공정개선의 부분이다. 절약형 생산은 낭비를 제거하는 수단으로서 품질에 대해 강조하고 있고 그래서 TQM의 생각들을 포용하고 있다. TQM은 고객을 만족하는 것으로 방향 짓고 있고 또한 그것이 TQM의 목적이다.

절약형 생산과 TQM은 서로를 강화시킨다. 그들은 같은 동전의 양면으로 생각할 수 있다. 즉, 낮은 비용으로 그들이 원하는 것을 소비자에게 제공하는 것이다.

MRP는 기본적으로 조직으로 들어오고, 통과하고, 나가는 자재들의 흐름을 관리하는 것과 연관된다. 그것의 목적은 조직의 자원들의 이용을 최대화하고 고객서비스의 요구된 수준을 제공하는 것이다. 그것은 그들이 좋든지 나쁘던지 기존 공정들에서 작업해야 하는 계획과 실행 공정이다. 절약형 생산은 공정 개선과 소요시간 감소쪽으로, TQM은 고객 만족쪽으로 방향 짓고 있다. 절약형 생산과 TQM 모두는 MRPII가 작업해야 하는 환경의 일부이다. 개선된 공정들, 더 나은 품질, 고용자 관련과 공급자 협력 관계들은 MRP의 효과를 개선할 수 있다. 그림 16.17은 그림으로 그 관계를 설명한다.

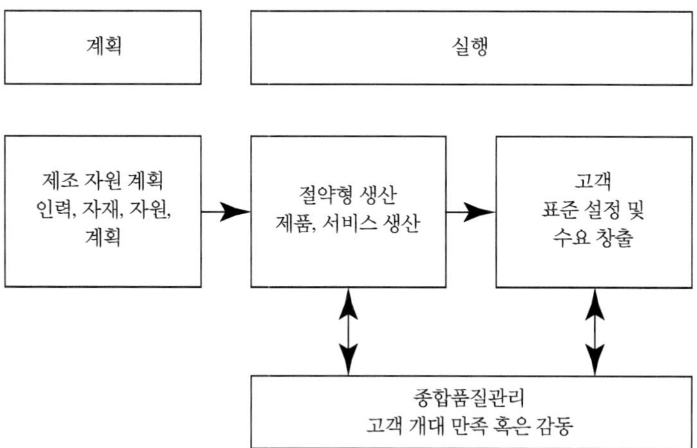

그림 16.17 MRPII, JIT와 TQM. (Source: Adapted from Basic of Supply Chain Management, APICS-The Ed. Soc. For Res. Mgt., Falls Church, VA, 1997.)

요약

이 책의 마지막 장인 이번 챕터에서는 상품과 서비스의 품질은 궁극적으로 고객에 의해 설정되며, 고객은 끊임없이 더욱 높은 기준을 책정한다는 결론을 내릴 수 있었다. 품질에 대한 기업의 노력은 최고 경영관리(top management)로부터 시작되어 전체 회사가 향상을 향해 나아갈 수 있도록 보장 해 주어야 한다. 품질에 대한 노력은 상품과 서비스의 설계 방침으로부터 생산 과정 설계, 공급자의 질과 궁극적으로 고객의 사용에 이르기까지 모든 것을 결정 한다. 노동자의 참여는 매우 중요한데, 이는 노동자들이야말로 사용되는 제조과정의 직접적 지식을 가지고 있으며, 어떠한 변화라도 가장 먼저 알아차릴 수 있는 사람들이기 때문이다.

품질의 기술적인 부분은 변화(variation) 및 변화를 야기할 수 있는 일반적, 특정 요소들을 감소시키는 것이다. 전략적 도구들은 변화를 검토하는데 쉽게 사용될 수 있으며, 컴퓨터와 계산기를 통해 단순하고 번거로운 계산 업무를 처리할 수 있다. 가능한 한 상품 그 자체보다 제조과정을 통제하는 것이 중요하다. 샘플링 계획(sampling plans)은 생산 된 상품을 테스트하는 것이지 상품의 품질을 직접적으로 향상시키는 것은 아니다. 그러나 샘플링은 제약, 항공 우주 산업 등 실패 비용이 높은 산업에 있어 여전히 필요한 것이다.

품질 향상을 위해 ISO 스탠더즈, 6 시그마 혹은 QFD와 같은 일반적으로 인정된 여러 프로그램들을 운영에 도입할 수 있다. 앞선 모든 챕터들의 주제였던 보다 '적은 재고와 빠른 생산 흐름' 을 위해 노력하는 한, 높은 품질 또한 절약형 생산의 필수적인 일부분일 것이다.

질문

1. 품질의 정의는 무엇인가?
2. 품질은 어떤 4개의 분야에서 고려되는가? 그들이 어떻게 상호연관되는가?
3. 품질에 대한 8가지 측면들을 나열하고 이를 설명하라.
4. 통합적 품질 관리는 무엇인가 그리고 그것의 목적은 무엇인가?
5. TQM의 6가지 개념은 무엇인가?
6. 고객 집중은 무엇을 의미하는가? 고객은 누구인가?
7. 위임은 무엇이고 그것이 TQM에서 왜 중요한가?
8. 공급자 협력관계에서 3가지 주요 요소들은 무엇인가?
9. 성능측정의 목적은 무엇인가?
10. 품질비용은 두 개의 카테고리로 나뉜다. 각각의 카테고리의 이름을 명시하고 이를 설명하기 위한 예시를 하나씩 생각해 보라.
11. 기회변이는 무엇인가? 그것의 원인은 무엇인가? 그것이 어떻게 변경될 수 있는가?
12. 할당 가능한 변이는 무엇인가?
13. 정규분포는 무엇인가? 품질관리에서 그것이 왜 중요한가?
14. 산술평균 혹은 평균은 무엇인가?
15. 전개에 의해 가리켜지는 것은 무엇인가? 그것에 관한 2가지 측정은 무엇인가?
16. 관측치의 몇 퍼센트가 평균의 1,2 그리고 3 표준편차 내에 있을 것인가?
17. 공정이 결함을 생산할 수 있는 2가지 방법은 무엇인가?
18. 허용범위는 무엇이고 그것은 USL과 LSL과 어떻게 관련되는가?
19. 공정능력지수( )의 목적과 은 무인가? 그들은 어떻게 다른가?
20. 공정관리의 목적은 무엇인가? 공정관리에서 탐지하고자 하는 것은 변이는 어떤 종류인가?
21. 실행차트가 무엇인가?

22. $\bar{X}$와 R 차트는 무엇인가?

23. 상위와 하위 관리한계는 무엇인가?

24. 변수들과 속성들간에 차이점은 무엇인가?

25. 언제 100% 검사를 사용하기에 적합한가?

26. 승인 표본검사는 무엇인가? 언제 사용하기 적합한가?

27. 소비자의 위험과 생산자의 위험은 무엇인가?

28. 왜 써드파티 등록시스템이 ISO 9000인증을 위해 설립되었는가?

29. 벤치마킹은 무엇이고 지속적인 개선과 어떻게 다른가?

30. 품질기능전개법(Quality Function Deployment)의 첫 단계는 무엇인가? QFD이 출력해내는 것은 무엇인가?

31. 절약형 생산과 TQM간의 3가지 유사점과 3가지 다른 점을 나열해 보라.

32. VOC는 무엇의 머리글자인가?

33. VOC를 조직화하기 위해 어떠한 기술이 사용되는가?

연습문제

16.1 축의 길이에 대한 명세가 12″ .001이다. 공정표준편차가 0.00033이면, 축들의 몇 퍼센트가 허용범위 내에 있는 것인가?

답: 허용범위 내에 축들의 거의 99.7%가 있다

16.2 문제 1에서, 허용범위가 +.0007″로 변한다면, 축들의 대략 몇 퍼센트가 허용범위 내에 있을 것인가?

16.3 강철 조각의 두께에 대한 명세가 5″ .05″이다. 띠톱의 표준편차가 .015이다. C_p를 사용해서 공정이 가능한지 혹은 아닌지를 계산하라.

답: $C_p = 1.11$. 공정은 거의 능력이 있다.

16.4 화학적 복합물의 무게에 대한 명세가 10 .05그램이다. 중량계의 표준편차가 .02이면, 공정이 가능한 것으로 생각할 수 있는가?

16.5 구멍의 직경에 대한 명세가 .75″ .015″이다. 드릴의 표준편차가 .007″이다. C_p를 사용해서 공정이 가능한지 혹은 아닌지를 계산하라.

16.6 문제 3에서, 공정이 표준편차가 .0035로 개선된다면, 공정은 가능한가?

답: 공정은 가능하다.

16.7 문제 6에서 아래와 같은 조건에서 는 얼마인가?

a. 공정이 .75에 집중되어 있다. 공정이 가능한가?

b. 공정이 .74에 집중되어 있다. 공정이 가능한가?

답: a. 공정은 0.75에 집중되어 있다. 공정은 가능하다.

b. 공정은 0.74에 집중되어 있다. 공정은 가능하지 않다.

16.8 회사가 샴푸8온스로 플라스틱 병을 채운다. 허용범위는 0.1온스이다. 공정이 .02온스의 표준편차를 갖는다. 다음과 같은 상황에서 를 계산하고 공정능력을 계산하라.

a. 표본은 7.93온스의 평균량을 가진다.

b. 표본은 7.98온스의 평균량을 가진다.

c. 표본은 8.04온스의 평균량을 가진다.

16.9 당신에게 익숙한 제품의 HOQ(품질의 집)을 작성하고 다음 HOQ 양식을 완성시키시오. 경쟁적 비교를 작성하기 위해 적어도 3개 이상의 다른 브랜드 제품을 선택하시오. 적어도 3개 이상의 제품에 대한 고객의 요구사항(Customer needs)과, 이 요구 사항을 제공할 특성 3개를 적으시오. 각 특성간 상호작용(Interactions)을 규명하고, 당신의 성능 향상된 신제품의 목표 가치(Target Value)를 수립하시오.

Interactions
+ **Strong Positive**
* Weak Positive
− **Strong Negative**
o Weak Negative

Competitive Evaluation
A = Competitor A
B = Competitor B
U = Us

Customer Needs

Low High

Target Values

16.10 한 팰릿(pallet) 제조사가 판자(board) 절단 공정의 결과를 측정해왔다. 판자의 규격은 24인치 플러스 마이너스 1/2인치이다. 샘플은 다음과 같다. 판자 절단 공정의 능력(capability)을 계산하시오. 당신은 작업자(operator)에게 어떤 제안을 하겠는가?

24.1 24.2 24.3 24.2 24.1 24.0 23.9 24.2

24.1 24.3 24.2 24.0 24.4 24.1 24.3 24.2

Case Study 16.1

액센트 오크 퍼니쳐 사(Accent Oak Furniture 社)

액센트 오크 퍼니쳐 사는 시카고 및 주변지역에서 30년 이상의 전통을 자랑하는 기업으로서, 식당가구 등의 공예품을 제조하는 맞춤가구부서, 부엌찬장부서, 그리고 고급 오크 나무 난간을 제조, 설치하는 난간부서의 세 부서로 이루어져 있었다.

Figure 1 Installation Department Monthly Report—August 8.

Job#	Crew#	Budget $	Actual $	Comments
7156	1	1,100	1,127	Waited 1/2 hr for customer
7157	2	985	1,154	Fit problem with spindles
7158	5	1,200	996	
7160	4	1,500	1,854	Recalled for loose spindle
7163	2	850	865	Two split spindles
7166	5	1,200	1,385	Fit problem with spindles
7167	1	1,450	1,620	Customer changed design refit
7168	4	1,800	2,254	Spindle shims needed
7169	5	1,100	1,080	
7171	2	980	1,200	Handrail rough finish
7172	4	1,560	1,860	Loose spindles
7174	1	1,200	1,650	Not to drawings
7175	2	975	1,320	Handrail cracked
7177	4	1,400	1,875	Fit problem spindles
7179	3	2,250	3,200	Recalled for loose bannister
7181	5	1,900	2,520	Fit problem spindles
7182	3	1,800	2,260	Fit problem spindles
7184	3	1,750	1,780	Customer changed design
TOTAL		$25,000	$30,000	

각 부서는 기업 창립자이자 회장인 프랭크 존슨(Frank Johnson)에게 보고를 올리기 위해 먼저 부회장에게 보고를 하도록 되어 있었다. 모든 세 부서는 총 판매량(total sale)이 최근 회계연도당 8백만 달러에 도달하는 것을 목표로 하고 있었다.

프랭크는 판매 수입의 85%이상을 차지하는 맞춤가구부서와 부엌찬장부서의 수행에 대해 매우 만족해 왔다. 그러나 난간부서에 대해서는, 설치부 월례 보고서(Installation Department Monthly Report)에 명시된 8월 첫째 주의 판매 보고와 지난해 실적(profit performance)를 보고 다소 우려를 가지게 되었다.

이제 8월의 둘째주에 접어들며 새로운 설치 시장이 시작될 시기였다. 가을이 되면 신가구 건축이 거의 마무리 되고 매매를 준비할 때쯤이라 난간이 많이 설치되기 때문이었다. 연중 내내 보수를 위한 난간 주문이 몇몇 있기는 했지만, 대부분의 난간 수요는 가을에 집중되고 크리스마스 시즌 이전 금방 사그라들곤 했다. 난간과 관련한 모든 문제는 성수기가 시작되기 전에 해결되어야만 했다.

월요일, 프랭크는 난간부서 부회장 톰 스미스(Tom Smythe)를 만나 그의 우려를 나타내었다. 프랭크는 다시 작업을 제대로 진행하기 위한 추후 활동들에 관해 논의하기 위해 금요일에 다시 만나자고 제의했다. 톰은 자기 수하의 중요 직원들 또한 참석해야 한다고 생각하고, 영업부 매니저 브라이언 쿨터(Brian Coulter), 5개 2인조 설치팀 담당자 피트 하버그(Pete Harburg), 제조부 슈퍼바이저 행크 스트롱(Hank Strong)을 초대했다.

회의 중에 톰은 각각의 사람들에게 지난 주 설치 보고서에 대한 각자의 우려에 대해 나누어 보도록 했다.

행크는 먼저 자신이 책임지고 있는 제조 과정의 개요를 간단히 설명하였다.

난간부(Handrail Area)

1. 16피트짜리 오크 목재를 구입해 1등급인지 확인하기 위해 흠이나 옹이진 부분이 있는지 검사한다.
2. 불합격 자재는 수납장 부서(cabinet devision)로 보내 져 인테리어 선반이나 축을 만드는데 사용된다.
3. 합격 자재는 다탄두(multi-headed) 공장으로 보내 져 바닥 부분은 대패질하고, 난간의 옆면과 윗부분의 형태를 만든다.
4. 품질상 문제를 일으킬 수 있는 거친 부분이나 옹이가 있는지 다시 한 번 검사하고, 불합격품은 작게 잘라 작은 크기의 난간이나 축을 마들 수 있도록 한다.
5. 합격한 난간에는 자동 드릴 머신으로 구멍을 뚫은 뒤, 오퍼레이터가 산업용 드릴

로 구멍을 뚫게 된다.

6. 간간히 오퍼레이터가 이중 목적 합/불합격 측정기로 구멍의 치수를 잰다. 측정기 한 쪽에는 금속 막대가 달려 있어 구멍의 깊이를 잴 수 있도록 되어 있다. 막대에는 PASS라고 새겨 져 있는 부분이 있는데, 구멍의 끝이 이 PASS부분에 들어오면 합격이다. 측정기 반대 쪽은 길고 둥근데, 세 부분으로 나뉘어 그 둘레가 각각 끝 부분 보다 1/4, 1/2씩 컸다. 첫 부분만 들어가면 치수 미달로 불합격, 중간 부분까지 들어가면 합격, 끝부분까지 다 들어가면 치수 초과로 불합격이다.
7. 난간에 사포질과 니스칠을 하고, 외관상의 점검 후 완성된다. 그 후 풀사이즈(full-size)와 그보다 작은 사이즈로 분류된다.

축대부(Spindle Area)

1. 오크목재를 구입하고 검사한 후 길이에 맞추어 절단한다. 약 5%정도는 난간 부서에서 오는 자재이다.
2. 전동 대패로 두 번 각을 뜨고, 패턴 선반(pattern lathe)으로 축 모양으로 뾰족하게 만든다. 선반 과정 중 오퍼레이터가 가볍게 사포질을 한다.
3. 간간히 합/불합격 측정기로 검사한다. 측정기는 금속 막대에 특정 사이즈의 구멍이 뚫려 있어, 오퍼레이터가 구멍에 축대 끝을 맞추어 본다. 축대의 1/4에서 1/2가 측정기에서 튀어나오면 합격이다. 측정기는 합격 부분 이상의 부분에 빨간 칠이 되어 있어 오퍼레이터가 쉽게 알아 볼 수 있다.
4. 오퍼레이터가 축대 끝이 필요 크기만큼 유지되도록 각진 커터를 설치한다.
5. 합격된 축대는 마지막으로 사포질과 니스칠을 거친 뒤 최종 검사를 받게 된다.

행크는 제조부는 주어진 목재와 기계를 사용해 할 수 있는 최선의 작업을 하고 있다고 생각했다.

영업부 매니저 브라이언 쿨터는 지난 3년간 판매율이 15%이상 성장한 점을 들어, 그의 부서가 제대로 일을 하고 있다고 생각했다. 그러나 브라이언이 가지고 있는 중요한 걱정거리 하나는, 주 고객인 링컨 홈즈(Lincoln Homes)로부터 듣는 설치 품질에 대한 항의가 늘었다는 것이었다. 링컨 홈즈 측은 품질이 즉각 개선되지 않으면 다른 거래처를 찾아보겠다고 이미 선포한 바 있었다.

피트는 셋 중 가장 강경하게 목소리를 높였는데, 이는 그의 부서가 언제나 집중 공격의 대상이었기 때문이었다. 그는 수하 직원들을 최대한으로 독촉하고 있었으나, 항상 계획에 맞추지 못했다. 액센트 오크사의 난간은 주문제작이라 할지라도 쉽게 설치될 수 있도록 설계되어 있었다. 그러나 담당 직원들은 각각의 부품을 다시 맞추고 결합을 처리하느라 시간을 허비해야 하는 것처럼 보였다. 최근 피트는 직원들에게 왜 각 작업이 예산을 초과 혹은 미달하는지의 이유를 캐묻고 있었다.

프랭크는 화가 나서 이 문제가 누구 잘못인지엔 관심이 없다며 하던 대로 하라고 말하고는 쿵쾅거리며 방을 나가버렸다.

톰과 그 수하직원들은 최근 품질 경영 코스를 갓 마친 상태로, 모두 이것이 문제를 해결하고 프랭크가 그들을 그만 볶아 대게 할 수 있는지 알아보는데 동의했다.

검사 보고서–축대

다음의 그림은 준비조사에서 칼날 측정기를 사용해 측정한 축대의 특정 깊이와 허용량을 보여주고 있다.

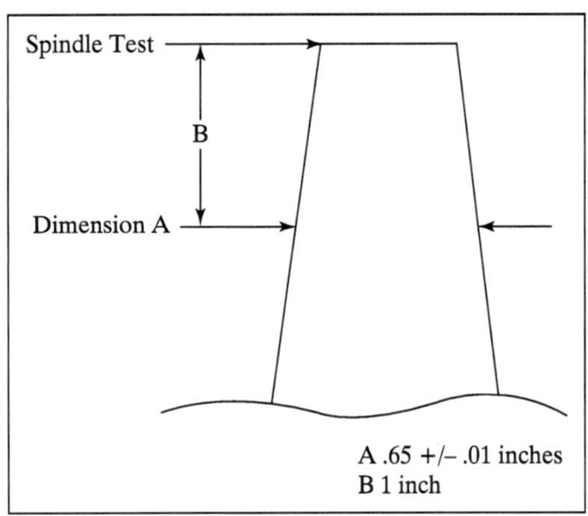

다음의 50개 측정값은 8월 14일에 측정, 기록된 것이다.

Figure 3

Spindle Widths—Inches

.60	.63	.60	.62	.60	.59	.61	.67	.57	.61
.62	.59	.61	.64	.67	.66	.69	.63	.69	.68
.61	.67	.68	.67	.60	.61	.68	.60	.62	.60
.66	.60	.63	.62	.68	.67	.62	.70	.67	.68
.58	.68	.67	.69	.58	.69	.65	.68	.59	.64

Figure 4									
Hole Diameters—Inches									
.57	.56	.58	.59	.57	.58	.56	.58	.56	.58
.58	.59	.60	.55	.61	.60	.58	.57	.58	.60
.56	.61	.57	.59	.58	.57	.55	.57	.59	.57
.60	.58	.56	.60	.56	.62	.59	.58	.62	.59
.57	.62	.59	.61	.63	.59	.64	.60	.61	.63

사례 분석

1. 파레토 분석을 사용해 고객의 불만 사항을 분석, 불만사항을 야기한 가장 큰 원인을 밝혀보라.
2. 축대와 구멍 데이터의 막대그래프를 그려보고, 문제를 야기한 특별한 이유가 있는지 확인해보라.
3. 행크가 당신의 제안을 시행할 수 있도록 다음의 세 메모를 완성해보라.

INTEROFFICE MEMO
TO: Lead Hand—Handrail DATE: August 17
FROM: Hank Strong
SUBJECT: Customer Complaints—s

INTEROFFICE MEMO
TO: Lead Hand—Spindle Department DATE: August 17
FROM: Hank Strong
SUBJECT: Customer Complaints—s

INTEROFFICE MEMO
TO: Tom Smythe DATE: August 17
FROM: Hank Strong
SUBJECT: Customer Complaints—s

참고문헌

CHAPTER 1

Buffa, E. S., and R. K. Sarin, *Modern Production / Operations Management*, 8th ed., Chap. 2. India: Wiley, 2010.

Hill, T. E. *Manufacturing Strategy*, 3rd ed. New York:McGraw-Hill, 2000.

Reid, R. D., Sanders, N. R., *Operations Management*, 4th ed., New York,Wiley: 2009

CHAPTER 2

Fogarty, D.W., Blackstone, J. H., and T. R. Hoffmann, *Production and Inventory Management*. Cincinnati, OH: South-Western, 1990.

Ling, R. C., and W. E. Goddard, *Orchestrating Success*. New York: John Wiley & Sons, 1988.

Plossl, G.W., *Production and Inventory Control, Principles and Techniques*, 2nd ed., Chap. 7. Englewood Cliffs, NJ: Prentice Hall, 1985.

Vollmann, T. E.,W. L. Berry, D. C.Whybark, and F. R. Jacobs, *Manufacturing Planning and Control Systems for Supply Chain Management*, 5th ed. New York:McGraw-Hill, 2005.

Wallace, T. F., and R. A. Stahl, *Sales and Operations Planning: The Executive's Guide*. Cincinnati, OH: T. F.Wallace & Company, 2006.

CHAPTER 3

Fogarty, D.W., Blackstone, J. H., and T. R. Hoffmann, *Production and Inventory Management*. Cincinnati, OH: South-Western, 1990.

Mather, H., *Competitive Manufacturing*. Englewood Cliffs, NJ: Prentice Hall, 1988.

Plossl, G.W., *Production and Inventory Control*, Principles and Techniques, 2nd ed., Chap. 7. Englewood Cliffs, NJ: Prentice Hall, 1985.

Schonberger, R. J., and E. M. Knod, *Operations Management: Serving the Customer*, 3rd ed., Chap. 6. Plano, TX: Business Publications, 1988.

Vollmann, T. E.,W. L. Berry, D. C.Whybark, and F. R. Jacobs, *Manufacturing Planning and Control Systems for Supply Chain Management*, 5th ed. New York: Irwin, 1992.

CHAPTER 4

Buffa, E. S., and R. K. Sarin, *Modern Production Operations Management*, 8th ed., Chap. 6. New York: Wiley, 1987.

Fogarty, D.W., Blackstone, J. H., and T. R. Hoffmann, *Production and Inventory Management*. Cincinnati, OH: South-Western, 1990.

Garwood, D., *Bills of Material: Structured for Excellence*. Marietta, GA: Dogwood Publishing, 1988.

Mather, H., *Bills of Materials, Recipes and Formulations*. Atlanta, GA:Wright Publishing, 1982.

Orlicky, J., *Material Requirements Planning*. New York:McGraw-Hill, 1975.

Plossl, G.W., *Production and Inventory Control, Principles and Techniques*, 2nd ed., Chap. 6. Englewood Cliffs, NJ: Prentice Hall, 1985.

Vollmann, T. E.,W. L. Berry, D. C.Whybark, and F. R. Jacobs, *Manufacturing Planning and Control Systems for Supply Chain Management*, 5th ed. New York: Irwin, 1992.

CHAPTER 5

Blackstone, J. H., Jr., *Capacity Management*. Cincinnati, OH: South-Western, 1989.

Fogarty, D.W., Blackstone, J. H., and T. R. Hoffmann, *Production and Inventory Management*. Cincinnati, OH: South-Western, 1990.

Plossl, G.W., *Production and Inventory Control, Principles and Techniques*, 2nd ed., Chap. 9. Englewood Cliffs, NJ: Prentice Hall, 1985.

Vollmann, T. E.,W. L. Berry, D. C.Whybark, and F. R. Jacobs, *Manufacturing Planning and Control Systems for Supply Chain Management*, 5th ed. New York: Irwin, 1992.

CHAPTER 6

Fogarty, D.W., Blackstone, J. H., and T. R. Hoffmann, *Production and Inventory Management*. Cincinnati, OH: South-Western, 1990.

Goldratt, E. M., and J. Cox, *The Goa*l, rev. ed. Croton-on-Hudson, NY: North River Press, 1986.

Goldratt, E. M., and R. E. Fox, *The Race*. Croton-on-Hudson, NY: North River Press, 1992.

Pinedo,Michael L., *Planning and Scheduling in Manufacturing and Services*, New York: Springer Publishing 2005

Plossl, G.W., *Production and Inventory Control, Principles and Techniques*, 2nd ed., Chaps. 10-12. Englewood Cliffs, NJ: Prentice Hall, 1985.

Vollmann, T. E.,W. L. Berry, D. C.Whybark, and F. R. Jacobs, *Manufacturing Planning and Control Systems for Supply Chain Management*, 5th ed. New York: Irwin, 1992.

CHAPTER 7

Chopra, S.,Meindl, P., *Supply Chain Management*, 4th ed., Englewood Cliffs NJ: Prentice Hall, 2010.

Johnson, P. F., Leenders, M., Flynn, A., *Purchasing and Supply Management* 14th ed.,Whitby ON: McGraw Hill Ryerson, 2011.

CHAPTER 8

Buffa, E. S., and R. K. Sarin, *Modern Production Operations Management*, 8th ed., Chap. 4. New York: Wiley, 1987.

Fogarty, D.W., Blackstone, J. H., and T. R. Hoffmann, *Production and Inventory Management*. Cincinnati, OH: South-Western, 1990.

Plossl, G.W., *Production and Inventory Control, Principles and Techniques*, 2nd ed., Chaps. 4 and 5. Englewood Cliffs, NJ: Prentice Hall, 1985.

Schonberger, R. J., and E. M. Knod, *Operations Management: Serving the Customer*, 3rd ed., Chap. 4. Plano, TX: Business Publications, 1988.

Vollmann, T. E., W. L. Berry, D. C. Whybark, and F. R. Jacobs, *Manufacturing Planning and Control Systems for Supply Chain Management*, 5th ed. New York: Irwin, 1992.

CHAPTER 9

Buffa, E. S., and R. K. Sarin, *Modern Production Operations Management*, 8th ed., Chap. 5. New York: Wiley, 1987.

Fogarty, D.W., Blackstone, J. H., and T. R. Hoffmann, *Production and Inventory Management*. Cincinnati, OH: South-Western, 1990.

Plossl, G.W., *Production and Inventory Control, Principles and Techniques*, 2nd ed., Chap. 2. Englewood Cliffs, NJ: Prentice Hall, 1985.

Schonberger, R. J., and E. M. Knod, *Operations Management: Serving the Customer*, 3rd ed., Chap. 7. Plano, TX: Business Publications, 1988.

Vollmann, T. E.,W. L. Berry, D. C.Whybark, and F. R. Jacobs, *Manufacturing Planning and Control Systems for Supply Chain Management*, 5th ed. New York: Irwin, 1992.

CHAPTERS 10 AND 11

Buffa, E. S., and R. K. Sarin, *Modern Production Operations Management*, 8th ed., Chap. 5. India: Wiley, 2010.

Fogarty, D.W., Blackstone, J. H., and T. R. Hoffmann, *Production and Inventory Management*. Cincinnati, OH: South-Western, 1990.

Martin, A. J., *Distribution Resource Planning*. Essex Junction,VT: Oliver Wight Publications, 1995.

Plossl, G.W., *Production and Inventory Control, Principles and Techniques*, 2nd ed., Chap. 3. Englewood Cliffs, NJ: Prentice Hall, 1985.

Reid, R. D., Sanders, N. R., *Operations Management*, 4th ed., New York,Wiley: 2009 Summers, Donna C. S. Quality, 4th ed. Upper Saddle River, NJ: Pearson, 2006.

CHAPTERS 12 AND 13

Ballou, Ronald H., *Business Logistics / Supply Chain Management*, 5th ed. Englewood Cliffs, NJ: Prentice Hall, 2004.

Bowersox, D. J., P. J. Calabro, and G. D.Wagenheim, *Introduction to Transportation*. New York: Macmillan, 1981.

Bowersox, D. J., D. J. Closs, and M. B. Cooper, Supply Chain *Logistics Management*, 3rd ed.Whitby, ON:McGraw Hill, 2010

Coyle, J. J., Bardi, E. J., Novack, R., Gibson, B., *Transportation a Supply Chain Perspective*, 7th ed., Toronto ON: Nelson, 2011

Coyle, J. J., Bardi, E. J., Novack, R., Gibson, B., The *Management of Business Logistics*, 7th ed., Oklahoma City OK: South-Western , 2009

Murphy, P. R. Jr.,Wood, D., *Contemporary Logistics*, 10th ed., New Jersey: Prentice Hall, 2011

CHAPTER 14

Arnold, J. R., and L. M. Clive, *Introduction to Operations Management*. Qualicum Beach, BC: J. R. Arnold & Associates Ltd., 1996.

Chase, R. B., and N. J. Aquilano, *Production and Operations Management*. Chicago: Richard D. Irwin, 1995.

Schonberger, R. J., and E. M. Knod, *Operations Management*. Chicago: Richard D. Irwin, 1995.

Starr, M. K., *Operations Management*. Danvers, MA: Boyd & Fraser Publishing, 1996.

Turner,W. C., et al. *Introduction to Industrial and Systems Engineering*. Englewood Cliffs, NJ: Prentice Hall, 1993.

CHAPTER 15

Dennis, Pascal, *Lean Production Simplified*, 2nd Edition. Boca Raton, FL: CRC Press, 2007.

Goddard,W. E., *Just-in-Time: Surviving by Breaking Tradition*. Essex Junction,VT: Oliver Wight Publications, 1986.

Hall, R.W., *Zero Inventories*. Homewood, IL: Dow Jones-Irwin, 1983.

Hall, R.W., *Attaining Manufacturing Excellence*. Homewood, IL: Dow Jones-Irwin, 1987.

Schonberger, R. J., *Japanese Manufacturing Techniques: Nine Hidden Lessons in Simplicity*. New York: Free Press, 1982.

Schonberger, R. J., *World Class Manufacturing: The Lessons of Simplicity Applied*. New York: Free Press, 1986.

Suzaki, K., *The New Manufacturing Challenge: Techniques for Continuous Improvement*. New York: Free Press, 1987.

Wemmerlöv, U., *Production Planning and Control Procedures for Cellular Manufacturing*. Falls Church,VA: American Production and Inventory Control Society, 1988.

Womack, J. P., and D. T. Jones, *Lean Thinking*. New York: Simon & Schuster, 1996.

CHAPTER 16

Arnold, J. R., and Clive L. M., *Introduction to Operations Management*. Qualicum Beach, BC: J. R. Arnold & Associates Ltd., 1996.

Besterfield, D. H., C. Besterfield-Michna, G. H. Besterfield, and M. Besterfield-Sacre, *Total Total Quality Management*. Englewood Cliffs, NJ: Prentice Hall, 2003.

Juran, J. M., and A.B. Godfrey, Juran' s *Quality Handbook*, 5th ed. New York:McGraw-Hill Professional, 1998.

Reid, R. D., Sanders, N. R., *Operations Management*, 4th ed., New York,Wiley: 2009

Schonberger, R. J., and E. M. Knod, *Operations Management*. Chicago: Richard D. Irwin, 2001.

Summers, Donna C. S., *Quality*, 4th ed. Upper Saddle River, NJ: Pearson, 2006.

찾아보기

ㅁ

ㅂ

ㅅ

ㅈ

ㅊ

ㅋ

ㅌ

기타